Ein Kenngrößensystem
für Aufgabenträger im Öffentlichen Personennahverkehr

STUDIEN ZUR HAUSHALTSÖKONOMIE

Herausgegeben von
Klaus Hesse, Georg Karg, Michael-Burkhard Piorkowsky,
Barbara Seel, Sigrid Weggemann, Dieter Witt

Band 26

PETER LANG
Frankfurt am Main · Berlin · Bern · Bruxelles · New York · Oxford · Wien

Eckart Stüber

Ein Kenngrößensystem für Aufgabenträger im Öffentlichen Personennahverkehr

PETER LANG
Europäischer Verlag der Wissenschaften

Die Deutsche Bibliothek - CIP-Einheitsaufnahme

Stüber, Eckart:

Ein Kenngrößensystem für Aufgabenträger im öffentlichen Personennahverkehr / Eckart Stüber. - Frankfurt am Main ; Berlin ; Bern ; Bruxelles ; New York ; Oxford ; Wien : Lang, 2002
(Studien zur Haushaltsökonomie ; Bd. 26)
Zugl.: München, Techn. Univ., Diss., 2002 u.d.T.: Stüber, Eckart: Entwicklung eines Kenngrößensystems für Aufgabenträger im öffentlichen Personennahverkehr als Grundlage für Benchmarkung zwischen Verkehrsgebieten
ISBN 3-631-39473-X

Gedruckt mit Unterstützung der Dipl.-Ing. LINDOW-Stiftung
im Stifterverband für die Deutsche Wissenschaft

D 91
ISSN 0724-6544
ISBN 3-631-39473-X

www.peterlang.de

Vorwort

Das vorliegende Buch erstellte ich als Dissertation an der Fakultät Wissenschaftszentrum Weihenstephan für Ernährung, Landnutzung und Umwelt der Technischen Universität München. Durch die Arbeit verfolgte ich in zweifacher Hinsicht eine kontinuierliche Entwicklung. Zum einen konnte ich in wissenschaftlicher Hinsicht die durch den betriebswirtschaftlichen Schwerpunkt meines Hauptstudiums der Gartenbauwissenschaften und die Diplomarbeit, ein Betriebsvergleich von Gärtnereien, erworbenen Kenntnisse mit der Analyse des Management-Instrumentes Benchmarking und der Erstellung spezieller Kenngrößen als „Werkzeuge" im ökonomischen Bereich vertiefen und an meiner alma mater mit dem Doktorgrad abschließen. Zum anderen konnte ich in Hinsicht auf meinen beruflichen Werdegang mein Fachwissen im Bereich des gewählten Schwerpunktes ÖPNV intensivieren und mich weiterqualifizieren.

Im Rahmen meiner Anstellung als Verkehrsreferent am Alpenforschungsinstitut erstellte ich nach den mit dem bayerischen ÖPNV-Gesetz Anfang 1994 geschaffenen gesetzlichen Grundlagen den Nahverkehrsplan für den Landkreis Garmisch-Partenkirchen. Dabei erkannte ich, daß für die kreisfreien Städte und Landkreise als neu definierte Aufgabenträger des ÖPNV ein grundsätzliches Problem bestand: es gab keine Möglichkeiten für eine Beurteilung, wie effektiv der ÖPNV von den Verkehrsunternehmen im Verkehrsgebiet durchgeführt wird und ob hinreichend Leistungen in guter Qualität für die jeweiligen Finanzmittel erbracht werden. Eine solche Überprüfung erschien mir aufgrund nicht definierbarer absoluter Zielgrößen nur durch einen Vergleich zwischen den ÖPNV-Systemen in Verkehrsgebieten möglich zu sein. Deshalb verfolgte ich mit der vorliegenden Arbeit das Ziel, entsprechende Kenngrößen für ein Benchmarking zu entwickeln und für die Aufgabenträger eine Möglichkeit zu schaffen, den ÖPNV einem in Unternehmen üblichen Controlling unterziehen zu können.

Für die Themenstellung fand ich in Herrn Professor Dr. Dieter Witt einen idealen Doktorvater. Als ehemaliger Schüler und Assistent am Lehrstuhl für Verkehrswirtschaft und öffentliche Wirtschaft der Ludwig-Maximilian-Universität München widmete er sich an der oben genannten Fakultät im Department für Wirtschafts- und Sozialwissenschaften den Non-Profit-Organisationen und den vielfältigen Bereichen der Dienstleistungsökonomik. Vor diesem Hintergrund war meine Arbeit bestens aufgehoben und konnte durch seinen reichhaltigen Erfahrungsschatz bis zur vorliegenden Fassung gedeihen. Besonders möchte ich auch die Anstellung bei der IHK für München und Oberbayern in der Verkehrsabteilung während der Promotionszeit hervorheben, die mir viele Kenntnisse im allgemeinen Verkehrsbereich verschaffte, und mich beim Geschäftsführer, Herrn Dr. Manfred Rothkopf, für die lehrreiche Zeit bedanken.

INHALTSVERZEICHNIS

DRITTER TEIL: DAS KENNGRÖSSENSYSTEM FÜR DEN ÖPNV

TABELLENVERZEICHNIS

ABBILDUNGSVERZEICHNIS

KENNGRÖSSENVERZEICHNIS

ABKÜRZUNGSVERZEICHNIS

AG	=	Aktiengesellschaft
AEG	=	Allgemeines Eisenbahngesetz
AÖPNV	=	Allgemeiner Öffentlicher Personennahverkehr
AsÖPNV	=	Allgemeiner straßengebundener Öffentlicher Personennahverkehr
AschÖPNV	=	Allgemeiner schienengebundener Öffentlicher Personennahverkehr
BEG	=	Bayerische Eisenbahngesellschaft GmbH
BschWAbG	=	Bundesschienenwegeausbaugesetz
bzw.	=	beziehungsweise
ca.	=	circa
DB	=	Deutsche Bundesbahn
DBGrG	=	Deutsche Bahn Gründungsgesetz
DB AG	=	Deutsche Bahn Aktiengesellschaft
d. h.	=	das heißt
DIW	=	Deutsches Institut für Wirtschaftsforschung
DM	=	Deutsche Mark
DR	=	Deutsche Reichsbahn
DVWG	=	Deutsche Verkehrswissenschaftliche Gesellschaft
ENeuOG	=	Eisenbahnneuordnungsgesetz
etc.	=	et cetera
EU	=	Europäische Union
evtl.	=	eventuell
e. V.	=	eingetragener Verein
EWG	=	Europäische Wirtschaftsgemeinschaft
f.	=	folgende (Seite)
ff.	=	folgende (Seiten)
G	=	Gewichtungsfaktor
ggf.	=	gegebenenfalls
GmbH	=	Gesellschaft mit beschränkter Haftung
GQV	=	Gesellschaft für Qualität in Verkehr, Versorgung und Verwaltung
e.V.	=	eingetragener Verein
GVFG	=	Gemeindeverkehrsfinanzierungsgesetz
k.A.	=	keine Angabe
Kfz	=	Kraftfahrzeug
Mio.	=	Million(en)

MIV	=	Motorisierter Individualverkehr
Mrd.	=	Milliarde(n)
MVV	=	Münchner Verkehrs- und Tarifverbund
n.F.	=	neue Fassung
ÖPV	=	Öffentlicher Personenverkehr
ÖPNV	=	Öffentlicher Personennahverkehr
PBefG	=	Personenbeförderungsgesetz
Pkw	=	Personenkraftwagen
SÖPNV	=	Sonstiger öffentlicher Personennahverkehr
SPFV	=	Schienenpersonenfernverkehr
SPNV	=	Schienenpersonennahverkehr
SPV	=	Schienenpersonenverkehr
Tsd.	=	Tausend
u. a.	=	unter anderem
VDV	=	Verkehrsverband Deutscher Verkehrsunternehmen
VRS	=	Verkehrsverbund Rhein-Sieg
VM	=	Verkehrsmittel
vgl.	=	vergleiche
VU	=	Verkehrsunternehmen
z. T.	=	zum Teil

Erster Teil

EINLEITUNG

I Problemstellung, Definitionen, Themenbestimmung und Vorgehensweise

In Deutschland fand Mitte der 1990er Jahre, basierend auf gesetzlichen Vorgaben der Europäischen Wirtschaftsgemeinschaft, eine Reorganisation im ÖPNV statt. Die rechtliche Neuordnung des ÖPNV war mit zahlreichen Änderungen bestehender Gesetze und darüberhinaus mit der Verabschiedung neuer Gesetze verbunden. Mit Inkrafttreten der ÖPNV-Gesetze in den deutschen Ländern im Jahr 1994, in denen die organisatorische und finanzielle Verantwortung für den öffentlichen Bus-, Straßenbahn- und U-Bahnverkehr den Landkreisen und kreisfreien Städten übertragen wurde, und des Regionalisierungsgesetzes zum 1. Januar 1996, das die organisatorische und finanzielle Verantwortung für den SPNV von der Bundesebene auf die deutschen Länder verlagerte, erfolgte der Beginn umfangreicher Veränderungen im ÖPNV.

Einhergehend mit diesen Veränderungen in der Praxis wurde eine in der Verkehrswirtschaftslehre häufig diskutierte Frage vor einen neuen Hintergrund gestellt: Wirtschaften Betriebe, die die Dienstleistung ÖPNV anbieten, nach dem Dienstprinzip oder nach dem Erwerbsprinzip? Übertragen auf die betrieblichen Zielsetzungen lautet die Frage, ob Betriebe im ÖPNV Bedarfsdeckungs- beziehungsweise Bedarfslenkungsziele wie sozial-gemeinwirtschaftliche oder raumordnerische Ziele in den Vordergrund stellen sollen (müssen) oder ob sie leistungs- und finanzwirtschaftliche Sicherungsziele wie Eigenwirtschaftlichkeit oder Rentabilität ebenso wie Unternehmen anderer Branchen als vorrangige Ziele postulieren sollen (müssen).

Bis zu dem Zeitpunkt der Neuorganisation wurde die Aufgabe des ÖPNV hauptsächlich von Betrieben in staatlichem und kommunalem Eigentum durchgeführt, denen man unterstellte, daß sie dies unter dem Gesichtspunkt des Dienstprinzips mit einer entsprechenden Priorisierung von Bedarfsdeckungszielen betriebswirtschaftlich rationell durchführten. Das Problem dabei war, daß von Jahr zu Jahr die öffentliche Hand immer mehr Zuschüsse für steigende Betriebsdefizite bei zugleich oftmals abnehmenden Betriebsleistungen zahlen mußte und die Kosten-Leistungs-Schere sich mehr und mehr öffnete. Die gemeinwirtschaftliche Aufgabe der ausreichenden Versorgung der Bevölkerung mit öffentlichen Betriebsleistungen trat zunehmend in Zielkonflikt mit den betrieblichen Sicherungszielen und dem Interesse der Bürger (Steuerzahler), zugleich auch potentielle Fahrgäste, die öffentlichen Finanzmittel so effizient wie möglich einzusetzen, wozu die öffentliche Hand auch in anderen Bereichen verpflichtet ist.

Bis zur Neuordnung wurden im ÖPNV größtenteils öffentlichen Betrieben Konzessionen erteilt, die diesen eine langfristig geschützte Bedienung der entsprechenden ÖPNV-

Linien in Monopolstellung sicherte. Bei der Verkehrsversorgung wurde von den Betrieben das Prinzip der nachfrageorientierten Bedarfsanpassung in einseitiger Weise angewandt. Wenn weniger Personen auf einer Linie befördert wurden, hauptsächlich aufgrund der steigenden Dichte und Verfügbarkeit von Pkw, wurden weniger Fahrten durchgeführt und das Angebot ausgedünnt mit der Folge einer weiter sinkenden Nutzerakzeptanz. Dieses hat zu immer weniger ÖPNV bei immer größerem Finanzbedarf geführt. Am Rand von Verdichtungsgebieten und im ländlichen Raum sind so Situationen entstanden, in denen der ÖPNV seiner gesetzlich festgelegten Aufgabe der Daseinsvorsorge nicht mehr gerecht wird. Die Verpflichtung eines Grundangebotes zur Sicherung der Mobilität des Teils der Bevölkerung ohne Pkw-Verfügbarkeit und die ursprünglich intendierte Sicherstellung des gesellschaftlichen Grundmobilitätsbedarfs durch den ÖPNV wird teilweise nicht mehr gewährleistet. Der Grund dafür sind jedoch oftmals nicht zu hohe Bedienungskosten oder eine zu geringe Nachfrage. Häufig liegen die Gründe auch in der Langwierigkeit öffentlicher Verwaltungsprozesse (genehmigungsrechtliche Verfahren) und der fehlenden unternehmerischen Flexibilität öffentlicher Betriebe. Durch erhebliche Verzögerungen bei Maßnahmen zur Ausweitung von Bedienungsangeboten, Verkehrswegekapazitäten sowie des Einsatzes moderner technischer Ausstattungen sind Situationen entstanden, die keine häufigere und attraktivere Bedienung gewährleisten, obwohl die Nachfrage dies erfordert.

Die nachfrageorientierte Ausrichtung der ÖPNV-Betriebe, die durch das derzeitige Angebot des ÖPNV zum Ausdruck kommt, hat nachweislich zu einer unzufriedenstellenden Situation im ÖPNV und zu einem geringen Anteil am Modal Split beigetragen. Sie kann in einem Verkehrsmarkt mit veränderten Rahmenbedingungen zukünftig nicht mehr die Handlungsbasis für die Verkehrsbetriebe sein. Durch die neue Situation ist es für die Verkehrsbetriebe zwingend erforderlich, nicht nur passiv auf sinkende Nachfrage durch Rücknahme des Angebotes zu reagieren. Die Sicherung der betrieblichen Existenz ist durch aktives Handeln vor allem im Bereich der Marketingmaßnahmen und Auftragsakquisition zu erreichen, da die Verkehrsbetriebe nicht mehr auf eine langfristige durch Konzessionen geschützte Bedienung bauen können.

Die Veränderungen bei den Grundlagen für die Durchführung des ÖPNV haben in den fünf Jahren seit Anfang 1996 bereits umfangreiche Konsequenzen auf den ÖPNV-Markt und die Betriebssituation in einem Verkehrsgebiet ausgeübt. Es kommt zu einem Konzentrationsprozeß, durch den zunehmend große nationale und internationale Verkehrsunternehmen kleinere aufkaufen und mit der Durchführung von Dienstleistungen im ÖPNV im Auftrag von öffentlichen Aufgabenträgern mit vertraglich vereinbarten Zuschüssen Gewinn erwirtschaften. Öffentliche Betriebe, die bisher die Realisierung des ÖPNV in einem Verkehrsgebiet größtenteils in Monopolstellung durchführten, geraten zunehmend unter Druck, ihr Verkehrsangebot in Konkurrenz zu anderen zu behaupten. Diesem Druck wird durch die Umwandlung in andere Rechtsformen und die Entbindung von zahlreichen verwalterischen Hemmnissen und übergeordneten Dienstprinzipien begegnet. Dadurch sollen sie in Wettbewerb mit günstigen Preis-Leistungsangeboten anderer Unternehmen um einen Markt treten und in diesem bestehen können.

Die öffentlichen Betriebe stehen dabei vor der zentralen Aufgabe, ihre verkehrlichen Dienstleistungen wirtschaftlicher zu gestalten und günstiger anzubieten, und vor dem Zwang zur Rationalisierung und Effizienzsteigerung, da deutlich wird, daß sie im Vergleich zu privaten Unternehmen eine ungünstige Organisations- und Kostenstruktur haben. Diesbezüglich sind sie dazu angehalten, sich auf interne betriebswirtschaftliche Verbesserungen bei der Organisation und der Kostenstruktur zu konzentrieren. Im Hinblick auf eine Steigerung der Einnahmen müssen die Betriebe eine aktive Akquise zusätzlicher Fahrgäste durch Änderung der Verkehrsmittelwahl zur Befriedigung eines Mobilitätsbedarfs zugunsten öffentlicher Verkehrsmittel beziehungsweise durch das Wecken neuer Mobilitätsbedürfnisse zum Ziel erklären. Dazu müssen sie auch vermehrt Werbung und Öffentlichkeitsarbeit als absatzpolitische Instrumente einsetzen. Dies führt dazu, daß auch in Betrieben in staatlichem oder kommunalem Eigentum die Instrumentarien der Unternehmen anderer Branchen zur Geltung kommen und mit diesen das Erwerbsprinzip in den Vordergrund gestellt wird. Die Antwort auf die Frage, ob Betriebe, die ÖPNV anbieten, besondere Betriebe mit besonderen Prinzipien und Zielen sind, wird durch die gesetzliche Neuordnung des ÖPNV und die aus den Veränderungen im Markt resultierende Entwicklung gegeben: Zahlreiche öffentliche Verkehrsbetriebe haben sich bereits zu Verkehrsunternehmen gewandelt und für die verbliebenen Verkehrsbetriebe wird der Druck auf eine erwerbswirtschaftliche Ausrichtung immer stärker.

Die Wahrnehmung der Bedarfsdeckungsziele und die sozial-gemeinwirtschaftliche und raumordnerische Verantwortung übernehmen hoheitliche Aufgabenträger: Länder, Landkreise und kreisfreie Städte. Sie definieren den jeweilig politisch gewollten ÖPNV in Abstimmung mit der Verfügbarkeit öffentlicher Finanzmittel und führen eine Ausschreibung durch. Durch die Möglichkeit zur Ausschreibung von Betriebsleistungen durch den Aufgabenträger auf von ihm bestimmten Linien erhalten die öffentlichen Verkehrsbetriebe Konkurrenz von anderen Verkehrsunternehmen innerhalb und außerhalb des Verkehrsgebietes. Nach Abgabe der Angebote von mehreren Verkehrsunternehmen sowie der Auswahl durch den Aufgabenträger kann damit der bestmögliche, günstigste und zugleich finanziell optimierte ÖPNV bestellt und durchgeführt werden. Dadurch wird eine Aufteilung der verschiedenen Ziele vollzogen und Zielkonflikte bei den öffentlichen Verkehrsbetrieben vermieden, zwischen denen sie bisher standen.

Durch die neue Situation entstehen dem Gesamtsystem ÖPNV Vorteile und Chancen zur Angebotsverbesserung. Durch die rechtlichen Änderungen wurden die Zuständigkeiten zusammengeführt und den Aufgabenträgern die Möglichkeiten gegeben, auf das ÖPNV-Angebot Einfluß zu nehmen. Die im ÖPNV-Markt agierenden Verkehrsunternehmen können sich nicht mehr wie in der Vergangenheit darauf verlassen, daß die Konzessionen für die entsprechenden Linien aufgrund der Besitzstandswahrung immer wieder verlängert werden. Bei Auslauf der Konzessionszeitraumes müssen die Betriebe mit einem Ausschreibungsverfahren der Aufgabenträger rechnen. Dadurch werden die Bestrebungen der Aufgabenträger befördert, die oben genannte Kosten-Leistungs-Schere wieder ein Stück zu schließen, das heißt mehr Betriebsleistungen für weniger Zuschüsse in ihrem Verkehrsgebiet zu bekommen.

In dieser Transformationsphase im ÖPNV nehmen die Aufgabenträger eine zwiegespaltene Position ein. Zum einen müssen sie als Verantwortliche für den ÖPNV darauf achten, für das zur Verfügung stehende Geld möglichst viel ÖPNV-Leistungen zu bekommen, wobei sie zugleich als Eigentümer von Verkehrsbetrieben ein starkes Interesse haben, dieselben nicht in ihrer Existenz zu bedrohen. Zum anderen stehen die Aufgabenträger, die die Verantwortung für die Linienkonzeption und die Bestimmung des Verkehrsangebotes gesetzlich zugeteilt bekamen, relativ plötzlich vor einem völlig neuen Aufgabenbereich, für den sie sich in der Vergangenheit keine Fachkompetenz erworben hatten. In einer ersten Phase haben sie als konzeptionelle Gesamtgrundlage die vorgeschriebenen Nahverkehrspläne erstellt beziehungsweise erstellen lassen, die teilweise nicht vorhanden oder veraltet waren. Dadurch wurde auch deutlich, daß in der Vergangenheit vor der Reorganisation das ÖPNV-Angebot eher unsystematisch und durch punktuelle Lösungen gestaltet wurde. Maßnahmen im ÖPNV erfolgten überwiegend aufgrund eines durch politische Einzelaktionen oder vereinzelte Untersuchungen als dringlich erachteten Handlungsbedarfs. Durch ungenaue Verantwortungszuordnung und unabgestimmte Einzelmaßnahmen waren Parallelverkehre oder mehrere Fahrten in fast gleicher Zeitlage entstanden, während zu anderen Zeiten keine Bedienung stattfand.

Als Folge von der Entwicklung und der Neuheit der Situation bestand und besteht bei den Aufgabenträgern häufig ein mangelnder Überblick und eine geringe Kenntnis darüber, wo der in ihrem Zuständigkeitsbereich stattfindende ÖPNV in Beziehung auf

Umfang und Qualität im Vergleich zu anderen Aufgabenträgern steht, welche Maßnahmen am dringendsten notwendig sind und in welchem Bereich sie am effektivsten wirken. Eine bedeutende Möglichkeit, dieses Wissen sich zu verschaffen, ist der Vergleich mit anderen ÖPNV-Systemen durch eine umfassende Bestandsaufnahme der Situation anhand von Kenngrößen. Anfang der 1990er Jahre wurde von Produktionsunternehmen das Management-Instrument Benchmarking dazu eingesetzt, um durch Vergleiche mit Wettbewerbern Leistungslücken gegenüber Konkurrenten zu erkennen und sprunghafte Qualitätsverbesserungen zu erzielen. Aufgrund der Neuheit einer Wettbewerbssituation im ÖPNV fehlen für die Anwendung dieses Instrumentes und einer umfassenden Bewertung eines ÖPNV-Systems mit der Vielzahl seiner Aspekte in einem Verkehrsgebiet und der einzelnen Bestandteile der Leistungen der Verkehrsunternehmen die entsprechenden Grundlagen. Diese müssen durch die Entwicklung eines Kenngrößensystems geschaffen werden, das den Aufgabenträgern aufzeigen kann, wie der von ihnen zu verantwortende ÖPNV im Vergleich mit dem ÖPNV anderer Verkehrsgebiete zu beurteilen ist und welche Verbesserungen durchgeführt werden sollen.

Die Schaffung dieser Grundlagen und die Entwicklung eines solchen Kenngrößensystems sind die Hauptziele der vorliegenden Arbeit.

I.A Definitionen von zentralen Begriffen in der Verkehrswirtschaft

In diesem Kapitel soll sich zunächst mit den grundlegenden Begriffen der Verkehrsbetriebslehre auseinandergesetzt werden. Dies dient einer notwendigen eindeutigen Definition, um einem Mißverständnis durch die im Sprachgebrauch und in der Literatur unterschiedlich verwendeten Begriffe vorzubeugen. Die Definition für die Begriffe wird unter Einbezug von Verkehrsfachliteratur sowie der Verwendung in sonstigen Bereichen, zum Beispiel der Gesetzgebung, herausgearbeitet und es wird erläutert, in welchem Kontext sie in dieser Arbeit verwendet werden. Dies erscheint besonders wichtig vor dem Hintergrund, daß in Gesetzen, allgemeinen Veröffent-lichungen in Tageszeitungen und auch in wissenschaftlichen Arbeiten diverse Begriffe mit einer unterschiedlichen Intention verwendet werden und zum Teil für die vorliegende Arbeit spezifische Begriffsverständnisse abgeleitet werden. Im folgenden werden wichtige Begriffe im Verkehr erläutert und in Abbildung 1 und 2 dargestellt.

I.A.1 Definitionen von Begriffen zur Einteilung und Abgrenzung des ÖPNV

Im Verkehr sind grundlegende Begriffe für thematische Zuordnungen und Abgrenzungen zu unterscheiden. Grundsätzlich ist der Verkehr nach den „Verkehrsobjekten" in Güterverkehr und Personenverkehr einzuteilen. Der Personenverkehr wird in dieser Arbeit in den motorisierten Individualverkehr (MIV), den nicht motorisierten Individualverkehr (nMIV) von Fußgängern und Radfahrern und den „Öffentlichen Personenverkehr" (ÖPV) sowie in die Sonderform Werk- beziehungsweise Schülerverkehr mit der Beförderung von speziell definierten Nutzergruppen unter Ausschluß anderer untergliedert. Im Bereich ÖPV sind fünf weitere zur Einteilung dienende Begriffe zu unterscheiden (siehe Abbildung 1):

- öffentlicher Personennahverkehr (ÖPNV),
- öffentlicher Personenfernverkehr (ÖPFV),
- Schienenpersonennahverkehr (SPNV),
- allgemeiner ÖPNV (AÖPNV),
- sonstiger ÖPNV (SÖPNV).

Öffentlicher Personennahverkehr

Der Begriff „öffentlicher Personennahverkehr" (ÖPNV) erhielt erstmalig mit der Verabschiedung des Regionalisierungsgesetzes (RegG) eine gesetzliche Definition. Danach ist gemäß § 2 der ÖPNV die allgemein zugängliche Beförderung von Personen mit Verkehrsmitteln im Linienverkehr, die überwiegend dazu bestimmt ist, die Verkehrsnachfrage im Stadt-, Vorort- oder Regionalverkehr zu befriedigen. Das ist im

Zweifel der Fall, wenn in der Mehrzahl der Beförderungsfälle eines Verkehrsmittels die gesamte Reiseweite 50 Kilometer oder die gesamte Reisezeit eine Stunde nicht übersteigt.

Der in dieser Definition verwendete Begriff Linienverkehr wird im PBefG in § 42 näher bestimmt. Danach ist Linienverkehr eine zwischen bestimmten Ausgangs- und Endpunkten eingerichtete regelmäßige Verkehrsverbindung, auf der Fahrgäste an bestimmten Haltestellen ein- und aussteigen können. In Abgrenzung zu diesem wird der Begriff Gelegenheitsverkehr in § 46 PBefG definiert, der die Beförderung von Personen mit Taxen beziehungsweise mit Bussen im Rahmen von Ausflugsfahrten und Ferienziel-Reisen betrifft. Dieser ist grundsätzlich auch öffentlich zugänglich, wird jedoch ohne fixierte Haltestellen durchgeführt.

Diese beiden gesetzlichen Grundlagen werden in der vorliegenden Dissertation folglich für die zwei Untergliederungen des ÖPV in Gelegenheitsverkehr und Linienverkehr zugrunde gelegt. Der Linienverkehr wird in einem weiteren Schritt in „öffentlicher Personennahverkehr“ (ÖPNV) und in „öffentlicher Personenfernverkehr“ (ÖPFV) unterschieden.

Öffentlicher Personenfernverkehr

Die Definition des Begriffs „Öffentlicher Personenfernverkehr“ (ÖPFV) ergibt sich aus dem Umkehrschluß von der des ÖPNV. Demnach ist ÖPFV, wenn bei einer zwischen bestimmten Ausgangs- und Endpunkten eingerichteten regelmäßigen Verkehrsverbindung in der Mehrzahl der Beförderungsfälle von Verkehrsmitteln die gesamte Reiseweite mehr als 50 Kilometer oder die gesamte Reisezeit mehr als eine Stunde beträgt. Dabei ist zu beachten, daß nicht nur die Beförderung mit Schienenfahrzeugen und Bussen, zum Beispiel europaweite Linienbusverbindungen zwischen Großstädten, unter den ÖPFV fallen, sondern auch alle Linienflug- und -schiffsverbindungen. Nicht dazu gehören Charterflüge, Privatflüge oder Kreuzfahrten.

Schienenpersonennahverkehr

Die allgemeine Definition des ÖPNV in RegG § 2 (siehe oben) wird im Allgemeinen Eisenbahngesetz (AEG) in § 2, Absatz 5 durch Austausch der Worte „mit Verkehrsmitteln“ mit den Worten „in Zügen“ für den Schienenpersonennahverkehr (SPNV) spezifiziert. SPNV ist also immer nur die Personenbeförderung in Zügen der Deutschen Bahn AG und der nicht bundeseigenen Eisenbahngesellschaften (NE-Bahnen), wenn in der Mehrzahl der Beförderungsfälle eines Zuges die gesamte Reiseweite 50 Kilometer oder die gesamte Reisezeit eine Stunde nicht übersteigt. Jedoch ist nicht jeder schienengebundene Verkehr SPNV. Schienengebundener Verkehr, der dem

PBefG unterliegt wie U-Bahn und Straßenbahn, wird nicht dem SPNV zugeordnet, sondern dem allgemeinen ÖPNV. Ein grundsätzliches Unterscheidungskriterium liegt darin, daß bei beiden U-Bahnen und Straßenbahnen die Verkehrserschließung nur für ein kommunal begrenztes Gebiet erfolgt, während der SPNV die Regionen verbindet. Die Haltestellen sind demzufolge auf einer bestimmten Streckenlänge wesentlich zahlreicher und haben zudem besondere bauliche Anforderungen. Außerdem wird eine Unterscheidung auch durch technische und betriebliche Differenzen bedingt. Die Anforderungen für den Schienenwegebau sind bei U-Bahnen durch den Tunnelbau und bei Straßenbahnen durch den Gleisbettbau sowie die Integration in den Städtebau besondere. Zudem haben U-Bahnen besondere Antriebssysteme (Gleichstrom, Stromabnahme) und andere technische Betriebs- und Sicherheitssysteme. Demzufolge sind mit den verschiedenen Systemen auch andere Kostenstrukturen verbunden. Die Verantwortlichkeiten für das Netz liegen im SPNV in einer Hand (zur Zeit bei der DB AG), während sie bei U-Bahn- und Straßenbahnsystemen in der Hand verschiedener Verkehrsunternehmen liegen. Die diskutierte Trennung des Schienennetzes von der DB AG macht auch die volkswirtschaftlichen Unterschiede deutlich.

Allgemeiner ÖPNV

Der Schritt der klaren begrifflichen Abgrenzung zwischen SPNV und dem „anderen ÖPNV“ unterbleibt in den meisten relevanten Gesetzen auf Bundes- und Länderebene. Besonders hier sollte jedoch eine eindeutige Differenzierung stattfinden. Im Bundesgesetz PBefG wird die Beförderung von Personen mit Straßenbahnen, U-Bahnen, Bussen und anderen Kfz generalisierend als ÖPNV bezeichnet. Im niedersächsischen Gesetz erfolgt keinei weitere Begriffsunterscheidung zwischen Verkehr auf Schiene und Straße, das heißt es gibt auch nicht den Begriff SPNV. Hingegen werden zum Beispiel im sächsischen Gesetz Straßenbahnen begrifflich nicht von Regionalzügen getrennt durch die Formulierung in § 2, Absatz 2: „Dieses Gesetz gilt für den ÖPNV auf Schiene und Straße“. Im thüringischen Gesetz wird der Verkehr mit der Straßenbahn unter Straßenpersonennahverkehr subsumiert, das jedoch für eine notwendige Abgrenzung aufgrund der Besonderheiten zum Beispiel der Fahrwege nicht dienlich ist.

Im Gegensatz zu den Gesetzen der anderen Bundesländer erfolgt im Gesetz über den ÖPNV in Bayern in Artikel 1, Absatz 2, explizit eine begriffliche Festlegung als Unterscheidung zum SPNV, die der Dissertation zugrunde gelegt wird: Danach wird die Beförderung insbesondere mit Straßenbahnen, Hoch- und Untergrundbahnen, Bahnen besonderer Bauart sowie Bussen und anderen Kfz im Linienverkehr als „allgemeiner ÖPNV“ (AÖPNV) bezeichnet. Dieser wird nochmals in zwei Bereiche geteilt:

- allgemeiner straßengebundener ÖPNV (AsÖPNV),
- allgemeiner schienengebundener ÖPNV (AschÖPNV).

Allgemeiner straßengebundener ÖPNV

Dem Bereich des „allgemeinen straßengebundenen ÖPNV" (AsÖPNV) gehören alle öffentlich zugänglichen Beförderungen auf Straßen mit Kraftfahrzeugen im Linienverkehr an. Folglich ist auch der Verkehr mit Taxen oder Mietwagen hinzuzählen, der Buslinienverkehre ersetzt, ergänzt oder verdichtet. Hierunter fällt auch der Verkehr mit Oberleitungsbussen.

Allgemeiner schienengebundener ÖPNV

Dem Bereich des „allgemeinen schienengebundenen ÖPNV" (AschÖPNV) sind Straßenbahnen, Hoch- und Untergrundbahnen und Bahnen besonderer Bauart, zum Beispiel die Zahnradbahn der Bayerischen Zugspitzbahn, zugeordnet. Diese begriffliche Einteilung vermeidet solche sprachlichen Konstruktionen wie im § 8 des PBefG „Straßenbahnen sind Schienenbahnen" oder die Gleichsetzung verschiedener Verkehrsmittel mit der Formulierung „als Straßenbahnen gelten auch Bahnen, die als Hoch- und Untergrundbahnen angelegt sind". Die weiteren Aspekte für eine Abgrenzung zum SPNV sind dort aufgeführt.

Sonstiger ÖPNV

Besondere Kategorien, die auch öffentlich zugängliche Verkehrsangebote im Linienverkehr darstellen, sind der auf Wasserstraßen durchgeführte ÖPNV (Schiffspersonennahverkehr) und die Beförderung mit Seilbahnen. Diese weisen sehr viele Besonderheiten auf und sind häufig verkehrlich nach den Fahrzeiten und auch tariflich in der Regel nicht in ein ÖPNV-System integriert. Sie werden gesondert unter dem Begriff „sonstiger ÖPNV" (SÖPNV) eingeteilt. Für diese ist auch das in der Arbeit entwickelte Kenngrößensystem nicht zutreffend.

Die Gliederung der Begriffe zur Einteilung und Abgrenzung des ÖPNV können der Abbildung 1 entnommen werden.

Abbildung 1: Begriffe zur Einteilung und Abgrenzung des ÖPNV

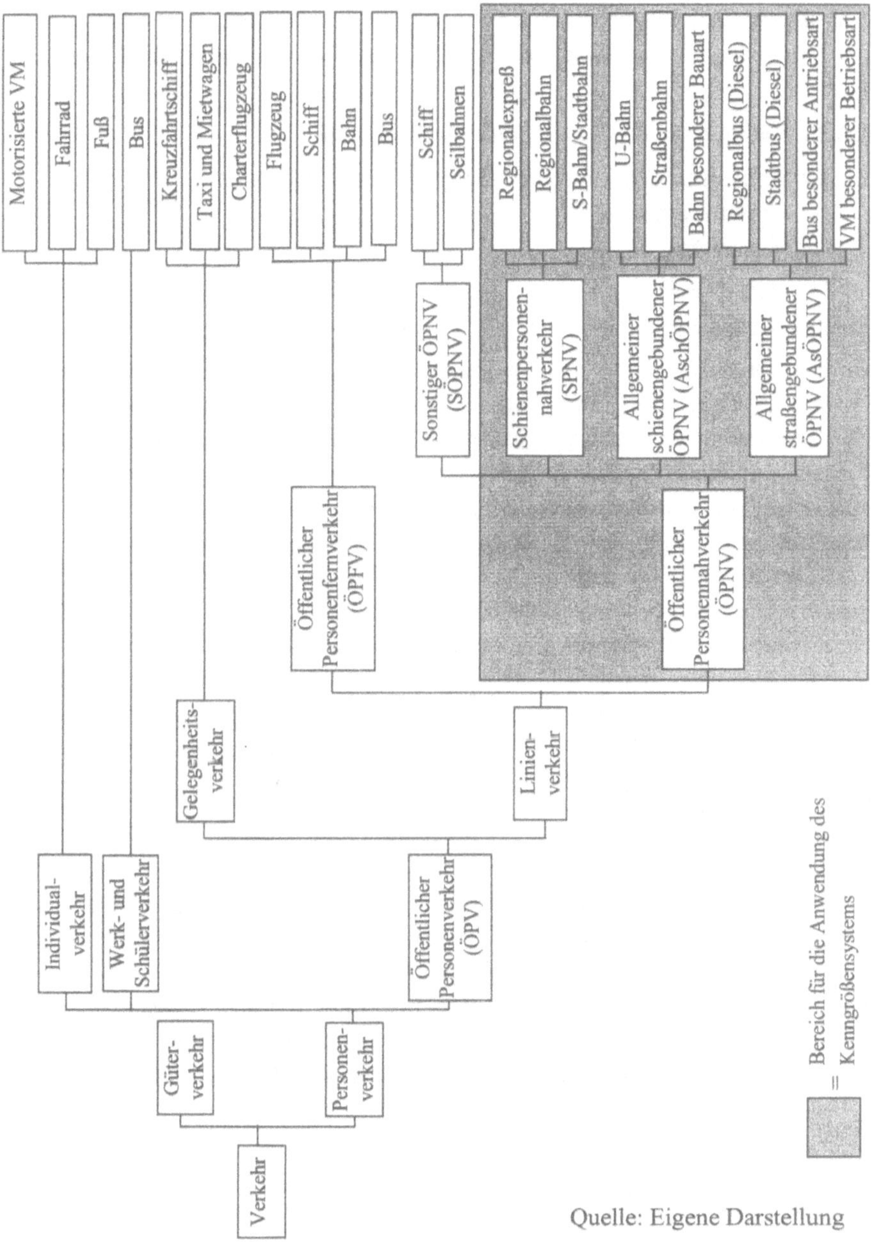

Quelle: Eigene Darstellung

I.A.2 Definitionen von allgemeinen Kenngrößen im ÖPNV

Die allgemeinen Kenngrößen des ÖPNV werden eingeteilt in die, die Art und Ausmaß der Verkehrsnachfrage und die, die Art und Ausmaß des Verkehrsangebotes beschreiben.

I.A.2.a Definitionen von Kenngrößen der Nachfrage

Bei der Verkehrsnachfrage sind drei Kenngrößen von Bedeutung:
- Verkehrsaufkommen,
- Verkehrsleistung,
- Verkehrsleistungsart.

Verkehrsaufkommen

Das Verkehrsaufkommen ist einer von drei die Nachfrage charakterisierenden Begriffen. Er wird im allgemeinen Sprachgebrauch besonders bei der Beschreibung einer Verkehrssituation in den Straßenverkehrsnachrichten verwendet. Dabei wird ein erhöhtes Verkehrsaufkommen mit einer bestimmten Anzahl von Pkw in entsprechenden Straßenabschnitten, der Verkehrsdichte, gleichgesetzt. Tatsächlich gemeint ist also das Verkehrsmittelaufkommen, für das als Synonym Verkehrsaufkommen verwendet wird. Verkehrsaufkommen im fachlichen Kontext ist jedoch das Aufkommen der Anzahl von Personen, die einen bestimmten Verkehrsquerschnitt pro Zeiteinheit zu Fuß oder mit einem Verkehrsmittel passieren. Die Menge des Verkehrsaufkommens im ÖPNV wird in vielen Statistiken „traditionell" unter dem Ausdruck „Beförderungsfälle" angegeben. Im Zuge der marktorientierten Neuordnung des ÖPNV stößt die Bezeichnung eines zahlenden Benutzers des ÖPNV als „Beförderungsfall" zunehmend auf Vorbehalte und wird durch „Fahrgäste" oder „Kunden" ersetzt.

Verkehrsleistung

Die Verkehrsleistung ist die zweite Kenngröße, die der Beschreibung des Umfangs der Nachfrage dient. ILLETSCHKO[1] vertritt die Auffassung, daß unter Verkehrsleistung der Prozeß der verkehrsbetrieblichen Leistungserstellung zu verstehen ist, eine Auffassung, die jedoch nicht mehr üblich ist. Von DIEDERICH[2] wird das Verständnis des Begriffs „Leistung" in der allgemeinen Betriebswirtschaftslehre als Ergebnis eines Produktionsprozesses[3] auf die Verkehrsleistung übertragen. Er definiert sie als die vollzogene Veränderung des Aufenthaltsortes von Personen oder Gütern, allgemein von Ob-

---

[1] Vgl. ILLETSCHKO, L.: 1957, S. 6.
[2] Vgl. DIEDERICH, H.: 1977, S. 30.
[3] Vgl. WÖHE, G.: 1973, S. 399.

jekten, das heißt als Ergebnis des Prozesses der Ortsveränderung. Die Verkehrsleistung wird also durch drei Komponenten charakterisiert:

- Transportobjekt (im ÖPNV besser als Transportsubjekt zu bezeichnen),
- ursprünglicher Aufenthaltsort,
- neuer Aufenthaltsort.

PETERS leitet daraus ab, daß Verkehrsleistungen durch das Verkehrsunternehmen erstellt werden und die Menge von den beförderten Personen und von der Anzahl der bedienten Stationen beziehungsweise Haltestellen bestimmt wird.

> „Es ist für den Verkehrsbetrieb in vielen Fällen von geringer Bedeutung oder wird von ihm als relativ bedeutungslos angesehen, ob die von ihm erstellten Verkehrsleistungen gleich oder nicht gleich sind. Diese Aussage gilt bis zu einem gewissen Grade besonders im Bereich der Leistungserstellung im ÖPNV. Die hier im allgemeinen anzutreffende Massenhaftigkeit der Leistungserstellung macht es dem ÖPNV-Betrieb unmöglich, eine Differenzierung nach den unterschiedlich beförderten Personen oder auch nur Personengruppen vorzunehmen. Er wird bei seinen Überlegungen zur Gestaltung der Leistungserstellung auch nicht-gleiche Verkehrsleistungen zusammenfassen.“ [4]

Nach Auffassung des Autors ist es jedoch falsch, wenn davon die Rede ist, daß Verkehrsleistungen erstellt oder erbracht werden. Verkehrsleistungen können nicht erstellt werden, sondern sie entstehen. Sie sind Folge unabhängiger und von einer Vielzahl von Faktoren bestimmter Entscheidungen der potentiellen Nachfrager nach einer Beförderung. Im allgemeinen wird die Verkehrsleistung mit der Dimension Personenkilometer angegeben. Die Komponenten „ursprünglicher Aufenthaltsort“ und „neuer Aufenthaltsort“ sind als grundsätzliche Charaktermerkmale für die Verkehrsleistung nicht erforderlich. Relevant für die Verkehrsleistung ist nicht der Start- und Zielort, sondern der Abstand zwischen beiden, das heißt das Ausmaß der Ortsveränderung. Eine Differenzierung der einzelnen Haltestellen eines Verkehrsgebietes wird für die Darstellung der Verkehrsleistung nicht gebraucht. (Die Verkehrsleistung im Verständnis von PETERS wird bei den Angebotsgrößen als Betriebsleistung bezeichnet und abgehandelt.)

Die Verkehrsleistung ist folglich das Ergebnis zweier Komponenten:

- Anzahl der Transportobjekte, das heißt im ÖPNV Anzahl der „Transportsubjekte",
- Ausmaß der Ortsveränderungen in Kilometern.

---

[4] PETERS, S.: 1985, S. 188.

Es darf nicht unerwähnt bleiben, daß im Einklang mit dem grundlegenden Verständnis der Physik die Leistung als Arbeit pro Zeiteinheit definiert wird, und deshalb auch bei der Angabe der Verkehrsleistung die Zeiteinheit prinzipiell als Bezugsgröße erforderlich wäre.

Verkehrsleistungsart

Im Gegensatz zu der Definition der Verkehrsleistung sind bei der Verkehrsleistungsart der ursprüngliche und der neue Aufenthaltsort zwei wichtige Charakterisierungsmerkmale. DIEDERICH vertritt dabei die Auffassung, daß eine Verkehrsleistungsart nur in dem Fall gleich ist, wenn alle drei Parameter gleich sind:

> „Es gibt also so viele Verkehrsleistungsarten wie mögliche Kombinationen von alten und neuen Aufenthaltsorten und Objekten beziehungsweise Haltestellen. Sobald sich eine Verkehrsleistung von einer anderen nur in einem der drei Merkmale unterscheidet, gehören die beiden nicht mehr zu derselben Verkehrsleistungsart, die beiden Leistungen sind untereinander nicht gleich.“ [5]

Im Gegensatz dazu abstrahiert PETERS die Verkehrsleistungsart vom Transportsubjekt. Er spricht bei der Differenzierung nur von Haltestellen, jedoch nicht von unterschiedlichen beförderten Personen oder Personengruppen.

> „Alle auf einer Verkehrsrelation, also der verkehrsmäßigen Verbindung zwischen zwei Stationen beziehungsweise Haltestellen A und B des Verkehrsnetzes in der Richtung von A nach B erstellbaren Verkehrsleistungen sollen als Verkehrsleistungsart (A, B) bezeichnet werden.“ [6]

Eine Verkehrsleistungsart ist demzufolge gleich, wenn eine Beförderung über dieselbe Relation zwischen zwei gleichen Stationen erfolgt, unabhängig vom Beförderungsgut. Das heißt es können verschiedene Personen oder auch Pakete sein, die Verkehrsleistungsart ist identisch.

Die Ansichten von DIEDERICH und PETERS gehen nicht mit dem Begriffsverständnis des Autors von der Verkehrsleistungsart konform. Im Gegensatz zu PETERS ist besonders auch die Art des Transportobjektes von grundsätzlichem Interesse. Abgesehen davon, daß völlig unterschiedliche Gegenstände Transportobjekte sein können, ist im ÖPNV für die Transportsubjekte eine Unterscheidung aufgrund des unterschiedlichen Mobilitätsverhaltens von Personen (Rentner oder Jugendliche, Kinder oder Pendler,

---

[5] DIEDERICH, H.: 1977, S. 31.
[6] PETERS, S.: 1968, S. 87.

Frauen oder Männer) im Hinblick für die Betriebsstrategien und auch die Fahrpreisgestaltung relevant. Von DIEDERICH unterscheidet sich die Auffassung des Autors, daß eine Verkehrsleistungsart nicht durch eine unterschiedliche Person ungleich wird, sondern durch die Angehörigkeit zu einer unterschiedlichen Personengruppe. Weiterhin vertritt der Autor die Meinung, daß bei der Unterscheidung einer Verkehrsleistungsart auch das verwendete Verkehrsmittel eine Bedeutung hat. Eine Verkehrsleistungsart im ÖPNV wird demnach durch folgende Faktoren bestimmt:

- Art der Transportsubjekte nach betriebsrelevanten Kriterien (Rentner, Studenten, etc.),
- Haltestellen,
- Verkehrsmittel.

I.A.2.b Definitionen von Kenngrößen des Angebotes

Beim Verkehrsangebot sind folgende Kenngrößen zu unterscheiden:

- Betriebsleistung,
- Marktleistung,
- Fahrleistung (Verkehrsmittelleistung),
- ÖPNV-Leistung beziehungsweise ÖPNV-Gesamtleistung.

Betriebsleistung

Nach WALTHER[7] versteht man unter einer Betriebsleistung eine für Dritte bestimmte und erstellte Leistung, die aber von einem Dritten noch nicht abgenommen worden ist. Die Betriebsleistung wird mit der Einheit Nutzplatzkilometer angegeben. Ein Nutzplatzkilometer wird durch die Bewegung eines Fahrgastplatzes über die Strecke eines Kilometers erzeugt. Durch diese Größe wird die spezifische Platzkapazität der jeweiligen Verkehrsmittel bei der Bedienung berücksichtigt. Sie differiert sehr zwischen den einzelnen Verkehrsmittel aber auch zwischen den einzelnen Fahrzeugtypen mit der je nach Hersteller oder Baujahr unterschiedlichen Aufteilung der Sitz- und Stehplätze im Fahrgastraum. Bei der Verwendung der Größe wird im allgemeinen nicht zwischen Sitzplatz- und Stehplatzkilometer unterschieden, sondern sie wird als Summe angegeben, wobei eine Platzbeanspruchung für den Stehplatz von 0,25 Quadratmeter pro Person zugrunde gelegt wird. Diese Angabe als Pauschalwert ist im Hinblick auf die Beurteilungsmöglichkeit der Qualität einer Betriebsleistung sehr kritisch zu bewerten. Besonders vor dem Hintergrund, daß es im konkurrierenden Individualverkehr nur (garantier-

[7] Vgl. WALTHER, A.: 1959, S. 237.

te) Sitzplätze gibt, ist sie insofern korrekturbedürftig als eine getrennte Ausweisung der Betriebsleistung nach Sitzplätzen und Stehplätzen erforderlich ist.

Grundsätzliches Charakteristikum der Betriebsleistungen im Dienstleistungsbereich, und damit auch der im Verkehrsbereich, ist, daß sie sich nicht speichern lassen.[8] Zudem können keine Betriebsleistungen auf Vorrat erstellt werden. Dies kommt im ÖPNV besonders zum Tragen, da sowohl im Jahresverlauf als auch im Tagesverlauf starke Schwankungen zwischen nachfrageschwachen Perioden und Verkehrsspitzen auftreten. ÖPNV-Betriebe haben darüberhinaus eine weitere Einschränkung durch die erforderliche Bereitstellung einer Grundstruktur unabhängig von Nutzungsintensitäten und der fehlenden Teilbarkeit der eingesetzten Betriebsmittel wie zum Beispiel von Fahrzeugen, die unabhängig von der Größe von einem Fahrer geführt werden müssen.[9]

Marktleistung

Eine Marktleistung ist nach WALTHER[10] eine vom Markt abgenommene, zuvor vom Betrieb erstellte Leistung. PETERS vertritt die Auffassung, daß bei Betrieben im ÖPNV, die verkehrliche Dienstleistungen anbieten, für den Markt bestimmte Betriebsleistungen im Sinne von WALTHER nicht denkbar sind, sondern jede erstellte Leistung sofort eine Marktleistung ist. Dies begründet er wie folgt:

> „Aufgrund des fehlenden Transportobjektes kann niemals eine Leistung entstehen, die für den Bedarf Dritter bestimmt ist, da eine Komponente dieser Leistung, nämlich das Transportobjekt nicht existiert. (...) Solange der betreffende Fahrgastplatz nicht von einer Person besetzt ist, kann durch seine Bewegung keine Verkehrsleistung entstehen, da das Transportobjekt als unverzichtbare Komponente der Verkehrsleistung fehlt, und damit auch keine Betriebsleistung, die für Dritte bestimmt ist.“ [11]

Dieser Argumentation kann unter der Auffassung, daß im ÖPNV der Fahrgast der Abnehmer der Ware beziehungsweise Dienstleistung ist, nicht gefolgt werden. Vergleichsweise würde jedes Bett als eindeutige Betriebsleistung eines Schreiners nur produziert werden, wenn bereits der Käufer feststeht. In diesem Sinn wäre der Markt ein reiner „Auftragsmarkt“. Im Verkehrsmarkt ist dies im Gelegenheitsverkehr, zum Beispiel im nicht freigestellten Schülerverkehr, der Fall, jedoch nicht im Linienverkehr. Der ÖPNV-Betrieb trägt das Risiko, daß ein von ihm erstelltes Fahrtangebot (Betriebsleistung) nicht

---

[8] Vgl. PETERS, S.: 1985, S. 103.
[9] Vgl. PETERS, S.: 1985, S. 116.
[10] Vgl. WALTHER, A.: 1959, S. 237.
[11] PETERS, S.: 1985, S. 189.

genutzt wird, das heißt, daß ein Bus eine Leerfahrt hat, genauso wie der Schreiner das Risiko trägt, daß er die Betriebsleistung „Bett“ nicht absetzen kann.

CLAUSSEN hingegen definiert die Betriebsleistung allgemein als „Leistungsprozeß ohne Transportobjekte“.[12] SZYPERSKI legt eine genaue Begriffsbestimmung und -unterscheidung vor, die auch in dieser Arbeit zur Grundlage gemacht wird:

> „Produzierte Dienstleistungen (Betriebsleistungen), die nicht abgenommen werden, sind unverwertbar. Daher ist es im Verkehr wichtig, sie von abgenommenen Leistungen (Marktleistungen) zu unterscheiden. Dessenungeachtet wäre es zu einfach, nicht in Anspruch genommene Betriebsleistungen durchweg als verloren anzusehen. Außer abgegebenen Nutzleistungen gibt es Bereithaltungsleistungen, deren Erzeugung für potentielle Nachfrager insoweit von Wert ist, als sie im Bedarfsfall auf sie hätten zurückgreifen können und wollen.“ [13]

Die Marktleistung ist also das von den Nachfragern (Fahrgästen) über eine bestimmte Distanz genutzte Betriebsleistungsangebot der Betriebe. Sie ist bezüglich der Quantität identisch mit der Verkehrsleistung, erfordert jedoch aufgrund der unterschiedlichen Zuordnung eine unterschiedliche Einheit, die der Platzkilometer, und demzufolge auch eine andere Bezeichnung. Die Division der Marktleistung (Platzkilometer) durch die Betriebsleistung (Nutzplatzkilometer) beziehungsweise der Verkehrsleistung (Personenkilometer) durch die Betriebsleistung (Nutzplatzkilometer) ergibt den Auslastungsgrad eines Verkehrsmittels beziehungsweise des ÖPNV in Prozent.

Fahrleistung (Verkehrsmittelleistung)

Mit der Definition, Abgrenzung und Verwendung der Begriffe von Betriebs- und Marktleistung wird jedoch nicht eine weitere Größe abgedeckt, die für die Beschreibung der Grundcharakteristik des Angebotes erforderlich ist. Sie hat die in vielen Statistiken aufgeführte Dimension „Wagen- beziehungsweise Zugkilometer“, die teils keine Benennung erfährt und teils unter Betriebsleistung subsumiert wird, wie zum Beispiel im Geschäftsbericht des Regensburger Verkehrsverbundes (RVV)[14]. Die Betriebsleistung kann jedoch nicht durch mehrere unterschiedliche Dimensionen ausgedrückt werden, da ohne strikte Zuordnung von Begriffen, Dimensionen und Kenngrößen eine Eindeutigkeit unterbleibt. Die für die Dimension entsprechende Kenngröße, die besonders für Betriebseffizienz und Betriebskosten relevant ist, wird in dieser Arbeit mit Fahrleistung

[12] CLAUSSEN, T.: 1979, S. 245 ff.
[13] SZYPERSKI, N.: 1989, Spalte 2162.
[14] Vgl. RVV: 1995, S. 9.

(Verkehrsmittelleistung) definiert.

Die Fahrleistung wird durch die allgemeine Einheit Kilometer ausgedrückt. Sie beschreibt die Summe der mit dem jeweiligen Verkehrsmittel gefahrenen Kilometer. Zur Berücksichtigung zweier grundsätzlicher Unterschiede bei den schienengebundenen und straßengebundenen Verkehrsmitteln bedarf es einer Differenzierung in Wagen- beziehungsweise Zugkilometer. Eine Verkehrsmittelleistung eines Busses kann aufgrund der Benennung nicht mit der Einheit Zugkilometer ausgedrückt werden. Im Gegensatz zu Bussen besteht ein Zug aus mehreren Wagen, wodurch es bei der Anwendung des Begriffs Wagenkilometer zu Mißverständnissen kommen könnte. Bei der Angabe der Gesamtfahrleistung beider Verkehrsmittel oder bei der zugspezifischen Verwendung der Einheit Wagenkilometer bedarf es der Verständnisgrundlage, daß bei Zügen nur die Fahrleistung des Zuges insgesamt unabhängig von der Anzahl der Wagen gemeint ist. Die Dimension Wagenkilometer beinhaltet nicht den Faktor „Platz", der bei den Betriebsleistungen durch Multiplikation mit der gesamten Anzahl der Plätze (Nutzplatzkilometer) und bei den Marktleistungen (Platzkilometer) durch Multiplikation mit den über eine entsprechende Distanz besetzten Plätze ausgedrückt wird.

Die Fahrleistung eines Verkehrsmittels muß dreifach unterschieden werden:

- Linienfahrleistung
  Grundlage für die zur Produktion relevante Fahrleistung im ÖPNV ist die Linienlänge. In der Gesamtheit der Linienlängen kommt das Grundnetz zum Ausdruck, auf dem ÖPNV betrieben wird. Die Linienkilometer werden durch die räumliche Verteilung, das heißt durch das „Nettogrundnetz" und die Anzahl der Linien auf bestimmten Streckenabschnitten, und die zeitliche Verteilung, das heißt die Häufigkeit der Fahrten auf einer Linie, bedingt. Die für die Produktion und für die Leistungen im ÖPNV relevante Größe der Fahrleistung wird durch die Dimension Wagen- beziehungsweise Zuglinienkilometer ausgedrückt. Sie beschreibt die Summe der mit den jeweiligen Verkehrsmitteln auf den Linien gefahrenen Kilometern.
- Leerfahrtenfahrleistung
  Eine Differenzierung muß aufgrund von Leerleistungsprozessen durch die Ein- und Ausrückfahrten erfolgen. Dabei subsummiert PETERS[15] unter Leerleistungsprozesse auch die im Linienverkehr ungenutzten Platzkapazitäten, die jedoch in dieser Arbeit nicht unter die Leerfahrtenleistung fallen. Mit ihr werden allein die Fahrten ohne Nutzungsmöglichkeit für Dritte ausgedrückt, weil ungenutzte Platzkapazitäten einen

[15] Vgl. PETERS, S.: 1985, S. 191.

Bereithaltungsnutzen für die tatsächlichen und potentiellen Fahrgäste darstellen, denen direkt keine Leerfahrtenkosten und -erträge gegenübergestellt werden können. Während in zahlreichen Büchern der Verkehrsbetriebswirtschaft auf diese für den Betrieb wichtige Größe nicht weiter eingegangen wird, verwendet BENDIXEN[16] als begrifflichen Terminus technicus die „Betriebsmittel-Leistung". Die Betriebsmittel-Leistung wird dabei als Ortsveränderung von Fahrzeugen ohne Transportobjekte und somit auf die Fahrten ohne Beförderungszweck reduziert verstanden. Abgesehen davon, daß „Betriebsmittel" ein zu verallgemeinernder Begriff ist, da neben den Verkehrsmitteln auch noch viele andere betriebliche Einsatzfaktoren unter den Begriff Betriebsmittel fallen wie zum Beispiel die Kraftstoffe, ist die Verwendung des Begriffs zudem nicht aussagetreffend, da unter Betriebsmittel-Leistung (Verkehrsmittel-Leistung) die Gesamtzahl aller Kilometer eines Verkehrsmittels verstanden werden kann und nicht eine nur auf Leerfahrten begrenzte Fahrleistung.

- Gelegenheitsfahrleistung
  Eine weitere Unterscheidung wird auch durch den zunehmenden Verkehrsmitteleinsatz der Verkehrsunternehmen in anderen Geschäftsfeldern bedingt, zum Beispiel Tourismus, Kultur (Theaterfahrten) oder sonstigen Betriebsleistungen (Schienenersatzverkehr). Die Dimension für diese Fahrleistungen ist der Wagen- beziehungsweise Zug-Gelegenheitskilometer.

ÖPNV-Leistung

Die Betriebsleistung mit der Dimension Nutzplatzkilometer kann das ganze Ausmaß der Leistung des ÖPNV nur in einem begrenzten Verständnis ausdrücken. Tatsächlich umfaßt die Leistung das gesamte verkehrliche Angebot, für das auch alle qualitativen Bedienungsfaktoren einbezogen werden müssen wie zum Beispiel Pünktlichkeit, Sauberkeit, Komfort, etc. Zur Unterscheidung bedarf es daher des zusätzlichen Begriffs der ÖPNV-Leistung. Die ÖPNV-Leistung ist das Ergebnis des Leistungserstellungsprozesses in der Summe aller Faktoren, die zur Erstellung der Quantität und Qualität der Betriebsleistung erbracht werden. Für das gesamte Angebot der ÖPNV-Leistung sind seit der Neuordnung des ÖPNV hoheitliche Aufgabenträger verantwortlich. Dabei besteht eine gewisse Problematik darin, daß die Kommunen nur für den allgemeinen ÖPNV zuständig sind und für den SPNV die deutschen Länder beziehungsweise die von diesen bestimmten Zweckverbände. Die SPNV-Leistungen in einem Verkehrsgebiet gehören zwar zur Gesamt-Leistung dazu, aber der jeweilige kommunale Aufgabenträger hat geringe Einflußmöglichkeiten auf eine Verbesserung. Vor diesem

[16] Vgl. BENDIXEN, P.: 1966, S. 60.

Hintergrund müssen diese oftmals einen gesonderten Posten mit einer eigenen Bewertung einnehmen.

ÖPNV-Gesamtwirtschaftsleistung

Zusätzlich zu den qualitativen Faktoren spielen im ÖPNV die externen Effekte eine große Rolle, das heißt, das Angebot muß „ganzheitlich" betrachtet werden. Die Verbesserungen, die ein guter ÖPNV zum Beispiel für die Luftqualität und die Lärmsituation durch geringere Schadstoffemissionen und weniger Lärm bei gleicher Verkehrsleistung in einer Stadt bewirkt, oder auch der Beitrag des ÖPNV für einen guten Verkehrsfluß mit weniger Stau und geringerem Zeitaufwand für die Verkehrsteilnehmer zur Durchführung ihrer Mobilität müssen ebenfalls in einer Bewertung (gesondert) formuliert werden können. Diesbezüglich muß auch zur Differenzierung zusätzlich eine weitere Kenngröße begrifflich abgegrenzt werden. Da in Zusammenhang mit der Einbeziehung externer Effekte auch der Begriff einer gesamtwirtschaftlichen Betrachtungsweise verwendet wird, wird in dieser Arbeit die ÖPNV-Gesamtleistung als Ausdruck definiert, wenn bei der Bewertung des ÖPNV-Angebotes externer Effekte berücksichtigt werden.

Die oben erläuterten Leistungsgrößen des ÖPNV und ihre mathematischen Zusammenhänge sind in der folgenden Abbildung 2 zusammengefaßt.

Abbildung 2: Leistungsgrößen des ÖPNV und ihre mathematischen Zusammenhänge

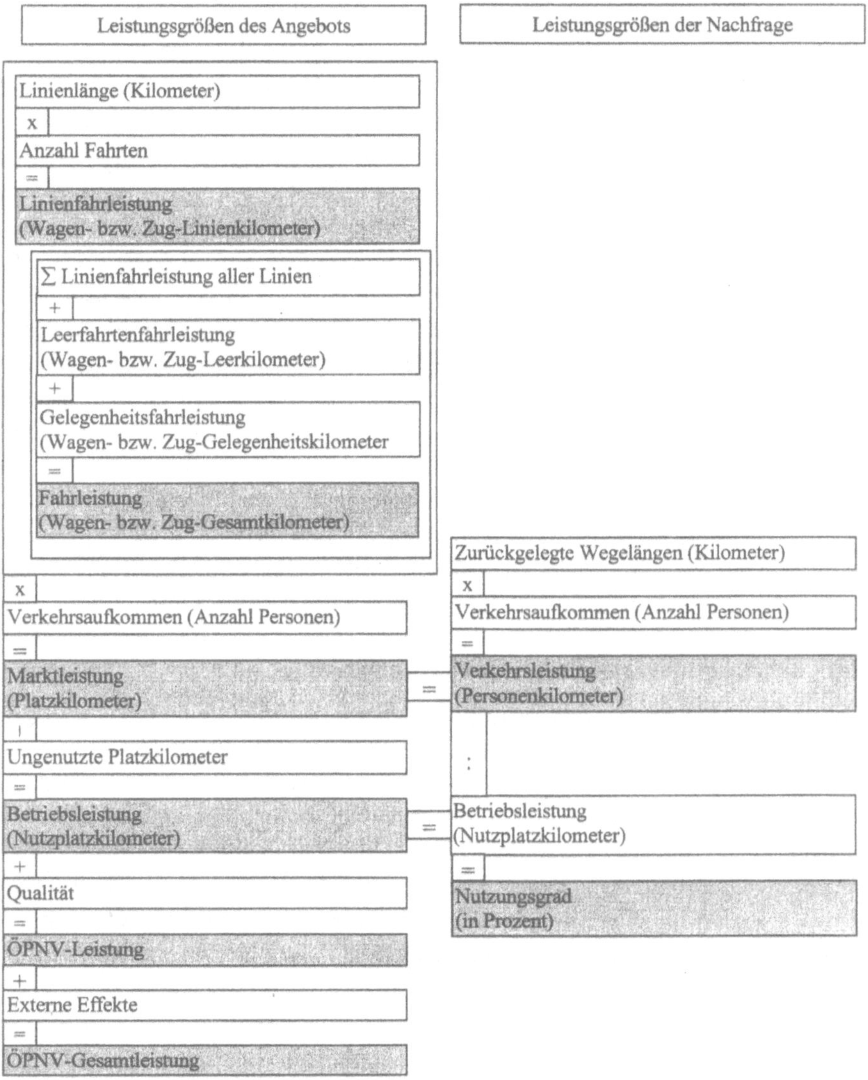

Quelle: Eigene Darstellung

I.B Bestimmung der Themenstellung

Nach den umfassenden Veränderungen im ÖPNV in Deutschland rücken Gesichtspunkte von dessen Wirtschaftlichkeit zunehmend in den Vordergrund. Für die Aufgabenträger stellt sich die Frage, ob die in ihrem zu verantwortenden Verkehrsgebiet tätigen Verkehrsunternehmen für die Finanzmittel, die sie aus öffentlichen Haushalten erhalten, im Vergleich zu anderen Verkehrsgebieten eine adäquate Leistung erbringen oder aufgrund mangelnder Effizienz eine Leistungslücke besteht, das heißt, ob ein gutes oder ein schlechtes Kosten-Leistungs-Verhältnis in dem jeweiligen Verkehrsgebiet existiert. Dabei können die Aufgabenträger ihre Chancen durch die neuen Zuständigkeiten noch nicht richtig nutzen. Dies liegt teilweise an einer fehlenden Fachkompetenz für die Erzielung von Verbesserungen, die auf einer großen Wissenslücke über den Stand des eigenen ÖPNV im Vergleich zu anderen Verkehrsgebieten beruht. Damit stellt sich die Frage nach der Möglichkeit, diese Wissenslücke zu schließen und Kenntnisse über ÖPNV-Standards, ihre Bewertung und ihre Vergleichbarkeit zu gewinnen, um öffentliche Finanzmittel nicht zu verschwenden und den Bürgern die bestmöglichen ÖPNV-Leistungen für eine bestimmte Summe anbieten zu können. Auf der Suche nach einer geeigneten Methode der Bewertung eines ÖPNV-Systems stößt man auf das in Unternehmen anderer Branchen eingesetzte und bereits gut erprobte Managementinstrument Benchmarking.

I.B.1 Themenstellung und damit verbundene Probleme

Die zentrale Themenstellung der vorliegenden Arbeit ist die Schaffung von Grundlagen für den Einsatz des Management-Instrumentes Benchmarking zur umfassenden Beurteilung eines ÖPNV-Systems. Diesbezüglich wird ein Kenngrößensystem entwickelt, in das alle Aspekte eingeordnet werden können, sowohl gesamtwirtschaftliche, das heißt externe Effekte, als auch einzelwirtschaftliche, das heißt Betriebsleistungen der Verkehrsunternehmen und die Qualität der ÖPNV-Leistungen in den einzelnen Verkehrsgebieten. Dazu werden für die einzelnen Einflußfaktoren im System Kenngrößen für deren Meßbarkeit definiert, die einen Vergleich zwischen verschiedenen Verkehrsgebieten ermöglichen.

Die ÖPNV-Leistung in einem Verkehrsgebiet, die in den Grenzen eines Aufgabenträgers organisiert und bestellt wird, setzt sich aus Teilleistungen unterschiedlicher Verkehrsunternehmen zusammen. Sowohl das erheblich variierende Engagement und die fachliche Kompetenz der Aufgabenträger als auch die unterschiedlichen Rahmenbedingungen für Nachfrage und Angebot sowie die Leistungskraft der Verkehrsunternehmen bewirken in den einzelnen Verkehrsgebieten unterschiedliche Situationen im ÖPNV, die eine Vergleichbarkeit der ÖPNV-Leistungen nicht ohne intensive Recherchen ermöglichen. Das Problem der Wertung von Merkmalen sowie die fehlenden operativen Kenngrößen tragen zu der Schwierigkeit einer Evaluierung bei.

Bei einer Bewertung des Gesamtsystems ÖPNV in einem kommunalen Verkehrsgebiet ergibt sich durch die vielfältigen Einflußfaktoren und die sich daraus ergebenden vielen Konstellationen im kommunalen ÖPNV-Markt einer Stadt und eines Landkreises das Problem der Abgrenzung. Eine Identifizierung der Gründe, welche positiven Effekte auf die organisatorische Qualität und die effektive Durchführung des ÖPNV seitens des Aufgabenträgers zurückzuführen sind, und welche durch andere Einflüsse hervorgerufen werden, wird zunehmend schwieriger, da eine Erfassung von Daten für Kenngrößen aufgrund der Möglichkeit von Ausschreibungen bei immer mehr und häufiger wechselnden Verkehrsunternehmen stattfinden muß.

In der Arbeit wird das theoretische Grundprinzip zugrunde gelegt, daß in einem Verkehrsgebiet eine ÖPNV-Gesamtwirtschaftsleistungsbilanz erstellt wird. Das bedeutet, daß ein Aufgabenträger einen Zusammenschluß sämtlicher Verkehrsunternehmen verkörpert, die in seinem Auftrag Betriebsleistungen erstellen, und darüberhinaus diese Betriebsleistungen steuert und durch weitere Leistungen ergänzt. Der Aufgabenträger nimmt also eine Holding-Funktion ein. Mit Beauftragung der Verkehrsunternehmen durch die Aufgabenträger zur Erbringung von Betriebsleistungen, werden diese dem Aufgabenträger in den Dienst gestellt. Damit sind die Verkehrsunternehmen auch in ihrem eigenen Interesse mit dem Erfolg des ÖPNV in dem Verkehrsgebiet verhaftet und bringen dazu auch ihre betrieblichen, verkehrlichen und finanziellen Ressourcen mit ein. In diesem Verständnis sind bei einem Benchmarking des ÖPNV-Systems für das Verkehrsgebiet der Aufgabenträger sowohl die wirtschaftlichen Grundgrößen der Verkehrsunternehmen einzubeziehen, die für die Beurteilung zugeordnet werden müssen, als auch die zusätzlichen Größen, die vom Aufgabenträger zur Steigerung der qualitativen Größen und der Erstellung der gesamten ÖPNV-Leistung beigetragen werden. Darüberhinaus muß im Zusammenhang mit einer ganzheitlichen Betrachtungsweise und der Pflicht zur Daseinsfürsorge für die Bürger der Aufgabenträger im Auge haben, welche Vorteile der ÖPNV für das gesamtwirtschaftliche Wohlergehen des Verkehrsgebietes bringt. Deshalb wird auch die Möglichkeit erarbeitet, externe Effekte zwischen den Verkehrsgebieten zu vergleichen.

Dieses Grundprinzip wirft konkret bei der Umsetzung die Frage der Bewertung und Abgrenzung der Größen auf. Die besondere Problematik treffen dabei die gesamtwirtschaftlichen Effekte, die in ihren Einflüssen und Auswirkungen schwer auf ein Verkehrsgebiet begrenzt werden können. Aber auch die betriebswirtschaftliche Bewertung der ÖPNV-Leistungen ist im Gegensatz zu einer abgegrenzten Einheit eines Unternehmens mit speziellen Fragestellungen verbunden, da sie ein Konglomerat von vielen schwer abgrenzbaren Teilleistungen der agierenden Verkehrsunternehmen sind. Die Zuordnung sowie Umverteilung der Betriebsleistungen auf vergleichbare Basen ist dabei besonders schwierig. Da die Geschäftstätigkeit von zahlreichen Verkehrsunternehmen nicht auf ein Verkehrsgebiet beschränkt ist und Betriebsleistungen auch jenseits der Grenzen des Aufgabenträgers erbracht werden, stellt sich das Problem, wie die betriebswirtschaftlichen Faktoren ermittelt und mit welchem Schlüssel sie verteilt werden. Zudem sind bei der Dienstleistung ÖPNV auch besonders viele Aspekte, die die Qualität einer Verkehrsleistung ausmachen, zu berücksichtigen, deren Bewertung eine spezielle Problematik darstellt.

Ein konkretes Beispiel für die Problematik bei verkehrsunternehmensbezogenen Einflußfaktoren ist, daß bei den Geschäftsberichten der Verkehrsunternehmen die gesamten „Beförderungsfälle“ und erbrachten Betriebsleistungen aufgeführt werden und nur den gesamten Aufwand und Ertrag ausweisen. Da die Verkehrsunternehmen aber oftmals in mehreren Verkehrsgebieten zugleich Betriebsleistungen erbringen und zudem noch teilweise verkehrliche Dienstleistungen im Gelegenheitsverkehr durchführen, kann eine Information, zum Beispiel mit welchem Personalaufwand die in den Grenzen eines bestimmten Verkehrsgebietes produzierten Betriebsleistungen erbracht wurden, schwer nachvollzogen werden. Ein weiteres Beispiel betrifft die Beurteilung von wirtschaftlicher Effizienz von Zuschüssen der öffentlichen Hand für Betriebsleistungen und Investitionen und deren Verhältnis zueinander. Diesbezüglich besteht beim Aufgabenträger eine lückenhafte Übersicht darüber, wie hoch die Förderung von Investitionen im ÖPNV für das gesamte Verkehrsgebiet ist, da die Investitionstätigkeit im Verantwortungsbereich der Verkehrsunternehmen liegt und die Beantragung der Mittel über verschiedene Verwaltungsstellen läuft. Vice versa liegen den Stellen, die Mittel für Investitionen genehmigen, keine Daten über Zuschüsse für Betriebsleistungen vor. Inwieweit Betriebszuschüsse von der öffentlichen Hand für Investitionen herangezogen werden oder öffentliche Finanzmittel für Investitionen für andere Geschäftsfelder, entzieht sich einer notwendigen Transparenz.

In Verbindung mit den einzelwirtschaftlichen und gesamtwirtschaftlichen Aspekten des ÖPNV eröffnen sich viele Fragen, die mit der Anwendung des in dieser Arbeit entwickelten Kenngrößensystems und der damit verbundenen Definition von Kenngrößen zur Bewertung der zahlreichen Einflußfaktoren beantwortet werden sollen. Von diesen werden beispielsweise hier sieben aufgeführt:

- Welchen Anteil haben die Betriebsleistungen im ÖPNV bei der Reduzierung der Lärmbelastung in einem Verkehrsgebiet?
- In welchem Ausmaß wird der Energieumsatz für die Verkehrsleistungen in einem Verkehrsgebiet durch die Betriebsleistungen im ÖPNV beeinflußt?
- In welchem Umfang wird in einem Verkehrsgebiet die Verkehrssicherheit durch den ÖPNV gefördert?
- Wie ist ein neuer Betriebshof mit Waschhalle außerhalb des Verkehrsgebietes zu bewerten, der aber auch Fahrzeugen zugute kommt, die im Verkehrsgebiet eingesetzt werden?
- Wie ist die Investition eines Niederflurbusses von einem Verkehrsunternehmen in der Bewertung des ÖPNV in einem Verkehrsgebiet abzugrenzen, der zugleich auch außerhalb des Verkehrsgebietes verkehrt?
- In welches Verkehrsgebiet fließen die meisten Betriebsleistungs- und Investitionszuschüsse von der öffentlichen Hand, und welche Verbesserungen bringen diese für den ÖPNV?
- Wie hoch ist der Pünktlichkeitsgrad des ÖPNV in einem Verkehrsgebiet?

I.B.2 Abgrenzung der Themenstellung

Der Anwendungsbereich der in der vorliegenden Arbeit behandelten Fragestellung betrifft den Linienverkehr im SPNV, im allgemeinen straßengebundenen ÖPNV und im allgemeinen schienengebundenen ÖPNV, der in das ÖPNV-System eines kommunalen oder staatlichen Aufgabenträgers integriert ist. Der Gelegenheitsverkehr wie zum Beispiel der freigestellte Schülerverkehr oder spezielle touristische Angebote wie zum Beispiel nostalgische Dampfeisenbahnfahrten bleiben ausgenommen. In dieser Arbeit werden durch eine Kategorisierung der Einflußfaktoren auf die ÖPNV-Gesamtwirtschaftsleistung und eine Definition entsprechender Kenngrößen die Grundlagen geschaffen, um im Hinblick auf ein Benchmarking die zahlreichen Aspekte eines ÖPNV-Gesamtsystems in einem Verkehrsgebiet und die erbrachten quantitativen und qualitativen Nahverkehrsleistungen zu beurteilen. Es werden keine Fallbeispiele aus der Praxis „durchgerechnet", aber die Voraussetzungen dafür geschaffen.

In der Arbeit werden die gesamtwirtschaftlichen Aspekte des ÖPNV näher beleuchtet sowie entsprechende grundlegende Zahlenwerte ermittelt und Berechnungswege aufgezeigt. Dies dient zur Beantwortung der Frage, wie das Ergebnis der Wahrnehmung der politischen Aufgabe der Daseinsfürsorge seitens der Aufgabenträger in einem Verkehrsgebiet zu beurteilen ist.

Weiterhin werden die Betriebsleistungen der Verkehrsunternehmen in einem Verkehrsgebiet bewertet. Dazu wird zunächst die Möglichkeit geschaffen, die unterschiedlichen Rahmenbedingungen eines ÖPNV-Marktes in verschiedenen Ländern und die Angebots- und Nachfragestruktur zu vergleichen. Außerdem werden Kenngrößen herangezogen, die die Situation der Verkehrsunternehmen und deren betriebswirtschaftliche Leistungskraft anhand der Aufwand- und Ertragsstruktur im Gesamten charakterisieren können. Intensive betriebswirtschaftliche Betrachtungen unternehmensinterner Produktionsprozesse und Entscheidungsabläufe oder Organisationsmaßnahmen unterbleiben.

Im Sinn der neuen gesetzlichen Regelung ist ein kommunaler Aufgabenträger, in der Regel ein Landkreis oder eine kreisfreie Stadt, in seinen Grenzen verantwortlich für den Umfang und die Qualität der Nahverkehrsleistungen im AÖPNV. Im Hinblick darauf werden Kenngrößen aufgestellt, mit denen die Quantität und die Qualität der ÖPNV-Leistungen beurteilt werden können.

Mit dem entwickelten Kenngrößensystem wird ein Benchmarking für folgende Aspekte des ÖPNV zur Vergleichbarkeit zwischen Verkehrsgebieten ermöglicht:

- gesamtwirtschaftliche Aspekte,
- Rahmenbedingungen des ÖPNV-Marktes,
- Nachfrage und Angebot im Verkehrsgebiet,
- betriebswirtschaftliche Leistungen der im Verkehrsgebiet agierenden Verkehrsunternehmen,
- Quantität der in einem Verkehrsgebiet erbrachten ÖPNV-Leistungen,
- Qualität der in einem Verkehrsgebiet erbrachten ÖPNV-Leistungen.

In der folgenden Abbildung 3 werden die organisatorischen und finanziellen Beziehungen und die Abgrenzungen im Hinblick auf eine Entwicklung und Anwendung des Kenngrößensystems für Benchmarking zwischen Aufgabenträgern dargestellt. Es werden dabei die Zusammenhänge im ÖPNV und ihre Relevanz für die Themenstellung der Arbeit gezeigt.

Die Organisation und Bestellung der Betriebsleistungen im SPNV obliegt dem jeweiligen Land beziehungsweise den von diesem beauftragten Zweckverbänden, die im AÖPNV einem Landkreis oder einer kreisfreien Stadt. In Abbildung 3 werden die Institutionen der Aufgabenträger mit grau hinterlegten Rechtecken, die Verkehrsgebiete dieser Aufgabenträger in Form von umgreifenden farblosen Rechtecken dargestellt. Der äußerste Rahmen (mit den dicksten Linien) stellt die Grenzen des Verkehrsgebietes eines Landes dar, das die organisatorische Verantwortung für den SPNV hat. Im Inneren dieses Rahmens sind beispielhaft zwei Aufgabenträger für den AÖPNV in zwei dünn umrandeten Rechtecken als Landkreis- oder Gemeindegrenzen dargestellt. In vielen Regionen – besonders in dicht besiedelten – haben sich mehrere Aufgabenträger zu einer Verkehrsgemeinschaft oder einem Verkehrsverbund zusammengeschlossen. Diese Möglichkeit eines solchen Zusammenschlusses ist durch den mittleren Rahmen ausgedrückt, der die zwei Verkehrsgebiete der Aufgabenträger umfaßt.

In einem Verkehrsgebiet gibt es eine Vielzahl von ÖPNV-Linien. Vielfach richten sich diese nicht an den kommunalen Grenzen aus, sondern werden (wurden) nachfrageorientiert mit „grenzübergreifenden" Verbindungen zwischen kommunalen Zentren beziehungsweise Quellen und Senken des Verkehrsbedarfs eingerichtet. In der Abbildung 3 werden die ÖPNV-Linien durch einzelne waagrecht verlaufende Striche dargestellt. Aus Gründen der Übersichtlichkeit werden trotz der spezifischen Charakteristika Bus- und Straßenbahnlinien als AÖPNV mit einheitlich dünnen Linien zusammengefaßt. Von diesen werden aufgrund der unterschiedlichen Aufgabenträger die Eisenbahnlinien im Nahverkehr (SPNV) mit dicken Linien unterschieden. Es gibt dabei jegliche vorstellbaren Varianten der Linienführung. Neben der Möglichkeit, daß eine ÖPNV-Linie ausschließlich im Verkehrsgebiet eines Aufgabenträgers verläuft, können im Verlauf der ÖPNV-Linien ein oder mehrere Male die Grenzen eines Verkehrsgebietes überschritten werden. Die Punkte, an denen die Linien in das Verkehrsgebiet eintreten beziehungsweise wieder austreten, werden als Grenzpunkte bezeichnet und sind mit runden schwarzen Punkten für Buslinien und eckigen schwarzen Punkten für Bahnlinien markiert. Sie sind die Bewertungsgrenzen der Nahverkehrsleistungen in einem Verkehrsgebiet. Diese Punkte sind bedeutsam, da bei vielen Berechnungen für Kenngrößen linienbezogene Bezugsgrößen, zum Beispiel Linienlänge oder Linienfahrleistung, dienen. Dabei tritt zumeist das Problem auf, daß die Summe der Linienkilometer nur für die von den Verkehrsunternehmen in der ganzen Länge bedienten Linien angegeben sind. Bei aus einem Verkehrsgebiet austretenden beziehungsweise in ein Verkehrsgebiet eintretenden Linien muß erst eine getrennte Ermittlung für die einzelnen Verkehrsgebiete vorgenommen werden, bei der die Grenzpunkte die Anfangs- beziehungsweise Endpunkte bedeuten.

Besonders bei den Bahnlinien ist die Bewertung der Betriebsleistungen und des finanziellen Aufwandes sehr kompliziert, da die Gebiete der kommunalen Aufgabenträger von Bahnlinien meistens nur „durchschnitten" werden. Da die Bedienung im Zusammenhang mit der Bedeutung überregionaler Verbindungen steht, sind die Fragen der Aufteilung und Bedeutung der finanziellen sowie der verkehrlich quantitativen und qualitativen Aspekte sehr problematisch. Zum Beispiel werden Bahnlinien zwischen Großstädten in der Regel häufiger bedient als Bahnlinien, deren Endpunkte in kleineren Städten liegen oder den ländlichen Raum erschließen. Folglich werden Orte in einem Verkehrsgebiet entlang einer Strecke zwischen Großstädten nur aufgrund des Linienverlaufs durch das Verkehrsgebiet öfters bedient und damit eine „zufällige" Erhöhung der quantitativen ÖPNV-Leistungen in diesem bedingt.

Um den Auftrag zur Erstellung von Betriebsleistungen im Nahverkehr konkurrieren im Rahmen einer Ausschreibung eines Aufgabenträgers verschiedene Verkehrsunternehmen. Infolgedessen agieren in einem Verkehrsgebiet eines Aufgabenträgers viele Verkehrsunternehmen in unterschiedlichem Ausmaß im Hinblick auf die Anzahl der Linien, die bedient werden, und der Summe der gefahrenen Kilometer pro Linie. In Abbildung 3 ist dies durch gestrichelte Rechtecke von insgesamt 11 Verkehrsunternehmen (zwei im SPNV und 9 im AÖPNV) zum Ausdruck gebracht, von denen Linien in unterschiedlicher Anzahl ausgehen. Jede Linie bedeutet eine ÖPNV-Linie, die von dem jeweiligen Verkehrsunternehmen in einem Verkehrsgebiet bedient wird. Zum Teil erbringen ein- und dieselben Unternehmen auch Leistungen in verschiedenen Verkehrsgebieten zugleich. Die Verkehrsunternehmen können im Verkehrsgebiet ansässig sein oder aus dem Umland kommen oder – besonders beim SPNV – weit entfernt von dem Verkehrsgebiet ihren Firmensitz haben. Dies wird in der Abbildung 3 durch die unterschiedliche Plazierung der Felder verdeutlicht. Im Zusammenhang mit dem zunehmenden Wettbewerb im ÖPNV-Markt lassen sich des weiteren die Verkehrsunternehmen zunehmend nicht mehr unterscheiden in solche, die nur SPNV-Leistungen und solche, die nur Busverkehrsleistungen anbieten, ganz abgesehen davon, daß auch Unternehmen auf dem Markt Betriebsleistungen anbieten, die ursprünglich ÖPNV nicht als Geschäftsfeld hatten.

Über die vielfältigen organisatorischen Beziehungen hinaus wird die Komplexität dadurch gesteigert, daß die Finanzierung im ÖPNV von mehreren Seiten für unterschiedliche Zwecke kommt. Die finanziellen Fördermittel fließen aus unterschiedlichen Quellen aufgrund mehrerer gesetzlicher Grundlagen. Die Betriebsleistungen im ÖPNV werden bundesweit nach dem Regionalisierungsgesetz und die Investitionen nach dem GVFG gefördert. Die Finanzmittel werden nach dem AÖPNV und dem SPNV aufgeteilt. Außerdem gibt es Ausgleichszahlungen für Schüler- und Schwerbehindertenbeförderung nach dem PBefG. In Ergänzung werden von den Ländern Finanzmittel für Investitionen und Betriebsleistungen sowohl im SPNV als auch im AÖPNV nach länderspezifischen ÖPNV-Gesetzen und Finanzausgleichsgesetzen bereitgestellt. Zusätzlich werden die Betriebsleistungen des AÖPNV aus den kommunalen Haushalten gefördert. Die finanziellen Ströme sind durch gestrichelte Linien in unterschiedlicher Stärke je nach Herkunft und Ausmaß ausgedrückt.

Abbildung 3: Abgrenzung des Themengebietes

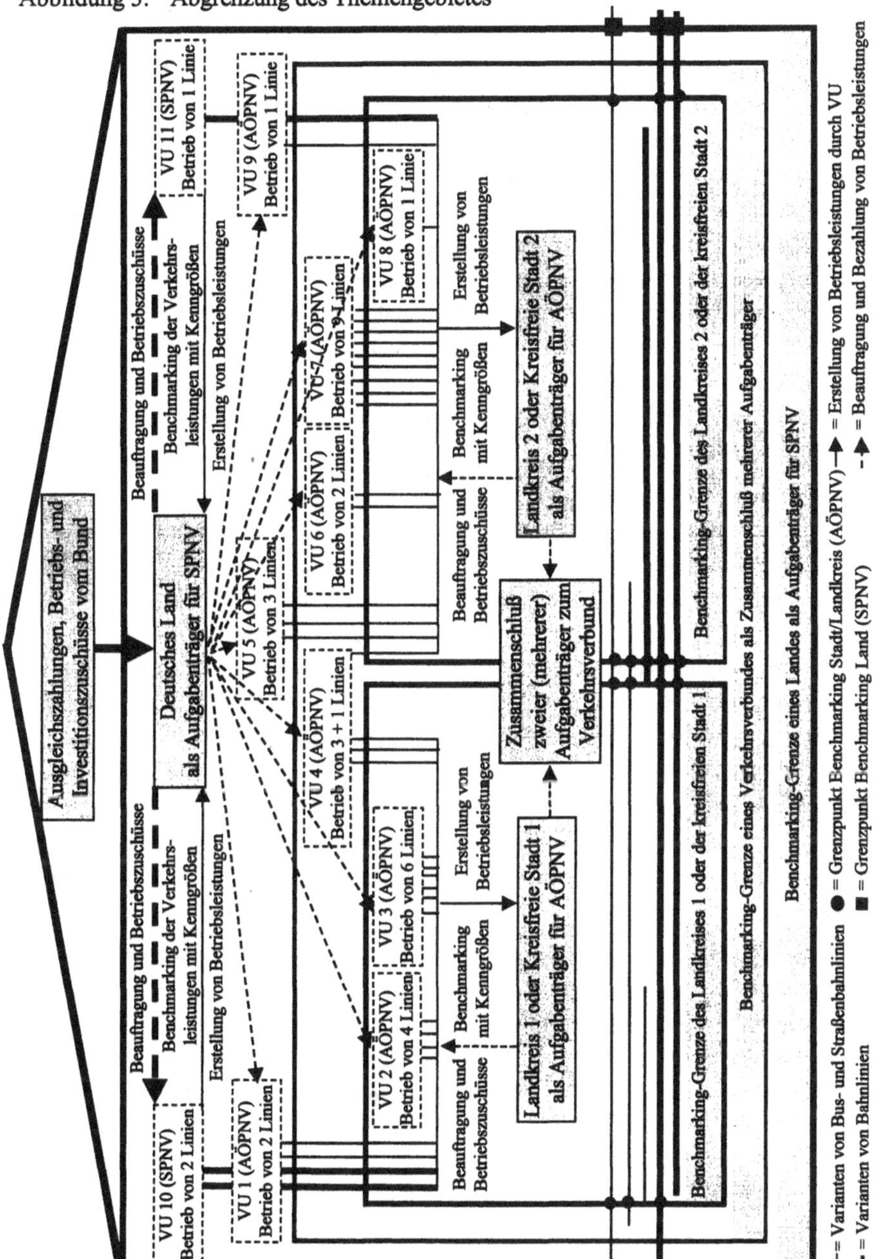

Quelle: Eigene Darstellung

I.C Ziele, Aufbau und methodisches Vorgehen

Durch gesetzliche Regelungen wurde eine Neuordnung im ÖPNV bedingt, wodurch Aufgabenträger als neue Institutionen bestimmt wurden. Sie nehmen eine völlig neue Position ein, in der sie zwar finanzielle und organisatorische Verantwortung für den ÖPNV tragen und ihre Vorstellungen von Umfang und Qualität des ÖPNV in ihrem Verkehrsgebiet besser umsetzen können, aber das Know-how, diese Aufgabe anzugehen, fehlt ihnen vielfach. Es bestehen kaum Grundlagen und Instrumente, mit denen die Aufgabenträger die Ist-Situation und die Leistungen des von ihnen verantworteten ÖPNV-Systems erfassen können, um Klarheit darüber zu bekommen, welchen Nutzen der ÖPNV für sie hat, wie effektiv die Betriebsleistungen von den Verkehrsunternehmen erbracht werden, wie gut das ÖPNV-System quantitativ und qualitativ ist, welche Leistungssteigerung erreicht werden muß und welche Maßnahmen dafür zu ergreifen sind. Aus dieser Situation leiten sich der Aufbau der Arbeit und die Ziele ab.

Das erste Ziel der Arbeit wird in Kapitel II realisiert. Es besteht darin, daß eine Übersicht über die veränderten Grundlagen und Rahmenbedingungen im gesetzlichen und finanziellen Bereich gegeben wird. Darauf aufbauend soll die Marktsituation im ÖPNV vermittelt werden. Mittels einer telefonischen Befragung von Vertretern der Verkehrsministerien in den Ländern und der Analyse von Fachartikeln werden die gesetzlichen Grundlagen zur finanziellen Förderung und die entsprechenden zur Verfügung stehenden Mittel beschrieben. Des weiteren wird eine Verkehrsmarktanalyse anhand einer Auswertung der beiden Verkehrsstatistiken des Statistischen Bundesamtes und des Deutschen Institutes für Wirtschaftsforschung von 1999 durchgeführt und Kenngrößen der Nachfrage- und der Angebotsseite dargestellt. Für das Verständnis der gesamtwirtschaftlichen Bedeutung des ÖPNV werden die Grundlagen für eine gesamtwirtschaftliche Betrachtungsweise des Verkehrs erläutert und durch die Berücksichtigung externer Effekte der Beitrag des ÖPNV für die gesamtwirtschaftliche Wohlfahrt gewürdigt.

In Kapitel III wird das zweite Ziel der Arbeit erreicht. Anhand einer Beschreibung des Management-Instrumentes Benchmarking mit der Entwicklung eines Leitfadens zur Veranschaulichung der Vorgehensweise wird das Verständnis für die Benchmarking-Philosophie vermittelt und die Eignung dieses Instrumentes für die Ermittlung von Leistungslücken verdeutlicht. Auf der Basis von umfangreicher Literatur zum Benchmarking von Wissenschaftlern und Praktikern und die Befragung von einschlägig tätigen Unternehmensberatern wird eine Systematik der Benchmarking-Arten entwickelt und die Phasen des Benchmarking mit den einzelnen Arbeitsschritten beschrieben.

Das Hauptziel der Arbeit ist die Entwicklung eines umfassenden Kenngrößensystems, mit Hilfe dessen Benchmarking in einem abgegrenzten Verkehrsgebiet eines Aufgabenträgers im ÖPNV zur Bewertung der vielfältigen Aspekte des ÖPNV und der von den beauftragten Verkehrsunternehmen erbrachten Nahverkehrsleistungen durchgeführt werden kann. Die Grundlagen und der Aufbau des Kenngrößensystems sowie ein entsprechendes Berechnungsverfahren werden in Kapitel IV beschrieben. Als Grundlage der Systematik wird ein Flußmodell entwickelt, das auf den Finanz- und Nutzenströmen im ÖPNV basiert. Danach werden drei Bereiche unterschieden und in den folgenden Kapiteln im Detail behandelt: Gesamtwirtschaftlicher Bereich, einzelwirtschaftlicher verkehrsunternehmensbezogener Bereich und einzelwirtschaftlicher aufgabenträgerbezogener Bereich. Für die drei Bereiche werden umfassende Einflußfaktoren auf das ÖPNV-System ermittelt und eine stringente Systematik für diese aufgebaut. Zur Herstellung der Vergleichbarkeit werden unter Berücksichtigung der thematisch spezifischen Erkenntnisse über die Einflußfaktoren mit der Definition von Bewertungs-, Bezugs und Relativierungsgrößen Kenngrößen gebildet und Formeln für deren Berechnung aufgestellt. Die Möglichkeit zur Berechnung und Bewertung der einzelnen Komponenten des Kenngrößensystems wird durch den Aufbau eines Verrechnungssystems erreicht. Mit diesem können alle Kenngrößen von der untersten Ebene entweder sukzessive aggregiert werden oder einzelne Kenngrößenwerte aus dem System repräsentativ für die Gesamtbeurteilung des Systems herangezogen werden.

In Kapitel V wird der Bereich behandelt, in dem die Möglichkeit zur Vergleichbarkeit gesamtwirtschaftlicher Effekte aufgrund des durch den ÖPNV gestifteten „sozialen Nutzens" geschaffen werden soll. Hierfür werden auf Grundlage des in Kapitel IV entwickelten Flußmodells für den Finanz- und Nutzenstrom im ÖPNV nach den „Nutznießern" drei Unterteilungen vorgenommen. Es sind dies die staatlichen und kommunalen Effekte. In dem Bereich erfolgt die Entwicklung von Kenngrößen zum Vergleich externer Effekte anhand der Erfassung und Bemessung der wichtigen einfließenden Größen. Für diese müssen, da die Effekte (noch) nicht eine ihrer Bedeutung gemäße finanzielle Berücksichtigung gefunden haben, entsprechende Kostenansätze zur Monetarisierung entwickelt werden. Für die fachliche Fundamentierung wurden Mitschriften des Autors aus dem Studium der Umweltschutztechnik sowie entsprechende Fachartikel herangezogen und für einige spezielle Verständnisproblematiken Experteninterviews an Fachlehrstühlen der Technischen Universität München durchgeführt.

Gegenüber den gesamtwirtschaftlichen werden die einzelwirtschaftlichen verkehrsunternehmensbezogenen Einflußfaktoren abgegrenzt, die in Kapitel VI analysiert werden. Es werden die im ÖPNV spezifischen Bedingungen des Marktes mit entsprechenden Kenngrößen bewertet. Dies erfolgt unterteilt nach den verschiedenen Marktpositionen: Angebotssituation, Nachfragesituation und Betriebssituation. In der Angebotssituation werden mit der Organisation des ÖPNV-Marktes, der Finanzierung von ÖPNV-Leistungen und der Verkehrsunternehmen in ihrer Gesamtheit die Elemente des übergeordneten Umfelds charakterisiert, in dem das Angebot durch die Verkehrsunternehmen stattfindet. Die Nachfragesituation wird durch die Konstellation des Verkehrsmarktes und der (potentiellen) Marktkunden charakterisiert. Bei der Betriebssituation wird die Durchführung des Betriebs von den im Markt agierenden Verkehrsunternehmen vergleichbar gemacht. In diesem Bereich sind als Qualifizierungen neben der allgemeinen Fachliteratur der Verkehrswirtschaft, Betriebsbesuche und die Befragung von mit der Praxis konfrontierten Personen, die Auswertung von einschlägigen Arbeitsberichten und die Diplomarbeit des Autors über betriebswirtschaftliche Kennzahlen die wissenschaftlichen Grundlagen.

Der Zielschwerpunkt der Arbeit ist die Beurteilung der Qualität eines ÖPNV-Systems für einen Aufgabenträger in seinem Verantwortungsbereich, der in Kapitel VII erörtert wird. In dieser Hinsicht existieren in der Literatur wenige, unvollständige oder unsystematische Grundlagen, so daß aus vielfältigen Büchern und Fachartikeln eine stringente, in sich logische Systematik entwickelt wird. Den Rahmen für die Beschreibung der Qualität des ÖPNV-Systems bilden in der vorliegenden Arbeit die vier Marketinginstrumente: Distribution, Produkt, Preis und Kommunikation. Die Kenngrößen werden in ein System eingeteilt, in dem sowohl quantitativ (leicht) erfaßbare („harte") Qualitätsfaktoren wie zum Beispiel die Häufigkeit der Fahrten als auch „weiche" wie zum Beispiel die Sauberkeit mit eingeschlossen werden. Das methodische Vorgehen dabei basiert auf der intensiven Auswertung der Sekundärliteratur zu den einzelnen Qualitätskomponenten. Besonders aktuelle Artikel aus Ausgaben von folgenden Verkehrsfachzeitschriften der 1990er Jahre machen den Hauptanteil an den Erkenntnisquellen aus: „Verkehr und Technik", „Der Nahverkehr", „Internationales Verkehrswesen", „Bus und Bahn". Anhand dieser Fachartikel wurden die zahlreichen Detailelemente ermittelt, die in die jeweiligen Kenngrößen aufgenommen werden müssen. Darüberhinaus wurden die Erkenntnisse mit Informationen aus Besuchen von Fachveranstaltungen und praktischen Erfahrungen aus eigener Arbeit bei Aufgabenträgern ergänzt.

Für alle Bereiche gab es als weitere fachliche Erkenntnisquelle die Möglichkeit, in monatlich stattfindenden Tagesseminaren und halbjährlich stattfindenden mehrtägigen Klausuren in bayerischen Klöstern innerhalb eines kompetenten Doktorandenteams die Erkenntnisse zu präsentieren, in intensiven Diskussionen zu evaluieren und verifizieren.

Die Ziele der Arbeit, die Erkenntnisquellen sowie die Inhalte der Kapitel sind in der folgenden Abbildung 4 zusammengefaßt.

Abbildung 4: Ziele, Aufbau und Methodik

	Ökonomische Rahmenbedingungen für den ÖPNV (II)	Managementinstrument Benchmarking (III)	Theoretische Grundlagen des Kenngrößensystems (IV)	Gesamtwirtschaftliche Kenngrößen (V)	Einzelwirtschaftliche unternehmensbezogene Kenngrößen (VI)	Einzelwirtschaftliche aufgabenträgerbezogene Kenngrößen (VII)
Ziele	• Übersicht über die Finanzierungsstruktur im ÖPNV • Vermittlung eines gesamtwirtschaftlichen Verständnisses • Veranschaulichung der Marktsituation	• Vermittlung der Benchmarking-Philosophie • Erstellung eines Leitfadens für die Vorgehensweise beim Benchmarking	• Entwicklung eines theoretischen Modells als Grundlage des Kenngrößensystems • Einteilung und Aufbau des Kenngrößensystems • Entwicklung eines Berechnungsverfahrens	• Vermittlung des sozialen Nutzens des ÖPNV für Gesamtwirtschaft und Individuum • Internalisierung externer Kosten im Verkehr • Vergleichbarkeit externer Effekte	• Vermittlung der Rahmenbedingungen für die Verkehrsunternehmen im ÖPNV-Markt • Vergleichbarkeit der Angebots- und Nachfragesituation sowie der Unternehmenssituation	• Systematisierung der qualitativen Einflußfaktoren • Identifizierung und Einflußnahme der betrieblichen und individuellen Zusammenhänge • Vergleichbarkeit der qualitativen Einflußfaktoren eines ÖPNV-Systems
Erkenntnisquellen	• Telefonische Umfrage bei Verkehrsministerien • Experteninterviews bei Verkehrsunternehmen • Auswertung von Verkehrsstatistiken	• Fachliteratur von Benchmarking-Wissenschaftlern und -Praktikern • Befragung von Unternehmensberatern	• Fachliteratur	• Experteninterviews an Fachlehrstühlen (z.B. zum Thema Lärm) • Fachliteratur • Mitschriften beim Studium Umweltschutztechnik des Autors • Diskussionen in Doktorandenseminaren	• Arbeitskreis „Bahnpolitik" und "Vergleich der Verkehrsverbünde" (Berichte) • Betriebsbesuche • Fachliteratur • Diplomarbeit des Autors über Betriebskennzahlen • Diskussionen in Doktorandenseminaren	• Faktorspezifische Artikel in Fachzeitschriften • Fachveranstaltungen • Anstellung des Autors bei Aufgabenträgern • Themenspezifische Studien (Zufriedenheitsmessungen) • Diskussionen in Doktorandenseminaren
Inhalte	• Finanzielle Fördergrundlagen und Höhe der Mittel • Externe Effekte als Grundlage der Finanzierung im ÖPNV • Grundlagen des ÖPNV-Marktes • Marktanalyse der Nachfrage und des Angebots	• Theoretische Grundlagen des Benchmarking • Einteilung des Benchmarking nach Partnern, Objekt und Art • Phasen des Benchmarking mit den einzelnen Arbeitsschritten	• Flußmodell der Finanz- und Nutzenströme im ÖPNV • Prinzipien des Kenngrößensystems • Verfahren zur Verrechnung und Bewertung von Kenngrößen und deren Einflußfaktoren • gesamtwirtschaftliche und einzelwirtschaftliche Grundlagen	• Einteilung der Einflußfaktoren in staatliche, kommunale und individuelle Effekte • Quantifizierung und Monetarisierung externer Effekte • Entwicklung von Kenngrößen zur Bewertung externer Effekte	• Einteilung der Einflußfaktoren in Nachfrage-, Angebotssituation und der Verkehrsunternehmenssituation • Entwicklung von Kenngrößen zur Bewertung der Situationen im ÖPNV-Markt	• Einteilung der qualitativen Einflußfaktoren eines ÖPNV-Systems nach Marketinginstrumenten • Grundlagen und Beschreibung der qualitativen Einflußfaktoren • Entwicklung von qualitativen Kenngrößen

Quelle: Eigene Darstellung

Zweiter Teil

THEMENRELEVANTE GRUNDLAGEN

II Ökonomische Rahmenbedingungen für den ÖPNV in Deutschland

Die ÖPNV-Betriebe unterlagen in Deutschland infolge ihrer besonderen Aufgabenstellung mit gemeinwirtschaftlichen Zielen bis 1994 umfangreichen Restriktionen und Regulierungen. Die unternehmerische Freiheit und Tätigkeit im ÖPNV war sowohl in der grundsätzlichen Organisation, in Grundsatzfragen der Betriebsführung als auch in tariflicher Sicht stark eingeschränkt. Vielfach waren die Prozesse in Verwaltungsstrukturen eingebunden und unterstanden einer behördlichen Aufsicht. Dahinter stand die Ansicht, daß ÖPNV nicht nach dem Prinzip der Marktwirtschaft im Sinn von Wettbewerb durchgeführt werden kann und darf, da bei einer Einführung von Elementen der Marktkräfte mit einer Ausrichtung nach Angebot und Nachfrage eine Reduzierung der Betriebsleistungen und einer Vernachlässigung der gesamtwirtschaftlichen Aufgaben befürchtet wurde. Es fehlten gesetzliche Rahmenbedingungen, die eine Zuordnung der organisatorischen und finanziellen Zuständigkeiten so definierten, daß ÖPNV als System aus einer Hand geplant und gestaltet werden konnte.

Im Zeitraum von 1960 bis 1990 stagnierte der ÖPNV gemessen an der Höhe und der Qualität der Betriebsleistungen zusehends beziehungsweise wies sogar rückläufige Tendenzen auf. Relativ zu den Gesamtverkehrsleistungen schrumpfte durch den stark ansteigenden motorisierten Individualverkehr der Anteil des ÖPNV am Verkehrsmarkt. Durch das Bestreben der Europäischen Wirtschaftsgemeinschaft, die einzelnen Wirtschaftsbereiche im Binnenmarkt zu liberalisieren und zu deregulieren, erfolgten zahlreiche Änderungen in Gesetzeswerken mit ÖPNV-Bezug auf europäischer Ebene, die mehr Markt zum Ziel hatten. Durch die Umsetzung dieser europäischen Vorgaben in nationale Gesetze wurden in Deutschland 1993 neue Rahmenbedingungen für den ÖPNV geschaffen. Dadurch erfolgte eine eindeutige Definition von Aufgabenträgern in Gestalt von Gebietskörperschaften, die hinsichtlich der Zuständigkeiten klare Verhältnisse im ÖPNV schufen. Von diesen werden nach der Festlegung von Rahmenbedingungen für gewünschte Betriebsleistungen Ausschreibungen vorgegeben, um die sich die Verkehrsunternehmen bewerben können.

Dennoch nimmt der ÖPNV im Verhältnis zu anderen Branchen eine Sonderstellung ein, da weiterhin zahlreiche spezielle Rahmenbedingungen für ihn gelten. Sie bilden die Grundlage, in denen das ÖPNV-System eingebettet ist. Ohne deren Kenntnis können die Gesamtzusammenhänge nicht überblickt werden. Sie werden im folgenden erläutert, unterteilt nach:

- gesamtwirtschaftliche Rahmenbedingungen,
- einzelwirtschaftliche Rahmenbedingungen.

II.A Gesamtwirtschaftliche Rahmenbedingungen

In den verschiedenen Volkswirtschaften werden die Rahmenbedingungen für das ökonomische Handeln der einzelnen Wirtschaftseinheiten durch das grundsätzliche Wirtschaftssystem und den Anteil des Staates am Eigentum der Unternehmen vorgegeben. Bei der Beteiligung gibt es aber große Unterschiede zwischen den Branchen und auch innerhalb der Branche. So ist die Verkehrswirtschaft in Deutschland von bedeutenden Gegensätzen geprägt. Auf der einen Seite steht die Automobilbranche mit den großen privaten Unternehmen, die den Kriterien des freien Wettbewerbs folgen und sehr geringen dirigistischen staatlichen Eingriffen unterliegen. Auf der anderen Seite steht der ÖPNV mit einem hohen Anteil von öffentlichem Eigentum an den Verkehrsunternehmen und zahlreichen staatlichen Reglementierungen. Zugleich hat die Automobilindustrie als Motor des deutschen „Wirtschaftswunders" ein hohes ökonomisches Ansehen, während der ÖPNV oftmals als Lastenträger der Wirtschaft angesehen wird und ein Schattendasein mit einem schlechten ökonomischen Image führt. Ein volkswirtschaftlicher Aspekt wird überwiegend in den Vordergrund gestellt: der Zuschußbedarf aus Steuermitteln und die Aufteilung zur Deckung der Infrastruktur- und Betriebskosten. Die Verkehrsunternehmen im ÖPNV werden als defizitäre Zuschußbetriebe wahrgenommen, die zwar eine notwendige Pflichtaufgabe wahrnehmen, aber immer mehr die öffentlichen Haushalte belasten. Die Vorteile, die sich für die Gesamtwirtschaft durch viele übergreifende Aspekte wie die Linderung des Verkehrsnotstandes in den Zentren, den rationellen Umgang mit den Energieressourcen und dadurch eine Vermeidung hoher Ölpreise durch hohe Nachfrage und viele mehr ergeben, bleiben aufgrund kurzsichtiger und nicht gesamtheitlicher Betrachtungsweisen im Hintergrund.

Die Positionierung des ÖPNV im Wirtschaftssystem Deutschlands stand bis zur Neuordnung nicht mit den sonstigen allgemeinen marktwirtschaftlichen Prinzipien im Einklang. Der ÖPNV-Markt war ein geschlossener Markt ohne wesentliche Elemente des Wettbewerbs und der privatwirtschaftlichen Unternehmensführung. Diese marktstrukturellen Besonderheiten wurden durch die gesetzliche und organisatorische Neuordnung relativiert, durch die der ÖPNV-Markt ein Stück den für den Markt anderer Branchen üblichen Bedingungen angeglichen wurde.

II.A.1 Die öffentlichen Finanzleistungen im ÖPNV

In diesem Abschnitt wird die derzeitige Förderung mit öffentlichen Finanzmitteln dargelegt. Zu einem großen Teil ist die Regelung der Finanzierung in den verschiedenen funktionellen und regionalen Bereichen und der Aufteilung der Finanzmittel mit einer gesetzlichen Grundlage verbunden. Diese vielfältigen Möglichkeiten, bestimmte

Maßnahmen zu bezuschussen und zu fördern, bilden ein kompliziertes Geflecht, ohne das der ÖPNV in der heutigen Ist-Situation nicht existieren würde. Dies gilt sowohl in positiver als auch negativer Sicht. Die Förderung ermöglichte grundsätzlich vielerorts die Aufrechterhaltung des Angebotes. In Ermangelung an Transparenz über die Bemessungsgrundlagen, den Finanzmittelfluß und die Förderungszuschläge gingen jedoch auch Effizienzverluste bei der Förderung einher. Das komplexe System mit vielfältigen Finanzquellen wurde im Zusammenhang mit der Novellierung der allgemeinen gesetzlichen Grundlagen in Deutschland zugleich neu strukturiert. Die Förderung des ÖPNV wird im folgenden unterteilt nach den politischen Ebenen kurz dargestellt:
- Förderung des ÖPNV mit öffentlichen Finanzmitteln in der Europäischen Union,
- Förderung des ÖPNV mit öffentlichen Finanzmitteln in Deutschland,
- Förderung des ÖPNV mit öffentlichen Finanzmitteln der deutschen Länder und der kommunalen Aufgabenträger.

Die Förderung des ÖPNV durch die Europäischen Union erfolgt im Sinn der Zusammenführung der Mitgliedstaaten beim grenzüberschreitenden oder grenznahen ÖPNV aus zwei Programmen:
- Trans-European Transport Network (Ten-T),
- Gemeinschaftsinitiative für die Entwicklung von Grenzregionen (Interreg II).

Die Förderung des ÖPNV mit öffentlichen Finanzmitteln in Deutschland basiert auf sieben Gesetzen:
- Deutsche Bahn Gründungsgesetz (DBGrG),
- Regionalisierungsgesetz (RegG),
- Bundesschienenwegeausbaugesetz (BSchWAbG),
- Gemeindeverkehrsfinanzierungsgesetz (GVFG),
- Schwerbehindertengesetz (SchwbG),
- Personenbeförderungsgesetz (PBefG),
- Allgemeines Eisenbahngesetz (AEG).

Der ÖPNV wird zusätzlich zu den Bundesfinanzmitteln mit Geldern aus dem Etat der deutschen Länder und aus kommunalen Haushalten gefördert. Die Grundlagen sind:
- Finanzmittel nach Finanzausgleichsgesetz,
- Finanzmittel nach ÖPNV-Gesetzen oder verkehrsspezifischen Programmen der Länder,
- Finanzmittel aufgrund Haushaltsbeschlüssen der kommunalen Aufgabenträger.

Für die Darstellung der Verteilung und des Umfangs der öffentlichen Finanzleistungen im ÖPNV Deutschlands wird auf die Untersuchung im Auftrag des Bundesverkehrsministeriums für den Bericht der Bundesregierung über die Entwicklung der Kostenunterdeckung im ÖPNV an den Deutschen Bundestag („Folgekostenbericht") für 1993 durch das IFO-Institut[17] zurückgegriffen. Die öffentlichen Finanzleistungen werden unterteilt nach SPNV und AÖPNV sowie konsumtive und investive Verwendungen aufgeführt. In 1993 bestanden teilweise andere gesetzliche Rahmenbedingungen als nach der Neuordnung, so daß die im Rahmen der Studie ermittelten Zahlen nur ungefähr den aktuellen Grundlagen gegenüberzustellen sind. Die Ausgleichsleistungen nach dem PBefG und dem AEG für die Schülerbeförderung konnten für die Deutsche Bahn nicht ermittelt werden, da diese in der Studie in den allgemeinen Leistungen für die Bedienung im SPNV enthalten sind. Ergänzend müssen die Finanzleistungen der Schulträger für die Beförderung im Rahmen des freigestellten Schülerverkehrs (SPNV: 425,3 Mio. DM, AÖPNV: 2.421,3 Mio. DM) als öffentliche Finanzleistungen für den ÖPNV zugeschlagen. Letztere erhalten bei der Einbeziehung des freigestellten Schülerverkehrs in den allgemeinen Linienverkehr eine Bedeutung. Bei den in Tabelle 1 zusammengefaßten öffentlichen Finanzleistungen in 1993 werden die Steuererleichterungen durch Umsatzsteuerermäßigung (7 Prozent) und Kfz-Steuerbefreiungen für im Linienverkehr eingesetzte Busse nicht aufgeführt, da sie keine Finanzleistungen, sondern Mindereinnahmen darstellen. Sie betrugen 1.060,0 Mio. DM. Außerdem bleibt der Ausgleich für personenbedingte überhöhte Versorgungslasten im SPNV (1.656 Mio. DM) unberücksichtigt, da sie als Sonderfall von Finanzleistungen betrachtet werden. Für den ÖPNV wurden insgesamt rund 30 Mrd. DM öffentliche Finanzmittel ausgegeben, von denen der Bund 18,26 Mrd. DM, die Länder 4,8 Mrd. DM und die Kommunen 6,95 Mrd. DM beitrugen. Für den SPNV wurden 13,39 Mrd. DM verwendet, von denen 3,44 Mrd. DM in Infrastruktur und Verkehrsmittel investiert und rund 10 Mrd. DM für Betriebsleistungen als Ausgleich gemeinwirtschaftlicher Leistungen konsumiert wurden. Im AÖPNV wurden von den insgesamt 16,61 Mrd. DM 4,62 Mrd. DM investiert und ca. 12 Mrd. DM konsumiert.

Wegen der Berichtspflicht der Bundesregierung alle fünf Jahre müssen die öffentlichen Finanzleistungen für 1998 erneut ermittelt werden. Dies wird von der Unternehmensberatung KPMG in Hamburg durchgeführt, aber die Zahlen sind voraussichtlich erst Mitte 2002 verfügbar. Die Höhe der Finanzmittel nach RegG sind bereits im Gesetz festgelegt. Finanzleistungen nach einigen anderen gesetzlichen Grundlagen können für 1998 abgeschätzt werden.[18]

---

[17] Vgl. RATZENBERGER, R.: 1996, S. 37 ff.
[18] Vgl. WACHINGER, L. / WITTEMANN, M.: 1996, S. 72 - 86.

Tabelle 1: Öffentliche Finanzleistungen im ÖPNV 1993 und 1998[19]

Grundlagen	Zweck		Finanzmittel (in Mio. DM) 1993	Finanzmittel (in Mio. DM) 1998
SchWAbG, § 8, Absatz 2	Investitionen in allgemeinen Ausbau der Infrastruktur	SPNV	856,5	1.100,0 ca.[20]
DBGrG, § 22	Investitionen in Infrastruktur der neuen Länder im SPNV	SPNV	1.448,3	1.500,0 ca.[21]
GVFG, § 10, Absatz 1 und 2	Investitionen in Infrastruktur und Verkehrsmittel	SPNV	568,1	1.575,0 ca.[22]
		AÖPNV	3.381,6	
Regionalisierungsgesetz (RegG) § 5, Absatz 1 und 2	Finanzierung der Verkehrsbedienung	SPNV	9.432,3	8.189,4
	Sonstige Finanzierung des ÖPNV (Investition und Verkehrsbedienung)			4.411,0
PBefG, § 45 a und AEG, § 6 a	Ausgleichsleistungen im Ausbildungsverkehr	SPNV[23]	143,2	k.A.
		AÖPNV	1.556,2	
SchwbG, § 62	Ausgleichsleistungen für Schwerbehindertenbeförderung	SPNV	165,3	k.A.
		AÖPNV	709,2	
Summe Finanzmittel des Bundes			18.260,7	
Regelungen in den Ländern im Kultusbereich (Schulträger)[24]	Ausgleichsleistungen im Schülerverkehr (Konsumtion)	SPNV	425,3	k.A.
		AÖPNV	2.421,3	
FAG	Komplementärfinanzierung von Investitionen nach GVFG	SPNV	237,7	590,0 ca.[20]
		AÖPNV	788,3	
ÖPNV-Gesetze	Betriebsbeihilfen, Kooperationshilfen, sonstige Betriebszuschüsse	SPNV	77,9	k.A.
		AÖPNV	849,6	
Summe Finanzmittel der Länder			4.800,1	
Beschlüsse kommunaler Parlamente	Komplementärfinanzierung von Investitionen nach GVFG	SPNV	35,1	280,0 ca.[20]
		AÖPNV	448,4	
Beschlüsse kommunaler Parlamente	Betriebsbeihilfen, Kooperationshilfen, sonstige Betriebszuschüsse	SPNV	16,8	k.A.
		AÖPNV	68,4	k.A.
Beschlüsse kommunaler Parlamente	Defizitausgleich (Konsumtion)	AÖPNV	6.378,6	k.A.
Summe kommunaler Finanzmittel			6.947,3	
Summe der gesamten Finanzmittel			30.008,1	

19 Vgl. RATZINGER, R.: 1996, S. 37 – 142; WACHINGER, L. / WITTEMANN, M.: 1996, S. 72 ff.

20 1994 bis 2002 stehen insgesamt ungefähr 33 Mrd. DM für den Schienenwegeausbau in Ostdeutschland zur Verfügung. 20 % können dem SPNV zugeordnet werden, das heißt durchschnittlich jährlich ca. 1,1 Mrd. DM.

21 20 Prozent der im Bundesverkehrswegeplan vorgesehenen gesamten Investitionssumme für Schienenwegeausbau in Höhe von 7,5 Mrd. DM, das heißt durchschnittlich jährlich ca. 1,5 Mrd. DM.

22 Die öffentlichen Finanzleistungen nach GVFG sind jährliche Festbeträge. Sie wurden zwischen 1993 und 1997 um 50 % reduziert. Dadurch sind auch alle Zuschüsse der Länder und Kommunen für auf Basis des GFVG geförderte Investitionen um ca. die Hälfte gekürzt worden.

23 In diesem Betrag sind nur die Ausgleichsleistungen für die NE-Bahnen enthalten. Die entsprechenden Gelder für die DB wurden im Betrag für die allgemeine Verkehrsbedienung verrechnet.

24 75 % wurden von den Ländern (2.127 Mio. DM) und 25 % von Kommunen (720 Mio) verausgabt.

II.A.2 Allgemeine Voraussetzungen für gesamtwirtschaftliche Betrachtungen im Hinblick auf die zukünftige Finanzierung des ÖPNV

Gesamtwirtschaftliche Aspekte des Verkehrs wurden zum ersten Mal 1972 in der breiten Öffentlichkeit bewußt, als der von MEADOWS[25] zusammen mit anderen Wissenschaftlern verfaßte Bericht „Die Grenzen des Wachstums" vom Club of Rome veröffentlicht wurde. Der Club of Rome ist ein lockeren Zusammenschluß von Wissenschaftlern, Politikern und Wirtschaftsführern, der sich um Fragen zur Lage der Menschheit kümmert und dabei sowohl die ökonomische als auch die ökologische und soziale Ebene mit einbeziehen. Bereits zuvor in den 1960er Jahren erfolgten in der Wissenschaft intensive grundsätzliche Überlegungen über die Probleme und eine umfassende gesamtwirtschaftlichen Beurteilung des Verkehrs.[26] Besonders OETTLE beschäftigte sich mit entsprechenden Aspekten der Verkehrspolitik und formulierte Elemente einer rational fundierten Verkehrspolitik mit primär gesellschaftlichen und primär wirtschaftlichen Grundsätzen.

> „Der Kraftverkehr hat gewiß viele neue produktions- und konsumtionswirtschaftliche Möglichkeiten erschlossen. Die zu seinen Gunsten wirkenden verkehrspolitischen Imparitäten müssen jedoch möglichst weitgehend beseitigt werden, damit die von ihm geschaffenen, teilweise wenigstens auf absehbare Zeit unlösbaren verkehrs- und siedlungswirtschaftlichen Probleme nicht vielerorts künstlich verschärft werden. Selbst wenn diese Probleme nicht bestünden, müßte aufgrund des Schutzprinzips abgewogen werden, wie weit zugunsten des Kraftverkehrs in der Aufopferung hoher individueller und gesellschaftlicher Werte gegangen werden soll." [27]

Der Bericht von MEADOWS fiel zusammen mit den im Alltag Anfang der 1970er Jahre wahrnehmbaren Folgen eines extrem wachsenden Kraftfahrzeugverkehrs und der Ölkrise, die die Knappheit der Energieressourcen und die Abhängigkeit der Wirtschaft und des Verkehrs vom Hauptantriebsmittel Benzin verdeutlichte. Auswirkungen wurden jedoch überwiegend unter dem Aspekt der Energiepreise als unkalkulierbarer Kostenfaktor für die Volkswirtschaft und die Unternehmen durch Preisdiktionen der erdölexportierenden Länder betrachtet. Diese volkswirtschaftlichen Aspekte traten nach Überwindung der Ölkrise wieder in den Hintergrund, aber in der Bevölkerung nahm die Entwicklung

---

[25] Vgl. MEADOWS, D.: 1972.
[26] Vgl. VOIGT, F. 1960. BERKENKOPF, P.: 1960. KIENBAUM, G.: 1962. VOGEL, H.: 1964. OETTLE, K.: 1966.
[27] OETTLE, K.: 1967, S. 87.

eines ökologischen Bewußtseins und die Wahrnehmung der negativen Folgen des motorisierten Verkehrs sprunghaft zu.

Im Vordergrund stand die hohe Zahl von Verkehrsopfern (1970: 19.193 Tote[28]). In der zweiten Hälfte der 1970er Jahre und in den 1980er Jahren rückte auch zunehmend die Versiegelung der Landschaft mit Verkehrsflächen und der Lärmbelastung die Luftverschmutzung in den Mittelpunkt des Interesses und war Gegenstand intensivierter Untersuchungen unter dem Aspekt des gesamtwirtschaftlichen Nutzens. Außer den Kosten infolge Beeinträchtigungen der menschlichen Gesundheit wurden die Kosten zur Bekämpfung des aufgetretenen Phänomens „Waldsterben" konkret, das auf den durch einen Emissionsmix verursachten „Sauren Regen" zurückgeführt wurde. Als Hauptfaktor wurde der über die Verbrennung fossiler Stoffe entstandene hohe Schwefelgehalt in der Atmosphäre identifiziert, der bei Regen auf die Vegetation und die Böden als schweflige Säure niedergeschlagen wurde und eine Versauerung, das heißt Senkung des PH-Wertes des Bodens, verursachte. Dadurch wurden komplexe Reaktionen im Hinblick auf die Beeinträchtigung der Nährstoffaufnahme durch die Baumwurzeln ausgelöst. In unterschiedlicher Weise sind weitere Emissionen als schädlich einzustufen. Besonders hervorzuheben sind hierbei Moleküle, die unter der NO_x-Gruppe zusammengefaßt werden und als Katalysator für die Ozonbildung über eine komplexe Reaktionskette funktionieren.

> „Die Schadstoffemissionen des Verkehrs resultieren aus den Abfallprodukten beim Betrieb von Verbrennungsmotoren und können fest, flüssig oder gasförmig sein. Letztere nehmen dabei in Form der Luftverschmutzung vor der Boden- und Wasserverschmutzung eine herausragende Stelle ein. Unter den Verkehrsträgern muß der Straßenverkehr vor dem Luftverkehr als Hauptquelle der Schadstoffemissionen gesehen werden. Ähnlich wie beim Lärm läßt sich auch die Intensität der Schadstoffemissionen aufgrund einer Abstufung ihrer Wirkung auf den Menschen kategorisieren. Eine solche Skala reicht von lediglich körperlichem Unbehagen über Hervorrufen von Krankheitssymptomen und vorübergehende Störungen physiologischer Funktionen bis zu chronischen und akuten Erkrankungen." [29]

Während Ende der 1980er Jahre die verkehrsbedingten Emissionen als wesentliche Ursache des Waldsterbens und seine gesamtwirtschaftlichen Folgen in den Hinter-

---

[28] DIW: 2000, S. 166.
[29] SABATHIL, G. / WITT, D.: 1980, S. 3.

grund traten, kommen ihnen in Verbindung mit dem Phänomen der Erderwärmung aufgrund der Erhöhung des CO_2-Gehaltes in der Erdatmosphäre eine neue Bedeutung zu. Auf dem Klimagipfel in Rio de Janeiro verpflichteten sich die Länder zur Reduzierung des CO_2-Ausstoßes um 25 Prozent vom Bezugsjahr 1990 bis zum Jahr 2005. Dadurch werden auch die verkehrsbedingten Emissionen wieder in den Mittelpunkt der gesamtwirtschaftlich relevanten Betrachtungen gerückt.

> „Zu mehr als 50 % ist der Straßenverkehr nach den Berechnungen des Umweltbundesamtes, die diesen Zahlen zugrunde liegen, an den Gesamtemissionen von Kohlenmonoxid und Stickoxiden beteiligt, zu fast 50 % an den Emissionen von „organischen Verbindungen", im wesentlichen sind das unverbrannte Kohlenwasserstoffe, zu gut 20 % an der Emission von Feststoffen aus Verbrennungsprozessen – mit steigender Tendenz – und zu etwa 18 % an der Emission von Kohlendioxid. (...) Die Tatsache, daß der relative Anteil des Verkehrs an den Emissionen einzelner Schadstoffe steigt, hängt damit zusammen, daß der Anteil des Verkehrs am Energieverbrauch steigt, und daß – bei Schwefeldioxid – die großen Emittenten – Kraftwerke und stationäre Großfeuerungen – mit Rauchgasreinigungsanlagen ihre Emissionsströme nachhaltig reduzieren konnten." [30]

II.A.2.a Grundlagen für gesamtwirtschaftliche Betrachtungen

Grundlage von vielen Formen des Wirtschaftens ist die Existenz eines Marktes, auf dem eine Nachfrage beziehungsweise ein Bedürfnis durch den Handel eines Gutes beziehungsweise durch das Angebot eines Produktes oder einer Dienstleistung befriedigt wird. Mit der Nachfrage ist häufig eine Zahlungsbereitschaft verbunden, die zusammen mit der Menge des Produktions- oder Dienstleistungsgutes den Preis bedingen. Im Bereich Verkehr ist das Bedürfnis die Mobilität beziehungsweise die Nachfrage nach der Beförderung von A nach B, die mit verschiedenen Mitteln beziehungsweise Gütern befriedigt werden kann. Der Verkehrsmarkt bietet hierzu im Personennahverkehr überwiegend die Wahlmöglichkeit zwischen dem privaten Gut des eigenen Pkw oder den Verkehrsmitteln des ÖPNV. Die Bezeichnung ÖPNV darf jedoch nicht zu der Annahme führen, daß es sich dabei um ein öffentliches Gut im eigentlichen Sinn handelt. Der ÖPNV nimmt eine besondere Stellung ein.

---

[30] SCHARINGER, F.X.: 1997, S. 238.

> „Der Einsatz des ÖPNV zur Befriedigung kollektiver Bedürfnisse darf nicht zur Auffassung verleiten, daß es sich bei seinem Leistungsangebot um ein rein öffentliches Gut handelt, das sich durch die Existenz externer Effekte, Nicht-Rivalität und Nichtausschließbarkeit bei der Leistungsinanspruchnahme sowie Nutzendiffusion auszeichnet.“ [31]

Das öffentliche Verkehrsmittel hat ebenso individuelle Nutzenbestandteile. Der gewünschte Transport mit der temporären Bereitstellung eines Sitzes weist die Merkmale eines privaten Gutes auf. Die Beförderung in Verkehrsmitteln des ÖPNV nimmt demzufolge eine intermediäre Position ein: Sie ist in die Kategorie der meritorischen Güter beziehungsweise Dienstleistungen einzustufen. Bei diesen kann die Preisbildung nicht nur aufgrund des Mechanismus des freien Marktes durch Angebot und Nachfrage erfolgen, da die Zahlungsbereitschaft des Einzelnen für sein Mobilitätsbedürfnis nicht soweit geht, daß er auch die Kosten für die ihm nicht zugute kommenden angebotenen Betriebsleistungen des Systems und den Nutzen für die Allgemeinheit mitfinanzieren möchte. So resultiert eine Divergenz zwischen einem betriebswirtschaftlich kostendeckenden Preis, der den Anforderungen der Mikroökonomie gerecht wird, einem Preis, der von den Kunden akzeptiert wird, und einem Preis, der durch eine gesamtwirtschaftliche Betrachtung mit den entsprechenden Nutzen bedingt wird.

> „Einerseits gibt es Bedürfnisse, die der einzelne nicht oder nicht in genügendem Maße empfindet, so daß sich einer 'Elitegruppe‘ infolge der Unterbewertung des Individuums die Aufgabe stellt, die artikulierten Bedürfnisse nach oben zu korrigieren (Problem verzerrter Präferenzen). Andererseits treten mit der Erstellung eines meritorischen Gutes externe Ersparnisse in Form gesellschaftlicher und/oder gruppenspezifischer Nutzenstiftungen auf, die durch die offenbarten individuellen Präferenzen auf dem Markt nicht erfaßt werden und deren Erstellung ebenfalls nur durch eine Einflußnahme der öffentlichen Hand gesichert werden können (Problem spezifisch öffentlicher Güter). Beide Argumente sprechen gegen eine rein marktwirtschaftliche Angebotssteuerung und für eine öffentliche Koordinierungsbereitschaft mit den auf dem Markt anbietenden beziehungsweise nachfragenden Parteien.“ [32]

Beim ÖPNV beziehungsweise der Dienstleistung „Personenbeförderung“ sind deshalb die gesamtwirtschaftlichen Leistungen und die externen Effekte zu berücksichtigen.

---

[31] ZEBISCH, K.: 1979, S. 82.
[32] ZEBISCH, K.: 1979, S. 84.

II.A.2.b Die Berücksichtigung externer Effekte

Externe Effekte kommen je nach Sichtweise und Wirtschaftsgut in zweifacher Hinsicht zum Ausdruck: als soziale Kosten oder als soziale Nutzen. Externe Effekte, die negative Wirkungen auf die Gesamtwirtschaft haben und durch keine Beteiligung des Verursachers gedeckt werden, rufen externe (soziale) Kosten hervor. Externe Effekte, die durch wirtschaftliche Leistungen entstehen und keiner Person direkt zugute kommen, stellen sozialen Nutzen dar. Der soziale Nutzen entsteht überwiegend durch Einsparungen von Folgewirkungen zweier alternativer Leistungserstellungsmöglichkeiten, zum Beispiel Mobilitätsangebot durch MIV oder ÖPNV, und kann demzufolge auch mit externen Ersparnissen gleichgesetzt werden.[33] Den externen Effekten stehen keine genauen finanziellen Forderungen gegenüber. Es besteht jedoch die Möglichkeit, das Ausmaß vieler externer Effekte mit einer monetären Bewertung anhand spezifischer Kostenbewertungsansätze abzuschätzen. Dadurch kann ein finanzieller Ausdruck für das Ausmaß sozialer Kosten (externer Kosten) oder sozialer Nutzen (externer Ersparnisse) gegeben werden.

Im Verkehrsbereich sind zum Beispiel externe Kosten die durch die Mobilität mit motorisierten Fahrzeugen entstandenen Sach- und Personenschäden beziehungsweise Opfer in Folge von Unfällen. Dies sind auch Umweltschäden durch Schadstoffemissionen und Zeitnachteile für den Wirtschaftsverkehr durch überlastete Straßen mit Staus. Als weitere Beispiele sind die Erschließungskosten von Baugebieten durch eine größere Wohnungsnachfrage im ländlichen Raum oder die Infrastrukturkosten durch Straßen zu nennen. Unerwähnt darf jedoch auch nicht der soziale Nutzen durch den Pkw bleiben, der in ländlichen Regionen und für ältere Menschen die Möglichkeit bietet, am gesellschaftlichen Leben teilzunehmen.

Im Verkehrsmarkt besteht aufgrund der bisher fehlenden Berücksichtigung der externen Effekte, das heißt des sozialen Nutzens überwiegend im ÖPNV beziehungsweise der sozialen Kosten vornehmlich im MIV, eine Schieflage zugunsten der Automobilbranche und des Privatgutes Pkw. Die dadurch bedingte Marktunvollkommenheit verhindert, ein für Verkehrsunternehmen im ÖPNV eigenwirtschaftliches und marktgerechtes Leistungsangebotsniveau zu erreichen, das eine attraktive Alternative für die Mobilitätsnachfrager ist. Unternehmen, die durch ihre Produktion und ihre verkauften Produkte ökologische Folgelasten mit der Konsequenz von sozialen Kosten verursachen, die zumindest zu einem Teil unfreiwillig von anderen Wirtschaftssub-

[33] Vgl. WILLEKE, R. / KENTNER, W.: 1975, S. 14.

jekten getragen werden, werden sich nach betriebswirtschaftlichen Vorgehen nur an ihren internen Kosten orientieren und sich bei der Bestimmung ihrer privatwirtschaftlich optimalen Produktionsvolumens nach der Regel „Preis = Grenzkosten" für einen gesamtwirtschaftlich zu großen Output entscheiden. Der Grund für diese Fehlallokation ist darin zu sehen, daß das soziale Kosten verursachende Gut zu billig angeboten wird und in stärkerem Maße nachgefragt wird als es bei Preisen der Fall ist, die die echten Knappheitsrelationen widerspiegeln. Andererseits wird sich ein Unternehmen, das sozialen Nutzen erbringt, nur an seinen internen Erträgen orientieren und sich bei der Bestimmung des privatwirtschaftlich optimalen Produktionsvolumens für ein gesamtwirtschaftlich zu kleines Leistungsvolumen entscheiden, da der Preis, den der Nachfrager bereit ist zu zahlen, nur die auf dem Markt geäußerten Präferenzen reflektiert und darüber hinaus externe Nutzenstiftungen unberücksichtigt läßt.[34]

Weil die öffentliche Hand daran interessiert sein sollte, aus gesamtwirtschaftlichen Erwägungen mehr ÖPNV-Leistungen anzubieten als es der Markt zuläßt, kann dies die zeitweise Subventionierung des ÖPNV rechtfertigen und begründen. Es sind korrektive Eingriffe der öffentlichen Hand notwendig, um die aufgrund der mangelnden Würdigung der gesamtwirtschaftlichen Faktoren und der Unvollkommenheit des Marktes systemimmanenten Mechanismusfehler auszugleichen. Zum Ausgleich solcher Marktunvollkommenheiten ist das Ziel einer Internalisierung der externen Kosten zu verfolgen. Als Voraussetzung dafür ist soweit möglich eine Mengenberechnung der externen Effekte vorzunehmen. Danach erfolgt eine monetäre Bewertung, die Monetarisierung, der für die Behebung beziehungsweise die Vermeidung der Schadmengen entstehenden Kosten und eine Verteilung auf den jeweiligen Schadensverursacher.

Bei der Umsetzung der Internalisierung im Verkehrsbereich ist diesbezüglich zu berücksichtigen, daß es völlig ungerecht wäre, den ÖPNV-Kunden gesamtkostendeckende Tarife individuell zahlen zu lassen, da er damit auch Vorteile bezahlen würde, die der Gesamtheit der Bevölkerung durch eine geringere Verkehrs- und Umweltbelastung zugute kommen. Nicht allein die direkten Nachfrager können durch eine (erhöhte) Bezahlung für ihre Fahrausweise den Finanzierungsbeitrag für den sozialen Nutzen leisten, da auch der ÖPNV-Nicht-Nutzer von der Nutzung öffentlicher Verkehrsmittel der anderen Vorteile hat. Eine Gesamtkostendeckung kann deshalb nur durch eine Finanzierungsteilung stattfinden. Deshalb müssen auch die indirekten Nutznießer jeweils als Gegenleistung für den Nutzen, der durch die ÖPNV-Nutzung der anderen für sie entsteht (zum Beispiel weniger Verkehr auf der Straße), einen Fi-

---

[34] Vgl. ZEBISCH, K.: 1979, S. 94.

nanzierungsbeitrag leisten. Der gesamtkostendeckende Fahrpreis für die Mobilität mit dem ÖPNV setzt sich folglich aus einem Nutzeranteil für die Kosten der konkreten Beförderungsleistung und einem gesamtwirtschaftlichen Anteil für die Vermeidung externer Effekte zusammen, an dem sich auch ÖPNV-Nicht-Nutzer beteiligen sollten.

Ein geeigneter Weg, um eine Kosteninternalisierung zur Gesamtkostendeckung in diesem Sinn zu realisieren, ist die Vorfinanzierung des sozialen Nutzens durch die öffentliche Hand in Form eines Kostenvorschusses aus allgemeinen Steuermitteln (interne Kosten der öffentlichen Haushalte). Nach der Ermittlung und Berechnung der jeweiligen Finanzierungsbeträge wird eine Rückzahlung bei den Nutznießern beziehungsweise die externen Kosten verursachenden Dritten eingefordert, zum Beispiel durch Erhöhung der Kfz-Steuer oder der Mineralölsteuer oder durch die Erhebung von (kommunalen) Sonderabgaben für den ÖPNV.

II.A.2.c Ein Stufenmodell zur Bewertung und Darstellung von ÖPNV-Gesamtleistungen unter Berücksichtigung externer Effekte

Der Staat hat aufgrund eines gesamtwirtschaftlichen Nutzeninteresses stellvertretend für die Allgemeinheit die Aufgabe, die externen Effekte in der Verkehrswirtschaft einzubeziehen und mit der Bereitstellung finanzieller Mittel für den ÖPNV einen korrektiven Eingriff bei den Unvollkommenheiten im Verkehrsmarkt vorzunehmen. Ein optimiertes Finanzierungssystem des ÖPNV muß auf der Grundlage externer Effekte die monetäre Bewertung entsprechender ÖPNV-Leistungen beinhalten und die Kosten internalisieren. ZEBISCH[35] entwickelt hierfür mit einem „erweiterten Markt-Modell“ die Grundlagen, das durch folgende Punkte charakterisiert wird:

- Existenz eines sozialen Nutzens durch den ÖPNV,
- Ausweisung externer Kosten und Ersparnisse als sozialer Nutzen,
- Gefahr eines suboptimalen Angebotes von Verkehrsleistungen, wenn soziale Kosten nicht auf externe Nutznießer verteilt werden können,
- Reinternalisierung der Kostendeckung aus öffentlichen Haushalten durch eine finanzielle Mitbelastung der externen Nutznießer,
- Gesamtbewertung des Leistungspotentials öffentlicher Verkehrsunternehmen als Summe der privaten Bewertung des Verkehrskunden und der öffentlich-politischen Bewertung der Allgemeinheit,
- Transformation von einzelwirtschaftlichen Kosten in soziale Kosten,

[35] Vgl. ZEBISCH, K.: 1979, S. 105.

- Ermittlung von Preisgrenzen, die bei Verkehrskunden durchsetzbar sind,
- Aufspaltung des Fahrpreises in zwei Komponenten: eine grundsätzliche Komponente als Kompensation für individuell in Anspruch genommene Beförderungsleistungen und eine allgemeine Komponente für „vorsorgepolitische" Aspekte.

Zusätzlich zu dem Problem der Internalisierung externer Effekte besteht im ÖPNV gegenwärtig eine Finanzierungspraxis aus einem schwer durchschaubaren Gemenge von Förderquellen auf verschiedenen rechtlichen Basen. Im Hinblick auf die Effizienz des Finanzmitteleinsatzes und einer leistungs- und qualitätsgerechten Preisbildung muß die öffentliche Hand als Aufgabenträger für ÖPNV-Leistungen auf die Transparenz der Finanzierung bedacht sein. Zur Verbesserung der Transparenz der Zusammenhänge zwischen den ÖPNV-Leistungen und der Finanzierung durch Finanzmittel der öffentlichen Hand sowie durch die Erträge aus Fahrausweisverkauf und durch (sonstige) Erträge der Verkehrsunternehmen wird ausgehend von dem „erweiterten Markt-Modell" ein Stufenmodell entwickelt, in dem die Bereiche und Anteile finanzieller Leistungen abgegrenzt und entsprechenden Werten für die ÖPNV-Gesamtleistungen gegenübergestellt werden.

Das Stufenmodell wird im folgenden erläutert und in der Abbildung 5 dargestellt:

Grundlage für die Erstellung der ÖPNV-Gesamtleistung ist die Existenz von Finanzmitteln, die zur Kostendeckung zur Verfügung stehen. Sie sind in der Abbildung in Form von Quadern dargestellt. Man muß sich dabei die einzelnen Finanzierungsquellen, die in drei große Beitragsblöcke zusammengefaßt sind, als Schichtensystem vorstellen, die sich stufenweise zur Gesamthöhe der finanziellen Beiträge aufsummieren, die in einem Verkehrsgebiet zur Verfügung stehen.

In einem ersten Block sind die staatlichen Beiträge von Bund und Ländern zusammengefaßt, die sich aus Fördermitteln für die Erstellung von Betriebsleistungen im SPNV sowie bei Investitionen in Infrastruktur und Verkehrsmittel des gesamten ÖPNV, Ausgleichszahlungen für die ermäßigte Beförderung von Schülern und Schwerbehinderten sowie Steuererleichterungen für Verkehrsunternehmen zusammensetzen. Sie können als finanzielle Leistung für den gesamtwirtschaftlichen Beitrag des ÖPNV mit der Reduzierung externer Effekte im Verkehr betrachtet werden. Für eine entscheidende Würdigung dieser Effekte und Verbesserung der Situation im Verkehr bedarf es jedoch einer Bereitstellung zusätzlicher spezieller Finanzmittel für gesamtwirtschaftliche Leistungen des ÖPNV, die auf einer monetären Bewertung der externen Effekte beruhen sollte. Erst diese würden ein so niedriges Fahrpreisniveau und ein attraktives Leistungsangebot im ÖPNV ermöglichen, damit der ÖPNV zur wirklichen Mobilitätsalternative zum MIV avancieren kann.

Der zweite Block ist der, in dem alle finanziellen Beiträge eines Verkehrsunternehmens beinhaltet sind, die zu einem Gesamterfolg des ÖPNV beitragen. An erster Stelle sind die Erträge aus Fahrausweisverkauf zu nennen, die die Bereitschaft der Mobilitätsnachfrager wiederspiegeln, den ÖPNV als Dienstleistung zu nutzen. Weiterhin sind als wichtiges finanzielles Fundament die Erträge aus Werbung auf Verkehrsmitteln oder an Haltestellen hinzuzuzählen. Zudem basiert der Erfolg der Verkehrsunternehmen und damit die von ihnen erstellten ÖPNV-Leistungen auf sonstigen erwirtschafteten Erträgen wie zum Beispiel Erträge aus dem Immobilienmanagement. Sie bestimmen zu einem Teil das Potential und die Intensität der Investitionen der Verkehrsunternehmen im ÖPNV sowie die Möglichkeiten für Kommunikationsmaßnahmen, um die Mobilitätsnachfrager für die Nutzung der Verkehrsdienstleistungen und damit des ÖPNV zu gewinnen.

Zu diesen Finanzbeiträgen kommt der dritte Block der kommunalen Finanzierungsbeiträge hinzu, durch die die Bereitschaft eines Aufgabenträgers für die Erstellung besonders guter ÖPNV-Leistungen in einem Verkehrsgebiet zum Ausdruck kommt. Sie sind mit den bisherigen Finanzmitteln vergleichbar, die zur Deckung der jeweiligen Jahresfehlbeträge der öffentlichen Verkehrsbetriebe erbracht werden beziehungsweise wurden. Im Gegensatz zu der alten Verfahrensweise ist bei der Höhe der Finanzmittel zukünftig nicht mehr der Zuschuß in Form eines Defizitausgleichs für die Verkehrsbetriebe in kommunalen Besitz zu berücksichtigen, sondern die Zuschüsse für Betriebsleistungen, die nach Ausschreibung im Wettbewerb vertraglich festgesetzt werden. Die Finanzmittel sind Ausdruck dafür, in welchem finanziellen Umfang der Aufgabenträger das Niveau der ÖPNV-Leistungen, das mit der Leistungskraft der Verkehrsbetriebe bisher erreicht werden konnte, im Wettbewerb steigern möchte. Diese Finanzmittel decken sich zwar ungefähr mit denjenigen, die bislang insgesamt als Beiträge für die zur Zeit angebotenen Betriebsleistungen zu den entsprechenden Fahrpreisen von den Aufgabenträgern bereitgestellt wurden, aber zum einen durch den Wettbewerb der Verkehrsunternehmen untereinander und zum anderen durch den Wettbewerb der Verkehrsunternehmen um die Finanzmittel der Aufgabenträger werden Effizienzsteigerungen und -unterschiede zukünftig möglich.

Gemeinsam mit den Finanzmitteln der beiden ersten Blöcke bilden sie die Gesamtheit der Finanzmittel, die zur Gestaltung des ÖPNV zur Verfügung stehen. Auf diesen basieren die Planungen und Ausschreibungen durch die Aufgabenträger. Die ÖPNV-Leistungen, die von einem Aufgabenträger insgesamt organisiert werden, können bei einem Benchmarking zwischen Verkehrsgebieten als Mix zwischen den verschiedenen Marketinginstrumenten Produkt, Distribution, Kommunikation und Preis in der Zusammensetzung der verschiedenen Fahrausweisarten zu jeweiligen Preisen charakterisiert werden. Mit jeder finanziellen Beitragssumme können verschiedene Ergebnisse erreicht werden, die durch unterschiedliche Schwerpunktsetzungen der Aufgabenträger, Effizienz des Finanzmitteleinsatzes und dem Preis-Produkt-Distribution-Kommunikation-Mixes in den jeweiligen Verkehrsgebieten abhängen. Da eine absolute optimale Höhe für den effizientesten Einsatz der Finanzmittel nicht bestimmt werden kann, werden beim Benchmarking relative Werte in Prozent für die vier Marketinginstrumente durch den Vergleich zwischen den Verkehrsgebieten ermittelt und gegenübergestellt. Je unterschiedlicher die Werte sind, desto unausgewogener ist das Verhältnis und desto problematischer ist dies für das gesamte ÖPNV-Angebot.

Zur Darstellung von vier Dimensionen wird eine Möglichkeit entwickelt, die den stufenförmig aufgebauten finanziellen Beiträgen in Abbildung 5 gegenübergestellt ist. Drei Dimensionen können in einem dreidimensionalen Koordinatensystem graphisch ohne Probleme dargestellt werden. In der Abbildung 5 ist dieses Koordinatensystem in einem Würfel verkörpert, auf dessen Kanten die Skalierung in Prozent von 0 – 100 erfolgt. Sie beginnt am oberen linken Eck mit 0 für die drei Dimensionen Preis, Produkt und Distribution. (Die in der Grafik an verschiedenen Kanten angebrachte Skalierung dient nur zur Übersichtlichkeit.) Die Skalierung für den Preis auf der senkrechten Kante (der Ordinate in einem dreidimensionalen Koordinatensystem) geht von oben nach unten, denn je niedriger die Fahrpreise infolge der finanziellen Beiträge angesetzt werden können, desto besser wird der beim Benchmarking ermittelte relative Wert. Die vierte Dimension für die Kommunikation wird als Durchmesser eines Kreises um den Punkt dargestellt, der durch die Berechnung und Eintragung der relativen Werte für Preis, Produkt und Distribution infolge des Benchmarking im „Würfel" zu liegen kommt. In dem in Abbildung 5 dargestellten hypothetischen Beispiel werden zwei Verkehrsgebiete verglichen (vergleiche hierzu auch Kapitel IV.B.3). Es werden folgende fiktive relative Werte für die vier Marketing-Instrumente unterstellt:

	Verkehrsgebiet 1	Verkehrsgebiet 2
Preis (Tarif)	32 %	82 %
Produkt	83 %	40 %
Distribution	47 %	38 %
Kommunikation	80 %	43 %

Abbildung 5: Ein Stufenmodell zur Bewertung und Darstellung der ÖPNV-Gesamtleistung auf Grundlage finanzieller Leistungen

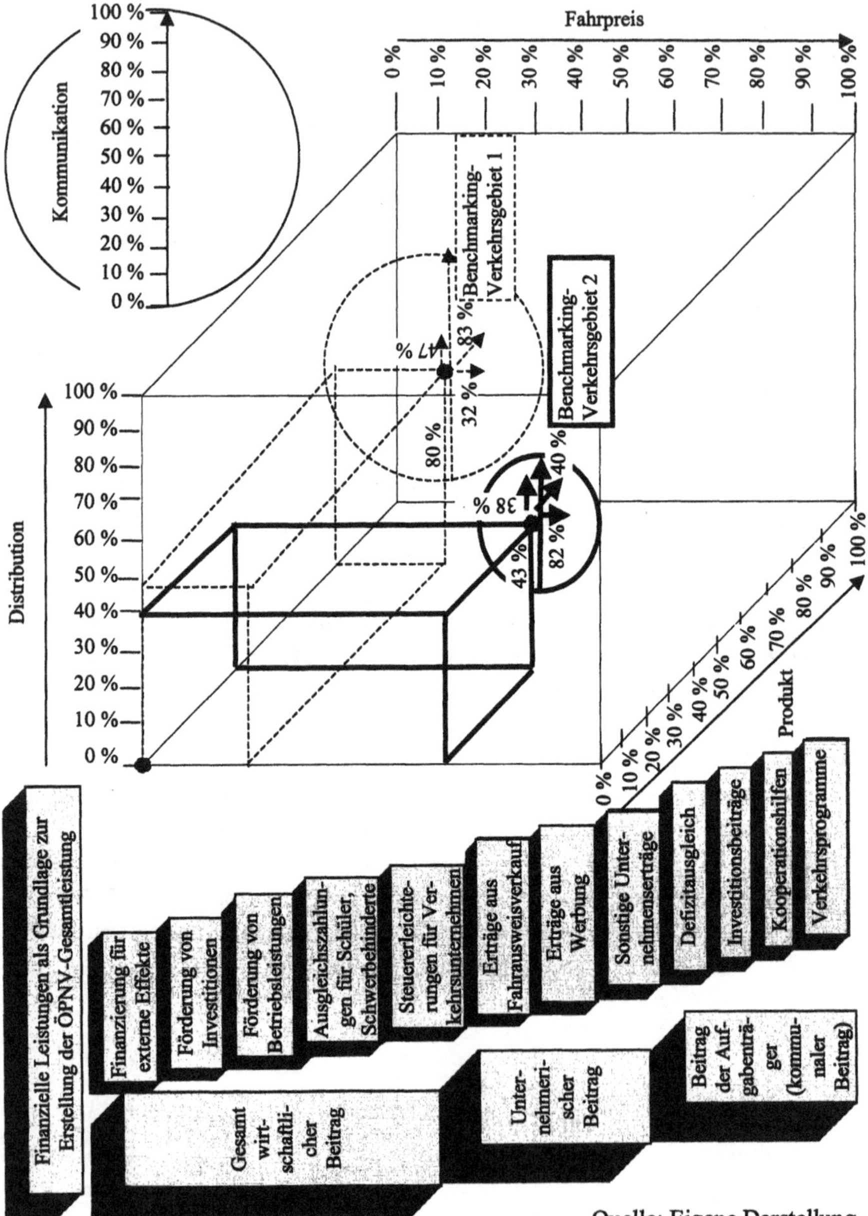

Quelle: Eigene Darstellung

II.B Einzelwirtschaftliche Rahmenbedingungen

Mit der Neuordnung des ÖPNV wurden Rahmenbedingungen geschaffen, durch die in den ÖPNV-Markt Wettbewerbselemente Einzug hielten. Betriebsleistungen werden danach von einem definierten öffentlichen Aufgabenträger über ein Ausschreibungsverfahren vergeben. Alle Verkehrsunternehmen können ein Angebot für die Bedienung der ausgeschriebenen Linien abgeben. Verkehrsunternehmen, die Interesse an einem Bedienungsauftrag haben, müssen eine Kalkulation der Betriebskosten und der voraussichtlichen Einnahmen aus Fahrausweisverkäufen und sonstigen Einnahmen aus dem Linienbetrieb durchführen, um den Zuschußbedarf von öffentlichen Finanzmittel zu ermitteln. Dies erfolgt unter dem Gesichtspunkt einer bestmöglichen Gestaltung des Angebots mit vorhandenen oder beschaffbaren neuen Betriebsmittelfaktoren, da ein Verkehrsunternehmen darauf bedacht sein muß, ein Kostenangebot mit einem Qualitätsniveau zu erreichen, das attraktiver ist als das der Konkurrenten. Durch diesen Wirkungsmechanismus werden zwei wesentliche Vorteile für den ÖPNV erreicht. Zum einen wird das finanzielle Risiko des Aufgabenträgers, der häufig bisher letztendlich als Eigentümer eines Verkehrsbetriebes den Verlustausgleich am Ende des Jahres zu tragen hatte, auf die Verkehrsunternehmen als Auftragnehmer übertragen. Zum anderen besteht über die für den ÖPNV aufzuwendenden öffentlichen Finanzmittel bereits am Anfang des Jahres Klarheit ohne die Möglichkeit überraschender Nachforderungen und der Einstellung zusätzlicher Finanzmittel in den kommunalen Haushalt. Die Verkehrsunternehmen müssen mit einer festen Betragssumme aus dem Verkehrsleistungsvertrag die vereinbarten Leistungen erwirtschaften. Durch diese Verlagerung der Risiken und Verpflichtungen entsteht jedoch für die ÖPNV-Unternehmen ein Druck zu einem größerem finanziellen Rückhalt, der vielfach bei den öffentlichen Betrieben oder bei den überwiegend noch klein- und mittelständischen ÖPNV-Unternehmen nicht vorhanden ist. Eine kritische Folge der Neuorganisation ist der Beginn eines Verdrängungswettbewerbs durch finanzstarke, zum Teil branchenfremde Unternehmen und ein Konzentrationsprozeß im ÖPNV-Markt.[36]

Die Aufgabenträger schließen einen Verkehrsbedienungsvertrag über eine gewisse Laufzeit ab. Da der ÖPNV durch den Einsatz von Verkehrsmitteln eine Branche mit hoher Investition und Kapitalbindung ist, müssen Vertragslaufzeiten über viele Jahre eingegangen werden. Das heißt, die Aufgabenträger sind zum Teil abhängig von dem Verkehrsunternehmen, mit dem sie einen Vertrag abgeschlossen haben, da für eine Kündigung schwerwiegende Vertragsverletzungen erforderlich sind. Deshalb werden

[36] Vgl. OETTLE, K.: 1999, S. 43 – 58.

in den Verträgen vom Aufgabenträger zum Teil Qualitätsstandards definiert, die mit bestimmten abgestuften Abschlägen bei den Finanzzuschüssen bei Nichteinhaltung verbunden sind. In der Regel wird aber auch das ausgewählte Verkehrsunternehmen daran Interesse haben, durch unternehmensspezifische Maßnahmen seinen Beitrag zur Qualität, zu der es sich laut Vertrag verpflichtet hat, während der Vertragslaufzeit zu leisten, um ein gutes Image bei dem Aufgabenträger zu erreichen und die Option auf eine Auftragsverlängerung zu sichern. Das im Vertrag bestimmte Qualitätsniveau der angebotenen Betriebsleistungen wird demzufolge oftmals über dem der Ausschreibung zu liegen kommen. Ein Problem stellen dabei jedoch Qualitätsfaktoren dar, die nicht vertraglich festgelegt sind beziehungsweise werden können, das heißt die „weichen" Qualitätsfaktoren, die nicht quantifizierbar sind. So ist bei manchen Verkehrsunternehmen der Preis für ein kostengünstiges Angebot die Anstellung von ausländischen Busfahrern, die für einen geringeren Lohn arbeiten, wodurch die Personalkosten, die einen hohen Anteil an den Gesamtkosten von Verkehrsunternehmen haben, sinken. Jedoch kann zum Beispiel durch einen schlechten Fahrstil oder durch geringe Auskunftsmöglichkeit bei Informationsbedarf von Fahrgästen aufgrund sprachlicher Barrieren oder gar allgemeiner Vorbehalte gegenüber ausländischen Mitbürgern die Kundenzufriedenheit schwinden, wodurch die Wirtschaftlichkeit des ÖPNV durch weniger Fahrgäste und geringere Fahrgeldeinnahmen leidet.

II.B.1 Die Organisation und Struktur im ÖPNV-Markt

Die Grundlage der Geschäftstätigkeit von Unternehmen in einem Markt bilden die organisatorische Rahmenbedingungen. Sie werden bestimmt durch zwei Bereiche:

- Marktordnung,
- Marktform.

Marktordnung

Die Marktordnung kann im Rahmen des grundsätzlichen Wirtschaftssystems durch spezielle gesetzliche Reglementierungen für die Branchen näher festgelegt werden, so daß je nach deren Ausmaß unterschiedliche Voraussetzungen für das wirtschaftliche Handeln der Unternehmen bestehen. Grundsätzlich kann man zwischen den beiden Formen eines deregulierten und eines regulierten Marktes differenzieren.

Im deregulierten Markt gibt es im Extremfall außer den übergreifenden Regulierungen wie zum Beispiel Umweltschutz, Arbeitnehmerschutz oder Steuersystem keine weiteren Vorschriften. Das Handeln der Unternehmen wird durch die Entscheidungsfreiheit des Unternehmensmanagements und durch die Kundenbedürfnisse gelenkt.

Im regulierten Markt hingegen gibt es staatliche Genehmigungsbehörden, die über den Marktzutritt von Unternehmen entscheidet. Staatliche Bedingungen bei der Preisgestaltung und andere Auflagen müssen die Unternehmen in Kauf nehmen. Der Extremfall des regulierten Marktes ist die sozialistische Planwirtschaft.

Marktform

Die Marktform beschreibt die Struktur des Marktes vor dem Hintergrund der Menge der Anbieter. Als extreme Varianten stehen sich das (staatliche) Monopol und das Polypol gegenüber.

Bei staatlichen Monopolen liegen neben dem Aspekt der Kontrolle über den Markt auch wirtschaftliche Überlegungen zugrunde. So wird sich die Einhaltung einer einheitlichen Qualität, eine verbesserte Koordination und ein wirtschaftlicherer Umgang mit den Produktionsressourcen versprochen. Jedoch hat bei Monopolen der fehlende Wettbewerb und die oftmals nicht vorhandene Kosten- und Leistungsvergleichbarkeit eine Reduzierung der Effizienz zur Folge.

Beim Polypol sind viele verschiedene Unternehmen auf dem Markt gleichzeitig tätig. Größtenteils konkurrieren sie sogar um ein- und dasselbe Kundenpotential beziehungsweise Kundensegment. Dadurch entstehen im allgemeinen Vorteile bei der Kosten- und Leistungstransparenz beziehungsweise bei der Preisbildung.

Marktordnung und Marktform korrelieren miteinander. Während ein Monopol meistens in einem regulierten Markt Bestand haben kann, so ist ein deregulierter Markt in der Mehrzahl der Fälle mit einer polypolistischen Anbieterstruktur verbunden.

Ein klassisches Beispiel für den Extremfall eines regulierten Marktes mit der Struktur eines Anbietermonopols war in der Vergangenheit der ÖPNV-Markt. Gesetze wie das Bundesbahngesetz oder das Personenbeförderungsgesetz unterbanden jeden Wettbewerb und verhinderten den Markteintritt anderer Verkehrsunternehmen. Mit der Novellierung der Gesetze im ÖPNV wurde eine deregulierende Modifikation erreicht. Zudem hat eine grundlegende Änderung der Organisation des ÖPNV-Marktes stattgefunden, indem die Zuständigkeiten für den AÖPNV im Verlauf des Jahres 1994 durch länderspezifische ÖPNV-Gesetze auf die kommunalen Aufgabenträger und für den SPNV durch das Regionalisierungsgesetz auf die Länder zum 1.1.1996 übertragen wurden.[37] Seitdem besteht ein zweigliedriger Aufbau, der die Trennung zwischen organisatorischer und unternehmerischer Verantwortung gewährleistet (siehe Abbildung 6).

---

[37] Vgl. SCHAAFFKAMP, C. / BAYER, D.: 2001, S. 148 ff.

Auf der einen Seite tritt ein öffentlicher Aufgabenträger je Verkehrsgebiet auf Weisung der politischen Entscheidungsträger als institutioneller Nachfrager auf. Dieser agiert im Sinne der Daseinsvorsorge, strukturpolitischer Aspekte und im Interesse der Bürger und Bewohner des Verkehrsgebietes, das heißt der (potentiellen) Fahrgäste. Die Aufgabenträger führen die Bestellung des ÖPNV-Leistungsangebotes durch. Sie können sich in kommunalen Zweckverbänden oder Verkehrsverbünden zusammenschließen, um das Verkehrsangebot einheitlicher zu gestalten und Synergieeffekte durch gemeinsames Handeln zu erschließen. Der Aufgabenträger hat folgende Aufgaben:

- Festlegung eines ÖPNV-Mindeststandards für das Verkehrsgebiet,
- Ausschreibung der Verkehrsleistungen und Auswahl der Verkehrsunternehmen,
- Gestaltung der Verträge mit den Verkehrsunternehmen,
- Kontrolle der Verkehrsunternehmen in bezug auf die Einhaltung der Mindeststandards,
- Durchführung von Korrekturen, falls Vertragsvereinbarungen nicht eingehalten werden oder ein Verkehrsunternehmen in Konkurs geht.

Auf der anderen Seite stehen die Verkehrsunternehmen mit ihren Betriebsleistungspotentialen. Bei einer Ausschreibung von Betriebsleistungen eines Aufgabenträgers bewerben sie sich mit der Abgabe eines Leistungs- und Kostenangebotes unter Berücksichtigung der vom Aufgabenträger festgelegten Rahmenbedingungen, die das Mindestniveau bedeuten. Dabei besteht der unternehmerische Handlungsspielraum, zusätzliche Leistungen im Angebotspaket zu offerieren, um den Dienstleistungsauftrag zu erhalten. So trägt das System zu einer Steigerung des kundenorientierten ÖPNV-Angebotes bei. Nach dem Auswahlverfahren aufgrund des kostengünstigsten Angebotes wird ein Verkehrsvertrag geschlossen. Für den Zeitraum der Vertragslaufzeit sind die Verkehrsunternehmen vor Wettbewerb im Markt geschützt. Auch hier gibt es die Möglichkeit des Zusammenschlusses in Form von Unternehmensverbünden, um eine gegenüber Konkurrenten oder dem Aufgabenträger verbesserte Marktstellung mit größeren Leistungsressourcen zu haben. Durch die Neuorganisation findet zunehmend ein Wechsel von einem durch die Unternehmen bestimmten Angebotsmarkt zu einem an den Kundenwünschen orientierten Nachfragemarkt statt. Als Folge halten in Zukunft mehr und mehr marktwirtschaftliche Elemente den Einzug in den ÖPNV-Markt. Einschränkend muß jedoch festgestellt werden, daß nicht pauschalisiert seit 1.1.1996 sofort der freie Wettbewerb wie in anderen Branchen existiert. Auch muß man unterscheiden zwischen SPNV und AÖPNV.

Abbildung 6: Aufbau und Zusammenhänge des ÖPNV-Marktes in Deutschland

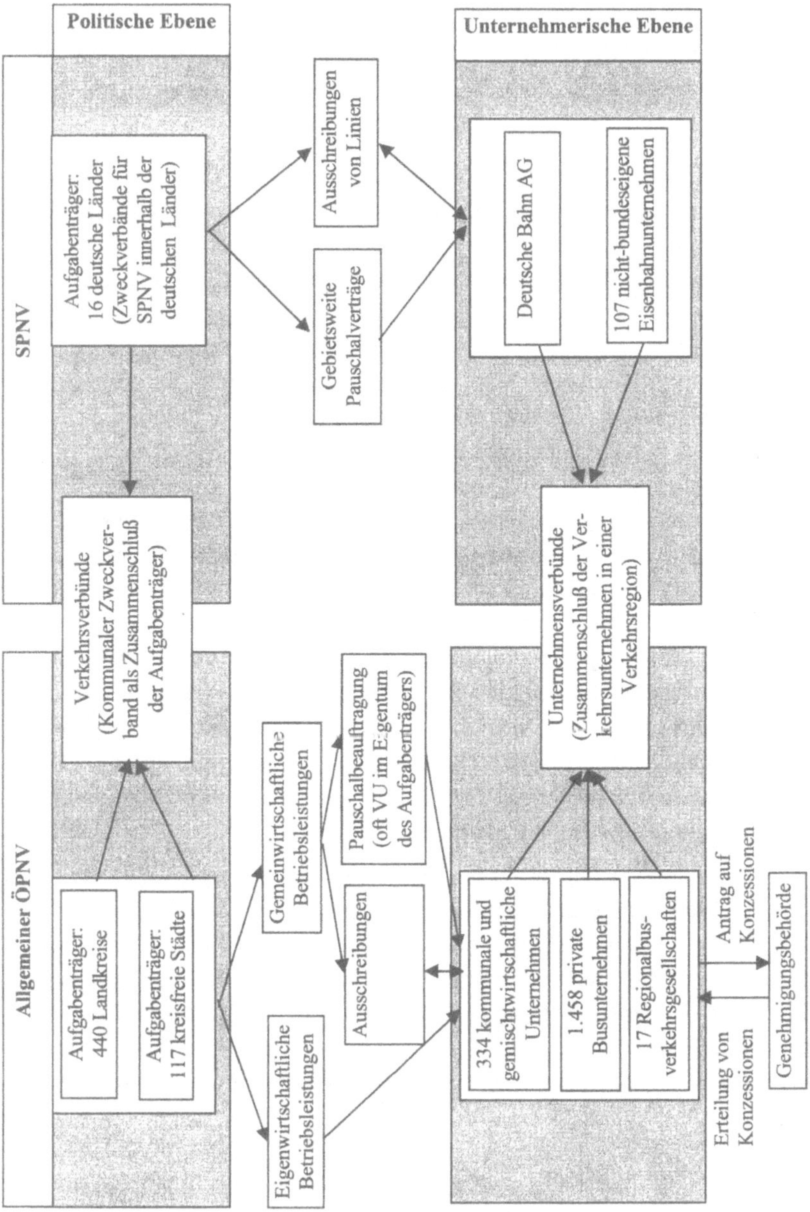

Quelle: Eigene Darstellung

II.B.2 Marktform und Marktordnung im SPNV

Beim SPNV findet nach dem AEG das uneingeschränkte Wettbewerbsprinzip Anwendung. Danach ist im SPNV die Bestellung der Betriebsleistungen für alle Strecken durch Ausschreibung und Vergabe an den günstigsten Anbieter möglich, wenn bestehende Konzessionen beziehungsweise Verträge abgelaufen sind.

Die meisten deutschen Länder haben in einem ersten Schritt mit der DB AG Verträge abgeschlossen, in denen Verkehrsleistungen nach den Status-Quo-Verkehren auf Basis des Fahrplans 1993/1994 vereinbart sind. Diese Verträge hatten bis auf die von Bayern und Thüringen eine Laufzeit von durchschnittlich 2 Jahren. Thüringen hat einen Vertrag bis 31.12.2000 und Bayern bis 31.12.2001 mit einer Verlängerungsoption um 4 Jahre abgeschlossen. Diese Vorgehensweise der befristeten Pauschalverträge hatte die Notwendigkeit der rechtlichen Absicherung zur Aufrechterhaltung eines Betriebsleistungsstandards zum Anlaß. Dadurch wurde den Ländern auch Zeit zum Aufbau der zentralen Landeseisenbahngesellschaften und zur Definition derer Aufgabenbereiche eingeräumt, während zugleich die DB AG bei kurzfristig gesicherter Auftragslage Zeit für ihre Neuorganisation mit der Trennung der verschiedenen Geschäftsbereiche sowie der Festlegung der Verhältnisse zwischen dem Bereich der DB Regio (SPNV), dem Bereich DB Netz (Infrastruktur) und anderen Eisenbahnverkehrsunternehmen mit der Erhebung und Umsetzung von Trassenbenutzungspreisen hatte.[38] Die kurzen Zeitverträge ermöglichten erste Ausschreibungen von Eisenbahnleistungen in kleinen Bereichen in Ruhe vorzubereiten und Erfahrungen zu sammeln, indem meistens eine Optionsklausel zum Bestandteil der Verträge gemacht wurde, einen bestimmten Prozentsatz des Gesamtangebotes an andere Eisenbahnverkehrsunternehmen vergeben zu können. Damit wurde potentiellen Wettbewerbern die Möglichkeit gegeben, sich finanziell und organisatorisch auf Angebote von SPNV-Leistungen vorzubereiten.

Im Markt des SPNV dominierte bis zum Zeitpunkt der Neuorganisation 1993 die Deutsche Bundesbahn (DB) als staatliches Monopolunternehmen das Angebot. Nach Angaben des VDV[39] hatte die DB an den 498 Mio. Zugkilometern in Deutschland einen Anteil von 97 Prozent während die nicht bundeseigenen Bahnen (NE-Bahnen) mit 15 Mio. Zugkilometer die restlichen 3 Prozent hatten. Bis zum Jahr 1998 erhöhte sich das Gesamtangebot um 66 Mio. Zugkilometer, während der Anteil des Nachfolgeunternehmens Deutsche Bahn AG an den Betriebsleistungen um 3 Prozent sank.

[38] Vgl. OETTLE, K.: 1997, S. 209 – 232.

[39] Die Angaben entstammen dem Vortrag von Prof. Dr. Girnau auf der Veranstaltung der DVWG-Bezirksvereinigung Südbayern am 24. November 1998: ÖPNV im Wettbewerb.

Bis Ende 1997, das heißt in den 2 Jahren, in denen erstmals die neue rechtliche Ordnung und Zuständigkeitsverteilung galt, wurden 4,3 Prozent des Angebotes im SPNV ausgeschrieben und nach der neuen wettbewerbsorientierten Verfahrensweise mit entsprechenden Verkehrsverträgen vergeben; das entspricht 24,1 Mio. Zugkilometer. Bei den Ausschreibungen kamen die DB AG mit 11,6 Mio. Zugkilometer und die NE-Bahnen mit 12,5 Mio. Zugkilometer zu ungefähr gleichen Teilen zum Zuge. Dabei fällt auf, daß gegenüber dem Basisfahrplanjahr 1993/94 die Betriebslinienleistungen als Gesamtheit von Ausschreibungen und Beauftragungen bei der DB AG um 47 Mio. auf 530 Mio. Zugkilometer um 10 Prozent gestiegen sind; bei den NE-Bahnen verdoppelten sich die Leistungen von 15 Mio. auf 34 Mio. Zugkilometer, so daß der Marktanteil der DB AG im SPNV von 97 Prozent auf 94 Prozent fiel, während der Anteil der NE-Bahnen entsprechend stieg. Anfang 1999 waren weitere Strecken mit einem Bedienungsumfang von 15 Mio. Zugkilometer im Ausschreibungsverfahren.

Zukünftig wird mit einer weiteren allmählichen Reduzierung des Verkehrsanteils der DB AG gerechnet. Neben der DB AG, die auf lange Sicht das marktbeherrschende Unternehmen bleiben wird, etablieren sich jedoch regionale, bundesweit beziehungsweise auch international agierende Eisenbahnunternehmen, die durch kapitalkräftige teils branchenfremde Mutterunternehmen unterstützt werden, wie zum Beispiel die Deutsche Eisenbahngesellschaft durch das französische Unternehmen Compagnie Generale d'Enterprises Automobiles (CGEA).[40]

Diese Entwicklungen sind ein Indiz dafür, daß die Deregulierung vorangeschritten ist und nicht mehr von einer monopolistischen Marktform der DB AG gesprochen werden kann. Durch die Gründung zahlreicher Unternehmen, die gemessen am Umsatz, Personal, Fuhrpark und Bedienungsumfang bedeutend kleiner sind, kann man von einem oligopolistischen Monopol sprechen. Dem Ziel, durch die Regionalisierung zu niedrigeren Produktionskosten zu kommen beziehungsweise umfangreichere Bedienungsangebote bei gleicher Bezahlung zu erhalten, ist man ein Schritt näher gekommen. Ein Wettbewerb im SPNV kommt allmählich auf.

II.B.3 Marktform und Marktordnung im allgemeinen ÖPNV

Die Marktordnung im AÖPNV nach PBefG ist nicht so dereguliert wie im SPNV. Im AÖPNV ist die Anwendung eines Ausschreibungsverfahrens durch das Personenbeförderungsgesetz komplizierter und letztendlich nicht eindeutig abzugrenzen. Es be-

[40] Vgl. SCHNELL, M.: 2001, S. 17 ff.

steht noch eine gewisse Rechtsunsicherheit.[41] Das Problem im AÖPNV besteht noch in den bestehenden Linienkonzessionen im Besitz der Verkehrsunternehmen. Nach Auslaufen der jeweiligen Konzessionen besteht ein eingeschränktes Bestellerprinzip und ein eingeschränkter Wettbewerb. Nach allgemeiner Interpretation kann eine Ausschreibung und damit ein Wettbewerb nämlich nur im Bereich gemeinwirtschaftlicher Verkehre erfolgen, das heißt Verkehr, der mit Betriebskostenzuschüssen der öffentlichen Hand durchgeführt wird, da hier laut § 8 PBefG die Lösung mit den geringsten Kosten für die Allgemeinheit zu wählen ist. Wenn das Verkehrsunternehmen gegenüber der Genehmigungsbehörde den eigenwirtschaftlichen Betrieb einer Linie mit dem bestehenden Bedienungsumfang erklärt hat, das heißt ohne Betriebskostenzuschüsse öffentlicher Finanzmittel auskommt, dann ist eine Ausschreibung nicht möglich. Die offene Frage, die noch nicht abschließend geklärt ist, lautet, wie der Begriff „Gemeinwirtschaftlicher Verkehr" anzuwenden ist, das heißt, ob eine linienbezogene oder eine gesamtbetriebliche Beurteilung angewendet wird. Das Problem dabei ist, daß in der Vergangenheit Linienkostenrechnungen bei den Unternehmen in vielen Fällen nicht durchgeführt wurden.

In dem Zusammenhang ist das Fallbeispiel eines Unternehmens mit einem weiten Verkehrsgebiet zu nennen, in dem es aufgrund der vergangenen Praxis viele Konzessionen mit der Genehmigung eines entsprechenden Betriebsumfangs gibt. Dadurch erzielt es gesamtbetrieblich zwar ein positives Ergebnis, jedoch nur dadurch, daß auf einigen Linien durch ein hohes Fahrgastaufkommen hohe Erträge und hohe Kostendeckungsgrade erzielt werden, während andere Linien nicht kostendeckend bedient werden und nur dadurch einer Ausschreibung „vorenthalten" werden, daß sie durch höhere Erträge auf anderen Linien innerhalb des Unternehmens „quersubventioniert" werden. Sofern die Feststellung eines eigenwirtschaftlichen Betriebs erfolgt ist, besteht nach bisheriger Rechtslage durch das Prinzip der Besitzstandswahrung keine Möglichkeit, den Unternehmen die Konzession zu entziehen und eine Ausschreibung seitens des Aufgabenträgers auf den entsprechenden Linien vorzunehmen. Im Sinn einer stringenten Organisation wäre die Übertragung aller Konzessionen auf den Aufgabenträger notwendig beziehungsweise die Abschaffung des Systems der Konzessionsvergabe und die freie Beauftragung zur Durchführung der Bedienung in Form eines zivilrechtlichen Vertrages zwischen Aufgabenträger und Verkehrsbetrieb.

Auch bei der Marktform im AÖPNV besteht ein Unterschied zum SPNV. Es existieren in Deutschland viele Verkehrsunternehmen, die AÖPNV betreiben, mit sehr un-

---

[41] Vgl. WILL, W.: 2001, S. 31.

terschiedlichen Größen nach Beschäftigtenzahl, Umsatz, Fuhrpark, undsoweiter. Insofern kann bundesweit eine polypolistische Marktform unterstellt werden. Größtenteils gibt es aber Gebietsmonopole. In den Städten haben oftmals ausschließlich kommunale Verkehrsunternehmen Konzessionen für die Bedienung und führen die Betriebsleistungen selbst durch. Darüberhinaus gibt es auch relativ klar umgrenzte Regionen, in denen große Regionalverkehrsgesellschaften die Bedienung dominieren. Größtenteils sind es Gesellschaften, auf die in den Jahren 1988 – 1990 der Straßenpersonenverkehr des früheren „Geschäftsbereich Bahnbus" der ehemaligen DB übergeleitet wurde und die heute 100-prozentige Tochtergesellschaften der DB AG sind. Zahlreiche kleinere private Verkehrsunternehmen konnten besonders im ländlichen Raum im Linienbetrieb Konzessionen erhalten, wobei Grundlage in den meisten Fällen die Schülerbeförderung war.

Zu Beginn der Neuordnung des ÖPNV wurde der AÖPNV noch von Verkehrsbetrieben dominiert, die sich im öffentlichen Eigentum befinden. 1999 gab es in Städten über 50.000 Einwohner insgesamt 334 kommunale und gemischtwirtschaftliche Verkehrsunternehmen. Diese Verkehrsunternehmen sind auch Eigentümer aller 55 Straßenbahnsysteme Deutschlands. 87 Prozent der Betriebsleistungen im ÖPNV werden von diesen Verkehrsunternehmen erbracht. Die gesamte Anzahl privater Busunternehmer beträgt 1999 bundesweit circa 6.523, aber nur etwa ein Viertel (1.458) sind im allgemeinen Linienverkehr engagiert, wobei dieses Engagement überwiegend als Randgeschäft betrachtet wird.[42]

[42] Vgl. STBA: 2000.

III Das Managementinstrument Benchmarking

Benchmarking wurde zum ersten Mal vom amerikanischen Unternehmen Xerox Cooperation angewandt, um der Herausforderung durch die japanischen Unternehmen in den 1970er Jahren zu begegnen. Diese eroberten hohe Marktanteile, da sie durch konsequente Verbesserungen beim Produktionsablauf und der Produktentwicklung sehr schnell Neuheiten am Markt einführen konnten. Als Beginn von Benchmarking wird deshalb das Jahr 1979 definiert, als Xerox Cooperation die Gründe dafür suchte, daß die Produktionskosten ihrer Kopierer über den Verkaufspreisen von Konkurrenzprodukten lagen. Nachdem durch die Analyse der Produktionsprozesse und -strukturen japanischer Konkurrenten eine Änderung der Arbeitsorganisation erfolgt war, verbesserte sich auch die Wettbewerbssituation. Für Xerox Cooperation war dieses positive Ergebnis Anlaß, Möglichkeiten von besseren Verfahren nicht nur bei direkten Konkurrenten zu suchen, sondern auch jenseits der Branchengrenze. Mit American Express als Partner wurde die Fakturierung, mit Sony die Kapitalumschlaghäufigkeit und mit dem Versandhandelsunternehmen L.L. Bean der Bereich Logistik und Vertrieb einem Benchmarking unterzogen. In der Folgezeit übernahmen weitere Unternehmen, zum Beispiel Ford, IBM oder AT&T diese Methode, um Leistungsverbesserungen zu erzielen.[43]

1987 stand der Begriff Benchmarking noch in keinem Wirtschaftslexikon. Erst nachdem Xerox Cooperation 1989 den Malcolm Baldridge National Quality Award gewann – ein Preis, der seit 1987 jährlich vom amerikanischen Präsidenten an Unternehmen verliehen wird, die wegen einer überlegenen Qualität ihrer Produkte ausgewählt werden – fand der Begriff Anfang der 1990er Jahre Eingang in die Wirtschaftsliteratur. Einer der ersten Bücher über Benchmarking veröffentlichte CAMP, der Produktmanager von Xerox Cooperation.[44] Danach gab es zahlreiche Arbeiten über die allgemeinen Grundlagen und organisatorischen Hintergründe als Managementinstrument.[45] In einer zweiten Phase wurde Benchmarking als Möglichkeit zur Entwicklung und Einführung ökologischer Komponenten in die Unternehmen beschrieben.[46] Speziell im Bereich des ÖPNV sind besonders drei Arbeiten zu nennen.[47] Als neueste Richtung in der Literatur zum Benchmarking ist der Einsatz in der Raumforschung und Landesenwicklung zu registrieren.[48]

---

[43] Vgl. WATSON, G.: 1993, S. 23 ff.
[44] Vgl. CAMP, R.: 1989.
[45] Vgl. HORVÁTH, P. / HERTER, R.: 1992. WATSON, G.: 1993. KARLÖF, B. / ÖSTBLOM, S.: 1994. LEIBFRIED, K. / MC NAIR, C.: 1994. PIESKE, R.: 1995. LASCH, R.: 1996.
[46] Vgl. DYLLICK, T.: 1995. GOLDMANN, B.: 1995. KOTTMANN, H.: 1998.
[47] Vgl. NESEMEIER, C.: 1997. ROTHER, F. / VITT, J.: 1999. SOCIALDATA: 1999.
[48] Vgl. ULRICH, P.: 1998. MAIER, J.: 2000. TROEGER-WEISS, G.: 2000. ZEITLER, P.: 2000.

III.A Grundlagen des Benchmarking

Benchmarking ist wie aus dem oben stehenden kurzen historischen Abriß ersichtlich eine auf Basis des Unternehmensvergleichs aus der Wirtschaftspraxis entstandene Methode. Die wirtschaftswissenschaftliche Beschreibung wurde erst nachträglich vollzogen und in vielen Büchern die theoretischen Grundlagen behandelt. Grundsätzlich ist Benchmarking ein Entwicklungsprodukt, das auf vorhandenen Erkenntnissen aufbaut, jedoch verschiedene neue Akzente setzt. Im folgenden wird der Charakter, die Methodik sowie diverse Varianten des Benchmarking herausgearbeitet und zusammenfassend dargestellt.

III.A.1 Definition des Benchmarking

Von der Ethymologie ist der Begriff auf das anglizistische Wort „benchmark" zurückzuführen. Das Wort wurde ursprünglich in der Topographie verwendet und hat dort die Bedeutung von Richtwert. Benchmarks sind demnach – auf die Betriebswirtschaft übertragen – als Zielgrößen zu verstehen, die in „progressiven Zahlen" formuliert sind. Dabei sind „progressiv" die von der eigenen Praxis abweichenden Zustände, Vorgehensweisen, Konstruktionen, Prinzipien oder Tools. Im erweiterten Sinn sind Benchmarks neue Perspektiven und Ziele („best practices"), die mit einer Quantifizierung vergleichbar und erreichbar gemacht werden.

Benchmarking kann durch folgende von einer Mehrzahl der Unternehmen getragenen Definition beschrieben werden. Sie wurde auf der vom American Productivity & Quality Center (APQC) organisierten Benchmarking-Konferenz durch das International Benchmarking Clearinghouse (IBC) Design Steering Committee entwickelt:

> „Bei der Durchführung einer Benchmarking-Studie findet ein ständiger Abwägungsprozeß statt. Bei diesem Prozeß werden die Arbeitsabläufe ständig überwacht und mit denen marktführender Unternehmen auf der ganzen Welt verglichen, um Informationen zu erhalten, die dem Unternehmen dabei helfen, die entsprechenden Schritte zur Verbesserung seiner Arbeitsabläufe zu veranlassen."[49]

Benchmarking hat – und das ist auch Basis für den Erfolg des Instrumentes – eine bestimmte eigene Philosophie, die die Grundlage für seine Attraktivität als Instrument der Managementebene darstellt. Benchmarking verkörpert das Streben nach Höherem,

[49] IBC: 1992, S. 3.

nach Bestleistung, das heißt den Wunsch und das Ziel, der Beste der Besten zu sein. Das Übertreffen des Besten soll durch das Einfließen von mehreren Verbesserungsquellen, besonders aber durch die kreative Weiterentwicklung und intelligente Umsetzung der Vorgehensweise des Besten realisiert werden.

Diesbezüglich beschreiben LEIBFRIED / MC NAIR[50] Benchmarking als Führungsklima, das aus drei verschiedenen Elementen besteht:

- Besessenheit von Qualität und ständiger Verbesserung,
- Überzeugung der Mitarbeiter, daß sie wichtige Mitglieder eines Teams sind,
- Identifikation und Korrektur von Problemen bei Produkten und Verfahren anhand von Daten.

Benchmarking ist die Erweiterung des internen Know-hows durch das Lernen von anderen. Kernpunkt ist nicht neues Wissen, sondern vorhandenes externes Wissen zu identifizieren, zu modifizieren und in das eigene Unternehmen zu transferieren. Dem Wesen nach ist Benchmarking also scheinbar nicht innovativ. Jedoch trägt Benchmarking zur Innovation bei, indem innovative Wege der analysierten Unternehmen ermittelt werden und auf die Übertragbarkeit hin geprüft werden. Auf der einen Seite identifiziert Benchmarking die Leistungslücken im Unternehmen, das sich durch bestimmte Defizite veranlaßt sieht, die Methode des Benchmarking anzuwenden, auf der anderen Seite die beste Praxis in den Unternehmen, die als Benchmarking-Partner ausgewählt wurden. In diesem Spannungsfeld entsteht das Klima, das optimal ist, um Verbesserungschancen aufzudecken. Durch die Funktion als Hilfsmittel, um Veränderungen durch Objektivierung von Veränderungsprozessen zu managen, wird es zum Benchmarking.

Benchmarking ist das professionelle Instrument, um nicht den Anschluß an moderne Entwicklungen zu versäumen. Es ist somit im Fall des Zweifels über den zukünftigen Ablauf eines Prozesses Ersatz für die veralteten Entscheidungsgrundlagen Tradition und Intuition (dem sogenannten richtigen Riecher) durch objektiven Vergleich der internen Aktivitäten, Funktionen oder Verfahren. Es werden Fakten statt Fiktionen ermittelt und Analysen statt Schätzungen vorgenommen, um einen Weg zur ständigen Verbesserung zu finden und zu implementieren.

WATSON[51] betont die Funktion des Benchmarking als Katalysator, da letztendlich Praktiken herausgearbeitet werden, mit denen außergewöhnliche Ergebnisse bezie-

---

[50] Vgl. LEIBFRIED, K. / MC NAIR, C.: 1994, S. 124.
[51] Vgl. WATSON, G.: 1993, S. 21.

hungsweise Leistungssteigerungen erzielt werden können. LEIBFRIED / MC NAIR[52] heben das Element der Kommunikation bei Benchmarking-Prozessen besonders hervor. Die Methodik, Daten abzufragen und durch Verfahrensabläufe zu hinterfragen, bedingt einen interaktiven Prozeß zwischen Benchmarking-Partner und dem durchführenden Unternehmen und die Implementierung von Veränderungen im Unternehmen wird durch interaktive Mechanismen gefördert. Benchmarking hat fünf Vorteile, wenn es zur Grundlage der Führung einer Organisation gemacht wird:

- Hinführung zu prozeßorientiertem Denken,
- Einbezug der gesamten Organisation in einen andauernden Prozeß des Problemlösens,
- Aufbau horizontaler Aktivitätsnetze, die zur Integration der Organisation beitragen,
- Schaffung reaktionsfähiger, kundenorientierter Leistungsnetze,
- Institutionalisierung eines Prozesses des dauernden Wandels und des Lernens.

III.A.2 Abgrenzung zu anderen Managementmethoden

Benchmarking ist ein Verfahren, das sich als Qualitätssicherungsmethode einordnen läßt. Im Gegensatz zu anderen wie zum Beispiel Total Quality Management (TQM) hat es sich schneller durchgesetzt und Anwendung in der Praxis der Unternehmen gefunden. Die Gründe sind die umfassende Analytik, der dynamische Charakter, die strategische Ausrichtung sowie das angestrebte Ziel einer kontinuierlichen Hilfe zur Selbsthilfe. In der Betriebswirtschaftslehre gibt es besonders zwei Methoden, die den Vergleich von Unternehmensergebnissen auch als zentralen Bestandteil haben. Dies sind:

- Betriebsvergleich (Unternehmensvergleich),
- Balanced Scorecard.

Betriebsvergleich (Unternehmensvergleich)

Der Betriebsvergleich wurde bereits in den 1920er Jahren von WALB[53] beschrieben und betrieben. Nach Gründung der Bundesrepublik Deutschland haben sich unter anderem PEPER und SCHNETTLER[54] besonders mit der Methodik und Weiterentwicklung des Betriebsvergleichs unter den Rahmenbedingungen der sozialen Marktwirtschaft beschäftigt. In der darauffolgenden Zeit wurde die Thematik in weiteren

[52] Vgl. LEIBFRIED, K. / MC NAIR, C.: 1994, S. 126.
[53] Vgl. WALB, E.: 1927.
[54] Vgl. PEPER, H.: 1957. SCHNETTLER, A.: 1951.

Abhandlungen für verschiedene Bereiche detaillierter bearbeitet.[55] Aufbauend darauf wurden branchenspezifische Betriebsvergleiche eingerichtet wie zum Beispiel im Gartenbau seit 1970.[56] Speziell im ÖPNV wurden von BELLINGER Betriebsvergleiche durchgeführt sowie mitgliedsintern vom Verein für den zwischenbetrieblichen Vergleich der öffentlichen Verkehrsbetriebe (ZBV). [57]

Der Betriebsvergleich ist zu einem großen Teil der Ursprung des Benchmarking. Die größte Gemeinsamkeit ist, daß beide auf dem gleichen Grundgedanken, dem Vergleich, beruhen. Die Unterschiede liegen in der analytischen Weiterentwicklung des Benchmarking und in der Erweiterung auf den Vergleich von komplexen Objekten wie Produkte und Prozesse. Im Gegensatz zum Betriebsvergleich, bei dem die wirtschaftlichen Rahmendaten in Form von konkreten Kennzahlen für das gesamte Unternehmen im Mittelpunkt stehen, ist beim Benchmarking die Anwendung nur auf bestimmte Teilbereiche eines Unternehmens hauptsächlich von Interesse. Es steht nicht der Meß- beziehungsweise der Positionierungsaspekt im Vordergrund, sondern die Identifizierung von Ursachen für bessere Parameter. Der Lernaspekt dominiert. Ein weiterer wesentlicher Unterschied liegt darin, daß Benchmarking sich nicht auf die Branche beschränkt, sondern wichtige Erkenntnisse und Ergebnisse durch den Vergleich branchenfremder Vergleichspartner erreicht. Ein eindeutiger Schwerpunkt liegt beim Benchmarking auf den direkten Kontakten vor Ort, während der Betriebsvergleich mehr eine analytische Arbeit am Schreibtisch mit fixierten Zahlen ist.

Balanced Scorecard

Balanced Scorecard, im Deutschen auch ausgewogener Berichtsbogen genannt, ist ein sehr neues Managementinstrument. Es wurde Mitte der 1990er Jahre entwickelt und kommt in den deutschen Unternehmen in den letzten drei Jahren immer mehr zum Einsatz. Balanced Scorecard ist das Instrument zur Zielfestsetzung, Erfolgsmessung und Kommunikation von Unternehmensstrategien und ordnet die Erfolgsfaktoren nach vier Perspektiven: Finanzen, Kunden, Prozesse und Mitarbeiter. Für jeden der vier Felder wird eine bestimmte Anzahl von Schlüsselerfolgsfaktoren ermittelt, mit Kenngrößen bewertet und zu einem „magischen Viereck" ausgewogen miteinander verknüpft. Die Anzahl von Kenngrößen beträgt in der Regel insgesamt nicht mehr als 32, da sonst eine Anwendung zu kompliziert und umfangreich wird, und ist in jedem Feld ungefähr

[55] Vgl. ROTHENBURGER, W.: 1969. SCHEUING, E.: 1966. ERNE, P.: 1971. GARBEREDER, H.: 1977.

[56] Vgl. HERRMANN, C. / JUNGE, F.: 1987.

[57] Vgl. BELLINGER, B.: 1970. LÜNEBURG, J. / NEUGEBAUER, A.: 2000, S. 30.

gleich. Beispiele für Schlüsselfaktoren sind für das Feld „Finanzen“ Gesamtkapitalrendite und Außenstände, für „Kunden“ Kundenzufriedenheit und Lieferzuverlässigkeit, für „Prozesse“ Kapazitätsauslastung der Anlagen und für „Mitarbeiter“ Mitarbeiterzufriedenheit und Trainingstage. Die wichtigsten Gemeinsamkeiten mit Benchmarking sind die Arbeit mit Kenngrößen und der kommunikative Ansatz, der die Mitarbeiter der Unternehmen einbezieht. Allerdings ist Balanced Scorecard darauf ausgelegt, den Erfolg kontinuierlich messen und überprüfen zu können, so daß das Gerüst der Kenngrößen relativ statisch ist. Eine Erweiterung oder ein Ersatz von Kenngrößen aufgrund neuer Entwicklungen findet selten statt. In der Regel sind die verwendeten Kenngrößen allgemeiner Art und gehen nicht so ins Detail der Produktionsmechanismen wie beim Benchmarking, da Balanced Scorecard mehr ein Instrument der Führungsebene ist. Es dient als Grundlage für interne Strategieentscheidungen und nicht für die Verbesserung von Prozessen durch den Vergleich mit externen Unternehmen, die dann auf der unteren Ebene umgesetzt werden. Beim Benchmarking werden Mitarbeiter insgesamt als kollektives Gremium in den Veränderungsprozeß einbezogen. Bei Balanced Scorecard findet sich die kommunikative Komponente „Mitarbeiter“ darin wieder, daß zum einen die Mitarbeiterzufriedenheit ein Bewertungselement ist. Zum anderen werden die auf der Führungsebene formulierten Erfolgsfaktoren bis zum Mitarbeiter in der Form weitergeleitet, daß in persönlichen Zielvereinbarungen individuelle Scorecards definiert werden. Mit diesen wird den Mitarbeitern verdeutlicht, wie sie konkret zum Erfolg des Unternehmens beitragen können.[58]

III.A.3 Ziel des Benchmarking

Ziel des Benchmarking ist die Mehrwertschaffung in der Wertschöpfungskette. Diesem Ziel wird besonders gut entsprochen werden, da bei Benchmarking die Erfordernis der funktionsübergreifenden Betrachtungsweise voll erfüllt wird. Es liegt in der methodische Philosophie, die in jedem Fall die Verknüpfung von Aktivitäten in der gesamten Organisation anstrebt. Dabei werden Verfahren eliminiert, die die Organisation einengen oder bei fragwürdiger Wertschöpfung zu viele Ressourcen verbrauchen. Benchmarking wird durchgeführt, um einen Aktionsplan aufzustellen und umzusetzen, der die erkannte Leistungslücke zum Benchmark schließt und eine künftige Überlegenheit beinhaltet. Für das Ziel gibt es zwei Ansätze: der gleiche Output mit weniger Input oder mehr Output mit dem gleichen Input.

---

[58] Vgl.: KAPLAN, R. / NORTON, D.: 1997. FRIEDAG, H. / SCHMIDT, W.: 1999. HORSTMANN, W.: 1999, S. 193 – 199. KLINGEBIEL, N.: 2000

Ein besonderes Charakteristikum bei der Verfolgung des Ziels von Benchmarking ist die Bereitschaft, Veränderungen in Qualitätssprüngen zu bewältigen. Dazu bedarf es von Anfang an einer Akzeptanz, auch revolutionäre Umwälzungen in Kauf zu nehmen, um ein Unternehmen auf ein neues, höheres Niveau der Effektivität und Effizienz zu bringen. Dabei stehen zwei grundsätzliche Fragen zur Disposition:

- die Frage nach den Leistungen, die eine Betriebsgruppe entweder dem Endabnehmer oder anderen Teilen der Organisation liefert, das heißt die Frage, ob die richtigen Dinge getan werden (Effektivität),
- die Frage nach dem Verfahrensablauf bei der Leistungserstellung, das heißt, die Frage, ob die Dinge richtig getan werden (Effizienz).

Für den Fall der Effektivität sind im Bereich des ÖPNV zahlreiche Aktivitäten in der Marktforschung wie zum Beispiel umfangreiche Studien über das Verkehrsmittelwahlverhalten und die Fahrgastströme zu nennen, die nicht eine Steigerung des Nutzens für die Kundenzufriedenheit und den Unternehmenserfolg zur Folge haben. Die Fahrgastströme können hinreichend mit betriebsinternem Wissen durch Fahrerbeobachtungen eingeschätzt werden, die den direkten Kundenkontakt haben und die Kundenwünsche täglich mitbekommen.

Für den Fall der Effizienz sind als Beispiel im Bereich des ÖPNV die politische Kontrolle bei kommunalen Eigenbetrieben als Beispiel anzuführen, bei denen der Entscheidungsspielraum der Geschäftsführer bei Investitionen ab einer sehr niedrigen Betragsgrenze aufhört. Für geringfügige Veränderungen oder Maßnahmen muß in langwierigen Diskussionen ein Beschluß durch ein politisches Gremium herbeigeführt werden, in dem Sachverstand und unternehmerisches Denken oft unterrepräsentiert sind.

Aus der Zielstellung des Benchmarking lassen sich zusammen mit der Fragestellung nach dem Auslöser beziehungsweise dem Zeitpunkt die Anwendungsfälle ableiten, wann Benchmarking angewendet wird. Dies ist bei folgenden Situationen der Fall:

- Privatisierung staatlicher (kommunaler) Unternehmen,
- Umsetzungsvorhaben eines Qualitätsprogramms,
- Konkurrenzdruck oder Krisen,
- Führungswechsel,
- Bemühungen zur Verfahrensverbesserung,
- Überprüfung gegenwärtiger Strategien,
- Kostensenkungsdruck oder Etatisierung.

III.B Systematische Einteilung des Benchmarking

Benchmarking wird in der Literatur mit zahlreichen Adjektiven in unterschiedlichen Verständnis versehen, die teilweise für Verwirrung sorgen. So ist zum Beispiel für die gleiche Form von Benchmarking in dem einen Buch von generischem[59], in einem anderen von branchenexternem[60] Benchmarking die Rede und in einem dritten hingegen wird es nicht benannt[61]. Nach PIESKE gibt es bei der Einteilung nach dem Kriterium Vergleichspartner ein funktionales Benchmarking. Der gleiche Begriff „funktional" wird von ihm jedoch auch für eine weitere Einteilung nach dem Kriterium „Objekt" vergeben[62]. Dies wird jedoch einer notwendigen begrifflichen Eindeutigkeit nicht gerecht.

Im folgenden wird deshalb ein System entwickelt, wie die verschiedenen Formen des Benchmarking unmißverständlich eingeteilt werden. Das Ziel ist die Vermeidung einer Doppelbelegung von Begriffen, so daß durch Verwendung einmaliger Begriffe eine eindeutige Festlegung der Benchmarking-Formen erfolgt. Nach den Grundzügen einer Entscheidung für ein bestimmtes Benchmarking-Projekt mit den Fragestellungen was, wie und mit wem „gebenchmarkt" werden soll, wird in dieser Arbeit eine Einteilung nach folgenden Kriterien vorgenommen:

- Objekt,
- Art,
- Vergleichspartner.

III.B.1 Die Einteilung nach dem Objekt

Mit der Einteilung von Benchmarking nach dem Objekt ist meistens der Anfang der Entscheidung für die Durchführung eines Benchmarking verbunden. In der Mehrzahl der Fälle ist der Anlaß eine Verschlechterung der Ertragslage oder der Leistungsqualität bei bestimmten Produkten oder Verfahren des Unternehmens. Auf der Suche nach den Ursachen, werden Mängel bei einem bestimmten Teilprozeß beziehungsweise Produktteil festgestellt, die einer (starken) Verbesserung bedürfen. Dies sind eng abgegrenzte Benchmarking-Objekte. Aufgrund einer schwierigen Identifikation und Lokalisation des Fehlers oder der umfangreichen Einflußbereiche eines Prozesses, werden häufig auch ganze Abteilungen oder Niederlassungen von Unternehmen zum Objekt des Benchmarking-Prozesses.

---

[59] Vgl. WATSON, G.: 1993, S. 108.
[60] Vgl. PIESKE, R.: 1995, S. 46.
[61] Vgl. LEIBFRIED, K. / MC NAIR, C.: 1994, S. 47.
[62] Vgl. PIESKE, R.: 1995, S. 40 und 59.

III.B.2 Die Einteilung nach der Art

Benchmarking wird in dieser Arbeit nach der Art des Objektes durch vier Kriterien eingeteilt:

- Wirkung,
- Charakter,
- Meßbarkeit,
- Vergleichszeit.

Das Kriterium Wirkung

Die Einteilung von Benchmarking nach der Wirkung hat die Dauer in Verbindung mit der Wirkungsebene des Objektes zur Basis. In dieser Arbeit wird unterschieden in:

- taktisches Benchmarking,
- operatives Benchmarking,
- strategisches Benchmarking.

Kurzfristig wirksame Fälle, die zum taktischem Benchmarking gehören, sind Objekte mit schnellen Umsetzungsmöglichkeiten wie zum Beispiel die Verbesserung von einzelnen Produktionstechnologien. Operatives Benchmarking hat Objekte mit mittelfristigen Effekten zum Gegenstand, wie dies bei Qualitätsverbesserungen der Fall ist, während bei strategischem Benchmarking hauptsächlich Maßnahmen auf der Führungsebene mit langfristigen Wirkungsweisen Themenstellung sind, wie zum Beispiel Führungsstil und Konfliktmanagement.

Im ÖPNV ist der Einbau von Lichtzeichenbeeinflussungsanlagen ein Beispiel für taktisches Benchmarking. Als Gegenstand für operatives Benchmarking kann die Fahrzeugbeschaffung und der Neubau einer Straßenbahntrasse angeführt werden. Die Umwandlung eines als Regie- beziehungsweise Eigenbetrieb geführten Verkehrsbetriebes in eine selbständige Rechtsform ist ein Fall für strategisches Benchmarking.

Das Kriterium Charakter

In dieser Arbeit werden Benchmarking-Objekte nach ihrem Charakter dreifach unterteilt in:

- produkt- beziehungsweise leistungsbezogenes Benchmarking,
- prozeßbezogenes Benchmarking,
- funktionales Benchmarking.

Der erste Bereich hat die einzelnen Produkte beziehungsweise Dienstleistungen im Visier des Verbesserungsprozesses. Produktbezogenes Benchmarking wird besonders vor der Markteinführung neuer Produkte angewandt. Meistens sind eine Senkung der

Kosten oder eine Verbesserung der Produktqualität Ziel des Verfahrens. Beim zweiten Bereich steht der Prozeß der Herstellung im Zentrum des Benchmarking. Oftmals stehen die Zeit oder die Technik eines Produktionsprozesses auf dem Prüfstand. Beim dritten Bereich handelt es sich um strukturelle Elemente in der Organisation, die im Hinblick auf ihre Bedeutung ausgewählt und auf ihre Effizienz geprüft werden. Beispiele hierfür sind Marketing, Logistik und Personalwesen.

Im ÖPNV ist ein Beispiel für ein Benchmarking-Objekt das Beförderungsangebot für den Kunden auf einer Linie im Gesamten mit den vielfältigen Qualitätsaspekten. Prozeßbezogenes Benchmarking wäre die Beleuchtung der Faktoren zur Herstellung des Beförderungsangebotes. Funktionale Benchmarking-Objekte, die im ÖPNV verbesserungsbedürftig sind, sind die Faktoren der Kommunikation bei der Werbung und Öffentlichkeitsarbeit. Ein konkretes Objekt wären zum Beispiel Kundencenter.

Das Kriterium Meßbarkeit

Die Unterscheidung von Benchmarking nach dem Aspekt der Meßbarkeit zielt zum einen auf die Erfaßbarkeit bei der Analyse, zum anderen auf die Darstellbarkeit und Vergleichbarkeit des Ergebnisses ab. In dieser Arbeit wird unterschieden in:

- quantitatives Benchmarking,
- qualitatives Benchmarking.

In der Regel kann eine Differenzierung nicht in absoluter Striktheit vorgenommen werden. Quantitatives Benchmarking ist primär auf „Zahlen" und auf die Herausarbeitung der Differenzen sowie der daraus resultierenden Positionen im Hinblick auf bestimmte Kennzahlen und Parameter gerichtet. Es hat den Meß- und Vergleichsaspekt im Zentrum. Erfahrungsgemäß gilt das Interesse des Managements vorrangig diesem Teil der Benchmarking-Ergebnisse, da in sehr konzentrierter, anschaulicher Form Unterschiede und Positionen sichtbar werden. Im Gegensatz dazu sucht qualitatives Benchmarking die Ursachen von quantitativen Unterschieden. Es beschreibt Vorgehensweisen und Prozesse, die bessere Parameter bewirken. Im Vordergrund steht der Lernaspekt. Der konstruktive Ansatz ist hier viel stärker entwickelt. Der Input für die eigenen Veränderungsprozesse ist detaillierter ausgeprägt.

Im ÖPNV ist ein Beispiel für quantitatives Benchmarking die Überprüfung der Linien-, Haltestellen- und Angebotsdichte. Ein Objekt für qualitatives Benchmarking ist die Kundenfreundlichkeit der Angestellten oder der Fahrstil.

Das Kriterium Vergleichszeit

Die Unterscheidung von Benchmarking nach dem Vergleichsjahr ist eine, die in der der Arbeit zugrundeliegenden Literatur zum Benchmarking nicht vorkommt. Die Einteilung ist jedoch beim Unternehmensvergleich gängige Praxis, so daß keine Begründung besteht, um ihn nicht auch beim Benchmarking als Kriterium für eine Kategorisierung zu verwenden. Eine solche wird in Anlehnung an den Unternehmensvergleich in einem erweiterten Verständnis vorgenommen. Besonders vor dem Hintergrund einer schnellebigen Zeit mit rapiden Veränderungsphasen erscheint die Berücksichtigung eines zeitlichen Einflußfaktors als Einteilungskriterium plausibel. Bliebe der Zeithorizont als Variable unberücksichtigt, würde dies bedeuten, daß die Suche nach den Verbesserungsmöglichkeiten nur an bestehenden Situationen gemessen wird und damit die Möglichkeit der Verbesserungen aufgrund vergangener, vergessener oder in einem veränderten Kontext wieder sehr aktueller Erkenntnisse ausgeblendet wird. In dieser Arbeit wird unterschieden in:

- horizontales Benchmarking,
- vertikales Benchmarking.

Der Begriff horizontal wird in Analogie zum Unternehmensvergleich für die Vorgehensweise verwendet, Faktoren oder Kennzahlen zu denen anderer Unternehmen auf der Basis derselben Zeitebene zu vergleichen. Unter dem vertikalen Unternehmensvergleich wird der Vergleich eines Unternehmensergebnisses mit zurückliegenden verstanden. In einem ähnlichen Verständnis wird auch das vertikale Benchmarking gesehen, das den Aspekt vergangener Zeiten in Form einer Zeitreihenentwicklung oder einer Suche der Ursachen für die schlechte Situation in der Vergangenheit mit einbezieht. Zum Beispiel kann ein Benchmarking-Gegenstand mit einer stark vertikalen Komponente die (Pflege der) Unternehmenstradition sein. Ein sehr gutes Beispiel ist hierfür auch der Faktor Qualität, der bei manchen Produkten im Laufe der Jahre durch den Preisdruck gesunken ist und von langjährigen Kunden vermißt wird. Ein anderes Beispiel für vertikales Benchmarking ist die verstärkte Tendenz der Unternehmen, für Führungskräfte das Arbeiten ohne Zeiterfassungsgerät, das es früher auch nicht gab, einzuführen. Heutzutage wird es als Prinzip der Arbeitssouveränität postuliert. Hintergrund ist die Erkenntnis, daß das Arbeiten ohne das Bewußtsein eines „erfüllten" Zeitbudgets zur Mehrarbeit führt.

Im ÖPNV kann Gegenstand eines vertikalen Benchmarking die Kundenbetreuung mit der entsprechenden Personalpräsenz sowie die Serviceangebote beziehungsweise deren Differenzierung sein.

III.B.3 Die Einteilung nach Vergleichspartnern

Die Einteilung von Benchmarking nach Vergleichspartnern beinhaltet die Frage, mit wem das Benchmarking durchgeführt werden soll. Sie ist die in der Literatur am häufigsten gebräuchliche Gliederung. Zunächst wird je nachdem, ob ein fremdes Unternehmen bei der Durchführung hinzugezogen wird oder nicht, in internes und externes Benchmarking unterschieden. Das interne Benchmarking kann nach dem Grad der Organisationsebene im Unternehmen noch in konzern-, unternehmens- oder betriebsintern untergliedert werden; dies ist jedoch in der Praxis nicht weiter relevant und wird deshalb als systematische Kategorie nicht berücksichtigt. Hingegen ist für das externe Benchmarking ein zusätzlicher Gliederungsaspekt notwendig: die Marktposition des Vergleichsunternehmens. Danach wird konkurrenzbezogenes, branchenbezogenes und offenes Benchmarking unterschieden. In mancher Literatur wird konkurrenzbezogenes und branchenbezogenes Benchmarking zusammengefaßt[63] und als Synonyme verwendet. Jedoch ist nicht jedes Unternehmen in einer Branche im Verständnis der Wirtschaftbereichseinteilung zugleich Konkurrent. Außerdem wird von WATSON offenes Benchmarking sowohl mit globalem[64] als auch mit generischem[65] Benchmarking bezeichnet.

In dieser Arbeit werden vier Einteilungen nach Vergleichspartnern vorgenommen:
- internes Benchmarking,
- konkurrenzbezogenes Benchmarking,
- branchenbezogenes Benchmarking,
- offenes Benchmarking.

Internes Benchmarking

Internes Benchmarking ist die Form, bei der zwischen verschiedenen Zweigwerken, Abteilungen oder Arbeitsgruppen Verbesserungen abgeleitet werden. Anlaß sind meist irrationale Kämpfe um Etats innerhalb der Unternehmen, die die oftmals nach innen gerichtete Perspektive (Betriebsblindheit) verschlimmern. Einen gezielten detaillierten Vergleich von Abläufen oder Zuständen durchzuführen, ist ein Lösungsweg für solche Konflikte. Internes Benchmarking ist Teil der Unternehmenspolitik, das in der Lage ist, eine partizipative Grundstimmung hervorzurufen. Der Nachteil von internem Benchmarking ist die geringe Aussicht auf große Erfolge, da grundsätzlich die Tendenz besteht, innerhalb eines Unternehmens den gleichen kulturellen und organi-

[63] Vgl. LEIBFRIED, K. / MC NAIR, C.: 1994, S. 47.
[64] Vgl. WATSON G.: 1993, S. 108
[65] Vgl. WATSON G.: 1993, S. 24

satorischen Direktiven mit parallelen Handlungsmustern zu begegnen. Der entscheidende Vorteil gegenüber anderen Formen des Benchmarking ist ein leichter Zugriff auf Daten und deswegen eine relativ einfache Durchführung, da keine zwischenbetrieblichen Schranken zu überwinden sind. Positive Aspekte sind nach LEIBFRIED / MC NAIR[66] durch die Konzentration auf Probleme im Unternehmen die Schaffung eines klaren Bildes der Organisation mit einer eindeutigen Identifikation der Schwachstellen. Am Anfang des Verbesserungsprozesses müssen nicht die Vorbehalte „nicht hier erfunden" oder „gilt nicht für unser Unternehmen" überwunden werden.

Ein Beispiel für internes Benchmarking im ÖPNV wird durch die Bestrebungen der Länder, stillgelegte Strecken im SPNV zu reaktivieren, vorgegeben. Dabei können die Berechnungen nach der „Break-even-Time" eine hilfreiche Unterstützung bei der Auswahl der Strecken mit den größten Erfolgsaussichten sein. Dabei können die Ausgaben für Marktstudien über Fahrgastpotential sowie Marketingkonzepte zur Einführung des Schienenverkehrs in Parallelität zu den Ausgaben für Forschung und Entwicklung gesehen werden. Zu diesen sind die Investitionskosten bei der Herstellung der Trassen und der Beschaffung der Züge zu addieren. Die Berechnung der „Break-even-time" ergibt sich aus der Berechnung des Zeitraumes, in dem die staatlichen Investitions- und Betriebskostenzuschüsse von den je nach Akzeptanz durch die potentiellen Fahrgäste variierenden Einnahmen gedeckt werden.

Ein anderer Anwendungsbereich für internes Benchmarking ist die Optimierung der Fahrplan- und Linienkonzeption sowie die Durchführung von leistungsverbessernden Maßnahmen. Die Einberufung einer Fahrerkomission würde dem Unternehmen wertvolle kostengünstige Informationen liefern, da die Fahrer die Verkehrsbeziehungen der Fahrgäste durch ständige Beobachtung in der Praxis und die Kundenwünsche durch häufige Konfrontation mit deren Aussagen sehr genau kennen. Zumindest sind ihnen eine Vielzahl von Fehlerquellen bekannt, die Anlaß für weitere Verbesserungsprozesse sein können.

Konkurrenzbezogenes Benchmarking

Konkurrenzbezogenes (wettbewerbbezogenes) Benchmarking wird dann von Unternehmen angewandt, wenn deutliche Defizite in einem produktspezifischen Absatzmarkt erkannt worden sind. Es ist sicherlich die schwierigste Form des Benchmarking, da die Linie zwischen Verletzungen des Wettbewerbsrechts oder der Tatsache unfairer Metho-

---

[66] Vgl. LEIBFRIED, K. / MC NAIR, C.: 1994, S. 86.

den sehr leicht überschritten werden kann. Deshalb werden die Studien fast ausschließlich von Dritten durchgeführt, die die Anonymität der Datenherkunft garantieren. Dachverbände von entsprechenden Branchen eignen sich als moderierende Auftraggeber, die für Probleme einzelner Unternehmen als Gesamtverantwortliche eine entsprechende Rolle einnehmen. Bestimmte Studiengegenstände sind von ihrer Natur von vornherein als Themenfeld stark eingegrenzt wie zum Beispiel Unternehmenspolitik, Qualitätssicherungsprogramme oder Produktionsmanagement. Aufgrund der wettbewerbssensiblen Berührungspunkte kann oftmals auch nicht eine Primärquellenanalyse betrieben werden, sondern es muß sich hauptsächlich Sekundärquellen bedient werden. Oftmals wird auf konkurrenzbezogenes Benchmarking zurückgegriffen, wenn Probleme bei einem Arbeitsablauf auf den Prozeß und nicht auf die ihn durchführenden Menschen zurückgeführt werden; im Gegenteil, es macht sich das Wissen vorhandener Mitarbeiter zunutze. Meist steht in Blickpunkt das Lernen auf Organisationsebene.

Im ÖPNV hat ein konkurrenzbezogenes Benchmarking mit den erfolgreichen ÖPNV-Unternehmen für mehrere Objekte eine Aussicht auf Qualitätssprünge. Bei der Investitionstätigkeit (Neubau von Strecken, Fahrzeugbeschaffung) oder auch beim Betrieb im Bereich der Fahrtzeiten (Straßenbahnbeschleunigung) oder im organisatorischen Bereich bestehen zwischen den Verkehrsunternehmen durch die dynamische Entwicklung im ÖPNV deutliche Leistungsunterschiede, deren Aufdeckung durch Benchmarking einen erheblichen Verbesserungsbedarf erkenntlichen machen.

Branchenbezogenes Benchmarking

Branchenbezogenes Benchmarking hat größtenteils die Leistungsfähigkeit einer Funktion oder eines Subsystems wie zum Beispiel Vertriebskanäle zum Untersuchungsgegenstand. Die Benchmarking-Partner sind Unternehmen, die nicht um einen Absatzmarkt eines bestimmten Produktes konkurrieren. Es dient dazu, Trends im Umfeld des Wettbewerbs frühzeitig zu finden und für die unternehmensspezifischen Ziele durch Erschließung für die Verbesserung der Produktionsabläufe auszunutzen. Die Ursache liegt in einer gewollten Inspiration durch zu erwartende andersartige Lösungsansätze aufgrund unterschiedlicher Entwicklungsstände bei „artverwandten", jedoch nicht gleichen Partnern. Oftmals ist branchenbezogenes Benchmarking aber auch dadurch begründet, daß direkte Konkurrenten nicht zu einer Zusammenarbeit und einer Offenlegung ihrer Daten und Fakten bereit sind. Daß oftmals auch hier externe Berater hinzugezogen oder beauftragt werden, ist mit dem hohen logistischen Koordinationsaufwand und den häufig interpretationsbedürftigen Ergebnissen begründet, die einen reichen Erfahrungsschatz voraussetzen.

Im ÖPNV als Teil der gesamten Verkehrsbranche sind für brancheninternes Benchmarking im Hinblick auf das Objekt „Pünktlichkeit" Speditionen mit ihrer Just-in-time-Zustellung gute Partner oder auch die besonders in Relation zur Reiseweite hohe Pünktlichkeit im Flugverkehr ist sicherlich beispielgebend. Im Bereich Werbung können ÖPNV-Unternehmen von den Praktiken der Automobilhersteller lernen.

Offenes Benchmarking

Beim offenen Benchmarking gibt es im Gegensatz zum internen Benchmarking und den anderen beiden externen Formen des Benchmarking beim Finden von Vergleichspartnern beziehungsweise dem Finden desjenigen mit den best-practices sowohl räumlich als auch betrieblich keine Restriktionen. Im Vordergrund steht die Fähigkeit, gewisse Analogien in den Abläufen zu den zu verbessernden Problembereichen im eigenen Unternehmen in anderen Unternehmen zu erkennen und herauszufiltern, um die positiven Aspekte anschließend transferieren zu können. Es stellt die höchsten Anforderungen an den Durchführenden und verursacht die umfassendste Datensammlung und -sortierung. Untersuchungsgegenstand ist deshalb entweder ein Baustein in einem Prozeß oder der ganze Prozeß. Vorwiegend geht es darum, „Katalysatoren" für einen Prozeß zu finden, die ihn fördern oder beschleunigen. Im Extremfall können sehr weitgehende Konsequenzen folgen mit einer tiefgehenden Neugestaltung ganzer innerbetrieblicher Abläufe.

Im ÖPNV bieten sich für ein offenes Benchmarking beispielsweise für das Objekt Servicequalität Unternehmen der Catering-Branche als Partner an, von denen in diesem Bereich viel zu lernen ist. Ein weiteres Themenfeld ist der Vergleich der Zahlungsmethoden im Hinblick auf die Einführung von bargeldlosem Zahlungsverkehr, die elektronische Geldbörse. Banken geben hierfür aufgrund umfangreicher Erfahrungen im Zahlungsverkehr einen potentiellen Benchmarking-Partner ab. Ein drittes Beispiel in diesem Bereich ist die Bedienungsqualität, das heißt die Freundlichkeit der Mitarbeiter der ÖPNV-Unternehmen, die an der Praxis in anderen Dienstleistungsunternehmen gemessen werden kann.

In der Abbildung 7 wird die systematische Einteilung des Benchmarking dargestellt.

Abbildung 7: Die systematische Einteilung von Benchmarking

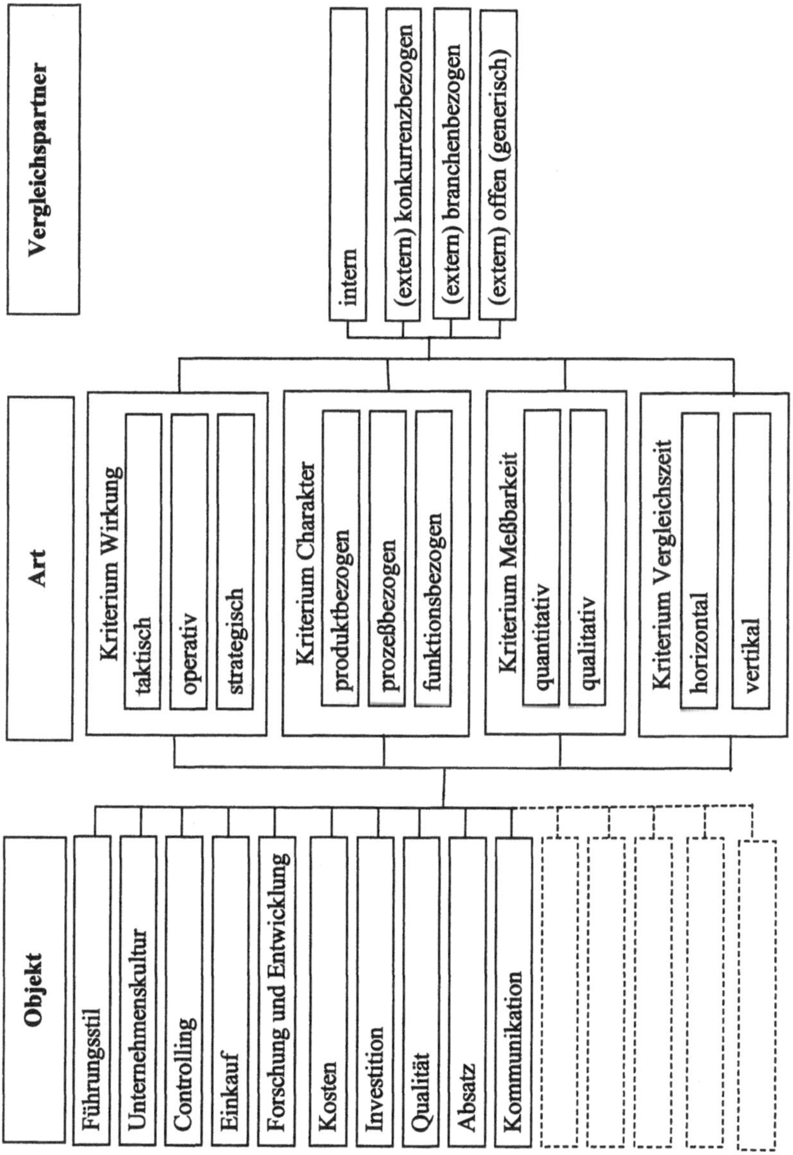

Quelle: Eigene Darstellung

III.C Methodik und Ablauf des Benchmarking

Im Vorfeld des Benchmarking steht zumeist aufgrund eines Geschäftsberichts die Feststellung, daß das Unternehmensergebnis oder ein Unternehmensbereich nicht der Zielvorstellung und der gesetzten Erwartungshaltung entspricht. Dabei wirkt der Bericht wie eine Anzeigetafel, auf der man die Punktzahl und den Rang sieht, ohne zu wissen, was man tun kann, um besser zu werden. Diese Erkenntnis initiiert die Orientierungsphase, in der die Identifikation der entscheidenden Misserfolgsfaktoren erfolgt. Wurde die Schwachstelle fixiert, dann ist bei der Suche nach Verbesserungsmöglichkeiten Benchmarking die Methode, die einen sehr großen Erfolg verspricht.

Anlaß für ein Unternehmen, eine Benchmarking-Studie durchführen zu wollen, ist meist eine Identifizierung eines deutlichen Unterschiedes in der eigenen Leistungsfähigkeit im Vergleich zu anderen Unternehmen. Der Benchmarking-Prozeß kann deshalb dadurch dargestellt werden, daß die Leistungsfähigkeit als Maßstab zugrunde gelegt wird und diese in den Zusammenhang der zeitlichen Entwicklung gestellt wird.

Am Anfang steht als erster Schritt die Feststellung einer Leistungslücke oder der größeren Leistungsfähigkeit anderer Unternehmen. In einem zweiten Schritt werden die möglichen Maßstäbe der Leistungsfähigkeit und ihre Einflußfaktoren als Grundlage für die Vergleichbarkeit mit anderen ermittelt. Die eigene Leistungsfähigkeit und die der Benchmarking-Partner wird erfaßt. In einem dritten Schritt werden die Leistungen bewertet und die Ursachen für die Leistungsunterschiede zwischen den Partner-Unternehmen und dem eigenen Unternehmen analysiert. Aus den Ergebnissen des dritten Schrittes wird das Ziel der anzustrebenden Leistung und die notwendigen Veränderungsmaßnahmen definiert. Der vierte Schritt beinhaltet die Erstellung eines Zeit-Maßnahmen-Plans sowie dessen sukzessive Umsetzung mit der Implementierung der Verbesserungsmaßnahmen. Nach einem definierten Zeitraum soll durch die erzielte Leistungssteigerung ein Leistungsvorsprung gegenüber den Konkurrenten erreicht worden sein (siehe Abbildung 8).

Die Untersuchung verschiedener durchgeführter Benchmarking-Studien zeigt die Möglichkeit scheinbar sehr unterschiedlicher Ansätze und Abläufe auf. Es kann der Eindruck entstehen, daß Benchmarking einer exakten methodischen Konzeption entbehrt und eine Beliebigkeit bei der Durchführung mit der Existenz einer Vielzahl von Modellen denkbar ist. Eine genaue Analyse ergibt jedoch, daß alle Benchmarking-Prozesse auf einem Grundkonzept mit festen Phasen und entsprechenden Arbeitsschritten basieren. Deren Trennschärfe ist oftmals nicht groß, das heißt es bestehen fließende Übergänge, was die Ursache des ersten, oben erwähnten Eindruckes ist.

Abbildung 8: Benchmarking unter dem Aspekt der Leistungsfähigkeit

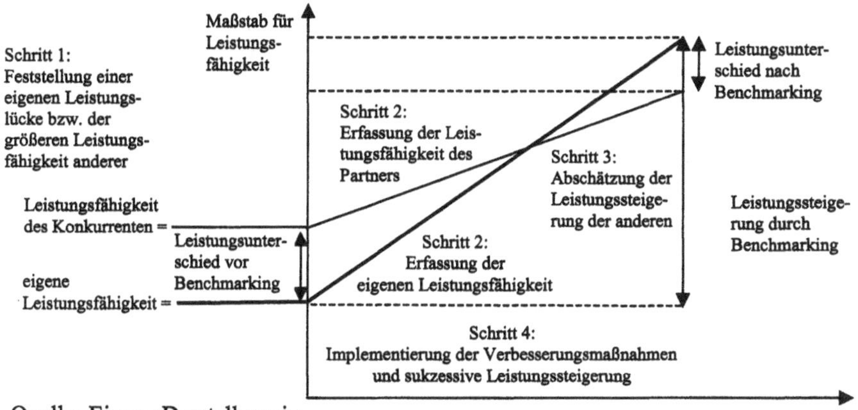

Quelle: Eigene Darstellung in Anlehnung an WATSON [67]

Abbildung 9: Ein Ablaufmodell für Benchmarking

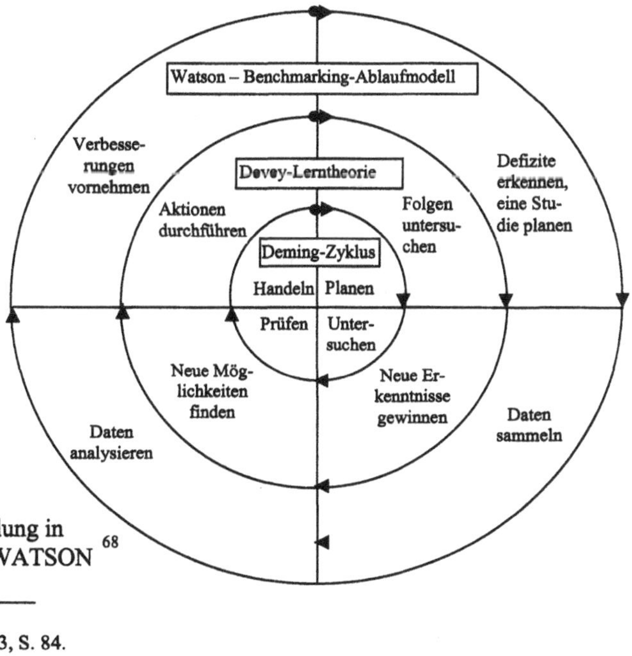

Quelle: Eigene Darstellung in Anlehnung an WATSON [68]

---

[67] Vgl. WATSON, G.: 1993, S. 84.
[68] Vgl. WATSON, G.: 1993, S. 101.

WATSON hat ein Ablaufmodell für Benchmarking entwickelt (siehe Abbildung 9), das auf arbeitspädagogischen und -psychologischen Erkenntnissen aufbaut. Danach werden vier Phasen unterschieden, die in Analogie zum Leistungssteigerungs-Zyklus von DEMING und zur Lerntheorie des Ablaufmanagements von DEWEY definiert werden:[69]

- Planungsphase,
- Erhebungsphase,
- Analysephase,
- Implementierungsphase.

III.C.1 Die Planungsphase im Benchmarking-Prozeß

Benchmarking erfordert eine sorgfältige Vorbereitung. Die Planungsphase ist dabei entscheidend für die effiziente und zielführende Abwicklung der weiteren Prozeßschritte. Erfolgen in der Planungsphase bereits Fehler, so setzen die sich in der ganzen Studie fort und summieren sich durch jeden weiteren Schritt. Sie lassen sich nur sehr schwer und mit sehr hohem Aufwand korrigieren. Im extremen Fall wird hier die Weiche gestellt, ob die Studie in bezug auf die gestellte Problemlösung verwendbar ist oder nicht.

Der zentrale Arbeitsschritt in der Planungsphase ist, den Umfang einer Studie von vornherein durch die Auswahl von Kriterien auf die Problemstellung zu fokussieren und einen festen Rahmen zu setzen. Die Anzahl der Kriterien und deren Komplexität sollte dabei immer im Zusammenhang mit der Notwendigkeit und dem Aufwand der Datenbeschaffung gesehen werden. Diesbezüglich ist eine Erstellung eines Fragebogens hilfreich, der einen Überblick über die erforderlichen Informationen und das Ausmaß des Datenerhebungsprozesses gibt. Die Planungsphase gliedert sich in zwei Teile:

- Objektbestimmung,
- Partnerbestimmung.

III.C.1.a Die Objektbestimmung

Benchmarking kann man praktisch in jedem Umfang für jedes Problemfeld durchführen. Theoretisch würde das ganze Unternehmen als Objekt für Benchmarking zum idealtypischen Klassenprimus unter den Unternehmen führen. Dies wäre jedoch unbezahlbar. Benchmarking-Objekte haben in der Regel zwei Seiten, die in ihrer Gesamtheit

[69] Vgl. WATSON, G.: 1993, S. 101.

analysiert werden müssen: die quantitativen und die qualitativen Aspekte.

Benchmarking beschränkt sich nicht auf die klassischen Objekte – und damit unterscheidet es sich zu dem klassischen Unternehmensvergleich – mit einem Vergleich von betriebswirtschaftlichen Kennzahlen. Die „harten" Bewertungskriterien wie die Gegenüberstellung von Kennzahlen aus der Bilanz oder zum Beispiel der Kennzahl Umsatz pro Mitarbeiter dienen zum „big picture" eines Unternehmens beziehungsweise beinhalten wichtige Teilinformationen. Allein für sich betrachtet bringen sie jedoch nichts Neues, das nicht schon durch konventionelle Unternehmensvergleiche abgedeckt wurde.

Ein ganz neuer Themenbereich, der durch das Instrument Benchmarking für die Vergleichbarkeit erschlossen wird, sind Objekte mit einer „weichen" Charakteristik. Bei diesen ist festzustellen, daß sie sehr schwer einer Meßbarkeit zu unterziehen sind, da eine Definition objektiver Bewertungskennzahlen nicht möglich ist, sie erst noch entwickelt werden müssen oder keine zum Vergleich erhoben worden sind. Die Betrachtungsweise liegt sehr stark auf dem qualitativen Aspekt und kann zumeist nur im deskriptiven Formulierungen zum Ausdruck gebracht werden. Beispiele für „weiche" Objekte sind Führungsstil, Unternehmensinformation, Unternehmensorganisation, Innovationsklima, Konfliktmanagement, Umweltorientierung, Unternehmenskultur.

Die Objektbestimmung der Planungsphase gliedert sich in zwei Arbeitsschritte:
- Identifizierung des Objektes,
- Elementarisierung des Objektes.

Identifizierung des Objektes

Oftmals ist das Benchmarking-Objekt vorgegeben. In diesen Fällen reduziert sich dieser Arbeitsschritt auf eine Konkretisierung des Objektes. Manchmal ist aber das Benchmarking-Objekt nicht definiert. Dann ist das Benchmarking die Fortsetzung der allgemeinen Feststellung des Managements, daß in einem bestimmten Unternehmensbereich ein Defizit besteht. In dem Fall beginnt Benchmarking mit der Objektauswahl. Besonders bei der Bestimmung eines funktions- oder prozeßbezogenen Objektes ist es dann im Zusammenhang mit der Kosten-Nutzen-Relevanz wichtig, die Ursache für eine unzufriedenstellende Leistung näher zu identifizieren. Im Fall, daß keine konkrete beziehungsweise akute Problemstellung von der Unternehmensführung vorgegeben wird (werden kann), ist darauf zu achten, daß besonders das Produkt, der Prozeß oder die Funktion mit einer Schlüsselposition zur Gewinnsteigerung zum Objekt des Benchmarking gemacht wird und deshalb den Zeitaufwand und die Kosten rechtfertigt. Indikatoren zur Sondierung von Ursachen und der darauf folgenden Objektauswahl sind:

- Anomalien des Betriebsablaufs,
- Kostenveränderungen,
- Qualitätsstandards der Produkte,
- Besonderheiten im Produktdesign,
- Image des Unternehmens.

Die Auswahl von Benchmarking-Objekten kann empirisch innerhalb eines Teams erfolgen. Diese erfahrungsbegründete Ableitung hat den großen Vorteil der Zeit- und Kostenersparnis, jedoch können subjektive Einflüsse die Ergebnisse negativ beeinflussen. Zur Objektivierung des Entscheidungsprozesses können diverse Hilfsmittel zur Einengung des Objektes genutzt werden:[70]
- Kennzahlenvergleich,
- Stärke-Schwächen-Analysen (SWOT-Analyse, Five-Forces-Analyse),
- Einschätzung durch Mitarbeiterbefragungen (Self-Assessment),
- Kostenanalyse (Kostenstrukturanalyse, Kostendynamikanalyse, Prozeßkostenanalyse),
- Kundenzufriedenheitsanalyse,
- Prozeß-/Tätigkeitsanalyse,
- Auftrags-/Kundenverlustanalyse (speziell für Dienstleister mit vielen Kunden).

Elementarisierung des Objektes

Nach der Identifizierung des grundsätzlichen Objektes stellt sich das Problem der Abgrenzung. Sie wird in einem iterativen Prozeß vollzogen, in dem zunächst das komplette Objektumfeld mit allen Einflüssen bestimmt werden muß. Es ist sicherzustellen, daß eine aktuelle, vollständige und fehlerfreie Erfassung des Wertschöpfungsprozesses sowie des durchgängigen Informations- und Materialflusses für das Objekt erfolgt. Unter Einbeziehung der finanziellen Aspekte wird danach eine grobe Priorisierung der Wichtigkeit vorgenommen, bei der die wesentlichen Faktoren richtig eingeschätzt werden müssen. „Weiche" Objekte stellen dabei besondere Anforderungen an das Benchmarking, da sie in der Regel nicht präzise organisatorisch angesiedelt sind, sondern das gesamte Unternehmen durchziehen. Aufgrund ihrer Komplexität besteht bei diesen eine besondere Schwierigkeit bei deren Abgrenzung gegenüber anderen Unternehmensbereichen und deren Strukturierung. Der Schritt der Abgrenzung der zum Benchmarking-Objekte zugehörigen Faktoren von den nicht relevanten Faktoren wird auch als Elementarisierung bezeichnet.[71] Hierbei ist hilfreich, eine Einteilung in

---

[70] Vgl. PIESKE, R.: 1995, S. 78 ff.
[71] Vgl. PIESKE, R.: 1995, S. 75.

Haupt-, Neben-, und Begleitprozesse mit den einzelnen Inputs (Einsatzfaktoren und Aktivitäten) vorzunehmen. Bei der Elementarisierung wird über den endgültigen Umfang des Benchmarking entschieden.

III.C.1.b Die Partnerbestimmung

Die Qualität des Partners ist ein kritischer Erfolgsfaktor beim Benchmarking. Eine eindeutige Fixierung des Klassenbesten ist sehr schwierig, da in einem Großteil der Fälle keine Datenbank zur Verfügung steht und eine zunehmende Schnellebigkeit der best practices in der modernen Unternehmenswelt festzustellen ist. Die Auswahl der Partnerunternehmen ist von entscheidender Bedeutung über die Effizienz und die Güte des Benchmarking. Im Vorfeld gilt es die grundlegende Intention des Benchmarking dabei zu berücksichtigen. Geht es zum Beispiel darum, einen Strukturwandel im Unternehmen zu bewältigen oder auf Änderungen des Absatzmarktes zu reagieren, so bieten sich Unternehmen an, die gerade eine Krise überwunden haben. Junge Unternehmen zeichnen sich im allgemeinen durch unorthodoxe Vorgehensweisen und außergewöhnliche Ideen aus, so daß sie sich für den Fall einer innovativen Ausrichtung des Objektes eignen. Die Partnerbestimmung ist stark abhängig vom Detailliertheitsgrad des Benchmarking-Projektes.

Die Partnerbestimmung der Planungsphase gliedert sich in drei Arbeitsschritte:

- Generierung der Partner,
- Filterung der Partner,
- Selektierung der Partner.

Generierung der Partner

Der erste Arbeitsschritt bei der Partnerbestimmung wird als Generierungsprozeß bezeichnet. Dabei ist von grundlegender Voraussetzung die Abgrenzung des Rahmens und dessen Umfangs für den Pool, in dem nach für das Benchmarking geeigneten Unternehmen gesucht wird. Die Parameter für die Pool-Bildung sind:[72]

- Anzahl der Unternehmen,
- unternehmensintern oder –extern,
- branchenintern oder –extern,
- national oder international,
- konkrete Branchen oder Unternehmen,
- konkrete Unternehmensstandorte oder -bereiche.

[72] Vgl. PIESKE, R.: 1995, S. 152 ff.

Nach der Festlegung der Parameter erfolgt die Recherche einer „Grundgesamtheit“ von Unternehmen. Da der Erfolg des Benchmarking davon abhängt, das beste Unternehmen zum Vergleich zu haben, ist es wichtig, alle wesentlichen Unternehmen zu erfassen. Quellen sind:[73]

- Team-Know-how,
- sonstige Informationsressourcen,
- Gespräche mit im Zusammenhang mit dem Objekt stehenden Kunden, Mitarbeitern oder Konkurrenten,
- spezielle Zeitschriften/Veröffentlichungen,
- spezielle Verbände/Organisationen,
- Auszeichnung/ Preis bei Wettbewerben,
- Schwerpunkte bei Universitäten,
- Fachkonferenzen/Seminare,
- Internet.

Filterung der Partner

Der zweite Arbeitsschritt ist ein Filterungsprozeß der generierten Unternehmen. In diesem werden zunächst grobe Einschätzungen für den betreffenden Leistungsstand im eigenen Unternehmen vorangestellt. Erst dann ist es möglich, andere Unternehmen als potentielle Partner einzustufen, denn das Ausmaß des Lerneffektes als Erfolgskriterium für Benchmarking ist abhängig von der Leistungsdifferenz zu den Vergleichsunternehmen. Eine zu niedrige Leistungsdifferenz würde die Auswahl als Partner nicht rechtfertigen.

Weiterhin muß die Eignung des „Lernumfeldes“ mit Hilfe von Selektionskriterien für das entsprechende Benchmarking „abgeklopft werden“. Würde ein Unternehmen im Hinblick auf Geschäftsabläufe als Partner ausgewählt, dessen Kultur, Struktur oder Entscheidungsprozesse von der Unternehmensleitung abgelehnt werden oder mit einem nicht vertretbaren Aufwand zu transferieren sind, dann würde jede weitere Arbeit überflüssig sein. Es sollten Analogien im Hinblick auf das Benchmarking-Objekt bestehen, die anhand von Kriterien objektiv festgestellt werden können. So kann eine auf beobachtende, subjektive Einschätzung basierende Favorisierung von Partnern auf eine rationale Basis gestellt werden. Nach WATSON[74] umfaßt die Liste der möglichen Kriterien:

---

[73] Vgl. PIESKE, R.: 1995, S. 161 ff.
[74] Vgl. WATSON, G.: 1993, S. 86.

- Art des Unternehmens,
- Unternehmenskultur,
- Organisationsstruktur,
- Beschäftigungssituation (auch Teamarbeit und Kompetenzen),
- Unternehmensdemographie (Größe, Stabilität und Image),
- multinationale Fähigkeiten oder Auslandsaktivitäten,
- Produktgröße oder -komplexität,
- Produkttechnologie,
- Prozeßtechnologie,
- wichtige finanzielle Faktoren, die die Leistungsfähigkeit beeinflussen (Produktionsfixkosten, Vertriebskosten, Bruttoeinnahmen, etc.),
- Vertriebskanäle,
- Produktionsverfahren und Umfang,
- Art des Managements, Entscheidungen zu treffen.

Durch „Unternehmenssteckbriefe“ und anhand eines Frageleitfadens werden spezifische Unternehmen sondiert, die im Hinblick auf das Objekt ähnliche Produkte, Prozesse oder Funktionen aufweisen. Wichtig hierbei ist das Denken in Analogien und die Fähigkeiten zur abstrahierten Betrachtungsweise, indem Branchenspezifika vernachlässigt werden. Durch diese zwei Merkmale kann die Wesensverwandtheit der Objekte erkannt werden.

Selektierung der Partner

An den Filterungsprozeß schließt sich der Selektionsprozeß an, in dem die konkrete Identifizierung der Benchmarking-Partner erfolgt. Hier stellt sich die zentrale Frage nach der Vergleichbarkeit der Unternehmen. Je größer diese ist, desto mehr nehmen die Implementierungsmöglichkeiten als Ziel am Ende zu. Probleme bei der Feststellung der Vergleichbarkeit ergeben sich durch:[75]

- Unterschiedlichkeit der Vergleichsunternehmen,
- generelle Schwachstellen und Lücken in den Unternehmen in der Erfassung von Meßgrößen und Quantifizierung von Prozessen, die zur Schätzung zwingen,
- Breite der geforderten Informationen auf der einen Seite und einem Ansprechpartner beim Benchmarking-Partner auf der anderen Seite, der dieses Informationsspektrum nicht abdeckt,
- Subjektivität bei der Einschätzung von Sachverhalten, das Verteidigen des eigenen „Babys“,

[75] Vgl. PIESKE, R.: 1995, S. 220.

- Begrenztheit des Zeitfensters für direkte Benchmarking-Kontakte,
- oft notwendigen, erheblichen Zeitaufwand für den Benchmarking-Partner, um alle Daten im Detail zu recherchieren, die im Widerspruch zum Tagesgeschehen stehen,
- subjektive Interpretationen, Definitionen oder Vorstellungen zu bestimmten Fragestellungen, die trotz sehr intensiver Vorbereitung nie ganz auszuschalten sind.

Nach diesem Arbeitsschritt verbleiben von der erfaßten „Grundgesamtheit" in der Regel noch acht bis zwölf Unternehmen. Von diesen scheiden noch einmal bei dem Prozeß der definitiven Partnergewinnung durch Schwierigkeiten bei der Übereinkunft rund die Hälfte der Unternehmen aus, so daß für die Direktkontakte endgültig drei bis sechs Unternehmen zur Verfügung stehen.[76]

III.C.2 Die Erhebungsphase im Benchmarking-Prozeß

Die erforderlichen Daten, die in dieser Arbeitsphase ermittelt werden müssen, resultieren aus der Elementarisierung der Objektbestimmungsphase, in der die einzelnen Objektkomponenten (größtenteils) definiert worden sind.

Die Erhebungsphase ist in drei Arbeitsschritte unterteilt:
- Datensicherung,
- Datenerhebung,
- Datenverifizierung.

Datensicherung

Vor der eigentlichen Datenerhebung müssen der Umfang der Erhebung und die Erhebungsmethode festgelegt werden und je nach Methode die erforderlichen Unterlagen erstellt werden: Tabellen, Fragebogen und Interviewleitfaden. Wichtig für die grundsätzliche Datensicherheit und spätere Datenvergleichbarkeit sind die anfängliche akribische Definition der einzelnen Einflußfaktoren und Variablen sowie der Meßgrößen, Bezugsbasen und Bezugszeiträume. Außer dieser Voraussetzung bei dem quantitativen Teil der Erhebung ist es, besonders bei „weichen" Objekten, wichtig, festzulegen, welche Rahmendaten und Kommentare mindestens notiert werden wie zum Beispiel die Unterscheidung zwischen Normalität und Ausnahme oder Dauerbetrieb und zeitlich begrenzter Betrieb.

---

[76] Vgl. PIESKE, R.: 1995, S. 146.

Datenerhebung

Bei der Datenerhebung muß als erstes die Methode zur Durchführung festgelegt werden. Es ist zu unterscheiden zwischen einer sekundären Datenbeschaffung, entweder aus Literaturquellen oder über Dritte, und einer primären Datenbeschaffung im Unternehmen, entweder direkt aus Unterlagen oder bei den in das Benchmarking involvierten Personen. Von der jeweiligen Quelle ist stark die Qualität der Daten im Hinblick auf die Aussagekraft abhängig. Allgemein ist sie bei einer primären Quelle und bei einer persönlichen Befragung höher. Möglichkeiten zur Datenerhebung sind:

- Sekundärquellenanalyse,
- telefonische Umfrage (grobe Erhebung),
- schriftliche Umfrage (feine Erhebung),
- persönliches Interview (detaillierte Erhebung, Möglichkeit der Berichtigung),
- Betriebsbesichtigungen (persönliche Erhebung, Einblick in typische Aspekte des Ablaufs, prozeßbezogene Entscheidungen, verhaltenstypische Handlungen der Prozeßteilnehmer).

Die Vorgehensweise bei der Datenerhebung sollte parallel zwischen den am Benchmarking beteiligten Unternehmen stattfinden und auch von denselben Personen für vergleichbare Bereiche durchgeführt werden. Eine interne Datenbeschaffung im eigenen Unternehmen sollte also mit der gleichzeitigen externen Erhebung in den Partnerunternehmen korrespondieren. Bei einer zeitlich und personell unterschiedlichen Erhebung können vermeidbare Fehler entstehen, die trotz größtmöglicher Offenheit der Partnerunternehmen die Qualität der Daten zunichte machen können. Mit dieser Vorgehensweise gehen Synergieeffekte bei der Datenerhebung einher, da die Methode nicht immer wieder neu rekapituliert werden muß. Damit wird zugleich eine weitere Möglichkeit zur Sicherung und Vergleichbarkeit der Daten ausgeschöpft.

Datenverifizierung

Möglichkeiten zur Datenverifizierung bestehen in einer zumindest stichprobenweisen redundanten Datenerhebung, indem Primärquellen unter Nutzung von Sekundärquellen auf ihre Plausibilität überprüft werden. Darüberhinaus sollte jederzeit die Einschätzung der Informationen und Daten über deren „Wahrheitsgehalt“ vor dem Hintergrund des Erfahrungsschatzes des Bearbeiters erfolgen. Eine umfangreiche Verifizierung bei groben Unstimmigkeiten kann durch einen mit Vertretern der Partnerunternehmen durchgeführten Überprüfung erfolgen.

III.C.3 Die Analysephase im Benchmarking-Prozeß

Im Anschluß an die Erhebungsphase folgt die Analysephase mit der Verarbeitung der erhobenen Informationen und dem Ziel der Quantifizierung und Dokumentation der Leistungsunterschiede. Deren Ursachen müssen aus der Analyse des Datenmaterials hervorgehen, damit sie eine profunde Grundlage für die Umsetzung der Ergebnisse bilden. Dies kann nicht nur durch eine schrittweise Bewertung der Einzelergebnisse erreicht werden, sondern erfordert ein systemorientiertes übergreifendes Denken im Sinn einer ganzheitlichen Betrachtung. In dieser Phase steht der Meß- und Lernaspekt im Mittelpunkt und wird somit die wesentliche inhaltliche Arbeit geleistet.

Die Analysephase wird in fünf Arbeitsschritte unterteilt:

- Datenauswertung,
- Datenanalyse,
- Berechnung der Benchmarks,
- Evaluierung,
- Dokumentation und Präsentation.

Datenauswertung

Der Arbeitsschritt beginnt mit der Ordnung der Daten und deren Selektion beziehungsweise Auswertung der Tabellen, Fragebogen und Interviews. Dabei geht eine Überprüfung der Vollständigkeit und der Exaktheit der Informationen einher. Fast immer werden etliche „Datenlöcher“ festgestellt. Deshalb ist oftmals eine zusätzliche Tätigkeit dieses Arbeitsschrittes die mühsame Nacherhebung, die eine Nachbesserung und Vervollkommnung der Datensätze verfolgt. Diese sollte sich auf eine minimale Anzahl von Fällen beschränken, da die Häufigkeit der Nachfragen Rückschlüsse auf die mangelnde Sorgfalt der Vorbereitung der Datenerhebung nahelegen und beim Benchmarking-Partner auf Vorbehalte stößt, da er nach den höheren Belastungen seiner Arbeitskräfte durch die Datenerhebung keinen weiteren Arbeitsinput leisten möchte.

Datenanalyse

Parallel zur Datenauswertung verläuft die Datenanalyse mit einer ständigen Plausibilitätsüberprüfung im Hinblick auf die potentielle Richtigkeit der Daten. Besonders im Blickpunkt stehen Extremwerte, die relativ stark abweichen. Dies sollte jedoch nur als interner Klärungsprozeß ohne weitere Rückkoppelung mit den Partnerunternehmen geschehen, da diese nicht mit weiteren zusätzlichen Arbeitsaufwand belastet werden sollten. Weiterhin muß eine Prüfung durchgeführt werden, ob die Daten beziehungsweise Meßgrößen zur Vergleichbarkeit einer Modifikation bedürfen. Oftmals – besonders bei offenem Benchmarking – sind Prozesse aufgrund fehlender Einzelschritte bei den jeweiligen Partnerunternehmen nur über eine Hilfskonstruktion miteinander in Vergleich zu setzen. Es gibt viele Einflüsse, die ein schiefes Bild erzeugen und zu unzulässigen Aussagen führen können. Diese müssen mit einem rechnerischen Korrekturfaktor bei den quantitativen Daten und einer kommentarischen Erläuterung bei qualitativen Daten berücksichtigt werden. Unterschiede bei folgenden Faktoren können einen Korrekturbedarf erfordern:[77]

- Organisation von Prozessen und Funktionen,
- Bezugszeiträume,
- Produkte und Materialien (Gewicht, Größe, Komplexität, etc.),
- Definitionen und Festlegungen von Qualitätsanforderungen,
- Arbeits- und Prozeßinhalte,
- Formen der Arbeitsorganisation und Besonderheiten der Personalstruktur (Schichtsystem, Wochenendarbeit, Fließbandarbeit, etc.),
- Kostensituationen und daraus resultierende Differenzen in den Kostenstrukturen (Steuern, Subventionen, Mieten, Grundstückspreise, Personalkosten, etc.),
- Marktbedingungen und Kundenforderungen (Anzahl der Kunden, Internationalität der Kunden, Anzahl der Wettbewerber),
- volkswirtschaftliche Entwicklungsfaktoren (Preisentwicklung, Inflation, etc.),
- länderspezifischen Gesetzgebung (Umwelt- und Sozialversicherungsgesetze).

Berechnung der Benchmarks

Sukzessive beginnt in den Bereichen, für die vollständige Daten vorliegen, die Kernarbeit: die Berechnung der Benchmarks. Die einzelnen Daten werden anhand von definierten Maßstäben in Beziehung gesetzt und einer Bewertung im Hinblick auf die Bestimmung der Leistungsfähigkeit unterzogen. Für die Definition der Ziele der erforderlichen Leistungsverbesserung zur Erreichung eines Wettbewerbsvorsprungs und die Bestimmung der zukünftigen Leistungsunterschiede wird oftmals die „Dynamisierung" vorgenommen werden. Diese bezieht den Aspekt der zeitlichen Entwicklung mit ein, die aufgrund der meist längeren Umsetzungsphase von Interesse ist. Aus vergangenen Ergebnissen und unter bestimmten Annahmen wird die künftige Entwicklung des Partners prognostiziert, um sein eigenes Leistungssteigerungsziel höher als das prognostizierte des Partners anzusetzen. Bei quantitativen Meßzahlen ist eine Abschätzung der Entwicklung durch Berechnungen, in denen die dynamisierten Parameter eingehen, auf Basis der aktuellen Bestmarke möglich und in Zahlen darstellbar.

[77] Vgl. KARLÖF, B. / ÖSTBLOM, S.: 1993, S. 165 ff.

Bezogen auf qualitative Ergebnisse erfolgt die Dynamisierung über die Beschreibung anhand von Informationen über angestrebte Veränderungen und ihre Hintergründe sowie anhand der Empirie aus dem persönlichen Erfahrungsschatz.[78]

Evaluierung

In diesem Arbeitsschritt findet die Bewertung der ermittelten Ergebnisse durch die Benchmarks und die Ursachenanalyse im Hinblick auf die Realisierung statt. Dabei darf das Bemühen um die vollständige Vergleichbarkeit der Daten nicht dazu führen, eventuelle tatsächliche Unterschiede zu kaschieren, indem sie „wegkorrigiert“ werden. Das Aufspüren der Korrekturgründe korreliert nämlich stark mit der Herausarbeitung der Leistungsdifferenzen und der dafür verantwortlichen Parameter. Anhand der Parameter werden die Ursachen analysiert und die für die bessere Leistung maßgebenden „Prozeßkatalysatoren“ identifiziert, das heißt Faktoren, die die zentrale Rolle bei der besseren Leistung einnehmen.

Das Ziel der Evaluierung ist die Erarbeitung der Lösung für die „Positivierung“ des Leistungsdefizits in einen Leistungsvorsprung. Oftmals gibt es jedoch „auf den ersten Blick“ nicht nur die eine Lösung, sondern mehrere oder zumindest mehrere Varianten. Im Verlauf der Lösungsfindung müssen die Alternativen auf mögliche K.o.-Kriterien untersucht werden, die einen grundsätzlichen Ausschluß zur Folge haben. Weitere Bewertungsschritte zur Eingrenzung sind die Gegenüberstellung der Vor- und Nachteile der Lösungen sowie die Quantifizierung des Nutzens. Dabei dürfen Ausschlußkriterien wie zum Beispiel die Wirtschaftlichkeit oder Akzeptanzprobleme für die Umsetzung nicht im Vordergrund stehen, da so eventuell die „best practices“ ausscheiden. Als Ergebnis stehen am Ende dieser Arbeiten ungefähr drei Lösungsalternativen, um den Entscheidern Wahlmöglichkeiten anzubieten, die jedoch nicht zu umfangreich und unüberschaubar sind. Sie werden auch als „Findings“[79], das heißt übernehmbare Praktiken, bezeichnet. Für diese „Findings“ werden dann Bestimmungen für folgende Bereiche definiert, aufgrund derer eine Priorisierung vorgenommen wird:[80]

[78] Vgl. PIESKE, R.: 1995, S. 232.

[79] Vgl. PIESKE, R.: 1995, S. 236. Dieser Begriff wird hier in einem anderen Kontext im Sinn von Erkenntnishinweisen ohne Bewertungen verwendet; aufgrund der Assoziationen, die mit dem Begriff beim Autor verbunden werden, wird er in dieser Dissertation im Verständnis „nach umfangreichen Analysen für das Endergebnis bestimmte Lösungsvarianten“ besetzt.

[80] Vgl. PIESKE, R.: 1995, S. 240 ff.

- Wirtschaftlichkeit (Investitionsvolumen, Pay-back),
- Kapazitätsveränderungen im Unternehmen (Arbeitskräfte, Rohstoffe),
- Zielerfüllungsgrad,
- Aktionsplan zur Umsetzung mit definierten Realisierungszeiträumen,
- Integrationsumfang zu vorhandenen Lösungen,
- Kompatibilität zu Unternehmenszielen und -strategien (Unternehmenskultur),
- Kundennutzen.

Dokumentation und Präsentation

Die Analysephase schließt mit der Dokumentation und Präsentation der Ergebnisse vor dem Auftraggeber ab, ein zentrales Schlüsselereignis im Benchmarking-Prozeß. Sowohl die graphische Aufbereitung der Ergebnisse als auch der „Verkauf" der Realisierungsempfehlung aufgrund der erfolgten Priorisierung ist von Bedeutung. Dabei ist es erforderlich, das Management von der Qualität der geleisteten Arbeit zu überzeugen und die Notwendigkeit für das erforderliche Ausmaß der Veränderungen zur Erreichung der Leistungsverbesserungen zu vermitteln. Letzteres ist eine kritische Aufgabe, da die Ergebnisse keinen „Angriff" auf die geleistete Arbeit des Managements bedeuten darf und bei vielen Managern Vorbehalte gegenüber umfangreichen Veränderungen im Unternehmen bestehen, die mit großen Risiken verbunden sind.

III.C.4 Die Implementierungsphase im Benchmarking-Prozeß

Die Implementierungsphase ist die Unterscheidung von einer theoretisch-akademischen Studie hin zum Managementinstrument Benchmarking. Ohne die Umsetzung von Maßnahmen zur Verbesserung von Unternehmensabläufen verdient der betriebene Aufwand nicht seine Rechtfertigung. Nur die Implementierung kann eine Steigerung der Effizienz und Kundenzufriedenheit bewirken und ist damit ausschlaggebender Maßstab des erfolgreichen Benchmarking. Bei der Implementierungsphase sollte jedoch beachtet werden, daß die Verwirklichung eines Prozesses auf dem höchstmöglichen Niveau nicht automatisch zu einer gesamten Verbesserung führen muß. Es muß auch immer die Ausgewogenheit und die Folgen im Hinblick auf den Gesamtablauf im Auge behalten werden. Prozesse, die an einer Stelle optimiert wurden, können dazu führen, daß ein erforderliches Gleichgewicht im Unternehmen verloren geht oder daß ein Engpaß entsteht, der weitere aufwendige Maßnahmen nach sich zieht, ohne die die aufgrund des Benchmarking eingeführte Maßnahme eine suboptimale Wirkung entfaltet. Als Ergebnis der Implementierungsphase werden folgende Fälle differenziert:[81]

---

[81] Vgl. PIESKE, R.: 1995, S. 249.

- Externalisierung und Internalisierung von Aktivitäten,
- Zentralisierung und Dezentralisierung von Aktivitäten,
- Institutionalisierung von Aktivitäten,
- Einführung von Standards,
- Formalisierung von Entscheidungen,
- Neupositionierung von Aktivitäten.

In dieser Phase kommt der kommunikativen Komponente im Benchmarking-Prozeß eine besondere Bedeutung zu, da es die Maßnahmen den vielen von der Umsetzung Betroffenen zu vermitteln gilt. Neuerungen tasten eine über einen längeren Zeitraum etablierte Ordnung an, die ein eingefahrenes Bezugssystem aus dem Gleichgewicht bringen. Ungewißheit und Unverständnis aus Ermangelung der Übersicht über den Veränderungsumfang bedingen Widerstände. Typische Implementierungsprobleme sind:[82]

- fehlende Managementunterstützung,
- Negation oder blindes Kopieren von Detailproblemen,
- mangelnde Arbeitskapazität infolge des „Tagesgeschäftes“,
- relativ lange Projektlaufzeit mit fehlenden Erfolgserlebnissen,
- unzureichende Radikalität,
- fehlende Einbeziehung und Information der Betroffenen.

Die Implementierungsphase wird in drei Arbeitsschritte gegliedert:

- Institutionalisierung,
- Transformation,
- begleitende Beobachtung (Monitoring).

Institutionalisierung

Die Implementierung beginnt mit der Bildung eines Lenkungsausschusses, in dem die Arbeitsergebnisse der einzelnen Benchmarking-Mitarbeiter präsentiert und kritisch diskutiert werden. Die Besetzung des Lenkungsausschusses erfolgt mit Personen in Schlüsselpositionen, die eine Multiplikatorfunktion haben. Die in der Kommission sitzenden Vertreter sind „Implementierungs-Beauftragte“ und somit verantwortlich für die Umsetzung. Im ÖPNV könnten dies zum Beispiel die Bereichsleiter in einem Verkehrsverbund sein. Die Kommission dient als „Kommandozentrale der Implementierung“ und ist Schnittstelle zum einen zwischen dem Management und den „Arbeitern am Ort der Implementierung“, zum anderen zwischen den einzelnen Mitglie-

[82] Vgl. PIESKE, R.: 1995, S. 254 ff.

dern, die ihre Aktivitäten aufeinander abstimmen müssen. Hauptpunkt der Arbeit ist der Entwurf eines Plans für die Folgeaktivitäten. Dies erfolgt durch die Konkretisierung der im Aktionsplan der Analysephase festgelegten Rahmenmaßnahmen in sachlicher, personeller, und terminlicher Hinsicht. In ihm werden die Auswahl der (nächsten) verbesserungsbedürftigen Elemente getroffen, die Prioritäten der einzelnen Veränderungsteilziele festgelegt und die einzelnen Aktionen geplant. Es werden „Meilensteine" definiert, die als Zwischenergebnisse erreicht werden sollen. Der Überblick über den Stand der Umsetzung wird durch die Festsetzung von Berichterstattungsterminen in einem festen Rhythmus gewährleistet.[83]

Transformation

Die „Implementierungs-Beauftragten" setzen Teams zusammen, die die einzelnen in der Kommission beschlossenen Aktionen vor Ort realisieren (zum Beispiel Gruppen von Fahrern, wenn es um die Verbesserung der Freundlichkeit geht). Die Implementierung der Ergebnisse soll als kontinuierlicher Prozeß angelegt werden. Dazu bedarf es der Bestimmung der Detailmaßnahmen sowie der Anpassung der Aktionsvorgaben an die örtlichen Gegebenheiten und die zeitliche Entwicklung. Da in der Regel nicht alle Projektbeteiligten im Implementierungs-Team vertreten sein können, bedürfen die Maßnahmen bei der Transformation eines begleitenden Kommunikations- und Informationskonzeptes, das die informelle Integration aller Mitarbeiter zum Ziel hat. Die Veränderungen sollten frühzeitig durch schriftliche, am besten jedoch durch persönliche Information auf Versammlungen bekanntgemacht werden. Mangelnde Information erzeugt Trotz und Aversionen und es entsteht ein Arbeitsklima, das die Neuerungen nicht befördert, teilweise sogar blockiert. Mit den Veränderungen ist auch meist die Konfrontation mit unbekannten Techniken und Verfahren verbunden. Dies macht die Organisation von Schulungen und Workshops erforderlich, die die Mitarbeiter weiterqualifizieren und auf die Veränderungen vorbereiten.

Begleitende Beobachtung (Monitoring)

Das Ergebnis des Benchmarking ist eine Leistungsfähigkeit, die auf dem Erkenntnisstand der zum Abschluß der Analysephase durchgeführten Untersuchungen beruht. Zur Sicherstellung und Festigung der durch das Benchmarking eingeführten Veränderungen im Hinblick auf ihre Effizienz bedarf es einer begleitenden Beobachtung. Die Dynamik der Entwicklungen, zur Zeit besonders auch im ÖPNV, ist so groß, daß eine häufige Wiederholung des Benchmarking notwendig wäre. Dies würde ein schlechtes

[83] Vgl. PIESKE, R.: 1995, S. 250.

Kosten-Nutzen-Verhältnis bedeuten. Ziel ist es daher, einen kontinuierlichen Verbesserungsprozeß zu erreichen. Im Arbeitsschritt der Einrichtung einer begleitenden Beobachtung gilt es deshalb parallel zu der Einführung und Manifestierung der Veränderungen ein objektspezifisches Meßsystem zu installieren, das eine permanente Kontrolle der Entwicklung ermöglicht.[84] Es bedarf einer kontinuierlichen Verfolgung der Meßgrößenerfassung durch die Bestimmung von Beauftragten (zum Beispiel in den Verwaltungen der ÖPNV-Aufgabenträger), der in bestimmten Intervallen die Berichterstattung vor dem Lenkungsausschuß (Bereichsleiter eines Verkehrsverbundes) durchführt. Dadurch soll es ermöglicht werden, Weiterentwicklungen beim Benchmarking-Objekt zu berücksichtigen und damit die in den Veränderungen liegenden Potentiale kontinuierlich zu nutzen.

In Abbildung 10 werden die einzelnen Phasen mit Arbeitsschritten und Inhalten dargestellt:

[84] Vgl. PIESKE, R.: 1995, S. 253 f.

Abbildung 10: Der Benchmarking-Prozeß

Phase	Arbeitsschritte	Inhalte
Phase 1: Planungsphase	Objektbestimmung	
	Selektion des Objektes	Ursachen für Leistungsunterschiede
		Auswahl des Objektes
	Elementarisierung des Objektes	Konkretisierung des Objektes
		Abgrenzung des Objektes
	Partnerbestimmung	
	Generierung der Partner	Abgrenzung eines Pools von Unternehmen
		Recherchierung einer Grundgesamtheit
	Filterung der Partner	Abschätzung der Leistungsunterschiede
		Einschätzung der Eignung
	Selektierung der Partner	Feststellung der Vergleichbarkeit
		Abklärung der Bereitschaft
Phase 2: Erhebungsphase	Datensicherung	Definition der Einflußfaktoren
		Festlegung der Erhebungsweise
	Datenerhebung	Auswahl der Erhebungsmethode
		Organisation und Durchführung
	Datenverifizierung	Überprüfung mit Partner
		Überprüfung mit anderen Datenquellen
Phase 3: Analysephase	Datenauswertung	Überprüfung der Vollständigkeit
		Nacherhebung
	Datenanalyse	Überprüfung der Plausibilität
		Herstellung der Vergleichbarkeit
	Berechnung der Benchmarks	Berechnung von Meß- und Bezugsgrößen
		Dynamisierung
	Evaluierung	Identifikation von Prozeßkatalysatoren
		Erarbeitung von Lösungsalternativen
	Dokumentation und Präsentation	Graphische Aufbereitung
		Vermittlung eines Aktionsplans
Phase 4: Implementierungsphase	Institutionalisierung	Bildung eines Lenkungsausschusses
		Definition von „Meilensteinen“
	Transformation	Anlage eines kontinuierlichen Prozesses
		Entwurf eines Kommunikationskonzepts
	Begleitende Beobachtung	Installation eines Meßsystems
		Bestimmung eines Beauftragten

Quelle: Eigene Darstellung

Dritter Teil

DAS KENNGRÖSSENSYSTEM FÜR AUFGABENTRÄGER IM ÖPNV

IV Theoretische Grundlagen des Kenngrößensystems

Das in dieser Arbeit konzipierte Kenngrößensystem soll Aufgabenträgern als Verantwortliche für die Gesamtqualität des ÖPNV-Systems dazu dienen, den ÖPNV in ihrem Verkehrsgebiet beschreiben, bewerten und mit dem in anderen Verkehrsgebieten vergleichen zu können. Im Sinn des „New Public Management"[85] wird damit ein Steuerungsinstrument geschaffen, das im Hinblick auf ein politisches Controlling eine Leistungsmessung in dem öffentlichen Aufgabenfeld ÖPNV ermöglicht. Dies wird sowohl für gesamtwirtschaftliche als auch für einzelwirtschaftliche Einflußfaktoren der Verkehrsunternehmen und der ÖPNV-Aufgabenträger durchgeführt. Die vorliegende Arbeit behandelt also sowohl volks- und betriebswirtschaftliche als auch ökologische und qualitative Aspekte des ÖPNV. Damit kommt die interdisziplinäre Anlage der Arbeit und des Themas deutlich zum Ausdruck.

IV.A Ein Flußmodell von Finanz- und Nutzenströmen als Grundlage für das Kenngrößensystem

Der ÖPNV hat vielfache Nutzen, die zum Teil gesellschaftliche Bedeutung haben und zum Teil einer einzelnen Person zugute kommen. Beispielsweise stand ursprünglich Anfang des 20. Jahrhunderts der wirtschaftliche Nutzen im Vordergrund, die Arbeitnehmer massenweise zu den personalintensiven Industriestandorten und sonstigen Arbeitsstätten zu bringen. Am Anfang der siebziger Jahre war dieser Aspekt Geschichte, da fast jeder diesen Nutzen durch den Gebrauch des Pkw substituieren konnte. Ins Zentrum der Betrachtungsweise rückte der ökologische Nutzen. Darüberhinaus übt der ÖPNV weitere Nutzenfunktionen aus. Viele Teilnutzen des ÖPNV, kommen den jeweiligen Teilnehmern eines Wirtschaftssystems nur individuell zugute und bringen ihnen wesentliche Vorteile. Zur Erzielung eines gesamtwirtschaftlichen Nutzens hat der Staat stellvertretend für die Gesamtheit der Individuen, die größtenteils nur den privaten Nutzen im Auge haben und nur für tatsächlich in Anspruch genommene Leistungen bezahlen wollen, die Aufgabe, ausgleichend durch finanz- und ordnungspolitische Maßnahmen Einfluß zu nehmen.

Den meisten Nutzen für die jeweiligen in der Gesellschaft Agierenden stehen entsprechende Zahlungsbereitschaften gegenüber. Sie dienen als Basis zur Entwicklung eines Flußmodells, das die Zusammenhänge zwischen Nutzen- und Finanzströmen unter den neuen organisatorischen Verhältnissen im ÖPNV beschreibt. Es bildet die

[85] Vgl. HOOD, C.: 1995, S. 93-109. TANZI, V. / SCHUKNECHT, L.: 1996, S. 2-5. CHROBOK, R.: 1998, S. 51-52. BUDÄUS, D. / GRÜNING, G.: 1998, S. 4-9.

Grundlage für das Kenngrößensystems und hat damit die zentrale Bedeutung für die Arbeit. Es wird im folgenden erläutert und ist in der Abbildung 11 dargestellt.

Der grau hinterlegte Teil stellt den Nutzenstrom im Flußmodell dar. Dabei bestimmt das Ausmaß der Quantität und Qualität der Betriebsgesamtleistungen im ÖPNV die Art und den Umfang der Nutzen. Diese können grundsätzlich in einen gesamtwirtschaftlichen und einen einzelwirtschaftlichen Bereich und einen gesonderten Bereich individueller Nutzenfaktoren unterteilt werden.

Der gesamtwirtschaftliche Bereich gliedert sich in zwei Unterbereiche:

- staatlicher Nutzen,
  - → durch die Nutzung des ÖPNV zur Befriedigung der Mobilitätsnachfrage findet der notwendige Wirtschaftsverkehr mehr Straßenkapazitäten vor und spart Zeit durch einen verbesserten Verkehrsfluß, wodurch das volkswirtschaftliche Ergebnis verbessert wird,
  - → durch die höhere Sicherheit der öffentlichen Verkehrsmittel werden die Kosten für die Behandlung unfallbedingter Gesundheitsschäden gesenkt,
- kommunaler Nutzen,
  - → durch geringere Schadstoff- und Lärmemissionen werden diese besonders in Wohn- und Siedlungsbereichen relevanten Belastungen vermindert,
  - → durch geringere Straßenbaukosten entstehen den Kommunen geringere Ausgaben aus ihren allgemeinen Haushalten,
  - → durch geringeren Flächenbedarf für die Verkehrswegeinfrastruktur können die in einer Stadt besonders knappen Flächen anderen öffentlichen Zwecken gewidmet werden.

Der einzelwirtschaftliche Bereich gliedert sich in zwei Unterbereiche:

- Nutzen für die Verkehrsunternehmen,
  - → durch die vertraglich vereinbarten Zahlungen für die Betriebsleistungen im ÖPNV stehen den Verkehrsunternehmen mittelfristig gesicherte Finanzmittel zur Disposition der weiteren betrieblichen Tätigkeit zur Verfügung, womit sie in anderen Geschäftsfeldern wie zum Beispiel der Durchführung von Theaterfahrten, touristischen Gelegenheitsverkehren oder in sonstigen verkehrsfremden Geschäftsfeldern tätig werden können,
- Nutzen für die ÖPNV-Aufgabenträger,
  - → der Aufgabenträger kann eine optimale Quantität und Qualität des ÖPNV bestimmen und dem Bürger als bestmöglichen Dienstleistungsservice anbieten.

Ein dritter gesonderter Bereich stellt der individuelle Bereich dar:
- individueller Nutzen (Nutzen für die Verkehrsnachfrager beziehungsweise Privathaushalte),
  - → den Mobilitätsnachfragern wird die Möglichkeiten von einem Standort A zu einem angestrebten Zielpunkt B zu kommen angeboten,
  - → den Mobilitätsnachfragern werden Alternativen der Zusammensetzung und Optimierung der individuellen Mobilitätskosten angeboten,
  - → den Mobiltätsnachfragern, die die Benutzung des Pkw bevorzugen (müssen), haben eine größere Wahrscheinlichkeit für das Finden eines Parkplatzes,
  - → den Bewohnern entstehen weniger Belastungen durch Straßenlärmemissionen.

An der Stelle, an der das grau hinterlegte Feld aufhört, gehen die Nutzenströme in Finanzströme über. Hinter den diversen Nutzen stehen Nutznießer mit einer Zahlungsbereitschaft. Bevor jedoch Ausgaben für die Nutzen getätigt werden können, müssen sie Einnahmen haben.

Im gesamtwirtschaftlichen Bereich stellen sich die Finanzströme folgendermaßen dar: Der Bund bezahlt zum größten Teil die Betriebsgesamtleistungen im ÖPNV, um gesamtwirtschaftlich negative Effekte für sich, die Länder und die Kommunen zu mindern. Bei der derzeitigen Finanzierungspraxis sind den diversen Nutzen (bisher) keine adäquaten Finanzströme direkt gegenübergestellt. Die Grundfinanzierung des ÖPNV ist allgemeiner Art und basiert hauptsächlich auf den Steuereinnahmen des Staates aus der Mineralölsteuer. Der Staat stellt die für den ÖPNV anteilig bestimmten Finanzmittel den Verkehrsunternehmen für Investitionen und zu einem großen Teil den Aufgabenträgern für den Betrieb zur Verfügung, das heißt die Finanzmittel werden auf die einzelnen Länder verteilt, die diese teilweise für den SPNV verwenden und teilweise den Aufgabenträgern des AÖPNV weiterleiten.

Die diversen gesamtwirtschaftlichen Nutzen können größtenteils durch monetäre Äquivalente für die externen Effekte bewertet werden. Diese bisher monetär unberücksichtigten Nutzen des ÖPNV, die Bund und Ländern zugute kommen, wie zum Beispiel Senkung der Verkehrsfolgekosten durch Unfälle oder Senkung der Kosten zur Behebung von Umweltschäden, sind jedoch soweit möglich finanziell zu würdigen. Die Kommunen haben einen besonderen Nutzen, wenn weniger Verkehrsbelastungen infolge geringerer Schadstoff- und Lärmemissionen entstehen. Auch einem Pkw-Nutzer kann ein zusätzlicher Nutzen insofern zugeordnet werden, daß andere den ÖPNV benutzen und dadurch ihm mehr Verkehrs- und Parkraum zur Verfügung steht. Die Nutzen für die Kommunen und die Einwohner könnten mit einer kommunalen Sonderabgabe oder generellen Steuer, die zur Zeit in Deutschland noch nicht erhoben werden, als eine Art Grundgebühr gewürdigt werden.

Mit einer entsprechenden Würdigung der gesamtwirtschaftlichen Nutzen und einer Bereitstellung zusätzlicher finanzieller Mittel auf Basis der Nutzenbetrachtung könnte ein Ausbau der Betriebsgesamtleistungen des ÖPNV ermöglicht und durch die Verlagerung der Mobilität vom MIV auf den ÖPNV eine Senkung der gesamtwirtschaftlichen Kosten herbeigeführt werden.

Im einzelwirtschaftlichen Bereich stellen sich die Finanzströme folgendermaßen dar: Die Verkehrsunternehmen können nach der Neuordnung des ÖPNV in der Regel über ein Ausschreibungsverfahren einen Auftrag zur Durchführung einer Linienbedienung erhalten. Jedes Verkehrsunternehmen kann ein Angebot abgeben, für das es eine Kalkulation der Betriebskosten und des Anteils, der durch Einnahmen aus Fahrausweisverkäufen und sonstige Einnahmen aus dem Linienbetrieb gedeckt wird, durchführen muß. Da die Verkehrsunternehmen für den Erhalt des Auftrages bereit sind, ein möglichst hohes Qualitätsniveau und einen günstigen Preis zu bieten, um sich gegen ihre Konkurrenten abzuheben, müssen sie auch entscheiden, welchen Anteil sie bereit sind, in Betriebsmittelfaktoren und Einhaltung von Qualitätsstandards zu investieren, wodurch sie ihren finanziellen Beitrag für den ÖPNV leisten (siehe Kapitel II.B).

Die Aufgabenträger des ÖPNV ergänzen in der Regel die Finanzmittel vom Bund mit zusätzlichen Finanzmitteln aus ihren Haushalten: die Länder für den SPNV und die Kommunen für den AÖPNV. Mit den Finanzmitteln bestimmen die Aufgabenträger über Umfang der jeweiligen Linienbedienung sowie die Qualität der Betriebsgesamtleistungen im ÖPNV. Bei Auftragsvergabe bezahlen sie vertraglich vereinbarte Finanzmittel den Verkehrsunternehmen.

Im Hinblick auf den gesonderten Bereich der individuellen Einflußfaktoren (Privathaushalte) ist auszuführen, daß die Mobilitätsnachfrager ihren individuellen Nutzen der Beförderung von A nach B aus ihrem privaten Einkommen bezahlen. Der Pkw-Nutzer mit einer individuell durchgeführten Mobilität zahlt dies hauptsächlich beim Kraftstoffkauf, von dem ein gewisser Betrag als Mineralölsteuer dem Staat und von dort zum Teil dem ÖPNV zufließt. Der ÖPNV-Nutzer bezahlt den primären Nutzen der Beförderung durch den Erwerb eines Fahrausweises, der direkt als finanzieller Beitrag dem ÖPNV zuteil wird. Darüberhinaus gibt es soziologisch-psychologische Einflußfaktoren. Zum Beispiel wird sozial-schwachen Menschen die Mobilität ermöglicht und durch die Begegnung und Auseinandersetzung mit anderen Menschen sind zahlreiche Aspekte im gemeinschaftlichen Miteinander betroffen.

Abbildung 11: Ein Flußmodell der Finanz- und Nutzenströme im ÖPNV

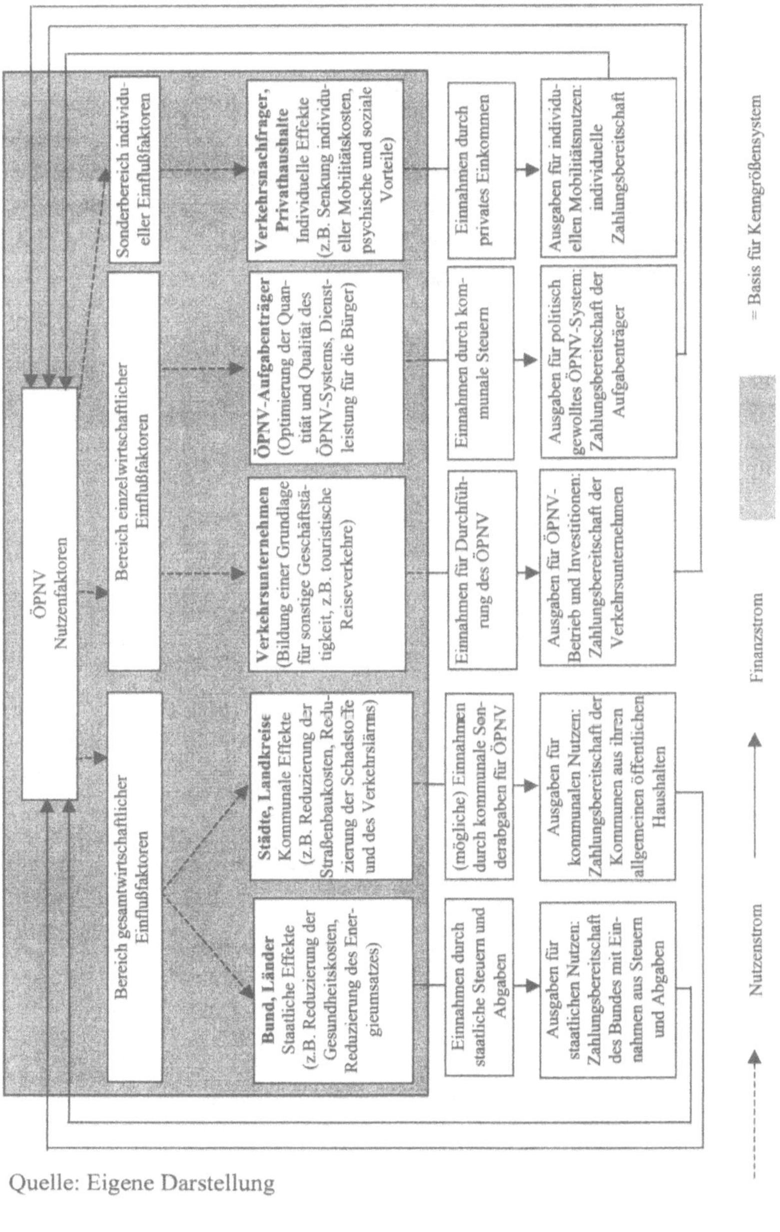

Quelle: Eigene Darstellung

IV.B Übersicht, Aufbau und Methodik des Kenngrößensystems

Dem Aufbau des Kenngrößensystems liegt das in Kapitel IV A entwickelte Flußmodell von Finanz- und Nutzenströmen zugrunde. Zusätzlich bedarf es für ein System einer Bestimmung von Grundprinzipien, nach denen sich die Vorgehensweise beim weiteren Aufbau und einer weiteren Einteilung richten sollen. Die zahlreichen Einflußfaktoren und Kenngrößen verlangen eine strukturelle Aufgliederung, die jedoch nicht ohne die Möglichkeit einer zusammenfassenden Beurteilung bleiben darf. Diesbezüglich ist die Entwicklung eines entsprechenden Berechnungsverfahrens für die diversen Kenngrößen im System erforderlich.

IV.B.1 Die Einteilung des Kenngrößensystems

Als oberste Gliederungsebenen werden Bereiche abgegrenzt. Die Gesamtheit der Einflußfaktoren des ÖPNV wird unter drei grundlegende Einteilungen subsummiert, die als Rahmengerüst für das Kenngrößensystem dienen:

- gesamtwirtschaftlicher Bereich (G),
- einzelwirtschaftlicher verkehrsunternehmensbezogener Bereich (U),
- einzelwirtschaftlicher aufgabenträgerbezogener Bereich (A).

Alle Aspekte dieser drei Bereiche lassen sich im System in einen zweidimensionalen Rahmen mit einer vertikalen und einer horizontalen Gliederung einordnen (siehe Abbildung 12). Die vertikale Gliederung, die Spalten des Systems, ist von links nach rechts hierarchisch aufgebaut und dient zur Abgrenzung von fünf Einheiten. Die verwendeten Begriffe für deren Klassifikation entlehnen sich – durch die betriebswirtschaftliche Themenstellung der Arbeit naheliegend – den organisatorischen Struktureinheiten von großen Unternehmen: Bereich, Abteilung, Hauptgruppe, Gruppe, Untergruppe. Die horizontale Gliederung, die Zeilen des Systems, wird als Ebenen bezeichnet. Die Zeilen sind in ihrer Stellung von oben nach unten nicht hierarchisch, sondern von einander unabhängig. Im Verlauf der horizontalen Einteilung der Bereiche besteht von einer Spalte zur nächsten untergeordneten Spalte immer eine zwei- bis vierfache Aufgliederung der Kenngrößen.

Im gesamtwirtschaftlichen Bereich wird in zwei Abteilungen die staatlichen und kommunalen Effekte behandelt. Sie werden im Kapitel V mit Möglichkeiten der Mengenberechnungen und Monetarisierungen behandelt. Damit wird eine Vorstellung gegeben, welche Größenordnung die Effekte haben und wie sie ausgedrückt, erfaßt und verglichen werden sollen.

Der zweite Bereich des Gliederungssystems umfaßt die einzelwirtschaftlichen verkehrsunternehmensbezogenen Einflußfaktoren und behandelt die Kenngrößen, die die betrieblichen Rahmenbedingungen im Spannungsfeld zwischen Nachfrage und Angebot beschreiben. Dies erfolgt in Kapitel IV. Dazu werden drei Abteilungen gebildet, die für die Beschreibung der ÖPNV-Leistungen durch die Verkehrsunternehmen in einem Markt erforderlich sind: Nachfragesituation, Angebotssituation, Betriebssituation.

Der Schwerpunkt der Arbeit liegt auf einem System, das einem Aufgabenträger ermöglicht, die qualitativenden Aspekte des ÖPNV in seinem Verkehrsgebiet zu beurteilen. Die entsprechenden Kenngrößen fallen unter den dritten Bereich der einzelwirtschaftlich aufgabenträgerbezogenen Einflußfaktoren, der zur detaillierten Untersuchung in vier weitere Abteilungen anhand der Marketinginstrumente Distribution, Produkt, Preis, Kommunikation gegliedert wird. Von diesen werden aufgrund ÖPNV-spezifischer systematischer Betrachtungen zwei Abteilungen aufgeteilt: die Distribution in physische und akquisitorische Distribution und das Produkt in Grund- und Zusatzprodukt.

In der Abbildung 12 wird der Aufbau und die Einteilung des Kenngrößensystems dargestellt. Die Unterteilungen in den Gruppen und Untergruppen erfolgen in den Kapiteln V, VI und VII.

Abbildung 12: Die Einteilung des Kenngrößensystems

Bereich	Abteilung	Hauptgruppe	Gruppe / Untergruppe
Ebene 1: Gesamtwirtschaftliche Einflußfaktoren	Staatliche Effekte	Sozialstaatliche Auswirkungen	siehe Kapitel V.A.1.a - V.A.2.b
		Gemeinstaatliche Auswirkungen	
	Kommunale Effekte	Physioqualitative Konsequenzen	siehe Kapitel V.B.1.a - V.B.2.b
		Infrastrukturelle Konsequenzen	
Ebene 2: (Einzelwirtschaftliche) Verkehrsunternehmensbezogene Einflußfaktoren	Nachfragesituation	Sozio-ökonomische Konstellation	siehe Kapitel VI.A.1.a – VI.A.2.b
		Verkehrsmarktkonstellation	
	Angebotssituation	Organisation des ÖPNV-Marktes	siehe Kapitel VI.B.1.a – VI.B.3.c
		Organisation der Verkehrsunternehmen	
		Organisation der Finanzierung	
	Betriebssituation	Betriebsleistungsstruktur	siehe Kapitel VI.C.1.a - VI.C.3.c
		Ertragsstruktur	
		Aufwandsstruktur	
Ebene 3: (Einzelwirtschaftliche) Aufgabenträgerbezogene Einflußfaktoren	Physische Distribution	Räumliche Verfügbarkeit	siehe Kapitel VII.A.1.a – VII.A.2.c
		Zeitliche Verfügbarkeit	
	Akquisitorische Distribution	Kaufmöglichkeit in Verkehrsmitteln	siehe Kapitel VII.A.3.a – VII.A.4.b
		Kaufmöglichkeit an stationären Verkaufsstellen	
	Grundprodukt	Geschwindigkeit	siehe Kapitel VII.B.1.a – VII.B.2.b
		Zuverlässigkeit	
	Zusatzprodukt	Sicherheit	siehe Kapitel VII.B.3.a – VII.B.4.c
		Komfort	
	Preis (Tarif)	Preisgefüge	siehe Kapitel VII.C.1.a – VII.C.3.b
		Preisniveau	
		Preissystem	
	Kommunikation	Öffentlichkeitsarbeit	siehe Kapitel VII.D.1.a – VII.D.3.d
		Werbung	
		Verkaufsförderung	

Quelle: Eigene Darstellung

IV.B.2 Die Prinzipien des Kenngrößensystems

Bei der Entwicklung des Kenngrößensystems werden sieben Prinzipien zugrunde gelegt:

- Hierarchie- und Trennungsprinzip,
- Ausgewogenheitsprinzip,
- physikalische Plausibilität,
- mathematische Plausibilität,
- Baukastenprinzip,
- Begriffsprinzip,
- Kürzelprinzip.

Hierarchie- und Trennungsprinzip

Das Hierarchie- und Trennungsprinzip ist den Ausführungen im Kapitel über den grundsätzlichen Aufbau des Kenngrößensystems zu entnehmen. Es gibt fünf (vertikale) Spalten, die dem hierarchischen Prinzip folgen, und drei Ebenen, auf denen getrennt voneinander in den verschiedenen Bereichen die Kenngrößen behandelt werden. Von übergeordneten zu den untergeordneten Spalten der Ebenen werden jeweils zwei bis vier Kenngrößen abgegrenzt. Eine bestimmte Kenngröße ist nur einer Kenngröße einer übergeordneten Spalte zuzuordnen.

Ausgewogenheitsprinzip

Ein weiteres Prinzip des Systems ist die Ausgewogenheit zwischen den verschiedenen Spalten. Es werden Unterteilungen vorgenommen, die zwischen minimal zwei und maximal vier Kenngrößen schwanken. So wird vermieden, daß eine Kenngröße allein durch den Umfang der Unterteilungen eine unerwünschte Dominanz in der Systematik bekommt und zudem eine umfassende Berechnung einer Kenngröße ein solches Ausmaß hat, daß ein nicht mehr vertretbarer Untersuchungsaufwand damit verbunden ist.

Physikalische Plausibilität

Der für das Kenngrößensystem als physikalische Plausibilität bezeichnete Grundsatz postuliert die Einordnung und das Zusammenfügen von Kenngrößen, die auf die Dimensionen Rücksicht nimmt. Dazu gehört, daß in einer Gruppe einheitliche Dimensionen der Bezugsgrößen in den Untergruppen verwendet werden, die aufgrund der additiven Verknüpfung zusammenpassen müssen und in einer Hauptgruppe einheitliche Relativierungsgrößen. Ein Fall für einen Verstoß gegen das Prinzip wäre die gemeinsame Einordnung zweier Kenngrößen in einer Ebene, von denen die eine mit einer Zeitdimension und die andere mit einer Längeneinheit gemessen wird. Zum anderen beinhaltet die physikalische Plausibilität, daß bei der Definition der Kenngrößen, bei denen nicht selten mehrere Faktoren einfließen, darauf geachtet wird, daß durch mathematische Verknüpfung (Kürzen) Dimensionen mit für die Kenngröße entsprechender Sinnhaftigkeit entstehen. Dies wird teilweise durch die Einhaltung der mathematischen Plausibilität durchbrochen. Die physikalische Plausibilität ist auch gekoppelt mit dem Begriffsprinzip, da zum Beispiel die „Dichte“ impliziert, daß eine Anzahl einer Beurteilungsgröße auf eine Flächeneinheit bezogen werden muß.

Mathematische Plausibilität

Bei den Kenngrößen wird die mathematische Plausibilität durchgängig zugrunde gelegt. Dies ist die Verknüpfung zwischen dem höchsten Wert als Ergebnis bei der Berechnung einer Kenngröße und des besten Inputs für den ÖPNV beziehungsweise die höchste Qualität. Diese Intention muß bei der Definition jeder einzelnen Kenngröße zur Einhaltung einer inhärenten Systematik berücksichtigt werden. Ist es nicht zu umgehen, daß bei einer Kenngröße nach der Grundstruktur ein niedriger Wert als Ergebnis mit einem guten Einfluß identisch ist beziehungsweise dies in der Grundtendenz einer Kenngröße liegt – wie zum Beispiel bei der Kostenstruktur –, so wird der Kehrwert in der Kenngröße gebildet. Dies hat Auswirkungen auf die physikalische Plausibilität dadurch, daß bei der Berechnung Dimensionen entstehen, die nicht sinnvoll sind wie zum Beispiel Quadrateuro ($Euro^2$), die aber bei normaler Anordnung ohne der Einhaltung der mathematischen Plausibilität nicht entstünden.

Bei einem Vergleich des ÖPNV zwischen Verkehrsgebieten verschiedener Aufgabenträger ist der höhere Wert einer Kennzahl also immer der für den ÖPNV bessere beziehungsweise der anzustrebende Wert. Eine solche Beziehung trifft eindeutig bei Kenngrößen wie Schnelligkeit und Häufigkeit zu und kommt durch einen stetigen Kurvenverlauf zumeist in Form einer Geraden zum Ausdruck. Es ist jedoch festzustellen, daß nicht immer ein eindeutig stetiger beziehungsweise linearer Zusammenhang besteht. Bei quantitativ schwer faßbaren Kenngrößen wie zum Beispiel der Marktordnung bestehen die Zusammenhänge wahrscheinlich darin, daß die Kenngröße ein Optimum durchläuft und sowohl kleinere als auch größere Kennzahlenwerte auf eine schlechtere Relevanz für den ÖPNV hinweisen. Hier wird die theoretische Annahme getroffen, daß bei dieser Kenngröße eine Gauß'sche Normalverteilung vorliegt, das heißt die Funktionskurve (Wert der Beurteilungsgröße) mit einem Anstieg bis zu einem Scheitelpunkt (Optimum für den gesamten Kenngrößenwert) und danach einem ähnlichen Abstieg verläuft. Die ideale Marktordnung wird durch den Kenngrößenwert am Scheitelpunkt der Kurve ausgedrückt. Wird der Beurteilungsgrößenwert noch größer, so wird in einer linearen Funktion der Kenngrößenwert auch größer.

Durch tatsächlich kompliziertere Zusammenhänge besteht eine andere in dieser Arbeit nicht bestimmbare Funktion, so daß die Kenngrößenwerte nicht auf der weiter ansteigenden Geraden einer linearen Funktion liegen, sondern auf dem absteigenden Ast der (unterstellten) Normalverteilungskurve zu liegen kämen (siehe Abbildung 13). Zum Beispiel ist bei der Marktordnung eine Variable die Anzahl der Unternehmen. Gibt es ein Monopol mit nur einem großen Verkehrsunternehmen als Anbieter ist dies wahrscheinlich negativ für den ÖPNV, da dieser den Preis für die Bedienung, das heißt die Kosten für den Aufgabenträger bestimmen kann. Sind es viele, kleine Verkehrsunternehmen, dann sind die Kosten für die Bedienung ebenso nicht ideal, da sie innerbetriebliche Ressourcen und organisatorische Reserven für die Flexibilität zu wenig nutzen können. Eine für den ÖPNV ideale Marktordnung liegt vermutlich im Bereich eines Oligopols weniger mittelständischer Verkehrsunternehmen. Zur Bewahrung der mathematischen Plausibilität wird deshalb postuliert, daß die Werte für die Beurteilungsgrößen zwischen den Verkehrsgebieten sich in einem Bereich bewegen, in dem das Prinzip gewahrt bleibt, daß ein größerer Kenngrößenwert besser ist für den ÖPNV. In dem Zusammenhang wird an dieser Stelle darauf hingewiesen, daß in dieser Arbeit versucht wird, Kennzahlen zu generieren, die in der Praxis für den Vergleich benutzt werden können, aber nicht für mathematiktheoretische Betrachtungen gedacht sind.

Abbildung 13: Grenzen der mathematischen Plausibilität des Kenngrößensystems

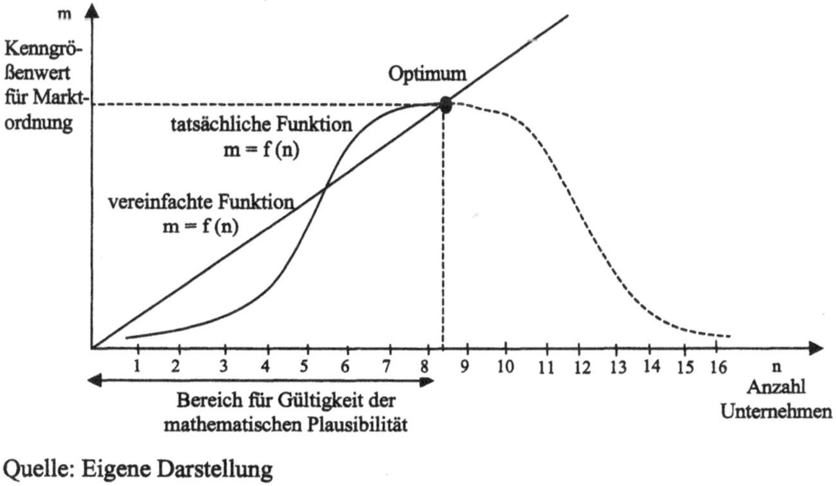

Quelle: Eigene Darstellung

Baukastenprinzip

Das System ist nach dem Baukastenprinzip elementar aufgebaut, das heißt jede einzelne Kenngröße kann unabhängig von ihrem Gliederungsumfeld im System herausgenommen und getrennt analysiert werden. Entweder fließt sie für sich allein oder stellvertretend für die anderen Kenngrößen auf gleicher Gliederungsebene in die ihr übergeordneten Kenngröße und damit in das Gesamtsystem ein. Eine Kenngröße kann auch ohne Berücksichtigung der höheren Spalten in der nächsten daruntergelegenen Spalte näher untersucht werden. Dies kann nur für eine, mehrere oder aber auch für alle ihr im System untergeordneten Kenngrößen durchgeführt werden.

Begriffsprinzip

Aus Gründen der erleichterten Zuordnung wird das Prinzip weitgehendst verfolgt, in der Bezeichnung der Kenngrößen auf denselben Ebenen der Spalten möglichst wiederkehrende Begriffe zu verwenden. In den Bereichen ist dies zum Beispiel der Begriff „Einflußfaktoren". In den Abteilungen des gesamtwirtschaftlichen Bereichs ist das der Begriff „Effekte" (staatliche und kommunale Effekte) und im Bereich der einzelwirtschaftlichen verkehrsunternehmensbezogenen Einflußfaktoren der Begriff „Situation" (Nachfragesituation, Angebotssituation, Betriebssituation). In den Hauptgruppen des einzelwirtschaftlichen verkehrsunternehmensbezogenen Bereichs wird das Begriffsprinzip auch aufrechterhalten. Für die zwei Kenngrößen der Nachfragesituation wird der Begriff „Konstellation", für die drei der Angebotssituation der Begriff „Organisation" und für die drei der Betriebssituation der Begriff „Struktur" als Kennzeichnung definiert. Im Bereich der einzelwirtschaftlichen aufgabenträgerbezogenen Einflußfaktoren ist das Prinzip in den Abteilungen nicht aufrechtzuerhalten, da die Begriffe für die Einteilung nach den Marketinginstrumenten Distribution, Produkt, Preis, Kommunikation vorgegeben werden. Jedoch in den Hauptgruppen und Gruppen erfährt das Begriffsprinzip wieder seine weitere Umsetzung, wenn zum Beispiel die untergeordneten Kenngrößen der physischen Distribution als „zeitliche Verfügbarkeit" und „räumliche Verfügbarkeit" definiert werden oder alle untergeordneten Kenngrößen der Hauptgruppe „räumliche Verfügbarkeit" mit dem Zusatz „-dichte" versehen sind: Netzdichte, Haltestellendichte, Angebotsdichte.

Kürzelprinzip

Die Kenngrößen werden grundsätzlich in Form eines Terms aufgeführt. Dabei wird zur Erkennung, in welche Spalte die Kenngröße gehört, für den Term ein entsprechender Aufbau definiert. Alle Kenngrößen haben eine Bezeichnung, die in der Formel ausgeschrieben wird. Sie ist die Basis des Terms, dem in vorangestellten

Exponenten je ein Buchstabe der Kenngrößenbezeichnungen für alle übergeordneten Spalten im System und in nachgestellten (tiefgestellten) Indizes je ein Buchstabe der Kenngrößenbezeichnungen für alle nächsten untergeordneten Spalten zugeschrieben werden. In der Regel wird der Anfangsbuchstabe der Kenngrößen verwendet; wenn dieser aufgrund des Begriffsprinzips gleich ist, so wird der Buchstabe des Begriffsbestandteils verwendet, der einer Unterscheidung dient. Bei Bereich, Abteilung und Hauptgruppe wird ein großer und für Gruppe und Untergruppe ein kleiner Buchstabe eingesetzt. Entsprechend der Anzahl der Spalten kann die Anzahl der Buchstaben im vorangestellten Exponenten und nachgestellten Index maximal vier betragen. Wird eine Kenngröße der Spalte „Abteilung" beschrieben, gibt es nur einen Buchstaben im Exponenten für den Bereich. Bei einer Kenngröße der Gruppe gibt es drei Exponenten: Der an vorderster Stelle stehende ist der Bereich.

$$\text{Aufbau einer Gruppenkenngröße} = {}^{\text{(B) Bereich - (A) Abteilung - (H) Hauptgruppe}}\text{Gruppe}_{\text{(u) Untergruppen}}$$

Die Kenngrößen der Untergruppen sind die im System an unterster Stelle stehenden. Je nach Detaillierungsgrad der Einflußfaktoren in der jeweiligen Untergruppe sind es Brüche mit einer Beurteilungsgröße, die aus einer oder mehreren Variablen besteht. Sie werden in Beziehung zu für deren Werte „sinnvolle" Bezugsgrößen gesetzt. Für die Vergleichbarkeit zwischen den Verkehrsgebieten bedarf es zusätzlich einer Relativierung, um die Unterschiedlichkeit der Rahmenbedingungen in den Verkehrsgebieten, wie zum Beispiel die Fläche oder das Liniennetz, zu berücksichtigen. Diese Relativierungsgröße muß zur Beurteilungsgröße passen und besteht oftmals zur eindeutigen Herstellung einer Vergleichbarkeit auch aus einem Bruch. Die Kenngrößen für Verkehrsgebiete werden also in Form von Doppelbrüchen genau definiert.

$$\begin{array}{c}\text{Grundstruktur einer}\\ \text{Untergruppenkenngröße}\end{array} = \frac{\dfrac{{}^{\text{(B-A-H)}}{}_{g,u}\,\text{Beurteilungsgröße}}{{}^{\text{(B-A-H)}}{}_{g}\,\text{Bezugsgröße}}}{{}^{\text{(B-A-H)}}\,\text{Relativierungsgröße (Verkehrsgebiet)}}$$

In den Kenngrößenformeln werden zur übersichtlichen Darstellung die einzelnen Einflußfaktoren mit Kürzeln ausgedrückt. Dabei ist aufgrund der Vielzahl der Faktoren eine besondere Vorgehensweise notwendig, um keine Verwechslung durch Doppelbelegung von Kürzeln innerhalb des gesamten Kenngrößensystems und eine Identifizierung der entsprechenden Zugehörigkeit zu realisieren. Diesbezüglich werden die einzelnen Einflußfktoren mit zwei großen Buchstaben aus ihrer Bezeichnung abgekürzt. Den beiden großen Buchstaben bei den Beurteilungsgrößen werden zur Erkennung der entsprechenden Zugehörigkeit im System zwei tiefgestellte Buchstaben jeweils für Gruppe und Untergruppe beigefügt. Die Einflußfaktoren in den Bezugsgrößen sind mit einem vorangestellten kleinen Buchstaben der Gruppe gekennzeichnet, da sie die einheitliche Basisgröße für die Gruppe sind. Faktoren einer Relativierungsgröße sind keine kleinen Buchstaben vorangestellt. Im Hinblick auf die Übersichtlichkeit in den Kenngrößenformeln wird darauf verzichtet, allen Einflußfaktoren zusätzlich im Exponenten die bereits zur Erkennung der Gruppenkenngrößen definierten großen Anfangsbuchstaben für den Bereich, die Abteilung und die Hauptgruppe voranzustellen. Werden die Kürzel für die Einflußfaktoren in einem alphabetischen Verzeichnis aufgelistet, so dienen jedoch diese Exponenten durch zusätzliche Voranstellung zur blockweisen Zusammenführung aller Einflußfaktoren einer bestimmten Spalte (Bereich, Abteilung, Hauptgruppe, Gruppe, Untergruppe).

IV.B.3 Die Berechnung der Kenngrößen

Beim Benchmarking ist von zentraler Bedeutung, aus einer großen Menge von Basisdaten aussagekräftige Kenngrößen zu generieren. Dazu ist eine spezielle Vorgehensweise bei der Berechnung erforderlich. Bei dem Berechnungsverfahren kommt der Beachtung der mathematischen Plausibilität, daß ein größerer Wert immer mit einer besseren Stellung beziehungsweise Leistung des ÖPNV des entsprechenden Benchmarking-Partners gleichgesetzt werden kann, eine zentrale Bedeutung zu. Allerdings ist bei einer Gesamtbetrachtung eine Rückverfolgung notwendig, ob jede einzelne der Teilkenngrößen, aus denen eine Kenngröße zusammengesetzt ist, durch einen im Vergleich höheren Wert eine bessere Leistungsfähigkeit zum Ausdruck bringt. Ein nur unbedeutend schlechterer Wert bei einer von zwei Teilkenngrößen kann nämlich durch den vergleichsweise sehr viel besseren Wert der zweiten Teilkenngröße überdeckt werden, indem sich durch den jeweiligen Aggregationsvorgang insgesamt ein höherer Wert für die übergeordnete Kenngröße ergibt, obwohl bei einer der untergeordneten Teilkenngrößen eine geringere Leistungsfähigkeit durch einen kleineren Wert zum Ausdruck kommt. Soll eine Abteilung in ihrer ganzen Tiefe mit allen Einflußfaktoren und Kenngrößen berechnet und verglichen werden, so müssen folgende Rechenwege beschritten werden:

- Berechnung der Untergruppenkenngrößen,
- Berechnung der Gruppenkenngrößen,
- Berechnung der Hauptgruppenkenngröße (Verhältnisskalierung),
- Berechnung der Abteilungskenngrößen.

Berechnung der Untergruppenkenngrößen

Im Hinblick auf eine praktikable Anwendung werden die entscheidenden Einflußfaktoren für die Kenngrößen einer Untergruppe bestimmt. Die Werte werden in den jeweiligen Verkehrsgebieten ermittelt und in die Formel der jeweiligen Untergruppenkenngrößen eingesetzt.

Berechnung der Gruppenkenngrößen

Besteht eine Kenngröße der übergeordneten Gruppe aus mehreren Untergruppenkenngrößen, so werden diese additiv verknüpft. Dabei ist die Berücksichtigung der physikalischen Plausibilität erforderlich, daß die diversen einzelnen Kenngrößen auf einen Nenner mit zusammenpassenden beziehungsweise gemeinsamen physikalischen Einheiten bezogen werden. Durch eine gemeinsame Basis mit einer Bezugsgröße wird eine Verrechnung ermöglicht. Die Addition vermeidet im Gegensatz zur Multiplikation einen zu großen Einfluß eines extrem schlechten Kennzahlenwertes einer Untergruppe. Zudem hat der mathematische Extremfall, daß eine Kennzahl der Beurteilungsgröße den Wert 0 annimmt, nicht den Einfluß, daß im Fall einer multiplikativen Verknüpfung mit den anderen Untergruppenwerten der gesamte Wert 0 ist.

Berechnung der Hauptgruppenkenngröße (Verhältnisskalierung)

Derselbe Wert einer Gruppenkenngröße hat in zwei verschiedenen Verkehrsgebieten nicht unbedingt dieselbe Bedeutung für die Ergreifung von Maßnahmen. Die Notwendigkeit für eine Verbesserung basiert nicht nur auf den in einem Verkehrsgebiet herrschenden Verhältnissen wie sie durch die Kenngröße ausgedrückt werden, sondern auch auf den Wünschen der Kunden. Deshalb wird die Möglichkeit berücksichtigt, daß die Kenngrößen der Gruppen vor der eigentlichen Berechnung der Hauptgruppenkenngröße gewichtet werden können. Als geeignete Gewichtungsfaktoren bieten sich die Werte aus Kundenzufriedenheitsmessungen in den jeweiligen Verkehrsgebieten an. Je kleiner die Werte sind, desto größer ist die Notwendigkeit für Änderungen der Verhältnisse. Mit den Kundenzufriedenheitswerten können die Gruppenkenngrößen im Bedarfsfall (vor der Ermittlung des Kenngrößenwertes durch die Relativierung) multipliziert werden. Allerdings besteht nach Ansicht des Autors die Gefahr, daß die beabsichtigte Objektivierung der Beurteilung eines ÖPNV-Systems dadurch konterkariert wird. Außerdem besitzen die Kunden nicht die Übersicht, ob und inwieweit Verhältnisse (beziehungsweise Kenngrößen) verbesserungsfähig sind, da ihnen oftmals der Vergleich mit möglichen besseren Verhältnissen fehlt. Deshalb wird der Gewichtungsfaktor (G) in der Tabelle der Abbildung 14 wegen der Vollständigkeit aufgeführt, aber nur mit dem Faktor 1 angesetzt.

Für die Kenngrößen der Gruppen werden relative Kenngrößenwerte berechnet, mit denen die übergeordneten Kenngrößen der Hauptgruppen beurteilt werden. Dieser Schritt wird als Verhältnisskalierung bezeichnet.

Eine Verhältnisskalierung wird dadurch erreicht, daß die Kennzahlen der Gruppen der jeweiligen verglichenen Verkehrsgebiete in Prozentpunkte umgerechnet werden. Die Umrechnung erfolgt, indem die entsprechenden Kenngrößen einer Gruppe auf die Werte vom besten Benchmarking-Partner (nach der Multiplikation mit den Kundenzufriedenheitswerten) bezogen werden. Dadurch entstehen Prozentwerte vom Besten, dessen Wert 1 beziehungsweise 100 Prozent einnimmt. Durch diesen Rechenschritt erlangen einzelne Kennzahlen keine zu große Gewichtung und können alle Kennzahlen der verschiedenen Gruppen einer Hauptgruppe mit unterschiedlichen Dimensionen durch Umrechnung in Prozentwerte (physikalische Plausibilität) zusammengefaßt werden.

Die einzelnen Prozentwerte werden danach aufsummiert und über die Anzahl der Kenngrößen der Gruppe der Durchschnitt gebildet. Das Ergebnis ist ein Prozentwert für die Kenngröße einer Hauptgruppe.

Berechnung der Abteilungskenngröße

Die verhältnisskalierten Hauptgruppenkenngrößen werden multipliziert und somit zum Wert der Abteilungskenngröße aggregiert.

Durch dieses Berechnungsverfahren kann die gesamte große Menge an Basisdaten auf wenige Werte der Hauptgruppen und Abteilungen reduziert werden. Die Stellung der am Benchmarking-Prozeß teilnehmenden Verkehrsgebiete im Hinblick auf die untersuchten Einflussfaktoren beziehungsweise Kenngrößen läßt sich aufgrund der Differenz der Prozentwerte messen. Um Verbesserungspotentiale zu erkennen, empfiehlt es sich jedoch stets die Kenngrößen der Gruppen und Untergruppen zu vergleichen und zu analysieren.

Berechnungsbeispiel

In der folgenden Tabelle der Abbildung 14 wird exemplarisch das Berechnungsverfahren durchgeführt. Zu einem Benchmarking haben sich die Aufgabenträger zweier Verkehrsverbünde entschlossen. Dabei soll untersucht werden, wie gut die physische Distribution des ÖPNV in den Verkehrsgebieten ist. Die physische Distribution nimmt im Kenngrößensystem die Stellung einer Abteilung ein. Diese ist in zwei Hauptgruppen gegliedert: die „räumliche Verfügbarkeit" und die „zeitliche Verfügbarkeit". Erstere ist in drei Gruppen eingeteilt: die „Liniendichte", die „Haltestellendichte" und die „Angebotsdichte". Für die Gruppe „Liniendichte" wird ein Rechenbeispiel im folgenden im Detail erläutert, für das Zahlen verwendet werden, die ungefähr denen zweier Verkehrsverbünde in Bayern entsprechen. Die Kennzahlenwerte der anderen Gruppen beziehungsweise Untergruppen in der Tabelle sind fiktiv und dienen nur zur Nachvollziehbarkeit der weiteren Rechenschritte zur Ermittlung der Werte für die Hauptgruppen und die Abteilung.

Die Formel zur Berechnung der Kenngröße für die Gruppe „Liniendichte" lautet (siehe Kapitel VII.A.1.a):

Kenngröße für die Gruppe „$^{A\text{-}D\text{-}R}$ Liniendichte $_{b,e,s,u}$"

Kenngröße für die Untergruppe „Liniendichte Busse"	Kenngröße für die Untergruppe „Liniendichte Eisenbahnen"	Kenngröße für die Untergruppe „Liniendichte Straßenbahnen"	Kenngröße für die Untergruppe „Liniendichte U-Bahnen"

$$\frac{\frac{_{lb}LL}{_{l}FL} + \frac{_{le}LL}{_{l}FL} + \frac{_{ls}LL}{_{l}FL} + \frac{_{lu}LL}{_{l}FL}}{EW}$$

In dieser Formel bedeuten die einzelnen Kürzel:

EW = Einwohner des Verkehrsgebietes (Anzahl)

$_{l}$FL = Fläche des Verkehrsgebietes (Quadratkilometer)

$_{lb}$LL = Linienlänge Verkehrsnetz der Busse (Kilometer)

$_{le}$LL = Linienlänge Schienennetz der Eisenbahnen im SPNV (Kilometer)

$_{ls}$LL = Linienlänge Schienennetz der Straßenbahnen (Kilometer)

$_{lu}$LL = Linienlänge Schienennetz der U-Bahnen (Kilometer)

Zur Bewertung der Untergruppen „Eisenbahnen", „U-Bahnen", „Straßenbahnen" und „Busse" im Hinblick auf die Netzdichte bedarf es Bestimmung einer Beurteilungsgröße. Dies ist die Linienlänge der einzelnen Verkehrsmittel. Zur Berechnung des Wertes der Gruppenkenngröße „Netzdichte" wird die Fläche als Bezugsgröße herangezogen. Durch diese werden die Werte der Beurteilungsgröße „Linienlänge" dividiert. Die Werte der einzelnen Größen sind:

Untergruppe	Linienlänge (LL in Kilometer)		Fläche ($_n$FL in Quadratkilometer)	
	Verkehrsgebiet 1		Verkehrsgebiet 2	
Busse ($_{lb}$LL)	3.600	4.000		
Eisenbahnen ($_{le}$LL)	720	500	5.000	6.000
Straßenbahnen ($_{ls}$LL)	210	170		
U-Bahnen ($_{lu}$LL)	30	80		

Durch Einsetzen der Werte in die Formel der Gruppenkenngröße ergeben sich in den jeweiligen Verkehrsgebieten für die einzelnen Untergruppen folgende Werte:

Verkehrsgebiet 1

Kenngröße für die Untergruppe „Liniendichte **Busse**“	Kenngröße für die Untergruppe „Liniendichte **Eisenbahnen**“	Kenngröße für die Untergruppe „Liniendichte **Straßenbahnen**“	Kenngröße für die Untergruppe „Liniendichte **U-Bahnen**“
$\frac{3.600}{6.000}$	$\frac{720}{6.000}$	$\frac{210}{6.000}$	$\frac{30}{6.000}$

Verkehrsgebiet 2

Kenngröße für die Untergruppe „Liniendichte **Busse**“	Kenngröße für die Untergruppe „Liniendichte **Eisenbahnen**“	Kenngröße für die Untergruppe „Liniendichte **Straßenbahnen**“	Kenngröße für die Untergruppe „Liniendichte **U-Bahnen**“
$\frac{4.000}{5.000}$	$\frac{500}{5.000}$	$\frac{170}{5.000}$	$\frac{80}{5.000}$

Durch die Berechnung der Brüche der einzelnen Untergruppen und deren anschließenden Addition ergeben sich folgende Werte für die Gruppenkenngrößen der zwei Verkehrsgebiete:

Verkehrsgebiet 1	Verkehrsgebiet 2
0,12 + 0.005 + 0,035 + 0,6 = 0,76	0,1 + 0,016 + 0,034 + 0,8 = 0,95

Um den Vergleich zwischen den Verkehrsgebieten zu ermöglichen, muß eine Verrechnung mit einer innerhalb der Hauptgruppe einheitlichen, verkehrsgebietsspezifischen Relativierungsgröße vorgenommen werden. Im Fall der „Liniendichte“, „Haltestellendichte“ und „Angebotsdichte“ liegt die Wahl der Einwohnerzahl nahe, da von dieser der Grad der Erschließung und der Erreichbarkeit des ÖPNV abhängt. Die Einwohnerzahl beträgt im Verkehrsgebiet 1 circa 1,52 Mio. und im Verkehrsgebiet 2 circa. 2,5 Mio. Der Wert der Gruppenkenngrößen berechnet sich also letztendlich:

Verkehrsgebiet 1	Verkehrsgebiet 2
0,76 : 1,52 = 0,5	0,95 : 2,5 = 0,38

Beim Vergleich der Verkehrsgebiete der zwei Aufgabenträger wird in der Gruppe „Liniendichte“ im vorliegenden Beispiel der höchste Wert vor der Relativierung im Verkehrsgebiet 2 zunächst mit 0,95 erreicht. Jedoch durch den Bezug auf die sehr viel höhere Einwohnerzahl wird der Wert kleiner als im Verkehrsgebiet 1. Dies entspricht einem schlechteren Erschließungsgrad des ÖPNV für den einzelnen Einwohner. Der Wert 0,5 von Verkehrsgebiet 1 ist folglich für die Gruppe der Bestwert („best practice“), durch den beide Gruppenwerte (die anderen Werte im Fall mehrerer Benchmarking-Partner) geteilt werden. Für die Netzdichte im Verkehrsgebiet 2 errechnet sich ein absoluter Wert von 0,38. Auf den besten Wert bezogen bedeutet dies einen Wert von 0,76 (0,38 geteilt durch 0,5), das heißt 76 Prozent des Wertes von Verkehrsgebiet 1. Der ÖPNV des Verkehrsgebietes 2 ist also bezüglich der Netzdichte grundsätzlich zu 24 Prozent schlechter räumlich verfügbar.

Für die beiden anderen Gruppen der Hauptgruppe „räumliche Verfügbarkeit“, „Haltestellendichte“ und „Angebotsdichte“, sind analog zur „Liniendichte“ Kennzahlen zu ermitteln und einer Verhältnisskalierung zu unterziehen. Trotz des besseren beziehungsweise besten Wertes bei der Liniendichte und der Haltestellendichte im Verkehrsgebiet 1 kommt infolge des sehr viel schlechteren Wertes bei der Angebotsdichte (10 Prozent) insgesamt ein besserer Wert für die gesamte Hauptgruppe „räumliche Verfügbarkeit“ des Verkehrsgebietes 2 (87 Prozent) heraus.

Analog zu dem oben beschriebenen Berechnungsverfahren werden für die Hauptgruppe „zeitliche Verfügbarkeit“ und deren drei Gruppen die Werte ermittelt. Durch Multiplikation der beiden Werte der Hauptgruppenkenngrößen berechnet sich die Abteilungskenngröße.

Abbildung 14: Das Berechnungsverfahren für das Kenngrößensystem

Abteilung Physische Distribution im Verkehrsgebiet (VG) 1
70 % räumliche Verfügbarkeit x 65 % zeitliche Verfügbarkeit = zu 45,5 % gute physische Distribution des ÖPNV

Gruppen der Hauptgruppe räumliche Verfügbarkeit	Berechnung der relativen Kenngrößenwerte zum Vergleich Hauptgruppe räumliche Verfügbarkeit			
Liniendichte Kenngrößenwert A = 0,76	KG A der Gruppe / KG A_{max} der VG	0,5 / 0,5 x G	= 1,0 (100 %)	ÖPNV ist zu 70 % räumlich verfügbar
Haltestellendichte Kenngrößenwert B = 4,0	KG B der Gruppe / KG B_{max} der VG	4,0 / 4,0 x G	= 1,0 (100 %)	
Angebotsdichte Kenngrößenwert C = 450	KG C der Gruppe / KG C_{max} der VG	75 / 750 x G	= 0,1 (10 %)	
	Relative KG A,B,C / Anzahl der KG		(100+100+10) / 3	

Gruppen der Hauptgruppe zeitliche Verfügbarkeit	Berechnung des relativen Benchmark zum Vergleich der zeitlichen Verfügbarkeit			
Häufigkeit Kenngrößenwert D = 0,8	KG D der Gruppe / KG D_{max} der VG	0,8 / 0,8 x G	= 1,0 (100 %)	ÖPNV ist zu 65 % zeitlich verfügbar
Regelmäßigkeit Kenngrößenwert E = 2,8	KG E der Gruppe / KG E_{max} der VG	2,8 / 5,6 x G	= 0,5 (50 %)	
Bedienungszeitraum Kenngrößenwert F = 27	KG F der Gruppe / KG F_{max} der VG	27 / 60 x G	= 0,45 (45 %)	
	Relative KG D, E, F / Anzahl der KG		(100 + 50 + 45) / 3	

Abteilung Physische Distribution im Verkehrsgebiet (VG) 2
87 % räumliche Verfügbarkeit x 75 % zeitliche Verfügbarkeit = zu 65,25 % gute physische Distribution des ÖPNV

Gruppen der Hauptgruppe räumliche Verfügbarkeit	Berechnung der relativen Kenngrößenwerte zum Vergleich Hauptgruppe räumliche Verfügbarkeit			
Liniendichte Kenngrößenwert A = 0,95	KG A der Gruppe / KG A_{max} der VG	0,38 / 0,5 x G	= 0,76 (76 %)	ÖPNV ist zu 87 % räumlich verfügbar
Haltestellendichte Kenngrößenwert B = 0,4	KG B der Gruppe / KG B_{max} der VG	3,4 / 4,0 x G	= 0,85 (85 %)	
Angebotsdichte Kenngrößenwert C = 750	KG C der Gruppe / KG C_{max} der VG	750 / 750 x G	= 1,0 (100 %)	
	Relative KG A,B,C / Anzahl der KG		(76+85+100) / 3	

Gruppen der Hauptgruppe zeitliche Verfügbarkeit	Berechnung des relativen Benchmark zum Vergleich der zeitlichen Verfügbarkeit			
Häufigkeit Kenngrößenwert D = 0,2	KG D der Gruppe / KG D_{max} der VG	0,2 / 0,8 x G	= 0,25 (25 %)	ÖPNV ist zu 75 % zeitlich verfügbar
Regelmäßigkeit Kenngrößenwert E = 5,6	KG E der Gruppe / KG E_{max} der VG	5,6 / 5,6 x G	= 1,0 (100 %)	
Bedienungszeitraum Kenngrößenwert F = 60	KG F der Gruppe / KG F_{max} der VG	60 / 60 x G	= 1,0 (100 %)	
	Relative KG D, E, F / Anzahl der KG		(100+100+25) / 75	

Quelle: Eigene Darstellung

IV.C Grundlagen für die Bereiche des Kenngrößensystems

Das Kenngrößensystem unterscheidet grundsätzlich einen Bereich, in dem die gesamtwirtschaftlichen Aspekte und einen Bereich, in dem die einzelwirtschaftlichen Aspekte behandelt werden. Der einzelwirtschaftliche Bereich wird aufgrund der wesentlichen Unterschiede der Charakteristiken der Einzelwirtschaften und der Stellung mit völlig getrennten Aufgaben- und Funktionsbereichen im ÖPNV-System zweigeteilt: in einen verkehrsunternehmensbezogenen Bereich mit Kenngrößen, die die Situation im ÖPNV-Markt und bei der Erstellung der Betriebsleistungen durch die Verkehrsunternehmen vergleichend darstellen sollen, und in einen aufgabenträgerbezogenen Bereich mit Kenngrößen, mit denen das ÖPNV-System und seiner Qualität beschrieben werden sollen.

In dieser Arbeit wird sich im Rahmen eines Kenngrößensystems für Benchmarking mit den quantifizierbaren Einflußfaktoren beschäftigt. Das betrifft die externen Effekte, die aufgrund der Komplexität der Zusammensetzung und Wirkungsweisen, besonders schwer in Zahlen zu fassen sind. Aber auch die Kenngrößen für die Rahmenbedingungen des Angebots und der Nachfrage unterliegen mit ihrem teilweisen diskreten Charakter einer begrenzten numeralen Bewertung. Die Kenngrößenwerte für die Qualität, speziell auch bei der Kommunikation, haben isoliert betrachtet ebenfalls eine begrenzte Ausagekraft. Das Ziel zur Schaffung einer praktikablen Vergleichsmöglichkeit hat den Effekt, daß besonders in Zahlen auszudrückende Einflußfaktoren erfaßt werden und einfließen. Deshalb ist außer der Berechnung von Kenngrößenwerten immer auch eine deskriptive Ergänzung bei einem Benchmarking-Bericht erforderlich, welche nicht numeral erfaßbaren Aspekte beachtet werden müssen und welche Grenzen der Aussagekraft mit dem berechneten Wert verbunden sind.

Für die Entwicklung der Kenngrößen in den drei Bereichen bedarf es vorab der Darlegung von Grundlagen und voraussetzenden Annahmen. Im gesamtwirtschaftlichen Bereich betrifft dies besonders die Vertiefung der in Kapitel II.A angestellten allgemeinen Überlegungen zu der Existenz externer Effekte und der Möglichkeit zur Kosteninternalisierung durch eine Monetarisierung. Im einzelwirtschaftlichen Bereich sind speziell die Aspekte im Zusammenhang mit dem Angebot und der Attraktivität im ÖPNV zu betrachten, bei denen im Vordergrund die Qualität steht. Da die Qualität durch ein Zusammenspiel der Verantwortlichen für die Durchführung des ÖPNV, den Verkehrsunternehmen, und den Verantwortlichen für die Organisation des ÖPNV, den Aufgabenträgern, entsteht, werden die Grundlagen der Aspekte trotz der Trennung im Kenngrößensystem in einem gemeinsamen Kapitel behandelt.

IV.C.1 Grundlagen im gesamtwirtschaftlichen Bereich

Zentrale Aspekte für das Aufstellen von gesamtwirtschaftlichen Kenngrößen im Verkehrsbereich sind die externen Effekte. Im Hinblick auf eine ganzheitliche Betrachtung der Verkehrssysteme müssen diese in verkehrs- und preispolitische Maßnahmen mit einer verursachergerechten Bela-stung einbezogen werden. Dabei können dem Verkehr eine Vielzahl von externen Effekten zugeschrieben werden, von denen einige als externe Kosten quantifiziert werden können, andere aber sehr schwer bewertet werden können. Zum Beispiel können Produktivitäts- und Wachstumseffekte sehr schwer quantifiziert werden, weil ein spezifischer Beitrag des MIV oder ÖPNV zum regionalen Wirtschaftswachstum nicht von der Vielzahl sonstiger Faktoren zu trennen ist oder die Stadtflucht mit den Folgen der Zersiedelung des Umlandes, da sie Resultat eines multifaktoriellen Entscheidungsmix´ mit einer schweren Verifizierbarkeit ist.

Sowohl ÖPNV als auch der MIV verursachen zahlreiche externe Kosten, da zum Beispiel beide Verkehrssysteme Schadstoffemissionen zur Folge haben. Jedoch im Vergleich der beiden Systeme weist der ÖPNV erhebliche (relativ) geringere externe Kosten auf. Diese gesamtwirtschaftlich positiven Auswirkungen sollen im folgenden erörtert und Berechnungs- und Vergleichsmöglichkeiten aufgezeigt werden. Darüberhinaus hat der ÖPNV spezifische soziale Nutzen, indem zum Beispiel für sozial schwache Gesellschaftsmitglieder, die sich kein Pkw leisten können, Mobilitätsmöglichkeiten angeboten werden. Diese können jedoch sehr schwer monetär bewertet werden und bleiben deshalb unberücksichtigt.

Zur Bestimmung von quantifizierbaren Kenngrößen für den Bereich der gesamtwirtschaftlichen Einflußfaktoren sind zwei grundsätzliche Schritte erforderlich:
- die Mengenberechnung der externen Effekte,
- die Monetarisierung (monetäre Bewertung) der externen Effekte.

IV.C.1.a Die Mengenberechnung externer Effekte

Der Mengenberechnung wird die Annahme zugrunde gelegt, daß die Mobilität in dem Ausmaß zum Zeitpunkt des Benchmarking notwendig ist und nicht auf sie verzichtet werden kann. Zugleich wird unterstellt, daß Mobilität mit dem MIV nur durch Mobilität mit ÖPNV substituiert werden kann. Die Ausnahme bildet der Wirtschaftsverkehr, das heißt sowohl der Gütertransport als auch die Fahrt eines Handwerkers zum Einsatzort, der zu einem Großteil nicht mit dem ÖPNV vollzogen werden kann. Bei der Berechnung der entsprechenden Kenngrößen wie zum Beispiel „Schadstoffemissionen" müßte er aus der gesamten Verkehrsleistung eines Verkehrsgebietes herausgerechnet werden. Dies wird jedoch nicht weiter berücksichtigt.

Die Ermittlung von genauen Werten der vielen Einflußfaktoren bei den gesamtwirtschaftlichen Einflußfaktoren in den jeweiligen Gebieten ist wünschenswert, jedoch nicht notwendig. Einer Berechnung der einzelnen Kenngrößen können größtenteils allgemeine Werte aus bundesweiten Studien zugrunde gelegt werden. Es kann die Voraussetzung als gegeben betrachtet werden, daß die externen Effekte in den verschiedenen Verkehrsgebieten gleichen Ursachen- und Verteilungsmechanismen unterliegen, das heißt normalverteilt sind, wie zum Beispiel bei den Lärmimmissionen. Weiterhin können zum Beispiel Werte für den durchschnittlichen Kraftstoffverbrauch unter der Annahme von bestimmten Geschwindigkeiten und der Verteilung von Fahrzeugklassen aus Erhebungen entnommen werden, die bezüglich der spezifischen Faktoren durchgeführt wurden beziehungsweise in Statisitiken zu finden sind, und für die Schadstoffemissionen hochgerechnet werden. Für die Abschätzung des Verkehrsaufkommens kann für den Besetzungsgrad eines Pkw der bundesweite Durchschnitt von 1,3 Personen[86] und für den Auslastungsgrad des ÖPNV 20 Prozent[87] veranschlagt werden. Dabei kann davon ausgegangen werden, daß der Auslastungsgrad des ÖPNV in Abhängigkeit von der Tageszeit beziehungsweise den Nutzerzwecken und der Anteil der vom ÖPNV Abwanderungsfähigen in Abhängigkeit von der Verkehrszeit zwischen den Verkehrsgebieten vergleichbar sind.

Ein zentraler Aspekt bei der Berechnung der externen Effekte ist der Modal Split. Unterschiede beim Modal Split wirken sich mengenmäßig im Hinblick auf die externen Effekte pro Personenkilometer jeweils in zweierlei Richtungen gleichzeitig aus:
- anwachsende externe Kosten durch steigenden Gebrauch des Pkw,
- sinkende externe Kosten durch steigenden Gebrauch des ÖPNV.

In einem Verkehrsgebiet bedingt also bei gleicher Verkehrsleistung ein kleinerer ÖPNV-Anteil am Modal Split nicht nur den relativen Verlust externer Ersparnisse (sozialer Nutzen), zum Beispiel Emissionen pro Personenkilometer, zum einen, sondern zum anderen auch die relative Steigerung externer Kosten durch die stärkere Benutzung des Pkw, wodurch im Verhältnis zum ÖPNV größere Emissionen pro Personenkilometer ausgestoßen werden. Es besteht folglich eine bilaterale Wirkung bei den externen Effekten. Dies ist für den Vergleich zwischen den Verkehrsgebieten mit Kenngrößen des gesamtwirtschaftlichen Bereichs relevant. Deswegen wird die Ver-

---

[86] Vgl. BMV: 2000.
[87] Vgl. VDV: 2000.

kehrsleistung im ÖPNV als Relativierungsgröße für die externen Effekte verwendet.

Darüberhinaus müssen auch Systemzusammenhänge erwähnt werden, die hier jedoch keine weitere Berücksichtigung finden. Es findet eine ständige Rückkoppelung statt, da sich im Fall eines Fahrgaströckgangs im ÖPNV das betriebswirtschaftliche Ergebnis der Verkehrsunternehmen bei konstanter Aufrechterhaltung des ÖPNV-Angebots verschlechtert. Auf diese Veränderung der Marktsituation auf der Nachfrageseite müssen die Verkehrsunternehmen wie in anderen Branchen reagieren, zum Beispiel durch verstärkte Marketingmaßnahmen. Bei einem starken Nachfragerückgang, der nicht mehr durch andere Maßnahmen aufgefangen werden kann, werden kapazitäts- oder intensitätsmäßige Kürzungen vorgenommen, womit eine Reduzierung des ÖPNV-Angebots einhergeht. Die Verschlechterung des ÖPNV-Angebots birgt so die häufige Gefahr der überproportionalen Abwanderung zum Pkw, verbunden mit negativen Aspekten im gesamtwirtschaftlichen Bereich durch zum Beispiel höhere Emissionen bei gleicher Verkehrsleistung.

IV.C.1.b Die Monetarisierung externer Effekte

Die Problematik monetärer Bewertungsverfahren im Umweltbereich ist im wesentlichen die Nichtexistenz von Märkten für Umweltgüter. Es fehlt die Möglichkeit, dem jeweiligen Nutzen entsprechende preislich bewertete Güter gegenüberzustellen. Demzufolge gibt es keine reale Nachfrage für ein definiertes Gut und aufgrund der fehlenden Nachfrage keine Preisermittlung. Dies erfordert den Aufbau eines hypothetischen Marktes, in dem der Nutzen der Individuen monetär ermittelt werden kann. Grundsätzlich läßt sich eine den allgemeinen Nachfragekurven für normale Güter analoge Gesetzmäßigkeit unterstellen, daß bei steigender Menge des Gutes die marginale Zahlungsbereitschaft einer Person sinkt, für eine geringe Änderung des Gutes einen bestimmten Preis zu zahlen.

Ungeachtet der Problematik bei Umweltgütern ist eine monetäre Bewertung für externe Effekte bei einer Arbeit zu einem Verkehrsthema geboten, weil gerade hier die externen Effekte einen zentralen Diskussionsraum über Vorteile und Nachteile der Verkehrssysteme einnehmen. Sie dürfen deshalb auch bei einem Kenngrößenvergleich nicht unberücksichtigt bleiben.

Grundlegend sind zwei Möglichkeiten der Bewertung zu differenzieren, mit denen externe Effekte monetarisiert werden können. In Anlehnung an REINHOLD[88] sind dies:

[88] Vgl. REINHOLD, T.: 1997, S. 123 ff.

- die direkte Bewertung (Möglichkeit der unmittelbaren Zuordnung eines monetären Wertes für den entstandenen Nutzen),
  → Schadfunktionenansatz (reale Schadensbehebungskosten),
  → Schadensvermeidungskostenansatz (fiktive Schadensvermeidungskosten),
- die indirekte Bewertung (Anwendung von Methoden, die Kostenansätze über Zahlungsbereitschaftsverfahren ermittelt),
  → Marktpreismethoden (Erfassung von Zahlungsbereitschaften anhand von realen Preisen substitutiver Marktgüter wie zum Beispiel Immobilienpreis),
  → Befragungen (Ermittlung von fiktiven Zahlungsbereitschaften für Maßnahmen zum Lärmschutz oder von Entschädigungsforderungen bei keinen Verbesserungen).

Bei den Verfahren der direkten Bewertung sind die unmittelbaren Folgen Gegenstand der Monetarisierung. Dieser Ansatz wird häufig herangezogen und vorwiegend aus Gründen der Praktikabilität gewählt. Dadurch kann auf die Analyse der Einzelnutzen und ihre anschließende Aggregation verzichtet werden. Es gibt zwei Möglichkeiten, einen Nutzen zahlenmäßig zu evaluieren. Sie unterscheiden sich durch die Ereignisebene. Zum einen können die Kosten zur Reduzierung eines real eingetretenen negativen Effektes herangezogen werden (Schadfunktionenansatz) wie zum Beispiel die Kosten für Lärmschutzwälle entlang von Autobahnen. Zum anderen können aufgrund der Interpretation der Nutzen als eingesparte Kosten Werte für externe Effekte mit einem Alternativkostensatz veranschlagt werden (Vermeidungskostenansatz). Ein Beispiel für die zweite Methode ist die Bewertung von Zeitersparnissen im Stadtverkehr mit dem Lohnkostenansatz für die Verkehrsteilnehmer. Diese wird bei der Priorisierung von Straßenbauprojekten in Nutzen-Kosten-Untersuchungen angewendet, in denen ein Bewertungsbestandteil die Zeit- und Betriebskostenersparnis aufgrund Stauverminderungen ist.

Im Gegensatz zu den direkten Verfahren, in denen die von der Gesellschaft getätigten oder zu tätigenden Kosten die Basis der Monetarisierung bildet, wird bei den indirekten Verfahren die individuelle Zahlungsbereitschaft als Bewertungsmaßstab zugrundegelegt.

Die präferierte Methode hierbei ist die Marktpreismethode, das heißt Ermittlung der realen Zahlungsbereitschaft durch übertragbare Analogien eines Marktgutes auf ein Umweltgut.[89] Dabei wird die monetäre Wertschätzung von nicht auf dem Markt han-

[89] Vgl. BORJANS, R.: 1983.

delbaren Umweltgütern, wie zum Beispiel Ruhe, anhand von beobachtbaren Verhalten im Umgang mit einem Marktgut abgeleitet, dem eine direkte mehr oder weniger große Korrelation zu der zu bewertenden Komponente unterstellt wird. Die Bewertung der externen Effekte kann zwar nicht aus dem unmittelbaren Umfeld des betrachteten Sachverhaltes abgeleitet werden, aber sie ist aus einem ähnlichen in sachlogischem Zusammenhang stehenden Sachverhalt zu gewinnen. Ein Beispiel ist der Immobilienpreisansatz, der davon ausgeht, daß bei vergleichbaren Wertkriterien einer Immobilie, eine geringere Belastung mit dem Faktor, der das Umweltgut beeinträchtigt, einen höheren Preis „am Markt" erzielen läßt.

Die zweite Methode ist die Zahlungsbereitschaftsbefragung, die eine fiktive Bewertung des nicht handelbaren Umweltgutes und seiner Nutzenkomponenten erhebt.[90] Der Unterschied zum Immobilienpreisansatz, bei dem die Erfassung auf realen Zahlungen beruht, besteht hier in der Abschätzung von fiktiven monetären Werten. Bei dieser Methode kann noch einmal differenziert werden nach den Perspektiven, die für die Bemessung der Zahlungsbereitschaft zur Grundlage gemacht werden: die persönliche von „Otto-Normalverbraucher" oder die neutrale eines Gutachters beziehungsweise eines Gerichts. Die Grundlage für Befragungen von „Otto-Normal-verbraucher" sind die Präferenzen der Befragten als Ausdruck der Konsumentensouveränität. Bei diesem demoskopischen Verfahrens wird ein hypothetischer Markt simuliert, in dem Marktunvollkommenheiten besonders des Immobilienmarkts mit Transaktionskosten (Umzugskosten, Maklergebühren) und einer eingeschränkten Preisbildung abstrahiert beziehungsweise eliminiert werden. Bei dieser Methode gibt es Probleme im Hinblick auf systematische Verzerrungen. Diese werden verursacht durch:[91]

- fehlendes Abstraktionsvermögen der Befragten, aufgrund des hypothetischen Charakters die Auswirkungen ihrer Zahlungsbereitschaft auf ihr Budget richtig einzuschätzen,
- unterschiedlicher Informationsstand der Befragten, von dem das Wissen um das Ausmaß der Schädigungen und die Höhe der Zahlungsbereitschaft abhängt,
- strategische Angaben der Befragten, die eine zu niedrige Zahlungsbereitschaft in Verbindung mit der Wahrscheinlichkeit der Realisierung einer Verbesserungsmaßnahme nennen.

[90] Vgl. WIESE, H.: 1986.
[91] Vgl. REINHOLD, T.: 1997, S. 150 f.

IV.C.2 Grundlagen im einzelwirtschaftlichen Bereich

Ein zentraler Aspekt der Erzeugung von Produkten und Dienstleistungen ist die Qualität. Der Produktionsfaktor Qualität hat besonders in Deutschland eine lange Tradition. Die deutsche Wertarbeit ist sprichwörtlich und ein wesentliches Kriterium für den Markterfolg der Unternehmen. In der Vergangenheit wurde Qualität überwiegend auf Unternehmen des produzierenden Gewerbes im Hinblick auf die Erstellung eines materiellen Produktes mit seinen physischen Eigenschaften und die Optimierung des technischen Produktionsprozesses beschränkt gesehen. Ausschlaggebend für die Betrachtungsweise war der dominierende Anteil an der Bruttowertschöpfung. In den 1990er Jahren verstärkte sich der Wandel der Produktionsgesellschaft zur Dienstleistungsgesellschaft in Deutschland. Gründe hierfür sind die dynamischen Veränderungen der gesellschaftlichen und wirtschaftlichen Rahmenbedingungen. Im einzelnen sind dies:

- Veränderungen des Konsum- und Freizeitverhaltens der Verbraucher,
- Zunahme des Differenzierungsdrucks auf Unternehmen wegen harter Konkurrenz,
- Anstieg und Differenzierung der Ansprüche von Kunden,
- Anstieg und Differenzierung der Ansprüche von Mitarbeitern,
- Höhe der Personalkosten bei global niedrigen Transportkosten,
- Verbesserungen im Kommunikationswesen.

Der Wandel kommt zum einen durch die zunehmende Verlagerung der Produktion ins Ausland und dem wachsenden Anteil der Dienstleistungen am Bruttoinlandsprodukt zum Ausdruck. Zum anderen werden mit dem materiellen Produkt zunehmend ergänzende Sekundärleistungen, das heißt Serviceleistungen, verknüpft. Dienstleistungen entwickeln sich zum wichtigen Bestandteil vieler Unternehmenstätigkeiten des primären Sektors beziehungsweise Dienstleistungen als Gegenstand der Geschäftstätigkeit eines Unternehmens nehmen zu. Dadurch rücken die Leistungen des tertiären Sektors in den Mittelpunkt des Markt- und Forschungsinteresses und auch die Frage der Bewertung von Dienstleistungen und ihrer Qualität.[92]

In Zeiten, in denen die Unternehmen Marktanteile nur schwer durch eine Steigerung der Produktionsmenge erhöhen beziehungweise halten können, versuchen sie durch Konzentration auf Qualitätssicherung und -verbesserung einen Wettbewerbsvorteil zu erreichen. Die Entwicklung der Methode „Total Quality Management" und die Einführung in den Unternehmen als bedeutendes Management- und Marketinginstrument ist Ausdruck

[92] Vgl. WITT, D.: 1994, S. 176.

dieses Trends. Hierbei wird versucht, das Ziel einer möglichst hohen beziehungsweise absoluten Deckung eines postulierten Qualitätsniveaus für Produkte oder Dienstleistungen mit dem realisierten Ergebnis zu erreichen.

Diese Entwicklung wurde durch die Regelung der Qualitätssicherung nach Normen der internationalen Organisation für Standards (ISO) befördert. Diese wurden im August 1994 auf nationaler Ebene vom Deutschen Institut für Normen (DIN) in Berlin in den DIN EN ISO 9001, 9002 und 9003 übernommen und festgelegt. Der Unterschied zwischen den Normen besteht im Prüfungs- und Darlegungsumfang der grundlegenden 20 Qualitätselemente. Während bei der DIN EN ISO 9003 nur eine Prüfung des Endproduktes erfolgt, so wird bei der DIN EN ISO 9002 die Produktion, die Montage und der Kundendienst einbezogen. Das Qualitätsmanagement nach der DIN EN ISO 9001 umfaßt zusätzlich noch Design und Entwicklung der Produkte. Als Grundlage wird ein Qualitätsmanagement-Handbuch erstellt, das die groben Richtlinien beinhaltet. Aus diesen werden Verfahrensweisen abgeleitet, die in detaillierten Arbeitsanweisungen konkretisiert werden. Ein Ziel des Qualitätsmanagements von Produktions- und Dienstleistungsunternehmen ist die Zertifizierung, der offizielle Beweis, daß die „Herstellung der Erzeugnisse“ an Qualitätsstandards ausgerichtet und durchgeführt wird. Dazu werden die Qualitätsstandards und die Einhaltung durch entsprechende Steuerungsmechanismen von autorisierten Unternehmen überprüft.[93]

Der Besitz eines Zertifikates garantiert jedoch kein bestimmtes vorhandenes Qualitätsniveau, sondern es macht nur deutlich, daß im Unternehmen die notwendigen organisatorischen und systematischen Voraussetzungen bestehen, um eine Qualitätsstufe zu erreichen. Die damit verbundenen Möglichkeiten zur Selbstdarstellung der Unternehmen, daß sie Qualität nach anerkannten Kriterien realisieren, zur Besserstellung der Produkte in den Augen der Kunden sowie die Abwehr von Haftungsansprüchen bieten den Anreiz zur Zertifizierung. Es bedeutet jedoch nicht, daß diese Unternehmen im Vergleich zu anderen auch tatsächlich qualitativ hochwertige Leistungen erbringen.

IV.C.2.a Aspekte der Qualität bei Dienstleistungsunternehmen

Der Begriff der Qualität wird von seinem lateinischen Wortursprung „qualis“ abgeleitet, das so viel heißt „wie beschaffen“ etwas ist. Im Zusammenhang mit dem „historischen“ Gebrauch in der Wirtschaft im Bereich des primären Sektors ist Qualität die Bezeichnung für die Eigenschaften, die Güte oder Wertstufe einer Ware.

---

[93] Vgl. BSTMWVT: 1998.

WALTHER dehnt den Begriffsgebrauch für Qualität aus und gibt eine allgemeine Definition:

> „Qualität ist die Beschaffenheit eines Angebots nach seinen Unterscheidungsmerkmalen gegenüber anderen Angeboten in bezug auf seine Fähigkeit, Nutzen zu stiften. Der Begriff Qualität wird sowohl objektiv auf meßbare Eigenschaften (...) als auch subjektiv angewendet, wenn er die Abstufung des Eignungswertes gleichartiger Angebote für die Befriedigung bestimmter Bedürfnisse ausdrückt." [94]

In Bezug auf die Entstehung und Systematisierung von Qualität bei Dienstleistungen sind in der Wissenschaft besonders folgende Ergebnisse verschiedener Autoren hervorzuheben.

DONABEDIAN[95] nimmt die Phasen der Erstellung von Dienstleistungen als Grundlage für die Unterteilung von deren Qualität. Diese wurden dem Modell des European Quality Award (Modell für umfassendes Qualitätsmanagement) zugrundegelegt und dienen auch als Basis für das „Total Quality Management". Es werden drei Phasen unterteilt:
- Potentialphase (sachliche, organisatorische und persönliche Leistungsvoraussetzungen für die Erstellung einer Dienstleistung),
- Prozeßphase (gesamte Aktivitäten während der Erstellung einer Dienstleistung),
- Ergebnisphase (Erreichung der Ziele mit der Erstellung einer Dienstleistung).

ZEITHAML / PARASURAMAN / BERRY[96] grenzen die Qualität von Dienstleistungen durch die Definition von mehreren Charaktereigenschaften ab, die in Zusammenhang mit einer Dienstleistung graduell unterschiedlich erfüllt werden. Diese sind:
- Annehmlichkeit des tangiblen Umfelds als Gesamtheit des physischen Umfelds einer Dienstleistung,
- Verläßlichkeit als Fähigkeit, die versprochene Leistung zuverlässig und gewissenhaft auszuführen,
- Reagibilität als Schnelligkeit und Aufgeschlossenheit bei der Lösung der Kundenprobleme,
- Leistungskompetenz als Know-how zur Reputation und Vertrauenswürdigkeit der Angestellten,
- Einfühlungsvermögen als die Bereitschaft, die individuellen Kundenwünsche zu erfüllen.

---

[94] WALTHER, K.: 1996, S. 22.
[95] Vgl. DONABEDIAN, A.: 1966, S. 168.
[96] Vgl. ZEITHAML, V. / PARASURAMAN, A. / BERRY, L.: 1988, S. 35 – 48.

STAUSS / HENTSCHEL[97] unterscheiden bei ihrer Definition von Qualität vier verschiedene Ansätze der Beurteilung:

- absolute Beurteilung (durch verbale Einstufung),
- wertorientierte Beurteilung (durch Vergleich des Preis-Leistungsverhältnisses von Nutzen und Kosten für die Kunden),
- produkt- und herstellungsorientierte Beurteilung (durch Ermittlung des Erfüllungsgrads der vom Produzenten aufgestellten Standards für das Produkt beziehungsweise Dienstleistung),
- kundenorientierte Beurteilung (durch Differenz zwischen erwarteter und erlebter beziehungsweise wahrgenommener Qualität).

Dienstleistungen haben im Vergleich zu Gebrauchsgütern besondere Merkmale. In Abgrenzung der Definition für Massengüter nach VON STACKELBERG[98], nach der für Gebrauchsgüter das „Prinzip der Unterschiedslosigkeit" gilt, kann man für die meisten Dienstleistungen das „Prinzip der Individualität" formulieren. Unabhängig davon, ob sie direkt als Dienst am Endverbraucher oder durch die Übernahme eines Glieds in einer Produktionskette erbracht werden, sind sie nach Person, Objekt, Situation, Unmittelbarkeit und Einmaligkeit unterschiedlich. Eine Ausnahme stellt zum Beispiel die kollektive Dienstleistung ÖPNV dar. Dienstleistungen sind substanzlos beziehungsweise unstofflich und weisen eine große Heterogenität auf. Diese Eigenschaften bringen große Probleme bei der Beurteilung ihrer Qualität.[99]

> „Die Immaterialität, welche in unterschiedlichem Ausmaß für jede Art von Dienstleistung typisch ist, sowie die Notwendigkeit, die Leistung an einem externen Faktor (Leistungsnachfrager oder ein von ihm zur Verfügung gestelltes Objekt) zu vollziehen, verhindern weitgehend das Fixieren objektiver Leistungsmerkmale und machen daher die subjektive Sichtweise der Leistungsnachfrager zum zentralen Element der Qualitätsbeurteilung." [100]

Innerhalb des Dienstleistungssektors bestehen bei Dienstleistungen gemeinwirtschaftlicher Organisationen und der öffentlichen Hand (Aufgabenträger), in den auch der ÖPNV fällt, zahlreiche Besonderheiten, die auch im Hinblick auf die Qualitätsmessung Bedeutung haben. MARIK[101] stellt Spezifika auf, die sie von den Dienstleistungen er-

---

[97] Vgl. STAUSS, B. / HENTSCHEL, B.: 1991, S. 238 – 244.
[98] Vgl. VON STACKELBERG, M.: 1943, S. 185.
[99] Vgl. WITT, D.: 1994, S. 176.
[100] MARIK, M.: 1997, S. 182.
[101] Vgl. MARIK, M.: 1997, S. 180.

werbswirtschaftlicher Unternehmen unterscheiden:

- Organisationszweck:
  Die Organisationen sind zumeist eindeutig sachzielorientiert, das heißt, es werden Leistungen erbracht, die der dauernden Versorgung der Menschen mit Sachgütern und Dienstleistungen zur Bedarfsdeckung dienen beziehungsweise die Mittel zum Zweck für die Erreichung übergeordneter Wirkungsziele darstellen.
- Leistungsangebot:
  Kollektive, öffentliche und meritorische Güter unterliegen im Gegensatz zu individuellen Gütern nicht der Marktsteuerung, welche unter anderem die Möglichkeit des Ausschlusses von der Nutzung einer Leistung bedingt und/oder sie sind prinzipiell marktfähig, aber sie werden nicht zu Marktpreisen abgegeben, da entweder zum Beispiel durch Subventionen meritorisierend oder zum Beispiel durch Steuern demeritorisierend auf sie eingewirkt wird.
- Komplexität des Organisationsumfelds:
  Verschiedenartige Ansprechgruppen bedingen kontroverse Vorstellungen bezüglich Zweck und Leistungsangebot in ihren Zielsetzungsprozessen.

Bei Dienstleistungen wird aufgrund ihrer Charakteristika bei der Qualität dem kundenorientierten Standpunkt eine zentrale Bedeutung beigemessen. Bei ihnen können schwer objektive Leistungsmerkmale fixiert werden, während zugleich die subjektive Sichtweise eine große Rolle spielt. Qualitätsbeurteilung von Dienstleistungen hängen in einem starken Maß von der Erwartungshaltung ab, die ein Kunde sich von einer Dienstleistung verspricht, und der persönlichen Wahrnehmung der erhaltenen Dienstleistung. Aus der Differenz zwischen Erwartung und Wahrnehmung ergibt sich das Ergebnis einer positiven oder negativen Qualitätsbeurteilung.[102]

Um eine Beurteilung zu ermöglichen, müssen die Vielfalt der Einflußfaktoren auf die Qualität von Dienstleistungen identifiziert und entsprechend ihrer Bedeutung in bestimmten Reihenfolgen systematisiert sowie die spezifischen Bewertungsprobleme durch die Auswahl und Anwendung einer geeigneten Verfahrensweise mit entsprechender Quantifizierbarkeit gelöst werden.

> „An die Beurteilung einzelner Teilleistungen schließt sich die Bewertung bestimmter Leistungsbündel an. Die Leistungsbündel können unterschiedlich groß sein, je nachdem, wieviel einzelne Leistungsmerkmale zusammengefaßt werden. In einem letzten Schritt werden die Bewertungen der Leistungsbündel

[102] Vgl. GARVIN, D. A.: 1984, S. 25. STAUSS, B. / HENTSCHEL, B.: 1991, S. 238 – 244

zu einem Gesamturteil zusammengefaßt. Die einzelnen Teilleistungen beziehungsweise die einzelnen Leistungsbündel müssen dabei gewichtet werden. Welches Gewicht ihnen dabei jeweils zukommt, hängt von ihrer relativen Wichtigkeit für den Gast ab." [103]

IV.C.2.b Die Beurteilung der Qualität im ÖPNV

Die Dienstleistung ÖPNV steht aufgrund der Rahmenbedingungen besonders stark im Spannungsverhältnis zwischen Betriebsleistung und Kundenwünschen. Im ÖPNV bestehen zahlreiche Interdependenzen, durch die die Marktwirksamkeit von Maßnahmen bezüglich der ÖPNV-Qualität beeinflußt werden.[104] Es bestehen mannigfaltige Einflüsse von Leistungsabnehmern, Subventionsgebern, Öffentlichkeit, Staat und Verbänden sowie eine extreme Vielfältigkeit der Nutzerinteressen (Kunden). Dienstleistungen erfahren im ÖPNV durch folgende Faktoren ihre spezielle Problematik:

- Die Schwelle zum Produktwechsel (Pkw) ist sehr niedrig.
- Die Inanspruchnahme von ÖPNV-Leistungen ist mit dem Vorlauf, der Fahrt sowie dem Nachlauf ein mehrphasiger und zeitintensiver Prozeß.
- Durch den vielfältigen Kontakt mit dem Produkt und dem Personal handelt es sich um einen mehrschichtigen Prozeß mit einer schwer beherrschbaren Komplexität.
- Häufig wechselnde Kundenwünsche und Rahmendingungen bei der Verkehrsbedienung erfordern ein hohes Maß an Flexibilität von Mitarbeitern und Produktionsfaktoren.
- Subjektive schwer beeinflußbare Komponenten spielen eine dominierende Rolle (viele der Leistungsindikatoren stehen mit dem eigentlichen Produkt nicht in Zusammenhang).
- Lange Planungs- und Genehmigungsprozesse, Bauphasen und lange Zeitspannen zwischen Maßnahmen und Wirkungen bedingen eine Trägheit im ÖPNV-System.
- Der Anteil der Werbemaßnahmen ist unverhältnismäßig gering (zum Beispiel im Vergleich zur Automobilindustrie).
- Die Messung und Steuerung der Qualität immaterieller Leistungsindikatoren wie Freundlichkeit und Kompetenz ist vor allem durch die Vielzahl von Personen sehr schwierig.
- Eine Standardisierbarkeit kann aufgrund starker Abhängigkeit von situativen und menschlich bedingten Schwankungen schwer erreicht werden.

---

[103] WITT, D.: 1994, S. 181.
[104] Vgl. WALTHER, K.: 1996, S. 22 ff.

Von den Verkehrsunternehmen wurde aufgrund des fehlenden Wettbewerbs und fehlenden Drucks zur Kundenausrichtung die Bedeutung von Qualität bei der Erstellung der Dienstleistung ÖPNV lange nur geringfügig beachtet. Erst seit der Reform im ÖPNV Mitte der 1990er Jahre und dem beginnenden Konkurrenzdruck rücken die qualitativen Aspekte in den Vordergrund der Überlegungen der Verkehrsunternehmen. Dabei wird deutlich, daß zum einen die Reaktionszeit für eine Qualitätssteigerung von einer Maßnahme bis zur Wirkung im Gegensatz zu einem normalen Produkt einem komplexeren Prozeß und damit einem größeren Verzögerungseffekt unterliegt und zum anderen erst eine große Anzahl von Maßnahmen zur Qualitätsverbesserung realisiert werden müssen, bis eine Qualitätssteigerung festgestellt wird. Seitens der verantwortlichen Aufgabenträger bestehen zudem keine klaren Vorstellungen über Einsatz, Steuerung und Bewertung der einzelnen Maßnahmen und ihrer Auswirkungen auf die Gesamtqualität. Dies sind wichtige Gründe, die die Entwicklung eines Qualitätsmanagements mit einer Möglichkeit zur Qualitätsbeurteilung erfordern. Dazu bedarf es eines Kenngrößensystems für die Einflußfaktoren auf die Qualität im ÖPNV, die diese meßbar und vergleichbar machen.

Die Beurteilung der Qualität erfährt für die Dienstleistung ÖPNV im Vergleich zu anderen Dienstleistungen jedoch eine besondere Problematik. Durch die Involvierung verschiedenster Wirtschaftssubjekte gibt es so viele Standpunkte der Beurteilung und so mannigfaltige Faktoren, an denen Qualität festgemacht werden kann, wie in kaum einer anderen Branche. Die Gesamtqualität einer Betriebsleistung setzt sich aus mehr Teilleistungen zusammen und unterliegt aufgrund der atomistischen Struktur der Leistungsnachfrager mit völlig unterschiedlichen Ansprüchen und Erwartungshaltungen mehr subjektiven Einflüssen.

Jede der vielfältigen Qualitätskomponenten im ÖPNV hat neben dem Aspekt eines effizienten Einsatzmix' der Produktionsfaktoren seitens der Verkehrsunternehmen die Funktion der Attraktivitätssteigerung der Dienstleistung. Die Qualität hat demzufolge neben der betriebswirtschaftlichen Bedeutung zur Positionierung im Wettbewerb um Aufträge der Aufgabenträger auch die Zufriedenstellung des Fahrgastes zum Ziel, die als ein Gradmesser des Erfolgs für die erbrachten Betriebsleistungen dienen kann.[105]

Die Pünktlichkeit ist zum Beispiel relativ einfach durch Zeitmessungen zu quantifizieren. Für die Verkehrsunternehmen hat der Pünktlichkeitsgrad aufgrund von mit der Einhaltung verbundenen Kosten eine andere Bedeutung als für die Aufgabenträger.

---

[105] Vgl. SCHNIPPE, C.: 1999, S. 52 ff.

Die Auswirkungen beim Kunden lassen sich nicht nur durch die Zeitspanne in Minuten erfassen, da persönliche und situative Rahmenbedingungen für das Empfinden der Unpünktlichkeit eine große Rolle spielen. Zum Beispiel haben Berufstätige besondere Präferenzen bei der Pünktlichkeit. Bei der „Freundlichkeit des Personals" ist die Komponente zur objektiven Messung des Kriteriums ein Maßstab für einen Einfluß auf den Kunden schwer zu entwickeln. Auf die Sicherheit legen allgemein Frauen im Vergleich zu Männern und ältere Fahrgäste im Vergleich zu jüngeren einen größeren Wert.

Aufgrund der Komplexität ist es erforderlich, sich die Entstehung von Verkehrsqualität anhand eines Modells zu veranschaulichen, das im folgenden entwickelt und in Abbildung 15 dargestellt wird. Bei diesem wird das Spannungsfeld zwischen Nachfrage und Angebot zugrunde gelegt. Auf der einen Seite stehen die Aufgabenträger, die als Verantwortliche das ÖPNV-Angebot planen und organisieren. Auf der anderen Seite stehen die Verkehrsunternehmen, die aufgrund von Verkehrsverträgen mit den Aufgabenträgern die Betriebsleistungen produzieren. Dabei unterliegen sie betriebswirtschaftlichen Leistungsgrenzen, die für das Unternehmen gewünschte absolute Qualität zu realisieren. Ein betriebsinternes Controlling mit einem Qualitätsmanagementsystem nach bestimmten Vorgaben, wie es zum Beispiel nach der DIN EN ISO 9001 bei der Würzburger Straßenbahn GmbH[106] oder bei den Berliner Verkehrsbetrieben[107] praktiziert wird, hilft bei der Einhaltung der angestrebten und geforderten absoluten Qualität. Trotzdem müssen die Aufgabenträger darauf bedacht sein, den Erfüllungsgrad der vereinbarten Qualität durch parallele Prüfungen zu beurteilen. Dabei helfen definierte Qualitätsstandards, die mindestens einzuhalten sind, und Qualitätsniveaus, die anzustreben sind.[108] Beide Marktpartner werden durch die Kunden beurteilt, die die Leistungsfähigkeit des vom Aufgabenträger geplanten und organisierten und von den beauftragten Verkehrsunternehmen durchgeführten ÖPNV durch ihre Verkehrsmittelwahl ausdrücken.

Die Bewertung der Qualität erfolgt im ÖPNV also zum einen aus dem Blickwinkel des Aufgabenträgers, der Kriterien festlegt und deren (vertragliche) Erfüllung überprüfen muß. Dabei steht die wirtschaftlich leistbare Qualität meist hinter seiner gewünschten Qualität zurück. Zum zweiten wird die Qualität aus dem Blickwinkel des Verkehrsunternehmens betrachtet, der die wirtschaftlichen Zwangspunkte berück-

---

[106] Vgl. LEHMANN, P. / BLOCK, K.: 1997, S. 17 ff.
[107] Vgl. WELKE, R.: 1997, S. 8 ff.
[108] Vgl. MÜLLER, S. / RAU, A.: 1997, S. 28.

sichtigen und seine Betriebsleistungen darauf ausrichten muß. Als drittes gibt es die Qualität aus dem Blickwinkel der Kunden, das heißt der Fahrgäste.

Im ÖPNV können nach dem entwickelten Modell drei verschiedene Verkehrsqualitäten unterschieden werden:

- projektierte Verkehrsqualität (Beurteilung aus der Sicht des Aufgabenträgers),
- produzierte Verkehrsqualität (Beurteilung aus der Sicht des Verkehrsunternehmens),
- perzipierte Verkehrsqualität (Beurteilung aus der Sicht des Fahrgastes).

Abbildung 15: Ein Kreislaufmodell zur Entstehung von Verkehrsqualität im ÖPNV

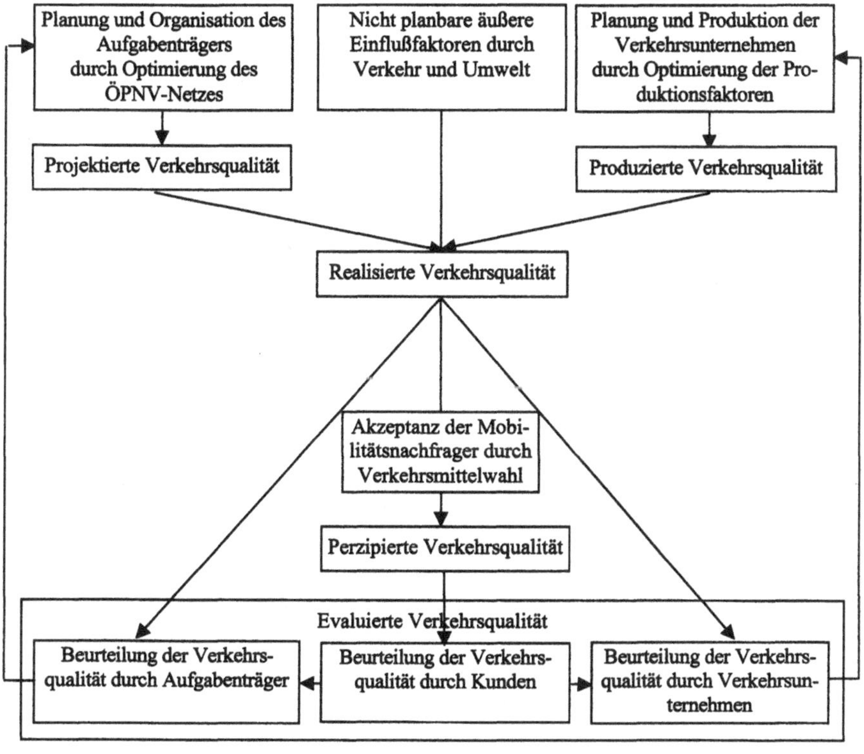

Quelle: Eigene Darstellung

Die projektierte Verkehrsqualität

Die organisatorische und finanzielle Verantwortung für den ÖPNV haben seit 1996 gesetzlich bestimmte Aufgabenträger übernommen. Mit dieser Übernahme geht auch die Überwachung der durch den Finanzmitteleinsatz ermöglichten und der vertraglich vereinbarten Leistungen einher.[109] Dies erfordert ein Bewertungssystem mit der Definition von Qualitätsstandards, die mit Meßgrößen zu überprüfen sind. Dieser Teil der Verantwortung der Aufgabenträger wird noch weitgehend nicht wahrgenommen. Am meisten wird die von den Verkehrsunternehmen geleistete Verkehrsqualität im SPNV evaluiert. Dazu wurde von den Ländern als Aufgabenträger des SPNV eine „Arbeitsgruppe Qualität des Arbeitskreises Bahnpolitik“ konstituiert, in der ein bundeseinheitliches Mindestqualitätsniveau und dessen Einhaltungskriterien definiert wurde. Deren Ergebnisbericht[110] bildet die Grundlage für die Eisenbahngesellschaften der Länder, die für das Ausmaß und die Einhaltung der Qualität im SPNV verantwortlich sind. Die Umsetzung wird in unterschiedlicher Intensität durchgeführt. Im AÖPNV gibt es eine Initiative bei den organisatorischen Zusammenschlüssen der Aufgabenträger, den Verkehrsverbünden, mit der Gründung des Arbeitskreises „Vergleich der Verkehrsverbünde“. In diesem wird ein Kenngrößenset erarbeitet, das eine Bewertung der Leistungen und ihrer Qualität innerhalb der Verkehrsverbünde und untereinander ermöglichen soll.[111] Die für den Vergleich beziehungsweise die Beurteilung geplanten Kenngrößen sind jedoch zum einen in der Anzahl sehr begrenzt und konzentrieren sich auf betriebswirtschaftliche Ergebnisse. Darüberhinaus gibt es in einzelnen Verkehrsverbünden Ansätze zum Qualitätsmanagement im ÖPNV wie zum Beispiel im Rhein-Main-Verkehrsverbund (RMV).

Die produzierte Verkehrsqualität

Die ersten Untersuchungen, die die Qualität aus der Sicht der Verkehrsunternehmen analysieren, waren hauptsächlich wissenschaftlich motiviert. 1972 wurden zum Beispiel in einer umfangreichen demoskopischen Marktanalyse von WEIMER[112] die Einflußintensitäten verschiedener Qualitätskriterien auf die Kundenzufriedenheit unter 172 Verkehrsunternehmen anhand einer Punktebewertung ermittelt. Dabei wurde deutlich, daß die Bedeutung der primär zeitbezogenen Qualitätsfaktoren, zu denen zum Beispiel die Pünktlichkeit, die Häufigkeit und die Fahrtzeit zu rechnen sind, von

---

[109] Vgl. GORTER, M. / RÖNNAU, H. / PLATH, B. / WERNER, J.: 2001, S. 14 ff.
[110] Vgl. ARBEITSKREIS „BAHNPOLITIK DER LÄNDER“: 1997.
[111] Vgl. ARBEITSKREIS „VERGLEICH DER VERKEHRSVERBÜNDE“: 1997.
[112] Vgl. WEIMER, K.: 1974.

den Verkehrsunternehmen in der Dringlichkeit der Realisierung als höher im Vergleich zu anderen Kriterien eingeschätzt werden. Dies wurde hauptsächlich durch die Konzentration auf das Kerngeschäft „Transport von A nach B" beeinflußt. Entsprechende Präferenzhierarchien wurden auch bei Kunden festgestellt. In einer weiteren Untersuchung wurde dokumentiert, daß eine Korrelation zwischen der Qualität, der Kundenzufriedenheit und dem Unternehmenserfolg besteht. Eine Qualitätsverbesserung der angebotenen Betriebsleistungen geht bei vielen Unternehmen mit einer Steigerung der Rentabilität einher.[113]

Nach der Neuorganisation im ÖPNV zeigen auch die Verkehrsunternehmen verstärkt Interesse daran, wie sich Qualität als Ergebnis ihrer Betriebsleistungen im Vergleich zu anderen darstellt und führen Untersuchungen zur zwischenbetrieblichen Evaluierung durch. Dabei ist eine Verlagerung der interessierenden Qualitätskriterien von den Grundmerkmalen, zum Beispiel Pünktlichkeit, auf Zusatzmerkmale, zum Beispiel Bequemlichkeit festzustellen. Diesbezüglich hat die Gesellschaft für Qualität in Verkehr, Versorgung und Verwaltung ein umfangreiches Kunden-Monitoring-System für die Messung der Dienstleistungsqualität entwickelt, dessen Erprobung und Anwendung ab Mitte 1997 in sechs verschiedenen Verkehrsunternehmen begonnen und mittlerweile auf zahlreiche weitere ausgedehnt wurde.[114]

Die perzipierte Verkehrsqualität

Unter perzipierter Verkehrsqualität wird die Qualität verstanden, die vom Kunden wahrgenommen wird und als Eindruck verbleibt. Bei der Kundensicht ist die Spezifität im ÖPNV die Tatsache, daß aufgrund der atomistischen Nachfragestruktur die Beurteilungen der Kunden stark divergieren. Die Qualitätskomponenten wirken mit unterschiedlich starken Einflüssen auf die Zufriedenheit der Kunden ein und nehmen damit unterschiedliche Auswirkungen auf die Beurteilung der Qualität des ÖPNV-Angebots in den Verkehrsgebieten.[115] Dabei werden die einzelnen Qualitätskomponenten von jedem Fahrgast anders in ihrer Bedeutung und ihrer Einschätzung bei seiner Verkehrsmittelwahl gewichtet.

> „Für eine hinreichend genaue qualitative Bewertung des ÖPNV-Angebots reichen allerdings Informationen nicht aus, die sich nur auf die Art und Ausprägung der unterschiedlichen Komponenten beschränken. Entscheidend ist ebenso die

---

[113] Vgl. HERRMANN, A.: 1995, S. 237 – 247.
[114] Vgl. PAJONK, E.: 1996, S. 5 – 37.
[115] KAROPKA, H. / MILLER, B. / OPPEL, T. / BIHN, F.: 2000, S. 18 ff.

> Beantwortung der Frage, welche Bedeutung (beziehungsweise welches Gewicht) den einzelnen Qualitätsmerkmalen im Verhältnis zu den anderen vom Verkehrskunden zuerkannt wird." [116]

Die Einschätzung eines Qualitätsmerkmals richtet sich nach dem subjektiven Werteverständnis des Kunden und nach dem situativen Bedürfnis. Die Einschätzung ist ein Produkt aus der Wichtigkeit, die der Kunde dem Qualitätsmerkmal beimißt, und dem Grad der Zufriedenheit, die der Kunde mit der Erfüllung seiner Ansprüche hat.

> „Die Globalzufriedenheit wird allerdings in unterschiedlichem Ausmaß geprägt durch die Kundenzufriedenheit mit den einzelnen Leistungsmerkmalen. Bei gleicher Kundenzufriedenheit in allen Leistungsmerkmalen wirken diese dennoch nicht in gleicher Weise auf die Globalzufriedenheit und damit die Kundenbindung ein, sondern unterschiedlich. Es gibt Schlüssel-Leistungsmerkmale (Schlüsselfaktoren), bei denen die Kundenzufriedenheit überdurchschnittlich auf die Globalzufriedenheit einwirkt und weniger wichtige Leistungsmerkmale (Seitenfaktoren), bei denen die Kundenzufriedenheit nur unterdurchschnittlich einwirkt." [117]

Seit Anfang der 1990er Jahre rückte der Kunde verstärkt in den Mittelpunkt bei der Erstellung von Betriebsleistungen im ÖPNV. Dies kommt auch durch die Untersuchung von Kundenwünschen und -beurteilungen durch Marktforschungsunternehmen mit einer diversen Anzahl von Studien und Erhebungen zum Ausdruck. Sie beruhen alle auf der Methode der Zufriedenheitsmessung durch Kundenbefragungen. Die Kundenzufriedenheitsmessung analysiert den Zielerfüllungsgrad der Bemühungen um die Qualitätsfaktoren seitens der Verkehrsunternehmen und der Aufgabenträger. Die Kundenzufriedenheit wird durch Interviews ermittelt, in denen eine Einstufung der einzelnen Qualitätsfaktoren auf einer Skala, die in der Regel von –5 bis +5 reicht, abgefragt wird. Die Zufriedenheit mit einzelnen Merkmalen wird durch die Wichtigkeit in unterschiedlichem Maße beeinflußt, die von den Kunden dem Qualitätsfaktor beigemessen wird. Für jeden Qualitätsfaktor kann durch die Ermittlung der Zufriedenheitswerte und der jeweiligen Wichtigkeit Auskunft über die Erfolge in den einzelnen Teilbereichen der Qualität gegeben werden. Sie können als Spiegelbild der Qualitätsunterschiede zwischen den einzelnen Verkehrsgebieten und der Bedienung durch die verschiedenen Verkehrsunternehmen gesehen werden.

---

[116] ZEBISCH, K.: 1979, S. 148.
[117] KRIETEMEYER, H.: 1997, S. 4.

Besonders bekannt für Kundenzufriedenheitsmessungen ist das Deutsche Kundenbarometer[118], in dem die Deutsche Marketing-Vereinigung e. V. und Deutsche Post AG seit 1992 die Kundenorientierung und Wettbewerbsfähigkeit von circa 700 Unternehmen und Organisationen aus über 40 Branchen in Deutschland untersucht. Das Deutsche Kundenbarometer ist besonders im Hinblick auf ein unternehmenübergreifendes Benchmarking bedeutungsvoll, da hier Daten über die Zufriedenheit von Kunden mit dem Angebot von Unternehmen der verschiedensten Branchen ermittelt werden und zur Verfügung stehen. Unter anderem werden allgemeine Kundenzufriedenheitswerte für die DB AG und den AÖPNV in Verkehrsverbünden ermittelt.

Im Hinblick auf die Messung der Kundenzufriedenheit bei den Betriebsleistungen speziell im ÖPNV sind im besonderen zwei Untersuchungen hervorzuheben, die sich mit den einzelnen Qualitätskriterien im Detail beschäftigen:

- ÖPNV-Barometer
  Das ÖPNV-Barometer wird von dem Marktforschungsinstitut „Targetgroup“ erstellt und ist als kontinuierliche, im Abstand von einem Jahr zu wiederholende Untersuchung über Qualitätsmessung angelegt.[119] In diesem werden die Leistungen und die speziellen Qualitätskomponenten ausschließlich im Bereich des ÖPNV im Spiegel einer bundesweiten Kundenzufriedenheitsmessung untersucht. Mit dem ÖPNV-Barometer wird für die Verkehrsunternehmen und die Aufgabenträger eine spezifische Vergleichs- und Interpretationsbasis zur Bewertung eigener Leistungsangebote beziehungsweise eigener Zufriedenheitsdaten geschaffen. Stichprobe war 1997 eine deutschlandweite Befragung von insgesamt 1018 Personen im Alter von 15 bis 70 Jahren in 94 geographisch gestreuten Erhebungsgebieten. Den Hauptanteil machten mit 90 Prozent die Kunden des ÖPNV aus, der Anteil der Nicht- beziehungsweise Selten-Nutzer wurde auf 10 Prozent festgelegt. Durch den relativ geringen Stichprobenumfang wird für einige Segmente und Qualitätsfaktoren keine hinreichende statistische Signifikanz erreicht.
- Kundenbarometer von Aufgabenträgern
  Die Kundenzufriedenheitsmessung als Instrument der Forschung zur Kundenzufriedenheit wurde von der Seite der Aufgabenträger als erstes vom Münchner Verkehrs- und Tarifverbund (MVV) aufgegriffen, um zuverlässigere und aufschlußreichere Bewertungen für die Betriebsleistungen in ihrem Verkehrsgebiet zu be-

[118] Vgl. DORNACH, F. / MEYER, A.: 1996.
[119] Vgl. BOGNER, W. / PLOTHEGER, M.: 1997.

kommen. Das MVV-Kundenbarometer wurde 1996 in Zusammenarbeit mit dem Bielefelder Markt- und Sozialforschungsinstitut Emnid durchgeführt.[120] Die Untersuchung war als repräsentativ geschichtete telefonische Kundenbefragung beschränkt auf den MVV-Bedienungsraum angelegt. Befragt wurden 6007 Personen ab 18 Jahren mit Wohnsitz im MVV-Gebiet, die mindestens einmal während der zurückliegenden zwölf Monate den MVV benutzt haben. Die Untersuchung ermöglicht eine gesicherte Aussage über die Zufriedenheit bezüglich 34 Leistungsmerkmalen, für die noch ein ausreichend zuverlässiger Stichprobenumfang zur Verfügung steht.

In Tabelle 2 werden die Werte der Kunden für Zufriedenheit mit und Wichtigkeit von Qualitätsfaktoren bei der Beurteilung der Gesamtqualität aus den oben genannten Untersuchungen aufgeführt. Diese Werte haben bei dem in Kapitel IV.B.3 entwickelten Berechnungsverfahren eine Relevanz, falls berechnete Werte der Kenngrößen noch einmal eine Gewichtung im Hinblick auf die in verschiedenen Verkehrsgebieten unterschiedlich durch das Urteil der Fahrgästen erforderliche Verbesserung des Qualitätsfaktors erhalten sollen (siehe Abbildung 14).

[120] Vgl. MVV: 1996.

Tabelle 2: Werte der Kundenzufriedenheit und Wichtigkeit für Qualitätsfaktoren[121]

	MVV-Kundenbarometer (1996)		ÖPNV-Barometer (1997)	
Qualitätsmerkmal	Wichtigkeit	Zufriedenheit	Wichtigkeit	Zufriedenheit
Erreichbarkeit	0,455	2,776	0,120	1,81
Taktfrequenz	0,415	3,143	0,251	2,18
Anschlüsse	0,385	2,934	0,451	2,53
Streckennetz	0,377	2,739	k. A.	k. A.
Zuverlässigkeit/Pünktlichkeit	0,349	2,722	0,218	2,14
Direktheit	0,341	2,691	k. A.	2,50
Platzangebot	0,320	3,130	0,183	2,58
Schnelligkeit/reine Fahrzeit	0,301	2,526	0,232	2,06
Fahrkartenangebot	0,286	3,019	k. A.	2,46
Tarifsystem	0,274	3,604	k. A.	2,67
Preis-Leistungs-Verhältnis	0,416	3,777	0,31	3,16
Verkauf durch Personen	0,259	2,912	0,213	2,66
Fahrkartenautomat	0,226	3,016	0,082	2,69
Sicherheit nachts im Fahrzeug	0,229	3,327	0,297	3,04
Sicherheit tagsüber im Fahrzeug	0,226	2,632	k. A.	2,32
Sicherheit nachts an Stationen	0,221	3,448	0,297	3,13
Sicherheit tagsüber an Stationen	0,194	2,748	k. A.	2,50
Komfort im Fahrzeug	0,274	2,929	0,129	2,53
Komfort der Stationen	0,258	3,116	0,168	2,95
Sauberkeit im Fahrzeug	0,183	3,210	0,167	2,55
Sauberkeit der Stationen	0,171	3,192	0,151	2,86
Informationen im Fahrzeug	0,236	3,150	0,175	2,43
Informationen an Stationen	0,238	2,950	0,215	2,75
Fahrplan-Information	0,299	3,017	0,170	2,53
Wegweisung an Stationen	0,240	3,048	0,151	2,68
Freundlichkeit des Personals	0,287	3,010	0,280	2,25
Fahrstil	0,170	2,880	0,113	2,42
Erscheinungsbild	0,238	2,928	0,221	2,16
Bike & Ride-Plätze	0,236	3,370	0,021	3,19
Park & Ride-Plätze	0,167	3,500	0,072	3,22

[121] Vgl. BOGNER, W. / PLOTHEGER, M.: 1997. MVV: 1996. Beide Untersuchungen wurden auf Basis einer Befragung von Kunden durchgeführt, die ihre Zufriedenheit mit den Qualitätsmerkmalen durch Werte zwischen 1 (vollkommen zufrieden/wichtig) und 5 (vollkommen unzufrieden/unwichtig) und deren Wichtigkeit für die Gesamtzufriedenheit ausdrücken sollten. Ein Vergleich zwischen beiden Untersuchungen ist nur bedingt möglich, da in den Untersuchungen eine sehr unterschiedliche Anzahl von Personen in unterschiedlichen Gebietsgrößen befragt wurden (ÖPNV-Barometer: 1018 bundesweit, MVV-Kundenbarometer: 6007 im MVV-Verkehrsgebiet.)

V Kenngrößen gesamtwirtschaftlicher Einflußfaktoren

Kapitel V widmet sich der Gliederung und Bewertung der gesamtwirtschaftlichen Einflußfaktoren. Die in Kapitel II.A.2 theoretisch erläuterten gesamtwirtschaftlichen Grundlagen mit Berücksichtigung von externen Effekten werden für den Verkehrsbereich näher bestimmt, um deren Vergleichbarkeit zwischen Verkehrsgebieten der ÖPNV-Aufgabenträger zu ermöglichen. Es werden Kenngrößen für quantifizierbare externe Effekte gebildet, mit denen die relevanten Auswirkungen des MIV und des ÖPNV berechnet werden können, um den Beitrag des ÖPNV zur gesellschaftlichen Wohlfahrt zu bestimmen.

> „Die Rolle des Verkehrs als einer Basisfunktion unserer Gesellschaft und Wirtschaft wird weiter unterstrichen durch die vielfältigen einzelwirtschaftlichen und gesamtwirtschaftlichen Kosten und Nutzen des Verkehrs. So wäre ohne den Verkehr die räumliche Arbeitsteilung und damit die Steigerung der Produktivität als Wurzel unseres gegenwärtigen Wohlstandes undenkbar. Im Konsumbereich ist der Verkehr Voraussetzung für die als Grundrecht empfundene räumliche Mobilität, die es dem Menschen erlaubt, die gestiegene Freizeit vermehrt zum Zwecke der Erholung, Unterhaltung und Bildung zu nutzen. Diesem Nutzen gegenüber stehen die betriebswirtschaftlichen und volkswirtschaftlichen (sozialen) Kosten des Verkehrs.“ [122]

Aufgrund der schweren Erfaßbarkeit und der Interpretationsspielräume ist die Berechnung von Kenngrößen für externe Effekte eine komplizierte Abhandlung. Sie bedarf eines umfangreichen Aufwandes. Jedoch dürfen diese Aspekte im Rahmen einer Arbeit zum Thema Benchmarking im ÖPNV und im Hinblick auf den Anspruch eines ganzheitlichen Kenngrößensystems keinesfalls unberücksichtigt bleiben. Die Möglichkeiten und Probleme bei der Quantifizierung von Kosten und Nutzen sowie die Schritte zur Durchführung einer Bemessung für verschiedene externe Effekte in Deutschland und anderen Staaten Europas werden in Fachartikeln von BIEL[123] und ELLWANGER[124] beschrieben. Ausführliche aktuelle Berechnungen zu externen Kosten in Deutschland sind einer Studie von INFRAS / IWW[125] zu entnehmen.

Trotz der Komplexität der Materie bei den Kenngrößen für externe Effekte im Verkehrsbereich bereits auf übergeordneter Ebene, wird in diesem Kapitel das Ziel ver-

---

[122] SABATHIL, G. / WITT, D.: 1980, S. 1.
[123] Vgl. BIEL, R.: 1999, S. 56 ff.
[124] Vgl. ELLWANGER, G.: 2001, S. 34 ff.
[125] Vgl. INFRAS / IWW: 2000.

folgt, eine praktikable Vergleichsmöglichkeit auch für Verkehrsgebiete zu schaffen, die die in einem Verkehrsgebiet entstehenden externen Effekte in Relation zu denen in einem anderen stellen kann. Die These, die das Aufstellen und die Anwendung von gesamtwirtschaftlichen Kenngrößen rechtfertigt und zur Herstellung einer diesbezüglichen Vergleichbarkeit zugrunde gelegt wird, ist die, daß externe Effekte durch die vor Ort betriebene Verkehrspolitik der Aufgabenträger veränderbar sind und Unterschiede in Abhängigkeit von der Leistungskraft des realisierten ÖPNV bestehen. Demzufolge müssen sie auch mit gesamtwirtschaftlichen Kenngrößen beurteilt werden können. Im allgemeinen werden externe Effekte im Zusammenhang mit einer Volkswirtschaft (Staat) betrachtet, aber es gibt auch externe Effekte, die speziell für Kommunen positive Auswirkungen haben.

Dabei werden die bedeutenden relevanten externen Effekte wie sie in oben genannten bundesweiten Studien größtenteils aufgeführt werden in Gruppen eingeteilt. Sie werden darüberhinaus weiter differenziert in verschiedene Komponenten (Untergruppen) gegliedert und analysiert. Detaillierte Werte für diese Einflußfaktoren werden soweit möglich anderen Arbeiten, die sich jeweils mit dem speziellen externen Effekt beschäftigen, entnommen.

Der gesamtwirtschaftliche Bereich wird in zwei Abteilungen eingeteilt:
- staatliche Effekte (S),
- kommunale Effekte (K).

V.A Staatliche Effekte

Als staatliche Effekte werden in dieser Arbeit allgemeine gesellschaftsrelevante Aspekte bezeichnet, da die verursachten Effekte von der gesamten Gesellschaft eines Staates getragen werden müssen beziehungsweise ihr zugute kommen. Den einzelnen treffen zwar die Folgen der externen Effekte, jedoch können die Kosten keinem einzelnen Schadverursacher oder einer klar umgrenzten Gruppe zugeordnet werden. Die negativen Folgen sind nur über einen allgemeinen Verteilungsmechanismus zu bezahlen und zu beheben. Die Abteilung wird nach den Auswirkungen mit allgemeiner wirtschaftlicher Relevanz auf das Gemeinwesen und spezifischer Relevanz auf das Gesundheitswesen unterteilt.

Die Abteilung „staatliche Effekte“ wird in zwei Hauptgruppen gegliedert:

- sozialstaatliche Auswirkungen (S),
- gemeinstaatliche Auswirkungen (G).

Die Abbildung 16 gibt eine Übersicht über die Einteilung der Kenngrößen für die Abteilung „staatliche Effekte“.

Abbildung 16: Die Einteilung der Kenngrößen für die Abteilung „staatliche Effekte“

Abteilung	Hauptgruppe	Gruppe	Untergruppe
Staatliche Effekte	Sozialstaatliche Auswirkungen	Gesundheit	Schadstoffart SO_2
			Schadstoffart NO_x
			Schadstoffart CO
			Schadstoffart HC
		Unfallträchtigkeit	Getötete
			Verletzte
			Sachschäden
			Sonstige Unfallfolgen und Unfallvorsorge
	Gemeinstaatliche Auswirkungen	Zeitaufwand	Privater Verkehr nach Verkehrszwecken
			Wirtschaftspersonenverkehr nach Branchen
		Energieumsatz (Energieaufwand)	Infrastruktur
			Produktion und Entsorgung von Verkehrsmitteln
			Betrieb von Verkehrsmitteln
			Transport von Personen

V.A.1 Kenngrößen für die sozialstaatlichen Auswirkungen

In der Hauptgruppe „sozialstaatliche Auswirkungen“ werden die Einflußfaktoren behandelt, die in Verbindung mit den sozialen Leistungen eines Staates stehen. Im Vordergrund stehen die Leistungen im Bereich des Gesundheitswesens beziehungsweise der Auswirkungen von verkehrlichen Ereignissen auf dieses in direkter Weise durch Unfälle und in indirekter Weise über gesundheitsschädigende Emissionen.

Die Kenngrößen für die Hauptgruppe „sozialstaatliche Auswirkungen“ werden in zwei Gruppen untergliedert:

- Gesundheit (g),
- Unfallträchtigkeit (u).

Bei den Kenngrößen für die Untergliederungen dieser Hauptgruppe umfaßt die Relativierungsgröße die Gesamtheit der jeweiligen externen Effekte im Verkehr. Dies erfolgt durch den Quotienten aus den MIV-bedingten und den ÖPNV-bedingten externen Effekten. Je größer die MIV-bedingten externen Effekte werden, desto kleiner wird der Gesamtwert der Kenngröße beziehungsweise umgekehrt, je größer die ÖPNV-bedingten Effekte im Verhältnis zum MIV werden, desto kleiner wird der Nenner des unteren Teils des Doppelbruchs und desto größer wird der Gesamtwert der Kenngröße. Der Fall, daß der ÖPNV mit starken externen Effekten (zum Beispiel der Einsatz von alten Bussen mit hohen gesundheitsbeeinflussenden Schadstoffemissionen) einen guten Kenngrößenwert bekommt, wird durch die Verkehrsleistungen als Bezugsgröße im Zähler im oberen Teil des Doppelbruchs vermieden.

V.A.1.a Die Kenngröße für die Gesundheit

Die Tatsache, daß durch Schadstoffemissionen eine Luftverschmutzung mit gesundheitliche Auswirkungen auf den menschlichen Organismus entsteht, ist unbestritten. Der verkehrsbedingte Mengenanteil der Schadstoffemissionen hängt von folgenden Faktoren ab:[126]

- Fahrstil und Geschwindigkeit,
- Alter der Fahrzeuge (technischer Zustand),
- Antriebsart,
- Kraftstoffart,
- spezifischer Kraftstoffverbrauch der Pkw-Typen,
- spezifischer Kraftstoffverbrauch der Verkehrsmittel des ÖPNV.

---

[126] Vgl. HÖPFNER, U. / KNÖRR, W.: 1992, S. 42 ff.

Die Zusammenhänge der Schadstoffemissionen mit den gesundheitlichen Konsequenzen und dem Ausmaß der Schädigungen sind aufgrund ihrer langfristigen Wirkungen und dem Einfluß weiterer Umweltfaktoren sehr komplexer Art und werden unterschiedlich betrachtet. Die Emissionen sind in der konkreten Alltagssituation größtenteils nicht direkt spürbar und ihnen wird deshalb keine besondere momentane Beachtung beigemessen. Erst durch eine ständige Exposition und eine Akkumulation in der Lebenszeit können verzögert gesundheitliche Schäden durch Erkrankung der Atemwege, Krebserkrankungen oder Allergien auftreten.

Die verzögerten Wirkungen in der Akkumulation der Einzelexpositionen entstehen, indem die Individuen den Emissionen tagtäglich ausgesetzt (worden) sind. Im Vordergrund stehen in dieser Hinsicht die gesundheitlichen Folgeschäden durch die Emissionen Benzol und Ruß, die beide als Zellgifte cancerogen wirken. Aber auch die Emissionen CO und NO_X sind aufgrund ihrer chemisch instabilen Konfiguration – sie besitzen eine hohe Reaktionsfreudigkeit aufgrund „freier Radikale" – aggressive zellbeeinflussende Faktoren. Staub ist der Hauptfaktor für die nicht cancerogenen Erkrankungen der Atemwege.

Neben diesen Wirkungsmechanismen gibt es aber auch erst in den 1980er Jahren aufgedeckte emissionsbedingte Reaktionsketten, die indirekte Auswirkungen zur Folge haben. An einem sonnenreichen Sommertag mit hoher UV-Einstrahlung kann in Randlagen von Verkehrsknoten eine erhöhte Ozonbildung festgestellt werden. Ursache ist der hohe Ausstoß von NO_x-Radikalen in nahegelegenen Verkehrsknoten, die über eine chemische Kettenreaktion nach einer gewissen Transportzeit – deshalb nicht in unmittelbarer Nähe eines hohen Verkehrsaufkommens – den Prozeß zur Bildung des sehr aggressiven Zellgiftes Ozon initiieren. In Extremsituationen der Wetter- und Verkehrskonstellation können abwehrschwache Personen besonders sensibel reagieren. So können Personen, die an Atemwegserkrankungen leiden, ältere Leute mit keiner guten Lungenfunktion mehr, Kinder mit einer kleinen Lunge, aber auch empfindsame, gesunde Erwachsene mit starken Problemen beim Atmen konfrontiert werden, die auch zum Kreislaufkollaps führen können.

Die verschiedenen Emissionen haben unterschiedliche Einflußintensitäten auf die Gesundheit. Es bedarf deshalb einer Gewichtung unter Berücksichtigung der „Giftigkeit" der Schadstoffe. Diese Einordnung kann anhand von Toxizitätsfaktoren vorgenommen werden, die MARBURGER[127] in der in Tabelle 3 angegebenen Höhe ansetzt:

[127] Vgl. MARBURGER, E.: 1977, S. 205 – 207.

Tabelle 3: Toxizitätsfaktoren für ausgewählte Schadstoffe in der Luft

Schadstoff	Toxizitätsfaktoren
CO	1
NO_x	50
SO_2	75
HC	103

Die Gruppe „Gesundheit“ wird nach den wichtigen Schadstoffen in vier Untergruppen eingeteilt:

- Schadstoffart **SO_2** (s),
- Schadstoffart **NO_x** (n),
- Schadstoffart **CO** (c),
- Schadstoffart **HC** (h).

Mengenberechnung

Als Beurteilungsgröße werden die Schadstoffemissionen durch die Verkehrsmittel im ÖPNV herangezogen. Dazu müssen die Fahrleistungen ermittelt werden, die in den jeweiligen Verkehrsunternehmen registriert sind. Bei Bussen werden diese mit den spezifischen Schadstoffemissionsfaktoren multipliziert, für die es Werte bei den Herstellern gibt. Die Schadstoffemissionen, die durch elektrisch betriebene öffentlichen Verkehrsmittel bedingt sind, sind ebenfalls zu berücksichtigen, obwohl diese oftmals in einem Gebiet entstehen, das nicht zum Verkehrsgebiet gehört. Es wird durch sie zwar die Gesundheit anderer Menschen betroffen, aber die Schadstoffemissionen sind dem Verkehrsgebiet zuzuordnen, weil die Ursache in der dortigen Befriedigung der Verkehrsnachfrage liegt (Verursacherprinzip). Dazu muß die Quelle der Stromproduktion für den ÖPNV-Betrieb identifiziert werden. Für das jeweilige Kraftwerk werden bezogen auf die verbrauchte Strommenge die entsprechend durch die Produktion emittierten Schadstoffe berechnet. Bei mehreren Kraftwerken muß dies für den entsprechenden Energieproduktionsmix durchgeführt werden. Die Schadstoffe werden entsprechend ihrer Wirkungen auf die Gesundheit mit einem Toxizitätsfaktor durch Multiplikation gewichtet.

Als Bezugsgröße dienen die Verkehrsleistungen im ÖPNV. Für die Berechnung des MIV-bedingten Teils der Relativierungsgröße können die Pkw-Typen in der jeweiligen Kfz-Zulassungsstelle ausfindig gemacht werden und für die entsprechenden Schadstoffemissionen gibt es Tabellen bei dem ADAC oder den Automobilherstellern. Die Fahrleistungen können aufgrund von Untersuchungen im Verkehrsgebiet ermittelt oder aus bundesweiten Statistiken nach den Straßenkategorien aufgeführten

Fahrleistungen entnommen werden, die mit dem Anteil der im Verkehrsgebiet befindlichen Straßenkategorienkilometer multipliziert werden. Um die Verkehrsleistungen zu berechnen, müssen die Fahrleistungen mit dem durchschnittlichen Besetzungsgrad eines Pkw multipliziert werden.

Monetarisierung

Die Berechnung eines Monetarisierungsfaktors erfordert zunächst eine bundesweite Betrachtung, da auch die Krankenbehandlungskosten überwiegend allgemein getragen werden. MARBURGER[128] hat diesbezüglich Berechnungen durchgeführt. Dazu bedarf es der Ermittlung der bundesweit emittierten Schadstoffmengen, die mit dem jeweiligen Toxizitätsfaktor multipliziert gewichtete Emissionsmengen ergeben. Die Monetarisierung erfolgt, indem ein Anteil an den jeweiligen Krankenbehandlungskosten den durch Kraftfahrzeugemissionen verursachten Gesundheitsschäden zugerechnet werden. Erfaßt werden folgende Kosten:

- Kosten für Arbeitsunfähigkeitstage,
- Kosten für Krankenhaustage,
- Kosten für ambulante Behandlung,
- Kosten für Berufs- und Erwerbsunfähigkeit.

MARBURGER veranschlagt, daß in Deutschland zwischen 20 und 50 Prozent (durchschnittlich circa ein Drittel) aller Atemwegserkrankungen und zusätzlich 15 Prozent der Krebserkrankungen ohne die der Atmungsorgane durch den Verkehr verursacht werden. Dividiert man nun die den Schadstoffemissionen zuordenbaren Krankenbehandlungskosten durch die gewichteten Emissionsmengen erhält man einen bundesweiten Proportionalitätsfaktor für alle Schadstoffarten in DM pro gewichteter Schadstofftonne. Dafür errechnet MARBURGER einen Betrag von 7,63 DM pro Tonne.[129] Dieser Betrag, hochgerechnet auf den Kostenindex von 1998 und umgerechnet in Euro, ist Grundlage des Kostenansatzes für die Beurteilungsgröße (6,10 Euro pro Tonne). Aufgrund der Verwendung dieses Durchschnittswertes bei der Berechnung muß die jeweilige Schadstoffartmenge wieder mit den entsprechenden Toxizitätsfaktoren multipliziert werden.

---

128 Vgl. MARBURGER, E.: 1977, S. 205 – 207.

129 Die Kosten, die mit einer Behandlung von Atemwegbeschwerden infolge hoher Ozonwerte einhergehen, bleiben hier unberücksichtigt, da eine gesamte Deckung der Mobilitätsnachfrage durch den ÖPNV nicht zu einer Situation führen würde, in der Ozonalarm ausgelöst werden müßte.

Die Formel zur Berechnung der Kenngröße für die Gruppe „Gesundheit“ lautet:

Kenngröße für die Gruppe „$^{G\text{-}S\text{-}S}$ Gesundheit $_{s,n,c,h}$“			
Kenngröße für die Untergruppe „Schadstoffart SO_2“	Kenngröße für die Untergruppe „Schadstoffart NO_x“	Kenngröße für die Untergruppe „Schadstoffart CO“	Kenngröße für die Untergruppe „Schadstoffart HC“

$$\frac{\dfrac{{}_{g}\text{VÖ}}{{}_{gs}\text{SÖ} \times {}_{gs}\text{TF} \times {}_{gs}\text{MF}} + \dfrac{{}_{g}\text{VÖ}}{{}_{gn}\text{SÖ} \times {}_{gn}\text{TF} \times {}_{gn}\text{MF}} + \dfrac{{}_{g}\text{VÖ}}{{}_{gc}\text{SÖ} \times {}_{gc}\text{TF} \times {}_{gc}\text{MF}} + \dfrac{{}_{g}\text{VÖ}}{{}_{gh}\text{SÖ} \times {}_{gh}\text{TF} \times {}_{gh}\text{MF}}}{\dfrac{\sum_{g=1}^{G} \text{SM} \times \text{TF} \times \text{MF}}{\sum_{g=1}^{G} \text{SÖ} \times \text{TF} \times \text{MF}}}$$

In dieser Formel bedeuten die einzelnen Kürzel:

MF = Kosten für Gesundheitsschäden der jeweiligen Schadstoffart g (Euro pro Tonne)

TF = Toxizitätsfaktor der jeweiligen Schadstoffart g

SM = Schadstoffmengen der jeweiligen Schadstoffart g durch MIV (Tonnen pro Personenkilometer)

SÖ = Schadstoffmengen der jeweiligen Schadstoffart g durch ÖPNV (Tonnen pro Personenkilometer)

g = 1: SO_2 2: NO_x 3: CO 4: HC

${}_{g}$VÖ = Verkehrsleistung im ÖPNV im Verkehrsgebiet (Personenkilometer)

${}_{gc}$MF = Kosten für Gesundheitsschäden durch Schadstoff CO (Euro pro Tonne)

${}_{gc}$SÖ = Schadstoffmenge der Schadstoffart CO durch ÖPNV (Tonne)

${}_{gc}$TF = Toxizitätsfaktor der Schadstoffart CO

${}_{gh}$MF = Kosten für Gesundheitsschäden durch Schadstoff HC (Euro pro Tonne)

${}_{gh}$SÖ = Schadstoffmenge der Schadstoffart HC durch ÖPNV (Tonne)

${}_{gh}$TF = Toxizitätsfaktor der Schadstoffart HC

${}_{gn}$MF = Kosten für Gesundheitsschäden durch Schadstoff NO_x (Euro pro Tonne)

${}_{gn}$SÖ = Schadstoffmenge der Schadstoffart NO_x durch ÖPNV (Tonne)

${}_{gn}$TF = Toxizitätsfaktor der Schadstoffart NO_x

${}_{gs}$MF = Kosten für Gesundheitsschäden durch Schadstoff SO_2 (Euro pro Tonne)

${}_{gs}$SÖ = Schadstoffmenge der Schadstoffart SO_2 durch ÖPNV (Tonne)

${}_{gs}$TF = Toxizitätsfaktor der Schadstoffart SO_2

V.A.1.b Die Kenngröße für die Unfallträchtigkeit

Die Unfallträchtigkeit wird durch ein komplexes Zusammenwirken von subjektiven Faktoren der Verkehrsteilnehmer, durch verkehrliche wie zum Beispiel die Verkehrsdichte und durch sonstige Rahmenbedingungen wie zum Beispiel Blendung durch plötzliche Sonneneinstrahlung beeinflußt. Im Vergleich zu Autobahnen und Landstraßen sind die Zusammenhänge im innerörtlichen Bereich noch vielschichtiger. Sie unterliegen folgenden Faktoren:

- Menge der Verkehrsteilnehmer,
- Vielfalt der Verkehrsbeziehungsmöglichkeiten, zum Beispiel Anzahl von Kreuzungen,
- Signalanlagen,
- ständig wechselnde Anzahl, Breite und Eigenschaften der Fahrspuren,
- zahlreiche Faktoren, die die Konzentration der Verkehrsteilnehmer beeinflussen.

Eine Abnahme der Verkehrsteilnehmer als konkrete Auswirkung einer Verkehrsverlagerung auf den ÖPNV muß nicht zwingend eine Abnahme der Unfälle zur Konsequenz haben. Es könnte auch sein, daß durch eine abnehmende Verkehrsdichte sich die durchschnittliche Geschwindigkeit erhöht und die Konzentration der Verkehrsteilnehmer auf das Verkehrsgeschehen sinkt, so daß entweder die Unfälle steigen oder konstant bleiben. In dieser Arbeit wird jedoch als wahrscheinlich angenommen, daß eine Korrelation zwischen Zunahme des ÖPNV-Anteils am Modal Split und Abnahme der Unfälle beziehungsweise Unfallfolgen besteht.

> „Die Aufgabe, das menschliche Leben und die menschliche Gesundheit zu schützen, stehen in einer humanitären Gesellschaft obenan. Der kollektive Personen-Nahverkehr kann der Aufgabe der Sicherung gegen Verkehrsunfälle unmittelbar dienen, indem die schubweise Zusammenfassung der Transportvorgänge die Zahl der Fahrzeugbewegungen reduziert, eigene Fahrbahnen die Möglichkeit der Kollission mit anderen Fahrzeugen begrenzen und ihm vergleichsweise hohe Sicherheitsstandards in bezug auf Personal und Fahrzeuge, die Fahrzeugbewegungen sowie die Abstimmung von Wegen und Fahrzeugen auferlegt werden.“ [130]

Unfallfolgen entstehen in vielfacher Weise. Die Extremfolge ist der unwiederbringliche Verlust von Menschenleben, der für die Gesellschaft, besonders die Verwandten

---

[130] JÄGER, P.: 1974, S. 113. Vgl. auch OETTLE, K.: 1975, S. 4.

und Bekannten, die schwerste Belastung darstellt. In der Summe weist die Bilanz eine hohe Zahl auf.

> „Der Verkehr ist mit einer hohen Zahl an Unfallopfern verbunden. Bekanntlich kommen pro Jahr in Deutschland etwa zehntausend Menschen im Straßenverkehr ums Leben. In dreizehn Jahren, heißt das, ist eine Stadt wie Regensburg allein wegen des Straßenverkehrs ausgestorben.“ [131]

Häufig gibt es bei Unfällen „Personenschäden“ mit zum Teil schweren Verletzungen. Manchmal vergehen Monate für die Genesung beziehungsweise die Verunfallten werden sogar das ganze Leben mit den Folgen konfrontiert. Der Heilprozeß von Verletzten geht auf Kosten von Krankenkassen, von Unternehmen durch Ausfall der Mitarbeiter und/oder von Versicherungen.
Die Personenschäden bei Verletzten setzen sich zusammen aus:

- Heilprozeß Verletzter,
- Produktionsausfall durch das Fehlen Verletzter im Arbeitsprozeß.

In jedem Fall hat ein Unfall Sachschäden zur Folge, die zum Teil an den Fahrzeugen und zum Teil an sonstigen Gegenständen im Straßenraum oder an Gebäuden manifestieren. Sachschäden am Kfz oder im Straßenraum müssen entweder vom Unfallverursacher oder von den Versicherungen bezahlt werden.

Die Sachschäden setzen sich zusammen aus:

- Kfz-Schäden,
- sonstige materielle Schäden.

Darüberhinaus stehen mit einem Unfall fast immer weitere kostenverursachende Folgen in Zusammenhang. Dazu ist die meistens erforderlich Unfallaufnahme zu zählen und die oftmals folgenden gerichtlichen Verfahrensprozesse zur Klärung der Schuldfrage, die mit Verwaltungskosten verbunden sind. Auch dürfen die baulichen Vorsorgemaßnahmen zur Unfallvermeidung nicht unberücksichtigt bleiben.
Die sonstigen Unfallfolgen und die Unfallvorsorge setzen sich zusammen aus:

- Maßnahmen im Straßenraum, zum Beispiel die Einrichtung von Verkehrsinseln,
- Beseitigung von Unfallschwerpunkten,
- Verwaltung, zum Beispiel Unfallaufnahme durch Polizei,
- Prozeß im Fall eines gerichtlichen Unfallverfahrens.

[131] WITT, D.: 1996, S. 3.

Die Gruppe „Unfallträchtigkeit" wird nach den Unfallfolgearten in vier Untergruppen eingeteilt:

- Getötete (g),
- Verletzte (v),
- Sachschäden (s),
- sonstige Unfallfolgen und Unfallvorsorge (u).

Mengenberechnung

Die Beurteilungsgröße für die Unfallträchtigkeit ist die Anzahl der Unfälle. Die verschiedenen Unfallfolgearten sind Statistiken von Polizei, ÖPNV-Unternehmen oder Versicherungen zu entnehmen. Bei der Unfallträchtigkeit ist auch die Schuldfrage zu berücksichtigen, da dem jeweiligen Verkehrsmittel nur die externen Effekte angelastet werden dürfen, die es auch verursacht. Dies ist besonders auch vor dem Hintergrund nötig, daß Unfälle mit einem Bus oder einer Bahn aufgrund der hohen Masse mit einem hohen Schadenswert verbunden sind und im ÖPNV aufgrund der hohen Verkehrserfahrung der Fahrzeugführer Unfällen zu einem hohen Anteil Fremdverschulden zu Grunde liegen. Der Schuldanteil kann den Prozeßakten entnommen werden. Er wird als Prozentsatz der festgestellten Unfallverschuldung mit der Anzahl der Unfälle multipliziert. Unfälle mit Verkehrsmitteln des ÖPNV infolge von Selbstmordabsichten kommen nicht zum Ansatz, da diesen kein Verschulden durch den ÖPNV zugerechnet werden kann (Schuldanteil = 0 Prozent).

Als Bezugsgröße dienen die Verkehrsleistungen im ÖPNV.

Monetarisierung

Die volkswirtschaftlichen Kosten eines Unfalls bewegen sich in einer großen Bandbreite. Ein Durchschnittswert pro Unfall wäre demzufolge zu pauschalisierend und würde besonders den in der Stadt häufiger auftretenden „Blechschäden" nicht gerecht. Die Kosten sind abhängig von dem Ausmaß der Unfallfolgen. Eine monetäre Bewertung der einzelnen Unfallfolgearten wurde in der Untersuchung von TEUFEL[132] durchgeführt.[133] Bei einer monetären Gesamtbewertung in Zusammenhang mit anderen Unfallschäden stellt sich besonders die ethische Frage nach einer Bewertbarkeit von Leben. Die in der Untersuchung von TEUFEL vorgenommene monetäre Bewer-

[132] Vgl. TEUFEL, D. et al.: 1991, S. 18.

[133] Die ermittelten Beträge von TEUFEL werden zur Grundlage genommen (Werte in Klammern) und aufgrund der Lohnsteigerung von 1991 – 1998 anhand des Indexes für Bruttomonatsverdienste um durchschnittlich 15 % (vgl. Statistischen Jahrbuch 2000) hochgerechnet und in Euro zum Kurs von 1 DM = 1,956 Euro umgerechnet.

tung von durch Unfälle Getöteten wird in diesem Kenngrößensystem aufgrund der Einmaligkeit des Phänomens Menschenleben, das nicht in Geld meßbar ist, nicht übernommen. Dieses Ereignis wird in der Kenngrößenberechnung abweichend von der Systematik allein mit der absoluten Zahl von Menschenopfern berücksichtigt.[134] Auch bei Schwerverletzten ist eine monetäre Bewertung problembehaftet, da diese Unfallfolgeart vielfach mit heftigen Schmerzen und häufig langfristigen Behinderungen verbunden ist, die in ihren psychischen und emotionalen Beeinträchtigung der Lebensqualität ebenfalls nicht monetär bemessen werden können.

Die durchschnittlichen Kostensätze für die einzelnen Unfallfolgearten sind:

für Verletzte:	Schwerverletzte	131.710 Euro (223.340 DM)
	Leichtverletzte	6.700 Euro (11.418 DM)
für Sachschäden:		2.120 Euro (3.610 DM)[135]
für sonstige Unfallfolgen und Unfallvorsorge:[136]		

Die Formel zur Berechnung der Kenngröße für die Gruppe „Unfallträchtigkeit“ lautet:

Kenngröße für die Gruppe „$^{G\text{-}S\text{-}S}$ Unfallträchtigkeit $_{g,s,u,v}$“			
Kenngröße für die Untergruppe „Getötete“	Kenngröße für die Untergruppe „Verletzte“	Kenngröße für die Untergruppe „Sachschäden“	Kenngröße für die Untergruppe „Sonstige Unfallfolgen und Unfallvorsorge“

$$\frac{\dfrac{_{u}VÖ}{_{ug}UF \times {}_{ug}GT \times {}_{ug}SA} + \dfrac{_{u}VÖ}{_{uv}UF \times {}_{uv}MF \times {}_{uv}SA} + \dfrac{_{u}VÖ}{_{us}UF \times {}_{us}MF \times {}_{us}SA} + \dfrac{_{u}VÖ}{_{uu}UF \times {}_{uu}MF \times {}_{uu}SA}}{\dfrac{\sum_{u=1}^{U} UM \times SM \times MF}{\sum_{u=1}^{U} UÖ \times SÖ \times MF}}$$

[134] Zur Vollständigkeit und im Fall des Bedarfs einer systematischen Anwendung in Kombination mit der monetären Bemessung anderer Schäden beziehungsweise zur Relativierung im Sinn einer unbeschreiblich höheren Bedeutung wird der bei TEUFEL veranschlagte durchschnittliche Kostensatz für Getötete aufgeführt: 3.375.230 Euro (5.750.866 DM)

[135] Die von TEUFEL veranschlagten Sachschadenskosten sind auf Unfälle allgemein mit Pkw bezogen. Für Sachschäden an Verkehrsmitteln im ÖPNV sind die für das Verkehrsgebiet spezifischen Kosten zu ermitteln.

[136] Die für das Verkehrsgebiet spezifischen Kosten für sonstige Unfallfolgen und Maßnahmen, die zur Unfallvorsorge vorgenommen wurden, sind abzuschätzen.

In dieser Formel bedeuten die einzelnen Kürzel:

MF = (durchschnittliche) Kosten für Unfälle mit Unfallfolgeart u (Euro)
SM = Schuldanteil durch MIV bei Unfällen mit Unfallfolgeart u (%)
SÖ = Schuldanteil durch ÖPNV bei Unfällen mit Unfallfolgeart u (%)
UM = Unfälle durch MIV mit der jeweiligen Unfallfolgeart u (Anzahl)
UÖ = Unfälle durch ÖPNV mit der jeweiligen Unfallfolgeart u (Anzahl)
u = 1: Getötete 2: Verletzte 3: Sachschäden 4: Unfallvorsorge- und -folgekosten
$_{u}$VÖ = Verkehrsleistung im ÖPNV im Verkehrsgebiet (Personenkilometer)
$_{ug}$GT = „Getötete" (Anzahl)
$_{ug}$SA = Schuldanteil bei Unfällen mit der Unfallfolgeart „Getötete" im ÖPNV (%)
$_{ug}$UF = Unfälle mit der Unfallfolgeart „Getötete" im ÖPNV (Anzahl)
$_{us}$MF = (durchschnittliche) Kosten für die Unfallfolgeart „Sachschäden" (Euro)
$_{us}$SA = Schuldanteil bei Unfällen mit der Unfallfolgeart „Sachschäden" im ÖPNV (%)
$_{us}$UF = Unfälle mit der Unfallfolgeart „Sachschäden" im ÖPNV (Anzahl)
$_{uu}$MF = (durchschnittliche) Kosten für die Unfallfolgeart „Sonstige Unfallfolgen und Unfallvorsorge" (Euro)
$_{uu}$SA = Schuldanteil bei Unfällen mit der Unfallfolgeart „Sonstige Unfallfolgen und Unfallvorsorge" im ÖPNV (%)
$_{uu}$UF = Unfälle mit der Unfallfolgeart „Sonstige Unfallfolgen und Unfallvorsorge" im ÖPNV (Anzahl)
$_{uv}$MF = (durchschnittliche) Kosten für die Unfallfolgeart „Verletzte" (Euro)
$_{uv}$SA = Schuldanteil bei Unfällen mit der Unfallfolgeart „Verletzte" im ÖPNV (%)
$_{uv}$UF = Unfälle mit der Unfallfolgeart „Verletzte" im ÖPNV (Anzahl)

V.A.2 Kenngrößen für die gemeinstaatlichen Auswirkungen

In die Hauptgruppe „gemeinstaatliche Auswirkungen" werden die Einflußfaktoren eingeordnet, die Vorteile oder Nachteile auf die allgemeine Wohlfahrt eines Gemeinwesens ausüben. Die externen Effekte entstehen zwar durch das Verhalten der in einem Staat zusammenlebenden Individuen und haben positive oder negative Auswirkungen auf das Alltagsleben der Gesellschaft, aber der soziale Nutzen beziehungsweise „Schaden" kommt nur in der Gesamtheit im Verständnis volkswirtschaftlicher Interessen für die Gemeinschaft zum Tragen. Dies trifft auf den für die meisten Wirtschaftsprozesse erforderlichen Zeitaufwand und Energieumsatz[137] zu.

Die Hauptgruppe „gemeinstaatliche Auswirkungen" wird in zwei Gruppen untergliedert:
- Zeitaufwand (z),
- Energieumsatz (e).

Bei den Kenngrößen für die Untergliederungen dieser Hauptgruppe umfaßt die Relativierungsgröße die Gesamtheit der jeweiligen externen Effekte im Verkehr. Dies erfolgt durch den Quotienten aus den MIV-bedingten und den ÖPNV-bedingten externen Effekten. Je größer die MIV-bedingten externen Effekte werden, desto kleiner wird der Gesamtwert der Kenngröße. Der Fall, daß der ÖPNV mit besonders starken externen Effekten einen guten Kenngrößenwert bekommt, da diese im Nenner stehen, wird durch die Verkehrsleistungen als Bezugsgröße vermieden.

V.A.2.a Die Kenngröße für den Zeitaufwand

Die Zeit ist in ihrem kontinuierlichen Ablauf nicht käuflich beziehungsweise keine beeinflußbare Variable. Sie ist jedoch ein ökonomischer Faktor, da eine beschleunigte Durchführung von produktiven Aktivitäten weniger lang Kapitalkosten durch einen schnelleren Umsatz bindet oder zu einer schnelleren Bereitstellung eines Produktes und damit zur schnelleren Kostendeckung durch Erträge führt oder eine gebundene Arbeitskraft schneller für andere Tätigkeiten zur Verfügung steht. Über diese Zusammenhänge kann von „Zeiteinsparung" pro einer bestimmten Tätigkeit die Rede sein und Zeit rationalisiert beziehungsweise monetarisiert werden.

Grundsätzlich wird von der Annahme ausgegangen, daß der verkehrsbedingte Zeitaufwand durch den Umfang des ÖPNV-Angebotes beeinflußt wird, da ein erheblicher Teil der Pkw-Verkehrsleistungen durch den ÖPNV substituiert werden kann, wodurch zeitlich Verbesserungen für den verbleibenden Verkehr und besonders den nicht verlagerbaren Verkehr eröffnet werden. Ein Umstieg von Verkehrsnachfragern mit Verkehrsmittelwahlfreiheit eröffnet also einen schnelleren Verkehrsfluß mit weniger Zeitverlusten beziehungsweise naturalen Zeitgewinnen[138] für diejenigen, die zur Befriedigung ihrer

[137] In der Dissertation wird der Begriff Energieumsatz statt dem geläufigeren, aber zu Mißverständnissen führenden Begriff Energieverbrauch beziehungsweise Energieaufwand verwendet, da es nach den physikalischen Gesetzen der Entropie keinen Verbrauch von Energie gibt, sondern nur eine Überführung in andere Formen der Energie. Energie befindet sich im Gleichgewicht und kann nicht verbraucht werden.

[138] Zur Entstehung und Ermittlung naturaler Zeitgewinne vgl. GEIGER, M.: 1973, S. 43 ff.

Verkehrsbedürfnisse nicht auf den ÖPNV umsteigen oder umsteigen können. In bezug auf eine Bewertung ist eine grundlegende Unterscheidung nach den Verkehrsanlässen in Wirtschaftsverkehr und privater Personenverkehr vorzunehmen.

Wirtschaftsverkehr ist entweder durch dienstliche Zwecke bedingte Fahrten mit dem Pkw während der Arbeitszeit oder Gütertransporte mit dem Lkw. Besonders dieser hat die konkreten zeit-ökonomischen Vorteile durch eine staufreie Fahrt und schnellere Lieferungen, wenn durch andere Verkehrszwecke bedingte Fahrten entfallen. Dies hat Rückwirkungen auf die Gesellschaft, da zum Beispiel bei niedrigeren Distributionskosten für die Unternehmen die Produkte billiger werden. Der Gütertransport wird nach den Fahrzeuggruppen Lastkraftwagen und Lastzüge weiter unterteilt. In einer detaillierten Betrachtung müßten beim Gütertransport Menge und Wert der transportierten Güter bewertet werden. Der Wirtschaftsverkehr als Gütertransport hat besonders im Nahverkehr die Charakteristik, im wesentlichen nicht auf den ÖPNV verlagerbar zu sein. Deshalb finden die Güterverkehrsleistungen keine Berücksichtigung in Form einer eigenen Untergruppe in der Kenngröße.

Privater Personenverkehr sind Fahrten zwischen Wohnung und Arbeitsstätte (Berufsverkehr) und Fahrten, denen Fahrzwecke des Einkaufs und sonstiger privater Erledigungen sowie der Freizeit (Urlaub) zugrunde liegen. Je nach Verkehrszweck können die Fahrten als unterschiedlich wertvoll betrachtet werden, weshalb danach eine Unterscheidung des Kostenansatzes erfolgt. Aufgrund der Komplexität bleibt unberücksichtigt, daß darüberhinaus die Bewertung von dem beruflichen Hintergrund der Person und dem für die Tätigkeit zur Verfügung stehenden Zeitbudget abhängig ist. Je nach dem, ob die Person ein Handwerker oder ein Manager ist oder ob es „pressiert“ oder Zeit wenig relevant ist (Spazierfahrten) oder gar das Verstreichen als quälend langsam empfunden wird, müßte ein anderer Kostenansatz veranschlagt werden. Für eine Berechnung wären umfangreiche Erhebungen über die Zusammensetzung und die Motivationen der Verkehrsteilnehmer erforderlich. Für einen Vergleich kann sich auf eine vereinfachte Ansetzung mit einem einheitlichen Zeitkostensatz für alle Verkehrsteilnehmer beschränkt werden. Der private Personenverkehr setzt sich nach Verkehrszwecken zusammen aus:

- Fahrten im Freizeitverkehr,
- Fahrten im Berufsverkehr,
- Fahrten im Einkaufsverkehr.

Die Gruppe „Zeitaufwand“ wird nach den Verlagerungsmöglichkeiten auf den ÖPNV und den Differenzierungsnotwendigkeiten bei der Monetarisierung in zwei Unter-

gruppen eingeteilt:
- Wirtschaftspersonenverkehr nach Branchen (w),
- privater Personenverkehr nach Verkehrszwecken (p).

Mengenberechnung

Die Ursachen für einen vermehrten Zeitaufwand für Fahrten ist von vielen Faktoren abhängig, die in den Verkehrsgebieten teilweise erheblich nach der Zusammensetzung und des Umfangs des Wirtschaftsverkehrs sowie des privaten Personenverkehrs und der vorhandenen Straßenkapazitäten differieren. Bei einer Beurteilung des zeitlichen Nutzens werden die Stauzeiten bestimmt, die in dem Verkehrsgebiet einem zeitlich optimalen Fahrtverlauf entgegenstehen. Dieser Zeitverlust ist für alle Verkehrsteilnehmer gleich. Eine Differenzierung erfolgt durch die Monetarisierung mit nach Fahrzeugen und Verkehrszwecken unterschiedlichen Kostensätzen.

Als Bezugsgröße dienen die mit dem ÖPNV durchgeführten Verkehrsleistungen im Wirtschaftspersonenverkehr und im privaten Personenverkehr. Zur Relativierung werden die Zeitverluste für die Gütertransporte einbezogen, da diese von der Benutzung des ÖPNV durch freiere Straßen profitieren. Je weniger sie betragen, desto besser ist es für die Gesamtwirtschaft und desto größer wird der Gesamtwert.

Monetarisierung

Der Zeitaufwand von Personen ist jenseits der objektiven Faktoren der gleichen Verkehrsleistungen und Zeitverluste als subjektiv und situativ unterschiedlich wertvoll zu betrachten. Finden Verkehrsleistungen im Wirtschaftsverkehr statt, so hat der Kostenansatz für Zeitverluste eine konkrete Rechtfertigung, da sie sich in Kostenrechnungen niederschlagen. Im Gegensatz dazu findet der Kostenansatz im privaten Personenverkehr keinen realen Niederschlag, da dem Zeitverlust keine direkten Kosten vom Individuum gegenübergestellt werden. Er wird jedoch veranschlagt, da durch geringere Belastungen, die bei Stau auf Personen einwirken, und durch alternative (produktivere) Tätigkeiten während der im Stau verbrachten Zeit möglich sind, ein sozialer Nutzen bewertet wird. Die Beurteilung der Zeit im Verkehr erfolgt mit der direkten Methode eines alternativen Kostenansatzes, indem der Wert für eine Stunde in Abhängigkeit des Verkehrsmittels im Wirtschaftsgüterverkehr, der Branche im Wirtschaftspersonenverkehr und des Verkehrszwecks im privaten Personenverkehr ermittelt wird. Diesbezüglich schaffen die Untersuchungen von MEEWES / ROTHENGATTER[139] durch umfangreiche Analysen eine Monetarisierungsbasis zur Bewertung von Zeitein-

[139] Vgl. MEEWES, V. / ROTHENGATTER, W.: 1976, S. 119 f.

sparungen für den Wirtschaftsverkehr und den privaten Personenverkehr.

Danach können für Kostensätze im Wirtschaftsverkehr folgende Werte veranschlagt werden:[140]

Fahrten mit Pkw [141]	8,20 Euro pro Stunde/Fahrzeug (10,-- DM pro Stunde/Fahrzeug)
Fahrten mit Lkw	12,25 Euro pro Stunde/Fahrzeug (15,-- DM pro Stunde/Fahrzeug)
Fahrten mit Lastzug	21,60 Euro pro Stunde/Fahrzeug (27,-- DM pro Stunde/Fahrzeug)

Die Fahrten im Wirtschaftspersonenverkehr und die entsprechenden Zeitverluste sind nach den Branchen unterteilt zu bewerten, da unterschiedliche Lohnniveaus bestehen. Die Fahrzeiten sind Fahrtenbüchern oder Dienstreiseanträgen in Unternehmen jeweiliger Branchen zu entnehmen.

Für Fahrten im privaten Personenverkehr betragen die Werte nach Verkehrszweck:[142]

Fahrten im Berufsverkehr	6,06 Euro (7,58 DM) pro Stunde und Person
Fahrten im Einkaufsverkehr	5,22 Euro (6,53 DM) pro Stunde und Person
Fahrten im Freizeitverkehr	3,63 Euro (4,54 DM) pro Stunde und Person

Die Formel zur Berechnung der Kenngröße für die Gruppe „Zeitaufwand" lautet:

Kenngröße für die Gruppe
„$^{G\text{-}S\text{-}G}$ **Z**eitaufwand $_{w,p}$"

Kenngröße für die Untergruppe „**W**irtschaftspersonenverkehr nach Branchen"	Kenngröße für die Untergruppe „**P**rivater Personenverkehr nach Verkehrszwecken"

$$\frac{\dfrac{{}_{z}VW}{{}_{zw}ZA \times {}_{zw}MF} + \dfrac{{}_{z}VP}{{}_{zp}ZA \times {}_{zp}MF}}{\dfrac{ZG \times MG + ZB \times MB + ZV \times MV}{ZW \times MW + ZP \times MP}}$$

[140] Die von MEEWES / ROTHENGATTER ermittelten Beträge werden zur Grundlage genommen (Werte in Klam-mern) und aufgrund der Lohnsteigerung von 1976 - 1998 anhand des Indexes für Bruttomonatsverdienste und den Kostensteigerungen für Fahrzeuge um durchschnittlich 60 % (Vgl. Statistisches Jahrbuch) hochgerechnet und in Euro zum Kurs von 1 DM = 1,956 Euro umgerechnet.

[141] Für diese Fahrtenkategorie werden von MEEWES / ROTHENGATTER keine eigenen Kostenansatzberechnungen durchgeführt; es wird ein geschätzter Kostenansatz aufgeführt.

[142] Dabei werden die ermittelten Beträge von MEEWES / ROTHENGATTER zur Grundlage genommen (Werte in Klammern) und aufgrund der Lohnsteigerung von 1976 - 1998 anhand des Indexes für Bruttomonatsverdienste und den Kostensteigerungen für Fahrzeuge um durchschnittlich 60 % (Vgl. Statistisches Jahrbuch) hochgerechnet und in Euro zum Kurs von 1 DM = 1,956 Euro umgerechnet.

In dieser Formel bedeuten die Kürzel:

MB = Kostenansatz für den Zeitaufwand im Wirtschaftspersonenverkehr nach Branchen mit Pkw (Euro pro Stunde)

ZB = Zeitaufwand durch Stau im Wirtschaftspersonenverkehr nach Branchen mit dem Pkw (Stunde)

MG = Kostenansatz für den Zeitaufwand im Wirtschaftsgüterverkehr nach Fahrzeuggruppen (Euro pro Stunde)

ZG = Zeitaufwand durch Stau im Wirtschaftsgüterverkehr nach Fahrzeuggruppen (Stunde)

MP = Kostenansatz für den Zeitaufwand im privaten Personenverkehr nach Verkehrszweck mit ÖPNV (Euro pro Stunde und Person)

ZP = Zeitaufwand durch Stau bei privaten Fahrten nach Verkehrszwecken mit ÖPNV (Stunde)

MV = Kostenansatz für den Zeitaufwand im privaten Personenverkehr nach Verkehrszweck mit Pkw (Euro pro Stunde)

ZV = Zeitaufwand durch Stau im privaten Personenverkehr nach Verkehrszwecken mit dem Pkw (Stunde)

MW = Kostenansatz für den Zeitaufwand im Wirtschaftspersonenverkehr nach Branchen mit ÖPNV (Euro pro Stunde und Person)

ZW = Zeitaufwand durch Stau im Wirtschaftspersonenverkehr nach Branchen mit ÖPNV

$_{z}VP$ = Verkehrsleistung im privaten Personenverkehr nach Verkehrszwecken im ÖPNV im Verkehrsgebiet (Personenkilometer)

$_{z}VW$ = Verkehrsleistung im Wirtschaftspersonenverkehr nach Branchen im ÖPNV im Verkehrsgebiet (Personenkilometer)

$_{zp}MF$ = Kostenansatz für den Zeitaufwand im privaten Personenverkehr nach Verkehrszweck mit ÖPNV (Euro pro Stunde und Person)

$_{zp}ZA$ = Zeitaufwand durch Stau bei privaten Fahrten nach Verkehrszwecken mit ÖPNV (Stunde)

$_{zw}MF$ = Kostenansatz für den Zeitaufwand im Wirtschaftspersonenverkehr nach Branchen mit ÖPNV (Euro pro Stunde und Person)

$_{zw}ZA$ = Zeitaufwand durch Stau im Wirtschaftspersonenverkehr nach Branchen mit ÖPNV (Stunde)

V.A.2.b Die Kenngröße für den Energieumsatz (Energieaufwand)

Für Deutschland wird geschätzt, daß fast 50 Prozent des Energieumsatzes direkt oder indirekt verkehrsbedingt sind.[143] Nach SCHARINGER[144] hängen die Anteile der Verkehrsträger am gesamten Energieumsatz des Verkehrs von den Anteilen der Verkehrsleistung, von der Auslastung der Verkehrsmittel und von ihrem jeweiligen spezifischen Energieumsatz je Personen- oder Tonnenkilometer ab. Der spezifische Energieumsatz beruht wiederum auf dem Wirkungsgrad der verwendeten Antriebsmaschinen.

Aufgrund dieser Faktoren haben die einzelnen Verkehrsträger unterschiedliche Anteile am gesamten Energieumsatz. Der MIV hat 1998 einen Anteil von 57,5 Prozent am gesamten Energieumsatz von 2.679 Petajoule. An zweiter Stelle kommt der Güterverkehr auf der Straße mit 27,6 Prozent und danach der Luftverkehr mit einem Anteil von ungefähr 10 Prozent. Der Schienenverkehr insgesamt macht 3 Prozent und der öffentliche Straßenpersonenverkehr knapp die Hälfte, 1,5 Prozent, aus. Den geringsten Anteil hat die Binnenschiffahrt mit 0,6 Prozent.[145] Der Endenergieumsatz im Verkehr insgesamt ist seit 1960 um das fünffache gestiegen. Dadurch kommt eine dramatische Verschleuderung von Ressourcen zum Ausdruck, die durch die Gesellschaft in der zweiten Hälfte des 20. Jahrhunderts begangen wurde.[146]

> „Zwischen der eingesetzten Endenergie und der tatsächlich zum Transport genutzten Energie besteht eine erhebliche Diskrepanz. Während sich bei elektrischen Schienenfahrzeugen, umgerechnet auf den Primärenergieeinsatz, Nutzungsgrade zwischen 30 und 25 % ergeben, nutzt ein Dieselmotor im Straßenverkehr und in der Binnenschiffahrt den eingesetzten Kraftstoff nur zu weniger als 20 % und ein Ottomotor gar nur zu weniger als 15 %.“ [147]

Bei einem Vergleich des Energieumsatzes muß eine Gesamtenergieumsatzbilanz erstellt werden. Es darf nicht nur der Betrieb der Verkehrsmittel berücksichtigt werden, sondern der Energieumsatz für die Bereitstellung der Infrastruktur und während der gesamten „Lebenszeit“ eines Verkehrsmittels: vom Beginn der Produktion über die Nutzungsphase bis zum Ende, der Entsorgungsphase.

Der Maßstab für den Vergleich der Energieeffizienz der jeweiligen Verkehrsmittel ist

---

[143] Vgl. HEINLOTH, K.: 1993, S. 223.
[144] Vgl. SCHARINGER, F. X.: 1997, S. 231.
[145] Vgl. DIW: 2000.
[146] Vgl. WITT, D.: 1996, S. 3.
[147] SABATHIL, G. / WITT, D.: 1980, S. 1.

der durchschnittliche Energieumsatz. Er wird in Kilowattstunden pro Personenkilometer angegeben. Der durchschnittliche Energieumsatz ergibt sich aus der Summierung aller für die Funktion des jeweiligen Systems aufgewendeten Energiemengen. Er kann grundsätzlich nach einem fixen Energieumsatz und einem variablen Energieumsatz unterschieden werden.

Der fixe Energieumsatz ist Maßstab für den Energieumsatz im „Leben" eines Verkehrsmittels und setzt sich aus dem Investivenergieumsatz und dem Betriebsenergieumsatz mit dem Treibstoffverbrauch als Hauptfaktor zusammen. Der Investivenergieumsatz umfaßt den Energieumsatz für die Produktion und Entsorgung der Verkehrsmittel und die Bereitstellung der Infrastruktur für die Verkehrsmittel. Der Energieumsatz für den Transport von Personen wird als variabler Energieumsatz bezeichnet.

Die Gruppe „Energieumsatz" wird in vier Untergruppen eingeteilt:
- Infrastruktur (i),
- Produktion und Entsorgung von Verkehrsmitteln (p),
- Betrieb von Verkehrsmitteln (b),
- Transport von Personen (t).

Mengenberechnung

Zur Abschätzung des absoluten Investivenergie- und des Betriebsenergieumsatzes wird eine Untersuchung von HÖPFNER / KNÖRR[148] zugrunde gelegt. Dieser zufolge sind im Hinblick auf den fixen Energieumsatz ein Drittel der CO_2-Emissionen im Verkehr direkt und indirekt dem privaten Kraftfahrzeugverkehr zuzuschreiben. In Kombination mit dem Ergebnis aus dem Bericht der Enquête-Kommission, daß der Betriebsenergieumsatz im Straßenverkehr 18 Prozent der gesamten verkehrsbedingten CO_2-Emissionen verursachte,[149] kann auf ungefähr gleich große Anteile des Investivenergie- und Betriebsenergieumsatzes geschlossen werden. Diese Ergebnisse werden durch eine Untersuchung zum Stadtverkehr in Heidelberg vom Umwelt- und Prognoseinstitut (UPI)[150] ergänzt und bestätigt, in der der Energieumsatz von Personen beim Fahren mit einem durchschnittlichen Pkw, das heißt der variable Energieumsatz, mit 55 Prozent des Energieumsatzes der gesamten Prozeßkette beim Pkw errechnet wird. Diese Abschätzung des absoluten Energieumsatzes muß für einen Vergleich relativiert werden, indem er auf die Verkehrsleistungen bezogen wird.

---

[148] Vgl. HÖPFNER, U. / KNÖRR, W.: 1992.
[149] Vgl. Deutscher Bundestag: 1994, S. 22.
[150] Vgl. UPI: 1994.

Für den Betriebsenergieumsatz errechnet sich aus dem Kraftstoffverbrauch im privaten Kraftfahrzeugverkehr bezogen auf die jährliche Verkehrsleistung beim Pkw ein Wert von 0,6 kWh/Pkm. Der Betriebsenergieumsatz im ÖPNV beträgt nach MÜLLER[151] durchschnittlich 0,25 kWh/Pkm, wobei er bei Eisenbahnen (0,35 kWh/Pkm) höher und bei Bussen (0,2 kWh/Pkm) niedriger liegt.

Der relative Wert des Betriebsenergieumsatzes kann trotz ähnlicher absoluter Werte für den Investivenergieumsatz nicht genau übernommen werden, da hierbei auch die Nutzungsdauer der Verkehrsmittel eine wichtige Rolle spielt, die im ÖPNV wesentlich länger ist als beim Pkw. Unter Einbezug der Verkehrsleistung sind im Gegensatz zum Pkw, der ungefähr ähnliche relative Werte beim Investivenergieumsatz wie beim Betriebsenergieumsatz hat, im ÖPNV wesentlich niedrigere Werte, ungefähr ein Zehntel des Betriebsenergieumsatzes, zu veranschlagen.

> „Für das System ÖPNV ist zu vermuten, daß der Investivenergieumsatz substantiell (das heißt etwa eine Größenordnung) kleiner ist als beim MIV, da der Nutzungsgrad der Fahrzeuge (die den überwiegenden Teil des Investivenergieumsatzes binden) im ÖPNV um ein Mehrfaches höher ist als beim MIV: Einerseits wegen der längeren täglichen Nutzungsdauer von Bussen und Bahnen (ein Pkw wird täglich durchschnittlich lediglich 44 Minuten genutzt) andererseits wegen der längeren Nutzungsdauer der Fahrzeuge insgesamt, die bei Bahnen in vielen Fällen 30 Jahre übersteigt.“ [152]

Der variable Energieumsatz hängt von dem Besetzungsgrad des jeweiligen Verkehrsmittels ab beziehungsweise ist mit der beförderten Anzahl von Fahrgästen verbunden. Im ÖPNV macht dies bei einem Gewicht eines Fahrgastes von 70 kg gemessen an einem Gewicht eines Busses (7 Tonnen) und einer Beförderung von 25 Personen (ein Auslastungsgrad von 25 Prozent bei 100 Sitz- und Stehplätzen) circa 25 Prozent, bei einem dieselbetriebenen Nahverkehrszug der Baureihe VT 628 (circa 70 Tonnen Gewicht) und einer durchschnittlichen Beförderung von 100 Personen (25 Prozent Auslastungsgrad bei 400 Sitz- und Stehplätzen) circa 10 Prozent aus. Unter der Annahme, daß der Energieumsatz proportional zur bewegten Masse ist, bedeutet dies einen Beförderungsenergieumsatz für den straßengebundenen AÖPNV von 0,05 kWh/Pkm (SPNV: 0,035 kWh/Pkm). Ein durchschnittlicher Verbrauch eines Pkw mit Ottomotor liegt bei 9,0 l/100 Kilometer (mit Dieselmotor: 7,6 l/100 km). Bei einem durch-

[151] Vgl. MÜLLER C.: 1990, S. 583.
[152] TREBER, M.: 1995, S. 26.

schnittlichen Besetzungsgrad von 1,3 Personen errechnet sich ein Kraftstoffverbrauch von 6,9 l/100 Pkm (Dieselmotor: 5,8 l/100 Pkm). Der Beförderungsenergieumsatz gemessen am gesamten Transportgewicht beträgt beim Pkw durchschnittlich 2,1 l/100 Pkm, das heißt 0,2 kWh/Pkm (Dieselmotor: 0,16 kWh/Pkm). Der spezifische Transportenergieumsatz des MIV ist im Vergleich zur Beförderung mit Bussen viermal und mit Zügen sechsmal so hoch.[153] In Tabelle 4 sind die Systemgrößen für den Energieumsatz für ÖPNV und MIV in Deutschland dargestellt.

Für die Berechnung des Energieumsatzes im gesamten ÖPNV ist die Verteilung der eingesetzten Energieträger bei den jeweiligen Verkehrsmitteln unter Bezug auf die Verkehrsleistung maßgebend. Im Durchschnitt werden im SPNV 80 Prozent der Verkehrsleistungen durch Fahrzeuge mit elektrischen Antrieb geleistet (20 Prozent mit dieselbetriebenen Bahnen). Im AÖPNV besteht ungefähr ein umgekehrtes Verhältnis. Im MIV werden circa 80 Prozent der Verkehrsleistungen von Pkw mit Ottomotor und 20 Prozent von dieselbetriebenen Pkw durchgeführt.

Monetarisierung

Die Monetarisierung des Energieumsatzes erfolgt anhand der Kosten, die zur Zeit für den „Einkauf" des jeweiligen Energieträgers entstehen. In diesen sind die für die Produktion des Energieträgers entstandenen externen Effekte nicht inbegriffen. Sie können insofern keinen „vollen" Kostenansatz darstellen, zumal Mehrkosten für eine Gesellschaft dadurch entstehen, daß der Rückgriff auf diese Energieträger für immer verloren ist und ein früheres Ende der Ressourcen mit der beschleunigten Suche nach Alternativen und mit gesellschaftlichen Kosten verbunden ist.

[153] Vgl. TREBER, M.: 1995, S. 26.

Tabelle 4: Systemgrößen für Energieumsatz des ÖPNV und des MIV in Deutschland 1998[154]

Systemgrößen	ÖPNV gesamt	Busse	Schienenfahrzeuge		MIV	
Endenergieumsatz (Petajoule)	119	41	78		1.582	
Menge der Energieträger		Diesel	Diesel	elektrisch	Benzin	Diesel
(Diesel und Benzin: Mio t)		1,02	0,61		29,86	6,25
Kraftstoffverbrauch (Mrd l Kraftstoff/Mrd kWh)		1,14	0,69	14,81	38,79	7,03
Investivenergieumsatz (kWh/Pkm)	0,040	0,06	0,06	0,030	0,60	0,60
Betriebsenergieumsatz (kWh/Pkm)	0,250	0,20	0,20	0,350	0,63	0,52
Transportenergieumsatz (kWh/Pkm)	0,043	0,05	0,035	0,035	0,20	0,16
Durchschnittlicher Energieumsatz (kWh/Pkm)	0,351	0,31	0,295	0,415	0,68	0,55
Durchschnittlicher Energieumsatz (l/Pkm)	0,037	0,033	0,033	0,043	0,069	0,058
Verkehrsleistung (Mrd Pkm)	140,300	51,50	18,07	54,22	619,00	135,80
Energieumsatz (Mrd kWh)	22,50			22,50		
Energieumsatz (Mrd l)	2,27	1,67	0,60		42,71	7,87
Kosten (DM) pro l Kraftstoff bzw. pro kWh	0,70/0,19	0,70	0,70	0,19	1,62	1,24
Kosten (Mrd DM) gesamt	5,86	1,17	0,42	4,27	69,19	9,76
Kosten (Mrd Euro) gesamt	3,00	0,60	0,21	2,19	35,30	5,00

Die Formel zur Berechnung der Kenngröße für die Gruppe „Energieumsatz" lautet:

Kenngröße für die Gruppe
„$^{G\text{-}S\text{-}G}$Energieumsatz $_{i,p,b,t}$"

Kenngröße für die Untergruppe „Infrastruktur"	Kenngröße für die Untergruppe „Produktion und Entsorgung von Verkehrsmitteln"	Kenngröße für die Untergruppe „Betrieb von Verkehrsmitteln"	Kenngröße für die Untergruppe „Transport von Personen"

$$\frac{\dfrac{{}_{e}VÖ}{{}_{ei}EU \times {}_{ei}MF} + \dfrac{{}_{e}VÖ}{{}_{ep}EU \times {}_{ep}MF} + \dfrac{{}_{e}VÖ}{{}_{eb}EU \times {}_{eb}MF} + \dfrac{{}_{e}VÖ}{{}_{et}EU \times {}_{et}MF}}{\dfrac{MF \times \sum EM}{MF \times \sum EÖ}}$$

[154] IFEU: 1992. BMV: 1999. Eigene Berechnungen. Die Kosten der Verkehrsunternehmen für die Antriebsmittel wurden ermittelt, indem der gesamte Aufwand für Dieselkraftstoffe beziehungsweise Fahrstrom aus den Statistiken des VDV durch die Kraftstoffmenge beziehungsweise Strommenge für das Jahr 1998 geteilt wurde.

In dieser Formel bedeuten die einzelnen Kürzel:

EM	=	Energieumsatz im MIV (kWh)
EÖ	=	Energieumsatz im ÖPNV (kWh)
MF	=	Kosten für Energieumsatz (Euro pro kWh)
$_{e}$VÖ	=	Verkehrsleistungen im ÖPNV im Verkehrsgebiet (Personenkilometer)
$_{eb}$EU	=	Energieumsatz für Betrieb der Verkehrsmittel im ÖPNV (kWh pro Personenkilometer)
$_{eb}$MF	=	Energiekosten für Betrieb der Verkehrsmittel im ÖPNV anteilig nach Energieträgern (Euro pro kWh)
$_{ei}$EU	=	Energieumsatz für die Infrastruktur im ÖPNV (kWh pro Personenkilometer)
$_{ei}$MF	=	Energiekosten für die Infrastruktur im ÖPNV anteilig nach Energieträgern (Euro pro kWh)
$_{ep}$EU	=	Energieumsatz für Produktion und Entsorgung der Verkehrsmittel im ÖPNV (kWh pro Personenkilometer)
$_{ep}$MF	=	Energiekosten für Produktion und Entsorgung der Verkehrsmittel im ÖPNV anteilig nach Energieträgern (Euro pro kWh)
$_{et}$EU	=	Energieumsatz für Transport von Personen im ÖPNV (kWh pro Personenkilometer)
$_{et}$MF	=	Energiekosten für Transport von Personen im ÖPNV anteilig nach Energieträgern (Euro pro kWh)

V.B Kommunale Effekte

Die Grundlage für die Abteilung „kommunale Effekte“ ist, daß in dieser Einflußfaktoren subsummiert werden, die durch kommunale verkehrspolitische Entscheidungen bestimmt oder entscheidend beeinflußt werden. Die Stadtplanung ist ein wichtiges Gestaltungsmittel in kommunaler Verantwortung und bestimmt die Wohnqualität der Bürger in einer Stadt. Sie wird zu einem wesentlichen Teil durch die Verkehrsplanung bestimmt. Diese dient dazu, den unter von der Kommune nicht beeinflußbaren Rahmenbedingungen entstandenen Verkehr in solche Bahnen zu leiten, die sowohl wirtschaftlichen als auch sozialen und ökologischen Erfordernissen einer Stadt gerecht werden.

Mit der Straßenentlastungsfunktion verhindert der ÖPNV eine ohne ihn notwendige Ausweitung der für Straßen, öffentliche Parkplätze und Parkhäuser genutzten Flächen. Dahingehende aufgrund des in den 1960er und 1970er Jahren stark anwachsenden MIV verwirklichte Maßnahmen führten zu massiven Eingriffen in gewachsene Stadtstrukturen, die sich im Fall von Straßenbauten als fast irreversibel und im Fall von Parkkapazitäten aufgrund von langfristigen Nutzungsverträgen oder aufgrund politischer Verhältnisse als nur schwer änderbar erweisen. Die in der Vergangenheit getroffenen Infrastrukturmaßnahmen zugunsten des Autoverkehrs wirken nachhaltig. Sie haben den Gebrauch des Pkw teilweise so attraktiv gemacht, daß ein guter ÖPNV nur beschränkt auf eine Senkung des Modal Split-Anteils des MIV Einfluß nehmen kann.

Der ÖPNV kann in vielfacher Weise Konsequenzen für die kommunale Situation zeigen. Ein hoher Anteil an den Verkehrsleistungen führt zu geringen Schadstoffemissionen und Lärmemissionen, so daß die Lebensqualität in einer Stadt verbessert wird. Er kann eine geänderte Aufteilung der Verkehrsflächen zuungunsten der Straßen und zugunsten der Fußgänger und Fahrradfahrer zur Folge haben. Diesbezüglich sind auch die Möglichkeiten zur Schaffung von zusätzlichen Stadtteilplätzen und Grünflächen zu erwähnen. Dabei sind nicht nur mehr Räume für Grünstreifen und Baumpflanzungen anzuführen, sondern auch gesonderte Fahrwege der Straßenbahnen in Form von Rasengleisen.

Die Abteilung „kommunale Effekte“ wird in zwei Hauptgruppen unterteilt:
- **physioqualitative** Konsequenzen (P),
- **infrastrukturelle** Konsequenzen (I).

In der Abbildung 17 wird eine Übersicht über die Einteilung der Kenngrößen für die Abteilung „kommunale Effekte“ gegeben.

Abbildung 17: Die Einteilung der Kenngrößen für die Abteilung „kommunale Effekte“

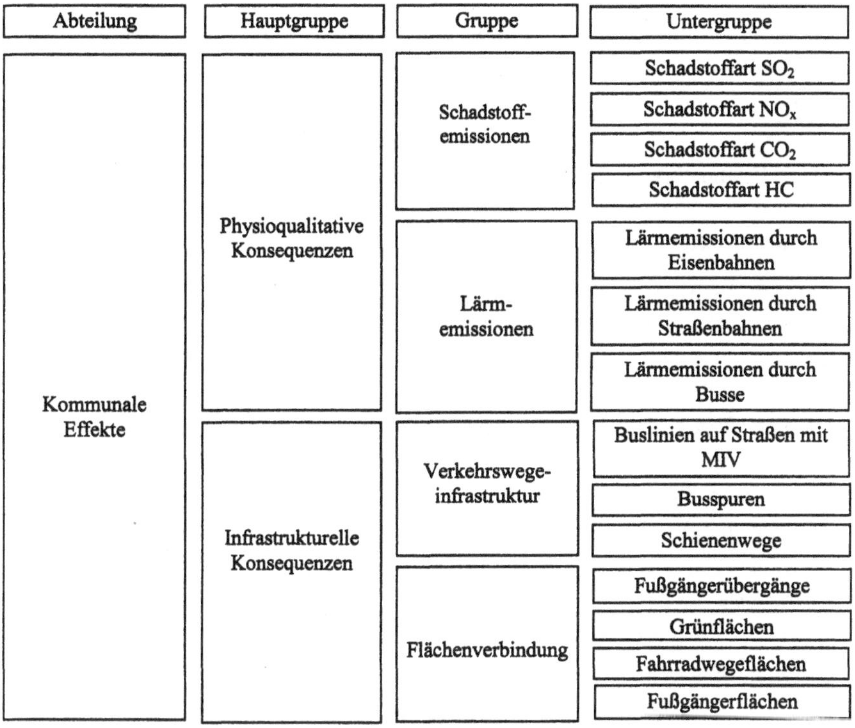

V.B.1 Kenngrößen für die physioqualitativen Konsequenzen

In der Hauptgruppe „physioqualitative Konsequenzen“ werden die Faktoren bearbeitet, die für die Rahmenbedingungen der physischen Konstitution der in einer Kommune lebenden Menschen durch mobilitätsbezogene Auswirkungen unmittelbare Konsequenzen haben. Dies betrifft die Atmungsorgane durch die Schadstoffemissionen und die Hörorgane durch die Lärmemissionen.

Die Hauptgruppe „physioqualitative Konsequenzen“ wird in zwei Gruppen eingeteilt:
- Schadstoffemissionen (s),
- Lärmemissionen (l).

Bei den Kenngrößen für die Untergliederungen dieser Hauptgruppe umfaßt die Relativierungsgröße die Gesamtheit der jeweiligen externen Effekte im Verkehr. Dies erfolgt durch den Quotienten aus den MIV-bedingten und den ÖPNV-bedingten externen Effekten. Je größer die MIV-bedingten externen Effekte werden, desto kleiner wird der Gesamtwert der Kenngröße beziehungsweise umgekehrt, je größer die ÖPNV-bedingten Effekte im Verhältnis zum MIV werden, desto kleiner wird der Nenner des Doppelbruchs und desto größer wird der Gesamtwert der Kenngröße. Der Fall, daß der ÖPNV mit besonders starken externen Effekten einen guten Kenngrößenwert bekommt, wird durch die Verkehrsleistungen als Bezugsgröße vermieden.

V.B.1.a Die Kenngröße für die Schadstoffemissionen

Verkehrsbedingte Schadstoffemissionen entstehen sowohl auf direktem als auch auf indirektem Weg. Die direkten Emissionen entstehen bei der unmittelbaren Gewinnung der Antriebsenergie aus dem Kraftstoffverbrennungsprozeß. Sie sind durch folgende Faktoren bestimmt:

- Kraftstoffeigenschaften (Kohlenstoff- und Schwefelgehalt),
- Art des Verbrennungsverfahrens (Otto-Motor, Diesel-Motor),
- Abgasbehandlung (Katalysator),
- Geschwindigkeit (Luftwiderstand steigt im Quadrat zu Geschwindigkeit),
- Verkehrswege (Autobahnen, Landesstraßen, Kreisstraßen, Gemeindestraßen),
- Fahrweise,
- Alter des Fahrzeuges (technischer Zustand),
- Wirkungsgrad der Motoren.

Indirekte Emissionen sind die Emissionen, die nicht am Ort des Antriebsprozesses entstehen. Hauptsächlich sind dies Emissionen bei der Umwandlung eines Energieträgers. Im wesentlichen ist damit die Stromerzeugung für elektrisch betriebene Fahrzeuge angesprochen. Jedoch entstehen auch indirekte Emissionen bei der unmittelbaren Umwandlung von Energieträgern in mechanische beziehungsweise kinetische Energie durch die technische Aufbereitung der Kraftstoffe. Diese Emissionen müssen beim Vergleich der Emissionen auch berücksichtigt werden.

Die indirekten Emissionen entstehen hauptsächlich in Raffinerien und bei der Energieerzeugung in Kraftwerken. Der Anteil der Raffinerien beträgt bei den gesamten indirekten CO_2-Emissionen von 204.000 Kilotonnen ungefähr 8 Prozent.[155] Die bei der Energiegewinnung erzeugten Emissionen in Kraftwerken sind von folgenden vier Faktoren abhängig:

---

[155] Vgl. HÖPFNER, U. / KNÖRR, W.: 1992, S. 37.

- Art des Kraftwerkes,
- Wirkungsgrad des Kraftwerkes,
- Stand der Technik bei der Abgasreinigung des Kraftwerkes,
- Rohstoff für die Energiegewinnung.

Beim erzeugten Bruttostrom muß nach HÖPFNER / KNÖRR[156] aufgrund des Kraftwerkeigenverbrauchs von durchschnittlich ungefähr 6,5 Prozent sowie der Netz- und Umspannverluste von insgesamt 6,0 Prozent ein entsprechender Abzug bei der Berechnung der Emissionen berücksichtigt werden. Die Elektrizitätserzeugung durch die Kernkraftwerke ging bei der Untersuchung in die Emissionsberechnung mit dem Ansatz einer Null-Emission ein. Dies diente zur Vereinfachung. Es muß jedoch angemerkt werden, daß zwar tatsächlich bei der Erzeugung von Kernenergie keine Emissionen (außer Wasserdampf) entstehen, jedoch der Energieumsatz zur Behandlung und Entsorgung des strahlenbelasteten Materials gravierende emissionsrelevante Folgen hat, die zum Ansatz gebracht werden müßten.

Die Gruppe „Schadstoffemissionen" wird nach den wichtigsten Schadstoffarten in vier Untergruppen eingeteilt:

- Schadstoffart **SO_2** (s),
- Schadstoffart **NO_x** (n),
- Schadstoffart **CO_2** (c),
- Schadstoffart **HC** (h).

Mengenberechnung

Die bundesweit indirekt und direkt erzeugten Emissionen im motorisierten Verkehr können der Tabelle 5 entnommen werden. Die Anteile der indirekten Emissionen basieren auf Untersuchungen von HÖPFNER / KNÖRR.[157] Sie betragen bei CO_2-Emissionen im Kraftfahrzeugverkehr circa 7 Prozent bei Pkw und 10 Prozent bei Bussen und beim größtenteils elektrisch angetriebenen Schienenverkehr circa 72 Prozent der Jahresgesamtmengen. Der Anteil des MIV an den personenverkehrsbedingten Emissionen schwankt zwischen 85 Prozent beim SO_2 und 99 Prozent beim CO. Legt man die CO_2-Emissionen aufgrund der Menge und der Bedeutung als „Leitemissionen" für die Erderwärmung zugrunde, verursacht der ÖPNV 6,5 Prozent der Emissionen bei einem Anteil von 15 Prozent an den Verkehrsleistungen. Bei gleicher Verkehrsleistung von 754,8 Mrd. Pkm wie im MIV würde der ÖPNV 51.700 Tonnen pro Jahr CO_2-

[156] Vgl. HÖPFNER, U. / KNÖRR, W.: 1992, S. 41.
[157] Vgl. HÖPFNER, U. / KNÖRR, W.: 1992, S. 102, 115 und 137.

Emissionen, das heißt 38,4 Prozent der durch den privaten Kraftfahrzeugverkehr bedingten Emissionen, verursachen. In der Relation Verkehrsleistung zu Emissionen hat der ÖPNV insgesamt eine um den Faktor 2,5 bessere Effizienz. Für die Berechnung der Emissionen in einem Verkehrsgebiet können die in der Tabelle 5 angegebenen Emissionsmengen pro Personenkilometer multipliziert mit den jeweiligen Verkehrsleistungen berechnet werden.

Tabelle 5: Emissionen im motorisierten Personenverkehr in Deutschland 1998[158]

	MIV		ÖPV gesamt		sAÖPNV		schAÖPNV		SPV	
Verkehrsmittel	Pkw				Bus		Straßen,- Stadt- und U-Bahn		Eisenbahn	
Mrd. Pkm	754,8		140,3		68,0		8,3		64,0 (33,0 SPNV)	
Anteil	85 %		15 %		48 %		6 %		46 %	
	1000 t/a	g/Pkm	1000 t/a	g/Pkm	1000 t/a	g/Pkm	1000 t/a	g/Pkm	1000 t/a	g/Pkm
CO_2	136.275,0	180,50	9.610,00	68,49	3.350,00	49,20	490,00	59,10	4.770,00	74,50
NO_x	1.495,0	1,98	84,91	0,61	49,73	0,73	1,33	0,16	33,85	0,53
SO_2	96,1	0,13	14,85	0,11	4,67	0,07	0,95	0,11	9,23	0,14
HC	1.482,2	1,96	13,43	0,10	9,44	0,14	0,02	0,002	3,85	0,06

Monetarisierung

Zur monetären Bewertung der Schadstoffemissionen werden sie Untersuchungen von TEUFEL und HEIMERL[159] herangezogen. Die Werte basieren auf den Behebungskosten der Schäden, die den Schadstoffen zuzuschreiben sind. Die monetäre Bewertung der Kohlenoxide erfolgt mit Hilfe des Vermeidungskostenansatzes für CO_2-Emissionen. Diese Emissionen haben zwar keine konkreten Schäden zur Folge, aber es besteht ein großer Zusammenhang zwischen anthropogenen CO_2-Emissionen und der Klimaveränderung, das heißt der Erderwärmung. Die Kostensätze sind der Tabelle 6 zu entnehmen.

[158] Vgl. HÖPFNER, U. / KNÖRR, W.: 1992, S. 102, 115, 125, 137 und 229 ff. Die Berechnung der Emissionswerte beruhen aufgrund fehlender neuer detaillierter Studien auf den Prognosen der Studie von 1988 für 2000, hochgerechnet auf die Verkehrsleistung 1998 aus DIW: 2000, S. 216, ff. Die Emissionsreduzierungen aufgrund des technischen Fortschrittes bei der Abgasreinigung von Fahrzeugen und Kraftwerken werden durch Komfortgewinn als ausgeglichen unterstellt.

[159] Vgl. TEUFEL, D. et al.: 1991, S. 27. HEIMERL, G. et al.: 1995, S. 86.

Tabelle 6: Kostensätze von Schadstoffemissionen[160]

Schadstoffe	Kostensätze
NO_x	6.443 Euro/Tonne (10.982 DM/Tonne)
HC	5.142 Euro/Tonne (8.765 DM/Tonne)
SO_2	3.594 Euro/Tonne (6.125 DM/Tonne)
CO_2	273 Euro/Tonne (500 DM/Tonne)

Die Formel zur Berechnung der Kenngröße für die Gruppe „Schadstoffemissionen“ lautet:

Kenngröße für die Gruppe „$^{G\text{-}K\text{-}P}$ Schadstoffemissionen $_{s,n,c,h}$“			
Kenngröße für die Untergruppe „Schadstoffart SO_2“	Kenngröße für die Untergruppe „Schadstoffart NO_x“	Kenngröße für die Untergruppe „Schadstoffart CO_2“	Kenngröße für die Untergruppe „Schadstoffart **HC**“

$$\frac{\dfrac{{}_{s}VÖ}{{}_{ss}SS \times {}_{ss}MF} + \dfrac{{}_{s}VÖ}{{}_{sn}SS \times {}_{sn}MF} + \dfrac{{}_{s}VÖ}{{}_{sc}SS \times {}_{sc}MF} + \dfrac{{}_{s}VÖ}{{}_{sh}SS \times {}_{sh}MF}}{\dfrac{\sum_{s=1}^{s} SM \times MF}{\sum_{s=1}^{s} SÖ \times MF}}$$

In dieser Formel bedeuten die einzelnen Kürzel:

MF = Schadenvermeidungskosten für jeweilige Schadstoffart s (Euro pro Tonne)

SM = Schadstoffmengen der jeweiligen Schadstoffart s durch MIV (Tonnen)

SÖ = Schadstoffmengen der jeweiligen Schadstoffart s durch ÖPNV (Tonnen)

s = 1: SO_2 2: NO_x 3: CO_2 4: CH

${}_{s}VÖ$ = Verkehrsleistung im ÖPNV im Verkehrsgebiet (Personenkilometer)

${}_{sc}MF$ = Schadenvermeidungskosten für Schadstoffart CO_2 durch ÖPNV (Euro pro Tonne)

${}_{sc}SS$ = Schadstoffmengen der Schadstoffart CO_2 durch ÖPNV (Tonnen)

${}_{sh}MF$ = Schadenbehebungskosten für Schadstoffart HC durch ÖPNV (Euro pro Tonne)

[160] Vgl. TEUFEL, D. et al.: 1991, S. 27. HEIMERL, G. et al.: 1995, S. 86 (für CO_2). Dabei werden die ermittelten Beträge von TEUFEL und HEIMERL zur Grundlage genommen (Werte in Klammern) und aufgrund der Kostensteigerungen um durchschnittlich 15 % von 1991 – 1998 beziehungsweise 7 % von 1995 – 1998 für CO_2 (Vgl. Statistisches Jahrbuch 2000) hochgerechnet und in Euro zum Kurs von 1 DM = 1,956 Euro umgerechnet.

$_{sh}SS$ = Schadstoffmengen der Schadstoffart HC durch ÖPNV (Tonnen)
$_{sn}SS$ = Schadstoffmengen der Schadstoffart NO_x durch ÖPNV (Tonnen)
$_{ss}MF$ = Schadenbehebungskosten für Schadstoffart SO_2 durch ÖPNV (Euro pro Tonne)
$_{ss}SS$ = Schadstoffmengen der Schadstoffart SO_2 durch ÖPNV (Tonnen)

V.B.1.b Die Kenngröße für die Lärmemissionen

Lärm hat im Vergleich zu den Schadstoffemissionen konkrete, unmittelbar spürbare Auswirkungen.

> „Lärm, störender und schädigender Schall, wird in städtischen Gebieten heute zu 81 % vom Verkehr verursacht. Dabei hat der Straßenverkehr einen Anteil von 50 %, der Schienenverkehr von 18 % und der Flugverkehr von 13 %. (...) Nach der Intensität werden üblicherweise vier Lärmstufen unterschieden: Bei der Lärmstufe I (30 – 65 dBA) treten beim Menschen psychische Reaktionen auf. Bei der Lärmstufe II (65 – 90 dBA) können zusätzlich vegetative Störungen, bei der Lärmstufe III (90 – 120 dBA) Hörschäden hinzutreten, während schließlich ab Lärmstufe IV (Düsenflugzeuge) somatische Schädigungen festzustellen sind.“ [161]

Lärm kann schwierig quantitativ bestimmt werden. Die Messung des Lärms kann in drei unterschiedlichen Weisen erfolgen: Die bekannteste ist die Messung als Schalldruckpegel in dem logarithmischen Maß dezibel (dBA), das die mechanischen Folgen eines Tons mißt. Daneben gibt es die Lautstärke mit der Maßeinheit phon, die die Wahrnehmung am menschlichen Gehör ausdrückt. Als drittes gibt es die Lautheit mit der Maßeinheit sone, in die auch die subjektive Bewertung der verschiedenen Lärmquellen einfließt.

Als grundsätzliche Orientierung werden die wesentlichen physikalisch-biologisch-verkehrlichen Zusammenhänge aufgeführt. Eine Verdoppelung der Kraftfahrzeuge pro Stunde hat eine Erhöhung des Schallpegels um 3 dBA zur Folge. Mit einer Erhöhung des Schallpegels um 6 dBA geht eine Verdoppelung der empfundenen Lautstärke einher. Der Schwellenwert für eine bewußte Änderungswahrnehmung des Lärms liegt bei 1 dBA. Für die Beurteilung des Nutzens durch Verringerungen des Lärms gemessen am Schallpegel bedeutet dies aufgrund der Geringfügigkeit der empfundenen Auswirkungen einen weiteren Schwierigkeitsgrad. Insgesamt hat eine Verschiebung im Modal Split MIV zu ÖPNV um 20 Prozent bei einem Verkehrsaufkommen von 10.000 Personen pro

---

[161] SABATHIL, G. / WITT, D.: 1980, S. 2.

Stunde nur eine Lärmdifferenz von 1,2 dBA zur Folge, die Grenze der Wahrnehmungsschwelle. Eine auf eine einzelne Relation begrenzte Betrachtung ist deshalb zu vernachlässigen, hingegen eine Reduzierung der Fahrbewegungen stadtweit kann eine Halbierung der Lautstärke bewirken (Senkung um 6 dBA).

Die durch Busse bedingten Lärmemissionen sind bei der einzelnen Vorbeifahrt allgemein höher als bei Pkw. Die kontinuierliche Lärmquelle des Pkw-Verkehrs hat jedoch im Gegensatz zur diskontinuierlichen Lärmquelle des Busverkehrs mit längeren Unterbrechungen mehr negative gesundheitliche Konsequenzen, da mit Fortdauer der Exposition der Lärm nicht mehr bewußt wahrgenommen wird, aber das Unterbewußtsein wegen der fehlenden Erholungsphasen dauernd dem Lärm ausgesetzt bleibt und leidet.

Straßenbahnen haben im Vergleich zu Bussen antriebsbedingt reduzierte Lärmemissionen, da die Stromabnahme aus dem Fahrdraht weniger Geräusche als die direkte Verbrennung des Kraftstoffs verursacht. Fahrwegbedingte Lärmursachen können zudem mit schwingungsschluckenden Verankerungen der Schienen (Flüstergleise) oder durch besondere Fahrbettgestaltung (Rasengleise) reduziert werden. U-Bahnen verursachen keinen Lärm im Hinblick auf den Alltag im Stadtleben. Sie werden deshalb nicht in einer eigenen Untergruppe berücksichtigt.

Die Eisenbahnen verursachen mit ihrem Gewicht und ihrem großen Luftwiderstand höhere Schalldruckpegel als andere Verkehrsmittel, aber diese werden aufgrund ihrer Frequenzlage als nicht so störend empfunden wie die im Vergleich dazu niederfrequenten Geräusche des Straßenverkehrs. Die Lautheit ist geringer.

Die Gruppe „Lärmemissionen" wird in drei Untergruppen eingeteilt:
- Lärmemissionen durch **B**usse (b),
- Lärmemissionen durch **E**isenbahnen (e),
- Lärmemissionen durch **S**traßenbahnen (s).

Mengenberechnung

Bei der Berechnung des Gesamtlärmpegels ist die durch die einzelnen Verkehrsmittel bedingte spezifische Lärmbelastung die zentrale Komponente, da diese nach Verkehrsmittelart unterschiedlich ist. Der von den Verkehrsmitteln ausgehende Schalldruckpegel dient als Grundlage und Beurteilungsgröße. Das logarithmische Maß der Dimension „dezibel" bedingt eine spezielle Berechnungsformel. Gemäß dieser muß ein durch ein Kfz verursachter Grundlärmpegel ermittelt werden, der von der Geschwindigkeit der jeweiligen Verkehrsmittel abhängt. Als Durchschnittswert für die Pkw kann die Geschwindigkeit von 50 km/h hierfür angesetzt werden. Der Mittelungspegel (energieäquivalenter Dauerschallpegel) ist abhängig von der gesamten Verkehrsstärke, das heißt Kfz pro Stunde, die die Relativierungsgröße in der Formel darstellt. Der Grundlärmpegel erhöht sich in logarithmischer Weise mit den jeweiligen Anteilen der Verkehrsmittel. Bei der Berechnung für das gesamte Verkehrsgebiet ist der Ansatz einer Gesamtverkehrsstärke erforderlich. Dafür können vereinfachend wichtige Hauptverkehrsachsen herangezogen werden, für die in Verkehrsstatistiken das durchschnittliche Verkehrsaufkommen in Kfz pro Stunde in der Regel angegeben sind. Zu diesen müssen die auf den nächstgelegenen Bus- und Straßenbahnlinien – sofern sie nicht auf den Hauptverkehrsachsen verlaufen – sowie den nächstgelegenen Eisenbahnlinien die (pro Stunde) fahrenden Verkehrsmittel ermittelt und addiert werden.

Der Gesamtlärmpegel kann mit folgender Formel berechnet werden:[162]

$$_{lm}LI = {}_{lg}LI + 10 \lg [\, VS\,(1 + {}_{lb}FB \times {}_{lb}AB) \times (1 + {}_{ls}FS \times {}_{ls}AS) \times (1 + {}_{le}FE \times {}_{le}AE)]$$

Bei dieser Formel bedeuten die einzelnen Komponenten:

VS	=	Verkehrsstärke (Kfz pro Stunde)
$_{lb}AB$	=	Busanteil in % Verkehrsstärke
$_{lb}FB$	=	Faktor zur Berücksichtigung des Buslärms
$_{le}AE$	=	Eisenbahnanteil in % Verkehrsstärke der nächstgelegenen Straßenverkehrsachse
$_{le}FE$	=	Faktor zur Berücksichtigung des Eisenbahnlärms
$_{lg}LI$	=	Grundwert für Lärmemissionen in Abhängigkeit der Geschwindigkeit (dBA)
$_{lm}LI$	=	Mittelungspegel (energieäquivalenter Dauerschallpegel) (dBA)
$_{ls}AS$	=	Straßenbahnanteil in % Verkehrsstärke
$_{ls}FS$	=	Faktor zur Berücksichtigung des Straßenbahnlärms

Einen besonderen Spezialfall bei dem Faktor Lärm stellen die U-Bahnen dar. Sie erfahren im Hinblick auf den Wert der Kenngröße einen besonderen Bonus, da sie in der Bezugsgröße, die Verkehrsleistungen im ÖPNV, angesetzt werden, aber bei der Mengenberechnung des Lärms in der Beurteilungsgröße unberücksichtigt bleiben.

Die Bezugsgröße ist die Verkehrsleistung im ÖPNV.

Monetarisierung

Die monetäre Bewertung des Faktors Lärm ist ein besonderes Problem. Es ergibt sich aus der Schwierigkeit, zwischen allgemeinem Lärm und Verkehrslärm als Ursache für

[162] Vgl. FGS: 1975, S. 18.

gesundheitliche Schäden zu unterscheiden. Eine Aufteilung des Verkehrslärms auf die verschiedenen Quellen ist diffizil, da Lärm ein ubiquitärer Faktor im Alltag ist und sehr viele Komponenten hat. Außerdem bereiten die geringen graduellen Unterschiede aufgrund der logarithmischen Maßeinheit des Faktors Lärm in Verhältnis zu den Verkehrsmengen Schwierigkeiten. Spezifische Problempunkte sind dabei auch die Zuordnung des verkehrslärmbedingten Anteils bei physischen Krankheiten wie zum Beispiel Schwerhörigkeit und die Subjektivität, das heißt der vom einzelnen empfundene Lärm, der überwiegend bei psychischen Schäden wichtig ist.

Die Monetarisierung des Faktors Lärm erfährt nach WEINBERGER[163] durch das Verfahren von Zahlungsbereitschaftsanalysen eine umfassende und genaue Berücksichtigung. In der Regel liegt die angegebene Zahlungsbereitschaft unter den tatsächlichen Immobilienpreisen, da die Personen mit einer höheren Zahlungsbereitschaft für Ruhe bereits in den weniger belasteten teureren Wohnungen wohnen und demzufolge keine weitere Zahlungsbereitschaft besteht. In der Untersuchung wurden mittels Gemeindelärmkarten Lärmbelastungsgebiete nach verschiedenen Lärmklassen eingeteilt und die entsprechend ansässige Wohnbevölkerung nach der Zahlungsbereitschaft befragt. Mit den Ergebnissen wurden Zahlungsbereitschaftskurven für Ruhe aufgestellt. Aus den Kurven wurde mit Hilfe einer linearen Regression der mathematische Zusammenhang berechnet, der durch folgende Funktion ausgedrückt wird.

$$ZB\ ({}_{lm}LI) = 1{,}67 \text{ x } {}_{lm}LI - 71{,}7$$

In dieser Formel bedeuten:

ZB = individuelle Zahlungsbereitschaft (Euro)

$_{lm}$LI = Lärmbelastung anhand von Mittelungspegel tagsüber (dBA)

Diese Funktion hat ab einem Mittelungspegel von 45 dBA eine sehr gute Korrelation mit der erfragten Zahlungsbereitschaft, die pro Einwohner durchschnittlich 1,67 DM je dBA und Monat beträgt. Sie hängt vom Informationsstand und vom Einkommen ab und schwankt nach Höhe der Lärmbelastung zwischen 1,60 DM und 2,40 DM. Die ermittelten Zahlungsbereitschaften in Abhängigkeit von Lärmklassen sind Tabelle 7 zu entnehmen. Zur Abschätzung der jährlichen Lärmkosten ist die folgende Formel zugrundezulegen:

$$ZB\ ({}_{lm}LI) = 12 \text{ x } {}_{li}EW \text{ x } (1{,}67 \text{ x } {}_{lm}LI - 71{,}7)$$

[163] Vgl. WEINBERGER, M.: 1991, S. 69 ff.

Tabelle 7: Jährliche Zahlungsbereitschaft bei Straßenlärm in Deutschland 1989[164]

Geräuschbelastung (in dB (A))	< 40	40 - < 45	45 – < 50	50 – < 55	55 – < 60	60 – < 65	65 – < 70	> 70	Summe
Betroffene									
in v. H.	8,6	12,5	17,1	17,0	18,3	14,2	7,4	5,1	100
in Mio.	5,2	7,6	10,4	10,4	11,2	8,7	4,5	3,1	61
Individuelle Zahlungsbereitschaft in DM p.a.									
alle	0	28	96	102	199	305	393	558	
bei gutem Informationsstand	0	90	174	44	278	283	447	717	
Gesamte Zahlungsbereitschaft in Mio. DM p.a.									
alle	0	211	1.006	1.053	2.227	2.640	1.773	1.737	10.646
bei gutem Informationsstand	0	686	1.819	451	3.099	2.454	2.018	2.229	12.757

Die Formel zur Berechnung der Kenngröße für die Gruppe „Lärmemissionen" lautet:

Kenngröße für die Gruppe
„$^{G\text{-}K\text{-}P}$ Lärmemissionen $_{b,e,s}$"

$$\frac{_{l}VÖ}{MF} = \frac{_{l}VÖ}{ZB\,(_{lm}LI)} = \frac{_{l}VÖ}{12 \times {}_{li}EW \times (1{,}67 \times {}_{lm}LI - 71{,}7)} =$$

$$\frac{_{l}VÖ}{12 \times {}_{li}EW \times (1{,}67 \times {}_{lg}LI + 10\lg[VS \times (1 + {}_{lb}FB \times {}_{lb}AB) \times (1 + {}_{le}FE \times {}_{le}AE) \times (1 + {}_{ls}FS \times {}_{ls}AS)] - 71{,}7}$$

Kenngröße für die Untergruppe „Lärmemissionen durch **B**usse"	Kenngröße für die Untergruppe „Lärmemissionen durch **E**isenbahnen"	Kenngröße für die Untergruppe „Lärmemissionen durch **S**traßenbahnen"

In dieser Formel bedeuten die einzelnen Kürzel:

VS = Verkehrsstärke (Kraftfahrzeuge pro Stunde)

$_{l}$VÖ = Verkehrsleistung im ÖPNV (Personenkilometer)

$_{lb}$AB = Busanteil in % der Verkehrsstärke (der nächstgelegenen Straßenverkehrsachse)

$_{lb}$FB = Faktor zur Berücksichtigung des Busanteils

$_{le}$AE = Eisenbahnanteil in % der Verkehrsstärke (der nächstgelegenen Straßenverkehrsachse)

$_{le}$FE = Faktor zur Berücksichtigung des Eisenbahnanteils

$_{lg}$LI = Grundwert der Lärmbelastung in Abhängigkeit der Geschwindigkeit (dBA)

---

164 Vgl. WEINBERGER, M.: 1991, S. 83.

$_{li}EW$ = Einwohnerzahl des jeweiligen Lärmbelastungsgebietes
$_{li}MF$ = Monetarisierungsfaktor für Lärmbelastungen
$_{li}ZB$ = Zahlungsbereitschaft pro betroffener Personen in Abhängigkeit von Lärmmittelungspegel ($_{lm}LI$) (Euro)
$_{ls}AS$ = Straßenbahnanteil in % der Verkehrsstärke (der nächstgelegenen Straßenverkehrsachse)
$_{ls}FS$ = Faktor zur Berücksichtigung des Straßenbahnanteils

V.B.2 Kenngrößen für die infrastrukturellen Konsequenzen

Die Hauptgruppe „infrastrukturelle Konsequenzen" beinhaltet die Faktoren, die Konsequenzen für das Stadtbild und die Stadtgestaltung sowie für die Gestaltung der Rahmenbedingungen für die Mobilität in der Stadt haben. Sie haben zwar auch kommunalübergreifende Bedeutung, aber sie fallen unter diese Hauptgruppe, weil die Faktoren besonders in Siedlungsräumen zum Tragen kommen und in ihren Folgen aufgrund des knappen Raums mit konkurrierenden Nutzungsansprüchen spürbar sind.

Die Hauptgruppe „infrastrukturelle Konsequenzen" wird in zwei Gruppen eingeteilt:
- Verkehrswegeinfrastruktur (v),
- Flächenverbindung (f).

Bei den Kenngrößen für die Untergliederungen dieser Hauptgruppe umfaßt die Relativierungsgröße die Gesamtheit der jeweiligen externen Effekte im Verkehr im Sinn eines Flächenverbrauchs mit der Versiegelung durch Asphalt und den Folgen für Wasserhaushalt, Flora und Fauna. Dies erfolgt durch den Quotienten aus den MIV-bedingten und den ÖPNV-bedingten Flächenverbrauch. Je größer die MIV-bedingten externen Effekte werden, desto kleiner wird der Gesamtwert der Kenngröße beziehungsweise umgekehrt, je größer der ÖPNV-bedingte Flächenverbrauch im Verhältnis zum MIV werden, desto kleiner wird der Nenner des Doppelbruchs und desto größer wird der Gesamtwert der Kenngröße.

V.B.2.a Die Kenngröße für die Verkehrswegeinfrastruktur

Der Einsatz von öffentlichen Finanzmitteln zur Erhaltung und zum Ausbau der Verkehrswegeinfrastruktur wird vorwiegend mit einer wirtschaftlichen Argumentation vorgenommen. Dabei werden die Vorteile der Erreichbarkeit und die Senkung der Transportkosten für die Unternehmen ins Feld geführt. Zwar besteht ein Zusammenhang zwischen Entwicklung des Verkehrswegenetzes und der volkswirtschaftlichen

Leistungskraft eines Landes beziehungsweise der wirtschaftlichen Leistungskraft einer Region, jedoch werden bessere Verkehrswege und die damit geschaffenen Vorteile gleichzeitig durch den wirtschaftlich nicht motivierten Kraftfahrzeugverkehr und damit mehrheitlich verlagerbaren Individualverkehr benutzt und teilweise blockiert.

> „Zwar beträgt der prozentuale Anteil der Verkehrsräume kaum mehr als 2 % der Fläche des Bundesgebietes, doch weisen Verdichtungsgebiete einen weit größeren Anteil verkehrlich genutzter Fläche auf. Das Straßen- und Wegenetz hat dabei mit 75 % den größten Raumbedarf vor dem eher abnehmenden Flächenbedarf des Eisenbahnverkehrs. Die augenfällige Zerschneidung land-, forst- und wasserwirtschaftlicher Nutzflächen sowie von Erholungs- und Wohngebieten durch den Verkehr verformt die ursprüngliche Naturlandschaft in eine zunehmend künstliche Kulturlandschaft.“ [165]

Der Straßenausbau in „gebäudefreien“ Gebieten stößt noch an keine entscheidenden räumlichen Restriktionen, da hier dem Wunsch nach der Erweiterung der Straßenkapazitäten wenig durch Flächenkonkurrenz zu anderen Nutzungen Einhalt geboten wird. In der Realität der Städte findet jedoch der weitere Ausbau der Straßenkapazitäten durch die mit Gebäuden bebauten Fläche seine Grenzen. Hier kommt der Nutzen des ÖPNV zum Tragen und wird konkret. Er wird so konkret, daß in den Verdichtungsräumen im Prinzip gar keine Schaffung neuer Straßenkapazitäten mehr möglich ist. Die Alternative, öffentliche Gelder in die Erweiterung des ÖPNV-Angebotes statt in den Straßenausbau zu investieren, ist zu einem großen Teil ein Gebot.

Das hohe Verkehrsaufkommen mit dem Pkw auf bestimmten Straßen in Städten macht die Einrichtung von gesonderten Busspuren erforderlich. Deshalb wird eine Untergruppe für Busspuren gebildet, die jedoch nur fakultativer Art ist. Gesonderte Busspuren dem ÖPNV anzulasten, wird vom Autor als nicht gerechtfertigt angesehen, da deren Bedarf nur durch eine zu hohe Pkw-Verkehrsdichte entsteht, sie jedoch nicht systemimmanent oder grundsätzlich notwendig ist.

Die Gruppe „Verkehrswegeinfrastruktur“ wird in drei Untergruppen eingeteilt:

- Schienenwege (w),
- Busspuren (s),
- Buslinien auf Straßen (l).

---

[165] SABATHIL, G. / WITT, D.: 1980, S. 4.

Mengenberechnung

Als Beurteilungsgröße für die Verkehrswegeinfrastruktur dienen die Flächen der Verkehrswege, auf denen Linien im ÖPNV verlaufen. Sie sind in den Geschäftsberichten der Verkehrsunternehmen aufgeführt. Bei schienengebundenen Verkehrsmitteln sind sie in voller Höhe anzusetzen. Bei Buslinien, die auf Straßen verlaufen, die vom MIV genutzt werden, bedarf es hinsichtlich der Monetarisierung eines Nutzungsintensitätfaktors. Dieser wird anhand der Aufteilung der Verkehrsleistungen zwischen ÖPNV und MIV berechnet. Bei mehrspurigen Straßen wird nur eine Spur angerechnet. Dabei findet der Vorteil des Busverkehrs Berücksichtigung, für die Abwicklung einer sehr großen Verkehrsleistung, für die der Pkw zwei Fahrbahnspuren benötigt, nur eine Fahrbahnspur zu beanspruchen.

Die Bezugsgröße ist die Verkehrsleistung im ÖPNV. Als Relativierungsgröße dient die Fläche des Straßennetzes im Verkehrsgebiet. Bei Straßen, auf denen ÖPNV-Linien verlaufen, wird der Pkw-bedingte Anteil an den externen Effekten durch Multiplikation mit dem oben beschriebenen zum ÖPNV komplementären Nutzungsintensitätsfaktor nach Verkehrsleistungen berücksichtigt. Bei mehrspurigen Straßen wird die zweite Spur in vollem Umfang angesetzt. Hinzu werden die Flächen für Parkplätze im öffentlichen Straßenraum gezählt. Die Summe der Flächen wird durch die Fläche der ÖPNV-Verkehrswege geteilt. Straßenabschnitte mit Buslinien werden mit dem oben beschriebenen Nutzungsintensitätsfaktor multipliziert.

Monetarisierung

Für die Monetarisierung ist mit dem Ansatz der Investitionskosten ein direktes Verfahren möglich. Sie setzen sich aus den Bau- und Erhaltungskosten zusammen. Die Baukosten spiegeln sich im Anlagevermögen der Infrastruktur wider. Dabei ist die Summe der in den vergangenen 30 Jahren gebauten Verkehrsflächen Grundlage, da diese eine entsprechende Nutzungsdauer haben. Dadurch werden auch die zeitlichen Unterschiede bei der Verkehrsplanung einbezogen. Sowohl die Planungen, in den 1970er Jahren große Flächen dem MIV zur Verfügung zu stellen, als auch der Versuch in den 1980er und 1990er Jahren, diese großzügigen Straßenbauten zu korrigieren, werden berücksichtigt. Die Erhaltungskosten sind aus dem Finanzhaushalt zu ermitteln. Für den MIV kommen nicht nur die Kosten für die Straßen zum Ansatz, sondern auch für die Bereitstellung von Parkraum im öffentlichen Straßenraum.

Die Kosten für die Infrastruktur im SPNV und im schienengebundenen AÖPNV können direkt in ihrer ganzen Höhe angesetzt werden. Beim straßengebundenen AÖPNV müssen anteilige Nutzungskosten durch die Busse auf den Straßen mit Buslinien ermittelt werden. Dabei muß berücksichtigt werden, daß die schweren Busse größere Straßenbelastungen darstellen und Straßenabnutzungen verursachen als die Pkw. Eine Möglichkeit der Aufteilung der Kosten erfolgt durch die Erhaltungskosten von besonderen Busspuren in Bezug auf die Verkehrsleistung. Im Fall, daß keine Kenngröße für Busspuren gebildet wird, sind deren Kosten zu den Kosten für Straßen, auf denen Buslinien verlaufen, hinzuzurechnen und nach der Verkehrsleistung aufzuteilen.

Die Formel zur Berechnung der Kenngröße für die Gruppe „Verkehrswegeinfrastruktur“ lautet:

Kenngröße für die Gruppe
„$^{G\text{-}K\text{-}I}$ Verkehrswegeinfrastruktur $_{w,s,l}$“

Kenngröße für die Untergruppe „Schienenwege“	Kenngröße für die Untergruppe „Busspuren“	Kenngröße für die Untergruppe „Buslinien auf Straßen“

$$\frac{\dfrac{_{v}VÖ}{_{vw}FL \times {}_{vw}MF} + \dfrac{_{v}VÖ}{_{vs}FL \times {}_{vs}MF} + \dfrac{_{v}VÖ}{_{vl}FL \times {}_{vl}MF \times {}_{vl}FB}}{\dfrac{FS \times MS \times FP + PA \times MP}{FÖ \times MF \times FB}}$$

In dieser Formel bedeuten die einzelnen Kürzel:

FB	=	Nutzungsintensitätsfaktor der Straßen von Bussen (% der Verkehrsleistung)
FP	=	Nutzungsintensitätsfaktor der Straßen von Pkw (% der Verkehrsleistung)
FÖ	=	Fläche des ÖPNV-Liniennetzes (Quadratmeter)
FS	=	Fläche der Straßen (Quadratmeter)
MP	=	Investitionen für Parkplätze im öffentlichen Straßenraum (Euro)
MÖ	=	Investitionen für ÖPNV-Liniennetz (Euro)
MS	=	Investitionen für Straßen (Euro)
PA	=	Parkplätze im öffentlichen Straßenraum (Anzahl)
$_{v}VÖ$	=	Verkehrsleistung im ÖPNV im Verkehrsgebiet (Personenkilometer)
$_{vs}FL$	=	Fläche von Busspuren (Quadratmeter)
$_{vs}MF$	=	Investitionen für Busspuren (Euro)
$_{vl}FB$	=	Nutzungsintensitätsfaktor der Straßen von Bussen (% der Verkehrsleistung)
$_{vl}FL$	=	Fläche von Straßen mit MIV und Buslinien (Quadratmeter)
$_{vl}MF$	=	Investitionen für Straßen mit Buslinien (Euro)
$_{vw}FL$	=	Fläche von Gleisen (Quadratmeter)
$_{vw}MF$	=	Investitionen für Schienenwege (Euro)

V.B.2.b Die Kenngröße für die Flächenverbindung

Ein Hauptaspekt bei der Kenngröße „Flächenverbindung" ist die besonders in den Jahren 1950 – 1970 stark betriebene Umwandlung von verkehrserzeugender Fläche in verkehrstragende Fläche[166], wobei zumeist erheblich in die vorhandene Bausubstanz eingegriffen und das historisch gewachsene Stadtbild zerstört wurde. Die Folgen werden oftmals auch mit dem Begriff „Zerschneidungseffekt" bezeichnet, der hier nicht verwendet wird, da er als Kenngröße für den ÖPNV mit dem negativen „Unterton" nicht tauglich ist. Durch die Flächenumwidmungen traten Lebens- und Funktionsbeeinträchtigungen hervor und schränkten insbesondere die Wohnungsbedingungen durch zum Teil starke Trennungswirkungen und die Erholungsmöglichkeiten stark ein. Eine Querungsmöglichkeit von Straßen wurde durch die häufig breite und mehrspurige Ausbauweise sowie die dichten Verkehrsströme nur noch an bestimmten Stellen möglich. Dies hatte für Wege zu Fuß oder mit dem Fahrrad teilweise große Umwege zur Folge beziehungsweise „gewachsene" Verbindungswege wurden getrennt. Zum Teil wurden planmäßig keine ampelgesteuerten oder per Zebrastreifen geregelten Übergangsmöglichkeiten für Fußgänger und Fahrradfahrer geschaffen, um den Verkehrsfluß der Pkw nicht zu stören. Stattdessen wurden Unterführungen gebaut, die – besonders auch für Mobilitätsbehinderte – eine Einschränkung der Bewegung bedeuten und zumindest mit Zeitverlusten bei der Überwindung verbunden sind. Die Personen, die sich dadurch und durch andere Auswirkungen des Straßenverkehrs gestört fühlten, siedelten an den Rand der Städte (Stadtflucht) und verursachten neue Straßenbauten und Verkehrsbelastungen.

Eine zentrale Komponente für die Qualität einer Stadt ist die Möglichkeit zur Entspannung und Erholung, die unter anderem durch als Stadtpark genutzte Flächen entsteht. Hier steht die „Oasenfunktion" als Ort der Ruhe und des „freien Atmens" im Vordergrund. Aber nicht nur die Abschirmung von Verkehrslärm und -emissionen, sondern auch die Erholung durch den Anblick von Grünflächen als Abwechslung von toten Gestein und „Blechkisten" ist von herausragendem Einfluß auf die Aufenthaltsqualität. Durch Grünflächen entsteht eine Minderung von „visuellen Belastungen", die auch berücksichtigt werden muß:

> „Die Benützer dieser (öffentlichen) Verkehrsmittel benötigen keine Abstellflächen für ihre Fahrzeuge, womit sich der Bau von raumaufwendigen und stadtbildbeeinträchtigenden Parkhochhäusern sowie von Parkplätzen erübrigt." [167]

[166] Vgl. OETTLE, K.: 1968, S. 270.
[167] JÄGER, P.: 1974, S. 115.

Deshalb ist jede Grünfläche, sei sie auch noch so begrenzt als Baumgruppe oder Blumenbeet, wichtig für das Stadtbild. Auch die Anlage von Rasengleisbetten bei Straßenbahnen ist hier zu zählen, die ein wesentlich besseres Erscheinungsbild haben als asphaltierte Straßen. Die unterschiedliche Bedeutung von entsprechenden Anlagen bedarf einer Gewichtung, die durch eine Kosten-Nutzwert-Methode mit der Bildung von ordinalen Werten nach meß- und kalkulierbaren Datengruppen ermittelt werden kann. Dazu werden verschiedene Gruppen gebildet und bearbeitet, zum Beispiel nach mengenmäßigen Daten (Flächenbedarf), ökologischer Wertigkeit (Blütenpflanzen für Kleintiere), technischen Koeffizienten (Sauerstoffbildung durch Photosynthese oder Lärmreduzierung durch Hecken) oder Bewohnernutzen (Wasser- oder Schattenexistenz).[168]

Der ÖPNV ermöglicht eine im Hinblick auf die Flächennutzung effektivere Befriedigung der Mobilitätswünsche aller Verkehrsnachfrager. Das Ausmaß des ÖPNV schlägt sich deshalb auch in der Höhe der Anteile der Verkehrsflächen nieder, die den Fußgängern und Fahrradfahrern zur Verfügung stehen. Darüberhinaus kann aufgrund einer vermehrten Bewältigung der Verkehrsströme mit dem ÖPNV die Verkehrsdichte auf den Straßen verringert werden, so daß bei Aufrechterhaltung eines adäquaten Verkehrsflusses mehr Fußgängerquerungen eingerichtet werden können.[169]

Die Gruppe „Flächenverbindung" wird in vier Untergruppen eingeteilt:
- **F**ußgängerflächen (f),
- **G**rünflächen (g),
- (Fahr)**R**adwegeflächen (r),
- **S**traßenübergänge (s).

Mengenberechnung

Die Menge der Beurteilungsgröße wird mit der jeweiligen Fläche quantifiziert. Bei den Fußgängerübergängen wird aufgrund der im Vergleich zu ebenerdigen Querungsmöglichkeiten mittels Zebrastreifen oder Ampeln größeren Mobilitätsbarrierewirkung von Unter- oder Überführungen eine Gewichtung mit dem Multiplikationsfaktor 0,5 vorgenommen. Bezugsgröße ist die Verkehrsleistung im ÖPNV.

Monetarisierung

Die Monetarisierung erfolgt durch die Grundstückskosten für die entsprechend genutzten Flächen, wodurch der Wert einer Fläche und die unterschiedlichen Grundstückspreisniveaus in den Verkehrsgebieten zum Ausdruck kommen, die Investitions-

[168] Vgl. ROTHENBURGER, W.: 2001.
[169] Vgl. ENDEMANN, P.: 1997, S. 70 ff.

kosten für den Bau beziehungsweise die Einrichtung und die Unterhaltskosten.

Die Formel zur Berechnung der Kenngröße für die Gruppe „Flächenverbindung“ lautet:

Kenngröße für die Gruppe „$^{G\text{-}K\text{-}I}$ **Flächenverbindung** $_{f,g,r,s}$“			
Kenngröße für die Untergruppe „**F**ußgängerflächen“	Kenngröße für die Untergruppe „**G**rünflächen“	Kenngröße für die Untergruppe „**R**adwegeflächen“	Kenngröße für die Untergruppe „**S**traßenübergänge“

$$\frac{\dfrac{{}_{f}\text{VÖ}}{{}_{ff}\text{FL} \times {}_{ff}\text{MF}} + \dfrac{{}_{f}\text{VÖ}}{{}_{fg}\text{FL} \times {}_{fg}\text{MF}} + \dfrac{{}_{f}\text{VÖ}}{{}_{fr}\text{FL} \times {}_{fr}\text{MF}} + \dfrac{{}_{f}\text{VÖ}}{{}_{fü}\text{FL} \times {}_{fü}\text{MF}}}{\dfrac{\text{FS} \times \text{MF}}{\text{FV} \times \text{MV}}}$$

In dieser Formel bedeuten die einzelnen Kürzel:

FS = Fläche für Straßen (Quadratmeter)

MF = Grundstücks-, Investitions- und Unterhaltskosten pro Quadratmeter Straße (Euro)

FV = Fläche mit guter Verbindungswirkung (Fußgängerwege, Grünflächen, Fahrradwege und Straßenübergänge) (Quadratmeter)

MV = Grundstücks-, Investitions- und Unterhaltskosten pro Quadratmeter Fläche mit guter Verbindungswirkung (Fußgängerwege, Grünflächen, Fahrradwege und Straßenübergänge) (Euro)

${}_{f}$VÖ = Verkehrsleistung im ÖPNV im Verkehrsgebiet (Personenkilometer)

${}_{ff}$FL = Fläche für Fußgängerwege (Quadratmeter)

${}_{ff}$MF = Grundstücks-, Investitions- und Unterhaltskosten pro Quadratmeter Fußgängerwege (Euro)

${}_{fg}$FL = Grünfläche (Quadratmeter)

${}_{fg}$MF = Grundstücks-, Investitions- und Unterhaltskosten pro Quadratmeter Grünfläche (Euro)

${}_{fr}$FL = Fläche für Fahrradwege und Fahrradabstellplätze (Quadratmeter)

${}_{fr}$MF = Grundstücks-, Investitions- und Unterhaltskosten pro Quadratmeter für Fahrradwege und Fahrradabstellplätze (Euro)

${}_{fü}$FL = Fläche für „offizielle“ Straßenübergänge (Zebrastreifen, ampelgesteuerte Übergänge, Unter- oder Überführungen (Quadratmeter)

${}_{fü}$MF = Grundstücks-, Investitions- und Unterhaltskosten für Straßenübergänge pro Quadratmeter (Euro)

VI Kenngrößen des Bereichs der einzelwirtschaftlichen verkehrsunternehmensbezogenen Einflußfaktoren

Im Kapitel VI werden die Einflußfaktoren behandelt, die die Rahmenbedingungen des lokalen Marktes im Verkehrsgebiet, unter denen die Verkehrsunternehmen operieren, sowie die Betriebsleistungen durch die Verkehrsunternehmen charakterisieren. Es dreht sich um Kenngrößen, die die Situation im ÖPNV-Markt des Verkehrsgebietes für die und durch die agierenden Verkehrsunternehmen im Spannungsfeld zwischen Nachfrage und Angebot beschreiben. Durch eine Bewertung dieser Einflußfaktoren können die Aufgabenträger ersehen, wie die Voraussetzungen für ein gutes ÖPNV-System und die betriebliche Umsetzung einzuordnen sind.

Aus Sicht der betriebswirtschaftlichen Entscheidungstheorie können die Einflußfaktoren in endogene und exogene Komponenten eingeteilt werden.[170]

Exogene Faktoren sind die Größen, die einem Unternehmen vorgegeben werden und auf die es keinen Einfluß nehmen kann. Sie bedingen hauptsächlich die Rahmenbedingungen der Angebotssituation und der Nachfragesituation. Dies sind zum einen die Kenngrößen, die den Markt beschreiben, deren Werte besonders bei einem Benchmarking zwischen Aufgabenträgern unterschiedlicher Länder von maßgeblicher Bedeutung sind. Zum anderen sind dies die allgemeinen Strukturgrößen in einem Verkehrsgebiet wie Siedlungs-, Arbeits- und Sozialstrukturen.

Endogene Faktoren sind alle Parameter, die das Unternehmen autonom bestimmen kann. Darunter fallen die Unternehmensorganisation, die Unternehmensführung, der Einsatz der Betriebsmittelfaktoren und die Gestaltung der Betriebsleistungen. Endogene Faktoren werden bei den Kenngrößen für die Betriebssituation behandelt.

Im folgenden werden teilweise „besondere" Kenngrößen entwickelt (Kapitel VI.A und VI.B), teilweise sind es ausgewählte betriebswirtschaftliche Kenngrößen, die für den ÖPNV spezifiziert werden (Kapitel VI.C). Faktoren, die die Qualität eines ÖPNV-Systems definieren, werden aufgrund ihres Umfangs gesondert in Kapitel VII behandelt.

Die Kenngrößen des Bereichs der einzelwirtschaftlichen verkehrsunternehmensbezogenen Einflußfaktoren werden in drei Abteilungen unterteilt:

- **N**achfragesituation (N),
- **A**ngebotssituation (A),
- **B**etriebssituation (B).

---

[170] Vgl. PETERS, S.: 1985, S.79.

VI.A Nachfragesituation

Die in diesem Kapitel aufgeführten Kenngrößen dienen zur Beschreibung der Nachfragesituation in einem Verkehrsgebiet. Der Umfang des grundsätzlichen Nachfragepotentiale für die ÖPNV-Benutzung ist eine wesentliche Voraussetzung für die Beurteilung der Möglichkeiten zur Durchführung von Betriebsleistungen und der Grenzen des betriebswirtschaftlichen Gesamtergebnisses im jeweiligen Verkehrsgebiet, die durch den vom Aufgabenträger geleisteten Zuschuß zum Ausdruck kommen.

Zur Beschreibung der Nachfragesituation werden Kenngrößen herangezogen, die die grundlegenden Rahmenbedingungen im Einflußbereich des Aufgabenträgers beschreiben. Bei der Verkehrsmarktkonstellation, wie zum Beispiel der Verkehrsnetzdichte, ist größtenteils eine direkte Einflußnahme vom Aufgabenträger möglich. Aus den Kenngrößen zur Verkehrsmarktkonstellation ist die Erschließung mit dem ÖPNV durch die Politik der Aufgabenträger zu erkennen und zum Teil läßt sie auch einen Rückschluß auf die Menge der Finanzmittel zu, die im Verkehrsgebiet ausgegeben werden. Auf die sozio-ökonomische Konstellation haben die Aufgabenträger keinen unmittelbaren Einfluß, aber über gewisse kommunale Regelungsinstrumente, wie zum Beispiel Bausatzungen, die Ausweisung und die Festlegung der Dichte von Siedlungsgebieten können sie diese indirekt lenken.

Die Gesamtheit der potentiellen Nachfrager nach Betriebsleistungen des ÖPNV wird durch die in einem bestimmten vom ÖPNV erschlossenen Gebiet lebenden Einwohner bedingt, da Mobilität ein Grundbedürfnis ist, das alltäglich in irgendeiner Form befriedigt wird. Es ist zumeist mit der Überwindung einer größeren Distanz und deshalb einem Rückgriff auf motorisierte Verkehrsmittel verbunden. Auf der einen Seite erfährt diese Gesamtheit der potentiellen Nachfrager eine Einschränkung durch den Anteil von Kranken, gehbehinderten Alten und Schwerstbehinderten. Auf der anderen Seite erfährt sie eine Erweiterung durch Besucher und Touristen, die sich zeitweise im Verkehrsgebiet bewegen, sowie durch außerhalb des Verkehrsgebietes in der angrenzenden Umgebung wohnende Personen, die in das Verkehrsgebiet einfahren (Pendler). Da die Anteile dieser Nachfragergruppen an der Gesamtnachfrage im Vergleich zur Grundgesamtheit der Einwohner in der Regel gering sind und sie in den Verkehrsgebieten prozentual annähernd als gleich unterstellt werden können, kann dieser Nachfrageraustausch aus Gründen der Vereinfachung vernachlässigt werden.

Die Abteilung „Nachfragesituation" wird in zwei Hauptgruppen eingeteilt:
- sozio-ökonomische Konstellation (S),
- Verkehrsmarktkonstellation (V).

In der Abbildung 18 wird eine Übersicht über die Einteilung der Kenngrößen für die Abteilung „Nachfragesituation“ gegeben.

Abbildung 18: Die Einteilung der Kenngrößen für die Abteilung „Nachfragesituation“

Abteilung	Hauptgruppe	Gruppe	Untergruppe
Nachfragesituation	Sozio-ökonomische Konstellation	Einwohnerdichte	Zentrum
			Verdichtungsraum
			Ländlicher Raum
		Einwohnerstruktur	Erwerbstätigee
			Schüler
			Auszubildende
			Rentner
		Einwohner-einkommen	Einkommen
			Kaufkraft
	Verkehrsmarkt-konstellation	Verkehrsmittel-dichte	Verkehrsmitteldichte Eisenbahnen
			Verkehrsmitteldichte U-Bahnen
			Verkehrsmitteldichte Straßenbahnen
			Verkehrsmitteldichte Busse
		Verkehrsnetz dichte	Verkehrsnetzdichte Eisenbahnen
			Verkehrsnetzdichte U-Bahnen
			Verkehrsnetzdichte Straßenbahnen
			Verkehrsnetzdichte Busse
		Verkehrsstrom-dichte	Verkehrsaufkommen
			Verkehrsleistung

VI.A.1 Kenngrößen für die sozio-ökonomische Konstellation

Für die Charakterisierung der Hauptgruppe „sozio-ökonomische Konstellation“ sind Informationen über die Einwohner sowie deren ökonomische Verhältnisse maßgeblich. Dabei ist grundsätzlich festzustellen, daß bei den Nachfragern eindeutige Korrelationen zwischen Mobilitätsverhalten und alters-, geschlechts-, sozialisations- und kulturbedingten Faktoren bestehen. Im allgemeinen ist jedoch von der Annahme auszugehen, daß keine fundamentalen Unterschiede bei deren Zusammensetzung in den verschiedenen Verkehrsgebieten bestehen. Diese Einflüsse werden deshalb bei der Bewertung der sozio-ökonomischen Konstellation nicht berücksichtigt. Zu dieser Hauptgruppe werden Kenngrößen zugeordnet, durch die die Anzahl der potentiellen Nachfrager, die Anteile von Einwohnergruppen und die Verfügbarkeit finanzieller Mittel der Nachfrager für die Mobilität beschrieben werden.

Anhand der Kenngrößen zur sozio-ökonomischen Konstellation kann ein Verkehrsgebiet als für Massenverkehrsmittel geeignet (beziehungsweise weniger geeignet) charakterisiert werden. Je größer der Wert der Kenngrößen der Nachfragesituation ist, desto geeigneter ist ein Verkehrsgebiet für Massenverkehrsmittel.

Die Hauptgruppe „sozio-ökonomische Konstellation“ wird in drei Gruppen eingeteilt:
- Einwohnerdichte (d),
- Einwohnerstruktur (s),
- Einwohnereinkommen (e).

Beim Vergleich der sozio-ökonomischen Konstellation in Verkehrsgebieten wird die Fläche als Relativierungsgröße definiert und in ein Verhältnis zur Gesamtzahl der Einwohner repräsentativ für die Gesamtheit der potentiellen Nachfrager im ÖPNV gesetzt, so daß die Anzahl der Einwohner (Nachfrager) pro Quadratkilometer die Vergleichbarkeit der Nachfragesituation zwischen Verkehrsgebieten herstellt.

VI.A.1.a Die Kenngröße für die Einwohnerdichte

Die Einwohnerdichte ist eine wichtige Kenngröße für die Nachfrage, da die Wirtschaftlichkeit der Bedienung eines bestimmten Raumes mit ÖPNV und die Auslastung des Angebotes eng mit dem Fahrgastpotential zusammenhängt. Sie hängt von der Art und Intensität der Bebauung einer Verkehrsgebietsfläche ab. Je größer die Einwohnerdichte, desto geeigneter ist das Gebiet für eine Bedienung mit Massenverkehrsmitteln. Dies ist darin begründet, daß sich bei geringer Siedlungsdichte aufgrund eines geringen Nachfragepotentials Auslastungsprobleme der Verkehrsmittel ergeben. In Verdichtungsräumen wird auf ein unterschiedliches Verkehrsaufkommen mit unterschiedlichem Einsatz der Verkehrsmittel U-Bahn, Straßenbahn und Bus reagiert. In ländlichen Räumen läßt sich zwar auch durch Einsatz von verschiedenen Varianten der Busse (normaler Bus, Midibus, Minibus) eine gute Auslastung der Verkehrsmittel herstellen. Die mit einer geringeren Nachfrage verbundenen niedrigeren Einnahmen müssen jedoch auch andere Betriebskosten abdecken, auf die nicht flexibel eingewirkt werden kann. So bleiben die Fahrerkosten unabhängig von der Beförderungskapazität und den Einnahmen konstant, und die Kraftstoffkosten sinken bei einem kleineren Bus nur geringfügig. Darüberhinaus bestehen durch die Schülerbeförderung in den Morgen- und Mittagsstunden im Tagesverlauf sehr unterschiedliche Anforderungen an die Platzkapazitäten, so daß große Busse eingesetzt werden müssen und sich die Anschaffung von Bussen anderer Größen insofern nicht rentiert.

Die Gruppe „Einwohnerdichte“ wird in drei Untergruppen eingeteilt:
- ländlicher Raum (bis 500 Einwohner pro Quadratkilometer) (l),
- Verdichtungsraum (500 – 2000 Einwohner pro Quadratkilometer) (v),
- Zentrum (ab 2000 Einwohner pro Quadratkilometer) (z).

Die Kenngröße soll eine Bewertung der Erschließung mit Massenverkehrsmitteln bei unterschiedlicher Eignung aufgrund von Einwohnerdichten ermöglichen. Deshalb darf als Bezugsgröße für die Kenngrößen der Untergruppen nicht die gesamte Fläche dienen, sondern nur die jeweiligen Flächen der Besiedlungsdichten.

Die Formel zur Berechnung der Kenngröße für die Gruppe „Einwohnerdichte“ lautet:

Kenngröße für die Gruppe „$^{U\text{-}N\text{-}S}$ Einwohnerdichte $_{l,v,z}$“		
Kenngröße für die Untergruppe „Ländlicher Raum“	Kenngröße für die Untergruppe „Verdichtungsraum“	Kenngröße für die Untergruppe „Zentrum“

$$\frac{\dfrac{{}_{dl}EW}{{}_{d}FR} + \dfrac{{}_{dv}EW}{{}_{d}FV} + \dfrac{{}_{dz}EW}{{}_{d}FZ}}{FL}$$

In dieser Formel bedeuten die einzelnen Kürzel:

FL = Fläche des Verkehrsgebietes (Quadratkilometer)

$_{d}FR$ = Fläche des ländlichen Raums (Quadratkilometer)

$_{d}FV$ = Fläche des Verdichtungsraums (Quadratkilometer)

$_{d}FZ$ = Fläche des Zentrums (Quadratkilometer)

$_{dl}EW$ = Einwohner im ländlichen Raum (Anzahl)

$_{dv}EW$ = Einwohner im Verdichtungsraum (Anzahl)

$_{dz}EW$ = Einwohner im Zentrum (Anzahl)

VI.A.1.b Die Kenngröße für die Einwohnerstruktur

Mit der Einwohnerstruktur fließen Faktoren ein, die den Unterschieden im Mobilitätsverhalten zwischen Gruppen von Nachfragern Rechnung tragen. Eine Einteilung erfolgt entlang Grenzen, die ungefähr nach Altersstruktur, nach Verkehrszwecken und nach Absatz der spezifischen Fahrausweisangebote gebildet werden können. Dadurch entstehen Korrelationen zwischen dem potentiellen Benutzerkreis und der nachfragewirksamen Inanspruchnahme des ÖPNV.

Für das ÖPNV-System sind Nachfrager ideal, die zu einem hohen Anteil zu berechenbaren Zeiten die Massenverkehrsmittel benutzen. Deshalb wird sich bei der Kenngröße auf Nachfragergruppen konzentriert, die in der Regel mit Zeitfahrausweisen den ÖPNV benutzen. Diesbezüglich sind die Erwerbstätigen der dominierende Nachfrageanteil. Dieser ist für die Planung des ÖPNV-Angebotes in den Morgen- und Abendstunden und als fest kalkulierbare Ertragsquelle bedeutsam. Er macht den größten Anteil am Absatz von Zeitfahrausweisen und damit einen hohen Anteil an den Erträgen aus. Je größer der Anteil dieses Fahrgastpotentials ist, desto besser ist dies für das ÖPNV-System.

Bei der Einteilung nach dem Verkehrszweck werden im allgemeinen die Erwerbstätigen mit den Auszubildenden unter dem Berufsverkehr zusammengefaßt. Auszubildende haben jedoch einen ermäßigten Fahrpreis und werden aufgrund der anderen Ertragsbedeutung für die Verkehrsunternehmen bei der Kenngröße als eigene Untergruppe getrennt. Sie lassen sich noch einmal nach Auszubildenden in Unternehmen und Studenten unterscheiden. Der Anteil der Schüler bildet aufgrund unterschiedlicher Verkehrsanforderungen und der speziellen Finanzierung im ÖPNV eine gesonderte Untergruppe bei der Einwohnerstruktur. Ebenso bilden die Rentner eine eigene Untergruppe, da für sie preislich besondere Fahrausweise angeboten werden.

Da in Deutschland Schulpflicht bis 16 Jahre besteht, kann die Untergruppe „Schüler" im wesentlichen mit der Altersklasse 6 – 16 Jahre gleichgesetzt werden, obwohl der Anteil der Gymnasiasten ständig zunimmt und die Altersgrenze bei zahlreichen Schülern höher liegt. Den Auszubildenden kann man die Altersklasse 16 – 21 Jahre (Studenten: 27 Jahre) durchschnittlich zuordnen, während allgemein das Vollerwerbsstadium ungefähr zwischen 21 und 60 Jahren liegt. Mit 60 Jahren kann in der Regel der Ruhestand beginnen, so daß diese Altersgrenze im Hinblick auf Seniorenfahrausweise für die Nachfragergruppe definiert werden kann.

Die Gruppe „Einwohnerstruktur“ wird in vier Untergruppen unterteilt:

- Auszubildende (a),
- Erwerbstätige (e),
- Rentner (r),
- Schüler (s).

In der Kenngröße wird zur Beurteilung der grundsätzlichen Struktur der potentiellen Nachfrager die jeweiligen für den Ertrag aus Fahrausweisverkäufen und die Planung des ÖPNV-Angebotes relevanten Nachfragergruppen herangezogen und auf die gesamte Einwohnerzahl bezogen.

Die Formel zur Berechnung der Kenngröße für die Gruppe „Einwohnerstruktur“ lautet:

Kenngröße für die Gruppe „$^{U\text{-}N\text{-}S}$ Einwohnerstruktur $_{a,e,r,s}$“			
Kenngröße für die Untergruppe „Auszubildende“	Kenngröße für die Untergruppe „Erwerbstätige“	Kenngröße für die Untergruppe „Rentner“	Kenngröße für die Untergruppe „Schüler“

$$\frac{\dfrac{_{sa}PN}{_{s}EW} + \dfrac{_{se}PN}{_{s}EW} + \dfrac{_{sr}PN}{_{s}EW} + \dfrac{_{ss}PN}{_{s}EW}}{FL}$$

In dieser Formel bedeuten die einzelnen Kürzel:

FL = Fläche des Verkehrsgebietes (Quadratkilometer)

$_{s}EW$ = Einwohner im Verkehrsgebiet (Anzahl)

$_{sa}PN$ = Auszubildende (Anzahl)

$_{se}PN$ = Erwerbstätige (Anzahl)

$_{sr}PN$ = Rentner (Anzahl)

$_{ss}PN$ = Schüler (Anzahl)

VI.A.1.c Die Kenngröße für das Einwohnereinkommen

Die ökonomische Situation der Einwohner beeinflußt wesentlich die Neigung und die Möglichkeit zur Mobilität. Sie wird in erster Linie von dem Nettoeinkommen beschrieben. Ein geringes Nettoeinkommen ist mit geringen finanziellen Spielräumen bei Ausgaben für die Mobilität verbunden. Außer der absoluten Höhe des Nettoeinkommens sind noch weitere Faktoren ausschlaggebend. Haushaltsgröße und damit die Verteilung des Einkommens auf die einzelnen Haushaltsmitglieder sowie andere Finanzquellen haben wichtige Auswirkungen auf die real dem einzelnen Mobilitätsnachfrager zur Verfügung stehende Geldmenge. Einen wichtigen Einfluß auf das Mobilitätsverhalten stellt deshalb auch die Kaufkraft als Summe des Nettoeinkommens und kurzfristig verfügbarer Vermögen unter Abzug der Ausgaben für Miete und Nahrungsmittel dar.

Die Gruppe „Einwohnereinkommen" wird in zwei Untergruppen unterteilt:

- **E**inkommen (e),
- **K**aufkraft (k).

Zur Einordnung des grundsätzlichen finanziellen Potentials für die Nachfrage nach dem ÖPNV-Angebot werden als Beurteilungsgrößen das durchschnittliche Nettoeinkommen und die Kaufkraft der einzelnen Haushalte für Mobilität definiert. Die Bezugsgröße ist die Einwohneranzahl.

Die Formel zur Berechnung der Kenngröße für die Gruppe „Einwohnereinkommen" lautet:

Kenngröße für die Gruppe
„$^{U\text{-}N\text{-}S}$ Einwohnereinkommen $_{e,k}$"

Kenngröße für die Untergruppe „Einkommen"	Kenngröße für die Untergruppe „Kaufkraft"

$$\frac{\dfrac{{}_{ee}EK}{{}_{e}EW} + \dfrac{{}_{ek}KK}{{}_{e}EW}}{FL}$$

In dieser Formel bedeuten die einzelnen Kürzel:

FL = Fläche des Verkehrsgebietes (Quadratkilometer)

${}_{e}EW$ = Einwohner im Verkehrsgebiet (Anzahl)

${}_{ee}EK$ = Einkommen aller Einwohner (Euro)

${}_{ek}KK$ = Kaufkraft aller Einwohner (Euro)

VI.A.2 Kenngrößen für die Verkehrsmarktkonstellation

Die zweite Hauptgruppe für die Darstellung der Nachfragesituation widmet sich der Beschreibung der Rahmenbedingungen des Verkehrsmarktes. Anhand der Kenngrößen der Verkehrsmarktkonstellation werden zum einen die verkehrlichen Grundvoraussetzungen für die potentiellen Nachfrager mit der Verkehrsmitteldichte und Verkehrsnetzdichte beschrieben. Zum anderen fließt die Entscheidung der Verkehrsmittelwahl der Nachfrager durch die Verkehrsstromdichte, das heißt die Anteile des Verkehrsaufkommens und der Verkehrsleistungen, ein.

Anhand der Kenngrößen zur Verkehrsmarktkonstellation kann ein Verkehrsgebiet als für Massenverkehrsmittel gut erschlossen (beziehungsweise weniger gut erschlossen) charakterisiert werden. Je größer der Wert der Kenngrößen ist, desto erschlossener ist ein Verkehrsgebiet mit Massenverkehrsmitteln.

Die Hauptgruppe „Verkehrsmarktkonstellation" wird in drei Gruppen eingeteilt:

- Verkehrs**m**itteldichte (m),
- Verkehrs**n**etzdichte (n),
- Verkehrs**s**tromdichte (s).

Zur Relativierung wird die jeweilige Größe der Gruppen für den MIV herangezogen. Dabei wird diese durch die Größe für den gesamten ÖPNV geteilt. Damit kommt das Verhältnis der Verkehrsmittel, des Verkehrsnetzes und des Verkehrsstromes des ÖPNV zu denen des Pkw, des Substitutionskonkurrenten im Nahverkehrsmarkt des Verkehrsgebietes, zum Ausdruck.

VI.A.2.a Die Kenngröße für die Verkehrsmitteldichte

Die Verkehrsmitteldichte ist hier im Sinn der potentiell zur Personenbeförderung zur Verfügung stehenden Verkehrsmittel pro Fläche zu verstehen. Ein wichtiger Einflußfaktor auf die Nachfragesituation im Verkehr ist dabei der Bestand an individuell nutzbaren Pkw. Dieser ist im Hinblick darauf von Bedeutung, daß er die Substitutionskonkurrenz für den ÖPNV bei motorisierten Verkehrsleistungen darstellt. Steht ein Pkw zur Verfügung, so wird meistens der gewünschte Weg aus vielfältigen Gründen mit diesem auch zurückgelegt. Sieht man von gewissen Zwangsgründen der Güterbeförderung ab, stehen dafür im Vordergrund die Gründe der Gewöhnung, Bequemlichkeit und der geringen variablen Benutzungskosten. Darüberhinaus spielt besonders abends und nachts das Sicherheitsgefühl vor Gewaltverbrechen eine Rolle. 1999 steht durchschnittlich mehr als jedem zweiten Einwohner in Deutschland ein Pkw zur Verfügung. Vielen Haushalten stehen zwei und mehr Pkw zur Verfügung. In der Stadt ist die Pkw-Dichte aufgrund einer guten ÖPNV-Bedienung und des geringeren Zeitvorteils bei der Mobilität sowie des unmittelbaren Problembewußtseins der Verkehrsauswirkungen geringer als im ländlichen Raum.[171]

Die Gruppe „Verkehrsmitteldichte“ wird in vier Untergruppen eingeteilt:

- Verkehrsmitteldichte von **B**ussen (b),
- Verkehrsmitteldichte von **E**isenbahnen im SPNV (e),
- Verkehrsmitteldichte von **S**traßenbahnen (s),
- Verkehrsmitteldichte von **U**-Bahnen (u).

Als Beurteilungsgröße in der Kenngröße für die Verkehrsmitteldichte im ÖPNV wird analog zu der allgemein üblichen Angabe der Pkw-Dichte die Anzahl der Verkehrsmittel im ÖPNV pro (1000) Einwohner angegeben. Die Verkehrsmitteldichte im ÖPNV ist also der Bestand der Verkehrsmittel, der sich aus der Anzahl der im Verkehrsgebiet im ÖPNV einsetzbaren Fahrzeuge nach Eisenbahnen, U-Bahnen, Straßenbahnen und Bussen ermittelt. Diese stehen zwar nicht so wie normalerweise beim Pkw dem unmittelbaren Fahrtwunsch des Nachfragers folgend zur Verfügung. Aber zum einen drückt die Kenngröße Pkw pro Einwohner auch nicht genau aus, wie oft ein Pkw dem konkreten Nachfrager verfügbar ist und zum anderen korreliert der Umfang der Fahrzeugflotte der Verkehrsunternehmen mit der Bedienungsintensität, das heißt mit der Zahl der Verbindungsmöglichkeiten pro Zeiteinheit. Die Beurteilungsgröße ist die Fläche, da die Dichte immer einen Flächenbezug erfordert.

Die Formel zur Berechnung der Kenngröße für die Gruppe „Verkehrsmitteldichte“ lautet:

Kenngröße für die Gruppe „$^{U\text{-}N\text{-}V}$ Verkehrs**m**itteldichte $_{b,e,s,u}$“			
Kenngröße für die Untergruppe „Verkehrsmitteldichte **B**usse“	Kenngröße für die Untergruppe „Verkehrsmitteldichte **E**isenbahnen“	Kenngröße für die Untergruppe „Verkehrsmitteldichte **S**traßenbahnen“	Kenngröße für die Untergruppe „Verkehrsmitteldichte **U**-Bahnen“

$$\frac{\dfrac{{}_{mb}VM}{{}_{m}FL} + \dfrac{{}_{me}VM}{{}_{m}FL} + \dfrac{{}_{ms}VM}{{}_{m}FL} + \dfrac{{}_{mu}VM}{{}_{m}FL}}{\dfrac{VP}{VÖ}}$$

---

[171] Vgl. DIW: 2000.

In dieser Formel bedeuten die einzelnen Kürzel:

VÖ	=	Verkehrsmittel des ÖPNV im Verkehrsgebiet (Anzahl)
VP	=	Pkw im Verkehrsgebiet (Anzahl)
$_{m}FL$	=	Fläche des Verkehrsgebietes (Quadratkilometer)
$_{mb}VM$	=	Verkehrsmittel Busse (Anzahl)
$_{me}VM$	=	Verkehrsmittel Eisenbahnen im SPNV (Anzahl)
$_{ms}VM$	=	Verkehrsmittel Straßenbahnen (Anzahl)
$_{mu}VM$	=	Verkehrsmittel U-Bahnen (Anzahl)

VI.A.2.b Die Kenngröße für die Verkehrsnetzdichte

Das Verkehrsnetz bildet die Grundlage für den Verkehr. Der Umfang und die Qualität des Netzes beeinflußt die Verkehrsleistung, die auf ihm realisiert werden kann. Die jeweiligen Straßenbauausführungen haben einen Einfluß auf die Geschwindigkeiten. Straßen mit einem großen Querschnitt erlauben grundsätzlich höhere Geschwindigkeiten. Straßen mit mehreren Spuren ermöglichen größere durchschnittliche Geschwindigkeiten, da der Verkehrsfluß nicht von einem langsam fahrenden Verkehrsteilnehmer dominiert werden kann. Beim Schienennetz ist der hauptsächliche Faktor für den Verkehrsfluß, wieviel Gleise zur Verfügung stehen und in welchen Entfernungen Weichen Ausweichmöglichkeiten bieten. Darüberhinaus erlaubt die Schienenwegequalität mit einem guten Unterbau und einer guten technischen Infrastruktur eine höhere Geschwindigkeit und Fahrfrequenz der Verkehrsmittel.

Die Verkehrsnetzdichte wird nach den Verkehrsmitteln unterschieden, da zwischen SPNV und dem schienengebundenen AÖPNV bedeutende Unterschiede bestehen, die eine getrennte Berücksichtigung bedingen. S-Bahnen und Eisenbahnen fahren auf denselben Schienen und können demnach in eine Untergruppe fallen. Straßenbahnen und U-Bahnen haben gesonderte Schienennetze und zwischen ihnen bestehen einige weitere Unterschiede, so daß sie auch getrennte Untergruppen bilden. Busse haben mit den Straßen ein grundsätzlich getrenntes Verkehrsnetz.

Die Gruppe „Verkehrsnetzdichte“ wird in vier Untergruppen eingeteilt:

- Verkehrsnetzdichte der **B**usse (b),
- Verkehrsnetzdichte der **E**isenbahnen im SPNV (e),
- Verkehrsnetzdichte der **S**traßenbahnen (s),
- Verkehrsnetzdichte der **U**-Bahnen (u).

Die Verkehrnetzdichte wird durch die Länge in Kilometern bestimmt, die dadurch zur Beurteilungsgröße wird. Beim Busnetz wird die Gesamtzahl der Linienkilometer veranschlagt, unabhängig davon, ob sie auf dem allgemeinen Straßennetz oder auf besonderen Fahrspuren verlaufen. Dies wird damit begründet, daß extra Busspuren nur ein „künstliches“ Netz bilden, das nicht durch das Verkehrsmittel oder die Verbindung verursacht, sondern durch die Verkehrsverhältnisse erzwungen wird. Die Schienennetzlänge wird getrennt nach den Verkehrsmitteln in der Linienlänge angegeben. Die Streckenlänge würde zwar die grundsätzliche Verteilung in der Fläche wiedergeben, aber durch die Linien, die mehrfach auf Strecken verlaufen können, kommt in der Netzdichte auch die Direktheit der Verbindungen und die Nutzungsintensität der Strecken im Netz zum Ausdruck. Als Bezugsgröße dient die Fläche. Bei der Relativierungsgröße müssen hinsichtlich der Gesamtheit des dem motorisierten Verkehr zur Verfügung stehenden Netzes bei mehrspurigen Straßen die entsprechend mehrfachen Kilometer eingesetzt werden, da mehr Spuren auch eine Verbesserung des Netzangebotes für den MIV bedeuten.

Die Formel zur Berechnung der Kenngröße für die Gruppe „Verkehrsnetzdichte“ lautet:

Kenngröße für die Gruppe „$^{U\text{-}N\text{-}V}$Verkehrsnetzdichte$_{b,e,s,u}$“			
Kenngröße für die Untergruppe „Verkehrsnetzdichte Busse“	Kenngröße für die Untergruppe „Verkehrsnetzdichte Eisenbahnen“	Kenngröße für die Untergruppe „Verkehrsnetzdichte Straßenbahnen“	Kenngröße für die Untergruppe „Verkehrsnetzdichte U-Bahnen“

$$\frac{\dfrac{{}_{nb}LL}{{}_{n}FL} + \dfrac{{}_{ne}LL}{{}_{n}FL} + \dfrac{{}_{ns}LL}{{}_{n}FL} + \dfrac{{}_{nu}LL}{{}_{n}FL}}{\dfrac{LS}{L\ddot{O}}}$$

In dieser Formel bedeuten die einzelnen Kürzel:

LS	=	Länge des Straßennetzes (Kilometer)
LÖ	=	Länge des Verkehrsnetzes des ÖPNV (Kilometer)
${}_{n}FL$	=	Fläche des Verkehrsgebietes (Quadratkilometer)
${}_{nb}LL$	=	Linienlänge des Verkehrsnetzes der Busse (Kilometer)
${}_{ne}LL$	=	Linienlänge des Schienennetzes der Eisenbahnen im SPNV (Kilometer)
${}_{ns}LL$	=	Linienlänge des Schienennetzes der Straßenbahnen (Kilometer)
${}_{nu}LL$	=	Linienlänge des Schienennetzes der U-Bahnen (Kilometer)

VI.A.2.c Die Kenngröße für die Verkehrsstromdichte

Die Verkehrssstromdichte wird durch das Verkehrsaufkommen und die Verkehrsleistung charakterisiert. Das Verkehrsaufkommen ist das absolute Maß für die Nachfrage. Die Anzahl der beförderten Personen im MIV korrespondiert ungefähr mit der Anzahl der Pkw-Fahrten, da die durchschnittliche Besetzung eines Pkw 1,3 Personen beträgt. Im ÖPNV liegt die Anzahl der beförderten Personen bei durchschnittlich 30 Prozent der zur Verfügung stehenden Platzkapazitäten, wobei dies in Abhängigkeit von den Verkehrsmitteln und der Tageszeit erheblichen Schwankungen unterworfen ist. Das Verkehrsaufkommen hat für die Planung der Verkehrsunternehmen eine besondere Bedeutung, da der Fahrbetrieb im Spannungsfeld zwischen einem für den Fahrgast attraktiven Angebot von Platzkapazitäten und einem betriebswirtschaftlich tragbaren Auslastungsgrad im Verlauf einer Linie organisiert werden muß.

Das Verkehrsaufkommen beschreibt die Verkehrsnachfrage nicht umfassend, da ein wesentlicher Faktor auch die Längen der zurückgelegten Wege sind. Sie sind sowohl für die gesamten Einnahmen und für die Gestaltung der Tarifstruktur als auch für die Kenntnis über die räumlichen Beziehungen zwischen den Ursprungs- und Zielorten im Hinblick auf die Planung wichtig. Deshalb ist die Verkehrsleistung für die Beschreibung des Nachfrageausmaßes aussagekräftiger als das Verkehrsaufkommen.

Die Gruppe „Verkehrsstromdichte" wird in zwei Untergruppen eingeteilt:

- Verkehrsaufkommen (a),
- Verkehrsleistung (l).

Als Beurteilungsgröße für das Verkehrsaufkommen dient die Anzahl beförderter Personen. Die Verkehrsleistung ist das Produkt der Anzahl beförderter Personen mit der jeweiligen Weglänge. Die Bezugsgröße ist die Fläche.

Die Formel zur Berechnung der Kenngröße für die Gruppe „Verkehrsstromdichte" lautet:

Kenngröße für die Gruppe „$^{U\text{-}N\text{-}V}$ Verkehrsstromdichte $_{a,l}$"

Kenngröße für die Untergruppe „Verkehrsaufkommen"		Kenngröße für die Untergruppe „Verkehrsleistung"

$$\frac{\dfrac{{}_{sa}VA}{{}_{s}FL} + \dfrac{{}_{sa}VA \times {}_{sl}WL}{{}_{s}FL}}{\dfrac{VM \times WM}{VÖ \times WÖ}}$$

In dieser Formel bedeuten die einzelnen Kürzel:

VM = Verkehrsaufkommen im MIV (Anzahl beförderter Personen)

VÖ = Verkehrsaufkommen im ÖPNV (Anzahl beförderter Personen)

WM = im MIV zurückgelegte Weglänge (Kilometer)

WÖ = mit ÖPNV zurückgelegte Weglänge (Kilometer)

${}_{s}FL$ = Fläche des Verkehrsgebietes (Quadratkilometer)

${}_{sl}WL$ = mit ÖPNV zurückgelegte Weglänge (Kilometer)

${}_{sa}VA$ = Verkehrsaufkommen im ÖPNV (Anzahl beförderter Personen)

VI.B Angebotssituation

In diesem Kapitel wird das Umfeld, in dem die Verkehrsunternehmen ÖPNV-Leistungen anbieten, näher charakterisiert. Dies dient dazu, den Aufgabenträgern einen Vergleich der Grundlagen des Angebots zu ermöglichen, die hauptsächlich bei einem internationalen Vergleich für die Einstufung der Leistungen notwendig sind. Die Verkehrsunternehmen unterliegen den durch den Verkehrsmarkt, den Gesetzgebern und den jeweiligen Eigentumsverhältnissen bedingten Vorgaben. Das Engagement der Unternehmen als Motor für den Wettbewerb und ein effizientes Wirtschaftssystem korrespondiert in einem hohen Grad mit den Freiheiten, die in einem Markt für die Unternehmen herrschen. Je stärker die Unternehmen sich an den betriebswirtschaftlichen Kriterien orientieren beziehungsweise orientieren müssen, desto deutlicher sind die Auswirkungen auf Leistung, Qualität und Preis im Hinblick auf eine verbesserte Situation für den Kunden. In einem geschlossenen Markt wie es der ÖPNV-Markt bis zur Neuorganisation war, in dem die Aufteilung auf tradierten Verhältnissen beruht und eine Bestandsgarantie für die Fortsetzung der bestehenden Verhältnisse sorgt, findet kein Wettbewerb statt. In einem solchen Markt besteht aufgrund des Fehlens von Konkurrenten ein geringer Druck für Unternehmen, sich um Leistungsverbesserungen zu bemühen. Die Folge ist eine geringe Innovationsbereitschaft und -fähigkeit, wodurch die Wirtschaftlichkeit verloren geht.

Ein besonderes Merkmal des ÖPNV-Markts ist, daß ein ausgeprägtes System der Finanzierung aus öffentlichen Haushalten existiert, durch das sowohl die Erstellung der Betriebsleistungen als auch die Investitionen in Verkehrsinfrastruktur und neue Verkehrsmittel umfangreich unterstützt werden. Bei Investitionen in Verkehrswege überwiegen größtenteils die Anteile der öffentlichen Hand die Beiträge der Verkehrsunternehmen an der Gesamtsumme. Dabei werden bei der Genehmigung der Fördermittel teilweise keine betriebswirtschaftliche Erfordernisse zur Grundlage gemacht, wodurch die Gefahr eines verzerrten oder mangelnden Wettbewerbs besteht.

Die Beschreibung der Situation in einem ÖPNV-Markt stößt auf das Problem, daß bestimmte Verhältnisse nicht mit einem numerischen Wert gemessen werden können wie zum Beispiel, ob eine Marktordnung grundsätzlich auf der Vergabe von Konzessionen, auf Ausschreibungen oder auf freiem Wettbewerb beruht. Deshalb muß hierfür als Besonderheit dieses Teils des Kenngrößensystems ein Bewertungskonstrukt aufgebaut werden, das die Rahmenbedingungen im Spannungsfeld zwischen zwei Polen beziehungsweise Extremzuständen durch die Entwicklung von Meßgrößen mit einer Kombination zwischen Numeral- und Nominalskalierung graduell differenzieren kann.

Die Abteilung „Angebotssituation“ wird in drei Hauptgruppen unterteilt:
- Organisation des ÖPNV-**M**arktes (M),
- Organisation der Verkehrs**u**nternehmen (U),
- Organisation der **F**inanzierung von ÖPNV-Leistungen (F).

In der Abbildung 19 wird eine Übersicht über die Einteilung der Kenngrößen für die Abteilung „Angebotssituation“ gegeben.

Abbildung 19: Die Einteilung für die Kenngrößen der Abteilung „Angebotssituation“

Abteilung	Hauptgruppe	Gruppe	Untergruppe
Angebotssituation	Organisation des ÖPNV-Marktes	ÖPNV-Marktordnung	Ausschreibung
			Freier Wettbewerb
		ÖPNV-Marktform	Anzahl von Unternehmen
			Mitarbeiter von Unternehmen
			Verkehrsmittel von Unternehmen
			Umsatz von Unternehmen
	Organisation der Verkehrsunternehmen	Eigentumsverhältnisse	Privates Kapital
		Vermögensverhältnisse	Aktiva
			Passiva
	Organisation der Finanzierung von ÖPNV-Leistungen	Finanzierungsprinzip	Budget
			Zuschuß
			Gewinn
		Finanzmitteleinsatz	Konsumtive Ausgaben
			Investive Ausgaben

VI.B.1 Kenngrößen für die Organisation des ÖPNV-Marktes

Bei der Organisation des Marktes sind Marktordnung und Marktform zu unterscheiden. Bei der Marktordnung werden die verschiedenen Möglichkeiten differenziert, auf welche Art und Weise und unter welchen Rahmenbedingungen Verkehrsunternehmen eine ÖPNV-Leistung anbieten können. Die Marktform wird vorrangig durch die Anzahl der in einem Gebiet agierenden Verkehrsunternehmen bestimmt, durch die die Einordnung in Monopol, Oligopol und Polypol erfolgt. Es ist jedoch auch von entscheidendem Einfluß, ob ein Unternehmen durch die Größe, den Umsatz, die Anzahl der Fahrzeuge und der Beschäftigten den Markt beherrscht und trotz einer Vielzahl von weiteren Unternehmen den Markt dominiert, das heißt ein Quasi-Monopol, bildet.

Die Hauptgruppe „Organisation des ÖPNV-Marktes" wird in zwei Gruppen eingeteilt:
- ÖPNV-Marktordnung (o),
- ÖPNV-Marktform (f).

In dieser Hauptgruppe werden überwiegend die Kenngrößen nach Verkehrsmitteln und Verkehrsunternehmen differenziert, da diese für die Darstellung des ÖPNV-Angebotes maßgebend sind. Zur Relativierung sind deshalb die Fläche, innerhalb der das Angebot erbracht wird, und die Betriebsleistungen als Vergleichsgröße, in der die Platzkapazität inbegriffen ist, naheliegend. Dabei stehen die Betriebsleistungen in der Relativierungsgröße im Nenner, da hohe Betriebsleistungen pro Fläche sich auf einen hohen Kenngrößenwert auswirken, der ein gutes ÖPNV-Angebot charakterisiert.

VI.B.1.a Die Kenngröße für die ÖPNV-Marktordnung

Das entscheidende Kriterium für die Einstufung der Marktordnung ist der Regulierungsgrad. Dieser wird im ÖPNV dadurch bestimmt, welche Rahmenbedingungen ein Verkehrsunternehmen hat, eine Betriebsleistung auf einer Linie durchzuführen. Dabei spielt eine Rolle, inwieweit ein Unternehmen durch staatliche Aufsichtsbehörden am Markteintritt beziehungsweise -austritt beschränkt wird und an über die unternehmerischen Kriterien hinausgehende Verpflichtungen gebunden ist. Grundsätzlich sind regulierte und deregulierte Marktordnungen zu unterscheiden.

In einem vollkommen regulierten Markt gibt es keinen Wettbewerb. Im ÖPNV-Markt wurde bis zur Neuordnung die Bedienung einer Linie ausschließlich mit einer Konzession von staatlichen Aufsichtsbehörden gestattet, die den Konzessionsinhaber, das heißt das jeweilige Verkehrsunternehmen, vor Wettbewerb weitestgehend schützte. Es bestand durch Besitzstandsschutz ein Anspruch auf Verlängerung der Konzessionsdauer und eine Fortsetzung der Bedienung.

In einem vollkommen deregulierten Markt findet ein freier Wettbewerb statt, bei dem jedes Unternehmen ohne irgendwelche Lenkungsmaßnahmen von hoheitlicher Seite „kreuz und quer" Busse fahren lassen kann. Diese Marktform, die im ÖPNV in Großbritannien vorzufinden ist, wird auch als Wettbewerb im Markt bezeichnet.[172]

Eine Zwischenstufe bildet der Markt, der durch einen für ein Gesamtliniennetz verantwortlichen hoheitlichen Aufgabenträger gebildet wird, und in dem ein Wettbewerb um einen Markt stattfindet. Dieser plant die verschiedenen Betriebsleistungen, die erbracht werden sollen, und führt Ausschreibungen durch, um deren Zuschlag sich jedes Verkehrsunternehmen bewerben kann. Das Verkehrsunternehmen mit dem günstigsten Angebot erhält den Auftrag für die Bedienung über einen definierten Zeitraum, nach dem wieder eine Ausschreibung erfolgt.

In diesem Abschnitt wird der Markt betrachtet, der für die Erstellung des Angebotes zwischen Aufgabenträgern und Verkehrsunternehmen besteht. (Daneben gibt es noch den Markt, der zwischen Konsumenten und ÖPNV-Angebotserstellern sowie anderen Anbietern von Mobilitätsdienstleistungen stattfindet.) In der Praxis – besonders in Deutschland – wird in einer Zeit, in der sich neue und alte Regelungen überschneiden, oder aus prinzipiellen Überlegungen, eine gemischte Marktordnung je nach Linie und Gebiet anzutreffen sein. Deshalb ist eine getrennte Behandlung des entsprechenden Marktordnungsprinzips vorzunehmen.

Die ÖPNV-Marktordnung wird nach dem Regulierungsgrad in drei Kategorien unterschieden:
- Vergabe von Konzessionen,
- Wettbewerb um einen Markt (Ausschreibungen),
- freier Wettbewerb im Markt.

Zur Beurteilung und numerischen Skalierung der diskreten Kenngröße ÖPNV-Marktordnung wird die entsprechende Linienlänge, die nach dem jeweiligen Marktordnungsprinzip bedient wird, herangezogen. Würden alle drei Kategorien als Untergruppen definiert mit deren Summe als Bezugsgröße würde sich bei einer Aufsummierung der Wert 1 ergeben, der einen Vergleich in Prozent nicht zuließe. Deshalb ist es erforderlich, eine Kategorie herauszunehmen und nicht als Untergruppe zu definieren. Bei der ÖPNV-Marktordnung ist dafür die Vergabe von Konzessionen geeignet, da sie sich in der Vergangenheit für den ÖPNV als nicht zuträglich erwiesen hat und im Nenner stehend eine Senkung des Kenngrößenwertes bewirkt. Die Einordnung der

[172] Vgl. NESEMEIER, C.: 1997, S. 117.

Kenngröße bewegt sich zwischen der Ausprägung eines (völlig) regulierten Marktes und eines (völlig) deregulierten Marktes.

Die Gruppe „ÖPNV-Marktordnung“ wird in zwei Untergruppen unterteilt:

- Ausschreibungen (Wettbewerb um einen Markt) (a),
- Freier Wettbewerb im Markt (f).

Die Formel zur Berechnung der Kenngröße für die Gruppe „ÖPNV-Marktordnung“ lautet:

Kenngröße für die Gruppe
„$^{U\text{-}A\text{-}M}$ ÖPNV-Marktordnung $_{a,w}$“

Kenngröße für die Untergruppe „Ausschreibung“ | Kenngröße für die Untergruppe „Freier Wettbewerb“

$$\sum_{vm=1}^{VM} {}_{vm}\left(\frac{\sum_{vu=1}^{VU} {}_{vu}\left(\frac{{}_{oa}LL}{{}_{oa}LL + {}_{of}LL + {}_{o}LL} + \frac{{}_{of}LL}{{}_{oa}LL + {}_{of}LL + {}_{o}LL} \right)}{\frac{FL}{BL}} \right)$$

In dieser Formel bedeuten die einzelnen Kürzel:

BL	=	Betriebsleistung im Verkehrsgebiet (Nutzplatzkilometer)
FL	=	Fläche des Verkehrsgebietes (Quadratkilometer)
${}_{o}LL$	=	Linienlänge per Konzession (Kilometer)
${}_{oa}LL$	=	Linienlänge per Ausschreibung (Wettbewerb um den Markt) (Kilometer)
${}_{of}LL$	=	Linienlänge per freien Wettbewerb im Markt (Kilometer)
${}_{vu}VU$	=	Verkehrsunternehmen im Verkehrsgebiet (Anzahl)
${}_{vm}VM$	=	Verkehrsmittel

1 = Eisenbahnen und S-Bahnen   3 = Straßenbahnen
2 = U-Bahnen   4 = Busse

VI.B.1.b Die Kenngröße für die ÖPNV-Marktform

Die Marktform wird durch die Angebotsstruktur charakterisiert. Eine Einstufung findet in Abhängigkeit der Anzahl der anbietenden Unternehmen statt, die das Gesamtangebot in einem Verkehrsgebiet unter sich aufteilen. Die beiden Extrema stellen das Monopol dar, in dem nur ein Unternehmen alle Betriebsleistungen erbringt, und das Polypol, in dem eine Vielzahl von verschiedenen Anbietern tätig ist. Dazwischen gibt es in der Marktlehre als grundlegende Einstufung noch das Oligopol. Zwischen den drei Grundformen gibt es zahlreiche Zwischenstufen.[173]

Im Hinblick auf ein Benchmarking, das auf einen kommunalen Verkehrsmarkt ausgerichtet ist, ist es nicht sinnvoll, zwischen den makroökonomischen Einstufungen zu unterscheiden. Die Grenzen für die verschiedenen Marktformbezeichnungen sind schwer definierbar, und eine Einteilung könnte nur in Form von Klassen erfolgen. Eine solche Kategorisierung ist allenfalls im Zusammenhang mit einer Auswahl von Benchmarking-Partnern sinnvoll. Bezüglich des Ziels eines Vergleichs der Erfolgswirksamkeit der jeweiligen Marktform ist sie mit einer ungenügenden Aussagekraft über die interessierenden Auswirkungen verbunden.

Die Marktform wird grundsätzlich durch die Anzahl der Verkehrsunternehmen bestimmt. Jedoch üben auch die Unternehmensgrößen einen Einfluß insofern aus, daß ein Unternehmen mit einem größeren Potential an Betriebsmitteln und Personen bessere Leistungsreserven hat, um auf Veränderungen zu reagieren. Allerdings besteht bei zunehmender Unternehmensgröße die Gefahr, daß durch zu schwerfällige Organisationsstrukturen und langwierige Entscheidungsprozesse die Flexibilität sinkt und der Anteil der fixen Kosten steigt. Eine optimale Unternehmensgröße aus unternehmensinternen Aspekten ist jedoch nicht zu bestimmen, da sie immer nur eine momentane sein kann und Veränderungen relativ schnell erfolgen. Sie wird größtenteils auch durch die Nachfrage der Aufgabenträger bestimmt. Eine gute Marktform beziehungsweise Unternehmensgröße im ÖPNV drückt sich weniger als in anderen Branchen durch günstige Preise für die Kunden aus, da dic Tarife größtenteils politisch festgelegt werden, sondern vielmehr durch einen günstigen Angebotspreis für einen Aufgabenträger bei der Bewerbung um Ausschreibungen. Die Angebotspreise für Betriebsleistungen sind um so niedriger, je effektiver die spezifischen Vorteile der jeweiligen Unternehmensgröße ausgenutzt und je besser sie kombiniert werden.

Die Gruppe „ÖPNV-Marktform" wird nach der Anzahl der im Verkehrsgebiet agierenden Unternehmen und die Unternehmensgröße bestimmenden Faktoren in vier Untergruppen eingeteilt:

- **Anzahl (a),**
- **Beschäftigte (b),**
- **Umsatz (u),**
- **Verkehrsmittel (v).**

---

[173] Vgl. NESEMEIER, C.: 1997, S. 118.

Unterstellt man einen grundsätzlichen Zusammenhang zwischen Anzahl von Unternehmen und der Marktform, so besteht dieser in einem positiven Einfluß von mehreren konkurrierenden Unternehmen (in gewissen Bereichen). Dies führt zur weiteren Folgerung, daß eine für das gesamte ÖPNV-System um so bessere und um so günstigere Marktbedienung erfolgt sowie um so mehr Betriebsleistungen entstehen, je mehr die in einem Verkehrsgebiet ÖPNV-bedingten Umsätze, Verkehrsmittel und Beschäftigte auf mehrere Unternehmen verteilt sind. Deshalb stehen die Bewertungsgrößen Umsätze, Verkehrsmittel und Beschäftigte im Nenner und die Betriebsleistung als Bezugsgröße im Zähler, da je mehr Betriebsleistungen von den Unternehmen pro jeweiliger Beurteilungsgröße erbracht werden, desto besser ist dies für den ÖPNV. Die Einordnung der Kenngröße bewegt sich zwischen der im ÖPNV noch häufig vorkommenden Form des Monopols und des Polypols.

Die Formel zur Berechnung der Kenngröße für die Gruppe „ÖPNV-Marktform“ lautet:

Kenngröße für die Gruppe „$^{U\text{-}A\text{-}M}$ ÖPNV-Marktform $_{a,b,u,v}$“			
Kenngröße für die Untergruppe „Anzahl“	Kenngröße für die Untergruppe „Beschäftigte“	Kenngröße für die Untergruppe „Umsatz“	Kenngröße für die Untergruppe „Verkehrsmittel“

$$\sum_{vm=1}^{VM} {}_{vm}\left(\frac{{}_{vu}VU \times \sum_{vu=1}^{VU} {}_{vu}\left(\frac{{}_{f}BL}{{}_{fa}MA} + \frac{{}_{f}BL}{{}_{fu}US} + \frac{{}_{f}BL}{{}_{fv}VM} \right)}{\frac{FL}{BL}} \right)$$

In dieser Formel bedeuten die einzelnen Kürzel:

FL = Fläche des Verkehrsgebietes (Quadratkilometer)

BL = Betriebsleistung im Verkehrsgebiet (Nutzplatzkilometer)

$_{f}BL$ = Betriebsleistung eines Verkehrsunternehmens (Nutzplatzkilometer)

$_{fa}MA$ = gesamte Mitarbeiter eines Verkehrsunternehmens (Anzahl)

$_{fu}US$ = gesamter Umsatz eines Verkehrsunternehmens (Euro)

$_{fv}VM$ = gesamte Verkehrsmittel eines Verkehrsunternehmens (Anzahl)

$_{vu}VU$ = Verkehrsunternehmen (Anzahl)

$_{vm}VM$ = Verkehrsmittel (Anzahl)

1 = Eisenbahnen und S-Bahnen   3 = Straßenbahnen

2 = U-Bahnen   4 = Busse

VI.B.2 Kenngrößen für die Organisation der Verkehrsunternehmen

Die Organisation der Verkehrsunternehmen wird zum einen durch die Unternehmensform in Kombination mit den jeweiligen Kapitalanteilen der Unternehmenseigentümer aus privater und/oder öffentlicher Hand bestimmt. Zum anderen charakterisieren Werte der Vermögensverhältnisse aus der Bilanz die finanzielle Organisation der Verkehrsunternehmen. Die zwei wichtigsten Posten der Bilanz bei Verkehrsunternehmen sind dabei auf der Seite der Aktiva das Anlagevermögen und auf der Seite der Passiva das Eigenkapital.

Die Hauptgruppe „Organisation der Verkehrsunternehmen" wird in zwei Gruppen eingeteilt:

- Eigentumsverhältnisse (e),
- Vermögensverhältnisse (v).

Zur Herstellung der Vergleichbarkeit dieser Hauptgruppe dient die Fläche, innerhalb der das Angebot erbracht wird, und die Betriebsleistungen als Relativierungsgröße, in der die Platzkapazität inbegriffen ist. Dabei müssen die Betriebsleistungen im unteren Teil des Doppelbruchs im Nenner stehen, da je höher die Betriebsleistungen pro Fläche sind, desto höher wird der Gesamtwert der Kenngröße und desto besser ist das ÖPNV-Angebot.

VI.B.2.a Die Kenngröße für die Eigentumsverhältnisse von Verkehrsunternehmen

Die Unternehmensform bestimmt in einem hohen Maß den Grad der Abhängigkeit der Unternehmensführung von den Eigentümern. Eine Klassifikation wird nach der Rechtsform vorgenommen, bei der grundsätzlich nach öffentlich-rechtlichen und privatrechtlichen Unternehmen unterschieden wird.

In der öffentlich-rechtlichen Form des Regiebetriebs und des Eigenbetriebs besteht keine eigene Rechtspersönlichkeit. Die Betriebe sind in die Verwaltungsstrukturen sehr stark eingebunden bis hin zum vollständigen Verzicht auf unternehmerische Entscheidungsfreiheit besonders im Fall des Regiebetriebs. Der Werksleiter als Führer des Verkehrsbetriebes unterliegt der Ausgabenkontrolle durch einen von politischen Gremien aufgestellten Haushaltsplan. Dadurch wird die Reaktionsfähigkeit des Verkehrsbetriebes auf veränderte Umweltbedingungen geschwächt.

Unternehmen in privatrechtlicher Rechtsform werden in Personengesellschaften und Kapitalgesellschaften unterschieden, da diese unterschiedliche betriebswirtschaftliche Rahmenbedingungen und Auswirkungen haben. Hauptformen der Kapitalgesellschaften sind die Gesellschaft mit beschränkter Haftung (GmbH) und die Aktiengesellschaft (AG). In diesen unterliegen die Verhältnisse zwischen Eigentümer und Unternehmensführung einem wesentlich geringeren Formalisierungsgrad als in Eigenbetrieben. Der Geschäftsführer bei der GmbH und in der Regel besonders der Vorstand bei der AG handeln streng nach dem Maßstab des Unternehmensergebnisses am Ende eines Wirtschaftsjahres.[174]

Verkehrsunternehmen im ÖPNV wurden in der Vergangenheit mit der Begründung eines starken öffentlichen Interesses sehr häufig in der Rechtsform eines Eigenbetriebes geführt. Besonders in Zeiten raschen Wandels aufgrund neuer Gesetzesregelungen mit den Konsequenzen eines stärkeren Wettbewerbs ist Flexibilität bedeutsam. Deshalb erfolgten unter diesem Druck in den Jahren seit der Neuordnung im ÖPNV viele Umwandlungen der Rechtsform eines Eigenbetriebes hin zu solchen, die einen größeren Grad der unternehmerischen Unabhängigkeit ermöglichen. Eigenbetriebe werden in GmbH umgegründet und Kapitalgesellschaften, die zu 100 Prozent in öffentlichen Eigentum waren, werden teilweise oder komplett an private in- und ausländische Verkehrsunternehmen und auch an branchenfremde Unternehmen verkauft.

Die Unternehmensform korrespondiert eng mit den Eigentumsverhältnissen. Sie spiegeln sich in den jeweiligen Anteilen am Stammkapital wieder. Die Höhe des Eigenkapitals ist maßgebend für den Zugang zu den Kapitalmärkten im Fall von Investitionen. Sie ist deshalb auch zugleich als Schlüssel für die Handlungskraft und das Entwicklungspotential der Unternehmen zu betrachten.

Bei der Unterscheidung nach dem Stammkapital gibt es grundsätzlich zwei Möglichkeiten: Kapital von privater Hand und Kapital von öffentlicher Hand. Die gemischtwirtschaftliche Unternehmensform kommt durch das Verhältnis von Kapital aus öffentlicher Hand zu Kapital aus privater Hand zum Ausdruck. Die beiden Möglichkeiten der Unternehmensformen im 100-prozentigen öffentlichen Eigentum benötigen eine weitere Unterscheidung, da unter dem Gesichtspunkt des Stammkapitals der Eigenbetrieb identisch ist mit der Unternehmensform einer GmbH oder AG mit Stammkapital nur aus öffentlicher Hand. Verkehrsbetriebe in der Rechtsform des Eigenbetriebes haben jedoch in der Regel ein – gemessen an den Aufgaben der Betriebe und dem Geschäftsumfang – sehr geringes Stammkapital. Dies liegt darin begründet, daß das Stammkapital in solchen Betrieben keine Garantiefunktion übernimmt und ein uneingeschränktes Haftungsver-

[174] Vgl. NESEMEIER, C.: 1997, S. 122.

hältnis zwischen Betrieb und Trägerkörperschaft besteht.[175]

Die Unternehmensform wird anhand der Rechtsform und des Stammkapitals in drei Kategorien unterschieden:

- öffentliches Stammkapital in Verkehrsbetrieben ohne eigener Rechtspersönlichkeit,
- öffentliches Stammkapital in Verkehrsunternehmen mit eigener Rechtspersönlichkeit,
- privates Stammkapital.

Die numerische Beurteilung der Verkehrsunternehmensform erfolgt anhand der Höhe des privaten Stammkapitals der Verkehrsunternehmen. Die Bezugsgröße ist die Gesamtheit des Stammkapitals unter Einbezug des öffentlichen Kapitals von Eigenbetrieben beziehungsweise Kapitalanteils an Kapitalgesellschaften. Würden beide „Kapitalkategorien", sowohl öffentliches Kapital als auch privates Kapital, als Untergruppen gebildet, so würde der Gesamtwert 1 bei einer Untersuchung der Kenngröße entstehen und eine Vergleichbarkeit nicht ermöglichen. In einem Verkehrsgebiet agieren in zunehmenden Maß verschiedene Verkehrsunternehmen, die Betriebsleistungen an verschiedenen Orten anbieten. Deshalb muß zur Bewertung der Unternehmensform in einem regional abgegrenzten ÖPNV-Markt eine Größe Eingang haben, die eine Aufteilung des Kapitals der jeweiligen Verkehrsunternehmen mit unterschiedlichen Anteilen in einem Verkehrsgebiet entsprechend des Umfangs ihrer Geschäftstätigkeit ermöglicht. Dies erfolgt über den Anteil der Betriebsleistungen der jeweiligen Verkehrsunternehmen an der gesamten Betriebsleistung, die mit dem Betrag des privaten Kapitals multipliziert wird. Die zwei extremen Formen der Eigentumsverhältnisse sind einerseits zu 100 Prozent in öffentlichem und andererseits zu 100 Prozent in privatem Eigentum (0 Prozent öffentliches Eigentum), von denen im ÖPNV in der Regel die erstere noch zahlreich in reiner Ausprägung vorzufinden ist.

Die Gruppe „Eigentumsverhältnisse" wird in eine Untergruppe eingeteilt:

- privates Stammkapital (p).

[175] Vgl. DIEDERICH, H.: 1977, S. 370.

Die Formel zur Berechnung der Kenngröße für die Gruppe „Eigentumsverhältnisse von Verkehrsunternehmen" lautet:

Kenngröße für die Gruppe „U-A-U Eigentumsverhältnisse von Verkehrsunternehmen p"

Kenngröße für die Untergruppe „Privates Stammkapital"

$$\sum_{vm=1}^{VM} {}_{vm}\left(\frac{\displaystyle\sum_{vu=1}^{VU} \frac{{}_{e}BL \times {}_{ep}KA}{({}_{e}KE + {}_{e}KÖ + {}_{ep}KA)}}{\dfrac{FL}{BL}} \right)$$

In dieser Formel bedeuten die einzelnen Kürzel:

FL = Fläche des Verkehrsgebietes (Quadratkilometer)

BL = Betriebsleistung im Verkehrsgebiet (Nutzplatzkilometer)

$_{e}$BL = Anteil der Betriebsleistung von Verkehrsunternehmen mit privaten Kapital (% der Nutzplatzkilometer im Verkehrsgebiet)

$_{e}$KE = Öffentliches Kapital in Verkehrsunternehmen ohne eigener Rechtspersönlichkeit (Euro)

$_{e}$KÖ = Öffentliches Kapital in Verkehrsunternehmen mit eigener Rechtspersönlichkeit (Euro)

$_{ep}$KA = Privates Kapital in Verkehrsunternehmen (Euro)

$_{vu}$VU = Verkehrsunternehmen (Anzahl)

$_{vm}$VM = Verkehrsmittel

1 = Eisenbahnen und S-Bahnen   3 = Straßenbahnen

2 = U-Bahnen   4 = Busse

VI.B.2.b Die Kenngröße für die Vermögensverhältnisse von Verkehrsunternehmen

Die Vermögensverhältnisse sind der Bilanz zu entnehmen. Sie gliedert sich in Aktiva und Passiva mit gleichen Finanzvolumina. Die Aktiva können in die drei großen Kategorien Anlagevermögen, Umlaufvermögen und aktive Rechnungsabgrenzungsposten eingeteilt werden. Bei den Passiva unterscheidet man nach dem Eigenkapital, Fremdkapital, Rückstellungen und passive Rechnungsabgrenzungsposten.

Auf der Seite der Aktiva weisen die Bilanzen der Verkehrsunternehmen das Charakteristikum eines hohen Anteils des Anlagevermögens auf. Dieses hängt im wesentlichen von den Anschaffungskosten der Fahrzeuge, der Verkehrswege und der Stationen sowie deren Alter ab. Nach dem Wert der Betriebsmittelfaktoren und in Abhängigkeit davon, ob sie sich im Eigentum des Unternehmens befinden, unterscheidet sich deshalb auch je nach Verkehrszweig das Anlagevermögen. Ein Eisenbahnunternehmen, dem die Infrastruktur gehört, hat im Hinblick auf das Anlagevermögen andere Anteile als ein Busunternehmen, das in der Regel keine Verkehrswege besitzt und geringere Anschaffungskosten für die Fahrzeuge hat. Grundsätzlich besteht in Verkehrsunternehmen ein hohes Anlagevermögen, wodurch eine mit geringem Fremdkapital gedeckte Finanzierung günstig ist, aber oft nicht gegeben ist.[176]

Auf der Seite der Passiva ist das Verhältnis des Fremdkapitals zum gesamten Kapital von Interesse, weil davon die Unabhängigkeit des Verkehrsunternehmens von Dritten, die Kreditwürdigkeit für weitere Investitionen beziehungsweise die Möglichkeit zur Ausdehnung der Betriebsleistungen abhängt.

Die Gruppe „Vermögensverhältnisse“ wird anhand den Hauptkomponenten der Bilanz, Aktiva und Passiva in zwei Untergruppen eingeteilt:
- Aktiva (a),
- Passiva (p).

Als Beurteilungsgröße wird für die Aktiva die Höhe des Umlaufvermögens und der aktiven Rechnungsabgrenzungsposten herangezogen. Sie werden in den Nenner gestellt, da ein hoher Anteil an der im Zähler stehenden Bilanzsumme einen geringen Anteil des Anlagevermögens beziehungsweise der Investitionstätigkeit und damit tendenziell einen negativen Einfluß bedingt. Für die Passiva werden das Fremdkapital und die passiven Rechnungsabgrenzungsposten in den Nenner gestellt und ebenfalls als Anteil der Bilanzsumme berechnet. Ein geringer Anteil bedeutet einen hohen Eigenkapitalanteil. Zur Einordnung der Bilanzen der Verkehrsunternehmen in dem verkehrsgebietsspezifischen ÖPNV-Markt dient der Anteil der Betriebsleistungen der jeweiligen Verkehrsunternehmen an der gesamten Betriebsleistung als Bezugsgröße, die mit dem Betrag der Bilanzsumme multipliziert wird.

[176] Vgl. DIEDERICH, H.: 1977, S. 369.

Die Formel zur Berechnung der Kenngröße für die Gruppe „Vermögensverhältnisse von Verkehrsunternehmen" lautet:

Kenngröße für die Gruppe „$^{U\text{-}A\text{-}U}$ Vermögensverhältnisse von Verkehrsunternehmen $_{a,p}$"	
Kenngröße für die Untergruppe „Aktiva"	Kenngröße für die Untergruppe „Passiva"

$$\sum_{vm=1}^{VM} {}_{vm}\left(\frac{\sum_{vu=1}^{VU} {}_{vu}\left(\frac{{}_{k}BL \times {}_{k}BS}{{}_{ka}UV + {}_{ka}AR}\right) + {}_{vu}\left(\frac{{}_{k}BL \times {}_{k}BS}{{}_{kp}FK + {}_{kp}PR}\right)}{\frac{FL}{BL}} \right)$$

In dieser Formel bedeuten die einzelnen Kürzel:

FL = Fläche des Verkehrsgebietes (Quadratkilometer)
BL = Betriebsleistung im Verkehrsgebiet (Nutzplatzkilometer)
$_{k}BL$ = Betriebsleistung eines Verkehrsunternehmens (Nutzplatzkilometer)
$_{k}BS$ = Bilanzsumme eines Verkehrsunternehmens (Euro)
$_{ka}AR$ = Aktive Rechnungsabgrenzungsposten (Euro)
$_{ka}UV$ = Umlaufvermögen (Euro)
$_{kp}PR$ = Passive Rechnungsabgrenzungsposten (Euro)
$_{kp}FK$ = Fremdkapital (Euro)
$_{vu}VU$ = Verkehrsunternehmen (Anzahl)
$_{vm}VM$ = Verkehrsmittel
1 = Eisenbahnen und S-Bahnen 3 = Straßenbahnen
2 = U-Bahnen 4 = Busse

VI.B.3 Kenngrößen für die Organisation der Finanzierung von ÖPNV-Leistungen

Mit den Kenngrößen für die Organisation der Finanzierung von ÖPNV-Leistungen wird ausgedrückt, wie sehr die durch die Verkehrsunternehmen erbrachten ÖPNV-Leistungen auf öffentliche Finanzmittel angewiesen sind und wie innovativ sie durch zukunftsgerichtete Investitionen gestaltet werden. Die Organisation der Finanzierung wird durch Finanzierungsprinzip und Finanzmitteleinsatz charakterisiert. Das Finanzierungsprinzip kann danach unterschieden werden, ob im ÖPNV Finanzmittel aus privater oder aus öffentlicher Hand kommen. Bezüglich des Finanzmitteleinsatzes bestehen zwei Unterscheidungsmöglichkeiten: für Produktion von Fahrleistungen oder für Investitionen.

Die Hauptgruppe „Organisation der Finanzierung von ÖPNV-Leistungen" wird in zwei Gruppen eingeteilt:

- Finanzierungsprinzip von ÖPNV-Leistungen (p),
- Finanzmitteleinsatz für ÖPNV-Leistungen (e).

Als Relativierungsgröße wird die Fläche definiert, innerhalb der das ÖPNV-Angebot erbracht wird, und durch die Nutzplatzkilometer als Größe, in der die Betriebsleistungen zum Ausdruck kommen, dividiert. Dabei müssen die Betriebsleistungen im unteren Teil des Doppelbruchs im Nenner stehen, da je höher die Betriebsleistungen pro Fläche sind, desto höher wird der Gesamtwert der Kenngröße und desto besser ist das ÖPNV-Angebot.

VI.B.3.a Die Kenngröße für das Finanzierungsprinzip von ÖPNV-Leistungen

Die Finanzierung hat im ÖPNV eine besondere Charakteristik. In der Mehrzahl der Verkehrsunternehmen basiert im Unterschied zu anderen Branchen die Kostendeckung nur zu einem Teil auf dem Ertrag aus dem Verkauf des Produktes beziehungsweise der Dienstleistung. Bei den Betriebsleistungen machen im ÖPNV bundesweit Zuschüsse und Ausgleichszahlungen für gemeinwirtschaftliche Leistungen aus öffentlichen Haushalten einen Anteil von durchschnittlich mehr als 30 Prozent an den Einnahmen aus.[177] Darüberhinaus gibt es finanzielle Zuschüsse aus öffentlichen Haushalten bei Investitionen in Fahrzeuge und Infrastruktur. Eine Folge der Abhängigkeit von Finanzen aus öffentlichen Haushalten ist die Einschränkung von unternehmerischen Freiheiten, wobei eine Beurteilung der Rechtfertigung für die Verteilung der öffentlichen Finanzmittel durch die unternehmerische Leistung sowie der Effizienz bei der Verwendung der öffentlichen Finanzmittel nur schwer möglich ist.

Umfang und Zusammensetzung von Finanzmitteln aus öffentlicher Hand sind Kriterien für eine Bewertung beim Finanzierungsprinzip. Im allgemeinen lassen sich – besonders in Deutschland – keine scharfen Grenzen zwischen den einzelnen Finanzierungsprinzipien als Beitrag zur Gesamtfinanzierung bei den Verkehrsunternehmen ziehen. In der Regel ist es ein Gemisch.[178]

---

[177] Vgl. VDV: 2000. (Der Deckungsbeitrag der Verkehrsunternehmen beträgt 69,4 %.)
[178] Vgl. WIEMANN, R.: 2000, S. 41 ff.

Das Finanzierungsprinzip läßt sich nach der Art und Weise der Vergabe von öffentlichen Haushaltsmitteln im ÖPNV in vier Kategorien unterscheiden:[179]

- Verlust beziehungsweise Defizit: Ausgleich eines Defizits für die Produktion von Betriebsleistungen aus öffentlichen Haushaltsmitteln am Ende einer Produktionsperiode,
- Budget: Festes Budget aus öffentlichen Haushaltsmitteln vor Beginn der Produktionsperiode, mit dem vertraglich vereinbarte Betriebsleistungen finanziert werden müssen,
- Zuschuß: Variable Zuschüsse aus öffentlichen Haushalten für Investitionen, die flexibel „nach Wettbewerb" vergeben werden,
- Gewinn: Keine Betriebszuschüsse aus öffentlichen Haushalten.

Um eine kontinuierliche Einteilung für die diskrete Kenngröße Finanzierungsprinzip zu ermöglichen, werden für die Bewertung die Höhe der öffentlichen Gelder herangezogen, um die ein Wettbewerb stattfindet. Öffentliche Gelder nach Budget und Zuschuß sowie Gewinne von Verkehrsunternehmen fließen als Beurteilungsgrößen ein. Eine Unterteilung muß als Beurteilungsgröße ausscheiden, da sonst der Gesamtwert der Kenngröße 1 ergibt. Da der Ausgleich eines Defizits am Ende eines Jahres als das am wenigsten effiziente Finanzierungsprinzip ohne fehlenden Wettbewerb um öffentliche Finanzmittel anzusehen ist, werden die Beträge nicht in die Beurteilungsgrößen einbezogen. Sie bilden in der Summe der öffentlichen Finanzmittel die Bezugsgröße im Nenner. Die Nutzplatzkilometer fungieren als Größe zur Aufteilung der von verschiedenen Verkehrsunternehmen erhaltenen öffentlichen Finanzmittel auf die im Verkehrsgebiet erbrachten Betriebsleistungen. Der Kenngrößenwert wird um so größer, je mehr Betriebsleistungen für öffentliche Finanzmittel erbracht werden.

Die Gruppe „Finanzierungsprinzip" wird nach dem Prinzip, das ohne öffentliche Finanzmittel auskommt und den beiden Prinzipien, die die öffentlichen Finanzmittel nach Wettbewerb verteilen, in drei Untergruppen eingeteilt:

- **Budget**: Festes Budget aus öffentlichen Haushaltsmitteln, mit dem vor Beginn der Produktionsperiode vertraglich vereinbarte Betriebsleistungen finanziert werden müssen (b),
- **Zuschuß**: Variable Zuschüsse aus öffentlichen Haushalten für Investitionen, die flexibel nach „Wettbewerb" vergeben werden (z),
- **Gewinn** (g).

---

[179] Vgl. NESEMEIER, C.: 1997, S. 150.

Je nachdem wie hoch der Anteil der Einnahmen aus dem Fahrausweisverkauf und anderer Einnahmen aufgrund der Durchführung des ÖPNV und wie hoch der Anteil der Finanzmittel aus öffentlicher Hand an der Finanzierungsstruktur ist, reichen die beiden Extrema der Einordnung von entgeltfinanziert, das heißt ganz eigenwirtschaftlich, und beitragsfinanziert, das heißt ganz mit öffentlichen Finanzmitteln.

Die Formel zur Berechnung der Kenngröße für die Gruppe „Finanzierungsprinzip von ÖPNV-Leistungen" lautet:

Kenngröße für die Gruppe „$^{\text{U-A-F}}$ Finanzierungsprinzip von ÖPNV-Leistungen $_{b,z,g}$"		
Kenngröße für die Untergruppe „Budget"	Kenngröße für die Untergruppe „Zuschuß"	Kenngröße für die Untergruppe „Gewinn"

$$\sum_{vm=1}^{VM} {}_{vm}\left(\frac{\displaystyle\sum_{vu=1}^{VU} {}_{vu}\left(\frac{{}_{pb}\text{FÖ} \times {}_{p}\text{BL}}{{}_{p}\text{FÖ} + {}_{pb}\text{FÖ} + {}_{pz}\text{FÖ}} + \frac{{}_{pz}\text{FÖ} \times {}_{p}\text{BL}}{{}_{p}\text{FÖ} + {}_{pb}\text{FÖ} + {}_{pz}\text{FÖ}} + \frac{{}_{pg}\text{GE} \times {}_{p}\text{BL}}{{}_{p}\text{FÖ} + {}_{pb}\text{FÖ} + {}_{pz}\text{FÖ}} \right)}{\dfrac{\text{FL}}{\text{BL}}} \right)$$

In dieser Formel bedeuten die einzelnen Kürzel:

FL = Fläche des Verkehrsgebietes (Quadratkilometer)
BL = Betriebsleistung im Verkehrsgebiet (Nutzplatzkilometer)
$_{p}$BL = Betriebsleistung von jeweiligen Verkehrsunternehmen (Nutzplatzkilometer)
$_{p}$ÖF = Öffentliche Finanzmittel nach dem Prinzip des Defizitausgleichs (Euro)
$_{pb}$ÖF = Öffentliche Finanzmittel nach dem Budgetprinzip (Euro)
$_{pg}$GE = Gewinn (Euro)
$_{pz}$ÖF = Öffentliche Finanzmittel nach dem Zuschußprinzip (Euro)
$_{vu}$VU = Verkehrsunternehmen (Anzahl)
$_{vm}$VM = Verkehrsmittel

1 = Eisenbahnen und S-Bahnen   3 = Straßenbahnen
2 = U-Bahnen   4 = Busse

VI.B.3.b Die Kenngröße für den Finanzmitteleinsatz für ÖPNV-Leistungen

Beim Finanzmitteleinsatz ist zwischen der Finanzierung des Angebotes von Fahrleistungen, konsumtive Ausgaben, und der Finanzierung von Investitionen für die Erstellung von Fahrleistungen, investive Ausgaben, zu trennen, da sie größtenteils anderen Gesetzmäßigkeiten und Finanzierungsverfahren unterliegen (siehe Kapitel II.A.1).

Die Finanzierung der Produktion von Fahrleistungen basiert in den meisten Unternehmen, die im ÖPNV Leistungen anbieten, größtenteils auf Einnahmen aus dem Fahrausweisverkauf. Diese sind Ausdruck der unternehmerischen Leistung im ÖPNV zur Deckung der Ausgaben, die durch die Produktion im ÖPNV entstehen. Für die Angebotskalkulation der Verkehrsunternehmen bei Ausschreibung sind jedoch alle Einnahmen relevant. Deshalb sind auch die Einnahmen aus der Vermietung von Werbeträgern und – besonders bei den privaten Unternehmen – aus dem Einsatz der Verkehrsmittel zu anderen Zwecken von Bedeutung. Im Hinblick auf konsumtive Ausgaben setzen sich Finanzmittel aus öffentlichen Haushalten aus zwei Quellen zusammen: Ausgleichszahlungen für die Schüler- und Schwerbehindertenbeförderung.

Investitionen können nach dem Objekt in Verkehrsmittel, Verkehrswegeinfrastruktur und Betriebsgebäude (Bahnhöfe, Wartehallen und Busdepots) unterschieden werden. In Deutschland müssen in jedem Fall auch die Verkehrsunternehmen einen Finanzierungsbeitrag bei Investitionen leisten, jedoch werden zu einem großen Anteil auch Finanzmittel aus öffentlichen Haushalten dafür verwendet. Sie setzen sich zum größten Teil aus Finanzmitteln des Bundeshaushalts und der Länderhaushalte zusammen.[180] Die jeweiligen Anteile haben eine definierte Höchstgrenze der Gesamtsumme für die Investition. Über die definitive Festlegung der Zuschußhöhe trifft fallweise eine öffentliche Institution die Entscheidung, wodurch sehr unterschiedliche Beiträge von öffentlichen Finanzmitteln für Investitionsprojekte im ÖPNV entstehen und deshalb sich Kenngrößenwerte stark unterscheiden können.[181] Eine Studie mit einem standardisierten Bewertungsverfahren über die Wirtschaftlichkeit der Maßnahmen ist zwar zumeist Grundlage des Zuschußbewilligungsverfahrens, jedoch erfolgt eine weitere fallspezifische Evaluierung, bei der manchmal eine Vermischung unternehmerischer mit politischer Interessen erfolgt. Überdimensionierte Prestigeprojekte haben dann aufgrund der Bindung von hohen öffentlichen Finanzmitteln negative Auswirkungen auf ÖPNV-Projekte in anderen Verkehrsgebieten.

Die Gruppe „Finanzmitteleinsatz" wird nach der Verwendung in zwei Untergruppen eingeteilt:

- investive Ausgaben (Fahrzeuge, ÖPNV-Betriebsgebäude und Verkehrswege) (i),
- konsumtive Ausgaben (Produktion von Fahrleistungen) (k).

[180] Vgl. GIRNAU, G.: 1996, S. 5.
[181] Vgl. SCHÄFER, F.: 2001, S. 7.

Die Beurteilungsgröße sind die Finanzmittel der Verkehrsunternehmen getrennt nach der Verwendung für Fahrleistungen und Investitionen. Diese stehen im Zähler der Kenngröße, da je größer deren Anteil an den entsprechenden Maßnahmen ist, desto besser ist es für den ÖPNV und desto größer wird der Gesamtwert der Kenngröße. Als Bezugsgröße dient die Summe der konsumtiven und investiven Ausgaben. Da in dieser die öffentlichen Finanzmittel enthalten sind, stehen sie im Nenner. Der Anteil der Betriebsleistungen der Verkehrsunternehmen an den gesamten im Verkehrsgebiet erstellten Betriebsleistungen ist als Verteilungsschlüssel erforderlich.

Die Formel zur Berechnung der Kenngröße für die Gruppe „Finanzmitteleinsatz“ lautet:

Kenngröße für die Gruppe
„$^{U\text{-}A\text{-}F}$ Finanzmitteleinsatz $_{i,k}$“

Kenngröße für die Untergruppe „Investive Ausgaben“	Kenngröße für die Untergruppe „Konsumtive Ausgaben“

$$\sum_{vm=1}^{VM} {}_{vm}\left(\frac{\sum_{vu=1}^{VU} {}_{vu}\left(\frac{{}_{ei}FU \times {}_{e}BL}{{}_{ei}FU + {}_{e}FI} + \frac{{}_{ek}FU \times {}_{e}BL}{{}_{ek}FU + {}_{e}FK} \right)}{\frac{FL}{BL}} \right)$$

In dieser Formel bedeuten die einzelnen Kürzel:

FL	=	Fläche des Verkehrsgebietes (Quadratkilometer)
BL	=	Betriebsleistung im Verkehrsgebiet (Nutzplatzkilometer)
${}_{e}BL$	=	Betriebsleistung eines Verkehrsunternehmens (Nutzplatzkilometer)
${}_{e}FI$	=	Öffentliche Finanzmittel für Investitionen (Euro)
${}_{e}FK$	=	Öffentliche Finanzmittel für Fahrleistungen (Euro)
${}_{ei}FU$	=	Finanzmittel eines Verkehrsunternehmens für Investitionen incl. Kredite (Euro)
${}_{ek}FU$	=	Finanzmittel eines Verkehrsunternehmens für Fahrleistungen (Euro)
${}_{vu}VU$	=	Verkehrsunternehmen (Anzahl)
${}_{vm}VM$	=	Verkehrsmittel

1 = Eisenbahnen und S-Bahnen   3 = Straßenbahnen
2 = U-Bahnen   4 = Busse

VI.C Betriebssituation

Unternehmen haben als Ziel ihres wirtschaftlichen Engagements eine kostendeckende Leistungserstellung durch die Erträge aus dem Verkauf ihres Produktes oder Dienstleistung, die darüberhinaus die Bildung notwendiger Rücklagen, eine marktgerechte Verzinsung des Anlagekapitals sowie einen angemessenen Unternehmerlohn ermöglicht. Ein solches grundsätzliches Ziel muß auch im ÖPNV tätigen Verkehrsunternehmen zugestanden werden.

Allerdings unterstehen die Verkehrsunternehmen dabei besonderen Schwierigkeiten. Sie können die Preise für ihre Dienstleistung nicht selbst bestimmen. Diese und damit die Erträge durch Fahrausweisverkauf hängen von der Genehmigung einer Aufsichtsbehörde ab, die in Form von Tarifen festgelegt werden. Diese Tarife liegen größtenteils unter den Grenzen, die eine eigenwirtschaftliche Betriebsführung ermöglichen. Zum Ausgleich der Deckungslücken stehen den Unternehmen öffentliche Finanzmittel zur Verfügung. Deren Anteil an der Finanzierung des ÖPNV nahm in den Jahren bis zur Neuordnung des ÖPNV stetig zu.[182] Eine Kostendeckung wird auch deshalb erschwert, weil durch die bundesweiten Rahmenbedingungen eine Konstellation des Verkehrsmarktes entstanden ist, durch den der ÖPNV-Anteil an den Verkehrsleistungen konsequent sank. Unabhängig davon liegt die wirtschaftliche Situation der Unternehmen jedoch auch in der Unsicherheit, Inkonsequenz und mangelnden Voraussicht der öffentlichen Hand bei der Ausgestaltung eines Erstattungsverfahrens und seiner Integration in die politischen Zielvorgaben für den ÖPNV. Die Vermutung liegt nahe, daß gerade die Finanzierungspraxis selbst wesentlich zur Instabilität der finanzwirtschaftlichen Lage der Verkehrsunternehmen beigetragen hat.[183] Dies ist auch zu einem großen Teil mit einer Beeinträchtigung der unternehmerischen Motivation zu erklären, da eine Förderung mit öffentlichen Finanzmitteln nicht eng mit wirtschaftlichen Leistungskriterien gekoppelt ist.

Außer den schwierigen Rahmenbedingungen gibt es jedoch betriebsinterne Gründe für eine Verschlechterung der Kostendeckung der Betriebe bis zur Neuordnung des ÖPNV, die besonders am fehlenden Controlling liegen.[184] Als operative Controlling-Instrumente können Kenngrößen dienen. Sie funktionieren als Anzeigemechanismen, wo sich große Einsparpotentiale befinden und wo eine kostengünstigere Leistungserstellung möglich ist. Kenngrößen haben einen hohen Indikationsgehalt für die Stellung zu konkurrierenden Unternehmen und können Potentiale zur Verbesserung aufdecken.

---

[182] Vgl. dazu VDV-Statistiken 1980 – 1994.
[183] Vgl. ZEBISCH, K.: 1979, S. 45.
[184] Vgl. MEISEL, F. / WEINHOLD, B.: 1997, S. 34 – 37.

> „Eine wesentliche Quelle für Benchmarks sind Betriebsvergleiche. Hier haben wir im kommunalen Bereich gute Instrumente, die im Hinblick auf den anstehenden Wettbewerb notwendiger werden denn je und daher noch weiter ausgebaut und verbessert werden sollten.“ [185]

Dieser Abschnitt beinhaltet nur zu einem kleinen Teil die „klassischen“ Betriebskennzahlen, wie zum Beispiel Umsatzrentabilität, Kapitalumschlag, Cash-Flow und Liquidität, die bereits seit den 1960er Jahren Instrumente zur Beschreibung der Unternehmenssituation sind und zum Unternehmensvergleich eingesetzt werden. In der Regel stehen in Statistiken, Fachzeitschriften oder Geschäftsberichten nur die Werte von absoluten Kenngrößen zur Unternehmenssituation. Diese Größen können zwar im vertikalen Vergleich zum Ergebnis des Vorjahrs desselben Verkehrsunternehmens eine Aussagekraft entwickeln, aber ein Vergleich mit den Ergebnissen anderer Verkehrsunternehmen ist mit ihnen aufgrund der Unterschiedlichkeit der Unternehmensgrößen und -strukturen nicht durchführbar.

Vor der Neuorganisation des ÖPNV fanden Kenngrößen in ÖPNV-Unternehmen nur eine sehr begrenzte Anwendung, da diese unter den Rahmenbedingungen eines geschlossenen Marktes keinem Wettbewerbsdruck unterlagen und die Notwendigkeit eines Vergleichs mit anderen Unternehmen selten gesehen wurde. Größtenteils wurde eine Beurteilung der Wirtschaftlichkeit von Unternehmen mit Kenngrößen im Jahresvergleich durchgeführt. Als Kenngrößen dienten zum Beispiel die Gesamtheit der Erträge, die pauschal über die Beförderungsfälle verteilt wurden.[186]

Detaillierte Kenngrößenvergleiche konnten meistens nicht durchgeführt werden, da keine Berechnungen und Zuordnungen der Kosten und Erträge nach den einzelnen Linien vorgenommen wurden, die vertiefte Verteilungskenntnisse aufzeigen und Konsequenzen der Angebotsgestaltung für eine verbesserte wirtschaftliche Effizienz ermöglichen. Die mit der Neuordnung entstandene Wettbewerbssituation stellt die Unternehmen vor die Aufgabe, ihr innerbetriebliches Kosten- und Ertragscontrolling im Hinblick auf eine stärkere Differenzierung und Transparenz weiterzuentwickeln.[187] Ziel ist die Entwicklung von detaillierten Deckungsbeitragsrechnungen für die einzelnen Linien.

---

[185] STEINBERG, C.: 1996, S. 120.
[186] Vgl. DRIVER, J. / NEUGEBAUER, A.: 2000, S. 30 –32.
[187] Vgl. BÖHMIG, T. / WOLTER, M.: 1997, S. 14 ff.

> „Anhand einer Deckungsbeitragsrechnung der Linie läßt sich die Wirtschaftlichkeit derselben feststellen. Die Schwachstellen im Liniennetz sind schneller erkennbar. Justierungen zwischen Angebot und Nachfrage zugunsten einer höheren Wirtschaftlichkeit sind ohne eine Linienleistungs- und -ergebnisrechnung nicht möglich. Diese besondere Form der Kostenträgerrechnung bietet außerdem eine bessere Informationsbasis für die Verhandlungen mit den Gemeinden beziehungsweise Auftraggebern, sowie mit den politischen Gremien.“ [188]

Die Einführung der Deckungsbeitragsrechnung in den ÖPNV-Unternehmen hat folgende Ziele:

- Gegenüberstellung von Kosten, Erlösen und Leistungen für jede Linie,
- Ermittlung von rentablen Leistungsgrenzen und kurzfristige Bewertung von Änderungen in der Angebotsplanung,
- Analysen der Kostenverursachung,
- Herstellung einer konformen Leistungs- und Kostenverantwortungsstruktur,
- Ableitung eines zielorientierten Kennzahlensystems für das Linienmanagement.

Mit Einführung der Deckungsbeitragsrechnung ist es möglich, eine Erfolgsbilanz für die einzelnen Linien und einen genauen innerbetrieblichen Vergleich (internes Benchmarking) durchzuführen. Eine Deckungsbeitragsrechnung ist nur sinnvoll, wenn sie für jede einzelne Linie angewendet wird. Dazu bedarf es der „linienscharfen“ Ermittlung von direkt zuordenbaren Aufwendungen und Erträgen und der Definition von Verteilungsschlüsseln für die nicht direkt zuordenbaren Aufwendungen und Erträgen.[189]

Die Aufwendungen können für eine Verteilung nach folgenden Kriterien strukturiert werden:

- Betriebszweig (Bus, Straßenbahn, U-Bahn und S-Bahn),
- Fahrzeugtyp,
- Kostenkomplex (Betrieb, Vorhaltung und Infrastruktur),
- Kostenarten (Personal-, Sach- und Instandhaltungskosten, Abschreibungen und Zinsen),
- fixe variable Kosten (leistungsunabhängige und leistungsabhängige Kosten).

---

[188] STEINBERG, C.: 1996, S. 90.
[189] Vgl. HOYER, G. / KRUG, S. / SCHMIDT-SCHULZ, H.: 2000, S. 24 - 29.

Die Erträge können für eine Verteilung nach folgenden Kriterien strukturiert werden:

- Betriebszweig (Bus, Straßenbahn, U-Bahn und S-Bahn),
- Fahrausweisarten,
- Fahrzweck,
- Fahrweglänge.

In diesem Abschnitt steht jedoch nicht die finanzwirtschaftliche Situation der Verkehrsunternehmen im Vordergrund, die auch nicht für den Aufgabenträger primär von Interesse ist, sondern Kenngrößen, die die Situation der Durchführung des ÖPNV-Betriebs durch die Verkehrsunternehmen charakterisieren und dessen Vergleich zwischen den verschiedenen Verkehrsgebieten ermöglichen. Dafür bedarf es allerdings als Grundlage der Daten aus einer Deckungsbeitragsrechnung der Verkehrsunternehmen mit einer Linienaufwands- und einer Linienertragsrechnung. Diese dient als Basis für die Einteilung der Kenngrößen der Betriebssituation. Wird eine getrennte Deckungsbeitragsrechnung zu den einzelnen Linien von den Verkehrsunternehmen nicht durchgeführt, müssen die entsprechenden Werte in ihrer Gesamtheit eingesetzt werden. Anhand der Werte der Kennzahlen und der Analyse der Ursachen für die Unterschiede können Maßnahmen entwickelt werden, mit denen eine Verbesserung der einzelnen Bereiche bewirkt wird wie zum Beispiel gezieltes Marketing, nachfrageoptimierte Anpassung der Linienführung oder Ausschöpfung von Rationalisierungspotentialen in den Betriebskonzepten.

Die Abteilung „Betriebssituation" wird in drei Hauptgruppen eingeteilt:

- **B**etriebsleistungsstruktur (B),
- **E**rtragsstruktur (E),
- **A**ufwandstruktur (A).

In der Abbildung 20 wird eine Übersicht über die Einteilung der Kenngrößen für die Abteilung „Betriebssituation" gegeben:

Abbildung 20: Die Einteilung der Kenngrößen für die Abteilung „Betriebssituation“

Abteilung	Hauptgruppe	Gruppe	Untergruppe
Betriebs-situation	Betriebsleistungs-struktur	Personalleistung	Personalproduktivität
			Personalrentabilität
			Personalwirkungsgrad
			durchschnittliche Personalkosten
		Verkehrsmittel-leistung	Verkehrsmittelproduktivität
			Verkehrsmittelrentabilität
			Verkehrsmittelwirkungsgrad
			durchschnittliche Verkehrsmittelkosten
	Ertragsstruktur	Erträge von privater Hand	Produktion von Fahrleistungen
			Investition
		Erträge von öffentlicher Hand	Produktion von Fahrleistungen
			Investition
	Aufwandsstruktur	Produktionsaufwand	Fahrpersonalaufwand
			Materialaufwand
		Verkehrsmittel-aufwand	Beschaffungsaufwand für Verkehrsmittel
			Wartungs- und Reparaturauf-wand für Verkehrsmittel
		Infrastrukturauf-wand	Fahrwegaufwand
			Haltestellenaufwand
			Betriebsgebäudeaufwand

VI.C.1 Kenngrößen für die Betriebsleistungsstruktur

Die Erstellung von Betriebsleistungen im Linienverkehr für die allgemeine Personenbeförderung ist die Hauptaufgabe der im ÖPNV agierenden Verkehrsunternehmen. Dabei muß so effektiv und effizient vorgegangen werden, daß eine möglichst hohe Rentabilität und Produktivität entsteht. Der Personal- und der Verkehrsmitteleinsatz muß so gestaltet werden, daß ein nachfragegerechter Auslastungsgrad entsteht und in möglichst vielen Stunden eine ertragswirksame Produktion erfolgt.

Die Hauptgruppe „Betriebsleistungsstruktur“ wird in zwei Gruppen eingeteilt:

- Personalleistung (p),
- Verkehrsmittelleistung (v).

Die Relativierungsgröße wird durch die beiden Gruppen bedingt, die eine leistungsbezogene Größe naheliegen: Personalleistung und Verkehrsmittelleistung. Dafür geeignet ist die Linienfahrleistung, da die Platzkapazität für die Fahrzeugführung eine sekundäre Rolle spielt und das Angebot von fahrenden Verkehrsmitteln im Vordergrund steht. Die Linienfahrleistung dient als Divisor für die Fläche des Verkehrsgebietes.

VI.C.1.a Die Kenngröße für die Personalleistung

In Unternehmen kann der Produktionsfaktor „menschliche Arbeit“ grundsätzlich in dispositive Tätigkeiten und objektbezogene beziehungsweise ausführende Tätigkeiten unterschieden werden. Als dispositives Personal wird das Personal abgegrenzt, das mit planenden und anordnenden Tätigkeiten beschäftigt ist. Arbeitskräfte mit ausführenden Tätigkeiten sind in Verkehrsunternehmen in fahrendes und in stationäres Personal zu differenzieren. Zum fahrenden Personal gehören die Fahrzeugführer und das Begleitpersonal, zu dem sowohl die „herkömmlichen“ Schaffner, das Personal für Serviceleistungen der Verpflegung als auch das Kontrollpersonal im begleitfreien Verkehr gehört. Sie, im besonderen die Fahrzeugführer, machen den Hauptteil der Beschäftigten im ÖPNV aus. Das stationäre Personal kann noch weiter unterteilt werden in Personal, das unmittelbar, und in Personal, das mittelbar an der Leistungserstellung beteiligt ist. Dem ersten Bereich sind Beschäftigte in Bahnhöfen, Werkstätten und der Sicherheit dienenden Einrichtungen zuzurechnen, während zum mittelbaren stationären Personal das Personal im Vertrieb, Einkauf und Rechnungswesen zu zählen ist.[190]

Die Personalleistung ist ein Ergebnis aus den verschiedenen Bereichen des Personalwesens und den Faktoren der Personaleinsatzplanung. Besonders im Fahrdienst ist ein komplexer Planungsprozeß ausschlaggebend für das Gesamtergebnis des Verkehrsunternehmens. Der Planungsprozeß gliedert sich in die vier Teilschritte der Fahrplanung, der grundsätzlichen Dienstverteilung, der Diensteinteilung beziehungsweise Personaldisposition und der Personalplanung mit der mittelfristigen Anpassung des Personalbestandes. Dieser Planungsprozeß unterliegt gesetzlichen Rahmenbedingungen wie zum Beispiel den in der Betriebsordnung Kraftverkehr definierten Lenk- und Ruhezeiten für die Fahrer, die bei den Arbeitszeiteinteilungen mit Ablösezeitpunkten und Ablöseorten

---

[190] Vgl. PETERS, S.: 1985, S. 196.

in Einklang gebracht werden müssen. Diese müssen so bestimmt werden, daß unproduktive Zeitbestandteile wie zum Beispiel Wegezeiten vom Ende der Fahrtätigkeit (Ablöseort) bis zum Dienstzeitende minimiert werden oder eine so flexible Arbeitszeitgestaltung erarbeitet wird, daß kurze Einsatzdienste mit möglichst wenig bezahlten Pausen entstehen.[191]

Die Gruppe „Personalleistung“ wird nach den in Unternehmen gebräuchlichen Personalkennzahlen[192] in vier Untergruppen eingeteilt:

- durchschnittliche Personal**k**osten (k),
- Personal**p**roduktivität (p),
- Personal**r**entabilität (r),
- Personal**w**irkungsgrad (w).

Für die Beurteilung der Personalleistung werden mit den Personalkosten (durchschnittliche Personalkosten), dem Umsatz (Personalproduktivität) und dem Jahresergebnis (Personalrentabilität) bei den ersten drei Untergruppen jeweils eine Größe herangezogen. Beurteilungsgröße beim Personalwirkungsgrad sind die Zeiten, in denen vom Fahrpersonal die für Beförderung offenstehenden Verkehrsmittel bewegt werden (ohne Begleit- bzw. Kontrollpersonal), geteilt durch die Stunden von Fahrern und anderen Mitarbeitern, die nicht für die direkte Erstellung von Fahrleistungen eingesetzt sind. Als Bezugsgröße dient der gesamte Personalbestand, da alle Personen direkt oder indirekt an der Leistungserstellung und dem Ergebnis des Unternehmens beteiligt sind.

Die Formel zur Berechnung der Kenngröße für die Gruppe „Personalleistung“ lautet:

Kenngröße für die Gruppe „$^{U\text{-}B\text{-}B}$Personalleistung$_{k,p,r,w}$“			
Kenngröße für die Untergruppe „Durchschnittliche Personal**k**osten“	Kenngröße für die Untergruppe „Personal**p**roduktivität“	Kenngröße für die Untergruppe „Personal**r**entabilität“	Kenngröße für die Untergruppe „Personal**w**irkungsgrad“

$$\sum_{vm=1}^{VM} {}_{vm}\left(\frac{\sum_{li=1}^{LI} {}_{li}\left(\frac{{}_{pk}KO}{{}_{p}MA} + \frac{{}_{pp}US}{{}_{p}MA} + \frac{{}_{pr}JE}{{}_{p}FA} + \frac{{}_{pw}PZ}{{}_{p}FA} \right)}{\frac{FL}{LF}} \right)$$

[191] Vgl. LAWERENTZ, R. / KOHORST, C. / HÖFT, R.: 1999, S. 22 – 26.
[192] Vgl. STEINBERG, C.: 1996, S. 120.

In dieser Formel bedeuten die einzelnen Kürzel:

LF = Linienfahrleistung (Wagenlinienkilometer)

${}_{p}FA$ = Fahrer (Anzahl)

${}_{p}MA$ = Mitarbeiter (Anzahl)

${}_{pk}KO$ = Personalkosten (Euro)

${}_{pp}US$ = Umsatz (Euro)

${}_{pr}JE$ = Jahresergebnis (Euro)

${}_{pw}PZ$ = Produktionszeitenanteil: Zeiten, in denen Fahrer die Verkehrsmittel fahren (produktive Zeiten), geteilt durch unproduktive Zeiten (%)

${}_{li}LI$ = ÖPNV-Linien (Anzahl) (ersatzweise Verkehrsunternehmen gesamt)

${}_{vm}VM$ = Verkehrsmittel

1 = Eisenbahnen und S-Bahnen 3 = Straßenbahnen

2 = U-Bahnen 4 = Busse

VI.C.1.b Die Kenngröße für die Verkehrsmittelleistung

Die Verkehrsmittel sind die Betriebsmittel, die für das Erstellen von Betriebsleistungen die zentrale Rolle einnehmen. Sie sind die Trägergrundlage für den Beförderungsvorgang. Eine Einteilung kann man grundsätzlich in angetriebene Verkehrsmittel, die mit Antriebsaggregaten ausgestattet sind, und in antriebsfreie Verkehrsmittel, die zur Koppelung an Zugfahrzeuge als „Anhänger" für flexible Platzkapazitätsangebote eingesetzt werden, vornehmen. Die Verkehrsmittel bestimmen mit ihrer Ausgestaltung, die angetriebenen zudem mit ihrer Antriebstechnik, wesentlich die Rahmenbedingungen, die den ÖPNV für die Fahrgäste zur positiven oder negativen Erfahrung machen.[193]

Schienenfahrzeuge haben durch ihren oftmals elektrischen Antrieb den Vorteil einer geräuscharmen Beförderung, die einen positiven Fahreindruck vermittelt. Allerdings erfordern sie hohe Investitionen zum einen durch den Fahrweg und zum anderen durch die Einrichtungen für die Stromversorgung. Im SPNV im ländlichen Raum wurde deshalb oftmals auf elektrischen Antrieb verzichtet. Bei Straßenbahnen in Städten findet trotz des Platzbedarfs für die Masten und der Verankerung in Gebäuden zur Installation des Fahrdrahtes und der damit verbundenen visuellen Beeinträchtigungen hauptsächlich aufgrund der Vorteile durch den Emissionswegfall in den Straßenzügen durchweg der elektrische Betrieb statt. Die gesonderte Spurführung bedingt zudem das Plus eines ruhigen kontinuierlichen Fahrablaufs. Sie finden ihren Einsatz auf hochfrequentierten Relationen, da sie mit der Möglichkeit der Zugbildung und ihrem hohen Platzangebot ein

[193] Vgl. DIEDERICH, H.: 1977, S. 69.

sehr großes Verkehrsaufkommen bewältigen können. Betriebswirtschaftlich und für die Planung bedeutungsvoll ist die lange Einsetzbarkeit der Verkehrsmittel, da zum Beispiel bei Straßenbahnen von 25 Jahren Mindesteinsatzdauer auszugehen ist.[194]

Verkehrsmittel des ÖPNV im Straßenverkehr sind fast ausnahmslos mit dieselbetriebenen Verbrennungsmotoren ausgestattet. Nur in wenigen Städten gibt es noch einen Oberleitungsbetrieb (O-Busse) wie zum Beispiel in Zwickau. Zusätzlich gibt es seit den 1990er Jahren erdgasbetriebene Busse. Wasserstoffbetriebene Busse sind im Probebetrieb. Antriebsfreie Busse als Anhänger zur Zugbildung sind zur Zeit (noch) nicht im Einsatz. Die Kapazitäten werden durch Fahrzeugtypen bestimmt, so daß vom Minibus, Midibus, Standardbus bis zum Gelenkbus Kapazitäten von 20 bis 100 Plätze je nach Nachfrage angeboten werden können.

Bei der Erstellung der Verkehrsmittelleistung ist die Vorhaltung für die Verkehrsspitzen das größte betriebswirtschaftliche Problem. Für die Nachfragezeiten mit maximalen Verkehrsaufkommen müssen Verkehrsmittel vorhanden sein, die zu einem Teil die meiste Zeit ohne Möglichkeit zu einem weiteren produktiven Einsatz Leerkosten verursachen. Zudem muß der Einsatz der Verkehrsmittel so geplant werden, daß möglichst geringe Fahrwege ohne Beförderungszweck absolviert werden (Leerfahrten, Einrückfahrten, Überführungsfahrten). Dies muß so optimiert werden, daß ein möglichst produktiver und rentabler Einsatz bei einem möglichst kleinen Fuhrpark erfolgt.

Die Gruppe „Verkehrsmittelleistung" wird analog zur Personalleistung in vier Untergruppen eingeteilt:

- durchschnittliche Verkehrsmittel**k**osten (k),
- Verkehrsmittel**p**roduktivität (p),
- Verkehrsmittel**r**entabilität (r),
- Verkehrsmittel**w**irkungsgrad (w).

Für die Beurteilung der betriebswirtschaftlichen Verkehrsmittelleistung werden für die monetäre Bewertung die Größen Kosten (durchschnittliche Verkehrsmittelkosten), Umsatz (Verkehrsmittelproduktivität) und Jahresergebnis (Verkehrsmittelrentabilität) herangezogen. Für die Bewertung der quantitativen Fahrleistung wird als Beurteilungsgröße die Zeit, in denen die Inanspruchnahme der Verkehrsmittel für die Beförderung möglich ist, durch die Zeit geteilt, in denen die Verkehrsmittel abgestellt werden. Sie dient für die Kenngröße Verkehrsmittelwirkungsgrad. Alle haben als Bezugsgröße die gesamte Anzahl der Verkehrsmittel.

---

[194] Vgl. SÖNKE, P.: 1985, S. 198 f.

Die Formel zur Berechnung der Kenngröße für die Gruppe „Verkehrsmittelleistung“ lautet:

Kenngröße für die Gruppe „$^{U\text{-}U\text{-}B}$ Verkehrsmittelleistung $_{k,p,r,w}$“			
Kenngröße für die Untergruppe „Durchschnittliche Verkehrsmittelkosten“	Kenngröße für die Untergruppe „Verkehrsmittelproduktivität“	Kenngröße für die Untergruppe „Verkehrsmittelrentabilität“	Kenngröße für die Untergruppe „Verkehrsmittelwirkungsgrad“

$$\sum_{vm=1}^{VM} {}_{vm}\left(\frac{\sum_{li=1}^{LI} {}_{li}\left(\frac{{}_{vk}KO}{{}_{v}VM} + \frac{{}_{vp}US}{{}_{v}VM} + \frac{{}_{vr}JE}{{}_{v}VM} + \frac{{}_{vw}PZ}{{}_{v}VM} \right)}{\frac{FL}{LF}} \right)$$

In dieser Formel bedeuten die einzelnen Kürzel:

LF = Linienfahrleistung (Wagenlinienkilometer)

${}_{v}VM$ = Verkehrsmittel (Anzahl)

${}_{vk}KO$ = Verkehrsmittelkosten (Euro)

${}_{vp}US$ = Umsatz (Euro)

${}_{vr}JE$ = Jahresergebnis (Euro)

${}_{vw}PZ$ = Produktionszeitenanteil: Einsatzzeiten der Verkehrsmittel geteilt durch (Zeiten für Wartungs- und Reparatur und sonstiger Nicht-Einsatz der Verkehrsmittel) (%)

${}_{li}LI$ = ÖPNV-Linien (Anzahl) (ersatzweise Verkehrsunternehmen gesamt)

${}_{vm}VM$ = Verkehrsmittel

1 = Eisenbahnen und S-Bahnen 3 = Straßenbahnen

2 = U-Bahnen 4 = Busse

VI.C.2 Kenngrößen für die Ertragsstruktur

In der Ertragsstruktur der Unternehmen des ÖPNV gibt es eine Besonderheit, die sie von anderen Branchen unterscheidet. Die Erträge resultieren im Vergleich zu anderen Unternehmen zu einem geringeren Teil aus Produktion und Verkauf, das heißt aus Fahrausweisverkauf für die verkehrliche Dienstleistung, und sonstigen betrieblichen Erträgen wie zum Beispiel durch Vermarktung von Werbeflächen auf Verkehrsmitteln. Diese allein erbringen jedoch keine Deckung des Aufwandes. Erst ein vergleichsweise hoher Anteil von (außerordentlichen) Erträgen durch Finanzmittel der öffentlichen Hand ermöglicht eine kostendeckende Betriebsführung.

Die Hauptgruppe „Ertragsstruktur“ wird in zwei Gruppen eingeteilt:
- Erträge von öffentlicher Hand (ö),
- Erträge von Verkehrsunternehmen (u).

Erträge durch die Beförderung von Personen werden im wesentlichen durch den Umfang der zur Beförderung angebotenen Kapazitäten bestimmt. Folglich ist die geeignete Größe für die Relativierung die Betriebsleistung. Zudem ist die Größe des Gebietes relevant ist, da Betriebsleistungen auf einer kleineren Fläche einen besseren ÖPNV bedeuten als dieselben, die auf einer größeren Fläche erstellt werden. Deshalb ist die Relativierungsgröße der Quotient von Fläche durch Betriebsleistung.

VI.C.2.a Die Kenngröße für die Erträge von öffentlicher Hand

Verkehrsunternehmen im ÖPNV haben besondere Ziele und Aufgaben. Daraus resultiert die Besonderheit, daß sie die Preise für ihre Dienstleistungen nicht so bemessen können wie es für die Eigenwirtschaftlichkeit erforderlich ist, damit die Erträge den Aufwand für die Produktion der Betriebsleistungen decken. Zum Teil liegt dies auch an Restriktionen bei der Erschließung zusätzlicher Geschäftsfelder. Zum Ausgleich erstattet die öffentliche Hand den Verkehrsunternehmen im ÖPNV in mehrfacher Weise Zuschüsse. Sie werden oftmals auch als Subventionen bezeichnet, da sie in Form der Abdeckung eines Jahresverlusts „automatisch“ und quasi alternativlos für die Verkehrsbetriebe abgegolten wurden. Durch die Regelung nach dem Ausschreibungsverfahren und dem Abschluß eines Verkehrsvertrages verliert die Finanzierung im ÖPNV durch die öffentliche Hand die Subventionseigenheit. Sie erhält die Charakteristik wie bei anderen Projekten der öffentlichen Hand, zum Beispiel der Vergabe von Bauaufträgen für öffentliche Gebäude, die nicht als Subvention für Bauunternehmen betrachtet werden. Ein anderer Anlaß der Zuwendung öffentlicher Finanzmittel für Verkehrsunternehmen ist der Ausgleich geringerer Erträge aus Fahrausweisverkäufen aufgrund einer Durchtarifierung, die verkehrsgebietsübergreifend einheitliche Fahrausweise und Preise ermöglicht.

Außer der Begleitfinanzierung für die Erstellung von Fahrleistungen werden durch öffentliche Finanzmittel Investitionen im ÖPNV gefördert. Dies erfolgt für im GVFG festgelegte Maßnahmen, die in die drei Kategorien Verkehrswege, Verkehrsmittel und Betriebsgebäude unterschieden werden können. Außerdem werden Investitionen in Fahrgastinformationssysteme sowie Maßnahmen an den Schnittstellen des ÖPNV mit anderen Verkehrsträgern wie zum Beispiel Park- und Ride-Anlagen gefördert.

Die Erträge von öffentlicher Hand setzen sich aus folgenden Einzelerträgen zusammen:

- Erträge öffentlicher Finanzmittel für Produktion für Fahrleistungen,
  - → Abdeckung des Jahresverlustes (durch Eigentümer des Verkehrsbetriebes),
  - → Einnahmen gemäß Verkehrsleistungsvertrag mit Aufgabenträger,
  - → Kooperationshilfen (Ausgleichszahlungen für durchgängige Tarifierung).
- Erträge öffentlicher Finanzmittel für Investitionen,
  - → Verkehrswege,
  - → Verkehrsmittel,
  - → Betriebsgebäude,
  - → Fahrgastinformationssysteme, Park- und Ride-Anlagen, Bike- and Ride-Anlagen.

Nach dem Zweck der Finanzierung mit öffentlichen Finanzmitteln wird die Gruppe „Erträge von öffentlicher Hand" in zwei Untergruppen unterteilt:

- Erträge für **I**nvestition (i),
- Erträge für **P**roduktion von Fahrleistungen (p).

Mit dieser Kenngröße soll der Beteiligungsgrad der Finanzierung des ÖPNV durch die öffentlichen Hand bestimmt werden. Die Beurteilungsgröße ist der Quotient aus linienbezogenen (gesamten) Erträgen von öffentlicher Hand und für die Untergruppen charakteristische Größen: bei der Produktion von Fahrleistungen sind dies die Verkehrsleistungen, bei den Investitionen die Linienlängen. Die Kenngrößenwerte sind um so besser für den ÖPNV, je geringer die Erträge von öffentlicher Hand sind. Deshalb stehen sie im Nenner und die charakteristischen Größen im Zähler. Die Bezugsgröße sind die Betriebsleistungen auf den einzelnen Linien.

Die Formel zur Berechnung der Kenngröße für die Gruppe „Erträge von öffentlicher Hand" lautet:

Kenngröße für die Gruppe
„$^{U\text{-}B\text{-}E}$ Erträge von öffentlicher Hand $_{i,p}$"

Kenngröße für die Untergruppe „Investition" | Kenngröße für die Untergruppe „Produktion von Fahrleistungen"

$$\sum_{vm=1}^{VM} {}_{vm}\left(\frac{\sum_{li=1}^{LI} {}_{li}\left(\frac{{}_{öi}LL}{{}_{öi}ET \times {}_{ö}BL} + \frac{{}_{öp}VL}{{}_{öp}ET \times {}_{ö}BL} \right)}{\frac{FL}{BL}} \right)$$

In dieser Formel bedeuten die einzelnen Kürzel:

BL	=	Betriebsleistung im Verkehrsgebiet (Nutzplatzkilometer)
FL	=	Fläche des Verkehrsgebietes (Quadratkilometer)
$_{ö}BL$	=	Betriebsleistungen von einzelnen Linien (Nutzplatzkilometer)
$_{öi}ET$	=	Erträge von öffentlicher Hand für Investitionen (Euro)
$_{öi}LL$	=	Linienlänge von einzelnen Linien (Kilometer)
$_{öp}ET$	=	Erträge von öffentlicher Hand für Konsumtion (Euro)
$_{öp}VL$	=	Verkehrsleistung von einzelnen Linien (Personenkilometer)
$_{li}LI$	=	ÖPNV-Linien (Anzahl) (ersatzweise Verkehrsunternehmen gesamt)
$_{vm}VM$	=	Verkehrsmittel 1 = Eisenbahnen und S-Bahnen 3 = Straßenbahnen 2 = U-Bahnen 4 = Busse

VI.C.2.b Die Kenngröße für die Erträge von Verkehrsunternehmen

Die Erträge von Verkehrsunternehmen setzen sich aus Verkehrserträgen und Nebenerträgen zusammen. Die Höhe der Verkehrserträge ist abhängig von Zahl der Fahrgäste und deren Zusammensetzung sowie von Höhe und Struktur der Tarife. Mit ihnen sollen die Kosten für die Produktion der Betriebsleistungen gedeckt werden. Dabei sind in der Regel die Preise für die Einzelfahrscheine kostendeckend kalkuliert, während bei Preisen für Zeitkarten eine höhere Rabattierung gewährt wird als betriebswirtschaftlich gerechtfertigt ist. Bei der Zusammensetzung der Fahrgäste spielt die Gruppe der Schüler und Auszubildenden eine besondere Rolle, da diese eine besondere Ermäßigung erhalten, die gesetzlich durch die Bestimmungen des PBefG ausgeglichen werden. Dieser Ausgleich stellt einen Sonderfall dar, weil es genaugenommen Erträge von öffentlicher Hand sind. Im allgemeinen werden sie jedoch den Verkehrserträgen zugerechnet.

Die Nebenerträge sind alle Erträge, die nicht durch den Verkauf von Fahrausweisen entstehen. Je nach Größe der Verkehrsunternehmen sind diese vielfältig. Einen wesentlichen Anteil macht die Vermietung von Werbeflächen auf Betriebsmitteln wie den Verkehrsmitteln oder in Wartehallen aus. Bei Eisenbahnen oder bei U-Bahnen sind auch die Vermietung von Räumen in den Bahnhöfen zu den Nebenerträgen zu zählen. Große Verkehrsunternehmen unterhalten eigene Werkstätten, durch Wartung und Instandsetzung von Verkehrsmitteln anderer Verkehrsunternehmen in diesen können Nebenerträge anfallen. Bisher war auch der Verlustausgleich durch steuerlichen Querverbund innerhalb von Stadtwerken zwischen den Bereichen Energieerzeugung und Verkehrsbetrieben hinzuzurechnen, der jedoch aufgrund von Regelungen der EU bezüglich der Liberalisierung des Strommarktes entfallen wird. Die Nebenerträge erhalten eine besondere Bedeutung vor dem Hintergrund einer Regelung nach dem PBefG. Danach werden sie zur Beurteilung der Eigenwirtschaftlichkeit herangezogen, die darüber entscheidet, ob die Bedienung einer Linie aufgrund gemeinwirtschaftlicher Beiträge ausgeschrieben werden darf (muß).

Die Erträge von privater Hand können in zwei große Bereiche eingeteilt werden:

- Erträge für Produktion von Fahrleistungen
  - → Erträge aus Fahrausweisverkauf
  - → Erträge aus erhöhtem Beförderungsentgelt
  - → Ausgleichszahlungen für entgeltlose Schwerbehindertenbeförderung
  - → Ausgleichszahlungen für ermäßigte Beförderung im Ausbildungsverkehr
- Nebenerträge durch sonstige Geschäftstätigkeit
  - → Erträge aus Vermarktung (zum Beispiel von Werbemittelflächen auf Fahrzeugen, in Bahnhöfen und Wartehallen)
  - → Erträge aus Vermietung von Räumen in Bahnhöfen
  - → Erträge aus Dienstleistungen wie zum Beispiel Werkstattfremdleistungen
  - → Außerordentliche Erträge (zum Beispiel Veräußerung von Vermögen)

Die Gruppe „Erträge von Verkehrsunternehmen" wird in Analogie zu der vorhergehenden Gruppe in zwei Untergruppen unterteilt:

- Erträge für Investition (i),
- Erträge für Produktion von Fahrleistungen (p).

Mit dieser Kenngröße soll der Eigenwirtschaftlichkeitsgrad anhand des Anteils der durch die Verkehrsunternehmen erwirtschafteten (und nicht von öffentlicher Hand stammenden) Finanzmittel an der Gesamtfinanzierung bestimmt werden. Die Beurteilungsgröße sind alle Erträge von Verkehrsunternehmen außer den Zuschüssen der öffentlichen Hand. In Analogie zu den Erträgen von öffentlicher Hand werden sie in Bezug auf Größen gesetzt, die für die Produktion von Betriebsleistungen und den investiven Einsatzbereich kennzeichnend sind: Verkehrsleistung und Linienlänge. Die Kennzahlenwerte sind um so höher und um so besser für den ÖPNV, je höher die Erträge von Verkehrsunternehmen sind. Deshalb stehen sie im Gegensatz zu den Erträgen von öffentlicher Hand im Zähler.

Die Formel zur Berechnung der Kenngröße für die Gruppe „Erträge von Verkehrsunternehmen" lautet:

Kenngröße für die Gruppe „$^{U\text{-}B\text{-}E}$ Erträge von Verkehrsunternehmen $_{i,p}$"

Kenngröße für die Untergruppe „Investition"	Kenngröße für die Untergruppe „Produktion von Fahrleistungen"

$$\sum_{vm=1}^{VM} {}_{vm}\left(\frac{\displaystyle\sum_{li=1}^{LI} {}_{li}\left(\frac{{}_{vi}ET}{{}_{vi}LL \times {}_{v}BL} + \frac{{}_{vk}ET}{{}_{vk}VL \times {}_{v}BL} \right)}{\dfrac{FL}{BL}} \right)$$

In dieser Formel bedeuten die einzelnen Kürzel:

BL = Betriebsleistung im Verkehrsgebiet (Nutzplatzkilometer)
FL = Fläche des Verkehrsgebietes (Quadratkilometer)
$_{v}BL$ = Betriebsleistung von Linien (Nutzplatzkilometer)
$_{vi}ET$ = Erträge von Verkehrsunternehmen für Investitionen (Euro)
$_{vi}LL$ = Linienlänge (Kilometer)
$_{vk}ET$ = Erträge von Verkehrsunternehmen für Produktion von Betriebsleistungen (Euro)
$_{vk}VL$ = Verkehrsleistung von Linien (Personenkilometer)
$_{li}LI$ = ÖPNV-Linien (Anzahl) (ersatzweise Verkehrsunternehmen gesamt)
$_{vm}VM$ = Verkehrsmittel
1 = Eisenbahnen und S-Bahnen 3 = Straßenbahnen
2 = U-Bahnen 4 = Busse

VI.C.3 Kenngrößen für die Aufwandsstruktur

Die Aufwandsstruktur im ÖPNV ist geprägt von einem hohen Aufwand zur Einrichtung der erforderlichen Infrastruktur, im besonderen im SPNV, aber auch mit den Haltestellen und den Fahrgastinformationsanlagen im AÖPNV. Außerdem wird ein hoher Produktionsaufwand der Betriebsleistungen dadurch verursacht, daß ein intensiver Fahrpersonalbedarf besteht, der durch die Häufigkeit der Fahrten der jeweiligen Verkehrsmittel auf den einzelnen Linien und die Wochenendbedienung im Vergleich zu anderen Unternehmen besonders stark ins Gewicht fällt. Darüberhinaus sind die

Aufwendungen systemspezifisch, die aufgrund der Vorhaltung von Verkehrsmitteln für die Verkehrsspitzenzeiten entstehen.

Die Hauptgruppe „Aufwandsstruktur" wird in drei Gruppen eingeteilt:

- **Infrastrukturaufwand** (i),
- **Produktionsaufwand** (p),
- **Verkehrsmittelaufwand** (v).

Die Höhe des Aufwandes für Produktion und Verkehrsmittel richtet sich im wesentlichen nach dem Umfang von Betriebsleistungen, die die Kapazitäten und damit auch die baulichen Abhängigkeiten berücksichtigen. Bei der Infrastruktur ist dieser Zusammenhang nicht so stringent, aber er trifft zum Beispiel auch insofern zu, daß eine häufigere Nutzung einer Trasse auch einen vermehrten Reparatur- und Wartungsaufwand bedeutet. Deshalb werden die Betriebsleistungen als Relativierungsgröße verwendet und auf die Fläche von den zu vergleichenden Verkehrsgebieten bezogen.

VI.C.3.a Die Kenngröße für den Produktionsaufwand

Der Produktionsaufwand ist im wesentlichen in die zwei Bereiche Personalaufwand und Materialaufwand zu trennen.[195]

Beim Produktionsaufwand nimmt der Personalaufwand eine Schlüsselrolle ein. Besonders der Fahrpersonalaufwand macht bei der personalintensiven Erstellung von Betriebsleistungen mit durchschnittlich über 52 Prozent den größten Anteil an den Ausgaben aus.[196] Diesbezüglich sind bedeutende Unterschiede zwischen den tarifvertraglich fixierten Löhnen für die in öffentlichen Verkehrsbetrieben Angestellten und denen für die Angestellten in privaten Verkehrsunternehmen festzustellen. So liegen die Fahrerkosten in privaten Busunternehmen um 30 – 50 Prozent unter denen öffentlicher Verkehrsbetriebe. In diesem Aspekt liegen auch die Hauptgründe für die großen Einsparpotentiale im ÖPNV, die sich bereits auswirken. In vielen kommunalen Verkehrsunternehmen werden Fahrer zu Bedingungen angestellt, die unterhalb des Lohnniveaus im öffentlichen Dienst liegen, oder es werden vermehrt private Subunternehmen mit der Durchführung von Betriebsleistungen beauftragt. Dies macht sich durch den kontinuierlichen Rückgang des Personalaufwandanteils bemerkbar.

Unter Materialausgaben fallen die Roh- Hilfs- und Betriebsstoffe, damit mit den Verkehrsmitteln Betriebsleistungen erstellt werden können. Von diesen machen die An-

[195] Vgl. LEUTHARDT, H.: 2000, S. 14 ff.
[196] Vgl. VDV: 2000.

triebsmittel Kraftstoffe und Fahrstrom mit über 55 Prozent die absolute Mehrheit aus. Deshalb sind Einflüsse auf die Kosten der Antriebsmittel von erheblicher Bedeutung. Auf der einen Seite sind die starken Kostensteigerungen beim Dieselpreis im Jahr 2000 ausgabensteigernd und auf der anderen Seite wirken die infolge der Liberalisierung des Energiemarktes stark fallenden Strompreise ausgabensenkend.

Die Gruppe „Produktionsaufwand“ wird in zwei Untergruppen eingeteilt:

- **F**ahrpersonalaufwand (f),
- **M**aterialaufwand (m).

Die Beurteilungsgröße ist beim Fahrpersonalaufwand die Anzahl der Fahrer. Beim Materialaufwand werden die für den Antrieb der Verkehrsmittel verbrauchten Mengen von Kraftstoffen und Strom, die den größten Anteil ausmachen, zur Beurteilung herangezogen. Beide Untergruppen werden durch den jeweiligen Aufwand geteilt. Der Quotient wird auf die Linienfahrleistung bezogen. Diese steht im Zähler, da je mehr Linienfahrleistungen pro Aufwand produziert werden, desto besser ist dies für den ÖPNV.

Die Formel zur Berechnung der Kenngröße für die Gruppe „Produktionsaufwand“ lautet:

Kenngröße für die Gruppe „$^{U\text{-}B\text{-}A}$**Produktionsaufwand**$_{f,m}$“	
Kenngröße für die Untergruppe „**F**ahrpersonalaufwand“	Kenngröße für die Untergruppe „**M**aterialaufwand“

$$\sum_{vm=1}^{VM} {}_{vm}\left(\frac{\displaystyle\sum_{li=1}^{LI} {}_{li}\left(\frac{{}_{pf}FA \times {}_{p}LF}{{}_{pf}AW} + \frac{{}_{pm}KV \times {}_{p}LF}{{}_{pm}AW}\right)}{\dfrac{FL}{BL}} \right)$$

In dieser Formel bedeuten die einzelnen Kürzel:

FL = Fläche des Verkehrsgebietes (Quadratkilometer)

BL = Betriebsleistung im Verkehrsgebiet (Nutzplatzkilometer)

${}_{p}LF$ = Linienfahrleistung auf einzelnen Linien (Wagenlinienkilometer)

${}_{pf}FA$ = Fahrer (Anzahl)

${}_{pf}AW$ = Aufwand für Fahrpersonal (Euro)

$_{pm}AW$ = Aufwand für Betriebsmittel pro Kraftstoff- beziehungsweise Strommenge (Euro pro Liter beziehungsweise pro Kilowattstunden)

$_{pm}KV$ = Kraftstoff- beziehungsweise Strommengen (Liter beziehungsweise Kilowattstunden)

$_{li}LI$ = ÖPNV-Linien (Anzahl) (ersatzweise Verkehrsunternehmen gesamt)

$_{vm}VM$ = Verkehrsmittelgruppen

1 = Eisenbahnen und S-Bahnen   3 = Straßenbahnen

2 = U-Bahnen   4 = Busse

VI.C.3.b Die Kenngröße für den Verkehrsmittelaufwand

Der verkehrsmittelbezogene Aufwand wird unterteilt nach dem Aufwand durch die Beschaffung und dem Aufwand für Wartung und Reparatur.[197]

Der Verkehrsmittelaufwand ist besonders davon abhängig, welche Verkehrsmittel zum Einsatz kommen. Die Höhe des jährlichen Aufwandes wird hauptsächlich durch die jeweiligen Abschreibungsbeträge bestimmt. Busse bedingen einen in der Regel geringeren Aufwand als Straßenbahnen oder Eisenbahnen.[198] Beim Verkehrsmittelaufwand tritt zusätzlich das Problem der Vorhaltung besonders in den Vordergrund. Für die Verkehrsspitzenzeiten müssen eine solche Anzahl von Verkehrsmitteln bereitstehen, für deren Kauf den Verkehrsunternehmen fixe Kosten entstehen, die aber in nachfrageschwachen Zeiten nicht durch Erträge gedeckt werden können. Dieses Problem wirkt sich um so mehr aus, je höher der Anschaffungswert der Verkehrsmittel ist. Dieser ist bei Schienenfahrzeugen grundsätzlich viel höher als bei Bussen.

Der Aufwand für Wartung und Reparatur ist variabel und hängt im wesentlichen vom Alter des Fuhrparks ab. Mit zunehmenden Alter der Verkehrsmittel werden sowohl die Wartungsintervalle kürzer als auch das Auftreten von Schäden häufiger, die zusätzliche Reparaturen erfordern. Die Anzahl von Werkstatt-Standtagen und Werkstatt-Arbeitsstunden steigt ständig. Deshalb sollten Verkehrsmittel in der Regel nicht über die Dauer der Abzahlung hinaus eingesetzt werden.[199]

Die Gruppe „Verkehrsmittelaufwand" wird in zwei Untergruppen eingeteilt:

- Beschaffungsaufwand für Verkehrsmittel (b),
- Wartungs- und Reparaturaufwand für Verkehrsmittel (w).

---

[197] Vgl. BÜCHNER, G. / HENTZSCHEL, J. / JUNGHÄNEL, U.: 1998, S. 66 ff.
[198] Vgl.: ERNST, M. / MEYER, W.: 1998, S. 36 ff.
[199] Vgl. LEUTHARDT, H.: 1995, S. 57.

Zur Beurteilung des Verkehrsmittelaufwandes wird die Anzahl der auf einer Linie eingesetzten Verkehrsmittel und zum einen der Beschaffungsaufwand und zum anderen der Wartungs- und Reparaturaufwand. Es ist um so besser, je weniger Aufwand durch die Verkehrsmittel entstehen, weshalb der Aufwand im Nenner und die Anzahl der Verkehrsmittel im Zähler steht. Die Bezugsgröße ist die Linienfahrleistung, von der in der Regel die eingesetzten Verkehrsmittel und dadurch der Beschaffungsaufwand sowie der Wartungs- und Reparaturaufwand abhängt. Sie steht im Zähler, da je mehr Wagenkilometer geleistet werden, desto besser ist das ÖPNV-Angebot.

Die Formel zur Berechnung der Kenngröße für die Gruppe „Verkehrsmittelaufwand“ lautet:

Kenngröße für die Gruppe „$^{U\text{-}B\text{-}A}$ Verkehrsmittelaufwand $_{b,w}$“	
Kenngröße für die Untergruppe „Beschaffungsaufwand für Verkehrsmittel“	Kenngröße für die Untergruppe „Wartungs- und Reparaturaufwand für Verkehrsmittel“

$$\sum_{vm=1}^{VM} {}_{vm}\left(\frac{\sum_{li=1}^{LI} {}_{li}\left(\frac{{}_{vb}VM \times {}_{v}LF}{{}_{vb}AW} + \frac{{}_{vw}VM \times {}_{v}LF}{{}_{vw}AW} \right)}{\frac{FL}{BL}} \right)$$

In dieser Formel bedeuten die einzelnen Kürzel:

FL	=	Fläche des Verkehrsgebietes (Quadratkilometer)
BL	=	Betriebsleistung im Verkehrsgebiet (Nutzplatzkilometer)
$_{v}LF$	=	Linienfahrleistung von einzelnen Linien (Wagenlinienkilometer)
$_{vb}AW$	=	Aufwand für Beschaffung von Verkehrsmitteln (Euro)
$_{vb}VM$	=	auf den einzelnen Linien eingesetzte Verkehrsmittel (Anzahl)
$_{vw}AW$	=	Aufwand für Wartung und Reparatur von Verkehrsmitteln (Euro)
$_{vw}VM$	=	auf den einzelnen Linien eingesetzte Verkehrsmittel (Anzahl)
$_{li}LI$	=	ÖPNV-Linien (Anzahl) (ersatzweise Verkehrsunternehmen gesamt)
$_{vm}VM$	=	Verkehrsmittel

1 = Eisenbahnen und S-Bahnen; 3 = Straßenbahnen
2 = U-Bahnen; 4 = Busse

VI.C.3.c Die Kenngröße für den Infrastrukturaufwand

Der Infrastrukturaufwand variiert zwischen den Verkehrsgebieten erheblich, da er im wesentlichen davon abhängt, welche Verkehrsmittel den ÖPNV abwickeln. In einer Kleinstadt, in der hauptsächlich Busse verkehren und keine überdachten Wartehallen an den Haltestellen gebaut werden, ist der Infrastrukturaufwand sehr gering. Allerdings kann ein hoher Qualitätsanspruch der Aufgabenträger mit dem Ziel einer Überdachung aller Haltestellen in einem einheitlichen Stil und einer Erhöhung der Haltestellen auf eine niveaugleiche Einstiegs- beziehungsweise Ausstiegshöhe auch den Infrastrukturaufwand in die Höhe treiben. Dies ist dann Ausdruck der qualitativen Hochwertigkeit des ÖPNV. Im wesentlichen wird der Infrastrukturaufwand aber durch die Existenz schienengebundener Verkehrsmittel in einem Verkehrsgebiet bestimmt. Diese verursachen durch den aufwendigen Gleisbau und die Fahrdrahteinrichtungen systemspezifische Aufwendungen, die bei straßengebundenen Verkehrsmitteln nicht anfallen beziehungsweise nur in Extremfällen, in denen besondere Busspuren erforderlich sind. Der höchste Infrastrukturaufwand wird durch einen U-Bahnbetrieb hervorgerufen, bei dem die Tunnelanlagen den größten Anteil am gesamten Aufwand ausmachen. Auch sind hierbei die Anlage der Bahnhöfe mit dem großen Platzbedarf und den zahlreichen Aufgängen zur Oberfläche mit einem hohen finanziellen Aufwand verbunden, der oberirdische Bahnhöfe übersteigt. Der Aufwand für diese Bahnhöfe ist nicht mit den zwar wesentlich zahlreicheren, aber bedeutend billigeren Haltestellen für Busse und Straßenbahnen vergleichbar. Maßgebend ist neben den hohen Bauinvestitionen auch die hohen Erhaltungs- und Ersatzinvestitionen.[200]

Außer dem Fahrweg- und Haltestellenaufwand fällt in Zusammenhang mit der Infrastruktur auch der Aufwand für Betriebsgebäude an. Zu den Betriebsgebäuden zählt sowohl die Geschäftsstelle, in der die Führung untergebracht ist und die dispositiven Tätigkeiten für die Personal- und Verkehrsmitteleinsatzplanung durchgeführt werden, als auch die Betriebsleitzentrale, von der die Einsätze gesteuert und überwacht werden. Außerdem gehören zu ihnen im wesentlichen die Garagen, Waschanlagen und Wartungs- und Reparaturgebäude für die Verkehrsmittel.

Die Gruppe „Infrastrukturaufwand" wird in drei Untergruppen eingeteilt:

- **Betriebsgebäudeaufwand (b),**
- **Fahrwegaufwand (f),**
- **Haltestellenaufwand (h).**

[200] Vgl. HÖFLINGER, P. / PROMOLI, K.: 2000, S. 8 ff.

Zur Beurteilung des Infrastrukturaufwandes wird der Aufwand zur Grundlage gemacht, der für die drei Untergruppen jeweils anfällt. Je höher der Aufwand ist, desto schlechter ist es, weshalb er im Nenner steht. Die Bezugsgröße ist die Linienlänge, die beim Fahrwegaufwand direkt mit dem Aufwand korreliert. Bei diesem bedarf es deshalb keiner weiteren Beurteilungsgröße. Haltestellenaufwand und Betriebsgebäudeaufwand korrelieren nur indirekt mit der Bezugsgröße, da die Haltestellen in bestimmten Abständen entlang einer Linie plaziert werden und die Betriebsgebäudegröße von dem Umfang der Bedienung des Verkehrsnetzes und des Fuhrparks abhängt. Deshalb dient als weitere Beurteilungsgröße beim Haltestellenaufwand die Anzahl der Haltestellen und beim Betriebsgebäudeaufwand die Fläche.

Die Formel zur Berechnung der Kenngröße für die Gruppe „Infrastrukturaufwand" lautet:

Kenngröße für die Gruppe „$^{U\text{-}B\text{-}A}$ Infrastrukturaufwand $_{b,f,h}$"		
Kenngröße für die Untergruppe „**B**etriebsgebäudeaufwand"	Kenngröße für die Untergruppe „**F**ahrwegaufwand"	Kenngröße für die Untergruppe „**H**altestellenaufwand"

$$\sum_{vm=1}^{VM} {}_{vm}\left(\frac{\displaystyle\sum_{li=1}^{LI} \frac{{}_{ib}FL \times {}_{i}LL}{{}_{ib}AW} + {}_{li}\left(\frac{{}_{i}LL}{{}_{if}AW} + \frac{{}_{ih}HA \times {}_{i}LL}{{}_{ih}AW}\right)}{\dfrac{FL}{BL}} \right)$$

In dieser Formel bedeuten die einzelnen Kürzel:

FL	=	Fläche des Verkehrsgebietes (Quadratkilometer)
BL	=	Betriebsleistung im Verkehrsgebiet (Nutzplatzkilometer)
$_{i}LL$	=	Linienlänge von einzelnen Linien (Kilometer)
$_{ib}FL$	=	Fläche der Betriebsgebäude (Quadratmeter)
$_{ib}AW$	=	Aufwand für Betriebsgebäude (Euro)
$_{if}AW$	=	Aufwand für Fahrwege (Euro)
$_{ih}AW$	=	Aufwand für Haltestellen (Euro)
$_{li}HA$	=	gesamte Haltestellen der einzelnen Linien (Anzahl)
$_{li}LI$	=	ÖPNV-Linien (Anzahl) (ersatzweise Verkehrsunternehmen gesamt)
$_{vm}VM$	=	Verkehrsmittel

1 = Eisenbahnen und S-Bahnen　　3 = Straßenbahnen
2 = U-Bahnen　　4 = Bus

VII Kenngrößen einzelwirtschaftlicher aufgabenträgerbezogener Einflußfaktoren

Die Gesamtheit eines Produktes oder einer Dienstleistung setzt sich aus sehr vielen Teilen zusammen. In der Vergangenheit wurden diese einzelnen Bewertungsbestandteile im Hinblick auf das ÖPNV-Angebot auch unter dem Synonym Qualitätsfaktoren in Zusammenhang mit der Bewertung der Verkehrsunternehmen beziehungsweise der erbrachten Betriebsleistung gegliedert. Die Neuordnung im ÖPNV und die eindeutige Zuordnung der organisatorischen Verantwortung für das ÖPNV-System in ihren Verkehrsgebieten zu den kommunalen Aufgabenträgern hat zur Folge, daß diese für die Gesamtheit des ÖPNV-Systems, das heißt sowohl für qualitative als auch quantitative ÖPNV-Leistungen, zuständig sind. Deshalb werden die ein ÖPNV-System charakterisierenden Faktoren in dieser Arbeit in einem gesonderten aufgabenträgerbezogenen Einteilungsbereich abgegrenzt und bewertet und nicht den verkehrsunternehmensbezogenen Einflußfaktoren zugeordnet, obwohl auch die Verkehrsunternehmen die Qualität der Betriebsleistungen beeinflussen und beachten müssen.

Zur Erfassung und Einteilung der Teilqualitäten im ÖPNV wurden schon von vielen Autoren Systeme vorgelegt.[205] Die in der Literatur zu findenden Einteilungen für die Qualitätsmerkmale weisen jedoch einen oder mehrere der folgenden Mängel auf:

- die Einteilung ist nicht systematisch und in sich nicht schlüssig,
- die Einteilung hat zu große Unterschiede in dem Umfang der Qualitätskategorien,
- die Qualitätsmerkmale sind nicht ins Detail durchgegliedert,
- die Systematik ist nicht vollständig,
- die Systematik deckt nicht den gesamten Bereich der Qualität ab,
- in den jeweiligen Kategorien kann keine einheitliche Bezugsgröße für die Bildung von Verkehrsgebieten vergleichenden Kennzahlen zugrunde gelegt werden.

Beispielsweise wird hier das System von ZEBISCH kurz angeführt. Er differenziert drei Hauptgruppen: die Reisezeit, die Sicherheit und den Bedienungskomfort. Diese sind in ihrem Umfang und dem Detaillierungsgrad sehr unterschiedlich. Während die Sicherheit und die Reisezeit nur vier beziehungsweise fünf weitere Unterteilungen haben, so wird unter Bedienungskomfort der „große Rest“ der Qualitätsfaktoren subsummiert. Dabei findet bei den definierten Qualitätsunterteilungen Verfügbarkeit und Bedienungshäufigkeit beziehungsweise Regelmäßigkeit teilweise auch eine systematisch unzulässige

[205] Vgl. ZEBISCH, K.: 1979, S. 147. PETERS, S.: 1985, S. 137. WALTHER, K.: 1996, S. 22. BOGNER, W. / PLOTHEGER, M.: 1997. LEHMANN, P. / BLOCK, K.: 1997, S. 17. MÜLLER, S. / RAU, A.: 1997, S. 28. SUCKROW, R. / ZERANSKI, R. / ACHENBACH, H. / FUNK, E.: 2000, S. 19. SCHNIPPE, C.: 1999, S. 53.

Überlappung statt. Ein weiteres Beispiel ist das System für Faktoren der Benutzerattraktivität von PETERS, das die sechs übergeordneten Bereiche Schnelligkeit, Annehmlichkeit, Sicherheit, Preiswürdigkeit, Information und Image unterscheidet. Abgesehen davon, daß ein Image durch Qualität geschaffen werden muß und kein Faktor zur Beurteilung der Benutzerattraktivität des Leistungsangebotes im ÖPNV sein kann, wird für die Information keine weitere Untergliederung vorgenommen, während der Komfort in zwei weiteren Gliederungsebenen ausführlich unterteilt wird.

Aufgrund der bisherigen systematischen Mängel und der neuen Situation im ÖPNV sind für die vorliegende Arbeit keine Einteilungen für aufgabenträgerbezogene Faktoren grundsätzlich zu übernehmen. Deshalb wird in der vorliegenden Arbeit ein spezielles Kenngrößensystem entwickelt. Als ein zentraler neuer Leitgedanke der Arbeit orientiert sich dabei die Gliederung für diesen Bereich an den Instrumenten des Marketings, wodurch auch zugleich zum Ausdruck gebracht wird, daß ein ÖPNV-System zukünftig auch vom Blickwinkel des Aufgabenträgers unter den Grundsätzen der Führung einer ÖPNV-Gesamtunternehmung betrachtet werden muß.

Der Bereich der einzelwirtschaftlichen aufgabenträgerbezogenen Einflußfaktoren wird demnach in vier Abteilungen gegliedert, wobei zwei Abteilungen (Distribution und Produkt) noch einmal aufgrund spezifischer Gegebenheiten im ÖPNV in jeweils zwei gleichstufige Unterabteilungen eingeteilt werden:

- **D**istribution (D),
  - → akquisitorische Distribution
  - → physische Distribution
- **P**rodukt (P),
  - → Grundprodukt
  - → Zusatzprodukt
- Preis (**T**arif) (T),
- **K**ommunikation (K).

VII.A Distribution

Allgemein wird die Distribution in dem Sinn verstanden, daß der Kunde die Möglichkeit hat, in Kontakt mit dem Produkt zu kommen, mit dem Produkt konfrontiert zu werden beziehungsweise das Produkt zu kaufen. Im ÖPNV ist das Produkt die Beförderungsleistung von A nach B, das heißt die Qualität der Distribution wird von den Zustiegsmöglichkeiten und vom Umfang der Betriebsleistungen bestimmt. Sie ist also davon abhängig wie oft ein Verkehrsmittel fährt und wie gut man die Dienstleistung durch den Kauf von Fahrausweisen in Anspruch nehmen kann.

> „Der Begriff Distribution bezieht sich auf alle Entscheidungen und Handlungen, die in Zusammenhang mit dem Weg eines Produktes zum Endkäufer stehen.“ [206]

Die Kunst der Distribution liegt darin, einen optimalen Mix zwischen höchstmöglicher Verfügbarkeit der Produkte und den Kosten für das Distributionssystem zu finden. Die Produkte müssen in einem bestimmten Zeitraum an einem entsprechenden Ort, an dem eine Nachfrage besteht, zur Verfügung gestellt werden. Das Hauptziel der Distributionspolitik ist, eine angemessene Verfügbarkeit der angebotenen Sach- und Dienstleistungen im Markt zu erreichen.

> „Dabei kommt der Festlegung der Anzahl, Lage und auch Art der Standorte, an denen die angebotenen Produkte ihren Letztabnehmer finden sollen, erhebliche Bedeutung zu. Bedenkt man, daß lediglich diejenigen Produktmengen, die den Endabnehmern vermittelt wurden, als endgültig verkauft gelten können, so erscheint es geradezu zwingend, bei einer Analyse des Distributionssystems gedanklich an diesem Endpunkt anzusetzen.“ [207]

Ein Distributionssystem wird durch folgende Faktoren bestimmt:
- Anzahl der Letztverkaufsstellen,
- Lage der Letztverkaufsstellen,
- Art der Letztverkaufsstellen (Betriebsform),
- Plazierung des Produktes in den Letztverkaufsstellen.

Für die Disposition des Distributionssystems müssen Entscheidungen getroffen werden, ob Zwischenstufen auf dem Weg der Leistungen vom Hersteller oder Händler zum Verbraucher eingeschaltet werden, und die betrieblichen und außerbetrieblichen Verkaufsorgane bestimmt werden. Außerdem ist die Art der Kontaktaufnahme zwischen

[206] MEFFERT, H.: 1980, S. 389.
[207] BÖCKER, F.: 1994, S. 297.

Hersteller oder Händler und Nachfragern sowie die Verkaufsverhandlung und der Vertragsabschluß von Interesse für die Identifizierung und den optimalen Einsatz der einschlägigen präferenzpolitischen Instrumente. Darüberhinaus muß die physische Weitergabe der verkauften Güter organisiert werden. In allen Bereichen gibt es zahlreiche Gestaltungsmöglichkeiten, unter denen jeweils betriebszielgerecht auszuwählen ist.[208]

> „Entscheidungen über Distributionswege und -organe werden primär unter akquisitorischen Aspekten getroffen; es geht um die Schaffung oder Ausweitung von Absatzmöglichkeiten. Demgegenüber obliegt es der physischen Distribution, eine gegebene Nachfrage optimal zu befriedigen.“ [209]

Bei der Distribution werden demnach grundsätzlich zwei Teilbereiche abgegrenzt:
- die physische Distribution, das heißt die physische Weitergabe der erstellten Leistungen an die Käufer,
- die akquisitorische Distribution, das heißt die Wahl der Absatzkanäle und der jeweiligen Absatzorgane.

Physische Distribution

Unter physischer Distribution wird im allgemeinen Marketingverständnis die Gesamtheit aller Verpackungs-, Lager-, Versand-, Transport- und Liefervorgänge sowie Lieferserviceleistungen verstanden, die im Zusammenhang mit der Verteilung erstellter Leistungen vom Produzenten an die Abnehmer stehen. Die Entwicklung von Absatzwegen ist also der zweite Schritt nach der Produktion und geht vom Standort der Produktion aus.

Im ÖPNV kann dieser Ablauf in umgekehrter Reihenfolge betrachtet werden. Der Distributionsweg ist dabei die Infrastruktur für die Verkehrsmittel, die zur Verteilung der Produktion von Fahrleistungen dient. Zuerst erfolgt die Anlage beziehungsweise Planung des Distributionsweges, die sich nach den Standorten des Absatzes, den Einstiegsmöglichkeiten von potentiellen Kunden, richtet. (Deshalb wird die Distribution hier auch an erster Stelle behandelt.) Je nach Ort und Schwerpunkt der Nachfrage kann der Distributionsweg (Fahrweg) unterschiedlich verlaufen. Die Überlegungen zur Produktion, das heißt wie oft und in welchem Umfang Verkehrsmittel zur Beförderung angeboten werden, ist der zweite Schritt. Sie basieren auf den Distributionswegen.

Diese Betrachtungsweise läßt sich an einem konstruierten Extremfall am besten ver-

---

[208] Vgl. DIEDERICH, H.: 1977, S. 229.
[209] BIDLINGMAIER, J.: 1974, S. 329.

deutlichen. Es sei eine komplette Neuplanung einer ÖPNV-Linie angedacht, weil ein Beförderungsbedarf durch ein Neubauprojekt im Außenbereich eines Siedlungszentrums entstanden sei. Dabei bestehen verschiedene Alternativen der Linienführung, weil bei der Trassenplanung mehrere Zielpunkte zur Verknüpfung in einer größeren räumlichen Bandbreite zur Auswahl stehen. In so einem Fall wird erst die Linienführung nach den Prinzipien festgelegt, daß sie am dichtesten an dem Ort vorbeiführt, wo von der größten Nutzungshäufigkeit, das heißt Abnahme der erstellten Leistung durch den Fahrgast auszugehen ist. Insofern erfolgt als erstes die Planung der Distributionswege, der Fahrwege sowie besonders auch der Haltestellen, denn wo Verkehrsmittel nicht halten, ist auch nicht das Produkt beziehungsweise die Dienstleistung „Beförderung" erhältlich. Ein anderes Beispiel gibt es im Eisenbahnverkehr, wo zahlreiche Trassen und/oder Bahnhöfe existieren, die nicht mehr bedient werden und demzufolge auch kein Beförderungsangebot besteht. Mit der Existenz des Distributionsweges durch Fahrweg und Haltestellen ist folglich unmittelbar noch keine Produktion, das heißt kein Leistungserstellungsprozeß verbunden. Aufgrund dieser Überlegungen werden Faktoren der Netzgestaltung und des Netzzugangs für den Fahrgast der physischen Distribution zugeordnet.

Die beiden Distributionsbestandteile Fahrwege und Haltestellen sind dabei wesentliche Instrumentarien der Absatzpolitik. Sie unterliegen einer sehr geringen Flexibilität im Vergleich zu den Distributionswegen bei anderen Sachgütern und erfordern dadurch bei der grundsätzlichen Anlage einer besonders großen Sorgfalt. Sie sind jedoch keineswegs statisch, sondern unterliegen genauso einer dynamischen Entwicklung, die durch das Kundenverhalten beeinflußbar ist beziehungsweise den Kundenkontakt und die Absatzhäufigkeit beeinflussen kann.

Die Abteilung „physische Distribution" wird in zwei Hauptgruppen eingeteilt:

- räumliche Verfügbarkeit (R),
- zeitliche Verfügbarkeit (Z).

Akquisitorische Distribution

Die akquisitorische Distribution ist die absatzpolitische Leistung der Unternehmen, die produzierte Ware den Kaufinteressenten an Orten des Verkaufs anzubieten.

> „Akquisitorische Distribution beinhaltet die innerbetriebliche Verteilung der Absatzaufgaben einerseits und gegebenenfalls die Heranziehung betriebsfremder Absatzorgane andererseits." [210]

[210] DIEDERICH, H.: 1977, S. 233.

Produktionsbetriebe sind häufig darauf bedacht, betriebsfremde Absatzorgane zu finden, die die Produkte verkaufen. Diese betriebsfremden Absatzorgane werden hauptsächlich nach den Aspekten der größten Mengenabnahme der Produkte, einer exponierten räumlichen Lage oder einer zielgruppenspezifischen Bedienung durch die Verkaufsstellen ausgewählt. Bei der Auswahl der Absatzstrukturen haben die Produktionsbetriebe eine Unabhängigkeit von der Produktionsstätte und demzufolge eine gewisse Flexibilität, die jedoch zunehmend durch den zwischengeschalteten Handel reduziert wird.

> „Durch das System der akquisitorischen Distribution (...) wird den Verkaufsstellen und damit letztlich den Abnehmern die rechtliche Verfügbarkeit über die Produkte verschafft, was rechtstechnisch regelmäßig in Form von Kauf- bzw. Mietverträgen geschieht.“ [211]

Auch bei der akquisitorischen Distribution bestehen im ÖPNV wesentliche Unterschiede zu den allgemeinen Produktionsbetrieben. Die akquisitorische Distribution im ÖPNV erfährt eine wesentliche Vorbestimmung, weil sie stark mit dem verkehrsbetrieblichen Leistungserstellungsprozeß verbunden ist und oftmals in einem zeitlichen und räumlichen Zusammenhang mit ihm steht. Da zudem der nominelle Wert eines Einzelfahrausweises für die einzelne Verkehrsleistung sehr gering ist und der Kauf in unmittelbaren Zusammenhang mit der Inanspruchnahme der Dienstleistung steht, ist grundsätzlich der Einsatz von betriebsfremden Absatzorganen nicht als Distributionsweg geeignet. Deshalb überwiegt die innerbetriebliche Distribution. Eine andere Sachlage ergibt sich für die Mehrfahrten- und besonders Zeitfahrausweise. Für diese ist die Heranziehung betriebsfremder Absatzorgane dadurch begründet, daß die Preissumme die Kosten für den Verkauf in Form von Provisionen rechtfertigt. Ein ÖPNV-spezifisches Charakteristikum ist die Möglichkeit der gleichzeitigen Produktion und Distribution. Verkehrsmittel (Busse und Straßenbahnen) stellen vielfach auch heute noch mobile Absatzinstrumente dar, indem die Möglichkeit des Fahrsausweiskaufs beim Fahrzeuglenker besteht oder Automaten in den Verkehrsmitteln installiert sind.

Die Abteilung „akquisitorische Distribution“ wird in zwei Hauptgruppen unterteilt:

- Kaufmöglichkeit an stationären Verkaufsstellen (S),
- Kaufmöglichkeit in Verkehrsmitteln (V).

In den folgenden zwei Abbildungen 21 und 22 wird eine Übersicht über die Einteilung der Kenngrößen für die physische und die akquisitorische Distribution gegeben.

---

[211] BÖCKER, F. / DICHTL, E.: 1983, S. 115.

Abbildung 21: Die Einteilung der Kenngrößen für die Abteilung „physische Distribution"

Abteilung	Hauptgruppe	Gruppe	Untergruppe
Physische Distribution	Räumliche Verfügbarkeit	Liniendichte	Liniendichte Eisenbahnen
			Liniendichte U-Bahnen
			Liniendichte Straßenbahnen
			Liniendichte Busse
		Haltestellendichte	Haltestellendichte Eisenbahnen
			Haltestellendichte U-Bahnen
			Haltestellendichte Straßenbahnen
			Haltestellendichte Busse
		Angebotsdichte	Angebotsdichte Eisenbahnen
			Angebotsdichte U-Bahnen
			Angebotsdichte Straßenbahnen
			Angebotsdichte Busse
	Zeitliche Verfügbarkeit	Häufigkeit	Morgenverkehrszeit
			Tagverkehrszeit
			Abendverkehrszeit
			Nachtverkehrszeit
		Regelmäßigkeit	Taktzeitraum 1
			Taktzeitraum 2
			Taktzeitraum 3
			Taktzeitraum 4
		Bedienungszeit-raum	Zentrum
			Verdichtungsraum
			Ländlicher Raum

Abbildung 22: Die Einteilung der Kenngrößen für die Abteilung „akquisitorische Distribution“

Abteilung	Hauptgruppe	Gruppe	Untergruppe
Akquisitorische Distribution	Kaufmöglichkeit an stationären Verkaufsstellen	Verkauf durch Personen	Fahrausweise mit beschränkter Fahrtenzahl
			Fahrausweise mit unbeschränkter Fahrtenzahl ohne tageszeitliche Einschränkung
			Fahrausweise mit unbeschränkter Fahrtenzahl mit tageszeitliche Einschränkung
			Fahrausweise für mehrere Personen
		Verkauf an Automaten	Fahrausweise mit beschränkter Fahrtenzahl
			Fahrausweise mit unbeschränkter Fahrtenzahl ohne tageszeitliche Einschränkung
			Fahrausweise mit unbeschränkter Fahrtenzahl mit tageszeitliche Einschränkung
			Fahrausweise für mehrere Personen
	Kaufmöglichkeit in Verkehrsmitteln	Verkauf durch Personen (Fahrer oder Wagenbegleitpersonal)	Fahrausweise mit beschränkter Fahrtenzahl
			Fahrausweise mit unbeschränkter Fahrtenzahl ohne tageszeitliche Einschränkung
			Fahrausweise mit unbeschränkter Fahrtenzahl mit tageszeitliche Einschränkung
			Fahrausweise für mehrere Personen
		Verkauf an Automaten	Fahrausweise mit beschränkter Fahrtenzahl
			Fahrausweise mit unbeschränkter Fahrtenzahl ohne tageszeitliche Einschränkung
			Fahrausweise mit unbeschränkter Fahrtenzahl mit tageszeitliche Einschränkung
			Fahrausweise für mehrere Personen

VII.A.1 Kenngrößen für die räumliche Verfügbarkeit (Physische Distribution)

Die räumliche Verfügbarkeit nimmt für den ÖPNV-Kunden einen hohen Stellenwert ein. Damit das Beförderungsangebot von einem Ausgangsort zu einem Zielort auf Akzeptanz stößt, ist der vom Kunden empfundene Aufwand ausschlaggebend, der im Vor- beziehungsweise Nachlauf der Beförderungsleistung erforderlich ist. Einer der wichtigsten Faktoren dabei ist die Erreichbarkeit der Haltestellen, das heißt die Weglänge, die zurückgelegt werden muß, und der Aufwand, der dafür betrieben werden muß. Diese Wege werden häufig zu Fuß durchgeführt. Fußwege beinhalten neben positiven Aspekten mehrere als unangenehm empfundene Faktoren für den Kunden. Im Saldo der Abschätzung zwischen den Faktoren entsteht oftmals eine Negativbeurteilung. Der dominierende positive Aspekt bei Fußwegen ist der gesundheitliche durch den Zwang zur körperlichen Bewegung. Dies ist besonders im Hinblick auf eine Gesellschaft nicht zu vernachlässigen, in der zunehmend der Arbeitsplatz mit sitzender beziehungsweise denkender Tätigkeit verbunden ist. Bei der ÖPNV-Benutzung liegt der Anteil des Berufs- und Ausbildungsverkehrs bei 63 Prozent.[212] Gerade aber bei diesem Kundensegment ist das Wegziel der Arbeitsstätte oftmals mit unangenehmen Assoziationen verbunden, die den Aspekt der Bewegung als zusätzliche Anstrengung nachteilig ins Bewußtsein bringt. Weitere Gründe, durch die Fußwege zum Negativeindruck werden, sind:

- Alter (zunehmende Anstrengung beim Gehen beziehungsweise beim Treppensteigen),
- Mitführen von Tragelasten,
- Aufwand zum Schutz gegen Witterungseinflüsse,
- Orientierungsaufwand,
- allgemein tendenziell stärkere Abneigung gegen Bewegung.

Die Hauptgruppe „räumliche Verfügbarkeit“ wird in drei Gruppen gegliedert:

- **L**iniendichte (l),
- **H**altestellendichte (h),
- **A**ngebotsdichte (a).

Die gemeinsame Relativierungsgröße ist das Produkt aus den einzelnen Beurteilungsgrößen der Hauptgruppe, das heißt die Haltestellen multipliziert mit der Linienlänge und der Linienfahrleistung. Der gesamte Wert für eine Gruppenkenngröße ist um so besser, je höher der Anteil der Beurteilungsgröße im Zähler an dem Produkt ist.

[212] Vgl. VDV: 2000, S. 12.

VII.A.1.a Die Kenngröße für die Liniendichte

Das Netz mit seinen Linienlängen ist die Grundlage für das Leistungsprogramm im ÖPNV. Ohne die geplante Festlegung, welche Fahrwege wo verlaufen, ist eine systematische und nachfragegerechte Erschließung eines Verkehrsgebietes nicht möglich. Verkehrslinien können auf zwei Weisen unterschieden werden:[213]

- nach der Funktion im Netz in Stammlinien, Ergänzungslinien und Zubringerlinien,
- nach der Anlage beziehungsweise Gestaltung in Ringlinien (Zirkularlinien) und Querlinien (Tangentiallinien) sowie Radial- und Durchmesserlinien.

Stammlinien sind die Linien, die zur Bewältigung eines konzentrierten Verkehrsaufkommens fungieren. Ergänzungslinien werden zwischen den Stammlinien angelegt, um die Relationen mit geringerem Verkehrsbedarf zu befriedigen. Zubringerlinien werden eingerichtet, um abseits gelegene Gebiete an das Stammliniennetz mit einer (kurzen) Stichstrecke anzuschließen.

Durchmesserlinien stellen die Anbindung zweier Orte des äußeren Stadtgebietes mit einer Durchquerung des inneren Stadtgebietes dar. Eine Radiallinie verbindet ein Ort des äußeren Stadtgebietes mit der Innenstadt und endet dort.[214] Ring- und Querlinien in und zwischen Stadtrandgebieten oder im Umkreis von Siedlungszentren dienen zur Entlastung der Innenstadt und zur Attraktivitätserhöhung für den Fahrgast, indem keine unnötigen Verkehrwege über das Stadtzentrum laufen und sie dadurch verkürzt werden.

Schienenwege bilden das Grundnetz, das Rückgrat des ÖPNV. Da diese langfristig angelegt werden und hohe Baukosten verursachen, ist eine sorgfältige Planung erforderlich. Schienengebundene Verkehrsmittel haben eine sehr viel größere Platzkapazität. Schienenwege sind deshalb entlang von Verkehrsströmen erforderlich, die nicht mit Bussen in betriebswirtschaftlich und verkehrlich vertretbaren Taktfolgen zu bewältigen sind. Es sind meistens Radialverkehre von einem Zentrum einer Großstadt in die Außenbereiche. In Abhängigkeit von der Distanz zu den Außenbereichen und den dadurch bedingten Verkehrsmitteleinsatz ist zu unterscheiden zwischen dem Netz für den SPNV, S-Bahn, U-Bahn und Straßenbahn, die auch in der Reihenfolge eine hierarchische Bedeutung bei der Planung und Netzverknüpfung aufeinander haben.

---

[213] Vgl. MÜLLER, E. / FESTER, J: 1957, S. 351.
Die Unterteilung nach Funktion im Liniennetz und Anlage (Gestaltung) sowie der Begriff der Ergänzungslinie ist vom Autor im Hinblick auf eine Systematisierung eingeführt. Die Ergänzungslinien sind die Linien zwischen den Linien entlang den großen Verkehrsströmen (Stammlinien) zur Feinerschließung des Verkehrsgebietes.

[214] Vgl. PETERS, S: 1985, S. 235.

Auf das Netzsystem der Schienenwege werden die Buslinien ausgerichtet. Bei straßengebundenen Verkehrsmitteln entfällt größtenteils der Fahrwegebau. Das bestehende Straßennetz bildet die Grundlage und verursacht keine zusätzlichen Kosten für die Verkehrsunternehmen. Die Fahrwegplanung ist ausschließlich eine Linienplanung. Sie besitzt eine große Flexibilität und hat nicht den Bedeutungsumfang, da die wirtschaftlichen Folgen nicht so gravierend sind, wenn die Akzeptanz nicht in dem berechneten Ausmaß erfolgt. Die Buslinien übernehmen die Feinerschließung für Verkehrsströme mit geringerem Aufkommen. Vielfach erfolgt dies in der Form von Tangentiallinien die entlang einer gedachten Kreislinie in verschiedenen Abständen vom Zentrumsmittelpunkt die Radiallinien (Schienenwege) verbinden und so ein „Spinnennetz“ herstellen.

Die Gruppe „Liniendichte“ wird nach den Verkehrsmittelgruppen in vier Untergruppen eingeteilt:

- Liniendichte der **B**usse (b),
- Liniendichte der **E**isenbahnen (e),
- Liniendichte der **S**traßenbahnen (s),
- Liniendichte der **U**-Bahnen (u).

Die Liniendichte wird mit der Linienlänge als Beurteilungsgröße ausgedrückt, die durch die Fläche als Bezugsgröße geteilt wird. In der Gesamtheit aller Linienlängen angegeben hat die Kenngröße allerdings nur eine begrenzte Aussage, da die Rahmenbedingungen der Verkehrsmittel sehr unterschiedlich sind. Um einen aussagekräftigen Vergleich zu gewährleisten, sind, da das Ausmaß der Erschließung mit einem bestimmten Verkehrsmittel von Interesse ist und nicht jedes Verkehrsmittel in den jeweiligen Verkehrsgebieten verkehrt, für die Netzdichte die Kenngrößen nach den jeweiligen Verkehrsmitteln aufzuführen und zu betrachten.

Die Formel zur Berechnung der Kenngröße für die Gruppe „Liniendichte“ lautet:

Kenngröße für die Gruppe „$^{A\text{-}D\text{-}R}$ Liniendichte $_{b,e,s,u}$“			
Kenngröße für die Untergruppe „Liniendichte **B**usse“	Kenngröße für die Untergruppe „Liniendichte **E**isenbahnen“	Kenngröße für die Untergruppe „Liniendichte **S**traßenbahnen“	Kenngröße für die Untergruppe „Liniendichte **U**-Bahnen“

$$\frac{\dfrac{{}_{lb}LL}{{}_{l}FL} + \dfrac{{}_{le}LL}{{}_{l}FL} + \dfrac{{}_{ls}LL}{{}_{l}FL} + \dfrac{{}_{lu}LL}{{}_{l}FL}}{EW}$$

In dieser Formel bedeuten die einzelnen Kürzel:

EW	=	Einwohner im Verkehrsgebiet (Anzahl)
$_{l}FL$	=	Fläche des Verkehrsgebietes (Quadratkilometer)
$_{lb}LL$	=	Linienlänge Verkehrsnetz der Busse (Kilometer)
$_{le}LL$	=	Linienlänge des Schienennetzes für Eisenbahnen im SPNV (Kilometer)
$_{ls}LL$	=	Linienlänge des Schienennetzes für Straßenbahnen (Kilometer)
$_{lu}LL$	=	Linienlänge des Schienennetzes für U-Bahnen (Kilometer)

VII.A.1.b Die Kenngröße für die Haltestellendichte

Synonym zu dem Begriff der Haltestelle wird in der Literatur auch der Begriff „Station" verwendet. Als Station wird auch der Bahnhof bezeichnet und umgekehrt.[215] Im allgemeinen Sprachgebrauch werden die Begriffe Station und besonders Bahnhof in Zusammenhang mit dem Eisenbahnverkehr und U-Bahnen gebraucht, während dies für die einfachen Haltestellen im Bus- oder Straßenbahnverkehr mit teilweise einer Verkehrszeichenmarkierung und einer Fahrplantafel nicht getan wird. Für deren Bezeichnung erscheint der Begriff einer Station auch als zu übertrieben, so daß er nicht als übergeordneter Begriff tauglich erscheint. Hingegen kann jede Station und jeder Bahnhof „begriffsneutral" als Haltestelle bezeichnet werden, so daß dieses Wort als übergeordneter Begriff herangezogen wird.

Von DIEDERICH[216] werden Haltestellen als Umschlagplätze bezeichnet, zwischen denen Verkehrsunternehmen Ortsveränderungen von Personen als Teil seines Betriebszweckes vornehmen können. Eine Haltestelle ist demzufolge jeder Punkt in einem Liniennetz, an dem nach der betrieblichen Planung zur Leistungserstellung Verkehrsmittel im ÖPNV anhalten, um Fahrgäste ein- oder aussteigen zu lassen. Haltestellen können in mannigfaltiger Form gestaltet sein: von der Haltestelle im Busverkehr, teilweise nur mit einer Minimalausstattung eines Schildes und einer Angabe über die Abfahrtszeitpunkte bestückt, bis hin zum mehrgeschossigen Bauwerk (im Schnellbahnverkehr) mit Geschäften und einer Vielzahl von Aufgängen, Rolltreppen, Liften.

Die Optimierung der Standortwahl und des Haltestellenabstandes ist im Hinblick auf die Kosten, die mit der Einrichtung einer Haltestelle, besonders von Stationen im Schnellbahnverkehr verbunden sind, von grundlegenden Interesse. Ihnen kommt eine exponierte Bedeutung für die Erstellung von Betriebsleistungen zu, da die Auswahl der

---

[215] Vgl. KRINK, J.: 1971, S. 262.
[216] Vgl. DIEDERICH, H.: 1977, S. 102.

Standorte das Verkehrsunternehmen, besonders bei Eisenbahn- und U-Bahnverkehr langfristig auf das Verkehrsangebot festlegen. Aber auch bei Straßenbahnen und Bussen ist mit der Einrichtung einer Haltestelle an einer bestimmten Position eine Entscheidung gefallen, die einer kurzfristigen Änderung gewichtige Gründe entgegenstellt. Die Investitionskosten für die Haltestelle sowie Kontinuität hinsichtlich der Nutzung durch die Fahrgäste lassen unter betriebswirtschaftlichen Aspekten allenfalls einen mittelfristigen Wechsel zu. Bei der Haltestellenplanung sollen bei der letztendlichen Festlegung der Positionierung einer Haltestelle die detaillierten Vor-Ort-Bedingungen berücksichtigt werden. So ist es zum Beispiel sehr wichtig, die Standortwahl einer Bushaltestelle unter den Aspekten vorzunehmen, welche Argumente für die Lage vor oder hinter einer Kreuzung sprechen und wo besonders frequentierte Einrichtungen wie Kaufhäuser oder öffentliche Institutionen liegen. KRINK beschreibt diese Bedeutung wie folgt:

> „Denn bei den Stationen handelt es sich nicht nur um die geographischen Anfangs- und Endpunkte der verkehrsbetrieblichen Leistungsprozesse, sondern auch um Merkmale der von dem Verkehrsbetrieb erstellten und angebotenen Leistungen. Mit der Entscheidung über bestimmte Stationsstandorte trifft der Verkehrsbetrieb demnach zugleich eine Entscheidung über einen Teil seines Leistungsangebotsprogramms, nämlich über die örtlichen Komponenten aller künftig erstellbaren Verkehrsleistungen." [217]

Die optimalen Haltestellenabstände sind abhängig von den Verkehrsmitteln und dem Besiedlungscharakter beziehungsweise der Siedlungsdichte:[218]

- S-Bahn: Stadtzentrum: 650 - 800 m / Wohngebiete: 800 - 900 m / Vororte: mehr als 1000 m,
- U-Bahn: 650 – 800 m,
- Straßenbahn: 400 m,
- Stadttbus: 300 m,
- Regionalbus: Ortszentrum: 300 m / zwischen den Orten: 1000 m.

Die nachfragegerechte Planung der Haltestellenstandorte ist zweifellos ein Optimierungsproblem, das innerhalb der Komponenten der Benutzerattraktivität und zwischen dieser und den Betriebskosten zu lösen ist. FIEDLER trifft bezüglich der Haltestellenverortung die Feststellung:

---

[217] KRINK, J.: 1971, S. 56.

[218] Vgl. BSTMWVT: 1998, Anhang C 2.

> „Generell kann gesagt werden, daß jede Verringerung des Anteils der Fußwegezeit zu einer Erhöhung des Leistungsangebotes im ÖPNV führt. Daraus läßt sich ableiten, daß sich die Betriebe des ÖPNV mehr um die Fußwegezeit und deren Reduktion (durch Erhöhung der Haltestellendichte) zugunsten ihrer Fahrgäste bemühen müssen (als um die Beförderungsgeschwindigkeit), da beim An- und Abmarsch erlittene Zeitverluste durch beschleunigte Beförderungsprozesse nicht komensiert werden können.“ [219]

Diese Feststellung ist kritisch zu bewerten, da jeder zusätzliche (überflüssige) Halt nicht nur eine objektive Zeitverzögerung und Steigerung der variablen Kosten (Benzinverbrauch, Reifenabrieb, Türöffnungsmechanismen) verursacht, sondern auch einen subjektiven Eindruck der Langsamkeit eines Verkehrsmittels auf den Fahrgast vermittelt.

Die Gruppe „Haltestellendichte“ wird nach den Verkehrsmitteln in vier Untergruppen eingeteilt:

- Haltestellendichte **B**usse (b),
- Haltestellendichte **E**isenbahnen im SPNV (e),
- Haltestellendichte **S**traßenbahnen (s),
- Haltestellendichte **U**-Bahnen (u).

Die Haltestellendichte wird durch die Anzahl der Haltestellen unterteilt nach den Verkehrsmitteln beurteilt. Die Beurteilungsgröße wird auf die Fläche des Verkehrsgebietes bezogen.

Die Formel zur Berechnung der Kenngröße für die Gruppe „Haltestellendichte“ lautet:

<table>
<tr><td colspan="4">Kenngröße für die Gruppe
„^{A-D-R} Haltestellendichte _{b,e,s,u}“</td></tr>
<tr><td>Kenngröße für die Untergruppe „Haltestelledichte Busse“</td><td>Kenngröße für die Untergruppe „Haltestellendichte Eisenbahnen“</td><td>Kenngröße für die Untergruppe „Haltestellendichte Straßenbahnen“</td><td>Kenngröße für die Untergruppe „Haltestellendichte U-Bahnen“</td></tr>
</table>

$$\frac{\dfrac{{}_{hb}HA}{{}_{h}FL} + \dfrac{{}_{he}HA}{{}_{h}FL} + \dfrac{{}_{hs}HA}{{}_{h}FL} + \dfrac{{}_{hu}HA}{{}_{h}FL}}{EW}$$

[219] FIEDLER, J.: 1968, S. 282.

In dieser Formel bedeuten die einzelnen Kürzel:

EW = Einwohner im Verkehrsgebiet (Anzahl)

$_{h}FL$ = Fläche des Verkehrsgebietes (Quadratkilometer)

$_{hb}HA$ = Haltestellen der Busse (Anzahl)

$_{he}HA$ = Haltestellen der Eisenbahnen im SPNV (Anzahl)

$_{hs}HA$ = Haltestellen der Straßenbahnen (Anzahl)

$_{hu}HA$ = Haltestellen der U-Bahnen (Anzahl)

VII.A.1.c Die Kenngröße für die Angebotsdichte

Die Beschreibung der räumlichen Verfügbarkeit erfordert eine dritte Gruppe, die Angebotsdichte, da die Existenz von Fahrwegen und Haltestellen noch keine Möglichkeit zur Raumüberwindung eröffnet. Diese Größe dient der Charakterisierung der Verbreitung des Verkehrsmittels im Netz des Verkehrsgebietes und drückt die grundsätzliche Kapazität für die Mobilität als Dienstleistungsangebot im Verkehrsgebiet aus. Erst durch die Bedienung des Netzes und der entsprechenden Haltestellen durch Fahrzeuge in einem festgelegten Umfang erfährt das System seine zielgerichtete Bestimmung der Personenbeförderung. Die Angebotsdichte hat eine geringe Aussagekraft über die Qualität der Verfügbarkeit im Sinn einer Zu- beziehungsweise Ausstiegsmöglichkeit. Dies übernimmt die Kenngröße der Haltestellendichte.

Die Gruppe „Angebotsdichte“ wird nach den Verkehrsmitteln in vier Untergruppen eingeteilt:

- Angebotsdichte **B**usse (b),
- Angebotsdichte **E**isenbahnen im SPNV (e),
- Angebotsdichte **S**traßenbahnen (s),
- Angebotsdichte **U**-Bahnen (u).

Die Angebotsdichte wird durch die Linienfahrleistung gemessen. Diese erfolgt unterteilt nach den Verkehrsmitteln, die eine durch ihre Geschwindigkeit unterschiedliche Qualität bedingen. Als Bezugsgröße wird die Fläche verwendet.

Die Formel zur Berechnung der Kenngröße der Gruppe „Angebotsdichte“ lautet:

Kenngröße für die Gruppe
„$^{A\text{-}D\text{-}R}$ Angebotsdichte $_{b,e,s,u}$“

Kenngröße für die Untergruppe „Angebotsdichte **Busse**“	Kenngröße für die Untergruppe „Angebotsdichte Eisenbahnen“	Kenngröße für die Untergruppe „Angebotsdichte Straßenbahnen“	Kenngröße für die Untergruppe „Angebotsdichte U-Bahnen“

$$\frac{\dfrac{_{ab}LF}{_{a}FL} + \dfrac{_{ae}LF}{_{a}FL} + \dfrac{_{as}LF}{_{a}FL} + \dfrac{_{au}LF}{_{a}FL}}{EW}$$

In dieser Formel bedeuten die einzelnen Kürzel:

EW = Einwohner im Verkehrsgebiet (Anzahl)
$_{a}FL$ = Fläche des Verkehrsgebietes (Quadratkilometer)
$_{ab}LF$ = Linienfahrleistung von Bussen (Wagenlinienkilometer)
$_{ae}LF$ = Linienfahrleistung von Eisenbahnen im SPNV (Wagenlinienkilometer)
$_{as}LF$ = Linienfahrleistung von Straßenbahnen (Wagenlinienkilometer)
$_{au}LF$ = Linienfahrleistung von U-Bahnen (Wagenlinienkilometer)

VII.A.2 Kenngrößen für die zeitliche Verfügbarkeit (Physische Distribution)

Die zeitliche Verfügbarkeit ist besonders im Zusammenhang mit der Dispositionsfreiheit für die Fahrgäste zu sehen. Darunter ist die Wahlmöglichkeit zwischen mehreren aufeinander folgenden Verbindungsangeboten zu verstehen. Dadurch ist der Kunde nicht nur auf eine einzige Verbindung angewiesen und erreicht eine zeitliche Flexibilität bei der Gestaltung seiner Tätigkeiten. Die Intensität der Benutzung der Nahverkehrsmittel wird zu einem großen Anteil beeinflußt durch die Zeitabstände zwischen den jeweiligen Fahrtangeboten.

> „Die Fahrplandichte ist ihrerseits ein wichtiger Bestimmungsfaktor der Wahl zwischen kollektiver und individueller Befriedigung von Verkehrsbedarf. Je öfter eine Verkehrslinie bedient wird, um so bequemer wird ihre Benützung im Hinblick auf die zeitliche Freizügigkeit und um so unbedeutender wird der hier bestehende Vorsprung des Personenkraftwagens.“ [220]

[220] OETTLE, K.: 1981, S. 278.

Der bereits vor 35 Jahren dargestellte Zusammenhang hat heutzutage mehr denn je Gültigkeit. Im Hinblick auf die Verkehrsmittelwahl gewinnt der Faktor der Zeitunabhängigkeit zusehends an Bedeutung, da die Bereitschaft, die private Terminplanung auf die Verkehrszeiten der öffentlichen Verkehrsmittel auszurichten, mit zunehmender Motorisierung und Arbeitsdifferenzierung sinkt. Die Erledigungen im Alltagsverkehr in einer modernen mobilen Gesellschaft sowie die Rahmenbedingungen im Wirtschaftsverkehr beinhalten die Ableistung von mehreren Wegeketten zwischen mitunter räumlich weit auseinanderliegenden Zielen. Diese lassen keinen zeitlichen Spielraum zu und bedingen eine Senkung der Bereitschaft, vor jedem Weiterkommen beziehungsweise vor jedem neuen Arbeitsschritt eine längere Wartezeit in Kauf zu nehmen.

Die Planung und Umsetzung der Zeitabstände zwischen den Fahrzeugfolgen richtet sich hauptsächlich nach den zur Verfügung stehenden Betriebsmitteln, der Zahl der Fahrzeuge und der Fahrer, den dadurch betrieblich leistbaren Linienkilometern und nach dem in Abhängigkeit von den Tageszeiten entstehenden Verkehrsaufkommen.

Die Hauptgruppe „zeitliche Verfügbarkeit" wird in drei Gruppen gegliedert:

- **Häufigkeit** (h),
- **Regelmäßigkeit** (r),
- **Bedienungszeitraum** (Zeitspanne zwischen Bedienungsbeginn und Bedienungsende) (b).

Die Relativierung erfolgt durch den Quotienten Verkehrsaufkommen pro Linienkilometer. Je mehr Linienkilometer angeboten werden, um das Verkehrsaufkommen als Ausdruck der Nachfragehöhe „abzuschöpfen", desto kleiner wird der Nenner und desto größer der Gesamtwert.

VII.A.2.a Die Kenngröße für die Häufigkeit

Die Häufigkeit ist die entscheidende Einflußgröße auf das Ausmaß der zeitlichen Verfügbarkeit. Nach PETERS wird die Häufigkeit der Verkehrsbedienung durch den zeitlichen Abstand zwischen zwei aufeinanderfolgenden Abfahrten angegeben.[221] Eine solche Definition bedeutet, daß die Angabe des Wertes einer Häufigkeit mit „20 Minuten" erfolgt. Mit einer absoluten Zeitangabe wird aber nach dem Verständnis des Autors der Takt einer Verbindung angegeben wie es auch in der Formulierung „die U-Bahn verkehrt in einem 20-Minuten-Takt" zum Ausdruck kommt. Häufigkeit erfordert jedoch

[221] PETERS, S.: 1985, S. 152.

einen Zeitbezug, das heißt wie oft ein Zug oder ein Bus in einem bestimmten Zeitraum fährt. Die Häufigkeit wird also durch die Anzahl von Fahrten pro Zeiteinheit ausgedrückt.

Aus betriebswirtschaftlicher Sicht ist die Umsetzung der Häufigkeit von Verbindungen ein Optimierungsproblem. Geht es um die Befriedigung der Nachfrage in den Hauptverkehrszeiten, so bedeutet dies einen Spitzenbedarf und die Erfordernis einer großen Häufigkeit aufgrund des Verkehrsaufkommens, die verbunden ist mit hohen Investitionen für die Anschaffung von Fahrzeugen. Diese müssen oftmals in den sonstigen Bedienungszeiten unproduktiv abgestellt werden und tragen nicht zur Deckung der fixen Kosten bei. In den Tagesrandzeiten stehen aufgrund der Befriedigung der Nachfragespitzen den Verkehrsunternehmen genügend Fahrzeuge zur Verfügung. Die Verkehrsnachfrage in den Nachtzeiten ist so gering, daß die Häufigkeit der Bedienung durch den geringen Besetzungsgrad, der die Kosten nicht deckt, begrenzt ist. Jedoch hat das Angebot einen nicht zu unterschätzenden Einfluß auf die Entscheidung des Kunden, den ÖPNV grundsätzlich zu nutzen.

Aus planerischer Sicht wird das Kriterium der Häufigkeit einer Bedienung durch Obergrenzen festgelegt, ab der ein ÖPNV-Angebot beim Kunden eine Akzeptanz erwarten läßt. Bei der Anbindung der ländlichen Region an Oberzentren und bei der innerstädtischen Verbindung in einer Kleinstadt beträgt die Zeit zwischen zwei Fahrtangeboten in allgemeinen Verkehrszeiten (6.00 – 19.00 Uhr) in der Regel nicht weniger als 30 Minuten. In einer Großstadt soll in der Zeit die Häufigkeit nicht unter 6 Fahrten pro Stunde liegen, das heißt eine Bedienung alle 10 Minuten. In den Tagesrandzeiten kann in einer Großstadt als Untergrenze einer akzeptablen Bedienungshäufigkeit mit 3 Fahrten pro Stunde gerechnet werden.[222]

Aus Sicht des Kunden hat das Kriterium der Häufigkeit einen starken Einfluß auf die Wahlentscheidung zugunsten des ÖPNV durch das Ausmaß der Dispositionsfreiheit vor Fahrtantritt. Besonders in den Morgenstunden wird die Zeit von den Nachfragern besonders scharf kalkuliert und ist immer knapp. Dabei können geringe Ablaufstörungen im Morgenrhythmus zu Verzögerungen und einer verspäteten Ankunft an der Haltestelle führen, wodurch die anvisierte Verbindung verpaßt wird. Dieser Streß, nur den einen möglichen Abfahrtszeitpunkt erwischen zu müssen, kann durch häufige Wagenfolgezeiten dem Fahrgast erspart werden und die Attraktivität des ÖPNV wesentlich erhöhen. Zudem wird durch häufige Wagenfolgezeiten auch die vom Nach-

[222] Vgl. BSTMWVT: 1998, Anhang C 5.

frager als Puffer für das rechtzeitige Erreichen der Verbindung kalkulierte Wartezeit gesenkt, da der eingeplante Sicherheitszeitraum, um den einen möglichen Abfahrtszeitpunkt einzuhalten, nicht so groß zu sein braucht. Eine große Bedeutung hat die Häufigkeit beim Umstieg. In ländlichen Regionen und in Tagesrandzeiten kann vielfach aus betriebswirtschaftlichen Gründen die Häufigkeit nicht sehr hoch sein. Wird von einer Linie aus einem Oberzentrum, die mit einer hohen Häufigkeit bedient wird, auf eine Linie mit einer geringen Bedienungshäufigkeit (in Tagesrandlagen) umgestiegen, so können sehr große Wartezeiten entstehen.

Die Gruppe „Häufigkeit“ wird nach den Verkehrszeiträumen im Verlauf eines Tages in vier Untergruppen unterteilt:

- Abendverkehrszeit (16.00 Uhr – 20.00 Uhr) (a),
- Morgenverkehrszeit (05.00 Uhr – 09.00 Uhr) (m),
- Nachtverkehrszeit (20.00 Uhr – 05.00 Uhr) (n),
- Tagverkehrszeit (09.00 Uhr – 16.00 Uhr) (t).

Die Häufigkeit wird mit der Anzahl der Fahrten gemessen und zu den bestimmten Verkehrszeiten als Bezugsgröße durch die entsprechenden Zeiträume dividiert.

Die Formel zur Berechnung der Kenngröße für die Gruppe „Häufigkeit“ lautet:

Kenngröße für die Gruppe „$^{A-D-Z}$ **Häufigkeit** $_{a,m,n,t}$“			
Kenngröße für die Untergruppe „Abendverkehrszeit“	Kenngröße für die Untergruppe „Morgenverkehrszeit“	Kenngröße für die Untergruppe „Nachtverkehrszeit“	Kenngröße für die Untergruppe „Tagverkehrszeit“

$$\frac{\sum_{ha=1}^{HA} \frac{_{ha}VE}{_{h}ZT} + \sum_{hm=1}^{HM} \frac{_{hm}VE}{_{h}ZT} + \sum_{hn=1}^{HN} \frac{_{hn}VE}{_{h}ZT} + \sum_{ht=1}^{HT} \frac{_{ht}VE}{_{h}ZT}}{\frac{VA}{LF}}$$

In dieser Formel bedeuten die einzelnen Kürzel:

VA = Verkehrsaufkommen im Verkehrsgebiet (Anzahl beförderter Personen)
LF = Linienfahrleistung im Verkehrsgebiet (Wagenlinienkilometer)
$_{h}ZT$ = Zeitraum der jeweiligen Verkehrszeiten (Stunden)
$_{ha}HA$ = Linien in den Abendverkehrszeiten (Anzahl)
$_{ha}VE$ = Verbindungen zu Abendverkehrszeiten (Anzahl)
$_{hm}HM$ = Linien in den Morgenverkehrszeiten (Anzahl)

$_{hm}VE$ = Verbindungen zu Morgenverkehrszeiten (Anzahl)
$_{hn}HN$ = Linien in den Nachtverkehrszeiten (Anzahl)
$_{hn}VE$ = Verbindungen zu Nachtverkehrszeiten (Anzahl)
$_{ht}HT$ = Linien in den Tagverkehrszeiten (Anzahl)
$_{ht}VE$ = Verbindungen zu Tagverkehrszeiten (Anzahl)

VII.A.2.b Die Kenngröße für die Regelmäßigkeit

Die Regelmäßigkeit von Verbindungen ist außer der Häufigkeit auch entscheidend zur Vermittlung des Gefühls der Dispositionsfreiheit. Die Regelmäßigkeit wird durch zwei Variablen bestimmt: Die Taktminute und die Taktintervalle. Unter der Taktminute ist ein- und dieselbe Abfahrtsminute an einer Haltestelle in hintereinander folgenden Stunden zu verstehen. Die Taktintervalle sind die Zeiträume zwischen den einzelnen Taktminuten der Fahrtangebote, das heißt die Wagenfolgezeiten.

Ein Taktverkehr trägt der Erkenntnis Rechnung, daß der Mensch sein Leben mit oftmals festen Rhythmen arrangiert und dies auch und besonders bei seinen Mobilitätsgewohnheiten tut. Die leichte Merkbarkeit einer Taktminute im bestimmten Rhythmus, wodurch ein Nachschlagen in einem Fahrplan nicht mehr erforderlich ist, wirkt sich positiv auf die Entscheidung aus, den ÖPNV zu benutzen.

Die Bedeutung der Regelmäßigkeit wurde seitens der Verkehrsunternehmen bei der Fahrplangestaltung lange Zeit nachrangig behandelt. Während sie in Verdichtungsräumen mittlerweile größtenteils Berücksichtigung findet, spielte und spielt sie besonders bei kleinen Busunternehmen im ländlichen Raum eine immer noch untergeordnete Rolle. Die kundengerechte Priorität zur Einhaltung einheitlicher Taktminuten bei der Fahrplangestaltung wird oftmals immer noch durch die ein Angebot bestimmenden Betriebsfaktoren Fahrzeug- und Personalbestand zurückgestellt. Die Fahrtzeiten an den einzelnen Haltestellen werden nach Fahrzeugumlauf sowie dem zur Verfügung stehenden Personal definiert. Häufig werden Optimierungsmöglichkeiten bei der Fahrzeug- und Personalplanung unter Einsatz moderner Hilfskomponenten nicht wahrgenommen. Mit der Größe der Fahrzeugflotte und des Personalbestands der Verkehrsunternehmen, dem Verdichtungsgrad der Siedlungsstruktur sowie dem Vernetzungsgrad des ÖPNV-Systems verbessern sich die Dispositionsmöglichkeiten und nimmt die Regelmäßigkeit bei der Bedienung zu.

WEIMER[223] verwendet zur Charakterisierung der Regelmäßigkeit des Leistungsange-

[223] Vgl. WEIMER, K.: 1975, S. 51 ff.

botes im ÖPNV die Begriffe Taktniveau und Intensität, mit der die einzelnen Taktniveaus verwirklicht sind. Dabei gibt das Taktniveau eine bestimmte Zeitenfolge, zum Beispiel Fünf-Minuten-Verkehr, und die Intensität eines Taktniveaus den Anteil an der gesamten Betriebsdauer in Prozent an, während dessen eine bestimmte Fahrtenfolgezeit realisiert wird. Dies bedeutet, daß, wenn zum Beispiel in 16 Stunden Betriebszeit 4 Stunden „Fünf-Minuten-Verkehr" angeboten wird, die Intensität von 25 Prozent besteht.

Die Intensität, ausgedrückt in einem Prozentanteil, ist mit dem grundlegenden physikalischen Verständnis jedoch nicht in Einklang zu bringen. Danach wird die Intensität als ein Ereignis pro Zeiteinheit definiert und in dieser Arbeit auch so verwendet. Der Begriff „Intensität" trifft nur dadurch zu, daß der Fünf-Minuten-Takt als Ereignis definiert und die Anzahl auf eine Zeiteinheit bezogen wird. Die Taktintensität, das heißt die Charakterisierung des Ereignisses „Fünf-Minuten-Takt", wird also durch die Einheit 1 pro Stunde ausgedrückt. Wenn ein Fünf-Minuten-Takt besteht, dann ist die Taktintensität also 12 pro Stunde.

Die Gruppe „Regelmäßigkeit" wird nach Taktzeiträumen in vier Untergruppen unterteilt:

- Taktzeitraum **A**: 1 - 10- Minutentakt (a),
- Taktzeitraum **B**: 11 - 20- Minutentakt (b),
- Taktzeitraum **C**: 21 - 40- Minutentakt (c),
- Taktzeitraum **D**: > 40- Minutentakt (d).

Bei der Regelmäßigkeit müssen die unterschiedlichen Taktintervalle innerhalb der Taktzeiträume auf den verschiedenen Linien Berücksichtigung finden. Sie sind die Bezugsgröße, wobei die gleichen Taktintervalle zusammengefaßt werden. Je kleiner der Taktintervall, um so besser wird der Kenngrößenwert. Der Taktzeitraum wird als Anteil in Prozent am Gesamttag angegeben, in dem die entsprechenden Takte gefahren werden und mit den Taktintensitäten multipliziert. Die für die einzelnen Taktintervalle berechneten Produkte aus Taktintensität und prozentualen Anteil am Taktzeitraum werden aufsummiert. Da die Taktdichten sich in der Regel nach vergleichbaren Mobilitätsgrundlagen und Verkehrszeiten richten und eine grundsätzliche Überlastung der Verkehrsmittel in den Verkehrsspitzen erfolgt, werden nicht bestimmte Tageszeiträume untersucht. Eine höhere Taktdichte wird so als Ausdruck der kundengerechteren und in Bezug auf die Regelmäßigkeit qualitativ besseren Ausrichtung auf die Nachfragebedingungen gewertet.

Die Formel zur Berechnung der Kenngröße für die Gruppe „Regelmäßigkeit“ lautet:

Kenngröße für die Gruppe „$^{A\text{-}D\text{-}Z}$ **Regelmäßigkeit** $_{a,b,c,d}$“			
Kenngröße für die Untergruppe „Taktzeitraum **A**“	Kenngröße für die Untergruppe „Taktzeitraum **B**“	Kenngröße für die Untergruppe „Taktzeitraum **C**“	Kenngröße für die Untergruppe „Taktzeitraum **D**“

$$\frac{\sum_{ra=1}^{RA}\frac{{}_{ra}TI \text{ x } {}_{ra}TA}{{}_{r}ZT} + \sum_{rb=1}^{RB}\frac{{}_{rb}TI \text{ x } {}_{rb}TA}{{}_{r}ZT} + \sum_{rc=1}^{RC}\frac{{}_{rc}TI \text{ x } {}_{rc}TA}{{}_{r}ZT} + \sum_{rd=1}^{RD}\frac{{}_{rd}TI \text{ x } {}_{rc}TA}{{}_{r}ZT}}{\frac{VA}{LF}}$$

In dieser Formel bedeuten die einzelnen Kürzel:

VA = Verkehrsaufkommen im Verkehrsgebiet (Anzahl beförderter Personen)
LF = Linienfahrleistung im Verkehrsgebiet (Wagenlinienkilometer)
${}_{r}ZT$ = Taktintervalle (Minuten)
${}_{ra}RA$ = Linien mit Taktintensität im Taktzeitraum 1- 10-Minutentakt (Anzahl)
${}_{ra}TA$ = Anteil des Taktzeitraumes 1- 10-Minutentakt am Tag (%)
${}_{ra}TI$ = Taktintensität im 1- 10-Minutentakt (Anzahl Verbindungen pro Stunde)
${}_{rb}RB$ = Linien mit Taktintensität im 11 - 20- Minutentakt (Anzahl)
${}_{rb}TA$ = Anteil des Taktzeitraumes 11 - 20- Minutentakt am Tag (%)
${}_{rb}TI$ = Taktintensität im 11- 20- Minutentakt (Anzahl Verbindungen pro Stunde)
${}_{rc}RC$ = Linien mit Taktintensität im 21 - 40- Minutentakt (Anzahl)
${}_{rc}TA$ = Anteil des Taktzeitraumes 21 - 40- Minutentakt am Tag (%)
${}_{rc}TI$ = Taktintensität im 21- 40- Minutentakt (Anzahl Verbindungen pro Stunde)
${}_{rd}RD$ = Linien mit Taktintensität > 40- Minutentakt (Anzahl)
${}_{rd}TA$ = Anteil des Taktzeitraumes > 40- Minutentakt am Tag (%)
${}_{rd}TI$ = Taktintensität im > 40- Minutentakt (Anzahl Verbindungen pro Stunde)

VII.A.2.c Die Kenngröße für den Bedienungszeitraum

Die dritte Gruppe für die zeitliche Verfügbarkeit ist der Bedienungszeitraum. Er wird durch den Bedienungsbeginn und das Bedienungsende bestimmt. Dessen Einfluß auf die Intensität der ÖPNV-Benutzung ist im Vergleich zu den anderen beiden Gruppen geringer, jedoch nicht zu vernachlässigen. Die Festlegung von Bedienungsbeginn und Bedienungsende sollte deshalb nicht nur nach betriebswirtschaftlichen Gründen erfolgen. Nach denen müßte das Ziel ein möglichst später Beginn und frühes Ende der Bedienung sein, da durch die geringe Auslastung aufgrund der geringeren Nachfrage der Anteil des Linienertrags am gesamten Linienertrag nicht groß ist beziehungsweise durch die Verkehre besonders in den späten Zeitlagen der geringste Deckungsbeitrag erzielt wird.

Der Bedienungsbeginn orientiert sich an den Arbeitsanfangszeiten der Berufstätigen und ist relativ leicht zu definieren. Er ist im Vergleich zwischen den beiden Verkehrsräumen Großstadt und ländlicher Raum ziemlich einheitlich. Dagegen lassen sich im allgemeinen große Schwankungsbreiten beim Bedienungsende feststellen, da die Befriedigung des Freizeitbedarfs, durch den die Nachfrage in den Abendstunden entsteht, von vielen Faktoren abhängt und sehr individuell ist. Hauptsächlich in Großstädten mit einem großen Freizeitangebot in den Abendstunden richtet sich aber die Zufriedenheit mit dem ÖPNV-Angebot nach der Option auf eine späte Verbindung. Im ländlichen Raum ist der Bedarf abends oftmals „nur“ durch Jugendliche für die Fahrt in die Disco bedingt. Hierfür wird oftmals kein Angebot eingerichtet, obwohl der Faktor Verkehrssicherheit aufgrund der Vermeidung von Fahrten unter Alkoholeinfluß eine bedeutende Rolle spielt.

Die Gruppe „Bedienungszeitraum“ wird nach den auf Einwohnerdichten eingeteilten Verkehrsräumen in drei Untergruppen unterteilt:

- ländlicher Raum (l),
- Verdichtungsraum (v),
- Zentrum (z).

Eine Bewertung des Bedienungszeitraumes erfolgt durch den Zeitraum zwischen erster und letzter Bedienung in Stunden. Da das Ausmaß der Qualität durch einen möglichst hohen Wert zum Ausdruck kommt, steht der Wert im Zähler. Die Bezugsgröße ist der Tageszeitraum von 24 Stunden und steht im Nenner.

Die Formel zur Berechnung der Kenngröße für die Gruppe „Bedienungszeitraum“ lautet:

Kenngröße für die Gruppe
„$^{A\text{-}D\text{-}Z}$Bedienungszeitraum $_{l,v,z}$“

Kenngröße für die Untergruppe „Ländlicher Raum“	Kenngröße für die Untergruppe „Verdichtungsraum“	Kenngröße für die Untergruppe „Zentrum“

$$\frac{\displaystyle\sum_{bl=1}^{BL} \frac{{}_{bl}ZT}{{}_{b}ZT} + \sum_{bv=1}^{BV} \frac{{}_{bv}ZT}{{}_{b}ZT} + \sum_{bz=1}^{BZ} \frac{{}_{bz}ZT}{{}_{b}ZT}}{\dfrac{VA}{LF}}$$

In dieser Formel bedeuten die einzelnen Kürzel:

VA	=	Verkehrsaufkommen in einem Verkehrsgebiet (Anzahl beförderter Personen)
LF	=	Linienfahrleistung im Verkehrsgebiet (Wagenlinienkilometer)
$_{b}ZT$	=	Zeitraum eines Tages (Stunden)
$_{bl}BL$	=	Linien im ländlichen Raum (Anzahl)
$_{bl}ZT$	=	Zeitraum mit Bedienung (Stunden)
$_{bv}BV$	=	Linien im Verdichtungsraum (Anzahl)
$_{bv}ZT$	=	Zeitraum mit Bedienung (Stunden)
$_{bz}BZ$	=	Linien im Zentrum (Anzahl)
$_{bz}ZT$	=	Zeitraum mit Bedienung (Stunden)

VII.A.3 Kenngrößen für die Kaufmöglichkeit an stationären Verkaufsstellen (Akquisitorische Distribution)

Die käufliche Verfügbarkeit an stationären Verkaufsstellen ist eine Hauptgruppe der akquisitorischen Distribution. In dieser sind alle Möglichkeiten zum Erwerb eines Fahrscheins vereint, die nicht unmittelbar mit dem Prozeß der Erstellung von Betriebsleistungen verbunden sind. Meistens sind sie nicht völlig davon losgelöst, sondern mit dem verkehrsbetrieblichen Prozeß insofern zusammengehörig, da sich die Verkaufsstellen auf betriebseigenen Grund, in U-Bahn- und S-Bahn-Stationen befinden oder in unmittelbarer Nähe der Haltestellen.

Ein wesentlicher Unterschied zwischen den Verkaufsstellen besteht oftmals in den jeweils käuflichen Fahrausweisarten. In Verkaufsstellen mit Personal ist das Sortiment der Fahrausweisarten meistens größer als an Automaten. Teilweise ist jedoch dieser Unterschied nicht sehr groß, da auch an Automaten vielfältige Fahrausweisarten verkauft werden und zunehmend Fahrausweisautomaten zum Einsatz kommen, bei denen Zeitfahrausweise gelöst werden können.

Die Hauptgruppe „Kaufmöglichkeit an stationären Verkaufsstellen" wird in zwei Gruppen eingeteilt:

- Verkauf an stationären Automaten (a),
- Verkauf durch **P**ersonen an stationären Verkaufsschaltern (p).

Die Hauptgruppe „Kaufmöglichkeit an stationären Verkaufsstellen" wird deshalb gebildet, weil dadurch die Fläche beziehungsweise die Verkaufsstellendichte als gemeinsame Relativierungsgröße verwendet werden kann. Bei einer konstanten Anzahl von Verkaufsstellen wird der Wert um so größer, je kleiner die Fläche ist. Je mehr

Verkaufsstellen pro Flächeneinheit zum Fahrausweiskauf zur Verfügung stehen, desto kundenfreundlicher ist dies beziehungsweise desto besser ist die Qualität der käuflichen Verfügbarkeit. Deshalb steht die Anzahl der Verkaufsstellen im Nenner der Relativierungsgröße.

VII.A.3.a Die Kenngröße für den Verkauf durch Personen an stationären Verkaufsschaltern

Die Distribution mittels Verkauf durch Personen an stationären Verkaufsschaltern wird in betriebseigene und betriebsfremde Verkaufsstellen unterteilt. Im SPNV sind betriebseigene Verkaufsstellen noch häufig anzutreffen, obwohl in vielen Bahnhöfen kleiner Gemeinden bereits der Verkauf durch Personen eingestellt wurde. Als betriebsfremde stationäre Absatzorgane fungieren in der Regel Reisebüros. Im AÖPNV ist der betriebseigene Fahrausweisschalter im räumlichen Bereich der Haltestellen als Vertriebsweg die Ausnahme. Betriebsfremde Absatzorgane übernehmen diese Aufgabe.

> „Dabei sind hier solche Gewerbetreibende einzuordnen, deren Hauptbeteiligung der Handel ist, nebenher aber im Namen und auf Rechnung von Verkehrsbetrieben deren Fahrausweise verkaufen. Zeitungs-, Schreibwaren-, Tabakwarengeschäfte, Drogerien und ähnliche Betriebe des Einzelhandels übernehmen insbesondere den Verkauf von Zeitfahrausweisen oder Wertmarken zu entsprechenden Stammkarten im öffentlichen Personennahverkehr.“ [224]

Für den Kunden liegt der Vorteil des Verkaufs durch Personen zum einen in der Geldwechselmöglichkeit. Die Verfügbarkeit von Kleingeld bei einer oftmals notwendigen „Passend-Zahlung“ am Automaten ist ein für den Kunden lästiges Übel. Zum anderen kommt der Fahrgast im Fall eines Informationsbedürfnisses durch die Ansprache schneller zur gewünschten Auskunft. Den Hauptvorteil, der auf dem symbiotischen Prinzip zwischen Verkehrsunternehmen und Gewerbetreibenden beruht, wird durch DIEDERICH wie folgt beschrieben:

> „Der Vorteil der Zusammenarbeit liegt für beide Vertragspartner auf der Hand. Die Verkehrsbetriebe erhalten ein Netz von Beratungs- und Verkaufsstellen, das engmaschig ist, den Kunden Wege erspart und damit akquisitorisch wirkt, ohne fixe Kosten für einen zu keiner Zeit oder allenfalls in kurzen Stoßzeiten gut ausgelasteten Apparat auf sich nehmen zu müssen. Gleichzeitig werden potentielle Nachfrager unter Umständen überhaupt erst durch die anderen geschäftlichen Tä-

[224] DIEDERICH, H.: 1977, S. 240.

tigkeiten der betriebsfremden Absatzorgane zu diesen Beratungs- und Verkaufsstellen hingezogen und können dabei eher unaufdringlich mit dem Angebot des Verkehrsbetriebes bekannt gemacht werden. Die Nichtverkehrsbetriebe runden ihre Dienstleistungspalette ab und werden damit gegenüber ihren Nutzern ebenfalls anziehender. Außerdem erhalten sie eine zusätzliche Verdienstquelle."[225]

Die Gruppe „Verkauf durch Personen an stationären Verkaufsschaltern" wird nach den Fahrausweisarten in vier Untergruppen unterteilt:

- Fahrausweise mit **b**eschränkter Fahrtenzahl (b),
- Fahrausweise mit unbeschränkter Fahrtenzahl **m**it tageszeitlicher Einschränkung (m),
- Fahrausweise mit unbeschränkter Fahrtenzahl **o**hne tageszeitlicher Einschränkung (o),
- Fahrausweise für mehrere **P**ersonen (p).

Der dominierende Faktor für den Kunden beim Verkauf von Fahrausweisen durch Personen an Verkaufsstellen sind die Öffnungszeiten der Verkaufsschalter. Weiterhin ist die Angebotsquote wichtig, das heißt der Anteil der Fahrausweise am Gesamtsortiment. In der Regel ist er an stationären Verkaufsschaltern höher als bei anderen Verkaufsstellen. Der mit den jeweiligen Fahrausweisen erwirtschaftete Ertrag ist wichtige Beurteilungsgröße für die Gestaltung des Sortimentsangebots. Als Bezugsgröße für die Gruppe wird der gesamte Ertrag aus Fahrausweisverkauf durch Personen in Verkehrsmitteln zu Grunde gelegt, durch die die Effektivität des Absatzweges bemessen wird.

[225] DIEDERICH, H.: 1977, S. 245.

Die Formel zur Berechnung der Kenngröße für die Gruppe „Verkauf durch Personen an stationären Verkaufsschaltern" lautet:

Kenngröße für die Gruppe
„$^{A\text{-}D\text{-}S}$ Verkauf durch Personen an stationären Verkaufsschaltern $_{b,m,o,p}$"

Kenngröße für die Untergruppe „Fahrausweise mit beschränkter Fahrtenzahl"	Kenngröße für die Untergruppe „Fahrausweise mit unbeschränkter Fahrtenzahl mit tageszeitlicher Einschränkung"	Kenngröße für die Untergruppe „Fahrausweise mit unbeschränkter Fahrtenzahl ohne tageszeitlicher Einschränkung"	Kenngröße für die Untergruppe „Fahrausweise für mehrere Personen"

$$\frac{\dfrac{\sum_{pb=1}^{PB} {}_{pb}ZT \times {}_{pb}AQ \times {}_{pb}ET}{{}_{p}ET} + \dfrac{\sum_{pm=1}^{PM} {}_{pm}ZT \times {}_{pm}AQ \times {}_{pm}ET}{{}_{p}ET} + \dfrac{\sum_{po=1}^{PO} {}_{po}ZT \times {}_{po}AQ \times {}_{po}ET}{{}_{p}ET} + \dfrac{\sum_{pp=1}^{PP} {}_{pp}ZT \times {}_{pp}AQ \times {}_{pp}ET}{{}_{p}ET}}{\dfrac{FL}{VS}}$$

In dieser Formel bedeuten die einzelnen Kürzel:

FL = Fläche des Verkehrsgebietes (Quadratkilometer)

VS = Stationäre Verkaufsstellen im Verkehrsgebiet (Anzahl)

${}_{p}ET$ = Gesamter Ertrag aus Fahrausweisverkauf an Verkaufsschaltern (Euro)

${}_{pb}AQ$ = Anteil der in der Verkaufsstelle angebotenen Fahrausweise mit beschränkter Fahrtenzahl am Gesamtsortiment der Fahrausweise (%)

${}_{pb}ET$ = Ertrag der Fahrausweise für Fahrausweise mit beschränkter Fahrtenzahl (Euro)

${}_{pb}PB$ = Verkaufsstellen mit Verkauf von Fahrausweisen mit beschränkter Fahrtenzahl (Anzahl)

${}_{pb}ZT$ = Öffnungszeiten der Verkaufsstellen (Stunden)

${}_{pm}AQ$ = Anteil der in der Verkaufsstelle angebotenen Fahrausweise mit unbeschränkter Fahrtenzahl mit tageszeitlicher Einschränkung am Gesamtsortiment der Fahrausweise (%)

${}_{pm}ET$ = Ertrag der Fahrausweise für Fahrausweise mit unbeschränkter Fahrtenzahl mit tageszeitlicher Einschränkung (Euro)

${}_{pm}PM$ = Verkaufsstellen mit Verkauf von Fahrausweisen mit unbeschränkter Fahrtenzahl mit tageszeitlicher Einschränkung (Anzahl)

${}_{pm}ZT$ = Öffnungszeiten der Verkaufsstellen (Stunden)

$_{po}AQ$ = Anteil der in der Verkaufsstelle angebotenen Fahrausweise mit unbeschränkter Fahrtenzahl ohne tageszeitlicher Einschränkung am Gesamtsortiment der Fahrausweise (%)

$_{po}ET$ = Ertrag der Fahrausweise für Fahrausweise mit unbeschränkter Fahrtenzahl ohne tageszeitlicher Einschränkung (Euro)

$_{po}PU$ = Verkaufsstellen mit Verkauf von Fahrausweisen mit unbeschränkter Fahrtenzahl ohne tageszeitlicher Einschränkung (Anzahl)

$_{po}ZT$ = Öffnungszeiten der Verkaufsstellen (Stunden)

$_{pp}AQ$ = Anteil der in der Verkaufsstelle angebotenen Fahrausweise für mehrere Personen am Gesamtsortiment der Fahrausweise (%)

$_{pp}ET$ = Ertrag der Fahrausweise für mehrere Personen (Euro)

$_{pp}PP$ = Verkaufsstellen mit Verkauf von Fahrausweisen für mehrere Personen (Anzahl)

$_{pp}ZT$ = Öffnungszeiten der Verkaufsstellen (Stunden)

VII.A.3.b Die Kenngröße für den Verkauf an stationären Automaten

Die Priorisierung eines kundenfreundlichen Verkaufs durch Personen überschneidet sich mit dem Zwang zur Rationalisierung bei den Verkehrsunternehmen aufgrund der hohen Personalkosten beim Verkauf durch Personen in betriebseigenen Verkaufsstellen. Ein Potential der Kosteneinsparung wird deswegen durch den Verzicht auf den Verkauf durch Personen an stationären Verkaufsstellen gesehen, der durch den Einsatz von Automaten möglich ist. Diese betriebswirtschaftliche Maßnahme zur Kosteneinsparung geht jedoch einher mit dem Verlust an Attraktivität für die Kunden, die nur in begrenzten Umfang bereit sind, die damit verbundenen Unannehmlichkeiten durch die notwendige aktive Mitwirkung beim Kauf auf sich zu nehmen. Diese sind:

- Notwendigkeit, sich über das Tarifsystem zu informieren,
- Notwendigkeit, sich die Funktion des Automaten zu erschließen,
- Wahrscheinlichkeit des Automaten ohne Betriebsbereitschaft,
- nicht vorhandene beziehungsweise vorübergehend nicht mögliche Restgeldrückgabe,
- Durchfallen des Kleingeldes.

Diese Faktoren erhöhen die Zugangsschwelle für die Fahrgäste zum ÖPNV erheblich, wodurch teilweise unter den Gesichtspunkten des Kundenservices bereits wieder verstärkt über den persönlichen Verkauf in Verbindung mit anderen Aufgaben wie zum Beispiel Beratung, Hilfestellungen für Kunden und Sicherheit nachgedacht wird.

Fahrausweisautomaten befinden sich überwiegend an Haltestellen, die wichtige Umstiegspunkte sind, beziehungsweise an Haltestellen mit einem hohen Verkehrsaufkommen. Bei der Installation an wenig frequentierten Haltestellen auch in den Außenbereichen rechtfertigen zumeist die Investitionskosten nicht den durch die Nutzung bedingten Umsatz am Automaten.

Bis Anfang der 1990er Jahre waren nur Tageskarten, Mehrfahrtenkarten und Einzelfahrausweise an Fahrausweisautomaten erhältlich. Zeitfahrausweise für Wochen und Monate waren auf diesem Distributionsweg nicht zu kaufen. Dies hatte den Grund, daß die Höhe der Beträge für Zeitfahrausweise einen zu hohen Bargeldbestand im Automaten verursacht hätte, abgesehen von den Problemen beim Zahlungsvorgang durch die häufig ausschließliche Münzannahme beziehungsweise der Annahme von nur 10-DM- und 20-DM-Banknoten. Durch die wachsende Verbreitung des bargeldlosen Zahlungsverkehrs werden die spezielle Automaten für Zeitfahrausweise aufgestellt beziehungsweise die bestehenden Automaten auf den bargeldlosen Kauf von Fahrausweisen ausgerichtet. Die Möglichkeit des Fahrausweiskaufs an nicht speziellen Fahrausweisautomaten besteht zwar noch nicht, jedoch ist der Einsatz in Kombination mit anderen Automaten, zum Beispiel Parkscheinautomaten, angedacht.

Die Gruppe „Verkauf an stationären Automaten“ wird nach den Fahrausweisarten in vier Untergruppen unterteilt:

- Fahrausweise mit **b**eschränkter Fahrtenzahl (b),
- Fahrausweise mit unbeschränkter Fahrtenzahl **m**it tageszeitlicher Einschränkung (m),
- Fahrausweise mit unbeschränkter Fahrtenzahl **o**hne tageszeitlicher Einschränkung (o),
- Fahrausweise für mehrere **P**ersonen (p).

Wie beim Verkauf durch Personen an stationären Verkaufsstellen hängt die Qualität des Verkaufs an Automaten beziehungsweise die Zufriedenheit der Kunden mit diesem Distributionsweg zu einem wesentlichen Teil von der Möglichkeit ab, Fahrausweise kaufen zu können. Dies wird durch die Funktionsfähigkeit der Automaten bedingt, die durch die Dauer der Benutzungsmöglichkeit, in Betriebsstunden gemessen, ausgedrückt wird. Dabei stellt sich ein spezielles Problem eines Automaten, dessen Funktion teilweise außer Kraft gesetzt ist, wenn er mit dem Hinweis „passend zahlen“ keine Restgeldrückgabe möglich ist. Diese Möglichkeit bleibt aus Gründen der Vereinfachung in der Formel unberücksichtigt. Der weitere Qualitätsfaktor der Vielfalt der an dem Automaten erhältlichen Fahrausweise wird durch die Angebotsquote berücksichtigt. Die Akzeptanz für den Erwerb von den einzelnen Fahrausweisen auf diesem Distributionsweg kommt durch den jeweiligen Ertrag zum Ausdruck. Als Bezugsgröße für die Gruppe wird der gesamte Ertrag aus Fahrausweisverkauf an stationären Automaten zu Grunde gelegt.

Die Formel für die Berechnung der Kenngröße für die Gruppe „Verkauf an stationären Automaten“ lautet:

Kenngröße für die Gruppe
„$^{A\text{-}D\text{-}S}$ Verkauf an stationären Automaten $_{b,m,o,p}$“

Kenngröße für die Untergruppe „Fahrausweise mit beschränkter Fahrtenzahl“	Kenngröße für die Untergruppe „Fahrausweise mit unbeschränkter Fahrtenzahl mit tageszeitlicher Einschränkung“	Kenngröße für die Untergruppe „Fahrausweise mit unbeschränkter Fahrtenzahl ohne tageszeitlicher Einschränkung“	Kenngröße für die Untergruppe „Fahrausweise für mehrere Personen“

$$\frac{\dfrac{\sum_{ab=1}^{AB} {}_{ab}ZT \times {}_{ab}AQ \times {}_{ab}ET}{{}_{a}ET} + \dfrac{\sum_{am=1}^{AM} {}_{am}ZT \times {}_{am}AQ \times {}_{am}ET}{{}_{a}ET} + \dfrac{\sum_{ao=1}^{AO} {}_{ao}ZT \times {}_{ao}AQ \times {}_{ao}ET}{{}_{a}ET} + \dfrac{\sum_{ap=1}^{AP} {}_{ap}ZT \times {}_{ap}AQ \times {}_{ap}ET}{{}_{a}ET}}{\dfrac{FL}{VS}}$$

In dieser Formel bedeuten die einzelnen Kürzel:

FL = Fläche des Verkehrsgebietes (Quadratkilometer)

VS = Stationäre Verkaufsstellen im Verkehrsgebiet (Anzahl)

${}_{a}ET$ = Gesamter Ertrag aus Fahrausweisverkauf an stationären Automaten (Euro)

${}_{ab}AB$ = Automaten mit Fahrausweisen mit beschränkter Fahrtenzahl (Anzahl)

${}_{ab}AQ$ = Anteil der am Automaten angebotenen Fahrausweise mit beschränkter Fahrtenzahl am Gesamtsortiment der Fahrausweise (%)

${}_{ab}ET$ = Ertrag der Fahrausweise für Fahrausweise mit beschränkter Fahrtenzahl (Euro)

${}_{ab}ZT$ = Betriebszeiten der Automaten (Stunden)

${}_{am}AM$ = Automaten mit Fahrausweisen mit unbeschränkter Fahrtenzahl mit tageszeitlicher Einschränkung (Anzahl)

${}_{am}AQ$ = Anteil der am Automaten angebotenen Fahrausweise mit unbeschränkter Fahrtenzahl mit tageszeitlicher Einschränkung am Gesamtsortiment der Fahrausweise (%)

$_{am}ET$ = Ertrag der Fahrausweise für Fahrausweise mit unbeschränkter Fahrtenzahl mit tageszeitlicher Einschränkung (Euro)

$_{am}ZT$ = Betriebszeiten der Automaten (Stunden)

$_{ao}AQ$ = Anteil der am Automaten angebotenen Fahrausweise mit unbeschränkter Fahrtenzahl ohne tageszeitlicher Einschränkung am Gesamtsortiment der Fahrausweise (%)

$_{ao}AO$ = Automaten mit Fahrausweisen mit unbeschränkter Fahrtenzahl ohne tageszeitlicher Einschränkung (Anzahl)

$_{ao}ET$ = Ertrag der Fahrausweise für Fahrausweise mit unbeschränkter Fahrtenzahl ohne tageszeitlicher Einschränkung (Euro)

$_{ao}ZT$ = Betriebszeiten der Automaten (Stunden)

$_{ap}AP$ = Automaten mit Fahrausweisen für mehrere Personen (Anzahl)

$_{ap}AQ$ = Anteil der am Automaten angebotenen Fahrausweise für mehrere Personen am Gesamtsortiment der Fahrausweise (%)

$_{ap}ET$ = Ertrag der Fahrausweise für mehrere Personen (Euro)

$_{ap}ZT$ = Betriebszeiten der Automaten (Stunden)

VII.A.4 Kenngrößen für die Kaufmöglichkeit in Verkehrsmitteln (Akquisitorische Distribution)

Der Verkauf von Fahrausweisen in Verkehrsmitteln bedeutet aufgrund der Verringerung des Orientierungsaufwandes für die Benutzungsberechtigung des ÖPNV eine Erleichterung für den Kunden und ist deshalb grundsätzlich positiv zu beurteilen. Diese Möglichkeit stellt die kundenfreundlichste Methode des Absatzes dar.[226] Sie hat den wichtigen Aspekt, daß der Kunde ein sofort nach seiner Ankunft an der Einstiegshaltestelle vorfahrendes Verkehrsmittel ohne Zeitaufwand für das Lösen eines Fahrausweises betreten kann, da er sich diesen im Rahmen des Beförderungsprozesses erwerben kann.

Vor dem Jahr 1960 erfolgte der Verkauf von Fahrausweisen zu einem Großteil noch durch den Einsatz von besonderem Schaffnerpersonal am Platz des Fahrgastes im Verkehrsmittel im Sinn einer Fahrgastbedienung. Allerdings wurde dieser Weg nicht aus dem Gedanken des Kundenservices und der Vermarktung angewendet, sondern aufgrund der zu der Zeit relativ geringen Personalkosten und mangelnder Alternativen. Im SPNV ist dieser Absatzweg noch zu einem bedeutenden Teil erhalten geblieben. Allerdings ist auch hier eine kontinuierliche Abnahme des Schaffnerpersonals zu verzeich-

[226] Vgl. SONNHOF, H.: 1980, S. 592.

nen. Im Gegensatz dazu gibt es mitfahrendes ständiges Verkaufspersonal im AÖPNV seit über 30 Jahren nicht mehr. Dies ist größtenteils auf Kostengründe zurückzuführen, aber zum Teil konnte dieser Absatzweg auch nicht mehr aufgrund des großen Verkehrsaufkommens eingehalten werden. Jedoch besteht in der Regel die Erwerbsmöglichkeit von Fahrausweisen beim Fahrer, dem damit eine Doppelfunktion übertragen wurde. Seit den 1990er Jahren kommen verstärkt Automaten zum Einsatz.

Die Hauptgruppe „Kaufmöglichkeit in Verkehrsmitteln" wird in zwei Gruppen eingeteilt:

- Verkauf an **A**utomaten in Verkehrsmitteln (a),
- Verkauf durch **P**ersonen in Verkehrsmitteln (p).

Die für diese Hauptgruppe einheitliche Relativierungsgröße ist die Linienfahrleistung im Verkehrsgebiet pro Fläche. Da die Relativierungsgröße im Nenner des Doppelbruchs steht und es besser für die Kaufmöglichkeiten ist, je mehr Linienfahrleistung stattfindet, muß der reziproke Wert genommen werden.

VII.A.4.a Die Kenngröße für den Verkauf durch Personen in Verkehrsmitteln

Der Verkauf von Fahrkarten in Bussen und Straßenbahnen wurde seit den 1970er Jahren nur noch durch den Fahrer vorgenommen. Das Problem dabei ist die Doppelbelastung des Fahrers mit Fahrbetrieb und Verkauf durch den Aufwand der Aushändigung des Fahrausweises und des Geldwechsels. Dies bedingt entweder eine einhergehende Verzögerung des Fahrtbeginns von einer Haltestelle nach Ausstieg und Einstieg der Fahrgäste oder teilweise eine längere Phase der Ablenkung des Fahrers bei Fahrtbeginn. Dies steht der Priorisierung einer schnellen und sicheren Beförderung entgegen. Besonders bei Stadtverkehren in Großstädten werden die Grenzen der Zumutbarkeit für das Fahrpersonal teilweise überschritten. Grundsätzlich ist aber auch noch Ende der 1990er Jahre der Erwerb von Einzelfahrausweisen bei den Fahrern möglich.[227]

Das grundsätzlich kundenfreundliche Angebot des Verkaufs durch den Fahrer in Verkehrsmitteln hat durch den Zeitaufwand für den Verkauf, der auf Kosten der Zeit für den Fahrbetrieb geht und damit eine Erhöhung der Beförderungszeit bedingt, auch negative Einflüsse. Da jedoch die Konkurrenzfähigkeit zum Pkw überwiegend durch den Faktor des Zeitvorteils vom Kunden gesehen wird, steht hinsichtlich der Gesamtqualität die Beschleunigung des ÖPNV im kritischen Gegensatz zu diesem Distributionsweg. Teilweise wurde deshalb von den Verkehrsunternehmen der Verkauf durch Fahrpersonal nur

[227] Vgl. PETERS, S.: 1985, S. 325.

noch auf wenige Fahrausweisarten eingeschränkt oder teilweise sogar abgeschafft. In S-Bahnen und U-Bahnen ist dieser Distributionsweg, bedingt durch die Beförderung vieler Fahrgäste und die Länge des Verkehrsmittels, grundsätzlich nicht anzutreffen.

Die Gruppe „Verkauf durch Personen in Verkehrsmitteln“ wird nach den Fahrausweisarten in vier Untergruppen unterteilt:

- Fahrausweise mit **b**eschränkter Fahrtenzahl (b),
- Fahrausweise mit unbeschränkter Fahrtenzahl **m**it tageszeitlicher Einschränkung (m),
- Fahrausweise mit unbeschränkter Fahrtenzahl **o**hne tageszeitlicher Einschränkung (o),
- Fahrausweise für mehrere **P**ersonen (p).

Der Verkauf durch Personen in Verkehrsmitteln ist außer in S-Bahnen und U-Bahnen fast immer gegeben, wenn ein Verkehrsmittel fährt. Die Zeit für die Kaufmöglichkeit als Beurteilungsgröße entfällt deshalb bei dieser Kenngröße, da als solche die Linienfahrleistung der Verkehrsmittel definiert wird. In dieser kommt die Zeit für die Kaufmöglichkeit zum Ausdruck, auch wenn während der Fahrt ein Fahrausweisverkauf durch Personen (Fahrer) allgemein unterbleibt. Besonders wichtig ist bei dieser Gruppe die Angebotsquote, da in der Regel sehr wenige Fahrausweise verkauft werden und deshalb diese sehr gering ist. Als Bezugsgröße wird der gesamte Ertrag aus Fahrausweisverkauf durch Personen in Verkehrsmitteln zugrunde gelegt.

Die Formel zur Berechnung der Kenngröße für die Gruppe „Verkauf durch Personen in Verkehrsmitteln“ lautet:

Kenngröße für die Gruppe
„$^{A\text{-}D\text{-}V}$ Verkauf durch **P**ersonen in Verkehrsmitteln $_{b,m,o,p}$“

Kenngröße für die Untergruppe „Fahrausweise mit **b**eschränkter Fahrtenzahl“	Kenngröße für die Untergruppe „Fahrausweise mit unbeschränkter Fahrtenzahl **m**it tageszeitlicher Einschränkung“	Kenngröße für die Untergruppe „Fahrausweise mit unbeschränkter Fahrtenzahl **o**hne tageszeitlicher Einschränkung“	Kenngröße für die Untergruppe „Fahrausweise für mehrere **P**ersonen“

$$\frac{\dfrac{\sum_{pb=1}^{PB} {}_{pb}AQ \times {}_{pb}ET}{{}_{p}ET} + \dfrac{\sum_{pm=1}^{PM} {}_{pm}AQ \times {}_{pm}ET}{{}_{p}ET} + \dfrac{\sum_{po=1}^{PO} {}_{po}AQ \times {}_{po}ET}{{}_{p}ET} + \dfrac{\sum_{pp=1}^{PP} {}_{pp}AQ \times {}_{pp}ET}{{}_{p}ET}}{\dfrac{FL}{LF}}$$

In dieser Formel bedeuten die einzelnen Kürzel:

FL	=	Fläche des Verkehrsgebietes (Quadratkilometer)
LF	=	Linienfahrleistung der Verkehrsmittel im Verkehrsgebiet (Anzahl)
$_{p}ET$	=	Gesamter Ertrag aus Fahrausweisverkauf durch Personen in Verkehrsmitteln (Euro)
$_{pb}AQ$	=	Anteil der im Verkehrsmittel durch Personen angebotenen Fahrausweise mit beschränkter Fahrtenzahl am Gesamtsortiment der Fahrausweise (%)
$_{pb}ET$	=	Ertrag der Fahrausweise für Fahrausweise mit beschränkter Fahrtenzahl (Euro)
$_{pb}PB$	=	Linienfahrleistung der Verkehrsmittel mit Verkauf durch Personen von Fahrausweisen mit beschränkter Fahrtenzahl (Wagenlinienkilometer)
$_{pm}AQ$	=	Anteil der im Verkehrsmittel durch Personen angebotenen Fahrausweise mit unbeschränkter Fahrtenzahl mit tageszeitlicher Einschränkung am Gesamtsortiment der Fahrausweise (%)
$_{pm}ET$	=	Ertrag der Fahrausweise für Fahrausweise mit unbeschränkter Fahrtenzahl mit tageszeitlicher Einschränkung (Euro)
$_{pm}PM$	=	Linienfahrleistung der Verkehrsmittel mit Verkauf durch Personen von Fahrausweisen mit unbeschränkter Fahrtenzahl mit tageszeitlicher Einschränkung (Wagenlinienkilometer)
$_{po}AQ$	=	Anteil der im Verkehrsmittel durch Personen angebotenen Fahrausweise mit unbeschränkter Fahrtenzahl ohne tageszeitlicher Einschränkung am Gesamtsortiment der Fahrausweise (%)
$_{po}ET$	=	Ertrag der Fahrausweise für Fahrausweise mit unbeschränkter Fahrtenzahl ohne tageszeitlicher Einschränkung (Euro)
$_{po}PO$	=	Linienfahrleistung der Verkehrsmittel mit Verkauf durch Personen von Fahrausweisen mit unbeschränkter Fahrtenzahl ohne tageszeitlicher Einschränkung (Wagenlinienkilometer)
$_{pp}AQ$	=	Anteil der im Verkehrsmittel durch Personen angebotenen Fahrausweise für mehrere Personen am Gesamtsortiment der Fahrausweise (%)
$_{pp}ET$	=	Ertrag der Fahrausweise für mehrere Personen (Euro)
$_{pp}PP$	=	Linienfahrleistung der Verkehrsmittel mit Verkauf durch Personen von Fahrausweisen für mehrere Personen (Wagenlinienkilometer)

VII.A.4.b Die Kenngröße für den Verkauf an Automaten in Verkehrsmitteln

Die Möglichkeit des Verkaufs an Automaten in Verkehrsmitteln wurde bis Anfang der 1990er Jahre nicht angeboten. Das Problem bei dieser Erwerbsmöglichkeit war der Platzverlust durch die herkömmlichen Automaten, die Platzkapazitäten zur Beförderung wegnahmen. Weiterhin verursachten sie durch das große Gewicht einen zusätzlichen Energieaufwand zur Beförderung und damit höhere variable Kosten durch erhöhten Kraftstoffverbrauch. Mit dem Fortschritt der Elektronik wurden besondere Fahrausweisautomaten entwickelt, die kleiner und leichter sind und nicht so viel Platzkapazität wegnehmen. In Straßenbahnen werden zunehmend solche Fahrscheinautomaten installiert, während ihr Einsatz im Bus noch am Anfang steht. Im Vergleich zu den stationären Automaten haben sie ein begrenzteres Fahrausweisangebot. In der Regel sind es Fahrausweise, die mit der Ausgabe zugleich eine Entwertung erfahren und mit dem Antritt der Beförderung verbunden sind.

Durch den Einsatz von Fahrausweisautomaten bekommt der Kunde zum einen die Möglichkeit, einen Fahrausweis zu kaufen, zum anderen entfällt der Zeitaufwand zum Lösen des Fahrausweises an der Haltestelle, was eine Verringerung des erzwungenen Aufenthalts zur Folge hat beziehungsweise die Möglichkeit der sofortigen Benutzung des Verkehrsmittels bei zeitgleicher Ankunft des Kunden. Für die Verkehrsunternehmen entfällt eine kostenintensive Investition der Installation von Fahrausweisautomaten an jeder Haltestelle. Zugleich entfällt die Ablenkung des Fahrers und die Zeitverzögerung bei Fahrtbeginn oder kurz danach im Fall eines Fahrausweisverkaufs durch den Fahrer. Diese positiven Aspekte des Einsatzes von Automaten in Verkehrsmitteln werden durch das Problem im Fall eines defekten Automaten relativiert, in dem die komplette Beförderung aller Fahrgäste während der Zeit freigestellt werden müßte, während dies bei Automaten an den Haltestellen nur für die an der entsprechenden Haltestellen einsteigenden Fahrgäste eingeräumt werden müsste. Außerdem kann das Lösen eines Fahrausweises im Verkehrsmittel am Automaten vorgetäuscht werden, aber dies tatsächlich nur im Fall einer Fahrausweiskontrolle schnell gemacht wird.

In manchen Verkehrsgebieten gibt es die Entwicklung, den Verkauf an Automaten in Verkehrsmitteln abzuschaffen. In Hannover wurden auf den Straßenbahnlinien alle Haltestellen mit einem Fahrausweisautomaten ausgerüstet. Parallel zu dieser Maßnahme wurde die Einführung ausschließlich bargeldloser Zahlungsverfahren verfolgt, indem die Automaten Einrichtungen für das Bezahlen mit einer Scheckkarte oder einer besonderen paycard hatten. Die Priorisierung des bargeldlosen Verfahrens wird erreicht, daß nur passend gezahlt werden kann und keine Restgeldrückgabe möglich ist. Dadurch werden Kosten eingespart, die durch die Verwaltung des Bargeldes sowie durch das Aufbrechen der Automaten entstehen. Gleichzeitig hat dies auch Vorteile für die Kunden, da dieser kein Kleingeld mehr bereithalten muß.[228]

Die Gruppe „Verkauf an Automaten in Verkehrsmitteln" wird nach den Fahrausweisarten in vier Untergruppen unterteilt:

- Fahrausweise mit **b**eschränkter Fahrtenzahl (b),
- Fahrausweise mit unbeschränkter Fahrtenzahl **m**it tageszeitlicher Einschränkung (m),
- Fahrausweise mit unbeschränkter Fahrtenzahl **o**hne tageszeitlicher Einschränkung (o),
- Fahrausweise für mehrere **P**ersonen (p).

Der Kaufmöglichkeit an Automaten in Verkehrsmitteln wird grundsätzlich durch die Betriebszeiten, in denen Fahrzeuge im ÖPNV verkehren begrenzt, die im Gegensatz zu den stationären Automaten für den Verkauf die zeitliche Obergrenze darstellen. Dies wird durch die Linienfahrleistung berücksichtigt. Zusätzlich hängt die Kaufmöglichkeit wie bei den stationären Automaten von der Betriebzuverlässigkeit ab, das heißt der Zeit, in der die Automaten funktionieren. Sie ist deshalb ebenfalls eine Beurteilungsgröße. Die Angebotsquote nimmt eine Zwischenstellung ein. Sie ist niedriger als an stationären Automaten, aber höher als beim Verkauf durch den Fahrer in den Verkehrsmitteln. Als Bezugsgröße für die Gruppe wird der gesamte Ertrag aus Fahrausweisverkauf an Automaten in Verkehrsmitteln zugrunde gelegt.

[228] Vgl. EBBING, G.: 1996, S. 43 – 45.

Die Formel zur Berechnung der Kenngröße für die Gruppe „Verkauf an Automaten in Verkehrsmitteln“ lautet:

Kenngröße für die Gruppe „$^{A\text{-}D\text{-}V}$ Verkauf an Automaten in Verkehrsmitteln $_{b,m,o,p}$“			
Kenngröße für die Untergruppe „Fahrausweise mit beschränkter Fahrtenzahl“	Kenngröße für die Untergruppe „Fahrausweise mit unbeschränkter Fahrtenzahl mit tageszeitlicher Einschränkung“	Kenngröße für die Untergruppe „Fahrausweise mit unbeschränkter Fahrtenzahl ohne tageszeitlicher Einschränkung“	Kenngröße für die Untergruppe „Fahrausweise für mehrere Personen“

$$\frac{\dfrac{\sum_{ab=1}^{AB} {}_{ab}ZT \times {}_{ab}AQ \times {}_{ab}ET}{{}_{a}ET} + \dfrac{\sum_{am=1}^{AM} {}_{am}ZT \times {}_{am}AQ \times {}_{am}ET}{{}_{a}ET} + \dfrac{\sum_{ao=1}^{AO} {}_{ao}ZT \times {}_{ao}AQ \times {}_{ao}ET}{{}_{a}ET} + \dfrac{\sum_{ap=1}^{AP} {}_{ap}ZT \times {}_{ap}AQ \times {}_{ap}ET}{{}_{a}ET}}{\dfrac{FL}{LF}}$$

In dieser Formel bedeuten die einzelnen Kürzel:

FL	=	Fläche des Verkehrsgebietes (Quadratkilometer)
LF	=	Linienfahrleistung im Verkehrsgebiet (Wagenlinienkilometer)
${}_{a}ET$	=	Gesamter Ertrag aus Fahrausweisverkauf an stationären Automaten (Euro)
${}_{ab}AQ$	=	Anteil der am Automaten angebotenen Fahrausweise mit beschränkter Fahrtenzahl am Gesamtsortiment der Fahrausweise (%)
${}_{ab}ET$	=	Ertrag der Fahrausweise für Fahrausweise mit beschränkter Fahrtenzahl (Euro)
${}_{ab}AB$	=	Linienfahrleistung der Verkehrsmittel mit Automaten mit Fahrausweisen mit beschränkter Fahrtenzahl (Wagenlinienkilometer)
${}_{ab}ZT$	=	Betriebszeiten der Automaten während der Bedienung (Stunden)
${}_{am}AQ$	=	Anteil der am Automaten angebotenen Fahrausweise mit unbeschränkter Fahrtenzahl mit tageszeitlicher Einschränkung am Gesamtsortiment der Fahrausweise (%)
${}_{am}ET$	=	Ertrag der Fahrausweise für Fahrausweise mit unbeschränkter Fahrtenzahl mit tageszeitlicher Einschränkung (Euro)
${}_{am}AM$	=	Linienfahrleistung der Verkehrsmittel mit Automaten mit Fahrausweisen mit unbeschränkter Fahrtenzahl mit tageszeitlicher Einschränkung (Wagenlinienkilometer)

$_{am}ZT$ = Betriebszeiten der Automaten während der Bedienung (Stunden)

$_{ao}AO$ = Linienfahrleistung der Verkehrsmittel mit Automaten mit Fahrausweisen mit unbeschränkter Fahrtenzahl ohne tageszeitlicher Einschränkung (Wagenlinienkilometer)

$_{ao}AQ$ = Anteil der am Automaten angebotenen Fahrausweise mit unbeschränkter Fahrtenzahl ohne tageszeitlicher Einschränkung am Gesamtsortiment der Fahrausweise (%)

$_{ao}ET$ = Ertrag der Fahrausweise für Fahrausweise mit unbeschränkter Fahrtenzahl ohne tageszeitlicher Einschränkung (Euro)

$_{ao}ZT$ = Betriebszeiten der Automaten während der Bedienung (Stunden)

$_{ap}AP$ = Linienfahrleistung der Verkehrsmittel mit Automaten mit Fahrausweisen für mehrere Personen (Wagenlinienkilometer)

$_{ap}AQ$ = Anteil der am Automaten angebotenen Fahrausweise für mehrere Personen am Gesamtsortiment der Fahrausweise (%)

$_{ap}ET$ = Ertrag der Fahrausweise für mehrere Personen (Euro)

$_{ap}ZT$ = Betriebszeiten der Automaten während der Bedienung (Stunden)

VII.B Produkt

Bei der physischen Distribution wurden Faktoren bewertet, die die Rahmenbedingungen des ÖPNV darstellen. Damit wurden die Aspekte der Distributionsgrundlagen im ÖPNV in den Vordergrund gestellt. In diesem Kapitel erfolgt nun das produktpolitische Handeln von Verkehrsunternehmen auf der Basis der Distributionswege im Sinn der Bereitstellung eines Produktes, das durch Produktdifferenzierung und das Ausbilden charakteristischer Produkteigenschaften (Produktprofilierung) die Kundenbedarfe befriedigt. Im folgenden werden die Aspekte bei der Produktion der Betriebsleistungen behandelt, mit welchen Mitteln und in welcher Ausprägung sie erfolgt.

In der allgemeinen Betriebswirtschaftslehre wird nach BIDLINGMAIER unter Produktpolitik folgendes verstanden:

> „Produktpolitik umfaßt alle an den unternehmerischen Zielsetzungen orientierten Strategien, die darauf gerichtet sind, neue Produkte oder Produktgruppen auf den Markt zu bringen (Produktinnovation), bereits auf dem Markt befindliche Produkte zu modifizieren (Produktvariation) oder bisherige Produkte oder Produktgruppen aus dem Programm herauszunehmen (Produktelimination).“ [229]

Während in dieser Definition hauptsächlich die Produktpolitik aus der Sichtweise des Unternehmens zum Ausdruck kommt, integriert PETERS in seiner Definition der Produktpolitik explizit die wichtige Marktkomponente, daß eine Produktion auch immer kundenorientiert erfolgen muß:

> „Unter Produkt- und Programmgestaltung ist die Gesamtheit derjenigen Maßnahmen eines Betriebes im Bereich der Leistungsverwertung zusammengefaßt, die sich auf die Ausgestaltung der von ihm angebotenen einzelnen Leistungen und des von ihm angebotenen Leistungsgesamts entsprechend den Wünschen seiner aktuellen und potentiellen Nachfrager beziehen.“ [230]

In der Übertragung der Definition der allgemeinen Produktpolitik auf die Dienstleistung ÖPNV kommt das Verständnis von DIEDERICH durch folgendes Zitat zum Ausdruck:

> „Verkehrsbetriebe erstellen jedoch keine materiellen Güter. Ihre Tätigkeit erstreckt sich vielmehr darauf Ortsveränderungen der Nachfrager oder ihrer Objekte herbeizuführen. Damit entfallen die in der Regel genannten Ansatzpunkte betrieblicher Produktpolitik.“ [231]

---

[229] BIDLINGMAIER, J.: 1974, S. 229.
[230] PETERS, S.: 1985, S. 305.
[231] DIEDERICH, H.: 1977, S. 211.

Da von DIEDERICH das Produkt als Tripel von Transportobjekt (Personen), ursprünglicher Aufenthaltsort und neuer Aufenthaltsort angesehen wird, bleibt als einzige Maßnahme in der Produktgestaltung die Veränderungen von Haltestellen. Dieser besonderen und sehr begrenzten Sichtweise steht ein sehr umfassendes Verständnis von RIEBEL[232] und CLAUSSEN[233] gegenüber, die unter Produktpolitik nicht nur das Leistungsergebnis, sondern auch den Leistungsprozeß mit all seinen Aspekten der Häufigkeit, Bedienungszeiten, Bequemlichkeit, Sicherheit, etc. subsumieren.

Nach dem Verständnis des Autors und der der vorliegenden Arbeit zugrundeliegenden Systematik können beide Begriffsauffassungen hinsichtlich des Produktes nicht übernommen werden. Das Produkt wird in dieser Arbeit speziell für den ÖPNV vielmehr als Synthese der von NIESCHLAG / DICHTL / HÖRSCHGEN getrennten Verwendung der Begriffe von Produkt- und Programmgestaltung charakterisiert, wie sie von ihnen in einer für die Betriebswirtschaft allgemeinen Definition formuliert wurden:

> „Während die Produktgestaltung das einzelne Produkt beziehungsweise die individuelle Leistung zum Gegenstand hat, bezieht sich die (...) Programmgestaltung auf die Zusammenstellung verschiedener Artikel oder Artikelgruppen zu einer in den Augen der Nachfrager attraktiven, zum Kauf anregenden Gesamtheit.“ [234]

Dabei handelt es sich bei den Produkten im ÖPNV um verschiedene Verkehrsmittel aus einer Produktpalette wie sie in Kombination mit ihren verschiedenen Verkehrsaufgaben nach einem im Rahmen eines Forschungs- und Entwicklungsauftrages des Bundesministers für Verkehr verfaßten Handbuch[235] entwickelt wurden. Danach können 17 grundsätzliche Varianten unterteilt nach Produkten der Schiene und der Straße, nach Produkten im Linienverkehr und im Linienbedarfsverkehr sowie nach im Schnellverkehr eingesetzten Produkten unterschieden werden. Die Mischung der Verkehrsmittel und deren Einsatz im Verkehrsgebiet ist die Produktgestaltung. Die Programmgestaltung beinhaltet alle Aspekte der Ausformung des Beförderungsprozesses Beide Elemente, Beförderungsmittel und Beförderungsbedingungen, bedingen das ÖPNV-Produkt.

Die produktpolitischen Maßnahmen sind im ÖPNV aufgrund der Langlebigkeit der Produkte „Verkehrsmittel“ vorwiegend mittel- bis langfristiger Natur. Ein Einsatz moderner Fahrzeuge ist unter den allgemeinen betriebswirtschaftlichen Rahmenbedingungen erst

[232] Vgl. RIEBEL, P.: 1976, Spalte 4162 ff.
[233] Vgl. CLAUSSEN, T.: 1979, S. 245 ff.
[234] NIESCHLAG, R. / DICHTL, E. / HÖRSCHGEN, H.: 1997, S. 206.
[235] Vgl. KRUG, S. / BECHER, P.: 1996, S. 31 ff.

nach den planmäßigen Abschreibungen der Fahrzeuge (Bus: 7 Jahre und Tram: 25 Jahre) gerechtfertigt. Eine Möglichkeit für eine grundlegende Innovation mit einer modernen Produktgestaltung ist im Fall einer Ausdehnung der Häufigkeit des Angebots (der physischen Distribution) möglich. Kurzfristige Maßnahmen in der Produktpolitik von Verkehrsunternehmen konzentrieren sich hauptsächlich auf die Programmgestaltung, die auf die Verbesserung des unmittelbaren Umfeldes in Zusammenhang mit den Produkten abzielen, zum Beispiel die Verbesserung der Sauberkeit.

Die produktbezogenen Eigenschaften werden eingeteilt in:[236]
- Grundprodukt,
- Zusatzprodukt.

Grundprodukt

Zum Grundprodukt der ÖPNV-Leistung sind alle Aspekte im Sinn des Angebots einer Beförderung von A nach B zu zählen. Demzufolge sind alle Leistungsgrößen hierunter einzuordnen, die den Prozeß und die Qualität der Beförderung betreffen. Darunter fallen alle Faktoren, die auf den Zeitaufwand, der mit der Nutzung des Produktes verbunden ist, Einfluß haben.

Die Abteilung „Grundprodukt“ wird in zwei Hauptgruppen eingeteilt:
- Geschwindigkeit (G),
- Zuverlässigkeit (Z).

Zusatzprodukt

Beim Zusatzprodukt werden alle Faktoren subsumiert, die die qualitative Ausgestaltung des Prozesses der Beförderung bestimmen. Dies sind alle Faktoren, die dem Kunden einen Zusatznutzen zum zeitlichen Nutzen des Grundproduktes bringen. Es sind Elemente der Produktgestaltung und des Produktprofils, mit denen der Kunde bei der Benutzung konfrontiert wird beziehungsweise in Berührung kommt, das heißt, die dem Kunden die Benutzung des ÖPNV annehmlicher machen.

Die Abteilung „Zusatzprodukt“ wird in zwei Hauptgruppen eingeteilt:
- Sicherheit (S),
- Komfort (K).

---

[236] Vgl. BOGNER, W. / PLOTHEGER, M.: 1997, S. 28 ff.. Hier werden mit den Kategorien „Kernprodukt“, „Formales Produkt“, „Erweitertes Produkt“ drei Produktebenen unterschieden. In dieser Arbeit werden die beiden letzten Kategorien zum Rahmenprodukt verschmolzen, da Fahrzeugkomfort nach Auffassung des Verfassers nicht in Einklang mit dem Begriff „formal“ gebracht werden kann und Sicherheit in einer dritten Kategorie „Erweitertes Produkt“ begrifflich und stellungsmäßig eine zu geringe Bedeutung unterstellt werden kann.

In den folgenden Abbildungen 23 und 24 wird eine Übersicht über die Einteilung der Kenngrößen für die Abteilungen „Grundprodukt" und „Zusatzprodukt" gegeben.

Abbildung 23: Die Einteilung der Kenngrößen für die Abteilung „Grundprodukt"

Abteilung	Hauptgruppe	Gruppe	Untergruppe
Grundprodukt	Geschwindigkeit	Beförderungszeit	Beförderungszeit mit Eisenbahnen
			Beförderungszeit mit Straßenbahnen
			Beförderungszeit mit U-Bahnen
			Beförderungszeit mit Bussen
		Zusatzwegezeit	Hinmarschzeit
			Umstiegszeit
			Wegmarschzeit
		Wartezeit	Wartezeit Einstieg
			Wartezeit Umstieg
			Wartezeit Verspätungen
	Zuverlässigkeit	Pünktlichkeit	Pünktlichkeitsklasse A
			Pünktlichkeitsklasse B
			Pünktlichkeitsklasse C
			Pünktlichkeitsklasse D
		Ausfallhäufigkeit	Verbindungsausfall
			Anschlußausfall

Abbildung 24: Die Einteilung der Kenngrößen für die Abteilung „Zusatzprodukt“

Abteilung	Hauptgruppe	Gruppe	Untergruppe
Zusatzprodukt	Sicherheit	Kriminalistische Sicherheit	Gewaltdelikte
			Eigentumsdelikte bei Personen
			Vermögensdelikte bei Betriebsmitteln
			Leistungserschleichungen
		Verkehrssicherheit	Personenschäden
			Sachschäden bei Dritten
			Sachschäden bei Betriebsmitteln
		Sicherheits-vorkehrungen	Technische Vorkehrungen
			Bauliche Vorkehrungen
			Personelle Vorkehrungen
	Komfort	Verkehrsmittel-komfort	Platzverfügbarkeit
			Sauberkeit
			Informationshilfen
			Bequemlichkeit
		Haltestellen-komfort	Platzverfügbarkeit
			Sauberkeit
			Informationshilfen
			Bequemlichkeit
		Zugangskomfort	Haltestellenzugang
			Verkehrsmitteleinstieg

VII.B.1 Kenngrößen für die Geschwindigkeit (Grundprodukt)

Der ÖPNV befindet sich im Wettbewerb mit dem MIV. Unter anderem steht der zeitliche Nutzen des Kunden für eine von ihm zurückgelegte Strecke zwischen Startpunkt A und Zielpunkt B im Vordergrund. Bei der Beurteilung der Geschwindigkeit ist demnach nicht nur die Schnelligkeit der Beförderung im Verkehrsmittel, sondern auch der Zeitbedarf vom Standort des Fahrgastes zur Haltestelle und von der Haltestelle zum Ziel vor beziehungsweise nach Benutzung des Verkehrsmittels einzubeziehen. Die Geschwindigkeit muß demzufolge im Sinn der Gesamtreisezeit betrachtet werden und ist also als Ortsveränderung von „Tür zu Tür" zu verstehen. Liegen Ziel oder Quelle in wenig verdichteten Gebieten, so gereicht dies in der Regel dem Pkw zum Vorteil, der in unmittelbarer Umgebung verfügbar ist und auch wieder abgestellt werden kann. In verdichteten Zentren von Städten kehrt sich dieser Vorteil um, da das Abstellen des Pkw nicht nur in unmittelbarer Umgebung der Quelle beziehungsweise des Ziels meistens erschwert und der Zeitbedarf zur Parkplatzsuche zum Teil erheblich ist, sondern auch der Parkplatz teilweise mit Kosten verbunden ist.

Die Geschwindigkeit einer Verbindung wird mit der zurückgelegten Strecke pro Zeiteinheit ausgedrückt. Beim Pkw wird sie im wesentlichen durch Ampeln und Staus beeinflußt. Im ÖPNV wird sie hauptsächlich dadurch bestimmt, wie oft die Verbindung unterbrochen wird und wie weit die Fußwege sind. Im Stadtgebiet von München wird zum Beispiel eine Fahrgeschwindigkeit mit dem Pkw von 21 km/h realisiert, während mit dem ÖPNV eine Geschwindigkeit von Tür zu Tür von 12,35 km/h erreicht wird.[237]

> „Dabei geht die Geschwindigkeit in der Form in die Bewertung ein, daß bei längeren Fahrtzeiten und Reiseweiten höhere Geschwindigkeiten zur Erzielung einer bestimmten Bewertung erforderlich sind als bei geringeren Reiselängen und Reisezeiten. Des weiteren sind über die beschriebenen Zusammenhänge auch die Einflüsse der Länge einer Zeitphase auf die Beurteilung einer anderen Zeitphase erklärbar. Da zum Beispiel für einen bestimmten Wert der Gesamtreisezeit bei langen Fußwegezeiten eine geringere Gesamtreiseweite und damit eine geringere Gesamtreisegeschwindigkeit erzielt wird als bei kurzen Fußwegzeiten, muß im ersten Fall auch die Bewertung der Gesamtreisezeit als ein Merkmal des ÖPNV-Angebots ungünstiger ausfallen." [238]

[237] Vgl. SCHNABEL, A.: 1999, S. 29.
[238] ZEBISCH, K.: 1979. Vgl. auch BLENNEMANN, F. / BRANDENBURG, W.: 1976, S. 164.

Die Hauptgruppe „Geschwindigkeit" wird im Sinn der Gesamtreisezeit in drei Gruppen eingeteilt:

- **B**eförderungszeiten (in den Verkehrsmitteln) (b),
- **Z**usatzwegezeiten (zu und von den Verkehrsmitteln) (z),
- **W**artezeiten (auf die Verkehrsmittel) (w).

Die Relativierungsgröße ist die Haltestellendichte, weil sie zum einen aufgrund der Anhalte- und Startzyklen der Verkehrsmittel entlang der Linien für deren Geschwindigkeit und zum anderen aufgrund der Verteilung für die Dauer von dem Startpunkt zur Haltestelle und von der Haltestelle zum Ziel bestimmend ist. Da sie im Nenner des Doppelbruches steht, fließt sie mit ihrem Kehrwert ein.

VII.B.1.a Die Kenngröße für die Beförderungszeiten

Die Fahrtzeiten sind für die Wahl eines Verkehrsmittels von entscheidendem Einfluß. Innerhalb der Hauptgruppe „Geschwindigkeit" kommen den Beförderungszeiten die größte Bedeutung zu, da ihr Anteil an der Gesamtreisezeit in der Regel der größte ist.

> „Im Mittelpunkt von Maßnahmen zur Gestaltung der Prozeßdauer steht dem Charakter der verkehrsbetrieblichen Leistungserstellung und ihrem Anteil an der Gesamtreisezeit entsprechend die Beförderungszeit." [239]

Die Fahrzeiten werden durch folgende Faktoren bestimmt:

- Verkehrsmittel,
- Fahrzeugtechnik (Höchstgeschwindigkeit, Beschleunigungsvermögen, Ruckbegrenzung),
- Linienlänge beziehungsweise -führung,
- Verkehrswegeinfrastruktur (Anteil der Strecken mit besonderen Fahrspuren, kreuzungsfreier Fahrweg, Häufigkeit und Radien der Kurven, Langsamfahrstellen, bevorzugte Vorfahrtregelung, Ampelvorrangschaltung),
- Anzahl der Haltestellen (mittlerer Haltestellenabstand),
- Abfertigungszeit beim Ein- und Ausstieg der Fahrgäste,
- Zeitverluste durch Bremsvorgänge.

Eine Reduzierung der Beförderungszeit kann allgemein am effektivsten mit dem Einsatz einer modernen Technik erreicht werden. Neue Verkehrsmittel mit einem verbesserten Beschleunigungsvermögen und eine Verringerung der Standzeiten während der

[239] PETERS, S.: 1985, S. 314.

Fahrt durch Ampelvorrangschaltung bedingen nicht nur eine Reduzierung der Beförderungszeiten, sondern auch der Betriebskosten. Auf Hauptverkehrsachsen ist ein vom übrigen Verkehr gesonderter Fahrweg wichtigste Verbesserungsmaßnahme. Außerdem läßt sich eine Verkürzung der Beförderungszeit auch durch Produktvariation herbeiführen, indem auf Linien Schnellverkehre mit weniger Halten eingerichtet werden. Diese bedienen nur den Teil der Haltestellen mit der größten Nachfrage, so daß die entsprechenden Abfertigungszeiten und Zeitverluste für Brems- und Beschleunigungsvorgänge entfallen. Im Fall eines Ersatzes der Normalbedienung beziehungsweise der Bedienung von weniger Haltestellen ist der Nachteil zu berücksichtigen, daß auch Opportunitätskosten als entgangene Erlöse aufgrund der Nichtbedienung von Haltestellen und der daraus entstehenden Abwanderung von Nachfragern insgesamt Einnahmeverluste entstehen können.

Die Beförderungszeit ist durch die Geschwindigkeit des Verkehrsmittels objektiv relativ leicht zu erfassen. Es entsteht jedoch eine Komplexität dadurch, daß die Reisezeit durch das subjektive Empfinden von exogenen Faktoren auch teilweise stark determiniert und in die Bewertung durch den Fahrgast einfließt. So können sich zum Beispiel ein fehlendes Sitzplatzangebot oder Gedränge und Belästigungen durch schlechte Gerüche fahrzeitverlängernd auswirken, während ein angeregtes Gespräch die Zeit schnell vorübergehen läßt. Ebenfalls von Bedeutung ist das Gefühl der fehlenden Beeinflußbarkeit des Fahrtvorgangs.

> „Während der Beförderungszeit begibt sich der Fahrgast nämlich größtenteils in eine persönliche Handlungsunfreiheit und er ist daher in der Regel an einem kurzen Prozeß der Leistungserstellung interessiert, um so schnell wie möglich seine uneingeschränkte Handlungsfreiheit wiederzuerlangen.“ [240]

Die Gruppe „Beförderungszeiten“ wird nach den Verkehrsmitteln in vier Untergruppen unterteilt:

- Beförderungszeiten mit **B**ussen (b),
- Beförderungszeiten mit **E**isenbahnen im SPNV (e),
- Beförderungszeiten mit **S**traßenbahnen (s),
- Beförderungszeiten mit **U**-Bahnen (u).

Die Kenngröße hat als Beurteilungsgröße die Geschwindigkeit (Wegstrecke pro Zeit) multipliziert mit den in den jeweiligen Verkehrsmitteln beförderten Fahrgästen im

[240] DIEDERICH, H.: 1977, S. 233.

Zähler. Die Bezugsgröße ist die Linienlänge im Nenner. Die Geschwindigkeit wird in Kilometer pro Minute angegeben, weil die Linienlänge in Metern und die Angabe der Wartezeit in der dritten Gruppe in Stunden unzweckgemäß ist. Als Gesamteinheit entsteht so die Dimension 1 pro Zeiteinheit, da sich die Wegdimensionen wegkürzen. Dies ist im Hinblick auf die Gesamtbewertung der Geschwindigkeit wichtig, da in diese auch die Wartezeit mit einfließt und diese nur mit einer Zeiteinheit gemessen werden kann. Je größer die Zeitdauer ist, desto schlechter ist dies für den ÖPNV.

Die Formel zur Berechnung der Kenngröße für die Gruppe „Beförderungszeiten" lautet:

Kenngröße für die Gruppe
„$^{A\text{-}P\text{-}G}$ **Beförderungszeiten** $_{b,e,s,u}$"

Kenngröße für die Untergruppe „Beförderungs-zeiten mit **Bussen**"	Kenngröße für die Untergruppe „Beförderungs-zeiten mit **Eisenbahnen**"	Kenngröße für die Untergruppe „Beförderungs-zeiten mit **Straßenbahnen**"	Kenngröße für die Untergruppe „Beförderungs-zeiten mit **U-Bahnen**"

$$\frac{\displaystyle\sum_{li=1}^{LI} {}_{li}\left(\frac{{}_{bb}GE \times {}_{bb}FG}{{}_{b}LL} + \frac{{}_{be}GE \times {}_{be}FG}{{}_{b}LL} + \frac{{}_{bs}GE \times {}_{bs}FG}{{}_{b}LL} + \frac{{}_{bu}GE \times {}_{bu}FG}{{}_{b}LL}\right)}{\dfrac{FL}{HA}}$$

In dieser Formel bedeuten die einzelnen Kürzel:

FL	=	Fläche des Verkehrsgebietes (Quadratkilometer)
HA	=	Haltestellen des Verkehrsgebietes (Anzahl)
${}_{b}LL$	=	Linienlänge der jeweiligen Verkehrsmittel (Kilometer)
${}_{bb}FG$	=	Fahrgäste in Bussen (Anzahl)
${}_{bb}GE$	=	Geschwindigkeit der Busse auf den Linien (Kilometer pro Minute)
${}_{be}FG$	=	Fahrgäste in Eisenbahnen (Anzahl)
${}_{be}GE$	=	Geschwindigkeit der Eisenbahnen auf den Linien (Kilometer pro Minute)
${}_{bs}FG$	=	Fahrgäste in Straßenbahnen (Anzahl)
${}_{bs}GE$	=	Geschwindigkeit der Straßenbahnen auf den Linien (Kilometer pro Minute)
${}_{bu}FG$	=	Fahrgäste in U-Bahnen (Anzahl)
${}_{bu}GE$	=	Geschwindigkeit der U-Bahnen auf den Linien (Kilometer pro Minute)

VII.B.1.b Die Kenngröße für die Zusatzwegezeiten

Ein wesentlicher Systemnachteil im ÖPNV ist der erforderliche Zeitaufwand, der zusätzlich betrieben werden muß, um die Dienstleistung der Beförderung mit dem Fahrzeug in Anspruch nehmen zu können. Bei der Geschwindigkeit im Sinn der Gesamtreisezeit von der Quelle A zum Ziel B sind deshalb neben der Beförderungszeit mit dem Verkehrsmittel des ÖPNV weitere Zeiten zu berücksichtigen, die als Zusatzwegezeiten bezeichnet werden. Der Zugang zum ÖPNV ist größtenteils nicht durch eine Haltestelle vor der Haustür möglich. Bei der Erreichbarkeit der Einstiegshaltestelle müssen größtenteils nicht nur längere Fußwege in Kauf genommen werden, sondern es muß auch häufig auf die Verkehrsmittel Fahrrad und am Rand von Verkehrsgebieten mit häufig bedienten Schnellbahnhaltestellen sowie besonders in ländlichen Regionen auf den Pkw zurückgegriffen werden. Unabhängig von der Verkehrsmittelwahl wird dieser Teil der Gesamtreise als Hinmarsch bezeichnet. Bei einem Umstieg werden die Wege fast ausschließlich zu Fuß zurückgelegt. Der Weg zwischen Ausstiegshaltestelle und dem Ziel – dieser Teil der Mobilitätskette wird als Wegmarsch bezeichnet – wird zum überwiegenden Teil zu Fuß bewältigt. Nur in seltenen Fällen fährt der Fahrgast mit einem Taxi weiter, läßt der Fahrgast sich mit dem Pkw abholen oder noch seltener steht an der Ausstiegshaltestelle ein (Zweit-)Fahrrad oder (Zweit-) Pkw des Fahrgastes.

Gemessen an der gesamten Anzahl der Wege zu, zwischen und von den Haltestellen kommen den Fußwegen die größte Bedeutung zu. Zudem üben die Fußwegezeiten über den effektiven Zeitbedarf hinaus eine weitere Einflußnahme auf die Beurteilung der Güte des ÖPNV von Fahrgästen aus. Die zumeist als unliebsam empfundene aktive Komponente der Bewegung wirkt sich über die psychische Empfindung der „Anstrengung" auf den subjektiven Eindruck des Fahrgastes zeitverlängernd aus. Zudem wird ein Vorgang, der (relativ) langsam abläuft, wie zum Beispiel das Gehen, im Vergleich zum Fahren in der persönlichen Wahrnehmung als sehr langsam empfunden.

Die Hinmarschzeit als Element der Zusatzwegezeit ist der Zeitbedarf für den Weg des Verkehrskunden zur Einstiegshaltestelle. In der Regel ist davon auszugehen, daß die nächstgelegene Haltestelle aufgesucht wird. Von diesem Verhalten gibt es Abweichungen, wenn die Wahlfreiheit für eine andere Haltestelle besteht, von der eine schnellere oder direktere Verbindung zum Fahrtziel möglich ist. In Städten wird der Hinmarsch größtenteils zu Fuß bewältigt. Nach WEBER[241] beträgt die Fußgängergeschwindigkeit

[241] Vgl. WEBER, W.: 1966, S. 19 ff. sowie Anlage 5.

zwischen 0,8 m/s (0,048 km/min) und 1,3 m/s (0,078 km/min). Aufgrund der Stadtstruktur kann nicht immer der direkte Weg genommen werden. WEBER hat für die Auswirkungen auf den Zeitaufwand standardisierte Werte unter Einbezug von Umwegfaktoren differenziert nach der Nähe zum Stadtkern ermittelt. Weiterhin ist die Fußgängergeschwindigkeit von folgenden Faktoren abhängig:

- Altersstruktur (im Kindesalter und im Seniorenalter sind die Fußgängergeschwindigkeiten niedriger als in den Jugendjahren und den Jahren zwischen 18 und 60),
- Verkehrszweck (im Einkaufsverkehr besteht aufgrund des Zeitbudgets und der Ablenkungsmöglichkeiten eine geringere Fußgängergeschwindigkeit als beim Berufsverkehr),
- Verkehrsdichte (in dicht bebauten Innenstadtgebieten und hoher Fußgänger- oder Pkw-Frequenz ist in der Regel von einer geringeren Geschwindigkeit auszugehen).

Die Wegmarschzeit ist die Wegezeit von der Ausstiegshaltestelle zum Ziel. Diese wird in der Praxis im Durchschnitt geringer sein als die Hinmarschzeit, da besonders im Hinblick auf den großen Anteil des Berufs- und Ausbildungsverkehrs die Lage einer Zielhaltestelle meist mit dem Fahrtziel der Fahrgastströme zu einer Schule oder einem großen Unternehmen korrespondiert. Im Gegensatz dazu steht der disperse Sammlungscharakter einer typischen Quellhaltestelle eines Wohngebietes, zu der die Fahrgäste sehr unterschiedliche Entfernungen zurücklegen müssen. Jedoch ist davon auszugehen, daß der Anteil der Fahrgäste, die an der Zielhaltestelle ein Fahrrad oder ein Pkw zur Verfügung haben (oder mit einem Taxi weiterfahren), geringer ist als beim Hinmarsch und deshalb dadurch ein verlängernder Einfluß auf die Wegmarschzeit ausgeübt wird.

Die Umstiegszeit ist der Zeitaufwand für die Wege beim Wechsel von Verkehrsmitteln. Er hat am Wert der Zusatzwegezeiten den geringsten Anteil. Werden Hin- und Wegmarschzeit in der subjektiven Bewertung des Fahrgastes schon als für das ÖPNV-System verkehrswertmindernd angesehen, so stoßen Umstiege und die damit verbundenen zusätzlichen Fußwege auf noch größere Geringschätzung. Deswegen sollten sie in ihrem Verlauf möglichst bequem gestaltet werden. Einflußmöglichkeiten sind:

- Entfernung der Haltestellen im Verkehrsknoten,
- bauliche Maßnahmen (Fahrstuhl, Rolltreppe sowie deren Kapazitäten),
- verkehrstechnische Maßnahmen (entsprechende Ampelschaltung für hauptläufigen Fahrgaststrom beim Umstieg),
- Berücksichtigung der Umsteigebeziehungen für die Priorisierung der Maßnahmen.

Bei ebenerdigen Kreuzungen von verschiedenen Linien sollten zum Beispiel die Haltestellen so plaziert werden, daß die Haltestellen der Linien, zwischen denen die größte

Anzahl von Fahrgästen umsteigen, „ums Eck“ liegen, das heißt, daß die Mehrzahl der Fahrgäste ohne das Risiko der Straßenquerung und ohne Wartezeit an der Fußgängerampel auf schnellstem Weg die Anschlußverbindung erreichen können.

Die Gruppe „Zusatzwegezeiten“ wird nach den Ablaufphasen in drei Untergruppen unterteilt:

- **H**inmarschzeit (Hinfahrtszeit) (h),
- **W**egmarschzeit (Wegfahrtszeit) (w),
- **U**mstiegszeit (u).

Die Kenngröße hat wie die Beförderungszeit als Meßgröße im Zähler die Geschwindigkeit (Wegstrecke pro Zeit). Bei der Hinmarsch- und Wegmarschzeit muß dabei nach den verschiedenen möglichen Verkehrsmitteln unterschieden werden, während beim Umstieg die (durchschnittlichen) Fußgängergeschwindigkeiten allgemein eingesetzt werden können. Für das Ausmaß des Wertes der Zusatzwegezeiten ist die Anzahl der Fahrgäste ausschlaggebend, die mit den jeweiligen Geschwindigkeiten multipliziert wird. Als Bezugsgröße ist im Nenner die Weglänge, so daß als Gesamteinheit 1 pro Zeiteinheit entsteht (da sich die Wegeinheiten wegkürzen). Dies ist im Hinblick auf die Gesamtbewertung der Geschwindigkeit wichtig, weil in diese auch die Wartezeit mit einfließt und diese nur mit einer Zeiteinheit gemessen werden kann.

Die Formel zur Berechnung der Kenngröße für die Gruppe „**Z**usatzwegezeiten“ lautet:

Kenngröße für die Gruppe „$^{A\text{-}P\text{-}G}$ **Z**usatzwegezeiten $_{h,w,u}$“		
Kenngröße für die Untergruppe „**H**inmarschzeit“	Kenngröße für die Untergruppe „**W**egmarschzeit“	Kenngröße für die Untergruppe „**U**mstiegszeit“

$$\frac{\sum_{vm=1}^{VM} {}_{vm}\left(\frac{{}_{zh}GE \times {}_{zh}FG}{{}_{z}WL} + \frac{{}_{zw}GE \times {}_{zw}FG}{{}_{z}WL} \right) + \frac{{}_{zu}GE \times {}_{zu}UF \times {}_{zu}FG}{{}_{z}WL}}{\frac{FL}{HA}}$$

In dieser Formel bedeuten die einzelnen Kürzel:

FL	=	Fläche des Verkehrsgebietes (Quadratkilometer)
HA	=	Haltestellen im Verkehrsgebiet (Anzahl)
$_{z}WL$	=	Weglängen (Kilometer)
$_{zh}FG$	=	zur Haltestelle hinmarschierende Fahrgäste (Anzahl)
$_{zh}GE$	=	(durchschnittliche) Geschwindigkeit der jeweiligen Verkehrsmittel für den Hinmarsch (Kilometer pro Minute)
$_{zu}FG$	=	umsteigende Fahrgäste (Anzahl)
$_{zu}GE$	=	(durchschnittliche) Zu-Fuß-Geschwindigkeit von umsteigenden Fahrgästen (Kilometer pro Minute)
$_{zu}UF$	=	Umstiegsfaktor (1 pro Anzahl Umstieg + 1)
$_{zw}FG$	=	von der Haltestelle wegmarschierende Fahrgäste (Anzahl)
$_{zw}GE$	=	(durchschnittliche) Geschwindigkeit der jeweiligen Verkehrsmittel für den Wegmarsch (Kilometer pro Minute)
$_{vm}VM$	=	Verkehrsmittel 1 = Pkw 3 = zu Fuß 2 = Fahrrad

VII.B.1.c Die Kenngröße für die Wartezeiten

Wartezeiten haben einen bedeutenden Einfluß auf die Beurteilung der Zusatzwegezeit der jeweiligen Verbindung durch den Kunden insofern, weil sie als besonders lästig empfunden werden. Der Grund liegt darin, daß Wartezeiten in zweifacher Sicht wirken. Wartezeiten im ÖPNV beeinflussen besonders stark den ständig vom Kunden angestellten Vergleich zum Hauptkonkurrenten, dem Pkw, da dessen Benutzung unmittelbar verfügbar ist und demzufolge nach dem Zurücklegen der Distanz zu ihm keine Wartezeit zur Umsetzung der Mobilitätsabsicht anfällt. Unabhängig von dem Vergleich treten bei Wartezeiten psychische Einflüsse in den Vordergrund. Im subjektiven Zeitempfinden dringen sie als länger ins Bewußtsein wie sie de facto in einer objektiven Größe meßbar sind, da sie als unproduktiv und unnötig angesehen werden. Besonders intensiv negativ werden beispielsweise Wartezeiten bei einer Fahrt zu einer Besprechung mit festgelegtem Beginn empfunden. Vor dem Hintergrund dieser Aspekte haben Wartezeiten einen großen Einfluß auf das Empfinden beziehungsweise die tatsächliche Dauer der Gesamtreisezeit.

Beim Einstieg sind im Hinblick auf die Ursachen für die Wartezeiten und einer Ermittlung der Wartezeiten vier Varianten zu unterscheiden:

- Es besteht die Kenntnis eines Fahrtangebots zu einer bestimmten Abfahrtszeit.
  In diesem Fall erfolgt häufig eine empirische Einschätzung des Zeitbedarfs zur Haltestelle, so daß geringfügige, systemimmanente Wartezeiten in Höhe von 2 – 3 Minuten anfallen.
- Es besteht nur das Wissen um eine geringe Wagenfolgezeit.
  In diesem Fall ist von einer kurzen Wartezeit auszugehen, die aber länger ist als beim ersten Fall. Die Wartezeit wird im Durchschnitt die Hälfte der Wagenfolgezeiten betragen.
- Das anvisierte Fahrtangebot wird verpaßt.
  In diesem Fall können extreme Wartezeiten entstehen, die durch ihre absolute Dauer die Werte für die Wartezeiten erheblich beeinflussen. Die Häufigkeit im Anteil an den gesamten Warteereignissen ist als eher gering einzustufen.
- Ohne Wissen der Abfahrtszeit wird zur Haltestelle gegangen und auch bei längeren Wagenfolgezeiten wird auf die nächste Verbindung gewartet.
  In diesem Fall können noch größere Wartezeiten entstehen als bei der dritten Variante, aber zugleich werden die Fälle noch weniger sein.

Beim Umstieg hat der Fahrgast so gut wie keinen Einfluß auf die Wartezeit, wenn von einer Optimierung der persönlichen Routenplanung ausgegangen wird. Das Ausmaß der Umstiegswartezeit wird zu einem wesentlichen Teil von der Anzahl der Umstiege bestimmt. Von großer Bedeutung ist auch die Bedienungshäufigkeit der Linie, auf die umgestiegen wird. Wird von einer Linie mit hoher Taktfrequenz auf eine Linie mit niedriger Taktfrequenz umgestiegen, so entstehen mehr Wartezeiten als umgekehrt. Dies ist oftmals in Tagesrandlagen und im ländlichen Raum aufgrund einer grundsätzlich geringen Bedienungshäufigkeit der Fall. Diese systembedingten Wartezeiten können meistens nur durch eine Abstimmung der Anschlüsse minimiert werden, da vielfach keine Steigerung der Bedienungshäufigkeit aus finanziellen und betriebswirtschaftlichen Gründen möglich ist. Die Optimierung kann oftmals jedoch nur für eine Hauptverkehrsbeziehungen im Umstiegspunkt herbeigeführt werden.

Vom BMV[242] wurden Wartezeiten für den Einstieg in Abhängigkeit von der Wagenfolgezeit ermittelt, die im Rahmen der Anleitung für die standardisierte Bewertung von Verkehrswegeinvestitionen im ÖPNV aufgestellt wurden. Sie sind der Tabelle 8 zu entnehmen. Sie gelten auch für die Wartezeiten beim Umstieg.

---

242 Vgl. BMV: 1976, S. 11.

Tabelle 8: Wartezeiten in Abhängigkeit der Zugfolgezeit

Zugfolgezeit in Minuten	10	15	20	25	30	40	> 40
Wartezeit in Minuten pro Person	5,0	6,5	7,8	9,0	10,0	12,0	12,5

Außer Wartezeiten beim Ein- und Umstieg im planmäßigen Betrieb entstehen Wartezeiten in beiden Fällen zusätzlich aufgrund der Unpünktlichkeit der Verkehrsmittel.

Die Gruppe „Wartezeiten" wird nach den Phasen der Mobilitätskette in drei Untergruppen eingeteilt:

- Wartezeiten beim **E**instieg (e),
- Wartezeiten beim **U**mstieg (u),
- Wartezeiten bei **V**erspätung des Verkehrsmittels (v).

Die Beurteilung der Kenngröße erfolgt durch die Gesamtheit der Wartezeiten im Verlauf der Mobilitätskette. Sie stehen im Nenner, da je größer sie werden, desto schlechter ist es für den ÖPNV. Dadurch wird ebenfalls die gleiche Dimension mit den zwei vorhergehenden Gruppen hergestellt: 1 pro Zeiteinheit. Die Bezugsgröße sind die Fahrgäste im Zähler. Je mehr Fahrgäste, desto besser ist der ÖPNV.

Die Formel zur Berechnung der Kenngröße für die Gruppe „Wartezeiten" lautet:

Kenngröße für die Gruppe „$^{A\text{-}P\text{-}G}$ **W**artezeiten $_{e,u,v}$"		
Kenngröße für die Untergruppe „Wartezeit bei **E**instieg"	Kenngröße für die Untergruppe „Wartezeit bei **U**mstieg"	Kenngröße für die Untergruppe „Wartezeit bei **V**erspätung"

$$\frac{\sum_{ha=1}^{HA} {}_{ha}\left(\frac{{}_{w}FG}{{}_{we}ZT} + \frac{{}_{w}FG}{{}_{wu}ZT} + \frac{{}_{w}FG}{{}_{wv}ZT} \right)}{\frac{FL}{HA}}$$

In dieser Formel bedeuten die einzelnen Kürzel:

FL = Fläche des Verkehrsgebietes (Quadratkilometer)
HA = Haltestellen im Verkehrsgebiet (Anzahl)
${}_{w}FG$ = wartende Fahrgäste (Anzahl)
${}_{we}ZT$ = Wartezeit bei Einstieg (Minuten)
${}_{wu}ZT$ = Wartezeit bei Umstieg (Minuten)
${}_{wv}ZT$ = Wartezeit bei Verspätungen (Minuten)
${}_{ha}HA$ = Haltestellen (Anzahl)

VII.B.2 Kenngrößen für die Zuverlässigkeit (Grundprodukt)

Das durch den Fahrplan abgegebene Versprechen der Verkehrsunternehmen für die Beförderung zu den angegebenen Abfahrts- und Ankunftszeiten ist ein wesentlicher Qualitätsfaktor. Der Kundennutzen besteht in dem Vorteil, mit Zeitangaben für Tätigkeiten am Zielort disponieren zu können, die verläßlich sind und eingehalten werden. Zudem kommt im Fall von Reisen mit Umstieg die Sicherheit hinzu, Anschlüsse streßfrei und ohne körperliche Anstrengung zu erreichen.

Die Verkehrsmittel im ÖPNV haben gerade bei der Zuverlässigkeit einen bedeutenden „historischen" Imagevorsprung, der durch die Formulierung „pünktlich wie die Bahn" zum Ausdruck kommt. Sie ist ein qualitatives Merkmal, an dem ein hohes Maß der Vorteilhaftigkeit des ÖPNV festgemacht wird. In der Praxis lassen sich auch bei sorgfältiger Produktionsplanung Verspätungen nicht völlig ausschließen. Jedoch hat durch eine Anhäufung und Überlagerung der Ursachen in den letzten Jahren dieser Imagevorsprung stark gelitten, wodurch das Vertrauen der Kunden nachhaltig verloren zu gehen droht. Es bedarf konsequenter Maßnahmen, die ursprüngliche Assoziation des ÖPNV mit der Zuverlässigkeit auch durch entsprechende Leistung wieder zu rechtfertigen und damit dem gegenüberstehenden Kundennutzen zu erhöhen.

Die Hauptgruppe „Zuverlässigkeit" wird in zwei Gruppen gegliedert:

- **Pünktlichkeit (p),**
- **Ausfallhäufigkeit (a).**

Die Kenngrößen der Hauptgruppe haben als gemeinsame Relativierungsgröße die Haltestellendichte, da die Gruppen Haltestelle für Haltestelle untersucht und bewertet werden. Wenn es mehr Haltestellen in einem Verkehrsgebiet gibt, so ist dies besser und zugleich schwieriger alle Verbindungen pünktlich einzuhalten. Der Wert steht deshalb im Nenner der Relativierungsgröße.

VII.B.2.a Die Kenngröße für die Pünktlichkeit

Die Pünktlichkeit ist die wichtigste Komponente bei der Hauptgruppe der Zuverlässigkeit. Im Gesamtsystem der qualitativen Einflußfaktoren ist die Pünktlichkeit insofern bedeutsam, weil sie in enger Korrelation mit der Geschwindigkeit steht und dort über die Wartezeit auch Einfluß nimmt. Die Möglichkeit einer exakten Angabe von genauen Abfahrts- und Ankunftszeiten ist in einer Gesellschaft, die immer mehr von zeitlichen Festlegungen geprägt ist, von herausragender Wichtigkeit. Deren Einhaltung ist oftmals mit der Bewertung der Arbeitsqualität verbunden. Zudem gibt es eine abnehmende Bereitschaft der Menschen, Wartezeiten in Kauf zu nehmen.

Die Ursachen für Unpünktlichkeiten können in durch Fremdeinflüsse bedingte und durch die Verkehrsunternehmen beeinflußbare Faktoren eingeteilt werden.

Der vorrangige Fremdeinfluß als Hauptursache für die Unpünktlichkeiten ist im Bus- und Straßenbahnverkehr der Verdichtungsräume der Anstieg des MIV, der zu einer Überlastung der Kapazitäten der Straßen, besonders in den Berufsverkehrzeiten, führte. Durch diese Entwicklung kommt es nicht nur zu Beeinträchtigungen des MIV und des Wirtschaftsverkehrs, sondern auch die Pünktlichkeit der Busse und Straßenbahnen ist stark betroffen. Diese stehen meistens genauso im Stau wie die Pkw, da oftmals keine eigenen Fahrspuren zur Verfügung stehen und keine Ampelvorrangschaltungen installiert sind. Des weiteren sind Fremdursachen personen- oder umweltbedingte Einflüsse wie zum Beispiel Streik, Selbstmord, Sabotage oder Sturmschäden.

Die durch die Verkehrsunternehmen beeinflußbaren Faktoren sind aufgrund ihrer Variabilität von besonderem Interesse. Aus betriebswirtschaftlicher Sicht sind Verspätungen sowohl mit Opportunitätskosten verbunden, das heißt Ertragsverluste als auch mit betrieblichen Mehraufwendungen, zum Beispiel durch längere Personaleinsatzzeiten.[243] Sie können in organisatorisch bedingte Störungen wie zum Beispiel Fehler in der Personalplanung, in fahrzeugbedingte Störungen wie zum Beispiel Maschinenschaden und in fahrwegbedingte Störungen eingeteilt werden. Besonders im Eisenbahnverkehr kommt es durch Mängel bei der Infrastruktur, das heißt bei der Fahrwegtechnik und den Gleisbetten, und durch einen überalteten Fahrzeugbestand gehäuft zu zum Teil gravierenden Unpünktlichkeiten. Die Ursachen liegen hauptsächlich an zu geringen Investitionen in den vergangenen Jahren.

Die Bedeutung der Pünktlichkeit für den Kunden ist unterschiedlich. Die Akzeptanz von Verspätungen der Kunden hängen von den graduellen Differenzen zwischen geplanter und tatsächlicher Abfahrtszeit und den situativen Rahmenbedingungen ab. Dabei fließen zahlreiche Faktoren im Hinblick auf den Fahrtzweck ein. Zum Beispiel kann eine Unpünktlichkeit im Fall, daß ein Geschäftstermin eingehalten werden muß, wesentlich negativere Eindrücke hinterlassen als im Fall, daß ein Treffen mit einem Freund vereinbart ist. Im Fall der Fahrt mit Umstiegen ist es im Hinblick auf die Pünktlichkeit nur wichtig, daß die letzte Verbindung pünktlich ist. Jedoch fühlt sich der Kunde im Fall der Unpünktlichkeit trotz des Versprechens einer Anschlußsicherung in den Umstiegspunkten unbehaglich und unter Druck. Außerdem befinden sich in einem Verkehrsmittel meistens auch Direktfahrer, die höhere Pünktlichkeitsanforderungen stellen.

---

[243] Vgl. ACKERMANN, T.: 1999, S. 41.

Die Gruppe „Pünktlichkeit“ wird nach dem Ausmaß von Verspätungen in vier Untergruppen eingeteilt:

- Pünktlichkeitsklasse **A**: > 2 – 5 Minuten (a),
- Pünktlichkeitsklasse **B**: > 5 – 10 Minuten (b),
- Pünktlichkeitsklasse **C**: > 10 – 15 Minuten (c),
- Pünktlichkeitsklasse **D**: > 15 Minuten – Taktzeit (durchschnittliche Wagenfolgezeiten) (d).

In Anlehnung an einen Entwurfs der Verkehrsverbund Rhein-Ruhr GmbH wird die folgende Vorgehensweise für die Bewertung der Pünktlichkeit entwickelt. Die Pünktlichkeit wird für alle planmäßigen Verbindungen von Haltestellen erfaßt. Grundsätzlich gilt der Bewertungsgrundsatz, daß jeder Zug pünktlich „auf die Minute“ verkehren sollte, aber unter Berücksichtigung eines schlechten Kosten-Nutzen-Verhältnisses bei einer Einhaltung eines solchen Pünktlichkeitsstandards und der Unterstellung einer kleinen Toleranzschwelle der Kunden wird eine Verspätung von 2 Minuten veranschlagt, die noch ohne Einbuße der Zufriedenheit in Kauf genommen wird.

Die Erfassung der Pünktlichkeit erfolgt an den Haltestellen anhand der Tabelle 9.

Tabelle 9: Erfassung der Pünktlichkeit[244]

Linie			Taktfolge				
Haltestelle			aus Richtung				
Wagennummer	SOLL-Ankunftszeit	IST-Ankunftszeit	Verspätung (Minuten) 0 - 2	> 2 - 5	> 5 -10	> 10 - 15	> 15 - max. Taktzeit
Halte gesamt							
davon „unpünktlich“							
Pünktlichkeitsgrad							

In der Kenngröße ist die Anzahl der registrierten unpünktlichen Verkehrsmittel nach Pünktlichkeitsklassen an den Haltestellen die Beurteilungsgröße. Sie steht im Nenner, da je mehr Verkehrsmittel unpünktlich sind, desto schlechter ist dies für die ÖPNV-Qualität. Die Bezugsgröße ist die Gesamtzahl der ankommenden Verbindungen, die im Zähler steht. Die Bedeutung der Verspätung geht mit deren Ausmaß einher. Deshalb ist es erforderlich eine Gewichtung vorzunehmen, die mit der Anzahl der unpünktlichen Verkehrsmittel multipliziert wird. Die erste Klasse für die unpünktlichen Verbindungen ist die Klasse > 2 – 5 Minuten (0 – 2 Minuten wird im Rahmen einer unterstellten Kundentoleranz noch als pünktlich gewertet). Deren Anzahl geht mit ih-

244 Vgl. VRR: 1996, Anhang.

rem einfachen Wert in die Kenngröße ein. Ab der nächsten Klasse beginnt die Gewichtung mit ganzen natürlichen Zahlen, das heißt die Anzahl der Verspätungen werden in dieser Klasse mit dem Faktor 2 multipliziert, in der darauffolgenden mit 3 und in der obersten mit 4. Die Grenze der Pünktlichkeitsbewertung ist die Taktfolge auf einer Linie. Zum Beispiel ist bei einem 10-Minuten-Takt die Obergrenze der Erfassung und Bewertung der Pünktlichkeit eine Verspätung von 10 Minuten, da ab diesem Zeitpunkt die Bewertung durch die Ausfallhäufigkeit ansetzt.

Die Formel zur Berechnung der Kenngröße für die Gruppe „Pünktlichkeit" lautet:

Kenngröße für die Gruppe „$^{A\text{-}P\text{-}Z}$Pünktlichkeit $_{a,b,c,d}$"			
Kenngröße für die Untergruppe „Pünktlichkeitsklasse **A**"	Kenngröße für die Untergruppe „Pünktlichkeitsklasse **B**"	Kenngröße für die Untergruppe „Pünktlichkeitsklasse **C**"	Kenngröße für die Untergruppe „Pünktlichkeitsklasse **D**"

$$\frac{\sum_{ha=1}^{HA} {}_{ha}\left(\frac{{}_{p}VE}{{}_{pa}VM \times {}_{pa}WF} + \frac{{}_{p}VE}{{}_{pb}VM \times {}_{pb}WF} + \frac{{}_{p}VE}{{}_{pc}VM \times {}_{pc}WF} + \frac{{}_{p}VE}{{}_{pd}VM \times {}_{pd}WF} \right)}{\frac{FL}{HA}}$$

In dieser Formel bedeuten die einzelnen Kürzel:

FL = Fläche des Verkehrsgebietes (Quadratkilometer)
HA = Haltestellen im Verkehrsgebiet (Anzahl)
${}_{a}VE$ = an der jeweiligen Haltestelle ankommende Verbindungen (Anzahl)
${}_{ha}HA$ = Haltestellen (Anzahl)
${}_{pa}VM$ = unpünktliche Verkehrsmittel in der Pünktlichkeitsklasse A (Anzahl)
${}_{pa}WF$ = Wichtungsfaktor der Pünktlichkeitsklasse A
${}_{pb}VM$ = unpünktliche Verkehrsmittel in der Pünktlichkeitsklasse B (Anzahl)
${}_{pb}WF$ = Wichtungsfaktor der Pünktlichkeitsklasse B
${}_{pc}VM$ = unpünktliche Verkehrsmittel in der Pünktlichkeitsklasse C (Anzahl)
${}_{pc}WF$ = Wichtungsfaktor der Pünktlichkeitsklasse C
${}_{pd}VM$ = unpünktliche Verkehrsmittel in der Pünktlichkeitsklasse D (Anzahl)
${}_{pd}WF$ = Wichtungsfaktor der Pünktlichkeitsklasse D

VII.B.2.b Die Kenngröße für die Ausfallhäufigkeit

Bei der Zuverlässigkeit muß der Wegfall eines kompletten fahrplanmäßigen Verbindungsangebotes gesondert berücksichtigt werden. Der Ausfall ist die extreme Form der Unzuverlässigkeit beziehungsweise Unpünktlichkeit. Ein Ausfall auf einer gesamten Linie oder auf einer Teilstrecke einer Linie für ein Verbindungsangebot ist ab dem Zeitpunkt festzustellen, ab dem der Abfahrtszeitpunkt des darauffolgenden planmäßigen Verbindungsangebotes ohne Bedienung erreicht ist. Die Feststellung eines Ausfalls ist also davon abhängig, wie dicht die Taktfrequenz auf der Linie ist. Auf Linien, die mit einem Halb-Stunden-Takt bedient werden, wird demzufolge ein Ausfall seltener festgestellt werden als auf Linien mit 10-Minuten-Takt, da mehr Zeit für eine Behebung der Ursachen verbleibt und öfters die entsprechenden Fälle unter die Gruppe „Pünktlichkeit" fallen. Gleichzeitig hat der Ausfall bei größeren Taktzeiten wesentlich negativere Auswirkungen für die wartenden Fahrgäste und die Beurteilung des ÖPNV als bei einer dichteren Taktfolge.

Die Faktoren für einen Verbindungsausfall sind besonders starke Ausprägungen der Ursachen, die einer Pünktlichkeit entgegenstehen können. Insbesondere kommen in Frage:

- Fahrzeugschaden aufgrund technischer Defekte oder eines Unfalls,
- mutwillige Fahrzeug- oder Infrastrukturbeschädigungen,
- Spurdefekte (Entgleisungen) und Oberleitungsstörungen,
- Fahrpersonalausfall,
- Brand,
- Stau,
- Streik,
- Selbstmord (versuch).

Im Hinblick auf eine grundlegende Ausfallvorbeugung ist eine Ausfallanalyse der Ursachen eine wichtige Maßnahme. Von besonderem Interesse für detaillierte Untersuchungen sind dabei Ursachen, auf die das Unternehmen Einfluß nehmen kann. Aus Ausfällen aufgrund technischer Defekte an Verkehrsmitteln können Erkenntnisse über die Qualität des Fahrzeugtyps und Konsequenzen für einen Wechsel des Herstellers für die Fahrzeugflotte gezogen werden. Die Analyse eines Ausfalls durch Unfall kann zur Reduzierung der Ausfallhäufigkeit Unfallvermeidungsstrategien zur Folge haben. Im Hinblick auf einen Ausfall sind Konzepte zu erstellen, die eine Minimierung der Zeiten bis zur Bereitstellung von Ersatzverkehr und zur Rückkehr zum Normalbetrieb bewirken.

Ein besonderer Faktor ist die Abhängigkeit vom Verkehrsträger. Die Störung eines schienengebundenen Verkehrsmittels impliziert größere Komplikationen bei den Auswirkungen als dies beim straßengebundenen Verkehrsmittel der Fall ist. Hierbei tritt nämlich das Problem auf, daß ein Schadensfall im straßengebundenen Verkehr nur ein Fahrzeug betrifft, das heißt die nachfolgenden Fahrzeuge können in der Regel das Ausmaß der Ausfallhäufigkeit im fahrplanmäßigen Verkehr durch Umfahren des stehengebliebenen Busses begrenzen. Im schienengebundenen Verkehr blockiert das schadhafte Fahrzeug über die Zeitdauer der Schadensbehebung alle folgenden Fahrzeuge, da die Möglichkeit zum Spurwechsel aufgrund fehlender Weichen oder Ausweichstrecken oftmals nicht besteht. So nehmen die Werte für die Ausfallhäufigkeit aus systemimmanenten Gründen größere Werte an, da mehrere planmäßige Abfahrtszeiten hintereinander entfallen.

Bei einem Ausfall eines Verbindungsangebotes ist ferner der Tageszeitpunkt relevant. Ein Ausfall in den Hauptverkehrszeiten ist im Vergleich zu Schwachverkehrszeiten in den Abendstunden aufgrund der Betroffenheit von wesentlich mehr Fahrgästen von wesentlich größerer Bedeutung. Zum einen ist, besonders am Morgen, von einer größeren Termingebundenheit bei den Fahrgästen auszugehen, da es zu einem großen Anteil Berufstätige sind. Zum anderen sammelt sich in der Regel zu Hauptverkehrszeiten bereits im Normalbetrieb eine so große Menge von zu befördernden Personen an den Haltestellen an, daß die Platzkapazitäten der Wagen voll ausgelastet sind. Eine Betriebsstörung in Form des Ausfalls einer Verbindung wirkt sich deshalb für die Nachfolgeverbindungen über einen längeren Zeitraum mit außergewöhnlich unangenehmen Beförderungsbedingungen fort, so daß durch die geringe Platzverfügbarkeit zusätzlicher Unmut bei den Fahrgästen hervorgerufen wird.[245] In Schwachverkehrszeiten ist das Problem die große Wagenfolgezeit. Das Auftreten eines Verbindungsausfalls ist in diesem Fall zwar für weniger Fahrgäste, aber dafür mit einer sehr langen Wartezeit korreliert.

Unpünktlichkeiten und Ausfälle ziehen in den verschiedenen Verknüpfungspunkten des ÖPNV-Systems die Notwendigkeit zur Sicherung des Anschlusses für Fahrgäste nach sich, die zur Erreichung ihres Reiseziels Umstiege in Kauf nehmen müssen. Die Anschlußsicherung spielt hauptsächlich im Eisenbahnverkehr, im Zubringerverkehr zu den Eisenbahnlinien und im Busverkehr im ländlichen Raum eine Rolle, wo Wagenfolgezeiten von 30 Minuten und mehr die Regel sind. In ÖPV-Systemen bestehen eine Vielzahl von planmäßigen Anschlüssen. Bei deren Optimierung wird unter Pünktlichkeitsbedingungen eine Umstiegszeit von teilweise nur drei Minuten eingeräumt. Eine geringe Verspätung einer Verbindung hat demnach bei einer fehlenden

[245] Vgl. WEIMER, K.: 1978, S. 51.

Anschlußsicherung schnell das Verpassen von Anschlußverbindungen zur Konsequenz.[246]

Die Anschlußsicherung ist im Sinn der Geschwindigkeit einer Beförderung nur sinnvoll, wenn sie einem hierarchischen Prinzip folgt. Demnach besteht im Fall einer Verspätung im zeitlich vertretbaren Rahmen ein Wartegebot der Verkehrsmittel nur für jeweils rangniedrigere Produkte. In der eisenbahninternen Reihenfolge erfolgt dies zwischen den Fernverkehrsprodukten Intercity-Expreß (ICE), Intercity/Eurocity (IC/EC), Interregio (IR) und den Nahverkehrsprodukten Regionalexpreß (RE), Regionalbahn (RB), Stadtexpreß (SE). Regionalbusse haben in der Regel ebenfalls eine so große Taktfolge, die eine Anschlußsicherung notwendig macht. Sie stellen bei der Berücksichtigung der Anschlußsicherung in den Tagesverkehrszeiten im allgemeinen die unterste Stufe dar, da Straßenbahnen und Stadtbusse in der Regel einen Takt von mindestens 10 Minuten haben, der eine Anschlußsicherung im Verspätungsfall erübrigt. Außerdem sind ÖPNV-Systeme in Städten so komplex, daß Anschlußsicherungen zu ständigen Folgeproblemen führen würden. Besonders bei Stadtbussen sind die Wendezeiten an den Endpunkten so minimalisiert, daß größere Wartezeiten Schwierigkeiten im Fahrplanablauf bewirken würden. Anders stellt sich der Fall in Schwachverkehrszeiten dar, in denen auch Stadtbusse oftmals Taktzeiten von 20 und mehr Minuten haben und deshalb die Anschlußsicherung auch auf die Kategorie der Stadtbusse ausgedehnt werden muß. Aufgrunddessen wird die Anschlußsicherung auf Linien und zu Verkehrszeiten als bewertungsrelevant betrachtet, die einen Takt von 20 Minuten und mehr haben.

Die Gruppe „Ausfallhäufigkeit" wird in zwei Untergruppen eingeteilt:

- Verbindungsausfall (v),
- Anschlußausfall (a).

In der Kenngröße „Verbindungsausfall" wird die Anzahl der ausgefallenen Verbindungen als Beurteilungsgröße in Verhältnis zu der gesamten Anzahl der Verbindungen gesetzt. Die Bezugsgröße steht im Zähler, da grundsätzlich ein ÖPNV-System um so besser ist, je mehr Verbindungsmöglichkeiten bestehen. Zur Bewertung des Ausmaßes eines Ausfalls wird die Wartezeit nach Eintreten des Ausfallereignisses herangezogen. Dieses ist per Definition der Zeitpunkt, wenn der nächste Abfahrtszeitpunkt ohne Bedienung erreicht ist (sonst zählt der Fall zu der Gruppe der Pünktlichkeit). Zur Erläuterung wird ein Beispiel angeführt. Auf einer Linie, auf der ein 30-Minuten-Takt

---

[246] KROLOP, M. / NUSZKIEWICZ, A.: 2001, S. 12 ff.

gefahren wird, hat ein Verkehrsmittel kurz vor planmäßiger Bedienung einer Haltestelle einen Schaden. Wenn die Schadensbehebung 20 Minuten dauert, dann fällt dieser Fall in die Gruppe der Pünktlichkeit (Pünktlichkeitsklasse 4). Der Tatbestand des Ausfalls ist erfüllt, wenn die Schadensbehebung 30 Minuten und länger dauert. Erfordert die Schadensbehebung 40 Minuten, dann erfolgt die Bedienung der Haltestelle erst 10 Minuten nach der dem nicht eingehaltenen ersten Abfahrtszeitpunkt folgenden Verbindungsmöglichkeit. Dieser Fall geht mit dem Wert 10 in die Kenngröße ein. Die unterschiedlichen Taktzeiten (durchschnittliche Wagenfolgezeiten) werden dadurch berücksichtigt, daß sie als Multiplikator im Nenner ergänzt werden.

Analog zur Bewertung des Verbindungsausfalls wird für den Anschlußausfall die Anzahl der ausgefallenen Anschlußverbindungen einer Haltestelle in Verhältnis zu den gesamten planmäßigen Anschlußverbindungen (Bezugsgröße) gesetzt. Ein wichtiger Aspekt im Hinblick auf das Ausmaß der Unzufriedenheit beim Fahrgast ist im Fall der ausgefallenen Anschlußsicherung die Wartezeit für den nächsten Anschluß. Mit ihr werden die ausgefallenen Verbindungen multipliziert. Je mehr ausgefallene Verbindungen und je größer die Wartezeit, um so stärker ist die Unzufriedenheit, um so schlechter ist es für den ÖPNV und um so kleiner muß der Wert werden. Deshalb stehen beide Beurteilungsgrößen im Nenner und die Bezugsgröße im Zähler.

Die Formel zur Berechnung der Kenngröße für die Gruppe „Ausfallhäufigkeit" lautet:

Kenngröße für die Gruppe „${}^{A\text{-}P\text{-}Z}$Ausfallhäufigkeit $_{a,v}$"

Kenngröße für die Untergruppe „Verbindungsausfall"	Kenngröße für die Untergruppe „Anschlußausfall"

$$\frac{\sum_{ha=1}^{HA} {}_{ha}\left(\frac{{}_{a}VE}{{}_{av}VE \times {}_{av}ZV \times {}_{av}ZT} + \frac{{}_{a}VP}{{}_{aa}AA \times {}_{aa}ZT} \right)}{\dfrac{FL}{HA}}$$

In dieser Formel bedeuten die einzelnen Kürzel:

FL = Fläche des Verkehrsgebietes (Quadratkilometer)

HA = Haltestellen im Verkehrsgebiet (Anzahl)

${}_{a}VE$ = Verbindungen (Anzahl)

${}_{a}VP$ = planmäßige Anschlußverbindungen (Anzahl)

$_{aa}AA$ = ausgefallene Anschlußverbindungen (Anzahl)

$_{aa}ZT$ = Wartezeit für nächste Anschlußverbindung (Minuten)

$_{av}VE$ = ausgefallene Verbindungen (Anzahl)

$_{av}ZT$ = Zeit nach der auf die ausgefallene Verbindung planmäßig folgenden Abfahrtszeit bis zur tatsächlichen Bedienung der Haltestelle (Minuten)

$_{av}ZV$ = Taktzeiten oder durchschnittliche Zeit zwischen zwei Verbindungen (Minuten)

$_{ha}HA$ = Haltestellen (Anzahl)

VII.B.3 Kenngrößen für die Sicherheit (Zusatzprodukt)

Die Sicherheit hat eine sehr große subjektive Komponente bei zugleich sehr hoher Wertschätzung der Fahrgäste und besitzt deshalb eine bedeutende Relevanz für die Kundenzufriedenheit. Die Aspekte der Sicherheit werden nach den beiden Ursachen eingeteilt, von denen aus die Sicherheit gefährdet ist. Diese sind zum einen die Unfallgefahr, also die Verkehrssicherheit im Sinn der unfallfreien Beförderung und die Minimierung der Verletzungsgefahr, und zum anderen die Gefahr durch kriminalistische Delikte seitens Dritter, das heißt die kriminalistische Sicherheit. Dabei hat der ÖPNV bei der Verkehrssicherheit einen bedeutenden Vorteil und bei der kriminalistischen Sicherheit einen schwerwiegenden Systemnachteil gegenüber dem Pkw.

Die Verkehrssicherheit ist im ÖPNV wesentlich höher, da die Fahrer eine viel größere Routine und eine stärkere Verantwortung haben. Außerdem sind die Fahrgäste in Bussen und Bahnen durch die größere materielle Stabilität der Verkehrsmittel besser geschützt. Abgesehen davon haben schienengebundene Verkehrsmittel größtenteils eigene Verkehrswege verbunden mit technischen Sicherheitseinrichtungen zur das Fahrpersonal unterstützenden Vorbeugung von Unfällen.

Bei der kriminalistischen Sicherheit spielt die subjektive Komponente eine große Rolle. Während der Pkw als Privatraum mit dem damit verbundenen Gefühl der Vertrautheit und Sicherheit betrachtet wird, findet die Beförderung mit öffentlichen Verkehrsmitteln in einem fremden sozialen Umfeld mit hoher Anonymität statt. Hier fühlen sich viele Menschen unsicher, da sie ohne direkter sozialer Kontrolle jederzeit mit Fehlverhalten von Mitmenschen in irgendeiner Form konfrontiert werden können. Zudem spielt nicht nur der Aufenthalt im unmittelbaren Bereich des ÖPNV, in den Verkehrsmitteln und an Haltestellen, eine Rolle, sondern auch der Weg vom Wohnort zur Haltestelle und umgekehrt. Dadurch wird im Vergleich zum Pkw eine weitere Verlängerung der Verweildauer im öffentlichen Raum verursacht. Darauf basiert auch eine der größten Probleme der Sicherheit im Hinblick auf das ÖPNV-System, da diese Wege zwar zur ÖPNV-Benutzung gehören, aber sie nicht dem Einflußbereich von ÖPNV-Verantwortlichen unterliegen beziehungsweise unterzogen werden können.

Zum Schutz sowohl der Verkehrssicherheit als auch der kriminalistischen Sicherheit müssen von den Verkehrsunternehmen Maßnahmen getroffen werden. Dabei müssen sie für die Sicherheit der Fahrgäste nicht nur die direkten technischen, baulichen und personellen Sicherheitsmaßnahmen ergreifen, sondern auch die entsprechenden Rahmenbedingungen für den Betrieb schaffen, da im Hinblick auf beide Gefährdungen ein starker Zusammenhang des Sicherheitsgefühls mit dem Zustand der Unordnung und der Unsauberkeit besteht. Deswegen stellt der Faktor Sicherheit eine Querschnittsaufgabe und betriebswirtschaftliche Mehrfachbelastung dar.

Die Hauptgruppe „Sicherheit" wird in drei Gruppen gegliedert:
- kriminalistische Sicherheit (k),
- Verkehrssicherheit (v),
- Sicherheitsvorkehrungen (s).

Die Kenngrößen der Gruppen haben als gemeinsame Relativierungsgröße die Anzahl der Einwohner pro Beförderungsfälle. Die Anzahl der Einwohner wird neben der Funktion der Vergleichbarkeit der Verkehrsgebiete deshalb herangezogen, weil auch berücksichtigt werden muß, wie die kriminalistische Grundsituation in dem jeweiligen Verkehrsgebiet ist. Bei einer hohen allgemeinen Kriminalitätsrate ist eine gute Situation bei der Sicherheit im ÖPNV-Bereich ungleich schwerer herzustellen als bei einer niedrigen. Die Anzahl der beförderten Personen steht im Nenner der Relativierungsgröße, da eine hohe Anzahl Beförderungsfälle eine Vergrößerung des Gesamtwertes zur Folge hat.

VII.B.3.a Die Kenngröße für die kriminalistische Sicherheit

Der Schutz vor Verbrechen ist im ÖPNV in den letzten drei Jahrzehnten zu einem besonderen Schwerpunkt der Qualitätssicherung geworden. Dies liegt insbesondere an der betriebswirtschaftlich begründeten Entwicklung zur Automatisierung und Rationalisierung, mit der als Folge der Abbau der Präsenz von Betriebspersonal verbunden ist. Damit entfällt auch der mit der Gegenwart von „offiziellen Personen" einhergehende Nebeneffekt, den Fahrgästen ein großes Maß an Sicherheitsgefühl vermitteln zu können. Darüberhinaus ist allgemein ein Anstieg der Gesamtkriminalität zu verzeichnen, deren Niveau jedoch in den verschiedenen Verkehrsgebieten sehr unterschiedlich sein kann.

Der Stellenwert der kriminalistischen Sicherheit wird gemäß einer Untersuchung[247] noch vor den klassischen Kriterien wie Pünktlichkeit und Schnelligkeit gesetzt. Dabei wird die Einstufung und das Ausmaß des Problembewußtseins von drohenden Verbrechen bei der ÖPNV-Benutzung von den allgemeinen Rahmenbedingungen im Verkehrsgebiet beeinflußt: Zum Beispiel hat Frankfurt, Hamburg und Berlin bei der allgemeinen Kriminalitätsrate ein höheres Niveau als München. Das Sicherheitsgefühl hängt stark von den Tageszeiten ab und davon, welche Anstrengungen im ÖPNV bei der Optimierung der Sicherheit gemacht werden. In Berlin fahren 21 Prozent der Stammkunden mit Angstgefühlen und 38 Prozent der Stammkunden überhaupt nicht mit dem ÖPNV.[248] Die Notwendigkeit für die Intensität der Anstrengungen ist ebenfalls abhängig von den Verkehrsmitteln. Besonders die U-Bahn beziehungsweise der Aufenthaltsbereich im Untergrund wird als gefährdeter Bereich betrachtet, in dem eine hohe Priorität auf die Sicherheit gelegt wird. Die Untersuchung von BUHMANN / BRUMMER zeigt auf, daß zwar tagsüber 92 Prozent der Fahrgäste sich in den U-Bahnen sicher fühlen, jedoch nachts dieser Wert auf durchschnittlich 58 Prozent absinkt. Bei Frauen sinkt er wegen der größeren Gefährdung der sexuellen Selbstbestimmung auf 42 Prozent. In Köln senkt sich aufgrund von einem fehlenden Sicherheitsgefühl der Anteil der Frauen an den Fahrgästen von durchschnittlich 53 Prozent auf nachts unter 30 Prozent.[249]

Aus der betriebswirtschaftlichen Sicht ist die Gefährdung der Fahrgäste durch kriminalistische Delikte und die damit verbundene subjektive Unsicherheit besonders in zweifacher Hinsicht von Bedeutung. Zum einen trifft dieses Problem besonders die nachfrageschwachen Abendstunden. In diesen Betriebszeiten mit einer ohnehin schlechten Kostendeckung wird diese durch die Abwanderung der Fahrgäste infolge Sicherheitsbedenken, sei es durch die Wahl einer alternativen Beförderungsmöglichkeit oder sei es durch den Verzicht auf die Mobilität, weiter gesenkt. Aufgrund der sinkenden Nachfrage wird das Bedienungsangebot der einzelnen Verbindung beziehungsweise Linie in Frage gestellt und im Fall der Einstellung die Attraktivität des Gesamtsystems verschlechtert. Zum anderen entstehen durch Schädigungen an den Betriebsmitteln erhebliche Folgekosten für die Verkehrsunternehmen. Durch diese Kategorie von Delikten wird zwar nicht die Sicherheit des Fahrgastes direkt berührt, jedoch beeinflußt die Sichtbarkeit von destruktiver Energie die subjektive Beurteilung der Sicherheit durch den Fahrgast und dadurch die Wiederbenutzung des ÖPNV. Die meisten Beschädigungen beeinträchtigen

[247] Vgl. BUHMANN, D. / BRUMMER, N.: 1996, S. 35.
[248] Vgl. BUSCHMANN, V.: 1995, S. 37.
[249] Vgl. MEYER, W.: 1999, S. 9.

nicht unmittelbar den Betriebsablauf und ziehen damit keine sofortigen obligatorischen Aufwendungen nach sich, aber das Sicherheitsempfinden wird durch jedes Anzeichen von Verwahrlosung negativ beeinflußt.

Damit stehen die Verkehrsunternehmen vor dem Zwiespalt, auf der einen Seite die Kosten der Produktion von Betriebsleistungen in der Vergangenheit gesenkt zu haben, auf der anderen Seite dazu gezwungen zu werden, Investitionen für Sicherheitsvorkehrungen tätigen zu müssen. Diese sollten entsprechend einer im Vergleich zu den anderen Qualitätskriterien gestiegenen Bedeutung erfolgen, weil bei den vordergründig positiven betriebswirtschaftlichen Effekten der Rationalisierung nicht ein hoher Sicherheitsstandard der beförderten Personen (und des Fahrpersonals) sowie steigende Kosten für die Beseitigung von Sachbeschädigungen außer Acht gelassen werden dürfen.

Die kriminalistische Sicherheit wird anhand der von Dritten mutwillig verursachten Delikte beurteilt, die für die Fahrgäste körperliche oder materielle Schäden und für die Verkehrsunternehmen Betriebskosten zur Folge haben. Dabei sind die Delikte unterschiedlicher Natur. Das Ausmaß einer Gefährdung durch Straftaten erfährt mit der Schwere des Deliktes in der subjektiven Bewertung eines Fahrgastes eine graduelle Abstufung mit entsprechenden Auswirkungen auf die Beurteilung der kriminalistischen Sicherheit. Demnach werden folgende vier Delikte unterschieden.

Gewaltdelikte umfassen alle Straftaten, die mit einer Verletzung von Personen verbunden sind, bis hin zu dem Extremfall des Mords. Je nach Ausmaß der Folgen der Gewalt können vier Kategorien unterschieden werden:
- Mord,
- schwere Körperverletzung,
- leichte Körperverletzung,
- Straftaten gegen die sexuelle Selbstbestimmung (Vergewaltigungen).

Eigentumsdelikte bei Personen beinhalten alle Verbrechen, die einen Sachschaden bei Personen, die sich in Verkehrsmitteln oder im Bereich von ÖPNV-Anlagen aufhalten, ohne deren körperliche Verletzung zur Folge haben. Je nach dem, ob diese für die geschädigte Person direkt bewußt werden oder im Moment des Deliktes unbewußt bleiben, sind zwei Kategorien zu unterscheiden:
- Raub,
- Taschendiebstahl.

Vermögensdelikte bei Betriebsmitteln werden auch mit dem Begriff Vandalismus bezeichnet. Darunter fallen die Schäden am Eigentum von Verkehrsunternehmen zumeist aus Gründen blinder Zerstörungswut oder offen zur Schau gestellter Proteste gegen die Gesellschaftsordnung. Die Beseitigung bedingt erhebliche Kosten für die Verkehrsunternehmen, zumeist in Millionenhöhe. Vier Kategorien sind zu unterscheiden:

- starke Verunreinigungen,
- Farbschmierereien mit Parolen und Grafiken (Graffiti),
- zerkratzte Fensterscheiben,
- zerschlitzte Sitze.

Unter sonstige Delikte fallen zum einen die Inanspruchnahme der Beförderungsleistung ohne Bezahlung, die zum Teil erhebliche Ertragsverluste für die Verkehrsunternehmen bedingen, und zum anderen Handlungen, die zwar keine direkten Auswirkungen auf den ÖPNV oder die Fahrgäste haben, jedoch ein Umfeld den Boden bereiten, von dem negative Einflüsse ausgehen wie zum Beispiel Drogenhandel, Hooliganismus und Bettlertum. Diese stellen direkt noch keine kostenwirksame Schädigungen für die Verkehrsunternehmen und seine Kunden dar. Aber der Aufenthalt dieser „unerwünschten Personen" wirken auf die Fahrgäste im Hinblick auf die weitere Benutzung abstoßend, wodurch Ertragsverluste entstehen. Zudem ist im Fall eines Bahnhofs, der sich als Kontaktzentrum für den Drogenhandel herauskristallisiert, ein verstärkter Einsatz der Sicherheitskräfte verbunden mit den entsprechenden Kosten notwendig. Eine Erfassung dieser Einflüsse ist schwierig und erst in der Konkretheit der negativen Begleiterscheinungen der Beschaffungskriminalität (Eigentumsdelikte bei Personen) sowie der Verhaltensfolgen (Vermögensdelikte bei Betriebsmitteln) möglich. Deshalb wird für die sonstigen Delikte nur eine Kategorie herangezogen:

- Leistungserschleichungen (Schwarzfahren).

Die Gruppe „kriminalistische Sicherheit" wird in vier Untergruppen unterteilt:

- **G**ewaltdelikte (g),
- **E**igentumsdelikte bei Personen (e),
- **V**ermögensdelikte bei Betriebsmitteln (v),
- **s**onstige Delikte (s).

Die Kenngröße erfährt eine Komplikation dadurch, daß das allgemeine Kriminalitätsniveau in einem Verkehrsgebiet einen Einfluß auf die Anzahl der Straftaten im Bereich des ÖPNV ausübt. Die allgemeine Sicherheitslage muß in der Kenngröße berücksichtigt werden. Sie wird im Zähler in Form der Kriminalitätsfälle als Bezugsgröße aufgenommen und durch die Anzahl der Delikte im ÖPNV zur Beurteilung geteilt. Beim Vergleich zwischen Verkehrsgebieten kann ein höherer Wert der Kenngröße, dem im Kenngrößensystem der Ausdruck einer Besserstellung zugemessen wird, so durch ein hohes in keinem Fall wünschenswertes allgemeines Kriminalitätsniveau entstehen. Dies soll jedoch keinesfalls der „Grundtenor" der Kenngröße sein, sondern vielmehr die Verknüpfung, daß bei gegebener allgemeiner Kriminalitätsrate das Verkehrsgebiet besser ist, das anteilsmäßig eine geringere Kriminalitätsrate im ÖPNV erreicht. Eine Gewichtung wird durch die Multiplikation der Anzahl der Kriminalitätsfälle mit den einzelnen Schadenskosten sowohl im gesamten Verkehrsgebiet als auch im ÖPNV-Einzugsbereich vorgenommen.

Die Formel zur Berechnung der Kenngröße für die Gruppe „kriminalistische Sicherheit" lautet:

Kenngröße für die Gruppe „$^{A\text{-}P\text{-}S}$ Kriminalistische Sicherheit $_{g,e,v,s}$"			
Kenngröße für die Untergruppe „Gewaltdelikte"	Kenngröße für die Untergruppe „Eigentumsdelikte bei Personen"	Kenngröße für die Untergruppe „Vermögensdelikte bei Betriebsmitteln"	Kenngröße für die Untergruppe „Sonstige Delikte"

$$\frac{\dfrac{{}_{k}GK \times {}_{k}KG}{{}_{kg}\text{KÖ} \times {}_{kg}KO} + \dfrac{{}_{k}EK \times {}_{k}KE}{{}_{ke}\text{KÖ} \times {}_{ke}KO} + \dfrac{{}_{k}VK \times {}_{k}KV}{{}_{kv}\text{KÖ} \times {}_{kv}KO} + \dfrac{1}{{}_{ks}\text{KÖ} \times {}_{ks}ET}}{\dfrac{EW}{VA}}$$

In dieser Formel bedeuten die einzelnen Kürzel:

EW = Einwohner des Verkehrsgebietes (Anzahl)

VA = Verkehrsaufkommen im Verkehrsgebiet (Anzahl beförderter Personen)

${}_{k}EK$ = Kriminalitätsfälle von Eigentumsdelikten bei Personen im Verkehrsgebiet (Anzahl)

${}_{k}GK$ = Kriminalitätsfälle von Gewaltdelikten im Verkehrsgebiet (Anzahl)

${}_{k}KE$ = Schadenskosten an privaten Eigentum im Verkehrsgebiet (Euro)

${}_{k}KG$ = Verletzungskosten für alle Gewaltdelikte im Verkehrsgebiet (Euro)

${}_{k}KV$ = Schadenskosten an betrieblichen und öffentlichen Sachvermögen im Verkehrsgebiet (Euro)

${}_{k}VK$ = Kriminalitätsfälle von Vermögensdelikten an betrieblichen und öffentlichen Sachvermögen im Verkehrsgebiet (Anzahl)

${}_{kg}KO$ = Verletzungskosten der Gewaltdelikte im ÖPNV-Einzugsbereich (Euro)

${}_{kg}\text{KÖ}$ = Kriminalitätsfälle von Gewaltdelikten im ÖPNV-Einzugsbereich (Anzahl)

${}_{ke}KO$ = Schadenskosten infolge Eigentumsdelikten bei Personen im ÖPNV-Einzugsbereich (Euro)

$_{ke}$KÖ = Kriminalitätsfälle von Eigentumsdelikten bei Personen im ÖPNV-Einzugsbereich (Anzahl)
$_{ks}$ET = Ertragsausfälle durch Leistungserschleichungen (Euro)
$_{ks}$KV = Kriminalitätsfälle von sonstigen Delikten (Leistungserschleichungen) (Anzahl)
$_{kv}$KO = Kosten für Schäden an Sachvermögen der ÖPNV-Unternehmen (Euro)
$_{kv}$KÖ = Kriminalitätsfälle von Vermögensdelikten bei ÖPNV-Betriebsmitteln (Anzahl)

VII.B.3.b Die Kenngröße für die Verkehrssicherheit

Bei der Verkehrssicherheit hat der ÖPNV objektiv einen wesentlichen Vorteil gegenüber dem MIV, der sich aufgrund langjähriger Statistiken nachweisen läßt.[250] Gemessen an der absoluten Zahl der Verkehrsunfälle ist die Verkehrssicherheit im ÖPNV im Verlauf der letzten 30 Jahre sprunghaft gestiegen. Die Gründe hierfür sind größtenteils die Verbesserung der Fahrzeugtechnik, besonders der Bremstechnik (automatisches Blockiersystem, Schienenbremsen bei Straßenbahnen), und die erhöhten Ansprüche an die grundsätzliche Eignung des Fahrpersonals. Zum Beispiel ist der Besitz der Fahrerlaubnis mit dem Pkw heutzutage Pflichtbedingung für die Zulassung als Fahrer im ÖPNV, während dies bis Mitte der siebziger Jahre noch nicht Voraussetzung war. Darüberhinaus erfahren die Fahrer eine zusätzliche Fahrausbildung, wobei angemerkt werden muß, daß die Ausbildungszeit bei der DB AG kürzer geworden ist.

> „Es ist unbestritten, daß der ÖPNV eine erheblich geringere Unfallhäufigkeit aufweist als der Individualverkehr. Dieses für die Qualität des Leistungsangebotes der Verkehrsunternehmen günstige Resultat ist primär darauf zurückzuführen, daß die Aufnahme und die Durchführung des Betriebs an hohe Anforderungen des Gesetzgebers und der technischen Aufsichtsbehörde gebunden sind, und daß das Fahrpersonal über eine große, durch regelmäßige Überwachung und Schulung unterstützte Erfahrung verfügt.“ [251]

Auch in der subjektiven Bewertung aus Kundensicht hat der ÖPNV eine Sicherheitsüberlegenheit, die unter anderem durch die relative Größe und Masse der Verkehrsmittel gegenüber den Fahrzeugen anderer Verkehrsteilnehmer bedingt ist. Der Zustand, bei der Beförderung im ÖPNV nicht selbst das Steuer in der Hand zu haben,

---

[250] Vgl. RABE, W.: 1998, S. 32.
[251] WEIMER, K.: 1978, S. 68.

verursacht jedoch bei einigen Menschen ein Gefühl, nicht aktiv auf das Verkehrsgeschehen und die persönliche Sicherheit Einfluß nehmen und in gewünschter Weise reagieren zu können. Damit ist das Gefühl der Abgabe von Handlungsfreiheiten und des Verlustes von Selbstbestimmung verbunden.

Im Fall eines Unfalls sind die Schäden aufgrund der hohen Masse der Verkehrsmittel des ÖPNV durchschnittlich höher als bei Unfällen mit reiner Pkw-Beteiligung. Dies führt dazu, daß die auftretenden Unfälle in der Öffentlichkeit eine viel größere Aufmerksamkeit erregen als die sich in viel größerer Zahl ereignenden Unfälle im MIV. Aufgrunddessen fällt eine Beurteilung des ÖPNV in der subjektiven Wahrnehmung manchmal schlechter aus als sie objektiv ist.[252]

Bei der allgemeinen Beurteilung der Verkehrssicherheit muß die Unterschiedlichkeit, Genauigkeit und Repräsentativität des Datenmaterials, das zur Verfügung steht, besonders berücksichtigt werden. Bezüglich der Ermittlung der Verkehrsunfälle ist zu beachten, daß in polizeilichen Statistiken meist nur folgenschwere Unfälle aufgeführt sind. Insofern können diese nur zur Grundlage herangezogen werden, wenn man annimmt, daß das Verhältnis der tatsächlichen zu den aufgenommenen beziehungsweise der als schwer eingestuften zu den leichten Unfällen überall gleich ist. Damit ist aber nicht die Darstellung der Gesamtsituation gewährleistet, sondern nur ein teilweiser tendenzieller Aussagewert. Besser ist es, wenn Unfallstatistiken der Verkehrsunternehmen und der Versicherungen herangezogen und zur Grundlage gemacht werden können.

Bei der Beurteilung der Verkehrssicherheit mit Verkehrsmitteln des ÖPNV ist bei den Personenschäden nach Angestellten der Verkehrsunternehmen, Fahrgästen und anderen Verkehrsteilnehmern zu differenzieren. Weiterhin ist darauf zu achten, daß die Sichtweise nicht ausschließlich auf den Zusammenstoß mit anderen Verkehrsteilnehmern beschränkt wird. Diese Fälle machen zwar den größten Anteil an Unfallauswirkungen aus, jedoch muß eine gesamte Erfassung der Verkehrssicherheit noch durch Schäden aufgrund von Unfällen ohne Unfallgegner erweitert werden, worunter zum Beispiel Entgleisungen von Straßenbahnen und die Fahrgastunfälle bei Bremsungen oder beim Ein- und Aussteigen fallen.[253] Diese Fälle sind in den meisten Statistiken der Verkehrsunternehmen über Unfallhäufigkeit nicht enthalten. Die diesbezüglichen Daten müssen anderen statistischen Quellen (Versicherungen) entnommen werden.

---

[252] Vgl. PETERS, S.: 1985, S. 164.
[253] Vgl. RABE, W.: 1998, S. 32.

Im Hinblick auf Benchmarking zwischen Verkehrsgebieten ist eine Vergleichbarkeit der Verkehrssicherheit und die daraus resultierende Aussagekraft für eine Qualitätsverbesserung nur für Bereiche relevant, die der Beeinflußbarkeit durch Verkehrsunternehmen unterliegen sowie durch kostenwirksame Schadensfolgen von betriebswirtschaftlicher Bedeutung sind. Für die Bewertung der Verkehrssicherheit zählt deshalb allein der Aspekt „durch den ÖPNV verschuldete beziehungsweise mitverschuldete Unfälle". Im Prinzip sind nur Schäden von Belang, die die Verkehrsunternehmen direkt oder indirekt über ihre Versicherung bezahlen müssen. Als Maßstab kann für das Schadensausmaß der zivilrechtliche Ausgang der Schadensregulierung zugrunde gelegt werden. Deshalb eignen sich auch Statistiken der Versicherungen am besten.

Nach der Schadensbetroffenheit und der unterschiedlichen rechtsmäßigen Behandlung wird die Gruppe „Verkehrssicherheit" in drei Untergruppen eingeteilt:
- **P**ersonenschäden (p),
- Sachschäden bei **D**ritten (d),
- Sachschäden bei **B**etriebsmitteln (b).

Als Beurteilungsgrößen der Verkehrssicherheit im ÖPNV dienen die Anzahl der Unfälle und die Schadenskosten. Sie werden durch die gesamte Anzahl der Unfälle und der Schadenskosten bei Unfällen im Verkehrsgebiet geteilt. Außerdem müssen die Schuldverhältnisse berücksichtigt werden. Zur Beurteilung der ÖPNV-bedingten Verkehrssicherheit und mögliche Konsequenzen für Sicherheitsmaßnahmen sind das Eigen- und das Teilverschulden relevant. Deshalb erfolgt eine Gewichtung nach dem jeweiligen Schuldanteil der Unfälle in Prozent. Auch bei dieser Kenngröße besteht die Problematik, daß ein hoher Wert grundsätzlich mit einem positiven Ausdruck korreliert ist und eine hohe, in keinem Fall wünschenswerte, allgemeine Unfallrate eine Besserstellung des Verkehrsgebietes bezüglich der ÖPNV-Verkehrssicherheit zum Ausdruck bringen kann. Dies soll jedoch ebenfalls wie bei der kriminalistischen Sicherheit nicht der „Grundtenor" sein, sondern vielmehr die Verknüpfung, daß bei gegebener allgemeiner Unfallrate das Verkehrsgebiet besser ist, das einen geringeren Anteil im ÖPNV hat.

Die Formel zur Berechnung der Kenngröße für die Gruppe „Verkehrssicherheit" lautet:

Kenngröße für die Gruppe „${}^{A\text{-}P\text{-}S}$Verkehrssicherheit$_{p,d,b}$"		
Kenngröße für die Untergruppe „Personenschäden"	Kenngröße für die Untergruppe „Sachschäden bei Dritten"	Kenngröße für die Untergruppe „Sachschäden bei Betriebsmitteln"

$$\frac{\dfrac{{}_{v}UP \times {}_{v}KP \times {}_{v}SA}{{}_{vp}UÖ \times {}_{vp}KO \times {}_{vp}SA} + \dfrac{{}_{v}UD \times {}_{v}KD \times {}_{v}SA}{UÖ_{vd} \times {}_{vd}KO \times {}_{vd}SA} + \dfrac{{}_{v}UB \times {}_{v}KB \times {}_{v}SA}{UÖ_{vb} \times {}_{vb}KO \times {}_{vb}SA}}{\dfrac{EW}{VA}}$$

In dieser Formel bedeuten die einzelnen Kürzel:

EW	=	Einwohner im Verkehrsgebiet (Anzahl)
VA	=	Verkehrsaufkommen im Verkehrsgebiet (Anzahl beförderter Personen)
${}_{v}KB$	=	Kosten für Sachschäden am Pkw bei Unfällen mit Pkw im Verkehrsgebiet (Euro)
${}_{v}KD$	=	Kosten für Sachschäden bei Dritten bei Unfällen mit Pkw im Verkehrsgebiet (Euro)
${}_{v}KP$	=	Kosten für Personenschäden bei Unfällen mit Pkw im Verkehrsgebiet (Euro)
${}_{v}UB$	=	Unfälle mit Sachschäden am Pkw im Verkehrsgebiet (Anzahl)
${}_{v}UD$	=	Unfälle mit Sachschäden bei Dritten im Verkehrsgebiet (Anzahl)
${}_{v}UP$	=	Unfälle mit Personenschäden im Verkehrsgebiet (Anzahl)
${}_{v}SA$	=	Schuldanteil der Unfallverursacher bei Unfällen mit Pkw im Verkehrsgebiet (%)
${}_{vb}KB$	=	Kosten für Sachschäden bei Betriebsmitteln (Euro)
${}_{vb}SA$	=	Schuldanteil bei Unfällen mit Sachschäden mit Verkehrsmitteln des ÖPNV (%)
${}_{vb}UÖ$	=	Unfälle mit Sachschäden am Verkehrsmittel des ÖPNV (Anzahl)
${}_{vd}KO$	=	Kosten für Sachschäden bei Dritten durch Verkehrsmittel des ÖPNV (Euro)
${}_{vd}SA$	=	Schuldanteil bei Unfällen mit Sachschäden bei Dritten mit Verkehrsmitteln des ÖPNV (%)
${}_{vb}UÖ$	=	Unfälle mit Sachschäden bei Dritten durch Verkehrsmittel des ÖPNV (Anzahl)
${}_{vp}KO$	=	Kosten für Personenschäden durch ÖPNV (Euro)

$_{vp}SA$ = Schuldanteil bei Unfällen mit Personenschäden mit Verkehrsmitteln des ÖPNV (%)

$_{vb}UÖ$ = Unfälle mit Personenschäden mit Verkehrsmitteln des ÖPNV im Verkehrsgebiet (Anzahl)

VII.B.3.c Die Kenngröße für die Sicherheitsvorkehrungen

Die Sicherheit gehört zu den existentiellen Grundbedürfnissen des Menschen, wodurch die Sicherheitsvorkehrungen einen bedeutenden Einfluß auf die Gesamtqualität des ÖPNV haben. Deshalb muß der Aufwand, der für Sicherheitsvorkehrungen betrieben wird, für die Befriedigung der Kundenzufriedenheit im ÖPNV als prioritär angesehen werden. Im Fall der Entscheidung über den Einsatz von finanziellen Mitteln für Maßnahmen verschiedener Qualitätsfaktoren ist ein Schwerpunkt auf die Sicherheitsvorkehrungen zu legen.

Sicherheitsvorkehrungen können für die Verkehrssicherheit und für die kriminalistische Sicherheit getroffen werden. Dabei unterliegt die Verkehrssicherheit der Verkehrsmittel und der Gebäude im ÖPNV einheitlichen Normen, deren Einhaltung von Institutionen (zum Beispiel Technischer Überwachungsverein) überwacht wird. Die Unfallträchtigkeit ist mit darüber hinausgehenden baulichen und technischen Maßnahmen nur schwer weiter zu reduzieren. Deshalb stehen bei einem Vergleich der Sicherheitsvorkehrungen im Vordergrund die Maßnahmen zur kriminalistischen Sicherheit, anhand derer das Ausmaß der vorhandenen Sicherheitsstandards eingeordnet werden kann. Viele der Maßnahmen bei den Sicherheitsvorkehrungen üben aber sowohl Einfluß auf die Verkehrssicherheit als auch die kriminalistische Sicherheit aus wie zum Beispiel Videokameras zur Bahnsteigüberwachung.

Im Hinblick auf die Gefahr kriminalistischer Delikte ist der Einsatz von Sicherheitspersonal das wirksamste Mittel zur Bekämpfung, da das für die ÖPNV-Nutzung maßgebliche subjektive Sicherheitsempfinden der Fahrgäste durch die Wahrnehmung personeller Präsenz im Verhältnis zu anderen Maßnahmen besonders gesteigert wird. Zur Erkennung ist deshalb auch ein entsprechendes uniformiertes Erscheinungsbild für die im Sicherheitsdienst Beschäftigten erforderlich, das zudem Respekt einflößt. Der Einsatz von Sicherheitspersonal hat jedoch nicht hauptsächlich die Steigerung des subjektiven Sicherheitsempfindens des Fahrgastes zum Ziel, sondern vor allem auch eine objektive Verringerung von Gewalttaten. In dem Zusammenhang ist festzustellen, daß die Täterpsyche nicht so sehr durch die Häufigkeit des Anblicks einer uniformierten Person nachhaltig im Sinn einer Abschreckung beeinflußt wird. Hier wirkt vielmehr ein ausgeklügelter Einsatzplan, der das Bewußtsein über die Unkalkulierbarkeit des Auftretens von Sicherheitspersonal mit der damit verbundenen Gefahr der Festnahme vermittelt.

Das Sicherheitspersonal bezieht seine Eignung und Einsatzqualität nicht ausschließlich aus der körperlichen Fitneß und der Beherrschung von Kampfsportarten. Es muß auch über ein möglichst hohes Maß an psychologischen Fähigkeiten verfügen, die meist erst in besonderen Ausbildungslehrgängen erlernt werden. Dazu bedarf es des Besuchs berufsbegleitender Fortbildungskurse. Diese notwendigen Schulungen beinhalten im besonderen kommunikative Interventionsstrategien, Aggressionsabbaustrategien und gruppendynamische Deeskalationsmodelle. Der Besuch der Fortbildungskurse ist jedoch nicht nur für das spezielle Sicherheitspersonal geboten, sondern auch für das Fahrpersonal, das besonders in Straßenbahnen und Bussen allein auf sich gestellt ist und zur Vermeidung von Vandalismus in Konfliktpositionen kommen kann.

Zur Vermeidung der negativen Auswirkungen durch die Leistungserschleichungen wird gesondertes Kontrollpersonal eingesetzt, das stichpunktartig die rechtmäßige Benutzung der öffentlichen Verkehrsmittel überprüft. Zu den personellen Sicherheitsvorkehrungen gehört für die Gesamtbewertung der Sicherheitsvorkehrungen die Maßnahmen für die Erhöhung der Verkehrssicherheit. Die entscheidende vorbeugende Maßnahmenmöglichkeit besteht in der kontinuierlichen Schulung der Fahrer.

Personelle Sicherheitsvorkehrungen können in drei Bereichen getroffen werden:
- Einsatz und Schulung von Sicherheitskräften,
- Fahrpersonaltraining,
- Einsatz von Kontrollpersonal für Fahrausweise.

Personelle Sicherheitsvorkehrungen sind sehr kostenintensiv. Aufgrund der zahlreichen Fahrten und Haltestellen ist eine permanente Präsenz von Sicherheitspersonal deshalb nicht umzusetzen. Eine kostengünstige Alternative stellen deshalb technische Sicherheitsmaßnahmen dar. Eine Steigerung der Sicherheit wird durch eine Ergänzung der lebendigen Augen durch die technischen Augen von Videokameras herbeigeführt. Diese sind insbesondere in unterirdischen Haltestellen und in Schienenfahrzeugen mit Mehrfachtraktion erforderlich, das heißt in angehängten Wagen ohne Kontaktmöglichkeit zum Fahrer. Dabei besteht das Problem, daß die Bilder nicht in den Fahrerstand übermittelt werden können, da der Fahrer sich auf das Verkehrsgeschehen konzentrieren soll, sondern in einer Betriebsleitstelle überwacht werden. Dadurch entstehen verzögerte Eingriffszeiten der Sicherheitskräfte. Die Kameras werden auch besonders auf die Fahrausweisautomaten ausgerichtet, um einen Aufbruch wegen dem Bargeld zu vermeiden. Durch die Aufzeichnung der Bilder besteht die Möglichkeit, zusätzliches Beweismaterial für die Ermittlung der Kriminellen und Verursacher von Vandalismusschäden zu erhalten. Weitere technische Maßnahmen sind die Installation von Notrufsprechstellen, die dem Fahrgast die Möglichkeit eröffnet, sein subjektives Gefühl der Bedrohung, das auf Videokameras nicht zu erkennen ist, aktiv zum Ausdruck zu bringen. Die Vermeidung von dunklen Räumen durch die Gewährleistung einer ausreichenden Beleuchtung schreckt potentielle Täter vor Straftaten ab, da dadurch die grundsätzliche Bereitschaft gesenkt wird und die Identifizierungsmöglichkeit erhöht wird.

Technische Sicherheitsvorkehrungen können besonders durch drei Maßnahmen getroffen werden:

- Videoüberwachung,
- Notrufsäulen,
- Ausleuchtung.

Bauliche Sicherheitsvorkehrungen haben die Vermeidung schwer überschaubarer Bereiche, dunkler Ecken und toter Winkel zum Ziel. An Haltestellen, besonders im Bereich von U-Bahn-Bahnhöfen, ist die bauliche Anlage mit geraden Bahnsteigen und möglichst wenigen tragenden Säulen, die die Sicht versperren, wichig. Die Übergänge zwischen den Haltestellen sind mit möglichst wenigen und kurzen Korridoren zu gestalten, in denen keine Räume entstehen, die für die Benutzung des ÖPNV nicht frequentiert werden wie zum Beispiel Freiräume unter Aufgängen. Die Wege und die Treppenaufgänge müssen breit mit möglichst wenigen Biegungen angelegt werden. Fahrstühle müssen transparent sein, so daß sie von außen eingesehen werden können. Eine farblich helle und von der Anordnung aufgelockerte Gestaltung der Aufenthaltsbereiche trägt zu einem freundlichen Umfeld bei, das einen hemmenden Einfluß auf Straftaten hat.

In den Verkehrsmitteln wird eine bauliche Sicherheitsvorkehrung durch eine durchgängige Begehbarkeit gewährt, das heißt die Möglichkeit für einen bedrängten Fahrgast bis zum Fahrerstand zu flüchten beziehungsweise von jedem Teil des Verkehrsmittels einem bedrängten Fahrgast zu Hilfe zu eilen. Die Überschaubarkeit wird durch eine Innenraumkonstruktion ohne visuelle Trennung von Türräumen und Sitzräumen, mit einsehbaren Abteilen ohne Separeecharakter und breiten Übergängen zwischen den Fahrzeugwagen hergestellt, so daß ein freier Durchblick durch das Verkehrsmittel auf seiner gesamten Länge gewährleistet ist.

Bauliche Sicherheitsvorkehrungen finden hauptsächlich in zweierlei Hinsicht statt:

- Überschaubarkeit der Verkehrsmittel und Haltestellen,
- Gestaltung des Fahrgastraumes und der Haltestellen.

Die Gruppe „Sicherheitsvorkehrungen“ wird in drei Untergruppen eingeteilt:
- bauliche Sicherheitsvorkehrungen (b),
- personelle Sicherheitsvorkehrungen (p),
- technische Sicherheitsvorkehrungen (t).

Die Beurteilungsgröße für die Bemühungen, mit den personellen, baulichen und technischen Sicherheitsvorkehrungen dem Sicherheitsbedürfnis des Fahrgastes gerecht zu werden, ist die Summe der Kosten für die Sicherheitsvorkehrungen. Die technischen Sicherheitsvorkehrungen werden durch die Kosten für den Kauf und die Installation von Videokameras, Notrufsäulen sowie für die Einrichtung einer guten Ausleuchtung bewertet. Die Bewertung der Maßnahmen bei der baulichen Sicherheit ist teilweise mit Problemen behaftet, da die sicherheitsbezogenen Kosten schwer zu ermitteln beziehungsweise aufzuteilen sind. Es können die Kostenunterschiede zwischen einem mehrgliedrigen Zug und einem durchgängig begehbaren Zug überwiegend dem Sicherheitsprinzip zugeschlagen werden. Die Kosten für eine unter Sicherheitsaspekten aufwendigere Innenraumgestaltung der Verkehrsmittel sind ebenso schwer zu bestimmen wie die Mehrkosten für eine Glaskonstruktion eines Fahrstuhles gegenüber einem anderen. Die Kosten für Baumaßnahmen zur Beseitigung von toten Winkeln können wiederum im vollen Umfang den Sicherheitsvorkehrungen zugeschlagen werden. Die Beurteilung der personellen Sicherheitsvorkehrungen wird unterteilt nach Kosten für Fahrertraining, Sicherheits- und Kontrollpersonal.

Die Bezugsgröße bildet die Gesamtheit der betriebswirtschaftlichen Kosten durch Unfälle und kriminelle Delikte, da eine Unterscheidung hinsichtlich der Wirkungen besonders bei baulichen und technischen Sicherheitsvorkehrungen schwer ist. Bei den baulichen und technischen Sicherheitsvorkehrungen bleiben die Ertragsausfälle (Kosten) durch Leistungserschleichungen als grundsätzlicher Bestandteil von kriminellen Delikten jedoch unberücksichtigt, da sie in Deutschland durch entsprechende Maßnahmen nicht beeinflußt werden und auch nur in manchen U-Bahn-Systemen wie zum Beispiel in Paris mit Kontrolldurchgängen, die nur mit einem gültigen Fahrschein passiert werden können, praktiziert werden. Bei den personellen Sicherheitsvorkehrungen werden diese allerdings in Zusammenhang mit dem Kontrollpersonal berücksichtigt, indem die geschätzten Ertragsausfälle (Kosten) auch im Sinn einer Einstufung der Effektivität des Kontrollpersonals als spezielle Bezugsgröße den Kosten für das Kontrollpersonal zugeordnet werden. Ebenso können die Kosten für die Fahrpersonalschulungen als Ausdruck für die Bedeutung, die der Vorbeugung von Unfällen beigemessen wird, allein auf die Schadenskosten aus Unfällen bezogen werden. Die Effektivität der personellen Sicherheitsvorkehrungen gegen kriminalistische

Delikte wird mit dem Quotient aus Kosten für die Beschäftigung sowie die Ausbildung von Sicherheitskräften und den Kosten für kriminelle Delikte ausgedrückt.

Die Formel zur Berechnung der Kenngröße für die Gruppe „Sicherheitsvorkehrungen“ lautet:

Kenngröße für die Gruppe „$^{A\text{-}S\text{-}S}$Sicherheitsvorkehrungen $_{b,t,p}$“		
Kenngröße für die Untergruppe „**B**auliche Sicherheitsvorkehrungen“	Kenngröße für die Untergruppe „**T**echnische Sicherheitsvorkehrungen“	Kenngröße für die Untergruppe „**P**ersonelle Sicherheitsvorkehrungen“

$$\frac{\sum_{vm=1}^{VM}\left(\frac{{}_{sb}KH + {}_{sb}KV}{{}_{s}KU + {}_{s}KD} + \frac{{}_{st}KH + {}_{st}KV}{{}_{s}KU + {}_{s}KD}\right)_{vm} + \frac{{}_{sp}KS}{{}_{s}KD} + \frac{{}_{sp}KF}{{}_{s}KU} + \frac{{}_{sp}KK}{{}_{s}KE}}{\frac{EW}{VA}}$$

In dieser Formel bedeuten die einzelnen Kürzel:

EW = Einwohner im Verkehrsgebiet (Anzahl)

VA = Verkehrsaufkommen im Verkehrsgebiet (Anzahl beförderter Personen)

${}_{s}KE$ = Kosten durch Ertragsausfälle durch Leistungserschleichungen (Euro)

${}_{s}KU$ = Kosten durch Unfälle (Euro)

${}_{s}KD$ = Kosten durch Gewalt-, Eigentums- und Vermögensdelikte (Euro)

${}_{sb}KV$ = Kosten für bauliche Sicherheitsvorkehrungen in Verkehrsmitteln (Euro)

${}_{sb}KH$ = Kosten für bauliche Sicherheitsvorkehrungen an Haltestellen (Euro)

${}_{st}KV$ = Kosten für technische Sicherheitsvorkehrungen in Verkehrsmitteln (Euro)

${}_{st}KH$ = Kosten für technische Sicherheitsvorkehrungen an Haltestellen (Euro)

${}_{sp}KS$ = Kosten für personelle Sicherheitsvorkehrungen durch Sicherheitspersonal (Euro)

${}_{sp}KF$ = Kosten für personelle Sicherheitsvorkehrungen durch Schulungen von Fahrpersonal (Euro)

${}_{sp}KK$ = Kosten für personelle Sicherheitsvorkehrungen durch Kontrollpersonal (Euro)

${}_{vm}VM$ = Verkehrsmittel

1 = Eisenbahnen und S-Bahnen; 3 = Straßenbahnen

2 = U-Bahnen; 4 = Busse

VII.B.4 Kenngrößen für den Komfort (Zusatzprodukt)

Der ÖPNV ist mit der Problematik konfrontiert, daß ihm ein negatives Sozialimage anhaftet. In den 1960er und 1970er Jahren der Massenmotorisierung wurde ein „Arme-Leute-Image“ geprägt, als es mit einem enormen Ansehensgewinn verbunden war, sich für seine Mobilität ein Auto leisten zu können. Neben psycho-sozialen Gründen wie Prestige und Präsentation des sozialen Standards hatte die Abkehr vom ÖPNV Faktoren als Ursache, die im Produkt selbst lagen. So eignete sich der ÖPNV durch mangelnde Sauberkeit und alte Verkehrsmittel vielerorts ein „Schmuddelimage“ an. Im Gegensatz dazu machte der Pkw bei Design, Attraktivität und Komfortabilität große Verbesserungssprünge. Schnittige Autokonturen fanden die Gunst der Mobilitätsnachfrager und wurden mit viel Marktforschungsaufwand offensiv beworben.

Die Verkehrsunternehmen, meist in öffentlicher Hand, reagierten oftmals nicht auf diese Herausforderung durch die Automobilbranche und die Änderung der Verkehrsmittelwahl der Mobilitätsnachfrager. Sie modernisierten nicht die Infrastruktur und bedienten in einem sich rasch ändernden Verkehrsmarkt die Linien weiter mit altem Fahrzeugmaterial. Im Verkehrsmittel saß der Fahrgast häufig auf verschlissenen Sitzen in einem schmutzigen Fahrgastraum. Die Wartehallen, sofern vorhanden, rosteten an zahlreichen Haltestellen vor sich hin, die Informationstafeln wurden, sofern noch bestückt, unleserlich. Die Haltestellen allgemein verschmutzten. Dem Kunden wurden wenige Neuerungen angeboten, die Anreize zur Benutzung gaben. Ansätze für eine kundenorientierte Ausrichtung mit zukunftsweisenden Marktstrategien zur Erhöhung des Beförderungskomforts gab es selten. Vor diesem Hintergrund ist die Wichtigkeit und der große Nachholbedarf für eine moderne Produktgestaltung und Steigerung der Leistungen beim Komfort im ÖPNV zu sehen.

Die Hauptgruppe „Komfort“ wird in drei Gruppen eingeteilt:

- Verkehrsmittelkomfort (v),
- Haltestellenkomfort (h),
- Zugangskomfort (z).

Die Einteilung in Verkehrsmittelkomfort und Haltestellenkomfort sowie verkehrsmittelbedingte und haltestellenbedingte Komponenten beim Zugangskomfort erfordern bei dieser Hauptgruppe als Relativierungsgröße das Produkt aus der Anzahl von Haltestellen und Verkehrsmitteln. Es ist der Divisor, der durch die Fläche geteilt wird.

VII.B.4.a Die Kenngröße für den Verkehrsmittelkomfort

Mit der ständigen Steigerung der Qualität von Dienstleistungen stellen auch im ÖPNV Fahrgäste höhere Erwartungen an die Verkehrsmittel als die Erfüllung der reinen Grundfunktionen der Beförderung. Eine maximal mögliche Schnelligkeit und Einhaltung der Pünktlichkeit werden als Selbstverständlichkeit angesehen, die keine charakteristischen Merkmale und Vorteile der Dienstleistung darstellen. Investitionen in neues Wagenmaterial wurde in kommunalen Verkehrsbetrieben überwiegend durch haushaltsrechtliche Hemmnisse eines Eigenbetriebes nicht so praktiziert wie in privaten Verkehrsunternehmen mit der Folge eines hohen Fahrzeugalters im Fuhrpark. Die Konsequenzen waren, daß die Attraktivität der Verkehrsmittel und die Rahmenbedingungen der Beförderung besonders im Vergleich zu den Entwicklungen im Pkw-Bereich zunehmend schlechter wurden. Zum einen kamen nicht die antriebstechnischen Neuerungen und Verbesserungen bei der Emissions- und Geräuschreduzierung und dem Fahrverhalten zur Geltung. Zum anderen fanden die Möglichkeiten besserer Einstiegsbedingungen durch die Entwicklung der Niederflurtechnik eine zögerliche Verbreitung. Außerdem hatte die Gestaltung des Fahrgastraums eine geringe Attraktivität, die keinen angenehmen Aufenthalt vermittelte. Fahrzeugtechnische Faktoren zur Verbesserung des Komforts sind:

- Geräuschabstrahlung nach außen und innen durch Antrieb,
- Laufruhe bei Geradeaus- und Kurvenfahrten,
- Beschleunigungs- und Verzögerungsverhalten (bei Verkehrsmitteln mit mehreren Wagen),
- Federungs- und Schwingungsverhalten,
- Fahrgastraumgestaltung,
- Fahrgastraumklima,
- Niederflurtechnik.

Für den Verkehrsmittelkomfort ist die Sitzplatzverfügbarkeit wichtig, das heißt, daß möglichst für jeden Kunden jederzeit ein Sitzplatz vorhanden ist, der eine Beeinträchtigung des Benutzers während der Fahrt minimiert und beim Verkehrskunden den Eindruck einer individuellen Beförderung entstehen läßt.[254] Dies ist auch vor dem Hintergrund der Konkurrenz zum Pkw, in dem immer eine 100-prozentige Sitzplatzverfügbarkeit erfüllt ist, von entscheidender Bedeutung.

---

[254] Vgl. FALLER, P.: 1968, S. 34.

„Viele Fahrgäste legen Wert auf einen Sitzplatz während der Beförderung, und zwar nicht allein aus Bequemlichkeitsgründen, sondern auch weil ein Sitzplatz Distanz zu anderen Fahrgästen schafft und damit die Berührungsangst verringert, die manchen potentiellen Kunden zur Meidung der öffentlichen Verkehrsmittel veranlaßt.“ [255]

Untersuchungen haben ergeben, daß die Nachfrage nach einem Sitzplatz von folgenden Faktoren abhängig ist: [256]
- Fahrtqualität (je öfter Beschleunigungsänderungen, je schlechter Fahrstil, desto größer ist die Nachfrage),
- Beförderungsdauer (je länger, desto größer ist die Nachfrage),
- Alter der Fahrgäste (je älter, desto größer ist die Nachfrage),
- Geschlecht (bei Männern ist die Nachfrage nicht so groß wie bei Frauen),
- Fahrtzweck.

Die Anzahl der grundsätzlich zur Verfügung stehenden Sitzplätze beruht auf der technischen Auslegung sowie der Art und Weise der Fahrgastraumgestaltung durch den Fahrzeughersteller. Die Sitzplatzverfügbarkeit ist hauptsächlich abhängig von den Verkehrszeiten mit unterschiedlichen Verkehrsaufkommen: Haupt-, Neben- und Schwachverkehrszeiten. Dabei stellt die Unpaarigkeit der Verkehrsströme, das heißt die unterschiedliche Belastung der einzelnen Streckenabschnitte in beiden Richtungen, ein großes Problem dar. Während morgens im Berufsverkehr ein Hauptverkehrsstrom stadteinwärts besteht, ist in entgegengesetzter Richtung ein sehr geringes Fahrgastaufkommen. Nachmittags verhält es sich umgekehrt. Für die Verkehrsunternehmen haben diese Probleme die Konsequenz, daß sie die Kapazitäten flexibel gestalten und auf das maximale Verkehrsaufkommen ausrichten müssen. Dies kann durch die Häufigkeit der Verkehrsbedienung und durch die Größe des eingesetzten Verkehrsmittels erfolgen. Im allgemeinen schreitet die Besetzung der Sitzplätze ab Linienausgangspunkt von Haltestelle zu Haltestelle fort, bis ab einem gewissen Scheitelpunkt der Linie zu Hauptverkehrszeiten für keinen einsteigenden Fahrgast mehr ein Sitzplatz zur Verfügung steht.

Die Platzverfügbarkeit bei Betriebsleistungen wird allgemein in Statistiken in Nutzplatzkilometern ausgedrückt. Dabei kommt die Qualität des Platzangebotes nicht zu einer entsprechenden Würdigung. Darüberhinaus werden in dieser Angabe der Platz-

[255] BOESCH, H.: 1975, S. 108.
[256] Vgl. SNV: 1977, S. 65.

kapazität Bedingungen zugrunde gelegt, die von vielen Fahrgästen als stark mindernder Aspekt für die Benutzung des ÖPNV betrachtet werden. Für die Ermittlung der Anzahl der Stehplätze wird von einem Platzbedarf für einen stehenden Menschen von 0,25 m^2 ausgegangen. Dies bedingt eine Stehdichte, die ein Mensch gegenüber Fremden nur zwangsläufig in Kauf nimmt, jedoch selten freiwillig eingeht.

Außer der Sitzplatzverfügbarkeit sind Informationshilfen für den Verkehrsmittelkomfort wichtig. Sie werden in zwei Kategorien eingeteilt:
- graphische Informationshilfen zum System,
- akustische und optische Informationshilfen zum Betrieb,

Informationshilfen dienen der Orientierung des Fahrgastes, besonders eines fremden, eines seh- oder hörbehinderten Fahrgastes. Die graphischen Informationshilfen zum System in Verkehrsmitteln bestehen in Liniennetzplänen, Anschlußplänen und Haltestellenplänen der Linie. Akustische Fahrgastinformationen in Verkehrsmitteln sind in der Hauptsache Haltestellendurchsagen. Optische Fahrgastinformationen bestehen überwiegend in der Anzeige von Haltestellen auf Displays. Im Hinblick auf entsprechende darauf angewiesene Kundengruppen sollten die Informationshilfen komplementär eingesetzt werden.

Die Bedeutung der Sauberkeit als Element des Verkehrsmittelkomforts wurde in der Vergangenheit vernachlässigt. In der Literatur wurde sie häufig als Randkriterium bei der Qualität behandelt. Sie nahm einen nebensächlichen Status ein wie es zum Beispiel bei der Erhebung der Einflußintensitäten bei Verkehrsunternehmen von WEIMER[257] zum Ausdruck kommt, in der die Sauberkeit nicht als Qualitätskriterium erwähnt wird. Dies wird auch bei PETERS durch die Abhandlung in einem Satz deutlich:

> „In diesem Zusammenhang erscheint es auch angebracht, das Problem der Sauberkeit anzusprechen, da diese sowohl auf den Stationen als auch in den Fahrzeugen als Attraktivitätskomponente eine nicht zu unterschätzende Rolle spielt.“ [258]

Erst zu Beginn der 1990er Jahre und besonders seit der Neuordnung des ÖPNV wird der Sauberkeit die ihrer Rolle bei den Qualitätskriterien gemäßere Bedeutung beigemessen. Sie ist vor allem deshalb sehr wichtig, da sie als Leitmerkmal für den Zustand der Pflege beziehungsweise der Verwahrlosung weitere Verschlechterungen anderer Qualitätskriterien, im besonderen der Sicherheit, zur Folge hat.

---

257 Vgl. WEIMER, K.: 1974, S. 52.
258 PETERS, S.: 1985, S. 149.

Bequemlichkeit ist die vierte Kategorie für den Verkehrsmittelkomfort und wird anhand von vier Kriterien beurteilt:

- akustische Verhältnisse,
- optische Verhältnisse,
- klimatische Verhältnisse,
- räumliche Verhältnisse.

Die akustischen Verhältnisse im Fahrgastraum werden hauptsächlich durch die antriebsbedingte Geräuschentwicklung bestimmt. Diese richtet sich nach dem Maximum der Lärmquelle an der lautesten Stelle im Fahrzeug, das heißt über oder neben dem Motor. Weiterhin werden die akustischen Verhältnisse durch eine zeitweise Lärmentwicklung während des Betriebs durch Geräusche infolge Fehlfunktionen von Fahrzeugteilen bestimmt, die registriert und nach Ausmaß beurteilt werden müssen. Die Meßgröße ist die Lautheit in sone (siehe Kapitel V.B.1.b), die an definierten Stellen im Fahrzeug gemessen wird.

Die optischen Verhältnisse werden grundsätzlich durch die Ausleuchtung bei Tageslicht bestimmt. Diese wird durch die Fläche der Fensterscheiben und die Baustruktur vorgegeben. Im Fall ungenügenden beziehungsweise nicht vorhandenen Tageslicht (Dämmerung, Nacht, Tunnelfahrten) werden die Bedingungen durch die Anzahl der künstlichen Lichtquellen und ihrer Leistungen modifiziert beziehungsweise ergänzt. Die Meßgröße für die Ausleuchtung des Raums, die sich für die Bestimmung der Abweichung von einem Optimum eignet, ist die Beleuchtungsstärke mit der Dimension candela.

Die klimatischen Verhältnisse werden hauptsächlich durch die Raumtemperatur bestimmt. Besonders im Winter ist diese von wesentlicher Bedeutung, wobei die Verkehrsmittel im ÖPNV den Vorteil gegenüber dem Fahrtbeginn mit dem Pkw haben, daß sie bereits vorgeheizt sind. Im Sommer ist die Gefahr der Überhitzung beziehungsweise im Fall von Klimaanlagen einer zu tiefen Temperatureinstellung. Die Temperaturen haben auch deshalb ihre Bedeutung, da die Konzentrationsfähigkeit des Fahrers bei einem Überschreiten der Spanne deutlich abnimmt. Sie sollen idealerweise zwischen 20° C und 24° C liegen.[259] Außerdem ist der Faktor des Luftstroms maßgeblich. Aufgrund von Zugempfindlichkeiten werden unerwünschte Luftbewegungen zum Beispiel durch Öffnung der Fenster im Sommer zur Kühlung für viele Fahrgäste zum Problem. Im Winter treten Luftströme besonders bei den Türöffnungen durch das Temperaturgefälle zwi-

[259] Vgl. BAUMHÖGGER, E. / BRONNENBERG, P.: 1995, S. 36.

schen außen und innen auf. Trotzdem ist ein gewisser Luftstrom auch für den Luftaustausch notwendig. Normen entsprechend soll der Luftstrom nicht 0,4 Meter pro Sekunde überschreiten.[260] Ein weiterer das Fahrgastraumklima bestimmender Faktor ist die Luftfeuchte, die besonders im Winter durch Transpiration und nasse Kleidung zum Problem wird. Eine relative Luftfeuchte von 50 Prozent sollte nicht überschritten werden.[261] All diese Faktoren sind jedoch nur in klimatisierten Verkehrsmitteln beeinflußbar und kontrollierbar, weshalb diese immer mehr zum Einsatz kommen. Darüberhinaus sind besondere Faktoren relevant, die zusätzliche Gerüche bedingen. Diese entwickeln sich zum Beispiel durch defekte Bremsen, nicht geleerte Abfallbehälter oder geringe Säuberungsintervalle.

Bei den räumlichen Verhältnissen ist neben der grundsätzlichen Raumaufteilung und der Farbgebung das qualitative Platzangebot wichtig. Bei den Stehplätzen wird die Qualität durch die Möglichkeiten des Festhaltens, der Anlehnung sowie der aufrechten Haltung während des Stehens beeinflußt. Die Sitzplatzqualität wird zum einen nach der Anordnung der Sitzplätze beurteilt, ob der Fahrgast sich in Fahrtrichtung, parallel zur Fahrtrichtung oder entgegen der Fahrtrichtung plazieren kann. Die Lage der Sitzplätze, das heißt ob diese hintereinander, nebeneinander und gegenüber liegen haben ebenso Einfluß auf die Kundenzufriedenheit wie das Aufteilungsverhältnis von Einzel- Zweier- und Mehrfachsitzplätzen, so daß sowohl Alleinfahrende getrennt für sich sitzen als auch Gruppen zusammensitzen können. Darüberhinaus wird die Sitzplatzqualität durch die Gestaltung der Sitzplätze beeinflußt. Diese wird durch die Höhe, Breite und Form der Sitzfläche, die Höhe, Form und Neigung der Rückenlehne, das Material und die Farbe von Sitzfläche und Rückenlehne sowie der Bein-, Arm- und Kopffreiheit bedingt.

Die Gruppe „Verkehrsmittelkomfort“ wird in vier Untergruppen unterteilt:

- **P**latzverfügbarkeit in Verkehrsmitteln (p),
- **I**nformationshilfen in Verkehrsmitteln (i),
- **S**auberkeit in Verkehrsmitteln (s),
- **B**equemlichkeit in Verkehrsmitteln (b).

In der Beurteilungsgröße für die Platzverfügbarkeit sollen sich die subjektiven Einflüsse wiederfinden. Nähme man die Anzahl der freien Sitzplätze als Beurteilungsgröße, dann blieben bei der Fahrgastentscheidung für das Hinsetzen und damit für das positive Fahrterlebnis gewichtige Gründe außer Acht. Subjektive Einflußfaktoren des

---

[260] Vgl. BAUMHÖGGER, E. / BRONNENBERG, P.: 1995, S. 40.
[261] Vgl. KIRSCHNER, R. / OHNESORG, W.: 1996, S. 38.

individuellen Distanzverhaltens, der Grad des „Wohlbefindens" oder der „Schüchternheit", die Einschätzung der Personen, neben denen noch freie Plätze sind, ob auf dem Platz Taschen stehen beziehungsweise ob andere Personen auf dem Weg angesprochen und ihnen „Umstände" gemacht werden müssen, würden unberücksichtigt bleiben. Deshalb wird als Beurteilungsgröße die Anzahl der stehen bleibenden Fahrgäste beziehungsweise der stehend verbrachten Verkehrsleistung zugrundegelegt. Natürlich gibt es auch Fahrgäste, die während der Fahrt unbedingt stehen wollen, aber zur Vereinfachung wird von der Annahme ausgegangen, daß die Sitzplatznachfrage bei 100 Prozent der Kunden beträgt.

Die Beurteilung des Komforts der Informationshilfen erfolgt durch deren Anzahl. Bei den Informationshilfen zum System werden die im Fahrzeug angebrachten Übersichten einfach zum Ansatz gebracht. Bei den akustischen und optischen Informationshilfen werden alle im Verlauf der Bedienung für die Haltestellen gemachten (richtigen) Ansagen und Anzeigen aufsummiert.

Für die Beurteilung der Sauberkeit wird ein spezielles Berechnungsverfahren in Anlehnung an die Arbeitsgruppe Qualität des Arbeitskreises Bahnpolitik entwickelt. Dabei sind die relevanten Elemente eines Verkehrsmittels zu erfassen und getrennt von einander zu betrachten. Jedem Element wird eine spezifische Punktzahl zugeordnet, die sich nach der Gewichtung richtet, die die Kunden ihm im Verhältnis zu den anderen Elementen zumessen. Für die Bewertung der Sauberkeit jedes einzelnen Elementes werden verschiedene Einstufungen festgelegt. Dabei ist zu beachten, daß bei zu wenigen Einstufungen wesentliche Sauberkeitsunterschiede nicht mehr berücksichtigt werden können, bei zu vielen Einstufungen zu dichte Intervalle entstehen würden, die bei der Erfassung nicht mehr zu gleichen Bewertungsurteilen führen. Deshalb werden vier Einstufungen für den Sauberkeitsgrad definiert, die mit Prozentsätzen gleichgesetzt werden:

- sauber 100 %,
- leicht verschmutzt 66 %,
- stark verschmutzt 33 %,
- sehr stark verschmutzt 0 %.

Durch die Multiplikation der Prozentsätze für den Sauberkeitsgrad in relativen Zahlen mit der absoluten Punktzahl für die Elemente entsteht die jeweilige spezifische Sauberkeitskennzahl. Im Fall von Sauberkeitsdefiziten erfolgt eine Minderung des maximal erreichbaren Wertes. Nach der spezifischen Einzelbewertung werden die Kennzahlen der einzelnen Sauberkeitselemente addiert. Diese Summe, in Verhältnis zur maximal möglichen absoluten Punktzahl gesetzt, ist die Kennzahl für Sauberkeit. Eine hohe Punktzahl bedeutet einen guten Sauberkeitsstand.

Die Sauberkeitskennzahl wird nach folgender Formel berechnet:

$$\text{Sauberkeitskennzahl} = \frac{\sum_{vs=1}^{vs} \text{Sauberkeitspunktzahl nach Kundenwichtung x Sauberkeitsgrad}}{\sum \text{Sauberkeitspunktzahl}}$$

In der Formel steht das Kürzel vs für die sauberkeitsrelevanten Elemente in Verkehrsmitteln, die in Tabelle 10 aufgeführt werden. Sie werden in die drei Kategorien Fahrgastraum, Außenansicht und Infrastruktur unterschieden. Die jeweiligen Faktoren werden einer Einzelbewertung unterzogen. Exemplarisch wird für die Sauberkeit in Verkehrsmitteln eine Berechnung der Kennzahl mit fiktiven Werten durchgeführt. Analog kann bei der Sauberkeit an Haltestellen verfahren werden.

Tabelle 10: Elemente der Sauberkeit und Berechnung der Sauberkeitskennzahl für Verkehrsmittel

Element	Sauberkeits-punktzahl (Wichtung)	sauber 100 %	leicht ver-schmutzt 66 %	stark ver-schmutzt 33 %	sehr stark verschmutzt 0 %	spezifi-sche Sau-berkeits-kennzahl
Sitze (Fahrgastraum)	400	x				400
Boden (Fahrgastraum)	100		x			66
Wände (Fahrgastraum)	50			x		16,5
Decke (Fahrgastraum)	50			x		16,5
Fensterscheiben (innen)	200				x	0
Abfallbehälter	60				x	0
Lampen	100		x			66
Durchgangstür	80		x			52,8
Durchgangsraum	100	x				100
Toilette	300				x	0
Einstiegstüren	100			x		33
Fahrzeugaufbau (außen)	80		x			52,8
Fensterscheiben (außen)	200			x		66
Fahrwerk	25			x		8,3
Fahrkartenautomat	50	x				50
Fahrkartenentwerter	25	x				25
Zuginformationsanzeige	100		x			66
Summe	2020					1018,9
Sauberkeitskennzahl					$\frac{1018{,}9}{2020}$	= 0,504

Die Aufstellung eines Meßverfahrens zur Beurteilung der Bequemlichkeit ist sehr schwierig, da die einzelnen Elemente unterschiedlich sind und subjektiv bedingt stark variieren. Für die Beurteilung wird eine Bequemlichkeitskennzahl ermittelt. Bei dem Berechnungsverfahren wird den einzelnen Elementen der Bequemlichkeit nach der Bedeutung für den Kunden ein bestimmter Wert im Bereich von 1 – 9 zugeordnet. Bei einer Qualitätsbeurteilung wird der Anteil der Abweichung von einem optimalen definierten Zustand anhand von vier Abweichungsgraden festgestellt, nach dem ein Wert von 0 Prozent folglich sehr gut ist:

- keine Abweichung 0 %,
- geringe Abweichung 33 %,
- starke Abweichung 66 %,
- absolute Abweichung 100 %.

Nach der spezifischen Einzelbewertung der Elemente der Bequemlichkeit und der Multiplikation mit ihrem Abweichungsgrad werden diese addiert und in Verhältnis zur maximal möglichen Punktzahl gesetzt. Dieser Wert substrahiert von 1 (= 100 Prozent) ist die Kennzahl für Bequemlichkeit. Je geringer der Abweichungsgrad ist, desto kleiner wird der Zähler des Bruches und desto größer der Substraktionswert, wodurch eine hohe Bequemlichkeitskennzahl entsteht, die eine gute Bequemlichkeit ausdrückt.

Die Bequemlichkeitskennzahl wird nach folgender Formel berechnet:

$$\text{Bequemlichkeitskennzahl} = 1 - \frac{\sum_{vb=1}^{vb} \text{Bequemlichkeitspunktzahl Kundenwichtung x Abweichungsgrad}}{\sum \text{Bequemlichkeitspunktzahl}}$$

In der Formel steht die Abkürzung vb für bequemlichkeitsrelevante Elemente für die Verkehrsmittel, die einer Einzelbewertung unterzogen werden. In der nachfolgenden Tabelle 11 sind diese zusammengestellt. Exemplarisch wird für die Bequemlichkeit in Verkehrsmitteln eine Berechnung der Bewertungspunktzahl mit fiktiven Werten durchgeführt. (Analog dazu wird bei der Bequemlichkeit an Haltestellen verfahren.)

Die Bezugsgröße ist für alle Untergruppen des Verkehrsmittelkomfort die Verkehrsleistung.

Tabelle 11: Elemente der Bequemlichkeit und Berechnung der Bequemlichkeitswertzahl für Verkehrsmittel

Bequemlichkeitselement	Bequemlichkeits-punktzahl (Wichtung)									Abweichungsgrad von einem Optimum des Bequemlichkeitselements				spezifische Bequem-lichkeits-kennzahl
	1	2	3	4	5	6	7	8	9	100 %	66 %	33 %	0 %	
Ausleuchtung bei Tag (cd)									x				x	0
Ausleuchtung bei ungenügenden/nicht vorhandenen Tageslicht (cd)							x			x				7,0
Lärm durch Antrieb (sone)									x		x			5,94
Lärm durch Fehlfunktionen von Fahrzeugteilen (sone)						x						x		1,98
Raumtemperaturen (° C)								x				x		2,64
Luftfeuchte (%)					x						x			3,3
Luftstrom (m / s)						x						x		1,98
Gerüche				x									x	0
Festhaltemöglichkeiten bei Stehplätzen				x							x			2,64
Anlehnungsmöglichkeiten bei Stehplätzen			x							x				3,0
Einzelsitze				x								x		1,32
Doppelsitze					x						x			3,3
Mehrfachsitze						x				x				6,0
Sitze in Fahrtrichtung				x									x	0
Sitze entgegen Fahrtrichtung	x									x				1,0
Sitze parallel Fahrtrichtung			x							x				3,0
Höhe Sitzfläche				x								x		1,32
Breite Sitzfläche			x										x	0
Form Sitzfläche	x										x			0,66
Höhe Rückenlehne		x									x			1,32
Form Rückenlehne	x											x		0,33
Neigung Rückenlehne	x										x			0,66
Beinfreiheit		x								x				2,0
Material (Polsterung)					x						x			3,3
Farbgebung der Sitzplätze			x									x		0,99
Aufteilung des Raumes	x											x		0,33
Farbgebung des Raumes		x											x	0
Bequemlichkeitspunkte	109													54,01
Bequemlichkeitswertzahl												$1 - \frac{54,01}{109}$		$= 0,504$

Die Formel zur Berechnung der Kenngröße für die Gruppe „Verkehrsmittelkomfort" lautet:

Kenngröße für die Gruppe „$^{A\text{-}P\text{-}K}$ Verkehrsmittelkomfort$_{p,i,s,b}$"			
Kenngröße für die Untergruppe „Platzverfügbarkeit"	Kenngröße für die Untergruppe „Informationshilfen"	Kenngröße für die Untergruppe „Sauberkeit"	Kenngröße für die Untergruppe „Bequemlichkeit"

$$\frac{\sum_{vm=1}^{VM} {}_{vm}\left(\frac{{}_{vp}VS}{{}_{v}VL} + \frac{({}_{vi}IS + {}_{vi}IA + {}_{vi}IO)}{{}_{v}VL} + \frac{\sum_{vs=1}^{VS} {}_{vs}SP \times {}_{vs}SG}{{}_{v}VL \times \sum {}_{vs}SP} + \left(1 - \frac{\sum_{vb=1}^{VB} {}_{vb}BP \times {}_{vb}BG}{{}_{v}VL \times \sum {}_{vb}BP}\right)\right)}{\frac{FL}{HA \times VL}}$$

In dieser Formel bedeuten die einzelnen Kürzel:

FL = Fläche des Verkehrsgebietes (Quadratkilometer)

HA = Haltestellen im Verkehrsgebiet (Anzahl)

VL = Verkehrsleistung im Verkehrsgebiet (Personenkilometer)

${}_{v}VL$ = Verkehrsleistung mit den jeweiligen Verkehrsmitteln (Personenkilometer)

${}_{vb}VB$ = Elemente der Bequemlichkeit

${}_{vb}BG$ = Abweichungsgrad von einem definierten Optimum für Bequemlichkeitselemente (%)

${}_{vb}BP$ = Bequemlichkeitspunktzahl

${}_{vi}IA$ = akustische Informationshilfen (Anzahl als Summe der angefahrenen Haltestellen)

${}_{vi}IO$ = optische Informationshilfen (Anzahl als Summe der angefahrenen Haltestellen)

${}_{vi}IS$ = Informationen zum System (Anzahl)

${}_{vs}VS$ = Elemente der Sauberkeit

${}_{vs}SG$ = Sauberkeitsgrad (%)

${}_{vs}SP$ = Sauberkeitspunktzahl

${}_{vp}VS$ = stehend verbrachte Verkehrsleistung (Personenkilometer)

${}_{vm}VM$ = Verkehrsmittel

1 = Eisenbahnen und S-Bahnen   3 = Straßenbahnen

2 = U-Bahnen   4 = Busse

VII.B.4.b Die Kenngröße für den Haltestellenkomfort

Haltestellen sind die Visitenkarten für den ÖPNV. Nicht nur Benutzer des ÖPNV kommen mit den Haltestellen in Kontakt, sondern auch Nicht-Benutzer bei der alltäglichen Bewegung im öffentlichen Straßenraum. Jede Fahrt mit Verkehrsmitteln des ÖPNV ruft den unmittelbaren Kontakt mit mindestens zwei Haltestellen hervor, der Start- und der Zielhaltestelle. Häufig sind es jedoch drei und mehr, da in einer Vielzahl der Fahrten ein oder mehrere Umstiegsvorgänge erforderlich sind.

PETERS zählt die in dieser Gruppe behandelten Komponenten wie Witterungsschutz oder Ausstattung und Erscheinungsbild der Haltestellen zu der übergeordneter Einteilung Erreichbarkeit.[262] Dies erscheint jedoch nicht sinnvoll, da die Erreichbarkeit durch einen Fahrgast im Sinne der grundsätzlichen Zugangsmöglichkeit zum ÖPNV nicht berührt wird. Diese Komponenten sind nur die Rahmenbedingungen auf dem Weg vom Ausgangspunkt des Reiseweges zum angestrebten Ziel. „Nur“ die Annehmlichkeiten bei der Erreichbarkeit werden beeinträchtigt und zweifellos das subjektive Empfinden beeinflußt.

Im folgenden werden die Elemente für die jeweiligen Untergruppen der Bequemlichkeit an Haltestellen aufgeführt. Sie entsprechen größtenteils denen beim Verkehrsmittelkomfort. Jedoch unterscheiden sich auch einige Elemente durch die spezifischen Erfordernisse der Haltestellen.

Die Qualität der Platzverfügbarkeit an Haltestellen hat im Vergleich zu der in Verkehrsmitteln ihre Besonderheit darin, daß die Möglichkeit zum Sitzplatz von gesteigerter Bedeutung ist, weil beim Warten auf ein Verkehrsmittel die Zeit im Sitzen kurzweiliger erscheinen kann. Jedoch ist nicht nur das Sitzen an sich für die Qualität relevant, sondern im besonderen der Witterungsschutz, das heißt die Überdachung beziehungsweise Einhausung der Haltestelle. Überdachte Stehplätze sind ebenfalls für die Qualität zu berücksichtigen.

Die Informationshilfen an Haltestellen werden im Vergleich zu den Informationshilfen in Verkehrsmitteln um eine Kategorie ergänzt, so daß drei Kategorien unterschieden werden:

- graphische Informationshilfen zum System,
- akustische und optische Informationshilfen zum Betrieb,
- Informationshilfen zu der Umgebung von Haltestellen.

---

[262] Vgl. PETERS, S.: 1985, S. 137.

Die Informationshilfen zum System setzen sich an Haltestellen aus Liniennetzplänen, Fahrplänen und Tarifinformation zusammen. Akustische Fahrgastinformationen an Haltestellen sind Durchsagen von Fahrbetriebsstörungen über Lautsprecher. Darüberhinaus gibt es die Möglichkeit der Hinweise auf alternative Verbindungen. Die optischen Fahrgastinformationen bestehen in dynamischen Fahrstandsanzeigetafeln, mit denen die aktuellen Fahrzeiten angekündigt werden, so daß für den Fahrgast im Fall von Verspätungen durch die genaue Kenntnis der Wartezeit Entscheidungsmöglichkeiten zur Routenwahl bestehen und bei Verabredungen Informationsmöglichkeiten per Telefon. Akustische und optische Informationshilfen haben durch die In-Kenntnis-Setzung des Fahrgastes einen zeitverkürzenden Effekt. An Haltestellen gibt es eine vierte Kategorie der Informationshilfen. Sie umfassen ein Wegweisungssystem, mit dem der Fahrgast besonders an U- und S-Bahnhaltestellen durch Umgebungspläne und Hinweisschilder für Straßen und wichtige Einrichtungen der Weg zu den richtigen Ausgängen beziehungsweise in die richtige Richtung geleitet wird.

Die Sauberkeit an Haltestellen wird nach verschiedenen Elementen bewertet. Für den Innenbereich der Haltestellen sind die Elemente Sitze, Böden, Wände, Decken, Fensterscheiben (innen), Lampen, Türen, Abfallbehälter und Toiletten von Bedeutung. Zum Außenbereich gehören Außenwände, Fensterscheiben (außen), Fahrspuren (Schienen), Treppen und Aufzüge. Im Vergleich zu den Verkehrsmitteln sind besondere Elemente die ÖPNV-spezifische Infrastruktur an Haltestellen, die für die Sauberkeit relevant sind. Sie bestehen aus Fahrkartenautomaten, Fahrkartenentwertern, Informationsvitrinen, Haltestellennamensschildern, Richtungsschildern, Hinweisschildern und Uhren.

Die Bequemlichkeit an Haltestellen wird wie bei der Bequemlichkeit in Verkehrsmitteln in vier Kategorien eingeteilt:
- akustische Verhältnisse,
- optische Verhältnisse,
- klimatische Verhältnisse,
- räumliche Verhältnisse.

Die akustischen Verhältnisse an Haltestellen werden durch das Verkehrsaufkommen und durch die Schallabstrahlung der passierenden Verkehrsmittel dominiert und wie die Haltestelle gegen diesen von der Umgebung auf sie einwirkenden Lärm abgeschirmt ist.

Bezüglich der optischen Verhältnisse sind bei den Haltestellen über die Aspekte der ausreichenden Beleuchtung bei den Verkehrsmitteln die Sichtbarkeit ankommender

Verkehrsmittel relevant, die durch die Anordnung (hinter Kurven) und Gestaltung der Wartehallen (Plazierung von Werbeflächen) behindert werden kann. Darüberhinaus müssen besonders dunkle Ecken vermieden werden, um Kriminalität und Vandalismus vorzubeugen.

Klimatische Verhältnisse werden wie bei den Verkehrsmitteln durch Temperaturen, Zugigkeit, Luftfeuchte, und Faktoren der zusätzlichen Geruchsentwicklung bedingt. Bezüglich der Zugigkeit besteht bei Haltestellen ein grundsätzliches Problem, da sie in der Regel hoch ist. Sie läßt sich jedoch insofern beeinflussen, daß die Haltestellen bei der Einrichtung nicht in der Hauptwindrichtung plaziert werden oder zusätzlich windbrechende Elemente eingesetzt werden.

Bei den räumlichen Verhältnissen sind besonders die Gestaltung und die Farbgebung der Wartehallen, Lage, Gestaltung und Anordnung der vorhandenen Sitzplätze, Existenz und Anzahl der Toiletten sowie der Witterungsschutz gegen Niederschlagseinwirkungen und Spritzwasser, das heißt überdachte Fläche und schützende Wände, maßgebend.

Analog zur Einteilung bei der Gruppe „Verkehrsmittelkomfort" gibt es bei der Gruppe „Haltestellenkomfort" vier Untergruppen:
- **P**latzverfügbarkeit (an Haltestellen) (p),
- **I**nformationshilfen (an Haltestellen) (i),
- **S**auberkeit (an Haltestellen) (s),
- **B**equemlichkeit (an Haltestellen) (b).

Die Beurteilung der Platzverfügbarkeit erfolgt durch die Anzahl der nicht überdachten und überdachten Sitzplätze sowie der überdachten Stehplätze. Aufgrund der Witterungsverhältnisse in Deutschland, nach denen ungefähr in der Hälfte des Jahres ein Witterungsschutz erforderlich ist, fließen in Abwägung mit dem Sitzvorteil bei nicht überdachten Sitzplätze überdachte Stehplätze und nicht überdachte Sitzplätze gleichermaßen mit dem einfachen Wert ein. Die besondere Qualität überdachter Sitzplätze wird mit einer Gewichtung durch den Faktor 2 gewürdigt. Die Informationshilfen werden mit der jeweiligen Anzahl von Übersichten, Durchsagen, Anzeigen und Wegweisungen beurteilt. Die Bewertungs- und Berechnungsverfahren für Sauberkeit und Bequemlichkeit sind den gleichen Untergruppen des Verkehrsmittelkomforts zu entnehmen. Die einzelnen oben angegebenen haltestellenspezifischen Elemente müssen dabei berücksichtigt werden. Die Bezugsgröße ist die Fläche der Haltestellen.

Die Formel zur Berechnung der Kenngröße für die Gruppe „Haltestellenkomfort“ lautet:

Kenngröße für die Gruppe „$^{A\text{-}P\text{-}K}$ **Haltestellenkomfort** $_{p,i,s,b}$“			
Kenngröße für die Untergruppe „**P**latzverfügbarkeit“	Kenngröße für die Untergruppe „**I**nformationshilfen“	Kenngröße für die Untergruppe „**S**auberkeit“	Kenngröße für die Untergruppe „**B**equemlichkeit“

$$\frac{\displaystyle\sum_{ha=1}^{HA}{}_{ha}\left(\frac{{}_{hp}SI + {}_{hp}\text{SÜ} + {}_{hp}ST}{{}_{h}FH} + \frac{({}_{hi}IS + {}_{hi}IW + {}_{hi}IA + {}_{hi}IO)}{{}_{h}FH} + \frac{\sum_{hs=1}^{HS} {}_{hs}SP \times {}_{hs}SG}{{}_{h}FH \times \sum {}_{hs}SP} + \left(1 - \frac{\sum_{hb=1}^{HB} {}_{hb}BP \times {}_{hb}BG}{{}_{h}FL \times \sum {}_{hb}BP}\right)\right)}{\dfrac{FL}{HA \times VL}}$$

In dieser Formel bedeuten die einzelnen Kürzel:

FL = Fläche des Verkehrsgebietes (Quadratkilometer)
HA = Haltestellen im Verkehrsgebiet (Anzahl)
VL = Verkehrsleistung im Verkehrsgebiet (Personenkilometer)
${}_{h}FL$ = Fläche der Haltestellen (Quadratmeter)
${}_{ha}HA$ = Haltestellen (Anzahl)
${}_{hb}HB$ = Elemente der Bequemlichkeit an den Haltestellen (Anzahl)
${}_{hb}BG$ = Bequemlichkeitsgrad (%)
${}_{hb}BP$ = Bequemlichkeitspunktzahl
${}_{hi}IA$ = akustische Informationshilfen (Anzahl)
${}_{hi}IS$ = Informationen zum System (Anzahl)
${}_{hi}IO$ = optische Informationshilfen (Fahrstandsanzeige) (Anzahl)
${}_{hi}IW$ = Informationshilfen zur Wegweisung (Anzahl)
${}_{hs}HS$ = Elemente der Sauberkeit an den Haltestellen (Anzahl)
${}_{hp}SI$ = nicht überdachte Sitzplätze (Anzahl)
${}_{hp}\text{SÜ}$ = Überdachte Sitzplätze (Anzahl)
${}_{hp}ST$ = Überdachte Stehplätze (Anzahl)
${}_{hs}SG$ = Sauberkeitsgrad (%)
${}_{hs}SP$ = Sauberkeitspunktzahl

VII.B.4.c Die Kenngröße für den Zugangskomfort

Beim Zugangskomfort werden alle Aspekte erfaßt, die an der Schnittstelle zwischen Erreichbarkeit der Haltestelle und Verkehrsmittel festgemacht werden können. Dabei geht es nicht nur um die häufig im Blickfeld dieses Kriteriums stehende Kundengruppe der „Rollstuhlfahrer". Der Zugangskomfort betrifft auch maßgeblich die Kundengruppe der älteren Menschen, die schlecht zu Fuß sind, damit diese nicht mit weiteren Beschwerlichkeiten bei ihrer Mobilität konfrontiert werden. Außerdem sind Frauen im Alltag mit Kleinkindern (Kinderwagen) stark tangiert. Oftmals wird diesen Nutzergruppen der Zugang durch hohe Schikanen ohne Problemlösungen erschwert. Abgesehen von dem moral-ethischen Aspekt, diese Gruppe durch Maßnahmen des barrierenfreien Zugangs die Möglichkeit einer unabhängigen, selbständigen Mobilität zu gewährleisten, müssen jedoch aus betriebswirtschaftlichen Aspekten ebenfalls Maßnahmen getroffen werden, diese als Fahrgäste zu gewinnen beziehungsweise zu behalten. Jedoch auch im Hinblick auf „normale" Kunden ist allgemein davon auszugehen, daß je weniger Aufwand sie für den Zugang zu den Fahrzeugen betreiben müssen, um so angenehmer empfinden sie den ÖPNV.

Die Haltestellen werden im Hinblick auf den Haltestellenzugangskomfort nach der Höhenlage im Vergleich zur übrigen Verkehrsfläche eingeteilt in:

- ebenerdige Haltestellen,
- nicht ebenerdige Haltestellen.

Ebenerdige Haltestellen sind Haltestellen, die auf demselben Höhenniveau zu den allgemeinen Verkehrsflächen liegen. Sie können zwar durch geringfügige bauliche Maßnahmen getrennt von diesen sein, aber sind ohne besondere Zugangshilfen wie Lifte, Rolltreppen oder mehrstufige Treppen zugänglich. Die ebenerdigen Haltestellen implizieren in der grundlegenden Zugänglichkeit keine unüberwindbaren Probleme. Das Zugangshindernis stellen hauptsächlich Bordsteine dar, die in eine Kategorie der Höhenüberwindung liegen, die für fast alle Menschen, die sich im öffentlichen Straßenraum bewegen können, ohne Schwierigkeiten zu bewältigen ist. Sogar gewandte Rollstuhlfahrer besitzen die Technik zur selbständigen Überwindung. Eine Sonderform bilden Bahnsteige von Bahnhöfen im SPNV, die zwar zumeist grundsätzlich auf einer Ebene zu den anderen Verkehrsflächen liegen, aber nur durch eine Über- beziehungsweise Unterführung erreichbar sind. Deswegen werden diese den nicht ebenerdigen Haltestellen zugeordnet.

Nicht ebenerdige Haltestellen sind solche Haltestellen, die sich mit den umgebenden Verkehrsflächen nicht auf einer Ebene befinden. Deren Einrichtung sind in der Regel mit umfangreichen Baumaßnahmen verbunden. Bei U-Bahnen sind sie die dominierende Haltestellenform. Sie kommen jedoch ebenso bei S-Bahnen oder bei Straßenbahnen vor, deren Verkehrswege im hochverdichteten Zentrumsbereich in den Untergrund verlegt wurden. Außerdem fallen hierunter auch Sonderformen wie zum Beispiel die Hochbahnsteige der Wuppertaler Schwebebahn. Die Qualität, wie gut nicht ebenerdige Haltestellen zugänglich sind, wird hauptsächlich durch die Existenz von den Zugangshilfsmitteln Fahrstühle und Rolltreppen bestimmt.

Der Hauptfaktor für einen barrierefreien Zugang der nicht ebenerdigen Haltestellen ist der Fahrstuhl. Während bei Neubauten von nicht ebenerdigen Haltestellen im ÖPNV der Einbau von Fahrstühlen üblich ist, fehlen sie bei älteren Haltestellen. Bei diesen stehen oftmals einer Nachrüstung außer technischen Erschwernissen das Problem hoher, sich nicht unmittelbar ertragssteigernd auswirkenden Kosten einem nachträglichen Einbau entgegen. Rolltreppen ermöglichen ebenso wie Fahrstühle die Erreichbarkeit von nicht ebenerdigen Haltestellen ohne Einsatz von Muskelkraft zur Überwindung von Höhendifferenzen. Sie haben jedoch in der Hinsicht qualitative Nachteile gegenüber dem Fahrstuhl, daß gehbehinderten Menschen das Betreten einer sich stetig bewegenden Einrichtung auch schon erhebliche Probleme bereiten kann. Außerdem ist eine Benutzung für Rollstuhlfahrer nur mit einer bestimmten Technik möglich, die nur von einigen sehr gewandten Rollstuhlfahrern beherrscht wird.

In Hinblick auf den Zugangskomfort sind bezüglich der Treppengestaltung noch Kriterien der Breite und Steilheit der Treppen nicht zu vernachlässigende Größen. Sie bestimmen die Kapazität im Sinne der Passierbarkeit von einer bestimmten Personenanzahl maßgeblich. Dabei ist der Treppenquerschnitt grundsätzlich für den störungsfreien Ablauf eines schnellen Fahrgaststroms entscheidend und besonders bei hochfrequentierten Umstiegsknoten problematisch. Werden die Treppen nicht nach dem zu erwartenden Fußgängerverkehrsaufkommen in den Verkehrsspitzenzeiten angelegt, so kommt es zu intensiven Negativerlebnissen, da die Mehrzahl der Menschen durch Gedränge und geringe Individualdistanzen abgestoßen werden. Die Steilheit einer Treppe ist besonders für alte und behinderte Menschen für die Begehbarkeit maßgeblich. Bei einem sehr schmalen Treppenquerschnitt wird der Fluß des Fußgängerstromes erheblich behindert. Die Treppenbreite und -steilheit spielen auch bei der Sicherheit für die Beurteilung der Fluchtwegegestaltung eine wichtige Rolle. Sie werden jedoch aus Gründen der Vereinfachung nicht weiter bei der Kenngröße berücksichtigt.

Der Verkehrsmitteleinstiegskomfort ist abhängig von der baulichen Gestaltung des Fahrzeugs mit der grundsätzlichen Einstiegshöhe, Einstiegsbreite, Anforderungsvorrichtung für Öffnungs- und Schließmechanismus und besonders bei S-Bahnen und U-Bahnen der Anzahl von Einstiegsmöglichkeiten. Die Einstiegshöhe kann durch den Anteil von Niederflurfahrzeugen reduziert werden. Zur Nivellierung des Einstiegs gibt es die technischen Möglichkeiten von Ausfahrrampen und Kneeling bei Bussen, das heißt das pneumatische Absenken des Fahrzeugs.

Eine grundlegende Maßnahme für den Zugangskomfort setzt an der Schnittstelle zwischen Haltestellen und Verkehrsmitteln an, indem eine Abstimmung der Bahnsteighöhe mit der Einstiegshöhe der Verkehrsmittel für einen höhengleichen Zugang erfolgt. Auf Bahnhöfen von Eisenbahnen, wo aufgrund der unterschiedlichen Züge eine Abstimmung schwer möglich, gibt es teilweise den Einsatz von Hebebühnen.

Die Gruppe „Zugangskomfort“ wird in zwei Untergruppen unterteilt:
- **H**altestellenzugang (h),
- **V**erkehrsmitteleinstieg (v).

Die Qualität der Zugänglichkeit wird – unter Berücksichtigung der in dieser Hinsicht am meisten benachteiligten Kundengruppe der Rollstuhlfahrer – durch die Beurteilungsgröße der mit Muskelkraft notwendigen Überwindung von Höhendifferenzen beim Zugang zur Haltestelle und zum Verkehrsmittel gemessen. Bei den Einstiegshilfen in Form von Rampen bei Tram und Bus muß bei der Berechnung berücksichtigt werden, daß sie nur für Rollstuhlfahrer ausgefahren werden. Darüberhinaus gibt es jedoch auch viele Gehbehinderte mit großen Schwierigkeiten Höhendifferenzen zu überwinden, die sich jedoch ohne Hebebühne beziehungsweise Ausfahrrampe Zugang verschaffen müssen. Deshalb darf nur für Rollstuhlfahrer die Höhendifferenz beim Verkehrsmitteleinstiegskomfort mit 0 angesetzt werden. Die Bezugsgröße ist die Anzahl der Haltestellen.

Die Formel zur Berechnung der Kenngröße für die Gruppe „Zugangskomfort“ lautet:

Kenngröße für die Gruppe
„$^{A\text{-}P\text{-}K}$ Zugangskomfort $_{h,v}$“

Kenngröße für die Untergruppe „**H**altestellenzugang“	Kenngröße für die Untergruppe „**V**erkehrsmitteleinstieg“

$$\frac{\dfrac{{}_{h}HA}{\sum_{ha=1}^{HA} {}_{ha}({}_{zh}MK)} + \dfrac{{}_{h}HA}{\sum_{ha=1}^{HA} {}_{ha}({}_{zv}MK)}}{\dfrac{FL}{HA}}$$

In dieser Formel bedeuten die einzelnen Kürzel:

FL = Fläche des Verkehrsgebietes (Quadratkilometer)

HA = Haltestellen im Verkehrsgebiet (Anzahl)

VL = Verkehrsleistung im Verkehrsgebiet (Personenkilometer)

${}_{h}HA$ = gesamte Haltestellen (Anzahl)

${}_{ha}HA$ = Haltestellen (Anzahl)

${}_{zh}MK$ = mit Muskelkraft zu überwindende Höhendifferenz für Zugang Haltestelle (Zentimeter)

${}_{zv}MK$ = mit Muskelkraft zu überwindende Höhendifferenz für Einstieg in Verkehrsmittel (Zentimeter)

VII.C Preis (Tarif)

In der freien Marktwirtschaft richtet sich der Preis nach Angebot und Nachfrage, das heißt ob die Qualität eines Produktes mit dem Produktwunsch von Kunden so in Einklang steht, daß es zum Kaufvorgang kommt. Die Produktions- und Dienstleistungsunternehmen richten ihre Preisforderungen nach der Deckung der gesamten Kosten, das heißt der fixen und variablen Kosten und der kalkulatorischen Kosten, mit einem Zuschlag für die Gewinnspanne. Dabei besteht aus absatzpolitischen Motiven die Möglichkeit der kurz- und mittelfristigen aktiven Preispolitik, bei der Preise in Kauf genommen werden, die nur Teilkosten decken.

> „Die Aufgabe der betrieblichen Preis- und Entgeltpolitik besteht in der Festlegung der Preisforderungen für die erstellten oder zu erstellenden Leistungen des Betriebs gegenüber seinen aktuellen und potentiellen Nachfragern.“ [263]

Im ÖPNV findet ein Preisbildungsmechanismus nach den Gesetzmäßigkeiten einer freien Marktwirtschaft nicht statt. Fahrausweispreise und Änderungen werden von einer staatlichen Instanz festgelegt und genehmigt. Es ist von administrierten Preisen zu sprechen. Dies soll dazu dienen, daß öffentliche Verkehrsinteressen, das Gemeinwohl sowie eine kontrollierte Umsetzung der Preisforderungen berücksichtigt werden. Es handelt sich um Festpreise. Im ÖPNV ist der Preis der Fahrausweise für die Dienstleistung Personenbeförderung folglich weniger Resultat einer betriebswirtschaftlichen Kalkulation, mit der die Kosten für die Betriebsleistungen durch Erträge aus dem Verkauf von Fahrausweisen (und sonstigen Unternehmenserträgen) gedeckt werden, sondern mehr Ergebnis politischer Konstellationen und Überlegungen.

Im ÖPNV gibt es in der Preisbildung eine Besonderheit: den Tarif.

> „Für den ÖPNV-Betrieb ist es aufgrund der Massenhaftigkeit des Verkehrs und der Vielzahl bedienter Verkehrsrelationen typisch, daß er seine Preisforderungen in Form eines Tarifs zusammenfaßt. Ein Tarif stellt ein Preisverzeichnis besonderer Art dar, das systematisch zusammengestellte Preisforderungen enthält, die für alle Nachfrager einer Leistungsart oder für alle Nachfrager einer Gruppe von Leistungsarten gleichermaßen gelten.“ [264]

Die Tarifgestaltung läßt sich in zwei Prozeßstufen einteilen: eine formelle und eine materielle. Bei der formellen Tarifgestaltung werden Tarifgruppen gebildet. Dabei steht

---

[263] PETERS, S.: 1985, S. 339.
[264] KINDT, V.: 1971, S. 12.

der Aspekt im Vordergrund, daß die grundsätzlich für den ÖPNV charakteristische preispolitische Strategie der Preisintegration nicht die Preisdiversifikation, das heißt die Möglichkeit der nachfrageorientierten oder zielgruppenorientierten Angebotsgestaltung ausschließen darf. Deshalb werden Kriterien entwickelt, anhand derer Tarifgruppen gebildet werden. Für diese werden Grundsätze festgelegt, nach denen die Fahrpreise von diversen, der Fahrgaststruktur und den Fahrgastbedarfen gerecht werdenden Fahrausweisarten bemessen werden. Für die Preisdiversifikation gibt es drei grundsätzliche Möglichkeiten. Außer der Bestimmung des Sortiments mit verschiedenen Fahrausweisarten gibt es die Möglichkeit, die Nachfrager nach Personengruppen einzuteilen. Im ÖPNV sind dies im allgemeinen Gruppen, denen eine bestimmte Zahlungsfähigkeit zugeordnet und entsprechende Preisforderungen gegenübergestellt werden können, zum Beispiel Schüler. Zudem besteht als dritte Möglichkeit, die Einteilung nach Entfernungen gemäß den Ausgangs- und Endpunkten von Betriebsleistungen vorzunehmen. Bei der Tarifgestaltung nach Entfernungsstufen werden vorwiegend Tarifzonen gebildet. Die Einteilung der Tarifzonen ist größtenteils die Bemessungsgrundlage für die Preise der Fahrausweisarten. Deshalb ist es wichtig, daß die Tarifzonen die Verkehrsbeziehungen berücksichtigen und einer sensiblen Nachfragesymmetrie Rechnung tragen.

Nach SONNHOF[265] sind fünf grundsätzliche Tarifarten zu unterscheiden:

- Kilometertarif: das Beförderungsentgelt bemißt sich nach der in Kilometern gemessenen Entfernung zwischen Quelle- und Zielhaltestelle,
- Haltestellentarif: es dient die Zahl der Haltestellen von der Quelle- bis zur Zielhaltestelle als Bemessungsgrundlage des Beförderungspreises,
- Teilstreckentarif: für die Fahrpreisbildung ist die Zahl der befahrenen Teilstrecken maßgebend, wobei das Streckennetz in ungefähr gleich lange Teilstrecken eingeteilt wird,
- Flächenzonentarif: das gesamte Verkehrsgebiet wird nach örtlichen, strukturellen und verkehrlichen Gegebenheiten in etwa gleich große Zonen eingeteilt (verschiedene Formvarianten sind zwischen verschiedenen Verkehrsgebieten möglich wie zum Beispiel Kreisform oder Wabenform) und das Beförderungs-entgelt bestimmt sich aus der Zahl der befahrenen Zonen,
- Einheitstarif: für jede Fahrt wird dieselbe Preisforderung erhoben.

Die verschiedenen Tarifgrundarten kommen in der Praxis in ihrer reinen Ausprägung selten vor. Besonders in größeren Verkehrsgebieten, die sich zu einer Tarifkooperation

[265] Vgl. SONNHOF, H.: 1980, S. 576 ff.

zusammengeschlossen haben, werden meistens Mischsysteme angewandt. Zum Beispiel besteht in Verkehrsverbünden mit einem großstädtischen Zentrum ein Einheitstarif in der Großstadt, der im anschließenden Umland in einen Flächenzonentarif mit oftmals konzentrischen Zonenkreisen und im entfernten Bereich in einen Teilstreckentarif übergeht.

Bei der materiellen Tarifgestaltung werden die Preise für die verschiedenen Fahrausweisarten bestimmt. Dabei muß auch im ÖPNV grundsätzlich gelten, daß die Kosten für die Verkehrsbedienung von den Erträgen abzudecken ist. Deshalb ist es erforderlich, die Kosten für die Verkehrsbedienung aus den Verkehrsleistungsverträgen der Aufgabenträger mit den Verkehrsunternehmen beziehungsweise Kostenberechnungen der Verkehrsunternehmen zugrundezulegen und Einnahmenberechnungen gegenüberzustellen. Dabei müssen Wechselwirkungen berücksichtigt werden, die zwischen dem Anreiz zur regen Inanspruchnahme von Fahrausweisen durch für die potentiellen Benutzer einsichtige Preisvorteile auf der einen Seite und einem optimalen Deckungsbeitrag der Betriebskosten durch die Fahrausweiseinnahmen auf der anderen Seite liegen.

Wie den vorangehenden Erläuterungen zu entnehmen ist, besteht im ÖPNV das Problem, aus verschiedenen Tarifgrundarten unter Einbeziehung der Fahrgastgruppen und der Verkehrsrahmenbedingungen ein Tarifsystem zu entwickeln, das sowohl preispolitischen Zielen der Aufgabenträger, Ansprüchen der Kunden als auch Erfordernissen der Verkehrsunternehmen gerecht wird. Aus der Sicht der Kunden des ÖPNV erscheint zunächst ein stark differenzierter Tarif als sehr wünschenswert, da nur er dem Grundsatz der Leistungsgerechtigkeit zu entsprechen vermag. Der Kunde wird in der Regel nicht zu überzeugen sein, daß er im Falle stark integrierter Preisforderungen für in seinen Augen sehr unterschiedliche Betriebsleistungen dasselbe Beförderungsentgelt zahlen soll; er wird vielmehr erwarten, daß die erheblich geringerwertigere Leistung, etwa die Kurzstreckenfahrt gegenüber der Langstreckenfahrt, entsprechend niedriger tarifiert wird.[266] Allerdings ist eine zu große Diversifizierung des Fahrausweisangebotes insofern problematisch, als Kunden (besonders fremde) den Überblick verlieren und nicht bereit sind, sich mit vielen Angeboten (am Fahrausweisautomaten) auseinanderzusetzen.

Aus Sicht der Verkehrsunternehmen ist bei zunehmender Vielfalt der Fahrausweise zu beachten, daß die Kosten für die Angebote leicht die aus der Differenzierung resultierenden Erlöszuwächse überkompensieren können. Ein weiterer Aspekt diesbezüglich ist

---

[266] Vgl. PETERS, S.: 1985, S. 350.

die Handhabbarkeit beim Verkauf durch Fahrpersonal, das nicht die komplette Palette der Fahrausweise vorrätig halten kann, von deren Erhältlichkeit der Fahrgast jedoch bei einem grundsätzlichen Angebot ausgeht. Bei Tarifkooperationen fließt der zusätzliche Aspekt ein, die Aufteilung der Einnahmen unter den verschiedenen Verkehrsunternehmen nicht zu kompliziert werden zu lassen.

Ein wichtiger Gesichtspunkt, der bei der Preispolitik berücksichtigt werden muß, ist die Preiselastizität der Nachfrage und im Zusammenhang damit die Reagibilität von aktuellen und potentiellen Benutzern. Nach empirischen Untersuchungen sowohl von KINDT[267] und LEOPOLD[268] in Deutschland als auch von WEBSTER / BLY[269] weltweit hat die Preiselastizität der Nachfrage nach Verkehrsleistungen im ÖPNV einen negativen Wert. Er liegt bei - 0,3. Das sagt aus, daß so gut wie keine Änderung der Nachfrage erfolgt, wenn der Preis gehoben oder gesenkt wird. Demnach handelt es sich im ÖPNV um eine unelastische Nachfrage. Als Ursache für diese Preisunelastizität der Nachfrage nennt WEIMER, den zum Teil erheblichen Attraktivitätsvorsprung des Pkw bei zahlreichen Qualitätselementen, der für die Entscheidung, ob öffentliche Verkehrsleistungen in Anspruch genommen werden, eine viel wichtigere Rolle spielt als die Höhe des Fahrpreises.[270]

Jedoch gibt es auch zahlreiche Indizien dafür, daß diese in Untersuchungen vor 20 Jahren gemachten Feststellungen entweder nicht grundsätzlicher Natur sind oder im Verlauf der Jahre eine Wandlung erfahren haben. Eine Änderung der Preis-Nachfrage-Zusammenhänge kann darauf beruhen, daß zum Zeitpunkt der Untersuchungen die Rahmenbedingungen der Verkehrsmittelwahl für den Pkw günstig waren. Der Wunsch nach Anerkennung der sozialen Besserstellung durch eine Zur-Schau-Stellung des eigenen Pkw war größer. Außerdem waren die Straßenkapazitäten noch nicht so überlastet, der Verkehrsfluß so behindert und die Abstellmöglichkeiten in den Städten durch Verkehrsschilder oder Parkraumbewirtschaftung so eingeengt. Die grundsätzliche Motivation zur Nutzung des Pkw wurde im Verlauf der Jahre gesenkt.

Ein Beweis für die Existenz einer Preiselastizität der Nachfrage wird durch das Angebot von attraktiven Fahrausweisen geliefert. Besonders Fahrausweisangebote, die dem Vielfahren Rechnung tragen und es „belohnen", werden schnell akzeptiert. Das „Schönes-Wochenend-Ticket" der DB AG hatte anfangs einen solchen Fahrgastzuwachs bewirkt,

---

[267] Vgl. KINDT, V.: 1971, S. 64.
[268] Vgl. LEOPOLD, H.: 1981, S. 74.
[269] Vgl. WEBSTER, F. / BLY, P.: 1980, S. 109.
[270] Vgl. WEIMER, K.: 1978, S. 69.

der die Kapazitäten der Nahverkehrszüge dermaßen überstiegen hat, daß es zu Beeinträchtigungen bei der Abfertigung der Züge gekommen ist. Bei der Einführung eines neuen Stadt-Umland-Bussystems wurde in Kelheim ein neues „Verbund-Ticket" für zwei Gemeinden angeboten, für dessen Preisbemessung die Busunternehmen mit einer Verkaufsstückzahl von 10 für einen Zeitraum von einem Jahr kalkulierten. Jedoch wurden in den ersten drei Monate nach Einführung des Fahrausweises die zehnfache Anzahl verkauft.

Die Beurteilung von Preisen beziehungsweise Tarifen mit Kenngrößen ist schwierig. PETERS ist der Auffassung, daß die Preiswürdigkeit des Leistungsangebotes im ÖPNV nur als das Verhältnis zwischen der Höhe der Tarifpreisförderung oder des Tarifniveaus und den realisierten anderen Qualitätsdimensionen des Leistungsangebotes gesehen werden kann.[271]

Eine solche Betrachtung würde eine Vergleichbarkeit der „Preiswürdigkeit" praktisch unmöglich machen. Denn ein Erfassen und Bewerten der realisierten anderen Qualitätsfaktoren wäre so umfassend, daß es zu einem ausufernden Arbeitsumfang käme und eine Aussage durch viele Faktoren verwässert würde. Deshalb sind preisspezifische Einflußfaktoren für einen Vergleich mit Kenngrößen wie die anderen Faktoren getrennt zu betrachten. Die Einteilung der Einflußfaktoren orientiert sich an den Fahrausweisarten, den Niveaus der Fahrausweispreise und spezieller Systemkriterien.

Die Abteilung „Preis" („Tarif") setzt sich aus drei Hauptgruppen zusammen:

- Preisgefüge (G),
- Preisniveau (N),
- Preissystem (S).

Die Abbildung 25 gibt eine Übersicht über die Einteilung der Kenngrößen in der Abteilung „Preis" („Tarif").

[271] Vgl. PETERS, S.: 1985.

Abbildung 25: Die Einteilung der Kenngrößen für die Abteilung „Preis" (Tarif")

Abteilung	Hauptgruppe	Gruppe	Untergruppe
Preis (Tarif)	Preisgefüge	Fahrausweisarten	Fahrausweise mit beschränkter Fahrtenzahl
			Fahrausweise ohne tageszeitlicher Beschränkung
			Fahrausweise mit tageszeitlicher Beschränkung
			Fahrausweise für mehrere Personen
		Entfernungsstufen	Kurzstrecke
			Tarifzone A
			Tarifzone B
			Tarifzone C
		Nachfragergruppen	Erwerbstätige
			Rentner
			Schüler und Azubis
			Familien und Gruppen
	Preisniveau	Preis-Leistungs-Verhältnis	Fahrausweise mit beschränkter Fahrtenzahl
			Fahrausweise ohne tageszeitlicher Beschränkung
			Fahrausweise mit tageszeitlicher Beschränkung
			Fahrausweise für mehrere Personen
		Preis-Kaufkraft-Verhältnis	Fahrausweise mit beschränkter Fahrtenzahl
			Fahrausweise ohne tageszeitlicher Beschränkung
			Fahrausweise mit tageszeitlicher Beschränkung
			Fahrausweise für mehrere Personen
	Preissystem	Beschränkungen	Zeitliche Beschränkungen
			Personelle Beschränkungen
			Altersbeschränkungen
			Sonstige Beschränkungen
		Transparenz	Fahrausweistransparenz
			Tarifzonentransparenz
			Tarifsprünge

VII.C.1 Kenngrößen für das Preisgefüge

Im ÖPNV besteht das Problem, daß es aufgrund der Massenhaftigkeit dieser Dienstleistung und der großen Anzahl bedienter Relationen und Haltestellen außerordentlich viele Möglichkeiten von Verkehrsleistungsarten gibt (siehe Kapitel I.A.2.b). Bei einem Verkehrsnetz mit 100 Haltestellen und 100.000 Fahrgästen beträgt die Zahl der möglichen Verkehrsleistungsarten 990 Mio., da aufgrund eines Startpunktes A und eines Zielpunktes B zwei Haltestellen fix sind und demzufolge 99 mal 100 Variationen bestehen. Außerdem besteht ein Verkehrsnetz häufig aus Verbindungen mit unterschiedlichen Verkehrsmitteln, die jede für sich besondere Kosten haben und deshalb auch unterschiedlich hohe Fahrpreise bedingen würden. Individuell ausgerichtete Fahrausweise und Preise in Form von Haltestellen- beziehungsweise Stationstarifen wie sie zum Beispiel im Luftverkehr möglich sind, würden im ÖPNV die technisch-organisatorischen Ansprüche bei der akquisitorischen Distribution überfordern. Im ÖPNV ist es deswegen im Gegensatz zur allgemein verfolgten Preisdifferenzierung bei preispolitischen Entscheidungen für andere Produkte und Dienstleistungen primär erforderlich, eine Preisintegration durchzuführen. Dies erfolgt, indem Personen zu Nachfragergruppen und/oder Entfernungsstufen in Zonen zusammengefaßt werden und Pauschalpreise gebildet werden. Für diese werden im Hinblick auf eine Differenzierung verschiedene Fahrausweisarten mit unterschiedlichen Preisen definiert. Dabei muß das Angebot von Fahrausweisarten in einem Verkehrsgebiet in einem abgestimmten Sortiment bestehen, das trotz der grundsätzlichen Abstrahierung der Vielfalt der Verkehrsleistungsarten den vielen Mobilitätsbedürfnissen gerecht wird und möglichst viele zeit- und verkehrsbedingte Nachfragebesonderheiten abdeckt. Die Festlegung von Fahrausweispreisen nach bestimmten zusammenfassenden Kriterien wird auch als Gruppenpreispolitik bezeichnet.[272]

Die Hauptgruppe „Preisgefüge“ wird in drei Gruppen eingeteilt:

- Preisgefüge nach **E**ntfernungsstufen (e),
- Preisgefüge nach **F**ahrausweisarten (f),
- Preisgefüge nach **N**achfragergruppen (n).

Die für die Preisbestimmung entscheidende Relativierungsgröße ist die Linienfahrleistung, die das Angebot, das mit dem Kauf von verschiedenen Fahrausweisen genutzt werden kann, charakterisiert. Sie wird durch die vergleichende Größe, die Fläche des Verkehrsgebietes, geteilt.

---

[272] Vgl. PETERS, S.: 1985, S. 346.

VII.C.1.a Die Kenngröße für das Preisgefüge nach Entfernungsstufen

Die Gestaltung des Preisgefüges nach dem Kriterium der Entfernung ist die Zusammenfassung einzelner kleiner Abschnitte von mehreren Verkehrslinien zu einer größeren Zone. Als stärkste Form der Preisdifferenzierung hierbei kann der Kilometertarif angesehen werden, bei dem keinerlei Aggregation von Entfernungsstufen erfolgt ist. Die stärkste Form der Preisintegration ist der vollständige Einheitstarif für ein Verkehrsgebiet, der auf jegliche preisliche Unterscheidung von Entfernungen verzichtet. Dies ist für die Kunden hinsichtlich der Tarifqualität auf den ersten Blick am besten, aber die Preisforderung muß in diesem Fall so niedrig angesetzt werden, daß die ÖPNV-Benutzung für die vielen kurzen Distanzen immer noch attraktiv ist. Dies beeinträchtigt wiederum die Ertragssituation, die sich negativ auf die anderen Betriebsleistungen auswirkt.

Im Hinblick auf die grafische Darstellung haben sich in den Verkehrsgebieten in Abhängigkeit von ihrer Struktur zwei grundsätzliche Formen etabliert. Die Wabenform, die in Gestalt von sechseckigen Zonen das Verkehrsgebiet einteilt, ist im ländlichen Raum (Landkreise abseits von Großstädten) oder in großflächig dichtbesiedelten Verkehrsgebieten mit gleichberechtigten Zentren (Rhein-Neckar-Raum) vorzufinden. Die Kreisform wird in Verkehrsgebieten mit einer „dominanten" Großstadt im Mittelpunkt, auf die in der Regel auch die Verkehrsrelationen besonders in Form der Schienenstrecken zulaufen, und einer nach außen hin abnehmenden Besiedlungsdichte verwendet. Dabei besteht im Zentrum des Verkehrsgebietes für die Großstadt eine große Kreiszone, an die sich mehrere Kreise anschließen (Münchner Verkehrs- und Tarifverbund). Die letzte Tarifstruktur hat in der Regel eine geringere Anzahl von Entfernungszonen als die Wabenform. Es besteht jedoch oftmals auch das Problem, daß zwischen zwei Punkten im Außenbereich aufgrund der mangelnden tangentialen Verbindungen ein Umweg über den Innenbereich erforderlich ist und Zonen mehrmals durchfahren werden müssen.

Der Kurzstreckentarif ist der Fahrpreis für eine besondere Entfernungsstufe, die hauptsächlich auf die gelegentliche Nutzung des ÖPNV durch Fußgänger und Fahrradfahrer abzielt. Diese beurteilen die Mobilitätsalternative von Fall zu Fall nach den Gesichtspunkten, ob gegenüber dem Fußweg ein Zeitgewinn realisiert wird oder ob die Wetterbedingungen einen Komfortgewinn bedingen und ob einer dieser beiden Faktoren seinen Preis wert ist. Die Preiskomponente ist aufgrund der Spezifität und der möglichen Alternativen dabei von besonderem Gewicht, so daß ein niedriger Preis die psychologische Hemmschwelle der Geldausgabe senkt.

Die Gruppe „Preisgefüge nach Entfernungsstufen“ wird in vier Untergruppen eingeteilt:

- Tarifzone **A** (a),
- Tarifzone **B** (b),
- Tarifzone **C** (c),
- Tarif für **K**urzstrecken (k).

Die Beurteilung des Preisgefüges nach Entfernungsstufen erfolgt nach den Preisen der diversen Fahrausweisarten für die Kurzstrecke und für drei Entfernungsstufen A – C. Existieren mehr als drei Entfernungsstufen in einem Verkehrsgebiet, so werden die untersten Zonenstufen für A, die in Bezug auf die Gesamtzonenanzahl mittleren Zonen für B und die am weitesten auseinanderliegenden Zonen für C verglichen. Die Bezugsgröße ist die maximale zurücklegbare Entfernung, das heißt, die entsprechenden Linienlängen in den Zonen beziehungsweise zwischen den Zonen.

Die Formel zur Berechnung der Kenngröße für die Gruppe „Preisgefüge nach Entfernungsstufen“ lautet:

Kenngröße für die Gruppe „$^{A\text{-}T\text{-}G}$ Preisgefüge nach **E**ntfernungsstufen $_{a,b,c,k}$“			
Kenngröße für die Untergruppe „Tarifzone **A**“	Kenngröße für die Untergruppe „Tarifzone **B**“	Kenngröße für die Untergruppe „Tarifzone **C**“	Kenngröße für die Untergruppe „Tarif für **K**urzstrecken“

$$\frac{\displaystyle\sum_{ea=1}^{EA}\frac{{}_{e}LL}{{}_{ea}PS}+\sum_{eb=1}^{EB}\frac{{}_{e}LL}{{}_{eb}PS}+\sum_{ec=1}^{EC}\frac{{}_{e}LL}{{}_{ec}PS}+\frac{{}_{e}LL}{{}_{ek}PS}}{\dfrac{FL}{LF}}$$

In dieser Formel bedeuten die einzelnen Kürzel:

FL = Fläche des Verkehrsgebietes (Quadratkilometer)

LF = Linienfahrleistung im Verkehrsgebiet (Wagenlinienkilometer)

${}_{e}LL$ = maximal zurücklegbare Linienlänge in beziehungsweise zwischen den jeweiligen Tarifzonen (Kilometer)

${}_{ea}EA$ = Fahrausweisarten mit Gültigkeit für Tarifzone A (Anzahl)

${}_{ea}PS$ = Preis für Fahrausweise für Tarifzone A (Euro)

${}_{eb}EB$ = Fahrausweisarten mit Gültigkeit für Tarifzone A + B (Anzahl)

${}_{eb}PS$ = Preis für Fahrausweise für Tarifzone A + B (Euro)

$_{ec}EC$ = Fahrausweisarten mit Gültigkeit für Tarifzone A + B + C (Anzahl)
$_{ec}PS$ = Preis für Fahrausweise für Tarifzone A + B + C (Euro)
$_{ek}PS$ = Preis für Kurzstrecke (Euro)

VII.C.1.b Die Kenngröße für das Preisgefüge nach Fahrausweisarten

Im ÖPNV werden eine Vielzahl von Fahrausweisen angeboten. Der Grund dafür liegt hauptsächlich in der Vielfalt der Nachfrager und der entsprechenden Mobilitätswünsche. Eine Preisbemessung hat zu berücksichtigen, daß sie laut PBefG in Abwägung der wirtschaftlichen Interessen, der öffentlichen Verkehrsinteressen und des Gemeinwohls erfolgen muß. Die Grundlage für die Preisbemessung ist die Befriedigung von Mobilitätswünschen in der „normalen" Form als Einzelfahrt mit einem Einzelfahrausweis, die die Kosten durch die Verkehrsbedienung abdecken soll. Dieser Preis ist in der Regel so hoch, daß er die Obergrenze darstellt, mit der noch eine ausreichende Akzeptanz für die einmalige beziehungsweise seltene Benutzung erreicht werden kann. Das Ziel einer häufigen Inanspruchnahme kann zwangsläufig also nur dadurch erreicht werden, daß eine Rabattierung in Form von Zeitfahrausweisen mit unbeschränkter Anzahl von Fahrten oder Gruppenfahrausweisen angeboten wird. Das Ausmaß der Rabattierung hängt mit dem Ausmaß der Kostendeckungslücke zusammen.[273] Die Vielfalt der Fahrausweise erschwert eine Vergleichbarkeit, weshalb eine Einteilung unter Berücksichtigung grundsätzlicher Unterscheidungsmerkmale zugrundegelegt werden muß.

Ein grundsätzliches Unterscheidungsmerkmal ist, ob mit einem Fahrausweis eine Person eine Fahrt oder mehrere Fahrten durchführen kann. Deshalb wird die Kategorie Fahrausweise mit beschränkter Fahrtenzahl abgegrenzt. Das originäre Exemplar ist der Einzelfahrausweis. Zu dieser Kategorie wird aber auch die Mehrfahrtenkarte gezählt. Sie gibt es in Form einer Streifenkarte, mit der in Abhängigkeit von abgestempelten Streifen mehrere Zonen befahren werden können oder mehrere Personen mitfahren können, oder in Form von mehreren Karten für dieselben Zonen. Die Fahrpreise für die Strecken haben eine kleine Rabattierung, die aber im Vergleich zu Zeitfahrausweisen geringfügig ist. Die Gemeinsamkeit für die Einstufung in eine Kategorie besteht darin, daß nur eine Fahrt in eine Hauptrichtung ohne Rückfahrt möglich.

Die Fahrausweise mit unbeschränkter Fahrtenzahl umfassen alle Zeitfahrausweise, die für eine beliebige Anzahl von Strecken in einem definierten Zeitraum gültig sind. Da-

---

[273] Vgl. BRANDT, H.: 1999, S. 49 ff.

bei reicht der Zeitraum von einem Tag bis zu einem Jahr. Für das Angebot von diesen Fahrausweise sprechen aus betrieblicher Sicht Argumente wie Abfertigungs- und Rationalisierungsvorteile bei der Distribution, zum Beispiel die Möglichkeit der bargeldlosen Bezahlung, insbesondere per Dauerauftrag bei Monats- oder Jahresfahrausweisen. Bei einem Abonnement ist ein zusätzlicher betrieblicher Aspekt die Kalkulationsmöglichkeit eines „festen" Fahrgastaufkommens auf den jeweiligen Linien. Die Fahrausweise mit unbeschränkter Fahrtenanzahl sind im Hinblick auf Bewertungskategorien in zeitlich unbeschränkte und zeitlich beschränkte Fahrausweise zu unterteilen, da die Zeit ohne Benutzungsmöglichkeit ein besonderes Kriterium ist, das in einer gemeinsamen Kategorie schwer getrennt berücksichtigt werden kann.

Besonders im Hinblick auf eine Bewertung muß eine weitere Kategorie von Fahrausweisen abgegrenzt werden. Bei dieser ist das besondere Merkmal, daß mit diesen Fahrausweisarten mehrere Personen fahren dürfen. Außerdem wird für diese Fahrausweisarten eine sehr hohe Rabattierung gewährt. Die Fahrausweise werden primär aus Aspekten der Substitutionskonkurrenz zum Pkw angeboten, da bei diesem die Personen außer dem Fahrer größtenteils „kostenlos" mitfahren. In Abhängigkeit der Mitnahmemöglichkeiten ergeben sich unterschiedliche Preisvorteile.

Die mannigfaltigen Fahrausweise können in vier Kategorien mit entsprechenden Fahrausweisarten eingeteilt werden:

- Fahrausweise mit beschränkter Fahrtenzahl
  - → Einzelfahrausweise: Fahrausweise für eine einfache Fahrt
  - → Mehrfahrtenfahrausweise: Fahrausweise, mit denen mehrere Fahrten möglich sind, aber nur für eine bestimmte Strecke ohne Ringfahrt
- Fahrausweise mit unbeschränkter Fahrtenzahl ohne tageszeitlicher Einschränkung
  - → Allgemeine Zeitfahrausweise: Tages-, Wochen-, Monats- und Jahresfahrausweise
  - → Ermäßigte Zeitfahrausweise: Wochen-, Monats- und Jahresfahrausweise, die für eine bestimmte Nutzergruppe zu ermäßigten Preisen konzipiert sind (Semestertickets, Schülerfahrkarten, Azubi-Karten, Seniorenkarten)
- Fahrausweise mit unbeschränkter Fahrtenzahl mit tageszeitlicher Einschränkung (Grüne Karte, Bayernticket, etc.)
- Fahrausweise für mehrere Personen (mit Mitnahmemöglichkeiten)

Die Gruppe „Preisgefüge nach Fahrausweisarten" wird in vier Untergruppen eingeteilt:

- Fahrausweise mit **b**eschränkter Fahrtenzahl (b),
- Fahrausweise mit unbeschränkter Fahrtenzahl **m**it tageszeitlicher Einschränkung (m),
- Fahrausweise mit unbeschränkter Fahrtenzahl **o**hne tageszeitlicher Einschränkung (o),
- Fahrausweise für mehrere **P**ersonen (mit Mitnahmemöglichkeiten) (p).

Die Beurteilung erfolgt anhand des Preises für die verschiedenen Fahrausweise der Fahrausweisarten. Er steht im Nenner, da je höher der Preis ist, desto weniger Akzeptanz findet er bei Kunden. Bei den Fahrausweisen mit unbeschränkter Anzahl mit tageszeitlicher Einschränkung ist eine weitere Beurteilungsgröße die Zeit, in der der Fahrausweis gültig ist. Je länger dies der Fall ist, desto attraktiver ist der Fahrausweis. Die Größe steht deshalb im Zähler. Analog dazu wird die zweite wichtige Beurteilungsgröße bei den Fahrausweisen für mehrere Personen, die Anzahl der Personen, im Zähler berücksichtigt. Die Bezugsgröße ist als Ausdruck des Erfolgs des jeweiligen Fahrausweisangebots im Sinn der Akzeptanz der entsprechende Umsatz.

Die Formel zur Berechnung der Kenngröße für die Gruppe „Preisgefüge nach Fahrausweisarten" lautet:

Kenngröße für die Gruppe „$^{A\text{-}T\text{-}G}$ Preisgefüge nach **F**ahrausweisarten $_{b,m,o,p}$"			
Kenngröße für die Untergruppe „Fahrausweise mit **b**eschränkter Fahrtenzahl"	Kenngröße für die Untergruppe „Fahrausweise mit unbeschränkter Fahrtenzahl **m**it tageszeitlicher Einschränkung"	Kenngröße für die Untergruppe „Fahrausweise mit unbeschränkter Fahrtenzahl **o**hne tageszeitlicher Einschränkung"	Kenngröße für die Untergruppe „Fahrausweise für mehrere **P**ersonen"

$$\frac{\displaystyle\sum_{fb=1}^{FB}\frac{{}_{f}US}{{}_{fb}PS} + \sum_{fm=1}^{FM}\frac{{}_{f}US}{{}_{fm}PS} + \sum_{fo=1}^{FO}\frac{{}_{f}US \text{ x } {}_{fo}ZT}{{}_{fo}PS} + \sum_{fp=1}^{FP}\frac{{}_{f}US \text{ x } {}_{fp}PN}{{}_{fp}PS}}{\dfrac{FL}{LF}}$$

In dieser Formel bedeuten die einzelnen Kürzel:

FL = Fläche des Verkehrsgebietes (Quadratkilometer)

LF = Linienfahrleistung im Verkehrsgebiet (Wagenlinienkilometer)

${}_{f}US$ = Umsatz mit den jeweiligen Fahrausweisen (Wagenlinienkilometer)

$_{fb}FB$ = Fahrausweise mit beschränkter Fahrtenzahl (Anzahl)

$_{fb}PS$ = Preis für Fahrausweise mit beschränkter Fahrtenzahl (Euro)

$_{fm}FM$ = Fahrausweise mit unbeschränkter Fahrtenzahl mit tageszeitlicher Einschränkung (Anzahl)

$_{fm}PS$ = Preis für Fahrausweise mit unbeschränkter Fahrtenzahl mit tageszeitlicher Einschränkung (Euro)

$_{fm}ZT$ = Gültigkeit des Fahrausweises während des Tages (Stunden)

$_{fo}FO$ = Fahrausweise mit unbeschränkter Fahrtenzahl ohne tageszeitlicher Einschränkung (Anzahl)

$_{fo}PS$ = Preis für Fahrausweise mit unbeschränkter Fahrtenzahl ohne tageszeitlicher Einschränkung (Euro)

$_{fp}FP$ = Fahrausweise für mehrere Personen (Anzahl)

$_{fp}PN$ = zur Mitnahme berechtigte Personen (Anzahl)

$_{fp}PS$ = Preis für Fahrausweise für mehrere Personen (Euro)

VII.C.1.c Die Kenngröße für das Preisgefüge nach Nachfragergruppen

Die Ausrichtung von Fahrausweisangeboten und der entsprechenden Preisgestaltung auf bestimmte Nachfragergruppen erfolgt, indem für die indeterminable Menge Fahrgäste nach bestimmten Merkmalen definiert und Nachfragergruppen gebildet werden. Für diese werden einheitliche Preisforderungen erhoben. Eine solche Segmentierung des Nachfragermarktes mit dem Ziel der Preisdifferenzierung wird besonders im Hinblick auf das Angebot von Zeitfahrausweisen durchgeführt, während dies bei Einzelfahrausweisen nicht bekannt ist. Grundlage der Preisdifferenzierung ist die Vermutung, daß für bestimmte Leistungen eine im Vergleich zur Allgemeinheit geringere oder höhere Zahlungswilligkeit beziehungsweise -fähigkeit besteht. Als Beispiel für eine höhere Tarifierung kann analog zum Güterverkehr beim Transport höherwertiger Güter im ÖPNV hauptsächlich die höheren Preisforderungen für die Beförderung im SPNV in der ersten Klasse besonders im Hinblick auf die Nachfragergruppe „Geschäftsreisende" angeführt werden. Im ÖPNV ist jedoch eine im Vergleich zum allgemeinen Tarifniveau Untertarifierung die Regel. Zum einen wird dies unter Berücksichtigung gemeinwirtschaftlicher Aspekte, insbesondere sozialer Faktoren aufgrund unterdurchschnittlicher Einkommenssituationen von Nachfragergruppen, getan. Dies trifft im besonderen bei Fahrausweispreisen für Rentner und Schüler zu. Bei letzteren hat es zudem eine strategische Komponente, da diese die „Kunden von morgen" sind. Zum anderen wird damit versucht, die Kunden zu einer häufigen Nutzung zu bewegen und damit langfristig an den ÖPNV zu binden. Die Angebote werden nämlich besonders im Vergleich zu einfachen Fahrten mit Einzelfahrschein um so attraktiver, je mehr Fahrten durchgeführt werden. Bei ihnen ist die Preiselastizität relativ hoch.

Die „Preisgefüge nach Nachfragergruppen“ wird in vier Untergruppen eingeteilt:

- Erwerbstätige (e),
- Familien und Gruppen (f),
- Rentner (r),
- Schüler und Auszubildende (s).

Die Beurteilung des Ausmaßes der Preisdifferenzierung wird durch den Quotienten aus dem theoretisch zu erhebenden allgemeinen Preis und dem ermäßigten nachfragergruppenspezifischen Preis zum Ausdruck gebracht. Der Bezug wird im Sinn der Bedeutung der Preisdifferenzierung der einzelnen Gruppenfahrausweise für das preispolitische Gesamtangebot durch den Anteil am Umsatz hergestellt. Die jeweiligen Beurteilungsgrößen werden mit dem Umsatz multipliziert, der im Zähler steht.

Die Formel zur Berechnung der Kenngröße für die Gruppe „Preisgefüge nach Nachfragergruppen“ lautet:

Kenngröße für die Gruppe „A-T-G Preisgefüge nach Nachfragergruppen $_{e,f,r,s}$“			
Kenngröße für die Untergruppe „Erwerbstätige“	Kenngröße für die Untergruppe „Familien und Gruppen“	Kenngröße für die Untergruppe „Rentner“	Kenngröße für die Untergruppe „Schüler und Azubis“

$$\frac{\sum_{ne=1}^{NE} \frac{{}_{ne}PA \times {}_{n}US}{{}_{ne}PS} + \sum_{nf=1}^{NF} \frac{{}_{nf}PA \times {}_{n}US}{{}_{nf}PS} + \sum_{nr=1}^{NR} \frac{{}_{nr}PA \times {}_{n}US}{{}_{nr}PS} + \sum_{ns=1}^{NS} \frac{{}_{ns}PA \times {}_{n}US}{{}_{ns}PS}}{\frac{FL}{LF}}$$

In dieser Formel bedeuten die einzelnen Kürzel:

FL	=	Fläche des Verkehrsgebietes (Quadratkilometer)
LF	=	Linienfahrleistung im Verkehrsgebiet (Wagenlinienkilometer)
${}_{n}US$	=	Umsatz mit den jeweiligen Fahrausweisarten (Euro)
${}_{ne}NE$	=	Fahrausweisarten für Erwerbstätige (Anzahl)
${}_{ne}PA$	=	Allgemeines Preisniveau (Euro)
${}_{ne}PS$	=	Preis für Fahrausweis für Erwerbstätige (Euro)
${}_{nf}NF$	=	Fahrausweisarten für Familien und Gruppen (Anzahl)
${}_{nf}PA$	=	Allgemeines Preisniveau (Euro)

$_{nf}PS$ = Preis für Fahrausweise für Familien und Gruppen (Euro)
$_{nr}NR$ = Fahrausweisarten für Rentner (Anzahl)
$_{nr}PA$ = Allgemeines Preisniveau (Euro)
$_{nr}PS$ = Preis für Fahrausweise für Rentner (Euro)
$_{ns}NS$ = Fahrausweisarten für Schüler und Auszubildende (Anzahl)
$_{ns}PA$ = Allgemeines Preisniveau (Euro)
$_{ns}PS$ = Preis für Fahrausweise für Schüler und Auszubildende (Euro)

VII.C.2 Kenngrößen für das Preisniveau

Die Fahrpreise im ÖPNV werden als einer der wichtigsten Gründe für die Nicht-Benutzung von Bussen und Bahnen genannt. Dies belegen Zufriedenheitswerte in Erhebungen des ÖPNV-Barometers, in denen der Preis als das Kriterium definiert wird, mit dem die geringste Zufriedenheit besteht. Natürlich spielen in dieser Einschätzung viele Gründe mit rein, so daß die Kritik an der Höhe des Preises, die schwer als unzutreffend verworfen werden kann, meist als „Sündenbock" und vorgeschobener Grund zur Überdeckung anderer persönlicher Motive genannt wird.

> „Insgesamt wird das im ÖPNV gebotene Preis-Leistungs-Verhältnis bundesweit als die am wenigsten zufriedenstellendste Leistung des gesamten ÖPNV-Leistungsbündels eingestuft. Nur knapp ein Drittel der Kunden des ÖPNV ist damit vorbehaltlos zufrieden, 29,6 % sind teilweise, 38,1 % sogar gänzlich unzufrieden mit dem existierenden Preis-Leistungs-Verhältnis. Zu berücksichtigen ist hierbei jedoch die hinter allen Preisurteilen sich verbergende Intention der Befragten, durch ein negatives Urteil möglicherweise geplante/erfolgende Preiserhöhungen vorab abzuwenden." [274]

Andererseits ist dieses Antwortverhalten der Befragten teilweise sicherlich durch die sogenannte Tendenz der sozialen Erwünschtheit überformt. Auf der Suche nach Gründen gegen die Nutzung des ÖPNV ist die Pauschalantwort bezüglich zu hoher Preise am relativ schnellsten verfügbar, womit diesen ein größeres Bedeutungsgewicht zukommt, als tatsächlich gegeben ist.[275]

Besonders im Hinblick darauf, daß eine Aufgabe des ÖPNV die Gewährleistung der Mobilität für sozial schwache Bürger beziehungsweise für Bürger ist, die ein niedriges Einkommen haben, sollte das Preisniveau so gehalten werden, daß es nicht zum

[274] BOGNER, W. / PLOTHEGER, M.: 1997, S. 44.
[275] Vgl. BOGNER, W. / PLOTHEGER, M.: 1997, S. 71.

Ausschlußkriterium für eine rechtmäßige Benutzung des ÖPNV und damit zur Teilnahme am gesellschaftlichen Leben wird.

Die Hauptgruppe „Preisniveau" gliedert sich in zwei Gruppen:
- Preis-**L**eistungs-Verhältnis (l),
- Preis-**K**aufkraft-Verhältnis (k).

Als Relativierungsgröße wird die Betriebsleistung herangezogen, die die Leistung, die der Fahrgast für den bezahlten Fahrausweispreis bekommen, am umfassendsten wiedergibt. Sie wird durch die Fläche des Verkehrsgebietes geteilt, damit auch berücksichtigt wird, daß ein größerer Umfang von Betriebsleistungen auf derselben Fläche ein besseres ÖPNV-Angebot bedeutet.

VII.C.2.a Die Kenngröße für das Preis-Leistungs-Verhältnis

Im Preis-Leistungs-Verhältnis steht das absolute Preisniveau zur Bewertung. Darin kommt zum Ausdruck, was der Kunde an Betriebsleistungen für den Erwerb eines bestimmten Fahrausweises „bekommt". Verfolgt man die Entwicklung über die Jahre, so stecken in dieser Kenngröße jedoch auch Informationen über die Auswirkungen im Hinblick auf die Steigerung der Effizienz im ÖPNV. Findet trotz höherer Betriebsleistungen eine relativ geringere Anhebung der Fahrausweispreise statt, so kann der Schluß daraus gezogen werden, daß die Kosten durch organisatorische Rationalisierungsmaßnahmen aufgefangen wurden (wenn der Kostendeckungsgrad nicht gesunken ist). Die Entwicklung des Umsatzes mit den jeweiligen Fahrausweisen infolge einer Veränderung des Preises gibt durch die abgesetzten Mengen Aufschluß über die Preiselastizitäten und den Einfluß preispolitischer Maßnahmen.

Das Preis-Leistungs-Verhältnis wird nach den Fahrausweisarten in vier Untergruppen eingeteilt:
- Fahrausweise mit **b**eschränkter Fahrtenzahl (b),
- Fahrausweise mit unbeschränkter Fahrtenzahl **m**it tageszeitlicher Einschränkung (m),
- Fahrausweise mit unbeschränkter Fahrtenzahl **o**hne tageszeitlicher Einschränkung (o),
- Fahrausweise für mehrere **P**ersonen (mit Mitnahmemöglichkeiten) (p).

In der Kenngröße werden die Preise der einzelnen Fahrausweise multipliziert mit der Anzahl der verkauften Fahrausweise als Beurteilungsgröße verwendet. Die Beurteilungsgröße steht im Nenner, da je höher der Preis ist, desto weniger wird er von Kunden akzeptiert. Die Bezugsgröße ist der Umsatz zur Messung der Ertragsanteile der jeweiligen Fahrausweise und die Betriebsleistung, da für die Preisbildung beziehungsweise die Kundenleistung auch das Platzangebot relevant ist. Beide stehen im Zähler und werden miteinander multipliziert.

Die Formel zur Berechnung der Kenngröße für die Gruppe „Preis-Leistungs-Verhältnis“ lautet:

Kenngröße für die Gruppe „$^{A\text{-}T\text{-}N}$ Preis-Leistungs-Verhältnis $_{b,m,o,p}$“			
Kenngröße für die Untergruppe „Fahrausweise mit beschränkter Fahrtenzahl“	Kenngröße für die Untergruppe „Fahrausweise mit unbeschränkter Fahrtenzahl mit tageszeitlicher Einschränkung“	Kenngröße für die Untergruppe „Fahrausweise mit unbeschränkter Fahrtenzahl ohne tageszeitlicher Einschränkung“	Kenngröße für die Untergruppe „Fahrausweise für mehrere Personen“

$$\frac{\displaystyle\sum_{lb=1}^{LB}\frac{{}_{l}BL \times {}_{l}US}{{}_{lb}PS \times {}_{lb}FA}+\sum_{lm=1}^{LM}\frac{{}_{l}BL \times {}_{l}US}{{}_{lm}PS \times {}_{lm}FA}+\sum_{lo=1}^{LO}\frac{{}_{l}BL \times {}_{l}US}{{}_{lo}PS \times {}_{lo}FA}+\sum_{lp=1}^{LP}\frac{{}_{l}BL \times {}_{l}US}{{}_{lp}PS \times {}_{lp}FA}}{\dfrac{FL}{BL}}$$

In dieser Formel bedeuten die einzelnen Kürzel:

FL = Fläche des Verkehrsgebietes (Quadratkilometer)

BL = Betriebsleistung im Verkehrsgebiet (Nutzplatzkilometer)

${}_{l}BL$ = Betriebsleistung mit jeweiligen Fahrausweisen (Nutzplatzkilometer)

${}_{l}US$ = Umsatz aus Fahrausweisverkauf (Euro)

${}_{lb}FA$ = Menge der jeweiligen Fahrausweise mit beschränkter Fahrtenzahl (Anzahl)

${}_{lb}LB$ = Fahrausweise mit beschränkter Fahrtenzahl (Anzahl)

${}_{lb}PS$ = Preis für Fahrausweise mit beschränkter Fahrtenzahl (Euro)

${}_{lm}FA$ = Menge der jeweiligen Fahrausweise mit unbeschränkter Fahrtenzahl mit tageszeitlicher Einschränkung (Anzahl)

${}_{lm}LM$ = Fahrausweise mit unbeschränkter Fahrtenzahl mit tageszeitlicher Einschränkung (Anzahl)

${}_{lm}PS$ = Preis für Fahrausweise mit unbeschränkter Fahrtenzahl mit tageszeitlicher Einschränkung (Euro)

${}_{lo}FA$ = Menge der jeweiligen Fahrausweise mit unbeschränkter Fahrtenzahl ohne tageszeitlicher Einschränkung (Anzahl)

$_{lo}$LO = Fahrausweise mit unbeschränkter Fahrtenzahl ohne tageszeitlicher Einschränkung (Anzahl)

$_{lo}$PS = Preis für Fahrausweise mit unbeschränkter Fahrtenzahl ohne tageszeitlicher Einschränkung (Euro)

$_{lp}$FA = Menge der jeweiligen Fahrausweise für mehrere Personen (Anzahl)

$_{lp}$LP = Fahrausweise für mehrere Personen (Anzahl)

$_{lp}$PS = Preis für Fahrausweise für mehrere Personen (Euro)

VII.C.2.b Die Kenngröße für das Preis-Kaufkraft-Verhältnis

Die Untersuchung beziehungsweise die Kenntnis des nominalen (absoluten) Preisniveaus ist nicht ausreichend, um dieses insgesamt zu charakterisieren und beurteilen zu können. Wichtig ist in dem Zusammenhang auch, ob real eine Verteuerung der Dienstleistung ÖPNV für den Fahrgast stattgefunden hat. Vor dem Hintergrund, daß die Preise in den vergangenen Jahren ständig durch regelmäßige Anhebungen stiegen, entfällt für viele Kunden die Sichtweise, diese in den Zusammenhang der ebenfalls steigenden Einkommen und Kaufkraftgewinne zu stellen. Der Anteil des Einkommens, der für den ÖPNV ausgegeben wird, ging nach einer Untersuchung von SCHILLING / KIRCHHOFF[276] zwischen 1875 und 1997 bei Einzelfahrscheinen um die Hälfte und bei Monatsfahrausweisen um über 85 Prozent zurück. Dieses Ergebnis wird noch übertroffen, wenn die Arbeitszeit berücksichtigt wird, da diese sich erheblich verkürzt hat. Wird der Stundenlohn zur Grundlage gemacht, so muß 1997 nur ein Viertel so lang gearbeitet werden, um einen Einzelfahrschein kaufen zu können. Ein Vergleich mit den allgemeinen Lebenshaltungskosten zeigt jedoch, daß die Preise für Fahrausweise im AÖPNV ungefähr drei mal so stark angewachsen sind. Diese Entwicklung, bei der die Fahrpreissteigerungen die Inflationsrate überstiegen, erfolgte erst seit 1960.

Die Gruppe „Preis-Kaufkraft-Verhältnis" wird nach vier Untergruppen eingeteilt:

- Fahrausweise mit **b**eschränkter Fahrtenzahl (b),
- Fahrausweise mit unbeschränkter Fahrtenzahl **m**it tageszeitlicher Einschränkung (m),
- Fahrausweise mit unbeschränkter Fahrtenzahl **o**hne tageszeitlicher Einschränkung (o),
- Fahrausweise für mehrere **P**ersonen mit Mitnahmemöglichkeiten (p).

[276] Vgl. SCHILLING, R. / KIRCHHOFF, A.: 1999, S. 55.

Die Beurteilungsgröße ist der Preis der Fahrausweise. Dieser wird durch den durchschnittlichen Stundenlohn von Erwerbstätigen in einem Verkehrsgebiet als Bezugsgröße geteilt.

Die Formel zur Berechnung der Kenngröße für die Gruppe „Preis-Kaufkraft-Verhältnis“ lautet:

Kenngröße für die Gruppe „$^{A\text{-}T\text{-}N}$ Preis-Kaufkraft-Verhältnis $_{b,m,o,p}$“			
Kenngröße für die Untergruppe „Fahrausweise mit beschränkter Fahrtenzahl“	Kenngröße für die Untergruppe „Fahrausweise mit unbeschränkter Fahrtenzahl mit tageszeitlicher Einschränkung“	Kenngröße für die Untergruppe „Fahrausweise mit unbeschränkter Fahrtenzahl ohne tageszeitlicher Einschränkung“	Kenngröße für die Untergruppe „Fahrausweise für mehrere Personen“

$$\frac{\sum_{kb=1}^{KB}\frac{{}_{k}LN}{{}_{kb}PS} + \sum_{km=1}^{KM}\frac{{}_{k}LN}{{}_{km}PS} + \sum_{ko=1}^{KO}\frac{{}_{k}LN}{{}_{ko}PS} + \sum_{kp=1}^{KP}\frac{{}_{k}LN}{{}_{kp}PS}}{\frac{FL}{BL}}$$

In dieser Formel bedeuten die einzelnen Kürzel:

FL = Fläche des Verkehrsgebietes (Quadratkilometer)

BL = Betriebsleistung im Verkehrsgebiet (Nutzplatzkilometer)

${}_{k}LN$ = durchschnittlicher Stundenlohn von Arbeitskräften (Euro)

${}_{kb}KB$ = Fahrausweise mit beschränkter Fahrtenzahl (Anzahl)

${}_{kb}PS$ = Preis für Fahrausweise mit beschränkter Fahrtenzahl (Euro)

${}_{km}KM$ = Fahrausweise mit unbeschränkter Fahrtenzahl mit tageszeitlicher Einschränkung (Anzahl)

${}_{km}PS$ = Preis für Fahrausweise mit unbeschränkter Fahrtenzahl mit tageszeitlicher Einschränkung (Euro)

${}_{ko}KU$ = Fahrausweise mit unbeschränkter Fahrtenzahl ohne tageszeitlicher Einschränkung (Anzahl)

${}_{ko}PS$ = Preis für Fahrausweise mit unbeschränkter Fahrtenzahl ohne tageszeitlicher Einschränkung (Euro)

${}_{kp}KP$ = Fahrausweise für mehrere Personen (Anzahl)

${}_{kp}PS$ = Preis für Fahrausweise für mehrere Personen (Euro)

VII.C.3 Kenngrößen für das Preissystem

Aus Kundensicht steht dem positiven Aspekt der Leistungsgerechtigkeit durch eine Angebotsvielfalt von Fahrausweisen die Benutzerfreundlichkeit gegenüber. Durch eine zu große Vielfalt von Fahrausweisangeboten oder von Beschränkungen beziehungsweise Ausnahmen bei den jeweiligen Fahrausweisarten wird der Fahrgast besonders bei der heutigen Tendenz zur Selbstbedienung mit Informationsverarbeitungsproblemen konfrontiert, die verwirrend und abschreckend sind.

Das Angebot von Fahrausweisen ist eine Gratwanderung zwischen einer befriedigenden Sortimentvielfalt und einem unübersichtlichen „Regeldschungel". Es gilt für das jeweilige Verkehrsgebiet den maßgeschneiderten Mix zu konzipieren, der einen optimalen Kompromiß zwischen Anzahl von Fahrausweisarten, deren Benutzerbedingungen und -zwecke auf der einen Seite und der Übersichtlichkeit und Benutzerfreundlichkeit auf der anderen Seite erzielt.

Die Hauptgruppe „Preissystem" wird in zwei Gruppen gegliedert:

- **Beschränkungen (b),**
- **Transparenz (t).**

Die Größen zur Relativierung sind zum einen die Anzahl der Einwohner, die im wesentlichen die potentiellen Nachfrager für Fahrausweiskäufe sind und zum anderen das Verkehrsaufkommen im ÖPNV. Das Verkehrsaufkommen wird durch die Einwohnerzahl geteilt. Eine Besonderheit kommt bei den Beschränkungen im Preissystem zur Geltung, bei denen die Beschränkungen für die Hundemitnahme beziehungswcisc Fahrradmitnahme durch den Quotienten aus der Anzahl der gemeldeten Hunde (analog der Einwohner) und den im ÖPNV beförderten Hunden beziehungsweise aus der (geschätzten) Anzahl der Fahrräder im Verkehrsgebiet und den im ÖPNV beförderten Fahrräder relativiert werden.

VII.C.3.a Die Kenngröße für die Beschränkungen im Preissystem

Beschränkungen jeglicher Art sind notwendige Steuerungselemente der Tarifgestaltung, die eine nachfragegerechte Bewältigung der Verkehrsströme dirigieren können. Sie sind immer dann erforderlich, wenn Verkehrsaufkommen oder sonstige Beförderungsprobleme solcher Art sind, daß sie durch die Planung und Gestaltung der Betriebsleistung nicht mehr zu bewältigen sind. Gründe dafür sind begrenzte Platzkapazitäten der Fahrzeuge, die zur Verfügung stehende Anzahl von Fahrzeugen oder unzureichende Verkehrswegekapazitäten. Bei letzteren sind als am häufigsten auftretende Fälle die Grenzen im Schienenverkehr durch veraltete Signal- und Betriebsleittechnik zu nennen, die eine häufigere Zugfolge nicht zulassen. Aber auch die Straßenkapazitäten geben besonders im Berufsverkehr Grenzen durch Staus vor, die durch eine dichte Taktfolge der Busse nicht überwunden werden können.

Beschränkungen können Zeiten betreffen, in denen man mit bestimmten Fahrausweisen nicht fahren darf. Eine häufige Art von Beschränkungen sind Altersgrenzen, anhand denen Fahrausweisgültigkeiten definiert werden. Sie können aber auch durch die Festlegung einer maximalen Anzahl von Personen, die auf einen Fahrausweis mitfahren dürfen, zum Ausdruck kommen. Unter sonstige Beschränkungen fallen die Mitnahmebedingungen für Hunde und Fahrräder. Während bei Hunden nur Fahrausweisregelungen getroffen werden, unterliegt die Fahrradmitnahme darüberhinaus oftmals noch bestimmten zeitlichen und verkehrsmittelspezifischen Festlegungen, nach denen die Mitnahme nicht gestattet ist. Zumeist wird ein besonderes Entgelt erhoben.

Ein Preis für die Fahrradmitnahme ist ein zweischneidiges Schwert und stellt ein strittiges Problem bei der Tarifgestaltung dar. Das Fahrrad hat aufgrund seiner Sperrigkeit zweifellos einen nicht zu vernachlässigenden Platzbedarf, der grundsätzlich für die Beförderung von zahlenden Personen konzipiert ist. Ein Fahrrad führt in einem Fahrgastraum ohne spezielle Beförderungsvorrichtungen – Verhältnisse, die in den meisten S- und U-Bahnen anzutreffen sind – oftmals zu Komplikationen bei der Passierbarkeit und Begehbarkeit des Verkehrsmittels. Aufgrund der Länge des Fahrrades und der Breite im Lenkerbereich wird der Mittelgang oftmals von den Ein- und Ausstiegszonen so abgeschnitten, daß ein reibungsloser Ablauf der Ein- und Ausstiegsvorgänge nicht gewährleistet ist. Außer der kurzzeitigen Blockierung kann besonders die Gefahr der Verschmutzung der Kleidung der Fahrgäste durch dreckige Fahrräder ein Ärgernis sein, durch das jemand von der Benutzung des ÖPNV abgehalten werden kann. Auf der anderen Seite ist der Aspekt der grundlegenden Intention des ÖPNV bei der Tarifgestaltung zu berücksichtigen: Die Förderung der umwelt- und stadtverträglichen Fortbewegung, des sogenannten Umweltverbundes, in dem ÖPNV, Fahrrad und Fuß Partner sind, die sich gegenseitig ergänzen und fördern sollen. In diesem Sinne sollte der ÖPNV das Vehikel sein, das die umweltverträglichen Formen der Mobilität unterstützt. Konkret zu nennen sind Anlässe wie Fahrradpannen, unvermutete Wetterumschwünge oder die umweltverträgliche Freizeitgestaltung im Naherholungsbereich. Auch ist darauf hinzuweisen, daß ein Fahrgast ohne zusätzliche Fahrausweise durchaus Gepäckstücke in einem Umfang mitnehmen kann, die einen dem Fahrrad äquivalenten Raum beanspruchen. In diesem Zusammenhang sind ebenfalls Kinderwagen aufzuführen, die in keinem Verkehrsgebiet kostenpflichtig sind, aber teilweise sperriger als Fahrräder sind.

Die Gruppe „Beschränkungen" wird in vier Untergruppen eingeteilt:
- zeitliche Beschränkungen (z),
- Altersbeschränkungen (a),
- personelle Beschränkungen (p),
- sonstige Beschränkungen (s).

Für die Beurteilung der zeitlichen Beschränkungen werden die einzelnen Fahrausweise mit unbeschränkter Fahrtenzahl mit tageszeitlicher Einschränkung herangezogen und die Preise mit den Stunden multipliziert, in denen sie keine Gültigkeit haben. Die Regelungen bezüglich der Beschränkungen der Personenmitnahme werden nach den einzelnen Fahrausweisen für mehrere Personen beurteilt, indem die Anzahl der zur Mitnahme berechtigten Personen mit den Preisen multipliziert werden. Für die Altersbeschränkungen werden Fahrausweise nach Nachfragergruppen verwendet, die typisch für bestimmte Altersgrenzen sind. Dies sind Kleinkinder, die bis zu einem gewissen Alter unentgeltlich transportiert werden, Kinder, Jugendliche und Studenten sowie Senioren. Die Altersobergrenzen werden mit den Preisen multipliziert. Die Beurteilungsgröße der sonstigen Beschränkungen ist das Produkt aus den Stunden, in denen Fahrräder von der Beförderung ausgeschlossen und den Preisen, während bei Hunden nur die Preise zur Mitnahme Beurteilungsgröße sind. Alle Beurteilungsgrößen werden auf den Umsatz mit den jeweiligen Fahrausweisen bezogen.

Die Formel zur Berechnung der Kenngröße für die Gruppe „Beschränkungen im Preissystem" lautet:

Kenngröße für die Gruppe „$^{A\text{-}T\text{-}S}$ Beschränkungen im Preissystem $_{z,a,p,s}$"			
Kenngröße für die Untergruppe „Zeitliche Beschränkungen"	Kenngröße für die Untergruppe „Altersbeschränkungen"	Kenngröße für die Untergruppe „Personelle Beschränkungen"	Kenngröße für die Untergruppe „Sonstige Beschränkungen"

$$\frac{\displaystyle\sum_{bz=1}^{BZ} \frac{{}_{b}US}{{}_{bz}BS \times {}_{bz}PZ} + \sum_{ba=1}^{BA} \frac{{}_{b}US}{{}_{ba}BS \times {}_{ba}PA} + \sum_{ba=1}^{BA} \frac{{}_{b}US}{{}_{bp}BS \times {}_{bp}PP}}{\dfrac{EW}{VA}} + \frac{\dfrac{{}_{b}US}{{}_{bs}PH}}{\dfrac{HD}{VH}} + \frac{\dfrac{{}_{b}US}{{}_{bs}BF \times {}_{bs}PF}}{\dfrac{FD}{VF}}$$

In dieser Formel bedeuten die einzelnen Kürzel:

EW = Einwohner im Verkehrsgebiet (Anzahl)

HD = Hunde im Verkehrsgebiet (Anzahl)

FD = Fahrräder im Verkehrsgebiet (Anzahl)

VA = Verkehrsaufkommen mit ÖPNV im Verkehrsgebiet (Anzahl beförderter Personen)

VF = Verkehrsaufkommen von Fahrrädern mit ÖPNV im Verkehrsgebiet (Anzahl beförderter Fahrräder)

VH = Verkehrsaufkommen von Hunden mit ÖPNV im Verkehrsgebiet (Anzahl beförderter Hunde)

${}_{b}US$ = Umsatz mit jeweiligen Fahrausweisarten (Euro)

${}_{ba}BA$ = Fahrausweise mit Altersgrenzen (Anzahl)

${}_{ba}BS$ = Altersobergrenzen nach altersspezifischen Fahrausweisen (Jahre)

${}_{ba}PA$ = Preis für Fahrausweise mit Altersgrenzen (Euro)

${}_{bp}BP$ = Fahrausweise mit Mitnahmemöglichkeiten (Anzahl)

${}_{bp}BS$ = zur Mitnahme berechtigte Personen nach Fahrausweisen (Anzahl)

${}_{bp}PP$ = Preis für Fahrausweise mit Mitnahmemöglichkeiten (Euro)

${}_{bs}BF$ = zur Fahrradmitnahme ausgeschlossene Zeiten (Stunden)

${}_{bs}PF$ = Preis für Fahrradmitnahme (Euro)

${}_{bs}PH$ = Preis für Hundemitnahme (Euro)

${}_{bz}BZ$ = Fahrausweise mit zeitlichen Beschränkungen (Anzahl)

${}_{bz}BS$ = zur Benutzung ausgeschlossene Zeiten nach Fahrausweisen (Stunden)

${}_{bz}PZ$ = Preis für Fahrausweise mit zeitlichen Beschränkungen (Euro)

VII.C.3.b Die Kenngröße für die Transparenz des Preissystems

Die Tatsache, daß beim Pkw nur ein Preis, der für Kraftstoff, relevant ist, und innerhalb geringfügiger Schwankungsbreiten überall niveaugleiche Preise diesbezüglich vorzufinden sind, gibt dem „Tarifsystem“ des Individualverkehrs einen Transparenzvorsprung gegenüber dem ÖPNV, der schwer wettzumachen ist. Im Gegensatz dazu differieren die Preise, die Fahrausweisarten und die entsprechenden Regelungen zwischen den Verkehrsgebieten in einer großen Bandbreite. Für die Benutzung des ÖPNV ist ein sehr großer Aufwand erforderlich, um den entsprechenden günstigsten Fahrausweis und die beste zur Benutzung berechtigende Variante in dem jeweiligen Verkehrsgebiet herauszufinden. Die meisten Mobilitätsnachfrager sind nicht bereit, diesen Aufwand zu betreiben. Deshalb ist dessen weitestgehende Reduzierung durch eine Maximierung der Transparenz anzustreben. Diese kann anhand eines Systems mit möglichst wenigen Tarifzonen und Fahrausweisangeboten, für die wenige Ausnahmeregelungen und Beförderungsrahmenbedingungen gelten, charakterisiert werden, das aber den von den einzelnen Nachfragergruppen gestellten Anforderungen gerecht wird. Besonders in den letzten Jahren wurden spezielle Fahrausweisangebote entwickelt, um die Beförderungskosten im Vergleich zum Pkw attraktiver zu machen. Dadurch wurden kostengünstige Alternativen zum Beispiel für Gruppen, jedoch auch zusätzliche Fahrausweis- und Preisvariationen geschaffen, die sich auf die Überschaubarkeit auswirken.

Ein weiterer Aspekt, der in dieser Gruppe berücksichtigt wird, ist die Gerechtigkeit des Tarifsystems bei „Grenzfällen“. Damit ist gemeint, daß zwischen Tarifzonen Preissprünge bestehen, die zwischen räumlich nahe zusammenliegenden Haltestellen Kostensteigerungen für den Kunden verursachen, die auf Unverständnis stoßen. Sie sind auch manchmal Anlaß dafür, daß vor der Benutzung des ÖPNV zuerst ein anderes Verkehrsmittel verwendet wird, um bei einer kostengünstigeren Haltestelle umzusteigen. Eine Minimierung dieser systemimmanenten Preissprünge, die weitestgehende Berücksichtigung zusammenhängender Zugangshaltestellen und die Vermeidung, daß zur Erreichung eines Ziels nicht verkehrslinienbedingt mehr Tarifzonen als notwendig durchfahren werden müssen, trägt zur sogenannten Tarifgerechtigkeit bei.

Die Gruppe „Transparenz“ wird in drei Untergruppen gegliedert:
- **Fahrausweistransparenz (f),**
- **Preissprünge (p),**
- **Tarifzonentransparenz (t).**

Die gemeinsame Beurteilungsgröße der Fahrausweis- und der Tariftransparenz ist die Summe der Preise der einzelnen Fahrausweise. Bei der Fahrausweistransparenz ist ein spezieller Multiplikator die Anzahl der Regelungen und Ausschlüsse bei Fahrausweisen. Die jeweilige Summe wird mit der Anzahl der Fahrausweise beziehungsweise der Tarifzonen multipliziert. Die Beurteilungsgrößen stehen im Nenner, da je mehr Regelungen und je mehr Fahrausweise, desto intransparenter wird das System. Zur Beurteilung der Tarifgerechtigkeit aufgrund von Preissprüngen wird die Summe der Preisdifferenzen zwischen benachbarten Tarifzonen herangezogen. Die Bezugsgröße ist der Umsatz aus dem Verkauf von Fahrausweisen.

Die Formel zur Berechnung der Kenngröße für die Gruppe „Transparenz des Preissystems“ lautet:

Kenngröße für die Gruppe
„$^{A\text{-}T\text{-}S}$ Transparenz des Preissystems $_{f,p,t}$“

Kenngröße für die Untergruppe „Fahrausweistransparenz“	Kenngröße für die Untergruppe „Preissprünge“	Kenngröße für die Untergruppe „Tarifzonentransparenz“

$$\frac{\dfrac{{}_{t}US}{{}_{tf}FA \times \sum\limits_{tf=1}^{TF} {}_{tf}PS \times {}_{tf}RG} + \dfrac{{}_{t}US}{\sum\limits_{tp=1}^{TP} {}_{tp}PD} + \dfrac{{}_{t}US}{{}_{tt}TZ \times \sum\limits_{tt=1}^{TT} {}_{t}PS}}{\dfrac{EW}{VA}}$$

In dieser Formel bedeuten die einzelnen Kürzel:

EW	=	Einwohner im Verkehrsgebiet (Anzahl)
VA	=	Verkehrsaufkommen im Verkehrsgebiet (Anzahl beförderter Personen)
${}_{t}US$	=	Umsatz (Euro)
${}_{tf}FA$	=	Fahrausweise (Anzahl)
${}_{tf}PS$	=	Preis der einzelnen Fahrausweise (Euro)
${}_{tf}RG$	=	zu beachtende Regelungen und Ausschlüsse von Fahrausweisen (Anzahl)
${}_{tf}TF$	=	Fahrausweise (Anzahl)
${}_{ts}PS$	=	Preisdifferenz zwischen Tarifzonen (Euro)
${}_{ts}TS$	=	Tarifzonenpaare (Anzahl)
${}_{tt}PS$	=	Preis der einzelnen Fahrausweise (Euro)
${}_{tt}TT$	=	Fahrausweise (Anzahl)
${}_{tt}TZ$	=	Tarifzonen (Anzahl)

VII.D Kommunikation

Die Kommunikation faßt alle aktiven Maßnahmen von Unternehmen zusammen, die der Steigerung des Bekanntheitsgrades der Leistungen beziehungsweise dem Image des Unternehmens dienen. Unter dem Image eines Unternehmens wird sein Ansehen bei allen Personen verstanden, die in irgendeiner Form für das Unternehmen relevant sind oder Relevanz erlangen können. Die Maßnahmen für die Beeinflussung des Images werden auch als „Soft Policies" bezeichnet.

> „Kommunikationspolitische Maßnahmen sind alle diejenigen marktorientierten Maßnahmen eines Unternehmens, die primär dazu dienen, Informationen vom Unternehmen an die aktuellen beziehungsweise potentiellen Abnehmer und die Öffentlichkeit zu übermitteln. Die Informationen können zum einen einzelne Qualitätsmerkmale von Produkten oder einzelne Produkte oder ganze Vertriebsprogramme und zum anderen auch deren Preise und Verkaufsstellen betreffen." [277]

Die Kommunikation ist wichtig, um die subjektive Wahrnehmung der faktisch-objektiven Gegebenheiten zu verbessern. Das beste ÖPNV-System wird nicht genutzt, wenn nicht die substantiellen Bedingungen im Bewußtsein der potentiellen Kunden plaziert werden. Subjektive Gründe für die Nichtnutzung öffentlicher Verkehrsmittel können durch drei Ursachen bedingt werden:

- mangelnde Informiertheit über das ÖPNV-System und seiner Nutzungsbedingungen,
- schlechtes Image und geringes Bewußtsein über die Vorteile des ÖPNV,
- geringe Motivierung durch Verantwortliche und Vertreter des ÖPNV.

> „Die Beeinflussung durch kommunikationspolitische Maßnahmen zielt also einerseits auf die Wahrnehmung (Perzeption) der Objekte, andererseits darauf, Präferenzen für die jeweiligen Werbeobjekte zu schaffen. Letzteres geschieht dadurch, daß die Wahrnehmung positiv beeinflußt und/oder die Merkmalsgewichtung im Sinne der Anbieter abgewandelt wird." [278]

Dieser vierte Bereich der Marketinginstrumente wurde im ÖPNV lange Zeit stark vernachlässigt beziehungsweise fast nicht angewendet. Dies ist ein Mitgrund für einen sinkenden Anteil am Modal Split, da vergleichsweise dazu in der unmittelbar konkurrierenden Automobilbranche eine äußerst intensive Kommunikationspolitik mit einem Millionenaufwand betrieben wird. Im Gegensatz dazu beschränkte sich die Kommuni-

---

[277] BÖCKER, F. / GIERL, H.: 1994, S. 358.
[278] BÖCKER, F.: 1980, S. 361.

kationspolitik im ÖPNV auf das finanzielle und instrumentale Minimum: die Herausgabe von Fahrplaninformationen, die zudem aufgrund der Bereitstellung geringer Finanzmittel vielfach wenig ansprechend und übersichtlich gestaltet waren.

Im Zusammenhang mit der Gestaltung der Kommunikation zwischen Unternehmen und seinen aktuellen und potentiellen Abnehmern wird nach dem Inhalt der abgegebenen Informationen zwischen Interzession oder informativer Kommunikation und Intervention oder beeinflussender Kommunikation unterschieden.[279]

Unter Interzession werden nach PETERS[280] alle in sachdienlicher Manier gegebenen Informationen über den Betriebsablauf und das Leistungsangebot verstanden. Im wesentlichen ist dies gleichzusetzen mit der Öffentlichkeitsarbeit und allen im Rahmen dieser unternommenen Maßnahmen. Sie sprechen die kognitiv-rationalen Aspekte bei der Kommunikation an. Intervention hingegen zielt auf die Manipulation, das heißt die Beeinflussung der Adressaten und die Fokussierung auf mit der „Information" intendierten Verhaltensweisen beziehungsweise Kaufabsichten. Sie haben den affektiv-emotionalen Handlungsbezug als Ziel der entsprechenden Maßnahmen.

Eine eindeutige Abgrenzung zwischen Interzession und Intervention ist jedoch nicht möglich. Zum Beispiel ist im ÖPNV das Fahrplanbuch ein klassisches Instrument der sachdienlichen Information beziehungsweise der Öffentlichkeitsarbeit, das teilweise mit dem Prospekt für ein Produkt vergleichbar ist. Dieser soll den Kunden dazu veranlassen, sich für das Produkt zu interessieren. Dies ist neben der Information über die Fahrzeiten der Verkehrsmittel auch eine Funktion des Fahrplanbuchs und damit ist es auch ein wenig Instrument der beeinflussenden Kommunikation.

Die Abteilung „Kommunikation" wird in drei Hauptgruppen eingeteilt:
- **Öffentlichkeitsarbeit (Ö),**
- **Verkaufsförderung (V),**
- **Werbung (W).**

Die Abbildungen 26 und 27 geben einen Überblick über die Einteilung der Kenngrößen für die Abteilung „Kommunikation" unterteilt nach „Interzession" und „Intervention".

[279] Vgl. BÖCKER, F. / DICHTL, E.: 1983, S. 125.
[280] Vgl. PETERS, S.: 1985, S. 329.

Abbildung 26: Die Einteilung der Kenngrößen für die Abteilung „Kommunikation" („Interzession")

Abteilung	Hauptgruppe	Gruppe	Untergruppe
Kommunikation (Interzession)	Öffentlichkeitsarbeit	Informationsmaterial	Systemspezifische Informationen
			Unternehmensspezifische Informationen
			Themenspezifische Informationen
			EDV-spezifische Informationen
		Medienarbeit	Printmedien
			Radio
			Fernsehen
			Internet
		Veranstaltungen	Fachveranstaltungen
			Beratungsveranstaltungen
			Informationsveranstaltungen

Abbildung 27: Die Einteilung der Kenngrößen für die Abteilung „Kommunikation"(„Intervention")

Abteilung	Hauptgruppe	Gruppe	Untergruppe
Kommunikation (Intervention)	Werbung	Printmedien	Zeitungen
			Illustrierte
			Fachzeitschriften
		Audio-visuelle Medien	Radio
			Fernsehen
			Kino
			Internet
		Sonstige Werbemedien	Verkehrsmittel
			Gebäude
			Sonstige Werbeträger
			Broschüren
		Direktwerbung	Schriftliche Direktwerbung
			Telefondirektwerbung
			Hausdirektwerbung
			Standdirektwerbung
	Verkaufsförderung	Erscheinungsbild	Aussehen
			Hilfsbereitschaft
			Kompetenz
			Fahrstil
		Beratung	Beratungsstellen
			Persönliche Beratung
			Telefonische Beratung
			Beschwerdemanagement
		Kundenaktionen	Betriebsleistungssonderangebote
			Fahrausweissonderangebote
			Sonderevents
			Sonderkampagnen
		Serviceangebote	Spezialdienste
			Bike and Ride-Plätze
			Park and Ride-Plätze

VII.D.1 Kenngrößen für die Öffentlichkeitsarbeit

Im Rahmen der Kommunikation zielt die Öffentlichkeitsarbeit auf die kognitiv-rationale Seite beim Kunden ab, das heißt auf die Verbesserung des Informationsstandes. Die Informationen, die es im ÖPNV zu kommunizieren gilt, sind die Fahrtangebote, die Benutzungsrahmenbedingungen sowie begleitende ÖPNV-Informationen. Dabei hat die sorgfältige Auswahl der Informationsmaterialien und Publikationen sowie eine professionelle Präsentation mit einem attraktiven Layout höchste Priorität. Es dürfen keine falschen Sparverständnisse Platz ergreifen, sondern es muß der Gedanke dahinterstehen, daß schon die Veröffentlichungen Lust auf die Benutzung des ÖPNV vermitteln müssen und nicht die erste Hemmschwelle darstellen dürfen.

Eine einheitliche und verständliche Gestaltung der Veröffentlichungen, mit denen das Angebot vermittelt werden soll, ist wichtig und muß mit allen Mitteln des Grafikdesigns erarbeitet werden. Dies trägt dazu bei, den potentiellen Fahrgästen eine gezielte Information zu erleichtern und die vielerorts bestehenden Vorbehalte abzubauen. Der Zugang zum ÖPNV muß den Kunden vereinfacht werden. Deren Vorbehalte bezüglich der Umständlichkeit und Zeitaufwendigkeit durch das Suchen in unübersichtlichen Zeitzahlentabellen mit geringem ansprechenden Layout und zu wenigen systematischen Gliederungen dürfen sich nicht bestätigen.

Außer der bestmöglichen Gestaltung der Informationsmaterialien ist eine professionelle Öffentlichkeitsarbeit in den verschiedenen Medien durch positive Berichte und Sendungen zu verfolgen. Außerdem soll durch von den Verkehrsunternehmen und Aufgabenträgern organisierte Veranstaltungen die Kunden aktiv zur ÖPNV-Benutzung angeregt werden. Nach BÖCKER / GIERL[281] sollte auch besonders versucht werden, außer der qualitativen und systemspezifischen Vorteile die Vorstellung und das Bewußtsein zu vermitteln, daß der ÖPNV über seine Leistungen hinaus allgemein anerkannte gesellschaftliche Ziele fördert.

Die Hauptgruppe „Öffentlichkeitsarbeit“ wird in drei Gruppen gegliedert:

- Informationsmaterial (i),
- Medienarbeit (m),
- Veranstaltungen (v).

Die Relativierungsgröße sind die Kosten im Verhältnis von Fahrgästen zu Einwohnern. Je höher die Kosten für Öffentlichkeitsarbeit sind, um so uneffektiver und schlechter ist dies für den ÖPNV.

---

[281] BÖCKER, F. / GIERL, H.: 1994, S. 129.

VII.D.1.a Die Kenngröße für das Informationsmaterial

Informationen über das ÖPNV-System spielen eine zentrale Rolle, da sie eine wesentlichen Zugangsvoraussetzung für die Mobilitätsnachfrager sind und im Vergleich zum Pkw einen zusätzlichen Zeitaufwand zur Durchführung der Mobilität bedeuten. Vielfach bleibt das vorhandene ÖPNV-Angebot bei zum Teil bis zu 50 Prozent aller Verkehrsmittelentscheidungen wegen mangelnder Informiertheit ungenutzt.[282] Die Informationen sind zwar zumeist grundsätzlich vorhanden, wenn auch die Auflage, die Gestaltung und die Verständlichkeit der Informationsmaterialien vielerorts ein Mangelfaktor ist, jedoch bereitet die Erhältlichkeit aufgrund einer zu geringen Informationsstellendichte beziehungsweise zu weitmaschigen Verteilungsorganisation Probleme. Oftmals erfolgt nur durch einen aktiven Suchvorgang des Mobilitätsnachfragers die Informationsbeschaffung. Diese meist zeitaufwendige und unbequeme Aktion stellt eine entscheidende Nutzungsbarriere für den ÖPNV dar.

Besonders wichtig ist der Wissensstand bei geringer ÖPNV-Erfahrung und bei systemübergreifender Verkehrsbewegungen, wenn von Fernverkehrszügen in einem Zielgebiet auf städtische Verkehrsmittel des ÖPNV umgestiegen werden muß. In Fremdenverkehrsregionen ist dies von herausragender Bedeutung, da zum einen im Urlaub die Bürger mehr Zeit haben und eine erhöhte Bereitschaft zur ÖPNV-Benutzung zeigen, zum anderen der Zeitbedarf zur Neuorientierung in dem ÖPNV-System an einem fremden Ort möglichst gering gehalten werden muß.

Der Fahrplan ist das Hauptmedium der Öffentlichkeitsarbeit im ÖPNV. Mit diesem kommen die Fahrgäste aufgrund der zur Benutzung notwendigen Kerninformation der Abfahrtszeiten am häufigsten in Kontakt und werden somit am meisten angesprochen.[283] Auf der anderen Seite sorgt kein anderes Instrument der Öffentlichkeitsarbeit für soviel Verwirrung bei den Kunden wie der Fahrplan. Die Darstellung des ÖPNV-Systems und der Fahrzeiten in einem „Tabellendschungel“ ist vielfach dergestalt, daß die potentiellen Fahrgäste nicht ihre gewünschte Information in einem akzeptablen Zeitaufwand finden. Die Ausgewogenheit zwischen Informationsauswahl und die Darstellung mit Textumfang, Schriftgröße und Layout ist ein schwieriger „Drahtseilakt“ und eine Herausforderung an das grafische Design. Für die Anwendung ist die Gestaltung mit Registerverzeichnis am rechten Rand des Fahrplanbuchs eine große Hilfe zur Reduzierung des Zeitaufwandes beim Suchen nach der gewünschten Informationsstelle. Ein

[282] Vgl. BRÖG, W.: 1997, S. 101 – 145.
[283] Vgl. BAUMGÄRTNER, P. / VIERZIGMANN, R.: 2000, S. 53 ff.

Grundproblem beim Informationsmaterial sind die zwischen Verkehrsgebieten sehr variierenden Formen des Aufbaus und der einzelnen Informationsbestandteile von Fahrplanbüchern. Ein umfassendes Informationsangebot in Fahrplanbüchern besteht aus vielen Elementen. Diese sind:

- Darstellung des Verkehrsgebietes (Zahlen und Fakten),
- Veränderungen gegenüber dem vorhergehenden Fahrplan (neue Haltestellen, neue Linien),
- Adress- und Telefonverzeichnis des Aufgabenträgers und der Verkehrsunternehmen,
- Linienverzeichnis nach Verkehrsmitteln und Liniennummern,
- Haltestellenverzeichnis mit Linienbezeichnung und Bezug zum Liniennetzplan,
- Verzeichnis der Tarifangebote,
- Verkaufsstellenverzeichnis,
- Verzeichnis barrierenfreier (behindertengerechter) Zugänge zum ÖPNV,
- Verzeichnis über die zusätzlichen Serviceangebote (Aussteigmöglichkeit zwischen Haltestellen nach 20.00 Uhr, Taxirufservice, etc.),
- Liniennetzpläne (getrennt nach Verkehrsmitteln),
- Fahrzeiten nach Verkehrsmitteln, Liniennummern und Verkehrstagen.

Die Fahrplaninformationen sollten sich jedoch nicht nur auf die Ausgabe eines Gesamtfahrplanbuchs für das Verkehrsgebiet beschränken, da es wegen seines Umfangs oftmals Ausmaße hat, die einer bequemen Mitnahme entgegenstehen. Häufig bewegen sich die Fahrgäste nur in bestimmten Teilräumen oder sogar nur auf bestimmten Linien. Die Verkehrsverbindungen in bestimmten Bereichen des Verkehrsgebietes lassen sich für den Fahrgast günstig in Teilraumfahrplänen im „Westentaschenformat" darstellen, während Linieninformationen in einem Format angeboten werden können, das der Fahrgast sogar in ein Portemonnaie stecken kann. Außer diesen Formen von Fahrplaninformationen ist Bestandteil einer umfassenden Informationspolitik über das Fahrtenangebot eines ÖPNV-Systems die haltestellenspezifische Information über die Fahrzeiten. Im optimalen Fall ist das Fahrplaninformationssortiment vierteilig aufgebaut und besteht aus:

- Gesamtfahrplanbuch,
- Teilraumfahrpläne,
- Linienfahrpläne,
- Haltestellenfahrpläne.

Außer den Fahrplaninformationen sind Informationen über das Verkehrsnetz zur Übersicht wichtig. Grundsätzlich bedarf es dazu eines Netzplans, der einen Überblick über das Gesamtsystem des ÖPNV in einem Verkehrsgebiet gibt. Als Kartengrundlage ist dafür eine topografische Ausfertigung mit den gesamten Verkehrswegen, auf der die einzelnen ÖPNV-Linien herausgehoben werden, besonders gut geeignet. Ein besonderes Qualitätskriterium ist hier die Wahl des Maßstabes, der eine nicht zu große Karte mit der Notwendigkeit zu vieler Faltungen beim Zusammenlegen bedingt, aber trotzdem eine übersichtliche Darstellung gewährt. Außer dieser Gesamtnetzübersicht sind für ein optimales Kundensortiment Darstellungen der Liniennetze der einzelnen Verkehrsmittel erforderlich. Diese sind in der schematischen Form am besten für die Übersicht geeignet. In Abhängigkeit von der Größe des Verkehrsgebietes und vom Umfang des Verkehrsnetzes ist eine Aufteilung in Eisenbahn-, Schnellbahn-, Straßenbahn- und Buslinienetzpläne sinnvoll. In diesen müssen die Systemanschlüsse in Knotenpunkten des Umstiegs an die anderen im Plan nicht dargestellten Liniennetze verzeichnet sein. Weitere Qualitätskriterien sind auch die Linienanordnung mit entsprechender Farbgebung und die Integration der Tarifzonengrenzen.

Außer den Publikationen über die „Kernelemente“ des ÖPNV (Fahrtzeiten und Liniennetz) gibt es verschiedene weitere spezielle Themen, über die Kunden mit eigenen Printmedien informiert werden sollten, weil sie den Rahmen eines Teilraumfahrplanes sprengen oder in gesonderter Form eine umfassendere und übersichtlichere Präsentation ermöglichen.

Themenspezifische Informationen betreffen vier Aspekte:

- Tarife,
- spezielle Service- und Leistungsangebote im ÖPNV,
- markante Stellen öffentlichen Interesses und ihre Erreichbarkeit mit dem ÖPNV,
- Ausflugsmöglichkeiten mit dem ÖPNV beziehungsweise Ausflugsplätze und ihre Erreichbarkeit mit dem ÖPNV.

Zum Sortiment von Informationsmaterialien gehören weiterhin Medien von Verkehrsunternehmen, die eine aktuelle Berichterstattung über Alltag und Neuigkeiten im ÖPNV verbunden mit einer Selbstdarstellung ermöglichen: die Kundenzeitschrift. Allerdings darf sie nicht als Plattform für Erfolgsmeldungen gestaltet sein. Im Gesamteindruck der Darstellung muß auch eine Übereinstimmung zwischen den Erfahrungen der Kunden und der Wirklichkeit bestehen. Deshalb und wegen einer lebendigeren und für den Kunden interessanteren Aufmachung sollten Erlebnisberichte von Kunden, eine Meckerecke und Quizze mit Preisen feste Bestandteile einer solchen Kundenzeitschrift sein. Ein zweites unternehmensspezifisches Informationsmedium ist der Geschäftsbericht. Er hat ein anderes Ziel und damit auch eine andere Zielgruppe, da mit ihm hauptsächlich die Fachleute angesprochen werden sollen. Deshalb werden in ihm mit interessanten Sachinformationen Betriebsleistungen dargestellt. Im Geschäftsbericht ist auch der entsprechende Platz für die Präsentation von Erfolgsmeldungen. Das Layout sollte entsprechende Seriosität ausstrahlen.

Unternehmensspezifische Informationen werden überwiegend durch zwei Medien verbreitet:
- Kundenzeitschrift,
- Geschäftsbericht.

Im Zeitalter des Computers ist die Bereitstellung der Informationen zum ÖPNV-System in einer elektronischen Nutzungsform ein wesentlicher Bestandteil des Informationsmaterialmix'. Dabei ist im Jahr 2000 der Personenanteil an der Bevölkerung, der über einen Computer verfügt beziehungsweise Internet-Zugang hat, noch in der Minderheit. Besonders im Fall des Informationsbedarfs ist oftmals die Verfügbarkeit über ein Computer nicht gegeben oder die Informationsbeschaffung zu zeitaufwendig. Die zukünftige technische und distributorische Entwicklung von Mobiltelefonen wird jedoch verstärkt die elektronische Informationsbereitstellung erfordern. Diese ist hauptsächlich in zwei Formen möglich: mit dem Angebot einer Compact disk (die Diskette ist eine „antiquierte" Materialform und wird hier vernachlässigt) und der Präsentation im Internet auf einer Homepage beziehungsweise der online-Information.[284] Mit beiden können sowohl grafische Informationen zur Selbstdarstellung als auch umfassende Fahrplaninformationen zur Verfügung gestellt werden. Die Compakt disk ist jedoch zumeist nur zu Hause verfügbar und kann nur Daten zu einem bestimmten Zeitpunkt wiedergeben, der schnell veraltet. Die Homepage hat dagegen den Vorteil, daß jederzeit die Daten geändert werden können und so ständig von jedem Netzanschluß auf aktuelle Informationen zurückgegriffen werden kann.

EDV-spezifische Informationen setzen sich aus zwei Teilen zusammen:
- Compact disc,
- Homepage.

Die Gruppe „Informationsmaterial" wird in vier Untergruppen unterteilt:
- EDV-spezifische Informationen (e),
- systemspezifische Informationen (s),
- themenspezifische Informationen (t),
- unternehmensspezifische Informationen (u).

[284] Vgl. HOYER, R. / KLEWE, H.: 2001, S. 54 ff.

Die Beurteilung des gedruckt vorliegenden Informationsmaterials erfolgt anhand der bedruckten Fläche. Bei EDV-spezifischen Informationen wird zur grundsätzlichen Einstufung der erforderliche Speicherplatz zur Grundlage gemacht. Dabei ist zu berücksichtigen, daß aufwendige Grafiken besonders viel Speicherplatz beanspruchen, jedoch aber nicht streng mit einer Verbesserung der Informationsqualität korreliert sind. Außerdem bedürfen elektronische Informationen mit einer hohen Speicherkapazität längere Zeiten zur Anzeige beim Aufrufen und erleiden damit einen gewissen Qualitätsverlust. Diese beiden Aspekte können durch die Zeitdifferenz zwischen den zu vergleichenden Informationen vom Zeitpunkt des Aufrufs bis zur Anzeige als besondere Beurteilungsgröße zur Bewertung kommen; sie bewegt sich jedoch nicht zuletzt durch die technische Entwicklung in einem sehr engen Rahmen. Eine weitere entscheidende Beurteilungsgröße für Informationsmaterialien sind die jeweiligen Reichweiten, das heißt wieviel Personen mit ihnen informiert werden. Diesbezüglich wird bei den gedruckt vorliegenden Informationsmaterialien die Auflagenzahl herangezogen und mit den bedruckten Flächen multipliziert. Bei EDV-spezifischen Informationen wird zur Beurteilung der Reichweite für Compact disks die Anzahl der Haushalte mit Computern beziehungsweise für Homepages die Zahl der Haushalte mit Computer und Netzanschlüssen als Multiplikator mit dem Speicherplatzbedarf verwendet.

Die Formel zur Berechnung der Kenngröße für die Gruppe „Informationsmaterial“ lautet:

Kenngröße für die Gruppe „$^{A\text{-}K\text{-}Ö}$Informationsmaterial $_{e,s,t,u}$“			
Kenngröße für die Untergruppe „EDV-spezifische Informationen“	Kenngröße für die Untergruppe „Systemspezifische Informationen“	Kenngröße für die Untergruppe „Themenspezifische Informationen“	Kenngröße für die Untergruppe „Unternehmensspezifische Informationen“

$$\frac{\dfrac{{}_{ie}SC \times {}_{ie}RC + {}_{ie}SH \times {}_{ie}RH}{{}_{i}KO \times {}_{ie}ZT} + \dfrac{\left(\sum_{is=1}^{IS} {}_{is}FF + {}_{is}FP\right) \times {}_{is}RW}{{}_{i}KO} + \dfrac{\sum_{it=1}^{IT} {}_{it}FL \times {}_{it}RW}{{}_{i}KO} + \dfrac{({}_{iu}FG + {}_{iu}FK) \times {}_{iu}RW}{{}_{i}KO}}{\dfrac{KO \times VA}{EW}}$$

In dieser Formel bedeuten die einzelnen Kürzel:

EW = Einwohner (Anzahl)

KO = gesamte Kosten für Öffentlichkeitsarbeit (Euro)

VA = Verkehrsaufkommen (Anzahl beförderter Personen)

$_{i}KO$ = Kosten für spezifische Informationen (Euro)

$_{ie}RC$ = EDV-spezifische Reichweite: Haushalte mit Computern (Anzahl)

$_{ie}RH$ = EDV-spezifische Reichweite: Haushalte mit Computern und Internetzugang (Anzahl)

$_{ie}SC$ = Speicherkapazität der CD-rom (bits)

$_{ie}SH$ = Speicherkapazität der Homepage (bits)

$_{is}IS$ = Anzahl der Systeminformationen (Anzahl)

$_{is}FP$ = Bedruckte Fläche mit Liniennetzplan (Quadratzentimeter)

$_{is}FF$ = Bedruckte Fläche mit Fahrplaninformationen (Quadratzentimeter)

$_{is}RW$ = Reichweite der systemspezifischen Informationen (Auflage) (Anzahl)

$_{it}IT$ = Themenbroschüren (Anzahl)

$_{it}FL$ = Bedruckte Fläche mit themenspezifischen Informationen (Quadratzentimeter)

$_{it}RW$ = Reichweite der themenspezifischen Informationen (Auflage) (Anzahl)

$_{iu}FG$ = Bedruckte Fläche von Geschäftsberichten (Quadratzentimeter)

$_{iu}FK$ = Bedruckte Fläche von Kundenzeitschriften (Quadratzentimeter)

VII.D.1.b Die Kenngröße für die Medienarbeit

Eine weitere Form der Öffentlichkeitsarbeit ist die Medienarbeit. Sie umfaßt die gezielte Informationsverteilung an die Informationsmultiplikatoren der Medien und kann durch Presseartikel zu aktuellen Themen oder Angeboten zur Berichterstattung über bestimmte Aspekte des ÖPNV erfolgen. Die Medienarbeit ist mit relativ geringen Kosten verbunden. Trotz dieser günstigen Kommunikationsmaßnahme nützen vergleichsweise wenige Verantwortliche im ÖPNV diese Möglichkeit und betreiben eine aktive Medienarbeit.[285] In diesem Bereich kann zum Beispiel ein Ziel der Kommunikationspolitik sein, in bestimmten Abständen in der Tageszeitung präsent zu sein. Ein Problem dabei ist, die notwendige Attraktivität der Themenstellung zu finden, und die Themen in geeigneter Weise an die Medien zu „verkaufen“ und in den Medien zu plazieren.

Eine Medienarbeit mit wachsender Bedeutung ist die Verbreitung der Informationswege über den ÖPNV im Internet, da es ein Medium ist, in dem die Informationen zentral mit

---

[285] Vgl. SCHULTE, R.: 1999, S. 61.

relativ geringem Aufwand vielen Multiplikatoren zur Verfügung gestellt werden können und ständig aktuelle Fahrplandaten und sonstige Informationen abgerufen werden können. Öffentlichkeitsarbeit in diesem Bereich erfolgt durch eine professionelle Plazierung von Links zur Homepage auf betriebsfremden Internetseiten und auf der betriebseigenen Homepage zu themenverwandten Internetseiten. Der große Vorteil liegt darin, daß Besucher mit einem aktiven Informationsbedarf besser und leichter zu ihren Informationen kommen beziehungsweise Kunden „zufällig“ beim Surfen interessiert werden.

Die Gruppe „Medienarbeit“ wird in vier Untergruppen unterteilt:

- **P**rintmedien (p),
- **R**adio (r),
- **F**ernsehen (f),
- **I**nternet (i).

Die Beurteilung von Medienarbeit in Printmedien ist durch die bedruckte Fläche mit den jeweiligen Artikeln möglich. Ein flächenmäßig größerer Artikel lenkt auch vermehrt die Aufmerksamkeit auf sich. Zudem sind Bilder auch wichtige Informationen, die mit der Fläche in die Beurteilung einfließen. Für den Informationsgehalt eines Textes wird die Anzahl der Buchstaben herangezogen. Diese findet besonders deshalb Berücksichtigung, da ihre Größe zwischen den einzelnen Printmedien (besonders in den Schlagzeilen) variiert. Sie werden mit der Fläche multipliziert. Die Medienarbeit in Radio und Fernsehen wird mit der Dauer der gesendeten Berichte beurteilt. Der Erfolg fließt bei Fernsehen und Radio durch die Multiplikation der Sendezeiten mit der Einschaltquote und bei den Printmedien mit der Auflagenzahl ein. Die Qualität der Medienarbeit im Internet kann mit den plazierten Links auf anderen Homepages bewertet werden, da dadurch der Kontakt hergestellt werden kann. Diese werden mit der Besucheranzahl der Homepage über die Links multipliziert und damit der Erfolg bewertet. Die Bezugsgröße sind die Kosten für die jeweiligen Medien. Sie stehen im Nenner, da je höher sie pro der „Menge“ der Beurteilungsgröße wird, desto schlechter ist die Effizienz.

Die Formel zur Berechnung der Kenngröße für die Gruppe „Medienarbeit“ lautet:

Kenngröße für die Gruppe „$^{\text{A-K-Ö}}$ Medienarbeit $_{p,r,f,i}$“			
Kenngröße für die Untergruppe „Printmedien“	Kenngröße für die Untergruppe „Radio“	Kenngröße für die Untergruppe „Fernsehen“	Kenngröße für die Untergruppe „Internet“

$$\frac{\dfrac{\sum_{mp=1}^{MP} {}_{mp}FA \times {}_{mp}BN \times {}_{mp}RW}{{}_{m}KO} + \dfrac{\sum_{mr=1}^{MR} {}_{mr}ZT \times {}_{mr}EQ}{{}_{m}KO} + \dfrac{\sum_{mf=1}^{MF} {}_{mf}ZT \times {}_{mf}EQ}{{}_{m}KO} + \dfrac{{}_{mi}LI \times {}_{mi}PN}{{}_{m}KO}}{\dfrac{KO \times VA}{EW}}$$

In dieser Formel bedeuten die einzelnen Kürzel:

EW = Einwohner im Verkehrsgebiet (Anzahl)
KO = gesamte Kosten für Öffentlichkeitsarbeit (Euro)
VA = Verkehrsaufkommen (Anzahl beförderter Personen)
$_{m}KO$ = Kosten für Medienarbeit im Fernsehen (Euro)
$_{mf}MF$ = Berichte im Fernsehen (Anzahl)
$_{mf}EQ$ = Einschaltquote bei Fernsehberichten (%)
$_{mf}ZT$ = Zeit für Fernsehberichte (Minuten)
$_{mi}LI$ = Links auf betriebsfremden Homepages (Anzahl)
$_{mi}PN$ = Besucher durch Links über betriebsfremde Homepages (Anzahl)
$_{mp}MP$ = Berichte in Printmedien (Anzahl)
$_{mp}BN$ = Buchstaben von Artikeln in Printmedien (Anzahl)
$_{mp}FB$ = Fläche von Artikeln in Printmedien (Anzahl)
$_{mp}RW$ = Reichweite (Auflage) von Printmedien (Anzahl)
$_{mr}MR$ = Berichte im Rundfunk (Anzahl)
$_{mr}EQ$ = Einschaltquote bei Radioberichten (%)
$_{mr}ZT$ = Zeit für Rundfunkberichte (Minuten)

VII.D.1.c Die Kenngröße für die Veranstaltungen

Eine dritte Möglichkeit, Informationen der Öffentlichkeit beziehungsweise einem breiten Publikum zukommen zu lassen, sind Veranstaltungen. Im Vordergrund stehen dabei Pressekonferenzen, die zur Verbreitung einer Information am besten geeignet sind, da mit einer Bekanntmachung bei den Journalisten und der Veröffentlichung in den Medien eine große Anzahl von Personen erreicht werden, die Mobilitätsnachfrager im Alltag sind. Eine weitere Möglichkeit, die zumeist jedoch ein besonderes, eingegrenztes Publikum anspricht, bieten Fachveranstaltungen, auf denen spezifische Themen präsentiert werden und durch Erweis von Kompetenz eine Profilierung erfolgt. Sie dienen hauptsächlich dazu, bereits Interessierte an das Thema zu binden und durch Diskussionen ein Feed-back der durchgeführten ÖPNV-Maßnahmen sowie durch fachliche Kritiken Anstöße für neue Maßnahmen zu bekommen. Bei den Fachveranstaltungen ist eine Eigenorganisation weniger effektiv, da der Aufwand für die Einladung groß ist und die Personen, die aufgrund der Attraktivität des Veranstaltungsthemas der Einladung Folge leisten, durchschnittlich relativ wenige sind. Erfolgreicher, auch hinsichtlich geringerer Kosten und der Ansprache eines gemischteren Publikums, ist die Zusammenarbeit mit Verbänden oder Bildungseinrichtungen, indem zu deren Veranstaltungen Referenten eingeladen werden und Themen präsentieren dürfen. Außerdem wird eine dritte Art von Veranstaltungen abgegrenzt, weil sie einen ganz anderen Charakter und Zielsetzung haben. Sie verfolgen in Form von spezifischen Beratungsveranstaltungen bei bestimmten ausgewählten Adressaten wie zum Beispiel Betrieben und Schulen den Zweck der Kundenakquisition. Besonders im Zusammenhang mit dem Verkauf von Job-Tickets können zum Beispiel auf Personalversammlungen Personalverantwortliche und Mitarbeiter angesprochen werden.

Die Gruppe „Veranstaltungen" wird in drei Untergruppen unterteilt:

- Informationsveranstaltungen (i),
- Fachveranstaltungen (f),
- Beratungsveranstaltungen (b).

Die Intensität und damit die Qualität der Öffentlichkeitsarbeit durch Veranstaltungen wird grundsätzlich mir ihrer Dauer beurteilt. Ein Maßstab für den Erfolg ist die Besucher- beziehungsweise Teilnehmerzahl, die mit der Dauer multipliziert wird. Die Bezugsgröße sind die für die jeweiligen Veranstaltungsarten zurechenbaren Kosten.

Die Formel zur Berechnung der Kenngröße für die Gruppe „Veranstaltungen“ lautet:

Kenngröße für die Gruppe „$^{A\text{-}K\text{-}Ö}$Veranstaltungen $_{i,f,b}$“		
Kenngröße für die Untergruppe „Informationsveranstaltungen“	Kenngröße für die Untergruppe „Fachveranstaltungen“	Kenngröße für die Untergruppe „Beratungsveranstaltungen“

$$\frac{\dfrac{\sum_{vi=1}^{VI} {}_{vi}ZT \times {}_{vi}PN}{{}_{v}KO} + \dfrac{\sum_{vi=1}^{VF} {}_{vf}ZT \times {}_{vf}PN}{{}_{v}KO} + \dfrac{\sum_{vb=1}^{VB} {}_{vb}ZT \times {}_{vb}PN}{{}_{v}KO}}{\dfrac{KO \times VA}{EW}}$$

In dieser Formel bedeuten die einzelnen Kürzel:

EW = Einwohner (Anzahl)
KO = Kosten für Öffentlichkeitsarbeit (Euro)
VA = Verkehrsaufkommen (Anzahl beförderter Personen)
${}_{v}KO$ = Kosten für jeweilige Veranstaltungsformen (Euro)
${}_{vb}VB$ = Beratungsveranstaltungen (Anzahl)
${}_{vb}PN$ = Besucher auf Beratungsveranstaltungen (Anzahl)
${}_{vb}ZT$ = Zeit für Beratungsveranstaltungen (Minuten)
${}_{vf}VF$ = Fachveranstaltungen (Anzahl)
${}_{vf}PN$ = Besucher auf Fachveranstaltungen (Anzahl)
${}_{vf}ZT$ = Zeit für Fachveranstaltungen (Minuten)
${}_{vi}VI$ = Informationsveranstaltungen (Anzahl)
${}_{vi}PN$ = Besucher auf Informationsveranstaltungen (Anzahl)
${}_{vi}ZT$ = Zeit für Informationsveranstaltungen (Minuten)

VII.D.2 Kenngrößen für die Werbung

Die Werbung zielt auf die affektiv-emotionale Seite beim Kunden mittels der entsprechenden Kommunikationsmaßnahmen ab. Sie versucht Menschen so zu beeinflussen, daß sie ein bestimmtes Verhalten an den Tag legen, das den Absatz eines Unternehmens steigert. Die Emotionalisierung von Produkten, indem der Gedanke an sie mit Gefühlen und Werten besetzt wird, kann auch als Basis für die Produktentscheidung bezeichnet werden, da die individuelle Präferenzbildung die Vorstufe für den Kauf ist.[286]

[286] Vgl. PRIEWASSER, R. / HÖFLER, L.: 2000, S. 25.

Gemessen an den Ausgaben von Unternehmen ist die Werbung im Durchschnitt die bedeutsamste Form der Kommunikation. Im Hinblick auf die Qualität der Werbung und die Ausgaben für sie geben die Unternehmen der Automobilbranche ein herausragendes Beispiel. Im Vergleich dazu steht das den ÖPNV-Unternehmen zur Verfügung stehende Budget für Werbemaßnahmen in einem sehr schlechten Verhältnis, so daß der rapide Verlust des ÖPNV-Anteils am Modal Split auch so zum Teil erklärlich ist. Eine Ursache für den kleinen Werbeetat war zu einem Teil die nicht gewinnbringende Produktion der Betriebsleistungen, die keine Finanzmittel abwarf. Einen wesentlichen Teil machte jedoch auch die fehlende Konkurrenz aus, da die ÖPNV-Unternehmen in der Regel eine Monopolstellung hatten und keine anderen in ihrem Bedienungsbereich zu fürchten brauchten. Zudem bestand keine branchenübergreifende Sichtweise zum eigentlichen Konkurrenten, dem Pkw, die den Druck zu gesteigerten Werbeanstrengungen ausübte.

> „Die werblichen Bemühungen der Betriebe des ÖPNV zielen wegen des Fehlens konkurrierend anbietender Verkehrsbetriebe in erster Linie darauf ab, Nachfrage an sich zu ziehen, die bisher wegen Selbsterstellens der Verkehrsleistungen im Wege des Individualverkehrs nicht am Markt geltend gemacht wurde.“ [287]

Die Hauptgruppe „Werbung“ wird nach der Art der Werbeträger in vier Gruppen gegliedert. Die ersten drei Gruppen sind Kommunikationsmittel, die nicht unmittelbar auf Personen ausgerichtet sind, während in der vierten Gruppe die Möglichkeiten der Direktwerbung zusammengefaßt sind:

- **P**rintmedien (p),
- **a**udio-visuelle Medien (a),
- **s**onstige Werbemedien (s),
- **D**irektwerbung (d).

Die gemeinsame Relativierungsgröße sind die gesamten in einem Verkehrsgebiet durch Werbung verursachten Kosten. Da die Werbung an Personen gerichtet ist, um sie zu einer intendierten Handlung zu bewegen, werden die Kosten mit dem die Wirkungsintensität bemessenden Verhältnis von Nutzern zu der Einwohnerzahl multipliziert.

[287] DIEDERICH, H.: 1980, S. 258.

VII.D.2.a Die Kenngröße für die Printmedien

Die Printmedien sind die Form von Werbeträgern mit der höchsten Verbreitung. Die Art und Weise von Werbemaßnahmen durch Anzeigenschaltungen in ihnen hängt im wesentlichen von der Zielrichtung und Charakter der Werbung ab. Tageszeitungen eignen sich besonders zur Aktionswerbung aus aktuellem Anlaß oder zur Werbung für zeitnahe Ereignisse, da sie mit ihrem Informationscharakter über die alltäglichen Ereignisse die kurzfristigen Interessen der Leser abdecken. Besonders kann hier aufgrund der in der Mehrzahl verwendeten Schwarz-Weiß-Texte eine farbliche Anzeige wirken. Wochenzeitungen oder Monatszeitungen beziehungsweise Illustrierte sind hingegen für eine langfristige Anzeigenkampagne zur Imagewerbung geeignet.

Die Wirkung von Anzeigen beruht primär auf der Reichweite der Medienprodukte, das heißt, wieviel Exemplare verkauft werden. Außerdem basiert sie auf der Kontaktsumme, die die Anzahl der Kontakte von Personen mit dem Werbeträger ausdrückt. Durch den häufigeren Gebrauch beziehungsweise durch das häufigere „Blättern“ des Käufers in Medien mit mehrtägiger „Gültigkeitsdauer“ (Wochenzeitungen) und dadurch, daß mehr Personen diese Medien im Vergleich zu Tageszeitungen zur Hand nehmen, ist die Kontaktsumme bei ihnen höher. Darüberhinaus werden in der Regel diese Medien intensiver mit einer größeren „Muße“ zum Beispiel zu Hause oder in Arztpraxen gelesen, so daß eine Anzeige eine größere Chance hat, aufzufallen und ins Bewußtsein zu dringen. Im Zusammenhang mit der Auffälligkeit und dem „Recallwert“, das heißt der Erinnerlichkeit der Anzeige, gibt es im Hinblick auf den kaufentscheidenden Einfluß komplexe Zusammenhänge zwischen Größe und Häufigkeit der Anzeigen, die jedoch an dieser Stelle nicht weiter berücksichtigt werden. Ein wichtiges Kriterium für die Effizienz der Anzeigenschaltung ist die Übereinstimmung der definierten Werbeziele, der Inhalte und der Botschaften der Anzeigen mit der Zielgruppe, die mit der Werbung erreicht werden soll und zugleich mit der Käuferschicht der Printmedien. Zum Beispiel ist die Werbung für den ÖPNV in Autofachzeitschriften mit irgendwelchen Umweltargumenten weniger zielführend als eine Anzeige mit der Botschaft, daß durch Benutzung des ÖPNV der Stand im Stau vermieden werden kann und die Wege entspannter bewältigt werden. Die Kosten der Anzeigen hängen besonders von deren Größe und der Auflagenzahl der jeweiligen Printmedien ab.

Die Gruppe „Printmedien“ wird in drei Untergruppen unterteilt:

- **Zeitungen (z),**
- **Illustrierte (i),**
- **Fachzeitschriften (f).**

Der Umfang der Werbeaktivitäten in Printmedien wird mit den Flächen der Anzeigen beurteilt. Die Wirkung von Anzeigen ist jedoch nicht nur von der Summe ihrer Flächen abhängig, sondern auch von der Häufigkeit, wie oft ein potentieller Kunde mit dem Medium, in dem die Anzeige abgebildet ist, in Kontakt kommt. Relevante Größe dafür ist die Reichweite eines Printmediums, die durch die Auflagenzahl beurteilt wird. Sie wird mit der Anzeigenfläche multipliziert. Die Bezugsgröße sind die für die jeweilige Printmedienart anfallenden Kosten.

Die Formel zur Berechnung der Kenngröße für die Gruppe „Printmedien“ lautet:

Kenngröße für die Gruppe
„$^{A\text{-}K\text{-}W}$ **Printmedien** $_{z,i,f}$“

Kenngröße für die Untergruppe „**Zeitungen**“	Kenngröße für die Untergruppe „**Illustrierte**“	Kenngröße für die Untergruppe „**Fachzeitschriften**“

$$\frac{\dfrac{\sum_{pz=1}^{PZ} {}_{pz}FL \times {}_{pz}RW}{{}_{p}KO} + \dfrac{\sum_{pi=1}^{PI} {}_{pi}FL \times {}_{pi}RW}{{}_{p}KO} + \dfrac{\sum_{pf=1}^{PF} {}_{pf}FL \times {}_{pf}RW}{{}_{p}KO}}{\dfrac{KO \times VA}{EW}}$$

In dieser Formel bedeuten die einzelnen Kürzel:

EW = Einwohner (Anzahl)
KO = Kosten für Werbung im Verkehrsgebiet (Euro)
VA = Verkehrsaufkommen (Anzahl beförderter Personen)
${}_{p}KO$ = Kosten für Werbung in jeweiligen Printmedien (Euro)
${}_{pf}PF$ = Fachzeitschriften (Anzahl)
${}_{pf}FL$ = Fläche für Werbung in Fachzeitschriften (Quadratzentimeter)
${}_{pf}RW$ = Reichweite von Fachzeitschriften (Auflagenanzahl)
${}_{pi}PI$ = Illustrierte (Anzahl)
${}_{pi}FL$ = Fläche für Werbung in Illustrierten (Quadratzentimeter)
${}_{pi}RW$ = Reichweite von Illustrierten (Auflagenanzahl)
${}_{pz}PZ$ = Zeitungen (Anzahl)
${}_{pz}FL$ = Fläche für Werbung in Zeitungen (Quadratzentimeter)
${}_{pz}KO$ = Kosten für Werbung in Zeitungen (Euro)
${}_{pz}RW$ = Reichweite von Zeitungen (Auflagenanzahl)

VII.D.2.b Die Kenngröße für die audio-visuellen Medien

Die Werbung in audio-visuellen Medien hat den Schwerpunkt ihrer Bedeutung in der Darstellung von Funktionsweisen und der Aussendung emotionaler Botschaften. Sie dient primär der Übermittlung von nicht zeitbezogenen Informationen, die Präferenzen und Einstellungen prägen sollen.

Bei Werbung im Radio steht wie bei Printmedien nur ein „Sinnkanal" für den Empfang der Botschaft zur Verfügung, jedoch ist es statt dem Auge das Ohr. Auf diesem Weg sind im Vergleich zum statischen gedruckten Wort mehr Variationen möglich. Je nach Tonlage der in dem Werbespot sprechenden Personen, wechselnden Lautstärken, Einzelgeräuschen oder untermalender Musik können verschiedene Stufen der Aufmerksamkeit erreicht werden. Außerdem ist Weghören bedeutend schwieriger als Wegsehen. Zu einem großen Teil dringen Laute in das für Entscheidungen und Kaufverhalten oftmals ausschlaggebende Unterbewußtsein. Dies wird in Kaufhäusern häufig ausgenutzt und äußert sich in Melodien, die „einem nicht aus dem Kopf gehen". Aufgrund des ausschließlich auditiven Vorgangs ist zu diesem Bereich auch der neue Weg der Werbung beim Telefonieren zu zählen. Diesbezüglich wird kostenfreies Telefonieren angeboten, wenn sich Personen bereit erklären, dabei Werbeunterbrechungen in Kauf zu nehmen.

Besonders attraktiv wird die Werbung im Fernsehen und Kino durch die Ansprache sowohl des auditiven als auch des visuellen Sinns mit Tönen und bewegten, farbigen Bildern, die die grundsätzlich höchste Aufmerksamkeit und Erinnerung erreicht. Besonders im Kino ist durch die gute Stimmung in Erwartung eines schönen Filmabends die Bereitschaft zur Aufnahme besonders hoch.

Die Werbung in audio-visuellen Medien ist die Werbung, die mit den höchsten Kosten verbunden ist. Dies liegt an den Produktionskosten eines Werbespots für Radio und besonders für Fernsehen und Kino. Aber ausschlaggebend sind die Kosten für die Plazierung der Werbespots in den Medien. Sie sind grundsätzlich von der Dauer des Werbespots und der Häufigkeit der Schaltung abhängig. In eng begrenzten Sendezeiträumen hat eine mehrmalige Hintereinanderreihung von sehr kurzen Spots eine größere Erinnerlichkeit als ein einzelner langer Spot zur Folge. Da die Kosten hauptsächlich von der absoluten Zeit abhängig sind, hat die erste Variante in den letzten zwei Jahren Anwendung gefunden. Darüberhinaus sind die Einschaltquoten der kostenentscheidende Faktor. Diese wiederum beruhen auf den Sendezeiten und den Sendungen. Als beste Sendezeiten sind die Abendstunden zwischen 18.00 und 22.00 Uhr mit den allgemein höchsten Einschaltquoten einzustufen. Präferierte Werbeschaltzeiten sind dabei kurz vor den Nachrichten. Sendungen mit hohen Einschaltquoten sind Sportübertragungen, in Deutschland besonders Fußball und Tennis, und bekannte Spielfilme.

Ein neues Medium für Werbung mit wachsender Bedeutung ist das Internet. Ein spezieller Faktor ist dabei, daß die Dauer der Einwirkung nicht so sehr durch die Gestaltung der Werbung, sondern vielmehr durch die Attraktivität der Internetseite beeinflußt wird, die die „Besuchszeit" der „Surfer" erhöht. Hinsichtlich der „Einschaltquoten" ist deshalb ein entscheidendes Kriterium die Nachfrage nach den Informationen auf der Internetseite. Zum Beispiel ist die Reiseauskunft der DB AG eine häufig besuchte Adresse, die eine Werbung mit hoher Reichweite hat.

Die Gruppe „audio-visuellen Medien" wird in vier Untergruppen unterteilt:

- **R**adio (r),
- **F**ernsehen (f),
- **K**ino (k),
- **I**nternet (i).

Die Beurteilungsgrößen der Werbung in audio-visuellen Medien sind für die „Menge" der einwirkenden Werbung die Zeit sowie für die Tragweite der Werbung die Anzahl der Personen, die ihr ausgesetzt sind. Beide werden miteinander multipliziert. Die Tragweite wird bei Radio und Fernsehen mit der Einschaltquote bemessen und beim Kino mit der Besucherzahl. Beim Telefon sind es die Telefongespräche, die aufgrund der Regel von zwei Gesprächspartnern mit dem Faktor 2 multipliziert werden. Für Werbung im Internet setzt sich die Beurteilungsgröße außer aus der Besucherzahl und der Verweildauer des Besuchers auf der mit Werbung versehenen Internetseite auch aus der Speicherkapazität für die Werbung als Maßstab für die Intensität zusammen.

Die Formel zur Berechnung der Kenngröße für die Gruppe „Audio-visuelle Medien" lautet:

Kenngröße für die Gruppe „$^{A\text{-}K\text{-}W}$ Audio-visuelle Medien $_{r,f,k,i}$"			
Kenngröße für die Untergruppe „**R**adio"	Kenngröße für die Untergruppe „**F**ernsehen"	Kenngröße für die Untergruppe „**K**ino"	Kenngröße für die Untergruppe „**I**nternet"

$$\frac{\dfrac{\sum_{ar=1}^{AR} {}_{ar}ZT \times {}_{ar}QE}{{}_{a}KO} + \dfrac{\sum_{af=1}^{AF} {}_{af}ZT \times {}_{af}QE}{{}_{a}KO} + \dfrac{\sum_{ak=1}^{AK} {}_{ak}ZT \times {}_{ak}PN}{{}_{a}KO} + \dfrac{\sum_{ai=1}^{AI} {}_{ai}ZT \times {}_{ai}SK \times {}_{ai}PN}{{}_{a}KO}}{\dfrac{KO \times VA}{EW}}$$

In dieser Formel bedeuten die einzelnen Kürzel:

EW = Einwohner (Anzahl)
KO = Kosten für Werbung im Verkehrsgebiet (Euro)
VA = Verkehrsaufkommen (Anzahl beförderter Personen)
$_{a}KO$ = Kosten für Werbung in jeweiligen audio-visuellen Medien (Euro)
$_{af}AF$ = Fernsehwerbungen (Anzahl)
$_{af}KO$ = Kosten für Werbung im Fernsehen (Euro)
$_{af}EQ$ = Einschaltquote im Fernsehen (%)
$_{af}ZT$ = Zeit für Werbung im Fernsehen (Minuten)
$_{ai}AI$ = Internetwerbungen (Anzahl)
$_{ai}KO$ = Kosten für Werbung im Internet (Euro)
$_{ai}PN$ = Besucher der Internetseiten mit Werbung (Anzahl)
$_{ai}SK$ = Speicherkapazitäten für Werbung im Internet (Bit)
$_{ak}AK$ = Kinowerbungen (Anzahl)
$_{ak}KO$ = Kosten für Werbung im Kino (Euro)
$_{ak}PN$ = Besucher im Kino (Anzahl)
$_{ak}ZT$ = Zeit für Werbung im Kino (Minuten)
$_{ar}AR$ = Rundfunkwerbungen (Anzahl)
$_{ar}KO$ = Kosten für Werbung im Rundfunk (Euro)
$_{ar}EQ$ = Einschaltquote im Rundfunk (%)
$_{ar}ZT$ = Zeit für Werbung im Rundfunk (Minuten)

VII.D.2.c Die Kenngröße für die sonstigen Werbemedien

Bei der Werbung mit sonstigen Werbemedien ist die älteste Form die Werbung mit Plakaten zu nennen. Die Plakate können dabei auf den verschiedensten Werbeträgern wie zum Beispiel Plakatständern, Plakatwänden, Schautafeln beziehungsweise -vitrinen und Litfaßsäulen angebracht werden. Im Hinblick auf die Effizienz der Werbung ist nur zum Teil die Gestaltung und Größe der Plakate maßgeblich. Mindestens ebenso wichtig ist die Exponiertheit der Stellen der Werbeträger, die sich nach der Frequenz richtet, das heißt der Anzahl, und der zu erwartenden Aufnahmebereitschaft der passierenden Personen, sowie nach Art und Geschwindigkeit der Passage. So wird ein Plakat an einer Stelle, an der Personen stehen oder spazierengehen, mehr auffallen als ein Plakat am Straßenrand. Eine erfolgversprechende Form der Plakatwerbung ist deshalb auch die Bandenwerbung in Freizeiteinrichtungen wie zum Beispiel in Fußballstadien. Von Bedeutung sind diesbezüglich im ÖPNV die Werbung in Verkehrsmitteln und (in Vitrinen) an Haltestellen. Meistens findet hier eine Fremdwerbung statt. Allerdings gibt es auch bei Haltestellen die Möglichkeit, daß sie in einem Public-Private-Partnership-Projekt den Verkehrsunternehmen „geschenkt" wurden, weil die Einnahmen aus der Vermietung von Werbeflächen dies für die Sponsorunternehmen rentabel macht.

Ein spezieller Werbeträger sind Gebäudefassaden, an denen auf bestimmten Flächen dauerhaft Werbungen angebracht sind oder die während der Zeit von Renovierungen über die gesamte Gebäudefläche mit Transparenten verhängt werden.

Bei der Werbung auf Verkehrsmitteln steht im ÖPNV der einnahmewirksame Faktor und damit die Fremdwerbung im Vordergrund. Dies ist insofern auch naheliegend, da Werbung an den Stellen weniger wirksam ist, wo bereits das intendierte Verhalten praktiziert wird. Allerdings werden zumindest bei außen auf Straßenbahnen und Bussen angebrachter Werbung, die die Vorteile des ÖPNV anpreist, auch viele Pkw-Fahrer als favorisierte Zielgruppe mit dieser konfrontiert.

> „Aus der Tatsache beispielsweise, daß ein Betrieb des öffentlichen Personennahverkehrs an seinen Autobussen nur Fremd- aber keine Eigenwerbung betreibt, obwohl er damit seine wichtigsten potentiellen Nachfrager mit einer kaum zu übertreffenden Häufigkeit und Intensität erreichen könnte, kann nur gefolgert werden, daß der Betrieb auch von Einsatz dieses wirkungsvollsten seiner Werbeinstrumente noch geringere Wirkungen auf die Erlöse seiner Verkehrsleistungen erwartet, als er durch die Erlöse aus der Fremdwerbung erzielen kann." [288]

Seit den 1990er Jahren ist jedoch nach Auskunft der Städtereklame ein Rückgang von Fremdwerbung auf Verkehrsmitteln zu verzeichnen. Die Hauptursache dafür ist ein verstärktes Eigenmarketing der Verkehrsunternehmen, bei dem die Unvereinbarkeit mit einem einheitlichen Erscheinungsbild einer Fremdlackierung des Verkehrsmittels entgegensteht. Durch den Trend zu größeren und mehr Einstiegsbereichen finden Werbungsplätze weitere Einschränkungen. Weiterhin hat der steigende Anteil von Niederflurfahrzeugen Einfluß. Die Verkehrsmittel mit dieser fahrgastfreundlichen Technik haben einen erhöhten Fensteranteil und dadurch eine geringere Grundfläche für Werbung. Als Abhilfe wurden spezielle perforierte Fensterfolien entwickelt, die die Sicht nach außen für die Fahrgäste ermöglicht. Allerdings ist diese durch die Rasterung getrübt und in verklebten Verkehrsmitteln ist es auch deutlich dunkler, so daß die auf den Fensterbereich ausgedehnte Werbung mit negativen Auswirkungen auf die Kundenakzeptanz verbunden ist.

Werbung mit beziehungsweise auf Broschüren und Flugzetteln entfalten besonders dann

---

[288] BRAUER, K.: 1983, S. 42.

ihre Vorteile und Wirksamkeit, wenn sie per Hauswurfsendungen verteilt werden. Zu Hause nimmt man sich im Rahmen der allgemeinen Postdurchsicht Zeit und hat Ruhe, diese durchzulesen. Zumeist kommen mehrere Personen, die in einem Haushalt leben, und diese auch mehrmals in Kontakt mit per Post geschickten Broschüren, da sie nicht gleich weggeschmissen, sondern an einer Stelle abgelegt werden. Besonders effektiv erweisen sich die Hauswurfsendungen als eine Serie von Informationen. Hingegen ist die Verteilung von Broschüren „en passant" zum Beispiel in Fußgängerzonen von geringerer Wirkung, da diese häufig ungesehen eingesteckt oder weggeworfen werden.

Die Gruppe „sonstige Werbemedien" wird in vier Untergruppen unterteilt:
- **B**roschüren (Informationsblätter) (b),
- **G**ebäude (g),
- **V**erkehrsmittel (v),
- **W**erbeständer (Plakatständer, Schautafeln und Litfaßsäulen) (w).

Die Werbemaßnahmen bei den sonstigen Werbemedien werden mit der Fläche der Lackierungen, Schilder, Plakate, Transparente und Broschüren beurteilt. Bei den Werbeflächen auf Verkehrsmitteln dient als weitere Beurteilung für die Streuung des Werbeträgers und damit die Kontaktherstellung mit der Werbung die Linienfahrleistung für die Häufigkeit, die durch die Linienlänge für die Reichweite geteilt wird. Der Quotient wird mit der Werbefläche multipliziert. Bei den Werbemaßnahmen auf Gebäuden und Werbeständern wird die Werbefläche mit der Anzahl der den Standort passierenden Personen und der Anbringungsdauer der Plakate und bei Broschüren und Flugzetteln mit der Auflagenzahl beziehungsweise Verteilungszahl multipliziert. Die Bezugsgröße sind die Kosten für die jeweiligen sonstigen Werbemedien.

Die Formel zur Berechnung der Kenngröße für „sonstige Werbemedien" lautet:

Kenngröße für die Gruppe „$^{A\text{-}K\text{-}W}$ Sonstige Werbemedien $_{b,g,v,w}$"			
Kenngröße für die Untergruppe „**B**roschüren"	Kenngröße für die Untergruppe „**V**erkehrsmittel"	Kenngröße für die Untergruppe „**G**ebäude"	Kenngröße für die Untergruppe „**W**erbeständer"

$$\frac{\dfrac{\sum_{sb=1}^{SB} {}_{sb}FL \times {}_{sb}RW}{{}_{s}KO} + \dfrac{\sum_{sg=1}^{SG} {}_{sg}FL \times {}_{sg}PN \times {}_{sg}ZT}{{}_{s}KO} + \dfrac{\sum_{sv=1}^{SV} {}_{sv}FL \times {}_{sv}LW}{{}_{sv}LL \times {}_{s}KO} + \dfrac{\sum_{sw=1}^{SW} {}_{sw}FL \times {}_{sw}PN \times {}_{sw}ZT}{{}_{s}KO}}{\dfrac{KO \times VA}{EW}}$$

In dieser Formel bedeuten die einzelnen Kürzel:

EW	=	Einwohner (Anzahl)
KO	=	Kosten für Werbung im Verkehrsgebiet (Euro)
VA	=	Verkehrsaufkommen (Anzahl beförderter Personen)
$_{s}KO$	=	Kosten für jeweilige sonstige Werbemedien (Euro)
$_{sb}SB$	=	Werbung auf Broschüren und Flugzettel (Anzahl)
$_{sb}FL$	=	Fläche von Werbung auf oder mit Broschüren und Flugzettel (Quadratmeter)
$_{sb}RW$	=	Reichweite von Broschüren und Flugzettel (Auflagenanzahl)
$_{sg}SG$	=	Werbung an Gebäuden (Anzahl)
$_{sg}FL$	=	Fläche von Werbung an Gebäuden (Quadratmeter)
$_{sg}PN$	=	die Gebäude passierenden Personen (Anzahl)
$_{sg}ZT$	=	Anbringungsdauer der Werbung an Gebäuden (Tage)
$_{sv}SV$	=	Werbung an Verkehrsmitteln (Anzahl)
$_{sv}FL$	=	Fläche von Werbung auf Verkehrsmitteln (Quadratmeter)
$_{sv}LL$	=	Linienfahrleistung im Verkehrsgebiet (Wagenkilometer)
$_{sv}LW$	=	Linienfahrleistung eines Verkehrsmittels mit Werbung (Wagenkilometer)
$_{sw}SW$	=	Werbung mit Plakaten auf Werbeständern (Anzahl)
$_{sw}FL$	=	Fläche von Werbung mit Plakaten (Quadratmeter)
$_{sw}PN$	=	die Werbeständer passierenden Personen (Anzahl)
$_{sw}ZT$	=	Anbringungsdauer für die Plakate auf Werbeständern (Tage)

VII.D.2.d Die Kenngröße für die Direktwerbung

Die Direktwerbung ist ein spezielles Instrument, um potentielle Nachfrager direkt in Kontakt mit dem beworbenen Produkt beziehungsweise mit entsprechenden Vertretern zu bringen. Ziel ist die individuelle und persönliche Ergründung der Informationsbedürfnisse und die Bekanntmachung der Vorteile des Produktes beziehungsweise der bestehenden Mobilitätsalternative durch den ÖPNV. Zumeist wird die Direktwerbung in Zusammenhang mit der Einführung von neuen ÖPNV-Angeboten in den entsprechenden Einzugsgebieten durchgeführt, da somit ein konkreter Anlaß für den Kontakt gegeben ist.[289]

Ein wichtiger Aspekt der Direktwerbung ist, daß mit ihr auch der Teil der Mobilitätsnachfrager angesprochen wird, der mit den Mitteln der Öffentlichkeitsarbeit und den

---

[289] PRIEWASSER, R.: 2000, S. 25.

anderen Werbemaßnahmen nicht erreicht wird: die ausschließlichen Pkw-Nutzer. Oftmals sind Ursache der Pkw-Nutzung nur Gewohnheit und Bequemlichkeit bezüglich des Aufwandes für die Informationsbeschaffung und demzufolge die Unkenntnis objektiver Systemvorteile des ÖPNV. Damit durch die Direktwerbung ein konkretes Nachfrageverhalten erzielt wird, ist die Verbindung der Direktwerbung mit einem Anreizsystem besonders in Form von der Verteilung von Fahrausweisen (Freifahrten) hilfreich.

Einen großen Bereich der Direktwerbung macht das individualisierte Marketing[290] aus. Es wird in der Regel in einem mehrstufigen Verfahren durchgeführt. In einem bestimmten Verkehrsgebiet, das heißt aufgrund der Kosten zumeist in einem ausgewählten Teilgebiet, werden alle Haushalte ermittelt, von denen wiederum aufgrund des Kosten-Nutzen-Verhältnisses in der Mehrzahl eine repräsentative Auswahl von Zielhaushalten (Personen) getroffen wird. Die Haushalte (Personen) werden zuerst angeschrieben und um das Ausfüllen eines Fragebogens gebeten. Dies geschieht üblicherweise in der Form eines Briefs. Vereinzelt finden bereits auch Anschreiben via elektronischer Post statt, besonders bei zielgruppenspezifischen Aufgabenstellungen wie zum Beispiel Informationsbefriedigung mittels elektronischer Medien, die in Zukunft mehr angewendet werden. Erfolgt keine Rücksendung, wird in einer zweiten Stufe telefonischer Kontakt aufgenommen. Als dritte Stufe, häufig im Zusammenhang mit der Übergabe der Anreiz- oder Schnupperpreise als Dank für die Teilnahme, wird ein Hausbesuch durchgeführt, der die direkteste Form des Kontaktes bedeutet. Allerdings werden im Verfahren im individualisierten Marketing nicht immer alle Stufen durchlaufen oder eine Stufe kann auch zwei Mal durchgeführt werden.

Eine besondere Form der Direktwerbung, die in der Regel nicht unter den Prozeß des individualisierten Marketings fällt, ist die direkte Ansprache des Kunden mit Informationsständen in frequentierten Fußgängerzonen. Während das individualisierte Marketing vielfach im Auftrag der ÖPNV-Verantwortlichen von spezialisierten Unternehmen durchgeführt wird, werden die Informationsstände in der Mehrzahl unternehmensintern organisiert.

Die Gruppe „Direktwerbung“ wird in vier Untergruppen unterteilt:

- **B**riefdirektwerbung (b),
- **H**ausdirektwerbung (h),
- **S**tanddirektwerbung (s),
- **T**elefondirektwerbung (t).

---

[290] Vgl. BRÖG W. / SCHÄDLER, M.: 1997, S. 252 – 257.

Die Beurteilungsgröße für die Telefondirektwerbung, Hausdirektwerbung und Standdirektwerbung ist die Dauer der Gespräche, die im Zusammenhang mit der Werbung geführt werden. Bei der schriftlichen Form der Direktwerbung per Brief wird die Anzahl der Buchstaben für die Bewertung des Umfangs der Werbung herangezogen, da meistens Grafiken und die Größe der Buchstaben eine untergeordnete Rolle spielen. Dabei muß die wachsende Anzahl der Direktwerbung mit elektronischen Briefen Berücksichtigung finden. Die Bezugsgröße sind die Kosten der jeweiligen Form der Direktwerbung.

Die Formel zur Berechnung der Kenngröße Kennzahl für die Gruppe „Direktwerbung“ lautet:

Kenngröße für die Gruppe „$^{A\text{-}K\text{-}W}$**D**irektwerbung $_{b,h,s,t}$“			
Kenngröße für die Untergruppe „**B**riefdirektwerbung“	Kenngröße für die Untergruppe „**H**ausdirektwerbung“	Kenngröße für die Untergruppe „**S**tanddirektwerbung“	Kenngröße für die Untergruppe „**T**elefondirektwerbung“

$$\frac{\dfrac{\sum\limits_{db=1}^{DB} {}_{db}BN}{{}_{d}KO} + \dfrac{\sum\limits_{dh=1}^{DH} {}_{dh}ZT}{{}_{d}KO} + \dfrac{\sum\limits_{ds=1}^{DS} {}_{ds}ZT}{{}_{d}KO} + \dfrac{\sum\limits_{dt=1}^{DT} {}_{dt}ZT}{{}_{d}KO}}{\dfrac{KO \times VA}{EW}}$$

In dieser Formel bedeuten die einzelnen Kürzel:

EW = Einwohner (Anzahl)
KO = Kosten für Werbung im Verkehrsgebiet (Euro)
VA = Verkehrsaufkommen (Anzahl beförderter Personen)
${}_{d}KO$ = Kosten für die jeweilige Direktwerbung (Euro)
${}_{db}DB$ = Briefe (Anzahl)
${}_{db}BN$ = Buchstaben eines gedruckten oder elektronischen Briefs (Anzahl)
${}_{dh}DH$ = Gespräche in Häusern beziehungsweise Wohnungen) (Anzahl)
${}_{dh}ZT$ = Gesprächszeit im Haus (Minuten)
${}_{ds}DS$ = Gespräche am Stand (Anzahl)
${}_{ds}ZT$ = Gesprächszeit am Stand (Minuten)
${}_{dt}DT$ = Gespräche am Telefon (Anzahl)
${}_{dt}ZT$ = Gesprächszeit am Telefon (Minuten)

VII.D.3 Kenngrößen für die Verkaufsförderung

Die Verkaufsförderung ist mit dem Begriff „sales promotion" gleichzusetzen. Darunter sind die Maßnahmen zu verstehen, die kurzfristig den Absatz eines Produktes beeinflussen sollen.[291] Sie sollen dazu dienen, die psychischen Zugangsbarrieren zum Angebot zu senken und günstige Einstellungen zum Absatzobjekt zu schaffen. Dadurch sollen Erwartungshaltungen geweckt und latente Bedürfnisse in konkrete Kaufakte umgewandelt werden. Die Maßnahmen reichen von der Schulung von Personen, die in Kundenkontakt kommen und/oder Funktionen in der Absatzorganisation haben, über die Verbreitung von Informationen über die Produkte in Form von Beratungen bis zu Maßnahmen, die das Erscheinungsbild und das Umfeld des Angebotes attraktiver machen. Ein wesentliches Element der Verkaufsförderung sind Maßnahmen an dem Verkaufsort, dem „point of sale".[292] Diese können in der Zugabe zum Beispiel von Maskottchen oder anderen kleinen „incentives" beim Kauf von Fahrausweisen bestehen. Eine andere Form der Verkaufsförderung ist das „merchandising", das heißt die besondere Plazierung oder Attraktivierung von Produkten an Verkaufsorten. Möglichkeiten dafür sind „Auslagen" von Fahrausweisen an Kassen von Einzelhandelsgeschäften. Zu diesem Bereich sind die Verwendung elektronischer Mittel von Farblaserstrahlen in Eingangsbereichen und von Bilderprojektionen auf Leinwände sowie designerische Mittel bei Haltestellen zu zählen. Im ÖPNV besteht zum Beispiel auch die Möglichkeit der besonderen Hervorhebung des Verkaufsortes selbst, indem Automaten speziell lackiert oder postiert werden.

Eine besondere Form der Verkaufsförderung ist im ÖPNV mit den Fahrausweisen möglich, die noch sehr wenig genutzt wird. So können beim „Produktkauf" bestimmte Kriterien des Fahrausweises zur Teilnahme an einer Losung mit Gewinnchancen berechtigen. Dazu gehören die Gestaltung von Fahrausweisen mit bestimmten Serienmotiven, so daß sie als Sammelobjekte eine Sekundärnutzung finden, oder die Verwendung für ein „Partnerschaftsspiel", bei dem ein Zusammengehörigkeitsfaktor auf den Fahrausweisen zu einem gemeinsamen Ausflug oder Abend berechtigen.

Die Hauptgruppe „Verkaufsförderung" wird in vier Gruppen eingeteilt:
- **Beratung** (b),
- **Erscheinungsbild** (e),
- **Kundenaktionen** (k),
- **Serviceangebote** (s).

---

[291] Vgl. NIESCHLAG, R. / DICHTL, E. / HÖRSCHGEN, H.: 1997, S. 534

[292] Vgl. BÖCKER, F.: 1994, S. 368.

Die gemeinsame Relativierungsgröße ist der Quotient aus Kosten für Maßnahmen der Verkaufsförderung und der Einwohnerzahl. Zwar ist es grundsätzlich positiv, wenn absolut betrachtet viele Finanzmittel für Maßnahmen zur Verkaufsförderung eingesetzt werden, aber wenn sie keinen Erfolg durch mehr Fahrgäste haben, dann ist dies nicht sinnvoll. Deshalb ist ein weiterer Bestandteil der Relativierungsgröße das Verkehrsaufkommen, das im Zähler steht.

VII.D.3.a Die Kenngröße für die Beratung

Mangelndes Wissen um Fahrzeiten, Tarife, Verbindungen und sonstige Angebote im ÖPNV sind zu etwa 50 Prozent die Ursachen, weshalb öffentliche Verkehrsmittel nicht genutzt werden obwohl sie als Alternative in Frage kommen.[293] Zwar sind entsprechende Informationen in Fahrplanbüchern und Linienübersichten vorhanden, aber zum einen ist deren Beschaffung relativ umständlich, da sie meist verstreut an verschiedenen Stellen erhältlich sind. Zum anderen ist es vielen Personen zu kompliziert und zu zeitaufwendig, die gewünschten Informationen aus einer unübersichtlichen Datenvielfalt herauszusuchen, da oftmals in den Mobilitätsketten Umsteigenotwendigkeiten bestehen oder Verkehrsgebietsgrenzen überschritten werden. Solche Nutzungsbarrieren werden durch die Möglichkeit einer direkten Beratung persönlicher oder telefonischer Art abgebaut, bei der auch die Dienstleistung „individuelle Routenplanung" angeboten werden kann.

Außer den Möglichkeiten für allgemeine Informationen beim Fahrkartenverkauf sollten umfassenden Informationen in jedem Verkehrsgebiet zumindest in einer besonderen Beratungsstelle, das heißt in einem Mobilitätscenter beziehungsweise Info-shop konzentriert erhältlich sein. Dieser Mobilitätscenter sollten eine zentrale Lage in einem Knotenpunkt oder dem häufigst frequentierten Bereich von ÖPNV-Systemen haben, bei denen die Ausgestaltung ein freundliches und einladendes Ambiente bewirkt, das auch Nicht-Nutzer des ÖPNV zur Einkehr und Gesprächen bewegt. In einem großen Verkehrsgebiet sollten darüberhinaus dezentrale Anlaufstellen eingerichtet sein, die eine persönliche Beratung ermöglichen.

Für den telefonischen Beratungsbedarf ist ein modernes „callcenter" erforderlich, das günstigerweise im Mobilitätscenter integriert ist. In diesem sollen Anrufe ohne Wartezeiten entgegengenommen und die Anliegen der Anrufenden schnell erfüllt werden können. Dafür sollte eine einheitliche Telefonnummer, die leicht merkbar ist und auf

---

[293] Vgl. BRÖG, W.: 1997, S. 101 – 145.

allen Informationswegen verbreitet wird, auf mehrere Leitungen geschaltet sein. Eine besondere Konzilianz an den Kunden wäre die Übernahme der Telefonkosten durch eine 0130-Nummer.

Das Beschwerdemanagement wird unter der „Beratung" subsummiert, weil zum einen Beschwerden ähnliche beziehungsweise gleiche Kanäle bei der Artikulation durchlaufen. Zum anderen haben Beschwerden zwar eine völlig andere Motivation als der Informationsbedarf bei der Beratung, aber letztendlich liegt seitens der Verkehrsunternehmen die gleiche Intention zugrunde: Probleme der Kunden zu lösen. Beschwerdemanagement darf nicht in einer bürokratischen Bearbeitung mit einem Standardbrief als Antwort gesehen werden. Das Ziel eines aktiven Beschwerdemanagements ist, das negative Erlebnis von unzufriedenen Kunden durch entsprechende Behandlung mit spürbaren Verständnis für die Belange, schneller Beantwortung und gegebenenfalls entsprechender Entschädigung in einen positiven Eindruck zu verändern. Oftmals haben gerade die wieder zufriedengestellten Kunden eine höhere Bindung an das Verkehrsunternehmen, und einen Kunden zu behalten ist immer preiswerter als einen neuen zu gewinnen. Aktives Beschwerdemanagement ist als Chance zu begreifen, die Anonymität als „das Verkehrsunternehmen" zu verlassen und in direkten Kontakt mit einem Kunden zu kommen. Zugleich können systematische Auswertungen der Beschwerden bestehende Schwächen aufzeigen und dadurch gezielte Verbesserungsmaßnahmen ergriffen werden. Vor dem Hintergrund ist teilweise eine Stimulierung von Beschwerden anzustreben, die über die tatsächlichen oder subjektiv wahrgenommenen Schwächen Auskunft geben und mit dem Feedback einen kundengerechten Ressourceneinsatz erreichen.

Die Gruppe „Kundenberatung" wird in vier Untergruppen unterteilt:
- Beratungsstellen (b),
- Beschwerdemanagement (m),
- persönliche Beratung (p),
- telefonische Beratung (t).

Zur Beurteilung der Rahmenbedingungen der Beratung wird die gesamte Fläche der Beratungsstellen verwendet. Die Intensität der persönlichen und telefonischen Beratung wird durch Multiplikation der Gesprächsdauer mit den beratenen Personen bewertet. Zusätzlich ist bei der persönlichen Beratung auch der Faktor zu berücksichtigen, daß zum Beispiel bei der Möglichkeit von Beratungen außerhalb der eingerichteten Beratungsstellen es einer gewissen Zeit zwischen Anmeldung und Durchführung der Beratung bedarf. Je größer diese ist, desto schlechter ist es, weshalb sie in den

Nenner gestellt wird. Analog dazu gibt es bei der telefonischen Beratung den zusätzlichen Faktor der Wartezeit dadurch, daß nicht sofort der Kontakt hergestellt wird oder ein richtiger Ansprechpartner „gesucht“ werden muß. Das Beschwerdemanagement wird bei schriftlichen Beschwerden, das heißt anhand von Briefen per Post oder per mail, aufgrund der Vergleichbarkeit des Umfangs mit der Anzahl der Buchstaben des Beschwerdebriefs und bei mündlichen Beschwerden mit der Dauer des Beschwerdevortrags beurteilt. Die Größen müssen beide im Nenner stehen, da mit deren Zunahme ein negativer Faktor zum Ausdruck kommt. Die Bezugsgröße sind die Kosten für die jeweiligen Komponenten der Beratung.

Die Formel zur Berechnung der Kenngröße für die Gruppe „Beratung“ lautet:

Kenngröße für die Gruppe „$^{A\text{-}K\text{-}V}$ **Beratung** $_{b,m,p,t}$“			
Kenngröße für die Untergruppe „**Beratungs**-stellen“	Kenngröße für die Untergruppe „Beschwerde-**management**“	Kenngröße für die Untergruppe „**Persönliche** Beratung“	Kenngröße für die Untergruppe „**Telefonische** Beratung“

$$\frac{\sum_{bb=1}^{BB} \frac{{}_{bb}FL}{{}_{b}KO} + \frac{1}{\sum_{bm=1}^{BM} {}_{bm}ZT \times \sum_{bn=1}^{BN} {}_{bn}BU) \times {}_{b}KO} + \sum_{bp=1}^{BP} \frac{{}_{bp}ZT}{{}_{bp}ZW \times {}_{b}KO} + \sum_{bt=1}^{BT} \frac{{}_{bt}ZT}{{}_{bt}ZW \times {}_{b}KO}}{\frac{KO \times VA}{EW}}$$

In dieser Formel bedeuten die einzelnen Kürzel:

EW	=	Einwohner im Verkehrsgebiet (Anzahl)
KO	=	Kosten für Verkaufsförderung im Verkehrsgebiet (Euro)
VA	=	Verkehrsaufkommen (Anzahl beförderter Personen)
${}_{b}KO$	=	Kosten für jeweilige Beratung (Euro)
${}_{bb}BS$	=	Beratungsstellen (Anzahl)
${}_{bb}FL$	=	Fläche von Beratungsstellen (Quadratmeter)
${}_{bm}BM$	=	mündliche Beschwerdevorträge (Anzahl)
${}_{bm}ZT$	=	Zeit für Beschwerdevorträge (Minuten)
${}_{bn}BN$	=	Beschwerde per Brief (Anzahl)
${}_{bn}BU$	=	Buchstaben eines gedruckten oder eines elektronischen Briefes (Anzahl)
${}_{bp}BP$	=	persönliche Beratungen (Anzahl)
${}_{bp}ZT$	=	Zeit für persönliche Beratung (Minuten)

$_{bp}ZW$ = Zeit zwischen Bekanntgabe des Beratungswunsches und Beratung (Minuten)
$_{bt}BT$ = telefonische Beratungen (Anzahl)
$_{bt}ZT$ = Zeit für telefonische Beratung (Minuten)
$_{bt}ZW$ = Zeit für Warteschleife am Telefon (Minuten)

VII.D.3.b Die Kenngröße für das Erscheinungsbild

Im Hinblick auf das Erscheinungsbild sind die zwei bedeutenden Begriffe „corporate design" und „Image". Während der erste Begriff besonders die materiellen Aspekte für das Erscheinungsbild abdeckt, wird das Image zusätzlich durch die immateriellen Aspekte, das heißt durch die Arbeit und das Auftreten des Betriebspersonals aufgebaut.

Beim "corporate design" geht es hauptsächlich um die einheitliche Gestaltung von Betriebsmitteln, das heißt der Aspekte, die über die erforderliche Funktionalität hinausgehen. Ein besonderes Erscheinungsbild kann durch eine Form- und Farbgebung sowie spezielle Ausstattungen der Verkehrsmittel und Haltestellen geprägt werden. Dies wird dadurch erwirkt, daß beim Fahrzeug- oder Wartehallenhersteller zusätzlich zur angebotenen Grundausstattung besondere Elemente installiert oder originelle Lackierungen bestellt werden. In ÖPNV-Systemen mit Bahnhöfen besteht die Gelegenheit durch architektonische Elemente ein spezielles Erscheinungsbild zu erzielen wie zum Beispiel durch „Kunst am Bau". Zu einem "corporate design" gehört obligatorisch ein Logo, das meist in engem Zusammenhang mit dem Namen der Organisation oder der Unternehmen in Form einer Abkürzung mit Buchstaben steht, und bei jedem Auftritt in der Öffentlichkeit verwendet werden sollte. In Ergänzung zum Logo wird sehr oft auch ein Slogan gebraucht wie zum Beispiel „Die Bahn kommt" von der DB AG.

Eine besondere Bedeutung für das Erscheinungsbild haben im ÖPNV die Fahrer und Zugbegleiter. Sie bilden die häufigste Nahtstelle zwischen Kunden und dem anonymen ÖPNV und sind die sichtbaren Repräsentanten mit den engsten und intensivsten Kundenkontakten. Die Bedeutung beruht besonders auf den Äußerlichkeiten, die von den Kunden direkt wahrgenommen werden. Dazu gehören die Kleidung, die Hauptaspekt der Corporate Identity ist. Zu einem wesentlichen Teil bestehen aber Einflüsse auch durch die interaktiven Prozesse zwischen Fahrgast und Betriebspersonal. Hierin liegen Chancen und Risiken im ÖPNV, da dabei Nachbesserungen von durch den Kunden empfundenen unangenehmen Einflüssen, aber auch zusätzliche Befremdungen bei fehlender Kommunikationsfähigkeit der Mitarbeiter erfolgen können. Interaktionsprozesse finden bei der Einholung von Auskünften, beim Fahrausweisverkauf, bei Anfragen zum Geldwechsel oder anderen Gelegenheiten, bei denen die Hilfsbereitschaft gefragt ist, statt. Der wichtigste Einflußfaktor ist jedoch der Fahrstil.[294] Dieser sollte selbstverständlich Sicherheit ausstrahlen, aber auch durch vorausschauendes Fahren möglichst wenig Veränderungen in einem kontinuierlichen Fahrverlauf haben (flüssiges Anfahren und Abbremsen, keine Stotterbremse). Abgesehen von einer positiven Wirkung auf die Fahrgäste ist der imagefördernde Aspekt des energiesparenden Fahrens diesbezüglich nicht zu vernachlässigen.

Die Gruppe „Erscheinungsbild“ wird in vier Untergruppen unterteilt:

- **A**ussehen (a),
- **F**ahrstil (f),
- **H**ilfsbereitschaft (h),
- **K**ompetenz (k).

Quantitativ erfaßbare Beurteilungsgrößen für diese Aspekte zu definieren, ist im Vergleich zu allen anderen am problematischsten, zumal das Ziel verfolgt wird, die Kundenseite mit der Kundenzufriedenheit möglichst nicht einzubeziehen. So wird zur Beurteilung des Aussehens die Komponente herangezogen, die primär beeinflußt werden kann: die Kleidung. Diesbezüglich wichtige Kriterien sind die Faltenfreiheit, die Fleckenlosigkeit und der allgemein gute Sitz (keine heraushängenden Hemden). Diese Kriterien sollten die ganze Arbeitszeit eingehalten werden. Werden alle Kriterien nach Beurteilung durch einen „neutralen“ Gutachter überwiegend eingehalten, so wird die Zeitdauer, in der das Erscheinungsbild unbeeinträchtigt bleibt, als Beurteilungsgröße verwendet. Die Hilfsbereitschaft drückt sich in der Anzahl der Eingriffe bei hilfefordernden Situationen aus. Besonders repräsentativ ist hier die Achtsamkeit auf herbeieilende Fahrgäste bei den jeweiligen Halten und deren Mitnahme. Die Kompetenz kann an der Anzahl der zufriedenstellenden Auskünfte gemessen werden, die sich für eine Bewertung allein nach dem Hauptaspekt für Kompetenz, der Richtigkeit, richtet. Darüberhinaus gibt es viele weitere personen- und situationsabhängige Faktoren, besonders die Art und der „Ton“ der Auskünfte, die aber wegen der Vereinfachung bei Seite gelassen werden. Der Fahrstil läßt sich dadurch bewerten, daß eine Testperson freihändig stehend ohne Einsicht auf das Verkehrsgeschehen mitfährt. Die Anzahl der Fälle, bei denen bei Anfahrt, Bremsungen und Kurvenfahrten die Hände zum Festhalten zu Hilfe ge-

[294] Vgl. SCHNIPPE, C.: 1998, S. 14.

nommen werden müssen, ist der Maßstab für den Fahrstil. Als negatives Ereignis steht sie im Nenner. Sie wird auf das Verkehrsaufkommen während der Fahrzeit hochgerechnet. Die Bezugsgröße sind die jeweiligen Kosten: für das Aussehen die Kosten für Kleidung und Reinigung, für den Fahrstil die Kosten für Fahrerschulungen, für die Kompetenz und die Hilfsbereitschaft die Kosten für themenspezifische Seminare.

Die Formel zur Berechnung der Kenngröße für die Gruppe „Erscheinungsbild" lautet:

Kenngröße für die Gruppe „$^{A\text{-}K\text{-}V}$ **Erscheinungsbild** $_{a,f,h,k}$"			
Kenngröße für die Untergruppe „**A**ussehen"	Kenngröße für die Untergruppe „**F**ahrstil"	Kenngröße für die Untergruppe „**H**ilfsbereitschaft"	Kenngröße für die Untergruppe „**K**ompetenz"

$$\frac{\dfrac{\sum_{ea=1}^{EA} {}_{ea}ZO}{{}_{ea}ZA \times {}_{e}KO} + \dfrac{\sum_{ef=1}^{EF} {}_{ef}LF}{{}_{ef}PF \times {}_{ef}VA \times {}_{e}KO} + \dfrac{\sum_{eh=1}^{EH} {}_{eh}HH}{{}_{eh}HF \times {}_{e}KO} + \dfrac{\sum_{ek=1}^{EK} {}_{ek}AR}{{}_{ek}AF \times {}_{e}KO}}{\dfrac{KO \times VA}{EW}}$$

In dieser Formel bedeuten die einzelnen Kürzel:

EW	=	Einwohner (Anzahl)
KO	=	Kosten für Verkaufsförderung (Euro)
VA	=	Verkehrsaufkommen (Anzahl beförderter Persoenen)
${}_{e}KO$	=	Kosten für jeweilige das Erscheinungsbild bestimmende Kenngrößen (Euro)
${}_{ea}ZO$	=	Zeit ohne Beanstandung der Kleidung (Stunden)
${}_{eh}ZA$	=	Arbeitszeit des Fahrpersonals (Anzahl)
${}_{eh}HF$	=	Fälle, in denen Hilfsbereitschaft erfordert ist (Anzahl)
${}_{eh}HH$	=	Fälle, in denen Hilfe erteilt wird (Anzahl)
${}_{ef}PF$	=	eine freihändig stehende Person zum Festhalten erzwungene Fälle während der Fahrzeit (Anzahl)
${}_{ef}LF$	=	Linienfahrleistung von Fahrern (Wagenkilometer)
${}_{ef}VA$	=	Verkehrsaufkommen während der Lenkzeit von Fahrern (Anzahl beförderte Personen)
${}_{ek}AF$	=	gesamte Auskunftsfälle (Anzahl)
${}_{ek}AR$	=	richtige Auskünfte (Anzahl)
${}_{ek}KO$	=	Kosten für Schulung der Kompetenz (Euro)

VII.D.3.c Die Kenngröße für die Kundenaktionen

Unter Kundenaktionen sind alle besonderen Maßnahmen zu verstehen, die zum Ziel haben, Kunden mit einmaligen oder zeitlich begrenzten Angeboten zur Nutzung des Produktes beziehungsweise der Dienstleistung zu bewegen. Unter verhaltenswissenschaftlichen Aspekten werden diesen Angeboten eine wichtige Bedeutung beigemessen. Durch die häufige Einstellung, etwas günstiges oder geschenktes nicht ungenutzt zu lassen, werden Personen dazu verleitet, sie auszuprobieren. Durch persönliche Erfahrungen in der Praxis gibt es eine Chance, habitualisierte Verhaltensweisen, die gerade bei der Mobilität zugrunde liegen, aufzubrechen und durch ein positives Erlebnis die Wahrnehmungen sowie Vorurteile gegenüber dem ÖPNV zu dessen Gunsten zurechtzurücken.[295]

Die beiden wichtigsten Maßnahmen im ÖPNV sind die Betriebsleistungssonderangebote und die Fahrausweissonderangebote, die beide auch als Schnupperangebote bezeichnet werden. Betriebsleistungssonderangebote können die Einrichtung einer guten Verbindung zu einem besonderen Freizeitziel mit besonderem Catering-Service oder Fahrtangebote mit nostalgischen Fahrzeugmaterial (Dampflokfahrten, alte Straßenbahnen) sein. Dazu gehören auch besonders dichte Taktzeiträume an Festtagen, bei Großveranstaltungen oder bei Eröffnungen von neuen ÖPNV-Linien.

Weiterhin sind in Zusammenhang mit Kundenaktionen Veranstaltungen zu nennen, die einen Einblick hinter die Kulissen des ÖPNV geben beziehungsweise zur Zusammenführung der Kunden mit den im ÖPNV tätigen Personen dienen. Sie werden in dieser Arbeit als Sonderevents bezeichnet. Hauptsächlich sind hiermit die als „Tag der offenen Tür" bekannten Veranstaltungen gemeint, die eine Besichtigung der Betriebsstätten ermöglichen. Auch in Form von Bahnhofsfesten, „Stadtbus-Geburtstagen" oder von bestimmten Verkehrsmitteln als Party-Expreß beziehungsweise rollende Disko gibt es zahlreiche Möglichkeiten, Einwohner dadurch näher an „ihren" ÖPNV zu binden.

Fahrausweissonderangebote, die vielfach auch in Zusammenhang mit Betriebsleistungssonderangeboten stehen, sind mit Proben in anderen Produktbereichen vergleichbar. Diese können vom grundsätzlich kostenlosen Fahren wie zum Beispiel im Stadtbusverkehr der Stadt Templin[296] bis zu speziell ermäßigten Fahrpreisen für bestimmte Nachfragergruppen (Schüler), Tageszeiten (Schwachverkehrszeiten am Abend) oder Jahreszeiten (Sommerferien) zur Steigerung der Auslastung der Verkehrsmittel erfolgen. Darüberhinaus können auch Sonderaktionen stattfinden, daß zu begrenzten Zeiten an be-

[295] Vgl. PRIEWASSER, R.: 1997, S. 342 – 356.
[296] SCHNEEWOLF, R. / STEIN, A.: 1998, S. 52 – 56.

stimmten Orten (nach Vorankündigung) Freifahrtscheine ausgegeben werden.

Für die Erzeugung positiver Assoziationen bei einem bestimmten Produkt sind außerdem Sonderaktionen geeignet, bei denen sich Gewinnspiele besonders gut bewährt haben. Häufigste Formen sind Kreuzworträtsel in Kundenzeitschriften oder Wissensfragen bei Veranstaltungen in der Art von Quizzen. Die Teilnehmeranzahl gibt auch ein feedback für den Erfolg dieser Kundenaktion und die erweckte Aufmerksamkeit. Sie ist oftmals gekoppelt mit der Qualität und dem Wert der Gewinnpreise. Dabei ist die Auswahl von im Trend liegenden Produkten, zum Beispiel Mobiltelefone und Internetanschlüsse, oder von Sympathieträgern, zum Beispiel Stofftiere besonders attraktiv.

Die Gruppe „Kundenaktionen“ wird in vier Untergruppen unterteilt:

- Betriebsleistungssonderangebote (b),
- Sonderevents (e),
- Fahrausweissonderangebote (f),
- Sonderkampagnen (k).

Die Beurteilungsgrößen bei Betriebsleistungssonderangeboten und Sonderevents sind die Dauer dieser Kundenaktionen und die Anzahl der Personen, die an ihnen teilnehmen. Bei Fahrausweissonderangeboten ist das Ausmaß der Preisermäßigungen zu den „normalen“ Fahrausweispreisen der Maßstab und bei den Sonderkampagnen die Gesamtsumme der ausgesetzten Gewinnpreise. Preisermäßigungen beziehungsweise Gewinnpreise werden mit der Anzahl der Nutzer beziehungsweise Teilnehmer mit der jeweiligen anderen Beurteilungsgröße multipliziert. Die Bezugsgröße sind die Kosten. Sie stehen im Nenner, da je höher die Kosten bei gleicher Nutzer- beziehungsweise Teilnehmerzahl sind, desto ineffektiver wurden die Kundenaktionen durchgeführt.

Die Formel zur Berechnung der Kenngröße für die Gruppe „Kundenaktionen“ lautet:

Kenngröße für die Gruppe „$^{A\text{-}K\text{-}V}$ Kundenaktionen$_{b,e,f,k}$“

Kenngröße für die Untergruppe „Betriebsleistungssonderangebote“	Kenngröße für die Untergruppe „Sonderevents“	Kenngröße für die Untergruppe „Fahrausweissonderangebote“	Kenngröße für die Untergruppe „Sonderkampagne“

$$\frac{\sum_{kb=1}^{KB}\frac{{}_{kb}ZT \times {}_{kb}PN}{{}_{k}KO} + \sum_{ke=1}^{KE}\frac{{}_{ke}ZT \times {}_{ke}PN}{{}_{k}KO} + \sum_{kf=1}^{KF}\frac{{}_{kf}PS \times {}_{kf}PN}{{}_{k}KO} + \sum_{kk=1}^{KK}\frac{{}_{kk}PS \times {}_{kk}PN}{{}_{k}KO}}{\frac{KO \times VA}{EW}}$$

In dieser Formel bedeuten die einzelnen Kürzel:

EW	=	Einwohner im Verkehrsgebiet (Anzahl)
KO	=	Kosten für Verkaufsförderung im Verkehrsgebiet (Euro)
VA	=	Verkehrsaufkommen (Anzahl beförderter Personen)
$_{k}$KO	=	Kosten für jeweilige Kundenaktionen (Euro)
$_{kb}$PN	=	Nutzer von Betriebssonderleistungen (Anzahl)
$_{kb}$SB	=	Sonderangebote bei Betriebsleistungen (Anzahl)
$_{kb}$ZT	=	Dauer der Sonderangebote bei Betriebsleistungen (Minuten)
$_{ke}$PN	=	Teilnehmer an Sonderevents (Anzahl)
$_{ke}$SE	=	Sonderevents (Anzahl)
$_{ke}$ZT	=	Dauer der Sonderevents (Minuten)
$_{kf}$PS	=	Preisreduzierung der Fahrausweise (Euro)
$_{kf}$PN	=	Nutzer von Fahrausweissonderangeboten (Anzahl)
$_{kf}$SF	=	Sonderangebote bei Fahrausweisen (Anzahl)
$_{kk}$PN	=	Teilnehmer an Sonderkampagnen (Anzahl)
$_{kk}$PS	=	Gewinnpreise (Euro)
$_{kk}$SA	=	Sonderkampagnen (Anzahl)

VII.D.3.d Die Kenngröße für Serviceangebote

ÖPNV ist eine Dienstleistung, die primär die Beförderung von Personen zur Aufgabe hat. Vor dem Hintergrund einer sich entwickelnden Dienstleistungsgesellschaft mit steigenden Ansprüchen der Kunden muß auch im ÖPNV das Angebot produktspezifisch variiert werden, um eine Art Markenartikel entstehen zu lassen. Der Kunde will umworben werden und durch spezielle Angebote, die es in anderen ÖPNV-Systemen nicht gibt, erfahren, daß seiner Zufriedenstellung Aufmerksamkeit gewidmet wird.

Die Ansprüche der Kunden lassen sich in Grundansprüche und Zusatzansprüche unterteilen. Der Grundanspruch im ÖPNV besteht in der Beförderung. Er hat eine rationale Basis, aber erlaubt wenig Unterscheidungsmerkmale. Zusatzansprüche sind emotional besetzt und schwer erfaßbar. Sie entscheiden jedoch oft über die Bewertung des Produktes und können durch komplementäre Serviceleistungen im Sinn einer differenzierten Bedienung erfüllt werden. Ein Vorteil der Serviceleistungen ist die Kundenbindung, denn nach Marketinguntersuchungen verlassen 75 Prozent der Kunden ein Produkt wegen mangelndem Service.[297] Ein weiterer Nutzen liegt im Imagege-

[297] Vgl. BAMBERG, S.: 1995, S. 33.

winn dadurch, daß die Fahrgäste dies als positive Erfahrung weitererzählen. Außerdem können Serviceangebote als Anlaß für eine positive Darstellung in der Presse dienen.

Bei den Spezialdiensten sind der Kreativität grundsätzlich keine Grenzen gesetzt. Das Problem bei den meisten ist die organisatorische Abwicklung und der Aufwand, der zumeist Personalkapazitäten erfordert oder zusätzliche Belastungen für die Fahrer bedeutet. Die meisten Angebote sind deshalb häufig nicht im ÖPNV beziehungsweise in Bussen von Großstädten mit einem sehr hohen Verkehrsaufkommen möglich, sondern mehr für Busse im ÖPNV des ländlichen Raums geeignet. Zu den bekannten Spezialdiensten ist der Zeitungsverkauf zu zählen, der bereits seit 1993 in Bussen der Pinneberger Verkehrsgesellschaft mbH durchgeführt wird. Neuerer Art ist die Möglichkeit der Briefabgabe wie sie in den Bremer Straßenbahnen getestet wird. Die rasante Entwicklung der Kommunikationstechnologien hat es ermöglicht, daß von der Leipziger Verkehrsbetriebe GmbH und von der Berliner Verkehrsgesellschaft mbH in den U-Bahnen in 2000 Monitore installiert und die Möglichkeit des Fernsehens während der Fahrt angeboten werden. Zu den Spezialdiensten zählen:

- Angebot von Zeitungen (Zeitungsverkauf),
- Angebot von Getränken und Imbiß,
- Taxibestellung über Funk,
- Ausstiegswahlfreiheit,
- Briefabgabe,
- Platzreservierungsmöglichkeiten,
- Gepäckaufbewahrungs- und mitgabemöglichkeit,
- Kopfhöreranschluß am Sitzplatz,
- Radio,
- Fernsehen.

Mit verkehrsmittelübergreifenden Serviceleistungen wird auch der Tatsache Rechnung getragen, daß auch bei einem sehr umfangreichen ÖPNV-Angebot bei weitem nicht alle Ziele mit öffentlichen Verkehrsmitteln erreichbar sind beziehungsweise die Erreichbarkeit nicht immer im gleichen Maß gegeben ist. Die Einrichtung moderner und komfortabler Umsteigestationen vom Pkw oder Fahrrad zum ÖPNV mit entsprechenden Kapazitäten ist eine grundlegende Voraussetzung, um potentielle Nachfrager zu der Entscheidung zu veranlassen, ihre Verkehrsmittelnutzung zu ändern. Für Pkw-Nutzer sind befestigte Park-und-Ride-Anlagen ohne Schlaglöcher mit kurzen Wegen zur Haltestelle und möglichst gutem Witterungsschutz wichtig, bei denen günstigerweise Reservierungsmöglichkeiten des Stellplatzes bestehen. Bike-und-Ride-Anlagen mit modernen Abstellvorrichtungen, bei denen genügend Platz zum Abstellen und zum Anschließen der Fahrräder ohne Beschädigungen vorhanden ist, tragen ebenso wie die Steigerung der Serviceangebotsqualität mit einer Überdachung der Anlage dazu bei, daß für den Weg vom Startpunkt zur ersten beziehungsweise gewünschten Zustiegshaltestelle zum ÖPNV auf das Fahrrad zurückgegriffen wird.

Die Gruppe „Serviceangebote“ wird in drei Untergruppen unterteilt:

- **Bike & Ride-Kapazitäten (b),**
- **Park & Ride-Kapazitäten (p),**
- **Spezialdienste (s).**

Die Beurteilung von Spezialdiensten erfolgt unterteilt nach den oben genannten Varianten anhand der Linienfahrleistung der Verkehrsmittel, in denen sie angeboten werden. Zur anteilsmäßigen Einordnung am Gesamtangebot werden sie durch die gesamte Linienfahrleistung geteilt. Von Bedeutung ist im Hinblick auf die Zweckmäßigkeit des Angebotes die Inanspruchnahme von den Fahrgästen, weshalb die Anzahl der Nutzer als Multiplikator einfließt. Bei Bike- und Ride-Anlagen sowie Park- und Ride- Anlagen ist die Anzahl der angebotenen Stellplätze maßgebend, die ebenfalls mit der Nutzeranzahl zur Beurteilung der Auslastung multipliziert wird. Als Bezugsgröße dienen die Kosten, von denen die Erträge im Fall der Erhebung von Entgelten wie zum Beispiel beim Verkauf von Speisen oder für das Abstellen der Pkw abgezogen werden. Dabei wird davon ausgegangen, daß mit den Serviceangeboten keine Gewinne erzielt werden, da ansonsten negative Beträge entstehen würden.

Die Formel zur Berechnung der Kenngröße für die Gruppe „Serviceangebote“ lautet:

Kenngröße für die Gruppe „$^{A\text{-}K\text{-}V}$ Serviceangebote $_{b,p,s}$“		
Kenngröße für die Untergruppe „Bike und Ride“	Kenngröße für die Untergruppe „Park und Ride“	Kenngröße für die Untergruppe „Spezialdienste“

$$\frac{\displaystyle\sum_{sb=1}^{SB} \frac{{}_{sb}PN \times {}_{sb}BR}{({}_{s}KO - {}_{s}ET)} + \sum_{sp=1}^{SP} \frac{{}_{sp}PN \times {}_{sp}PR}{({}_{s}KO - {}_{s}ET)} + \sum_{ss=1}^{SS} \frac{{}_{ss}LS \times {}_{ss}PN}{{}_{ss}LF \times ({}_{s}KO - {}_{s}ET)}}{\dfrac{KO \times VA}{EW}}$$

In dieser Formel bedeuten die einzelnen Kürzel:

EW	=	Einwohner im Verkehrsgebiet (Anzahl)
KO	=	Kosten für Verkaufsförderung (Euro)
VA	=	Verkehrsaufkommen (Anzahl beförderter Personen)
$_{s}KO$	=	gesamte Kosten für Serviceangebote (Euro)
$_{s}ET$	=	Erträge aus Nutzung von Park- and Ride- beziehungsweise Bike- and Ride-Anlagen (Euro)
$_{sb}KO$	=	Kosten von Bike- and Ride-Anlagen (Euro)
$_{sb}SB$	=	Bike- and Ride- Anlagen (Anzahl)
$_{sb}BR$	=	Bike- and Ride-Plätze (Anzahl)
$_{sb}PN$	=	Nutzer von Bike- and Ride- Anlagen (Anzahl)
$_{sp}KO$	=	Kosten von Park- and Ride-Anlagen (Euro)
$_{sp}PR$	=	Park- and Ride-Plätze (Anzahl)
$_{sp}PN$	=	Nutzer von Park- and Ride-Anlagen (Anzahl)
$_{sp}SP$	=	Park- and Ride-Anlagen (Anzahl)
$_{ss}KO$	=	Kosten von Sonderdiensten (Euro)
$_{ss}LF$	=	gesamte Linienfahrleistung (Wagenkilometer)
$_{ss}LS$	=	Linienfahrleistung der Verkehrsmittel mit Spezialdiensten (Wagenkilometer)
$_{ss}PN$	=	Nutzer von Spezialdiensten (Anzahl)
$_{ss}SS$	=	Spezialdienste (Anzahl)

Vierter Teil

SCHLUSSBEMERKUNGEN

VIII Zusammenfassung der Ergebnisse

In diesem Kapitel VIII soll der rote Faden der vorliegenden Arbeit aufgezeigt und die wichtigen Ergebnisse in den einzelnen vorhergehenden Kapiteln zusammengefaßt werden.

In **Kapitel I** wird die Problemstellung und daraus resultierende Aufgabenstellung dargelegt. Auch fünf Jahre nach Inkrafttreten neuer gesetzlicher Regelungen befindet sich der ÖPNV noch deutlich in einer Transformationsphase. Der bis Mitte der 1990er Jahre fehlende Wettbewerbsdruck im ÖPNV hatte eine traditionell manifestierte Markt- und Unternehmensstruktur zur Folge. Größtenteils bestanden räumlich abgegrenzte Monopole, in denen überwiegend im AÖPNV Verkehrsbetriebe im Besitz der Kommunen beziehungsweise im SPNV im Eigentum des Bundes den ÖPNV gestalteten. Eine übergeordnete Organisationsform, die eine Abstimmung der Verkehre innerhalb eines definierten Verkehrsgebietes vorzunehmen und eine Kooperation für die Verbesserung der Nutzerbedingungen durchzuführen hatte, gab es nur in wenigen Ballungsräumen in Form von Verkehrsverbünden. Nur allmählich machen sich die Auswirkungen durch die Bestimmung von hoheitlichen Aufgabenträgern als organisatorisch und finanziell Verantwortliche für den ÖPNV und die veränderten wirtschaftlichen Rahmenbedingungen in einer Veränderung der Markt- und Unternehmensstruktur sowie der Qualität der ÖPNV-Leistungen bemerkbar. Im Zuge der Neuorganisation fehlen den Aufgabenträgern noch Methoden zur Steuerung von Maßnahmen für die Verbesserung des ÖPNV und Steigerung der Effektivität des Finanzmitteleinsatzes. Die Schaffung einer entsprechende Möglichkeit erfordert die Entwicklung von vergleichbaren Kenngrößen und die Anwendung im Rahmen eines Benchmarking zwischen Verkehrsgebieten.

Der ÖPNV-Markt ist ein besonderer Markt, da hier aufgrund verschiedener gesetzlicher Bestimmungen erhebliche öffentliche Finanzmittel fließen. Deshalb wird in **Kapitel II** auf die ökonomischen Rahmenbedingungen eingegangen. Die entsprechenden gesetzlichen Grundlagen werden in Zusammenhang mit einer Bestimmung der darauf basierenden Finanzmittel in **Kapitel II.A.1** dargestellt. Dabei wird unterschieden zwischen SPNV und AÖPNV sowie zwischen Zuschüssen für Investitionen und Fahrleistungen. Die Grundlage der Darstellung der öffentlichen Finanzleistungen sind Daten einer Untersuchungsreihe im Auftrag des Bundesverkehrsministeriums. Dabei wurde die Untersuchung zur Ermittlung der Finanzleistungen für 1998 erst Ende 2000 in Auftrag gegeben, so daß in dieser Arbeit nur auf die letzte Untersuchung für 1993 zurückgegriffen werden kann. Insgesamt haben danach öffentliche Finanzmittel im ÖPNV-Markt ein Volumen von 27,16 Mrd. DM. Davon fallen fast 13 Mrd. DM dem

SPNV und circa 14 Mrd. DM dem AÖPNV zu. Ein großer Anteil in Höhe von 6,7 Mrd. DM sind Zuschüsse der Städte und Landkreise zum Defizitausgleich der kommunalen Verkehrsbetriebe. Dies ist ein Bereich, in dem große Verbesserungspotentiale zur Effizienz des Einsatzes öffentlicher Finanzmittel liegen, da die öffentlichen Verkehrsbetriebe in kommunaler Hand ohne Konkurrenz unternehmerische Gesichtspunkte vernachlässigten. Dabei darf jedoch nicht die gesamtwirtschaftliche Verantwortung im Sinn der Daseinsvorsorge durch den sozialen Nutzen des ÖPNV außer Acht gelassen werden. Diese gesamtwirtschaftlichen Betrachtungen mit der Berücksichtigung der externen Effekte werden in **Kapitel II.A.2** angestellt. Ergebnis der Auseinandersetzung mit diesen Aspekten ist die Entwicklung eines Stufenmodells auf Grundlage der verschiedenen Finanzierungsbeiträge zur Bewertung der ÖPNV-Gesamtleistung. In diesem wird dargestellt, daß mit den von den drei verschiedenen politischen Ebenen Bund, Länder und Kommunen zur Verfügung gestellten Finanzmittel und den Finanzmitteln der Verkehrsunternehmen aus Erträgen durch Fahrausweisverkauf und sonstigen Erträgen jeweils nur ein bestimmtes Niveau an ÖPNV-Qualität erreicht werden kann. Dieses Niveau kann zum einen durch die Höhe der Fahrausweispreise und zum anderen aus dem Mix der Maßnahmen beim Produkt, bei der Distribution und Kommunikation in einem Koordinatensystem dargestellt werden. Das Ausmaß dieser Qualitätsniveaus wird durch die Berechnung mit Kenngrößen bestimmt, womit die Zielrichtung und das Anwendungsfeld für das in der Arbeit entwickelte Kenngrößensystems abgesteckt wird.

Ab 1996 erfolgte mit der gesetzlichen Neuordnung des ÖPNV die Änderung der einzelwirtschaftlichen Rahmenbedingungen, die in **Kapitel II.B** beschrieben werden. Die organisatorische und finanzielle Verantwortung übernahmen im SPNV die jeweiligen Länder und im AÖPNV die Kommunen. Das von den Verkehrsunternehmen bestimmte Angebot wurde dadurch zum Teil ihrem Einfluß entzogen, da seitdem die Möglichkeit besteht, gemeinwirtschaftliche Verkehre, die mit finanzieller Unterstützung aus öffentlichen Haushalten durchgeführt werden, auszuschreiben. Nach der Auswahl der verschiedenen von Verkehrsunternehmen abgegebenen Kostenangebote wird dem günstigsten Anbieter der Auftrag zur Bedienung für eine begrenzte Zeit vergeben. Diese grundsätzliche Verfahrenspraxis hat Schwierigkeiten bei der Umsetzung und findet nur zögerlich Anwendung. Erst im Jahr 2000 beginnen die neuen Regelungen in zunehmenden Maße zu greifen, da die Kommunen ihre Chance zum Aufbau eines besseren und kostengünstigeren ÖPNV-Systems nachdrücklicher wahrnehmen und bei Ausschreibungen die Verkehrsunternehmen dadurch verstärkt die Auswirkungen der Konkurrenzsituation zu spüren bekommen. Ein Wettbewerb kommt im

ÖPNV langsam auf und gewinnt an Fahrt. Diese Entwicklung wird bei der Darstellung der Marktform und der Marktordnung in **Kapitel II.B.2** für den SPNV und **Kapitel II.B.3** für den Allgemeinen ÖPNV untermauert und vertiefend analysiert.

Die Implementierung eines neuen Aufgabenbereichs in öffentlichen Verwaltungsstrukturen wie bei der Übernahme der Aufgabenträgerschaft für den ÖPNV durch die Länder beziehungsweise Kommunen ist ein Fall, der sich vorbildhaft eignet, das Management-Instrument Benchmarking anzuwenden. Bei der Umsetzung neuer Verfahrensweisen entstehen dynamische Prozesse, in denen dem Lernen von dem Besten eine wichtige Funktion zukommt. Durch eine Vergleichsmöglichkeit mit anderen ÖPNV-Systemen anhand von speziellen Kenngrößen auf einer gemeinsamen Basis kann die Effektivität des eigenen Systems und der Betriebsleistungen optimiert werden und ein maximales Maß an qualitativ und quantitativ hochwertigen ÖPNV-Leistungen den Fahrgästen zur Verfügung gestellt werden. Vor dem Hintergrund ist es erforderlich, das bereits in Unternehmen anderer Branchen, besonders auch in der Automobilbranche, angewandte Management-Instrument Benchmarking für den ÖPNV zur Anwendung zu entwickeln und zu implementieren. Die grundlegenden Aspekte dieses Instruments werden in **Kapitel III** dargelegt. Es wird eine eigene Systematik zur Einteilung von Benchmarking nach den verschiedenen Objekten, den Arten und den Vergleichspartnern mit Fallbeispielen für Anwendungsbereiche im ÖPNV vorgenommen. Insbesondere werden zum Einblick in die Methodik vier Arbeitsphasen mit einzelnen Schritten und Inhalten herausgearbeitet und abgegrenzt, nach denen Benchmarking abläuft.

Die zentrale Aufgabenstellung der vorliegenden Arbeit ist die Entwicklung eines grundlegenden Kenngrößensystems für die gesetzlich definierten Aufgabenträger, mit dem ein umfassendes Benchmarking von Aspekten aller Art zwischen Verkehrsgebieten durchgeführt werden kann. Dies wird in **Kapitel IV** mit den theoretischen Grundlagen angegangen. Dieses Kenngrößensystem beinhaltet den grundlegend neuen Ansatz, daß es den ÖPNV in einem Verkehrsgebiet nicht verkehrsunternehmens- beziehungsweise verkehrsmittelspezifisch vergleichbar macht, sondern in seiner Gesamtheit in der Summe aller erbrachten Betriebsleistungen aller Verkehrsunternehmen in den Grenzen eines Verkehrsgebietes, für das ein Aufgabenträger verantwortlich ist. Dadurch wird der oftmals noch getrennt betrachtete und durchgeführte schienengebundene und straßengebundene ÖPNV zumindest für ein Benchmarking in einem gemeinsamen System zusammengeführt und dessen Bewertung ermöglicht. Dieses ist besonders vor dem Hintergrund erforderlich, daß in Zukunft die Komplexität der ÖPNV-Systeme dadurch zunehmen wird, daß nicht nur ein kommunaler Verkehrsbetrieb die Betriebsleistungen im AÖPNV und ein (dominierendes) Eisenbahnunternehmen die Betriebsleistungen im SPNV erbringt, sondern mehrere, die zu einem Teil auch in anderen Regionen von Deutschland und der Europäischen Union ihren Firmensitz haben und in den verschiedensten Regionen im ÖPNV tätig sind. Das „Werkzeug" für Benchmarking sind Kenngrößen, die quantitativ meßbar sind und damit einen objektiven Vergleich ermöglichen. Dies ist das Unterscheidungsmerkmal zu der Methode der Kundenzufriedenheitsmessungen, die häufig mit Benchmarking in Zusammenhang gebracht wird, aber nur die subjektive Kundensicht durch Befragungen als Bewertung der Maßnahmen heranzieht. Die Ergebnisse können Anlaß für ein Benchmarking sein, jedoch sind sie nicht als Kenngrößen für Benchmarking geeignet, da den Kunden oftmals der fachliche Überblick fehlt, welche Einflußfaktoren bestehen sowie welche Verbesserungen möglich und in anderen Verkehrsgebieten realisiert sind.

Mit dem Kenngrößensystem wird eine ganzheitliche Vergleichsmöglichkeit des ÖPNV geschaffen, das heißt, ein System, das auch den Vergleich der aufgrund der Wettbewerbssituation zum Teil in den Hintergrund tretenden gesamtwirtschaftlichen Aspekte einschließt. In **Kapitel IV.A** wird ein Flußmodell entwickelt und dem Kenngrößensystem zugrundegelegt, in dem die Nutzen- und Finanzströme im ÖPNV dargestellt werden. Nach den Nutzenzielen werden drei übergeordnete Bereiche abgegrenzt: der gesamtwirtschaftliche Bereich mit den externen Effekten, der einzelwirtschaftliche Bereich und der individuelle Bereich. Der individuelle Bereich wird jedoch nicht weiter behandelt, da die Einflußfaktoren bei subjektiven Empfindungen schwer zu quantifizieren sind. Der einzelwirtschaftliche Bereich wird unterteilt nach verkehrsunternehmensbezogenen Einflußfaktoren, die die Rahmenbedingungen des Marktes sowie allgemeine Betriebsleistungen von Verkehrsunternehmen, und aufgabenträgerbezogenen Einflußfaktoren, die die qualitativen und quantitativen Aspekte des ÖPNV-Systems in einem Verkehrsgebiet beinhalten. Dem Nutzenstrom steht ein Finanzstrom gegenüber, mit dem der Nutzen bewertet beziehungsweise bezahlt wird. Der Finanzstrom besteht aus zwei Teilen: den Einnahmen der Nutznießer und den daraus resultierenden möglichen Ausgaben. Die Höhe der Ausgaben, die Verteilung und ihre Effizienz bei der „Reinvestition" haben wiederum Auswirkungen auf die verschiedenen Nutzenbereiche des ÖPNV.

Nachdem mit dem Flußmodell die theoretische Basis zur grundlegenden Einteilung des Kenngrößensystems geschaffen wird, werden für dessen weitere Gliederung und Aufbau in **Kapitel IV.B** sieben Prinzipien vorangestellt. Das *Hierarchie- und Trennungsprinzip* gibt die Einteilung vor, daß das System insgesamt aus fünf vertikalen

Spalten besteht, die dem hierarchischen Prinzip folgen. Außer dem oben genannten Bereich gibt es vier weitere Spalten, die sich an der organisatorischen Einteilung von großen Unternehmen orientieren: Abteilung, Hauptgruppe, Gruppe und Untergruppe. Die horizontale Gliederung besteht aus drei Ebenen, auf denen getrennt voneinander für den gesamtwirtschaftlichen, den verkehrsunternehmensbezogenen und den aufgabenträgerbezogenen Bereich die jeweiligen Kenngrößen sukzessive ins Detail gehend behandelt werden. In Deckungsgleichheit mit der Struktur des Kenngrößensystems besteht eine bestimmte Kenngröße aus mehreren Kenngrößen in der nachgeordneten Spalte, jedoch ist sie nur einer Kenngröße einer übergeordneten Spalte zuzuordnen. Das *Ausgewogenheitsprinzip* postuliert, daß gleiche Hierarchieebenen zwischen zwei und vier Kenngrößen umfassen, so daß kein Übergewicht einer Gliederungseinheit durch die Anzahl der Kenngrößen entsteht. Die *mathematische Plausibilität* gebietet, daß ein höherer Kenngrößenwert auch immer die bessere Beurteilung im Benchmarking-Prozeß widerspiegelt. Außerdem dürfen Teilkenngrößen, die in Form von Brüchen formuliert sind, nur addiert werden, wenn sie eine gemeinsame Bezugsgröße (Nenner) haben. Die *physikalische Plausibilität* berücksichtigt, daß die Dimensionen zueinander passen müssen und die Begriffe im Sinn der physikalische Grundintention verwendet werden. Das *Begriffsprinzip* verfolgt die Vorgabe, daß die verschiedenen Einteilungen des Kenngrößensystems mit Namen versehen werden, die größtenteils die Zugehörigkeit zu einer Hierarchieebene verdeutlichen. Mit dem Begriffsprinzip geht das *Kürzelprinzip* einher. Die Kenngrößen beinhalten in der Regel so viele Einflußfaktoren, daß bei der Aufschreibung zur Bewahrung der Übersichtlichkeit und zur Möglichkeit der Einordnung in das System Abkürzungen verwendet werden müssen. Dies erfolgt hinsichtlich der Einordnung mit den für den Namen charakteristischen Buchstaben der Kenngrößen und wurde bereits bei der Benennung insofern berücksichtigt, daß die Kenngrößen derselben Hierarchieebenen sich diesbezüglich unterscheiden lassen. Die Einflußfaktoren werden mit zwei Großbuchstaben ihrer Benennung und zwei vorangestellten kleinen Buchstaben für die Kenngrößen der Untergruppe und Gruppe, denen sie zugehören, signiert. Das *Baukastenprinzip* trägt dem Aspekt Rechnung, daß Benchmarking nur für ausgewählte, die Aufgabenträger interessierende Kenngrößen durchgeführt werden kann, da die Anzahl der Einflußfaktoren im ÖPNV so umfangreich ist. Deswegen wurde das Kenngrößensystem modular aufgebaut, so daß die Möglichkeit besteht, jede einzelne Kenngröße aus jedem Teil des Kenngrößensystems herauszuziehen und unabhängig von den anderen „isoliert" zu vergleichen.

Besonders das Baukastenprinzip erfordert die Entwicklung eines speziellen Berechnungsverfahrens, das eine Verknüpfung von Kenngrößen verschiedener Spalten ermöglicht. Eine Kenngröße der untersten Spalte, der Untergruppe, besteht aus mehreren Einflußfaktoren, deren Mengen erfaßt und bewertet werden müssen. Sie sind die Beurteilungsgrößen. Da eine mit einer absoluten Mengenangabe bewertete Kenngröße aufgrund der zahlreichen weiteren Einflußfaktoren jedoch schwer in ihren Auswirkungen auf das Gesamtumfeld, das sie beeinflußt, einzustufen ist, bedarf es einer Bezugsgröße. Die Grundkenngröße einer Untergruppe ist also ein Quotient. Eine Kenngröße der Gruppe besteht in der Regel aus mehreren Untergruppenkenngrößen, die zur Vermeidung eines dominanten Einflusses einer dieser Kenngrößen additiv verknüpft werden. Diesbezüglich muß wegen der mathematischen Plausibilität darauf geachtet werden, daß für die Untergruppen eine Bezugsgröße gewählt wird, die für alle sinnvoll ist und verwendet werden kann. Zur Vergleichbarkeit der Kenngrößen der Untergruppen beziehungsweise Gruppen zwischen Verkehrsgebieten bedarf es jedoch noch eines zusätzlichen Schrittes und deshalb einer zusätzlichen speziellen Bezugsgröße für das Verkehrsgebiet. Dieser Schritt wird als Relativierung bezeichnet, nach dem auch diese zweite Bezugsgröße bezeichnet wird: Relativierungsgröße. Daraus leitet sich der grundsätzliche Aufbau der Kenngrößen als Doppelbruch ab. Die Relativierung wird dadurch vollzogen, daß der beste Kenngrößenwert der verglichenen Verkehrsgebiete zum Divisor wird, durch den alle anderen Werte geteilt werden. Dadurch kann die Abweichung vom „Besten“ in Prozent angegeben werden und eine Positionierung der Verkehrsgebiete vorgenommen werden, die in Koordinatensysteme eingetragen werden können. Die höchste Form der Aggregation auf Abteilungsebene durch Multiplikation der relativierten Kenngrößenwerte ist für die Darstellung der ÖPNV-Qualität als Mix zwischen den Maßnahmen bei den Marketing-Instrumenten Produkt, Distribution, Preis und Kommunikation notwendig.

In **Kapitel IV.C** werden als weitere Voraussetzung für die Entwicklung des Kenngrößensystems nach der fundamentalen Einteilung die Grundlagen für den gesamtwirtschaftlichen und einen einzelwirtschaftlichen Bereich dargelegt. Im gesamtwirtschaftlichen Bereich werden die Voraussetzungen und Grundannahmen bei der Mengenberechnung entsprechender Kenngrößen formuliert sowie die Möglichkeiten zur Monetarisierung von externen Effekten. Dafür gibt es verschiedene Kostenansätze, deren Anwendung kenngrößenspezifisch abgewogen werden muß. Die Grundlagen im einzelwirtschaftlichen Bereich werden zusammenfassend für verkehrsunternehmensbezogene und aufgabenträgerbezogene Aspekte erläutert, da viele Wechselwirkungen bestehen. Im Vordergrund steht dabei die Qualität, die einen Schwerpunkt der Bemühungen der Unternehmen bildet, um Marktanteile zu gewinnen. Im ÖPNV erfährt der Qualitätsfaktor eine zusätzliche Komplexität durch die Spezifitäten von Dienstleistungen, insbesondere solcher gemeinwirtschaftlicher Natur, die Vielzahl der Einflußfaktoren, die atomistische Nachfragerstruktur und den Einfluß mehrerer Entscheidungsträger. Es wird ein Modell entwickelt, in dem die Zusammenhänge bei der Entstehung der Verkehrsqualität im ÖPNV dargestellt werden. Danach gibt es eine projektierte Verkehrsqualität, die von den Aufgabenträgern geplant ist und eine produzierte Qualität der von den Verkehrsunternehmen erstellten Betriebsleistungen. Das Resultat beider ist die realisierte Verkehrsqualität, die vom Kunden wahrgenommen wird (perzipierte Verkehrsqualität). Am Ende des Prozesses erfolgt die Evaluierung der ÖPNV-Leistungen. Diese wird aus den drei verschiedenen Blickwinkeln von Aufgabenträgern, Verkehrsunternehmen und Kunden vorgenommen mit jeweils unterschiedlichen Ergebnissen, die mit verschiedenen Methoden gemessen werden können.

In **Kapitel V** beginnt die Darstellung der Kenngrößen mit dem gesamtwirtschaftlichen Bereich. Er wird aufgrund der politischen Entscheidungsebenen, denen verschiedene Nutzen zugeordnet werden können, in zwei Abteilungen gegliedert: die staatliche und kommunale. Da für diesen Bereich externe Effekte von Bedeutung sind, werden die zwei Abteilungen mit diesem Begriff „Effekte“ ergänzt. Die Besonderheit bei den Abteilungen ist, daß sowohl eine Beurteilung der Mengen der jeweiligen externen Effekte als auch eine Monetarisierung dieser Mengen erforderlich ist, damit eine gewertete Einordnung der Effekte in ihrer Wirkung auf die Gesamtwirtschaft vollzogen werden kann.

In der Abteilung *„staatliche Effekte“* (**Kapitel V.A**) werden übergeordnete „Auswirkungen“ mit bundesweiter Relevanz subsummiert, die die allgemeinen regionenübergreifenden Aspekte betreffen. Sie wird in zwei Hauptgruppen unterteilt. In der Hauptgruppe *„sozialstaatliche Auswirkungen“* werden die Einflußfaktoren behandelt, die in Verbindung mit den Leistungen eines Sozialstaates stehen. Im Vordergrund stehen die Leistungen im Bereich des Gesundheitswesens beziehungsweise die Auswirkungen von verkehrlichen Ereignissen auf dieses. Gesundheit und Unfallträchtigkeit sind die entsprechenden Gruppen. In der Hauptgruppe *„gemeinstaatliche Auswirkungen“* werden die Einflußfaktoren eingeordnet und analysiert, die Vorteile beziehungsweise Nachteile auf die Wohlfahrt eines Gemeinwesens ausüben. Sie kommen zwar jedem einzelnen Individuum der Gesellschaft zugute, aber werden nur in ihrer Gesamtheit im Verständnis eines Ausgleichs zwischen wirtschaftlichen und gesellschaftlichen Interessen bedeutungsvoll. Diese Hauptgruppe gliedert sich in zwei Gruppen: Zeitaufwand und Energieumsatz für die Mobilität.

Die Abteilung *„kommunale Effekte"* (**Kapitel V.B**) deckt die verkehrsgebietsspezifischen Konsequenzen ab, die durch kommunale verkehrspolitische Entscheidungen bestimmt oder zumindest beeinflußt werden können. In der Hauptgruppe *„physioqualitative Konsequenzen"* werden die Einflußfaktoren bearbeitet, die für das Leben der Stadtbewohner und die allgemeinen Bedingungen unmittelbare Konsequenzen haben. Dies sind die Schadstoffemissionen und die Lärmimmissionen. Sie haben zwar auch kommunalübergreifende Bedeutung, aber die Einflußfaktoren kommen besonders in Siedlungsräumen zum Tragen. Die Hauptgruppe *„infrastrukturelle Konsequenzen"* beinhaltet die Einflußfaktoren auf das Stadtbild und die Stadtgestaltung. Diese werden mit Kenngrößen zur Verkehrswegeinfrastruktur und zur Flächenverbindung verglichen.

In **Kapitel VI** werden Kenngrößen für den verkehrsunternehmensbezogenen Bereich formuliert. Grundgedanke bei der Gliederung der Abteilungsebene ist dabei, daß die Verkehrsunternehmen von den Rahmenbedingungen im ÖPNV-Markt abhängen, in dem Nachfrage und Angebot sich wechselseitig beeinflussen. In diesem Spannungsfeld bewegen sich die Verkehrsunternehmen und müssen mit internen organisatorischen und finanzwirtschaftlichen Maßnahmen eine effiziente und wirtschaftlich optimale Situation erreichen. Der verkehrsunternehmensbezogene Bereich wird in drei Abteilungen gegliedert: Nachfragesituation, Angebotssituation und Verkehrsunternehmenssituation.

In der Abteilung *„Nachfragesituation"* (**Kapitel VI.A**) werden die einwohnerbedingten und die verkehrsbedingten Grundlagen für den ÖPNV mit Kenngrößen erfaßt. Die Abteilung hat die zwei Hauptgruppen *„sozio-ökonomische Konstellation"* und *„Verkehrsmarktkonstellation"*. Die Besonderheit bei den Hauptgruppen der Nachfragesituation ist, daß als Ergebnis Kenngrößenwerte stehen, die eine Einordnung zwischen zwei extremen Einstufungspolen ermöglichen. Anhand der Kenngrößen zur sozio-ökonomischen Konstellation kann ein Verkehrsgebiet als für Massenverkehrsmittel geeignet beziehungsweise nicht geeignet beschrieben werden. Anhand der Kenngrößen zur Verkehrsmarktkonstellation kann ein Verkehrsgebiet als für Massenverkehrsmittel gut erschlossen beziehungsweise schlecht erschlossen charakterisiert werden. Im Hinblick auf die sozio-ökonomische Konstellation erfolgt die Einordnung durch die Einwohnerdichte, Einwohnerstruktur und das Einwohnereinkommen. Die Grundbedingungen durch die Verkehrsmarktkonstellation werden an der Verkehrsmitteldichte, Verkehrsnetzdichte und Verkehrsstromdichte festgemacht.

Die Kenngrößen der Abteilung *„Angebotssituation"* (**Kapitel VI.B**) beschreiben die Rahmenbedingungen des ÖPNV-Marktes. Die Besonderheit bei diesen Kenngrößen ist, daß sie teilweise diskrete Kenngrößen sind wie zum Beispiel die Marktordnung, die nur unter Zuhilfenahme von quantitativ meßbaren Größen wie zum Beispiel die Linienlänge numerisch skalierbar gemacht werden können. Die Abteilung wird in die drei Hauptgruppen *„Organisation des ÖPNV-Marktes"*, *„Organisation der Finanzierung von ÖPNV-Leistungen"* und *„Organisation der Verkehrsunternehmen"* gegliedert. In der ersten Hauptgruppe wird die ÖPNV-Marktordnung behandelt, für die das entscheidende Kriterium der Regulierungsgrad ist. Dabei spielt eine Rolle, inwieweit Wettbewerb stattfindet und Unternehmen durch staatliche Aufsichtsbehörden am Markteintritt beziehungsweise -austritt beschränkt werden. Die ÖPNV-Marktform wird durch die Anbieterstruktur charakterisiert. Die beiden Extrema stellen das Monopol dar, in dem nur ein Verkehrsunternehmen alle Betriebsleistungen erbringt, und das Polypol, in dem eine Vielzahl von verschiedenen Anbietern gleichzeitig tätig ist. Die Hauptgruppe *„Organisation der Finanzierung von ÖPNV-Leistungen"* widmet sich zum einen mit dem Finanzierungsprinzip der Frage der Vergleichsmöglichkeit, ob öffentliche Finanzmittel als Defizitausgleich, in Form eines festen Budgets oder als flexible Zuschüsse gewährt werden beziehungsweise öffentliche Finanzmittel benötigt werden. Zum anderen wird der Einsatz der erwirtschafteten Finanzmittel für die Produktion von Betriebsleistungen oder für die Investitionen in Kenngrößen formuliert. Die Hauptgruppe *„Organisation der Verkehrsunternehmen"* wird zum einen durch die Unternehmensform in Kombination mit den jeweiligen Kapitalanteilen der Unternehmenseigentümer aus privater und/oder öffentlicher Hand bestimmt. Zum anderen charakterisieren Kenngrößen zu den Kapitalverhältnissen der Verkehrsunternehmen anhand der Bilanzen die Verteilungen der Finanzmittel im ÖPNV-Markt.

In **Kapitel VI.C** werden die Einflußfaktoren auf die Betriebssituation durch die Verkehrsunternehmen in Kenngrößen bewertet. Dies erfolgt in den drei Hauptgruppen *„Betriebsleistungsstruktur"*, *„Ertragsstruktur"* und *„Aufwandsstruktur"*. Die Betriebsleistungsstruktur wird im wesentlichen bestimmt durch den effektiven Verkehrsmittel- und Personaleinsatz. Die Ertragsstruktur wird durch den „Ertragsmix" aus öffentlicher und aus privater Hand für Investitionen und Fahrleistungen charakterisiert, die in getrennten Gruppen behandelt werden. Die wichtigen Komponenten bei der Aufwandsstruktur sind Produktion, Verkehrsmittel und Infrastruktur.

In **Kapitel VII** werden für den aufgabenträgerbezogenen Bereich Kenngrößen entwickelt. Dieser Bereich stellt den Schwerpunkt der Themenstellung dar und beinhaltet die Einflußfaktoren, die für das ÖPNV-System von Bedeutung sind. Der Bereich wird nach den Marketinginstrumenten in die vier Abteilungen *„Distribution"*, *„Produkt"*, *„Preis"* (*„Tarif"*) und *„Kommunikation"* gegliedert. Die Distribution und das Produkt werden in zwei Teile gleicher Stufe aufgespaltet. Die physische Distribution umfaßt die Aspekte, die die Grundlagen für die physische Weitergabe der erstellten Betriebsleistungen an die Käufer charakterisieren. In der akquisitorischen Distribution wird die Wahl der Absatzkanäle und der jeweiligen Absatzorgane mit Kenngrößen beschrieben. Das Produkt wird in das Grundprodukt und das Zusatzprodukt aufgeteilt. Zum Grundprodukt der ÖPNV-Leistung sind alle Aspekte im Sinn des Angebots einer Beförderung von A nach B zu zählen. Beim Zusatzprodukt werden alle Faktoren subsumiert, die die qualitative Ausgestaltung des Prozesses der Beförderung bestimmen.

In **Kapitel VII.A** wird die Distribution als erstes Marketing-Instrument mit Kenngrößen beschrieben. Das Hauptziel der Distributionspolitik liegt darin, eine optimale Mischung zwischen höchstmöglicher Verfügbarkeit der Dienstleistung und der Möglichkeit zum Kauf dieser zu finden. Der erste Aspekt wird mit der physischen Distribution und der zweite Aspekt mit der akquisitorischen Distribution abgedeckt, die gleichstufige Abteilungen bei der Distribution sind. Die physische Distribution betrifft die Distributionswege für die Verkehrsmittel, das sind Schienen und Buslinien, sowie die Verteilung der Fahrten der Verkehrsmittel und die Zustiegsmöglichkeiten, das sind die Haltestellen. Sie sind die grundsätzliche Voraussetzung für die Produktion von Betriebsleistungen. Danach wird die Abteilung in die beiden Hauptgruppen *„räumliche Verfügbarkeit"* und *„zeitliche Verfügbarkeit"* eingeteilt. Die räumliche Verfügbarkeit wird durch die Netzdichte, die Haltestellendichte und die Angebotsdichte zum Ausdruck gebracht. In der Angebotsdichte spiegelt sich im Sinn der Erscheinungshäufigkeit der Verkehrsmittel im Raum die allgemeine Linienfahrleistung in einem Verkehrsgebiet wieder. Diese wird bei der zeitlichen Verfügbarkeit mit der Häufigkeit, Regelmäßigkeit und der absoluten Zeitspanne zwischen erster und letzter Bedienung (Bedienungszeitraum) genauer beschrieben. Die zweite Abteilung *„akquisitorische Distribution"* beinhaltet die absatzpolitische Leistung der Verkehrsunternehmen, den Kauf der Dienstleistungen in Form des Fahrausweiserwerbs zu ermöglichen. Die akquisitorische Distribution im ÖPNV erfährt eine Besonderheit, da sie stark mit dem verkehrsbetrieblichen Leistungs-erstellungsprozeß verbunden ist und oftmals in einem zeitlichen und räumlichen Zusammenhang mit ihm steht. Ein hoher Anteil von Fahrausweisen hat einen nominell so geringen Wert für die einzelne Verkehrsleistung, daß betriebsfremde Absatzorgane als Distributionswege nicht zum Einsatz kommen. Es überwiegt die innerbetriebliche Di-stribution. Bei Zeitfahrausweisen werden jedoch auch betriebsfremde Absatzorgane wie zum Beispiel Kioske herangezogen, da die hohen Einnahmen durch den relativ hohen Preis die Kosten für den Weg des Verkaufs rechtfertigen. Ein ÖPNV-spezifisches Charakteristikum ist die Möglichkeit der gleichzeitigen Distribution und

Verkehrsmittel vielfach mobile Absatzinstrumente darstellen. Dieser Aspekt dient zur Einteilung der Abteilung in die beiden Hauptgruppen *„Kaufmöglichkeit an stationären Verkaufsstellen"* und *„Kaufmöglichkeit in Verkehrsmitteln"*. Sie werden beide danach unterteilt, ob der Verkauf durch Personen oder an Automaten erfolgt.

Das Produkt beziehungsweise die Dienstleistung mit ihren Kerneigenschaften sowie ihren akzessorischen Nutzen wird in **Kapitel VII.B** behandelt. Die erstgenannten Eigenschaften sind in der Abteilung *„Grundprodukt"* inbegriffen. Hierunter sind alle Leistungsgrößen einzuordnen, die den Zeitaufwand bei dem Beförderungsprozeß beziehungsweise der Nutzung des Produktes betreffen. Im Vordergrund steht die Schnelligkeit, mit der die Beförderung vonstatten geht, die in der ersten Hauptgruppe *„Geschwindigkeit"* behandelt wird. Sie setzt sich zusammen aus den Zeiten, die das Verkehrsmittel zur Überwindung der Entfernung auf einer Linie braucht, den Zusatzwegezeiten, die für die Erreichung der Haltestellen aufgewendet werden müssen, sowie den Wartezeiten an den Haltestellen. Die *„Zuverlässigkeit"* als zweite Hauptgruppe wird durch die Pünktlichkeit und die Ausfallhäufigkeit der Verkehrsmittel mit Kenngrößen gemessen. In der Abteilung *„Zusatzprodukt"* sind die Einflußfaktoren enthalten, die dem Kunden einen Zusatznutzen zum zeitlichen Nutzen bringen. Es sind Elemente der Produktgestaltung und des Produktprofils, mit denen der Kunde bei der Benutzung konfrontiert wird beziehungsweise in Berührung kommt, das heißt, die dem Kunden die Benutzung des ÖPNV annehmlicher machen. Diesbezüglich werden die Hauptgruppen *„Sicherheit"* und *„Komfort"* gebildet. Sicherheit wird durch zwei Komponenten bestimmt, die als Gruppen definiert werden: die kriminalistische Sicherheit mit den Variationen der Gewaltdelikte, Eigentums- und Vermögensdelikte sowie Leistungserschleichungen und die Verkehrssicherheit. Die Möglichkeiten, für beide Komponenten vorbeugende Maßnahmen zu treffen und einzurichten, wird in einer dritten Gruppe durch Kenngrößen registriert. Der Komfort wird getrennt für die Verkehrsmittel und die Haltestellen analysiert, indem für beide Verfahrensweisen zur Bewertung der Platzverfügbarkeit, Informationshilfen, Sauberkeit und Bequemlichkeit entwickelt werden. Als dritte Gruppe wird der Zugangskomfort als Schnittstelle zwischen öffentlichem Straßenraum und Haltestellenzugang sowie Haltestelle und Verkehrsmittel fixiert.

In Kapitel VII.C werden die Einflußfaktoren auf den Preis bearbeitet, so daß sie mit Kenngrößen verglichen werden können. Im ÖPNV steht aufgrund der Vielfalt der Leistungsarten mehr die Preisintegration als die Preisdifferenzierung, die in anderen Branchen üblich ist, im Vordergrund. Diesbezüglich ist eine Besonderheit im ÖPNV der Tarif, das heißt die Zusammenfassung mehrerer Verkehrsleistungsarten nach bestimmten Kriterien zu gleichen Preisen. Die synonyme Verwendung des Begriffs *„Tarif"* für das im allgemeinen als *„Preis"* bezeichnete Marketinginstrument ist zugleich sehr dienlich im Hinblick auf die Einhaltung des Kürzelprinzips, da ansonsten in diesem Bereich auf der gleichen Hierarchieebene der Abteilung sich der erste Buchstabe zur Abkürzung mit dem Produkt überschneiden würde und eine eindeutige Zuordnung unterbliebe. Die Tarifgestaltung läßt sich in eine formelle und eine materielle Prozeßstufe einteilen. Die materielle Prozeßstufe dient zur Festlegung der Höhe des Preises für die einzelnen Fahrausweise und die formelle zur Einteilung des Tarifsystems in bestimmte größere Einheiten. Dies erfolgt nach den Kriterien der Entfernungsstufen (zu Tarifzonen), der Nachfragergruppen und der für die verschiedenen Mobilitätsbedarfe konzipierten Fahrausweise, wobei die vielfältigen Fahrausweise in vier Gruppen von Fahrausweisarten zusammengefaßt werden. Sie dienen als Einteilung zur Beurteilung der ersten Hauptgruppe *„Preisgefüge"*. Die zweite Hauptgruppe beschäftigt sich mit der Einstufung des Preisniveaus. Außer dem absoluten Preisniveau, bei dem die Leistungen, die der Fahrgast für den Preis des jeweiligen Fahrausweises bekommt, verglichen werden (*Preis-Leistungs-Verhältnis*), ist das zweite bedeutungsvolle Vergleichskriterium das *Preis-Kaufkraft-Verhältnis*. In diesem wird das relative Preisniveau anhand des Bezugs auf das Einkommen gemessen. Untersuchungen belegen, daß die Kosten für die Mobilität im ÖPNV in den letzten 40 Jahren relativ zum Einkommen gesunken und relativ zu den Lebenshaltungskosten gestiegen sind. In einer dritten Hauptgruppe wird die Qualität des Preissystems anhand des Ausmaßes der Beschränkungen für die jeweiligen Fahrausweise und der Transparenz des Tarifsystems mit den vielen Fahrausweisen und Tarifzonen in Kenngrößen erfaßt.

Das vierte Marketing-Instrument *„Kommunikation"* wird in **Kapitel VII.D** mit Kenngrößen definiert und vergleichbar gemacht. Die Kommunikation faßt alle aktiven Maßnahmen von Unternehmen zusammen, die der Steigerung des Bekanntheitsgrades der Leistungen beziehungsweise dem Image des Unternehmens dienen. Es ist das Marketinginstrument, das am meisten im ÖPNV vernachlässigt wurde. Im Zusammenhang mit der Gestaltung der Kommunikation zwischen Unternehmen und seinen aktuellen und potentiellen Abnehmern wird nach dem Inhalt der abgegebenen Informationen zwischen *„Interzession"* und *„Intervention"* unterschieden. Unter Interzession sind alle in sachdienlicher Manier gegebenen Informationen über den Betriebsablauf und das Leistungsangebot zu verstehen. Im wesentlichen ist dies gleichzusetzen mit der Öffentlichkeitsarbeit und allen im Rahmen dieser unternommenen Maßnahmen. Sie sprechen die kognitiv-rationalen Aspekte im Rahmen der Kommunikation an. Die Maßnahmen bestehen in der Verbreitung von Informationsmaterialien wie zum Beispiel Fahrplanbüchern, in einer intensiven Medienarbeit bei Printmedien, Radio, Fernsehen und im Internet mit der Plazierung von aktuellen Informationen und Präsentation von interessanten Aspekten im ÖPNV und in der Durchführung von öffentlichen Veranstaltungen. Intervention hingegen zielt auf die Manipulation, das heißt die Beeinflussung der Adressaten, und die Fokussierung auf mit der Information intendierten Verhaltensweisen beziehungsweise Kaufabsichten. Sie haben den affektiv-emotionalen Handlungsbezug als Ziel der entsprechenden Maßnahmen. Die Intervention wird in zwei Hauptgruppen aufgeteilt: die *„Werbung“* und die *„Verkaufsförderung“*. In der Werbung werden die Plazierung von Anzeigen in Printmedien und von Spots in audio-visuellen Medien sowie die Möglichkeiten mit sonstigen Werbemedien erfaßt. In diese Hauptgruppe fällt auch die besondere Form der Werbung, die Direktwerbung. Diese ist ein spezielles Instrument, um potentielle Nachfrager direkt in Kontakt mit dem beworbenen Produkt beziehungsweise mit entsprechenden Vertretern zu bringen. Ziel ist die individuelle Ergründung der Informationsbedürfnisse und die Bekanntmachung der Vorteile des ÖPNV. Zur Verkaufsförderung werden die wichtigen Einflußfaktoren für das Erscheinungsbild, die Kundenberatung, besondere Kundenaktionen, zum Beispiel Gewinnspiele, und umrahmende Serviceangebote, zu denen Park-und Ride-Plätze sowie Bike-und Ride-Plätze gehören, aufgeführt und in Kenngrößen formuliert.

Das in dieser Arbeit entwickelte Kenngrößensystem umfaßt 8 Kenngrößen für den gesamtwirtschaftlichen Bereich, 19 Kenngrößen für den verkehrsunternehmensbezogenen Bereich und 39 Kenngrößen für den aufgabenträgerbezogenen Bereich. Diese Kenngrößen bestehen aus mehreren Teilkenngrößen, die wiederum von vielen Einflußfaktoren bestimmt werden. Zum Vergleich werden alle 66 Kenngrößen relativiert und zu 4 Kenngrößen im gesamtwirtschaftlichen Bereich, 8 Kenngrößen im verkehrsunternehmensbezogenen Bereich und 14 Kenngrößen im aufgabenträgerbezogenen Bereich zusammengefaßt. Damit ist das vorliegende Kenngrößensystem das umfassendste einheitliche System zur Bewertung von Einflußfaktoren im ÖPNV, das als Grundlage für den Vergleich zwischen Verkehrsgebieten von Aufgabenträgern nach der Benchmarking-Methode verwendet werden kann.

LITERATURVERZEICHNIS

LITERATURVERZEICHNIS

ACKERMANN, T.: Bewertung der Pünktlichkeit – Direkte Nutzenmessung führt zu monetären Ergebnissen; in: Der Nahverkehr, Heft 7-8; Alba Fachverlag; Düsseldorf, 1999.

ARBEITSKREIS „BAHNPOLITIK DER LÄNDER“: Ergebnisbericht – Definition von Qualitäts-Standards im SPNV + Bewertungssystem (nicht veröffentlicht); Hannover, 1997.

ARBEITSKREIS „VERGLEICH DER VERKEHRSVERBÜNDE“: Lösungsansatz für ein Kennzahlenset zum Vergleich der Verbünde (nicht veröffentlicht); München, 1997.

BAMBERG, S.: Marketing in Verkehrsunternehmen; in: Der Nahverkehr, Heft 9; Alba Fachverlag; Düsseldorf, 1995.

BAUER, H. / BRAUNSTEIN, C. / HUBER, F.: Wertorientierte Produkt- und Werbegestaltung bei der Deutschen Bahn AG – Eine empirische Studie; in: Zeitschrift für öffentliche und gemeinwirtschaftliche Unternehmen, Band 20, Heft 3; Peter Eichhorn gemeinsam mit Achim von Loesch und Günter Püttner (Hrsg.); Nomos Verlagsgesellschaft; Baden-Baden,1997.

BAUMGÄRTNER, P. / VIERZIGMANN, R.: Können Internet und CD-ROM das Fahrplanbuch ersetzen? – Befragung zum Stellenwert von Informationsmedien; in: Der Nahverkehr, Heft 6; Alba Fachverlag; Düsseldorf, 2000.

BAUMHÖGGER, E. / BRONNENBERG, P.: Klimatisierung eines Standard-Linienomnibusses; in: Der Nahverkehr, Heft 4; Alba Fachverlag; Düsseldorf, 1995.

BELLINGER, B.: Betriebsvergleiche im öffentlichen Personennahverkehr; Betriebswirtschaftliche Schriften, Bd. 44; Berlin, 1970.

BENDIXEN, P.: Die Leistungserstellung der Güterverkehrsbetriebe; Hamburg, 1966.

BERKENKOPF, P.: Faktoren der volkswirtschaftlichen und soziologischen Bilanz des Kraftwagens; in: Die Sicherung des Menschen im Straßenverkehr; Köln, 1960.

BIDLINGMAIER, J.: Marketing; Reinbek bei Hamburg, 1974.

BIEL, R.: Externe Effekte des Verkehrs – Probleme der Quantifizierung von Kosten und Nutzen; in: Der Nahverkehr, Heft 5; Alba Fachverlag; Düsseldorf, 1999.

BLENNEMANN, F. / BRANDENBURG, W.: Anforderungen der Fahrgäste an den öffentlichen Nahverkehr; Buchreihe Forschung und Praxis Band 17, U-Verkehr und unterirdisches Bauen; STUVA – Studiengesellschaft für unterirdische Verkehrsanlagen (Hrsg.); Düsseldorf, 1976.

BÖCKER, F. / GIERL, H.: Marketing; UTB für Wissenschaft: Grundwissen der Ökonomik – Betriebswirtschaftslehre (5. Auflage); Gustav Fischer Verlag; Stuttgart, 1994.

BÖHMIG, T. / WOLTER, M.: Kostenträgerrechnung für ÖPNV-Betriebe – Grundlage für das operative Controlling, dargestellt am Beispiel des Busbetriebes der Hamburger Hochbahn AG; in: Der Nahverkehr, Heft 1 - 2; Alba Fachverlag; Düsseldorf, 1997.

BOESCH, H.: Der Mensch im Stadtverkehr; Zürich, 1975.

BOGNER, W. / PLOTHEGER, M.: ÖPNV-Barometer; Nürnberg, 1997.

BOGNER, W. / PLOTEGHER, M.: Wie und womit die Fahrgäste im ÖPNV zufrieden sind – Bundesweites ÖPNV-Barometer bietet Zufriedenheitsdaten; in: Der Nahverkehr Heft 6; Alba Fachverlag; Düsseldorf, 1997.

BORJANS, R.: Immobilienpreise als Indikatoren der Umweltbelastungen durch den städtischen Kraftverkehr; Buchreihe des Instituts für Verkehrswissenschaft an der Universität zu Köln, Nr. 44; Düsseldorf, 1983.

BOTTA, V.: Grundlagen und Praxis der Betriebswirtschaft, Bd. 49 – Kennzahlensysteme als Führungsinstrumente; Erich Schmidt Verlag GmbH & Co.; Berlin, 1993.

BRANDT, H.: Kundengerechte Tarifgestaltung – 12 Jahre übertragbare Zeitkarten, Erfahrungen und Empfehlungen; in: Der Nahverkehr, Heft 3; Alba Fachverlag; Düsseldorf, 1999.

BRAUER, K.: Betriebswirtschaftslehre des Verkehrs, Dritter Teil: Leistungserstellung der Verkehrsbetriebe; Berlin, 1983.

BREICHLER-HEINZEL, P.: Qualität beginnt im Kopf; in: Dokumentation der Fachveranstaltung Qualitätsmanagement in der ÖPNV-Dienstleistung vom 16.11.1995; Rhein-Main-Verkehrsverbund GmbH (Hrsg.); Hofheim am Taunus, 1996.

BRÖG, W. / SCHÄDLER, M.: Individualisiertes Marketing – Ein vielversprechendes, internationales Demonstrationsprojekt; in: Internationales Verkehrswesen, Heft 5; Deutscher Verkehrs-Verlag; Hamburg, 1997.

BRÖG, W.: Bedeutung von Befragungen: Entwicklung, Möglichkeiten, Grenzen; in: Wege und Umwege in der Verkehrsplanung; A. Müller (Hrsg.); Zürich, 1997.

BSTMWVT (Hrsg.): Leitlinie zur Nahverkehrsplanung in Bayern; München, 1998.

BSTMWVT (Hrsg.): Qualitätsmanagement für kleine und mittlere Unternehmen – Ein Leitfaden zur Einführung eines Qualitätsmanagementsystems; 4. Auflage; München, 1998.

BÜCHNER, G. / HENTZSCHEL, J. / JUNGHÄNEL, U.: Optimale Ersatzinvestitionen durch Life-Cycle-Cost-Management – Kostensenkung in Busunternehmen durch Strategien zur Aussonderung von Fahrzeugen; in: Der Nahverkehr, Heft 10; Alba Fachverlag; Düsseldorf, 1998.

BUDÄUS, D. / GRÜNING, G.: New Public Management – Entwicklung und Grundlagen einer „Revolution" des öffentlichen Sektors; in: Zeitschrift Führung + Organisation (zfo), 67. Jahrgang, Heft 1; 1998.

BUHMANN, D. / BRUMMER, N.: Das Sicherheitskonzept für das U-Bahn-Netz in München; in: Der Nahverkehr, Heft 6; Alba Fachverlag; Düsseldorf, 1996.

BMW – Bundesministerium für Verkehr: Anleitung für die standardisierte Bewertung von Verkehrswegeinvestitionen des ÖPNV und Hinweise zum Rahmenvertrag; in: Schriftenreihe des Bundesministers für Verkehr, Heft 51; Bonn – Bad Godesberg, 1976.

BUSCHMANN, V.: Sicherheit ist gefragt – Wie die Berliner Fahrgäste ihre Situation einschätzen; in: Der Nahverkehr, Heft 6; Alba Fachverlag; Düsseldorf, 1995.

BUSSIEK, J.: Praxis der Unternehmensführung – Unternehmensanalyse mit Kennzahlen; Betriebswirtschaftlicher Verlag Dr. Th. Gabler GmbH; Wiesbaden, 1993.

CAMP, R.: Benchmarking – The search for industry Best Practices that lead to superior Performance; New York, 1989.

CAMP, R.: Business Process Benchmarking; Milwaukee/Wisconsin; 1994.

CHROBOK, R.: New Public Management; in: Zeitschrift Führung + Organisation (zfo), 67. Jahrgang, Heft 1; 1998.

CLAUSSEN, T.: Zur Diskussion des „Verkehrsleistungs“-Begriffs; in: Zeitschrift für Verkehrswissenschaft 50. Jahrgang; 1979.

DENGLER, F. / WITT, D.: Ansätze zu einer gemeinwirtschaftlichen Jahreserfolgsrechnung bei öffentlichen Unternehmen am Beispiel der Deutschen Bundesbahn; in: Zeitschrift für öffentliche und gemeinwirtschaftliche Unternehmen, Band 9, Heft 2; Peter Eichhorn gemeinsam mit Achim von Loesch und Günter Püttner (Hrsg.); Nomos Verlagsgesellschaft; Baden-Baden, 1983.

DENGLER, F. / WITT, D.: Verkehrswirtschaft; in Handbuch Unternehmensberatung; herausgegeben von Volker Peemöller; Landsberg am Lech, 1984.

DEUTSCHER BUNDESTAG: Zweiter Bericht der Enquéte-Kommission „Schutz der Erdatmosphäre“ des 12. Deutschen Bundestages – Mobilität und Klima, Wege zu einer klimaverträglichen Verkehrspolitik; Bonn, 1994.

DIEDERICH, H.: Verkehrsbetriebslehre; Betriebswirtschaftlicher Verlag Dr. Th. Gabler GmbH; Wiesbaden, 1977.

DIW – Deutsches Institut für Wirtschaftsforschung: Wochenbericht 19; Berlin, 1998.

DIW – Deutsches Institut für Wirtschaftsforschung: Verkehr in Zahlen 2000; Bundesministerium für Verkehr (Hrsg.); Deutscher Verkehrs-Verlag GmbH; Berlin und Hamburg, 2000.

DONABEDIAN, A.: Evaluating the quality of medical care; in: The Milbank Memorial Fund Quarterly, Volume XLIV, Nr. 4; New York, 1966.

DORNACH, F. / MEYER, A.: Jahrbuch der Kundenzufriedenheit in Deutschland 1996: Das deutsche Kundenbarometer 1996 - Qualität und Zufriedenheit; Verlag der Fördergesellschaft Marketing e. V. an der Ludwig-Maximilians-Universität München; München, 1996.

DRIVER, J. / NEUGEBAUER, A.: Fit für den Wettbewerb? – Neues Modell für den zwischenbetrieblichen Vergleich öffentlicher Verkehrsunternehmen; in: Der Nahverkehr Heft 1 - 2; Alba Fachverlag; Düsseldorf, 2000.

DVWG – Deutsche Verkehrswissenschaftliche Gesellschaft (Hrsg.): Kommunaler Nutzen des ÖPNV – Studien, Erfahrungen, Konsequenzen; Zusammenfassung von Referaten des Kurses X/97 am 13. bis 14. November in Stuttgart; Reihe B 208; Bergisch Gladbach, 1997.

DYLLICK, T.: Ökologische Benchmarks; St. Gallen, 1995.

EBBING, G.: Neue Automatentechnik für den Fahrscheinverkauf – Hannover setzt auf die vorbezahlte Chipkarte; in: Der Nahverkehr, Heft 3; Alba Fachverlag; Düsseldorf, 1996.

EFFMERT, W.: Kosten-, Investitions- und Wirtschaftlichkeitsrechnungen im Verkehr; Frankfurt/Main, 1969.

EICHHORN, P.: Grundlagen einer gemeinwirtschaftlichen Erfolgsrechnung für Unternehmen; Schriftenreihe Gemeinwirtschaft, Nr. 15; Europäische Verlagsanstalt; Frankfurt am Main/ Köln, 1975.

ELLWANGER, G.: Externe Kosten internalisieren Schritt zu fairen und effizienten Preisen im Verkehr; in: Der Nahverkehr, Heft 1-2; Alba Fachverlag; Düsseldorf, 2001.

ENDEMANN, P.: Städtebauliche Aspekte bei der Planung von Stadtverkehren; in: Der Nahverkehr, Heft 10; Alba Fachverlag; Düsseldorf, 1997.

ERNE, P.: Der Betriebsvergleich als Führungsinstrument; Bern, 1971.

ERNST, M. / MEYER, W.: Lebenszykluskosten von Bussystemen – Beispielberechnung und Praxis-Anwendung; in: Der Nahverkehr, Heft 7-8; Alba Fachverlag; Düsseldorf, 1998.

FALLER, P.: Möglichkeiten von Fahrtkostenvergleichen zwischen individuellem und öffentlichem Personennahverkehr aus der Sicht der Verkehrsteilnehmer und der öffentlichen Haushalte; Ergebnisse eines Forschungsauftrages an das Institut für Betriebswirtschaftslehre des Verkehrs der Universität Mannheim; Mannheim, 1968.

FALLER, P. / WITT, D.: Dienstprinzip und Erwerbsprinzip - Fragen der Grundorientierung in Verkehr und öffentlicher Wirtschaft; Nomos Verlagsgesellschaft, Sonderdruck (nicht im Buchhandel erhältlich); Baden-Baden, 1991.

FGS - Forschungsgesellschaft für das Strassenwesen: Vorläufige Richtlinie für den Schallschutz an Straßen; Bergisch Gladbach, 1975.

FIEDLER, J.: Die Reisegeschwindigkeit als Konkurrenzkriterium; in: Verkehr und Technik, 21. Jahrgang; Bielefeld, 1968.

FRIEDAG, H. / SCHMIDT, W.: Balanced Scorecard. Mehr als ein Kennzahlensystem, Freiburg, 1999.

GARBEREDER, H.: Die betriebswirtschaftliche Statistik und der Betriebsvergleich als Grundlage unternehmerischer Entscheidungen, Planungen und Kontrollen; 1977.

GARVIN, D. A.: What does „product quality" really mean?; in: Sloan Management Review, 25. Jahrgang, Heft 3; 1984.

GIRNAU, G.: Der Stand der Regionalisierung – Lösungen und offene Fragen; in: Internationales Verkehrswesen Heft 5 – ÖPNV- Deutschland; Deutscher Verkehrs-Verlag; Hamburg, 1996.

GOLDMANN, B.: Betriebliche Umweltkennzahlen und ökologisches Benchmarking; Köln, 1995.

GORTER, M. / RÖNNAU, J. / PLATH, B. / WERNER, J.: Weiche Angebotsmerkmale im ÖPNV– Ihre Bedeutung für Ausschreibung und Vertragsgestaltung; in: Der Nahverkehr, Heft 6; Alba Fachverlag; Düsseldorf, 2001.

GREGORY, H.: Benchmarking – Vom Besten lernen; Verlag Moderne Industrie; Landsberg/Lech, 1993.

HAAS, H. / STÖRMER, E.: Angebotsqualität bei ÖV-Unternehmen – Einflußfaktoren bei der beurteilung durch den Kunden; in: Internationales Verkehrswesen, Heft 4; Deutscher Verkehrs-Verlag; Hamburg, 1999.

HEDDERICH, A. / NIESEN, R. / RÜRUP, L.: Die Finanzierung des Schienen-Personennahverkehrs; in: Der Nahverkehr, Heft 5; Alba Fachverlag; Düsseldorf, 1998.

HEIMERL, G. et al.: Kommunaler Nutzen des ÖPNV, Band 3 – Anwenderleitfaden zur Ermittlung des kommunalen Nutzens des ÖPNV in städtischen Räumen; Intraplan Consult GmbH (Hrsg.); München, 1995.

HEINLOTH, K.: Energie und Umwelt; Stuttgart, 1993.

HEINZE, H.: Der Ausgleich gemeinwirtschaftlicher Leistungen und Aspekte künftiger Regulierung des ÖPNV; Bielefeld, 1993.

HERRMANN, A.: Produktqualität, Kundenzufriedenheit und Unternehmensrentabilität – eine branchenübergreifende Analyse; in: Wege des Marketing – Festschrift zum 60. Geburtstag von Dichtl, E; Bauer, H. und Dille, H. (Hrsg.); Berlin, 1995.

HICKS, J.R.: A Revision of Demand Theory; Oxford, 1956.

HÖFLINGER, P. / PROMOLI, K.: Wirtschaftlichkeit von Stadtbahnen – Kosten-Nutzen-Aspekte bei Infrastruktur, Betrieb und Instandhaltung; in: Der Nahverkehr, Heft 11; Alba Fachverlag; Düsseldorf, 2000.

HÖPFNER, U. / KNÖRR, W.: Motorisierter Verkehr in Deutschland; IFEU: Institut für Energie- und Umweltforschung (Hrsg.); Bericht 5 des Umweltbundesamtes; Berlin, 1992.

HOOD, C.: The „New Public Management" in the 1980s: Variations on a Theme, in: Accounting, Organizations and Society, Vol. 20, No. 2/3; 1995.

HORVÁTH, P. / HERTER, R.: Benchmarking. Vergleich mit den Besten der Besten; in: Controlling, Nr. 4; 1992.

HORSTMANN, W.: Der Balanced Scorecard-Ansatz im Rahmen der Unternehmensstrategie, in: Controlling, 11. Jg., 1999.

HOYER, G. / KRUG, S. / SCHMIDT-SCHULZ, H.: Kosten und Erlöse liniengenau errechnen; in: Der Nahverkehr, Heft 1-2; Alba Fachverlag; Düsseldorf, 2000.

HOYER, R. / KLEWE, H.: Fahrgäste online informieren – Modellprojekt für die Region Magdeburg; in: Der Nahverkehr, Heft 9; Alba Fachverlag; Düsseldorf, 2001.

IBC – International Benchmarking Clearinghouse (Hrsg.): Planning, Organizing and Managing Benchmarking Activities – A User's Guide; Houston/Texas, 1992.

IFEU – Institut für Energie- und Umweltforschung: Energieverbrauch und Emissionen im Verkehrsbereich – Trend und Reduktionsszenario, Studie A 6.4; Enquête-Kommission „Vorsorge zum Schutz der Erdatmosphäre" (Hrsg.); Bonn, 1990.

ILLETSCHKO, L.: Transport-Betriebswirtschaft im Grundriß; Wien, 1957.

JÄGER, P.: Probleme und Möglichkeiten einer mit sozialen Kosten und Nutzen erweiterten Erfolgswürdigung öffentlicher Betriebe des Personen-Nahverkehrs; Inaugural-Dissertation am Institut für Verkehrswirtschaft und öffentliche Wirtschaft der Ludwig-Maximilians-Universität München; München, 1974.

KAPLAN, R. / NORTON, D.: Balanced scorecard – Strategien erfolgreich umsetzen, aus dem Amerikanischen von Peter Horath et al., Stuttgart, 1997.

KARLÖF, B. / ÖSTBLOM, S.: Das Benchmarking-Konzept – Wegweiser zur Spitzenleistung in Qualität und Produktität; München, 1993.

KAROPKA, H. / MILLER, B. / OPPEL, T. / BIHN, F.: Wie erlebt der Kunde den öffentlichen Nahverkehr? – Qualitativ-psychologische Grundlagenstudie zur ÖPNV-Nutzung; in: Der Nahverkehr, Heft 11; Alba Fachverlag; Düsseldorf, 2000.

KIENBAUM, G.: Ökonomische Probleme des modernen Stadtverkehrs; Göttingen, 1962.

KINDT, V.: Die Tarifelastizität der Nachfrage im öffentlichen städtischen Personenverkehr; Göttingen, 1971.

KIRSCHNER, R. / OHNESORG, W.: Klimatisierung in Schienenfahrzeugen; in: Der Nahverkehr, Heft 11; Alba Fachverlag; Düsseldorf, 1996.

KLEWE, H.: Die Finanzierung von Investitionen im ÖPNV Teil I und II; in: Verkehr und Technik, Heft 2 und 3; Erich Schmidt Verlag; Bielefeld, 1995.

KLINGEBIEL, N.: Marktbezogene Informationsanforderungen in Nonprofit-Organisationen; internationales Colloquium der NPO-Forscher am 16. und 17. März 2000 in Freiburg / Schweiz; Freiburg, 2000.

KLINGENBERG, H.: Qualität als Unternehmensziel; in: Dokumentation der Fachveranstaltung Qualitätsmanagement in der ÖPNV-Dienstleistung vom 16.11.1995; Rhein-Main-Verkehrsverbund GmbH (Hrsg.); Hofheim am Taunus, 1996.

KOTTMANN, H.: Ökologisches Benchmarking von Unternehmen; Berlin, 1998.

KRIETEMEYER, H. / OELBAUM, P.: Das Kundenbarometer – Ein Instrument zur Verstärkung der Kundenorientierung; Der Nahverkehr 3/97, Sonderdruck; Alba Fachverlag GmbH + Co. KG; Düsseldorf 1997.

KRINK, J.: Standorte von Verkehrsbetrieben; Göttingen, 1971.

KROLOP, M. / NUSZKIEWICZ, A.: Sicherung von Anschlüssen über Unternehmensgrenzen hinweg – Betriebliche Voraussetzungen zur Realisierung; in: Der Nahverkehr, Heft 9; Alba Fachverlag; Düsseldorf, 2001.

KRUG, S. / BECHER, P.: Ein Handbuch für Produktgestaltung und Produktcontrolling im ÖPNV; in: Der Nahverkehr, Heft 11; Alba Fachverlag, Düsseldorf, 1996.

KUHNT, A.: Aufbau eines Qualitätsmanagement-Systems in Verkehrsunternehmen; in: Dokumentation der Fachveranstaltung Qualitätsmanagement in der ÖPNV-Dienstleistung vom 16.11.1995; Rhein-Main-Verkehrsverbund GmbH (Hrsg.); Hofheim am Taunus, 1996.

KUHNT, A.: Ausstattungs- und Gestaltungsempfehlungen für RMV Linienbusse; in: Dokumentation der Fachveranstaltung Qualitätsmanagement in der ÖPNV-Dienstleistung vom 16.11.1995; Rhein-Main-Verkehrsverbund GmbH (Hrsg.); Hofheim am Taunus, 1996.

KUNERT, U.: Zu erwartende Veränderungen der Nachfrage durch Internalisierung externer Effekte im Verkehr; in: Verkehr im Spannungsfeld von Ökologie, Wettbewerb und technische Innovationen; Schriftenreihe der Deutschen Verkehrswissenschaftlichen Gesellschaft e. V., B 195; Bergisch-Gladbach, 1997.

LANG, K. / SCHMECHTIG, M.: Stadtbusmarketing für Lemgo und Erfolgskontrolle; in: Der Nahverkehr, Heft 6; Alba Fachverlag; Düsseldorf, 1995.

LASCH, R.: Wettbewerbs-Benchmarking als rationale Management-Technik; Augsburg, 1996.

LAUE, U.: Begriff, Struktur und Bestimmbarkeit von Verkehrsqualität; in: Internationales Verkehrswesen, Heft 10; Deutscher Verkehrs-Verlag; Hamburg, 1997.

LAWERENTZ, R. / KOHORST, C. / HÖFT, R.: Ein Controlling-System für den Personaleinsatz im Fahrdienst – Fahrdienstplanung an Produktivität ausgerichtet; in: Der Nahverkehr, Heft 12; Alba Fachverlag; Düsseldorf, 1999.

LEIBFRIED, K. / MC NAIR, C.: Benchmarking - Von der Konkurrenz lernen, die Konkurrenz überholen; Rudolf Haufe Verlag; Freiburg im Breisgau, 1994.

LEHMANN, P. / BLOCK, K.: Neue Qualitätsmerkmale für mehr Wettbewerb; in: Der Nahverkehr, Heft 6; Alba Fachverlag; Düsseldorf, 1997.

LEOPOLD, H.: Ergebnisse von Untersuchungen über die Preiselastizität im ÖPNV; in: Verkehr und Technik, Heft 73; Bielefeld, 1981.

LEUTHARDT, H.: Auswirkungen der Fahrzeugqualität auf die Wirtschaftlichkeit – Eine wirtschaftliche Vergleichsrechnung von Omnibussen verschiedener Hersteller mit unterschiedlichen Qualitätsmerkmalen; in: Der Nahverkehr, Heft 3; Alba Fachverlag; Düsseldorf, 1995.

LEUTHARDT, H.: Betriebskosten von Stadtbahnen – GVFG-Fördermittel modifizieren Kostenstruktur; in: Der Nahverkehr, Heft 10; Alba Fachverlag; Düsseldorf, 2000.

MAIER, J.: Benchmarking auch in der Regionalpolitik?; Bayreuth, 2000.

MARBURGER, E.: Zur direkten Bewertung volkswirtschaftlicher Zusatzkosten in Form gesundheitlicher Schäden durch Abgasimmissionen des Straßenverkehrs; in: Zeitschrift für Verkehrswissenschaften, 48. Jahrgang, 1977.

MARIK, M.: Ansatzpunkte für die Messung der Leistungsqualität in gemeinwirtschaftlichen Organisationen; in: Zeitschrift für öffentliche und gemeinwirtschaftliche Unternehmen, Band 20, Heft 2; Peter Eichhorn gemeinsam mit Achim von Loesch und Günter Püttner (Hrsg.); Nomos Verlagsgesellschaft; Baden-Baden, 1997.

MEADOWS, D.: Die Grenzen des Wachstums; Club of Rome (Hrsg.); Bonn, 1972.

MEISEL, F. / WEINHOLD, B.: Die Linienerfolgsrechnung – Wichtiges Controlling-Instrument im Nahverkehr; in: Der Nahverkehr, Heft 12; Alba Fachverlag; Düsseldorf, 1997.

MEYER, W.: Fahrgastsicherheit im ÖPNV – Anforderungen, Strategien und Möglichkeiten am Beispiel der Kölner Verkehrs-Betriebe AG; in: Der Nahverkehr, Heft 11; Alba Fachverlag; Düsseldorf, 1999.

MOTZKUS, A.: Verkehrsverflechtungen in Agglomerationen: Ein siedlungsstrukturell-differenzierter Modellansatz; in: Internationales Verkehrswesen, Heft 5; Deutscher Verkehrs-Verlag; Hamburg, 1997.

MÜHLSTEIN, S.: Benchmarking als neue Form des Betriebsvergleichs; Chemnitz, 1995.

MÜLLER, C.: Energieverbrauch und Emissionen im Verkehrsbereich – Trend- und Reduktionsszenario; in: Energie und Klima Band 7 – Konzeptionelle Entwicklung des Verkehrsbereichs; Enquête-Kommission „Vorsorgezum Schutz der Erdatmosphäre“ (Hrsg.); Bonn 1990.

MÜLLER, E. / FESTER, J.: Netz- und Liniengestaltung, Straßenplanung und Straßenverkehrsabwicklung; in: Der öffentliche Personennahverkehr; Berlin-Göttingen-Heidelberg, 1957.

MÜLLER, S. / RAU A.: Qualitäten und Standards für den ÖPNV in Städten – Auszug aus einem Qualitäts-/Standardkatalog für den Bereich der Fahrgast- und Tarifinformation; in: Der Nahverkehr, Heft 4; Alba Fachverlag; Düsseldorf, 1997.

MUTHESIUS, T.: Die gesetzlichen Regelungen für den regionalisierten Nahverkehr: Ein Überblick; in Zeitschrift für öffentliche und gemeinwirtschaftliche Unternehmen, Band 19, Heft 3; Peter Eichhorn gemeinsam mit Achim von Loesch und Günter Püttner; Nomos Verlagsgesellschaft (Hrsg.); Baden-Baden, 1996.

MVV – Münchner Verkehrs- und Tarifverbund: Das MVV-Kundenbarometer – Daten, Analysen, Perspektiven; Schriftenreihe der Münchner Verkehrs- und Tarifverbund GmbH – Band 4; München, 1997.

NASA – Nahverkehrsservice Sachsen-Anhalt GmbH: Bewertung der Pünktlichkeit – Diskussionsansätze für eine mögliche Malus-Regelung im Verkehrsvertrag (nicht veröffentlicht); Magdeburg, 1997.

NASA – Nahverkehrsservice Sachsen-Anhalt GmbH: Analyse und Bericht zur Pünktlichkeit des SPNV in Sachsen-Anhalt (nicht veröffentlicht); Magdeburg, 1997.

NESEMEIER, C.: Organisatorische Effizienzsteigerung im Öffentlichen Personennahverkehr auf Basis eines internationalen Benchmarking; Bamberg, 1997.

NIESCHLAG, R. / DICHTL, E. / HÖRSCHGEN, H.: Marketing; 18. Auflage; Berlin, 1997.

OBERLÄNDER, W.: Die DIN ISO 9000 ff; in: Dokumentation der Fachveranstaltung Qualitätsmanagement in der ÖPNV-Dienstleistung vom 16.11.1995; Rhein-Main-Verkehrsverbund GmbH (Hrsg.); Hofheim am Taunus, 1996.

OETTLE, K.: Über den Charakter öffentlich-wirtschaftlicher Zielsetzungen; in: ZfbF, N. F., 18. Jg., 1966.

OETTLE, K.: Verkehrspolitik; Stuttgart, 1967.

OETTLE, K.: Die Bekämpfung von Verkehrsnotständen als gemeinsame Aufgabe von Bund, Ländern und Gemeinden; in: Die Gemeinde, 55. Jg., Nr. 7.; 1968.

OETTLE, K.: Die besondere Arbeits- und Dienstauffassung der Arbeitnehmer in öffentlichen und gemeinwirtschaftlichen Unternehmen; in: Zeitschrift für öffentliche und gemeinwirtschaftliche Unternehmen, Beiheft 3; 1980.

OETTLE, K.: Ökonomische Probleme des öffentlichen Verkehrs; Schriften zur öffentlichen Verwaltung und öffentlichen Wirtschaft Band 28; Nomos Verlagsgesellschaft; Baden-Baden, 1981.

OETTLE, K.: Gesellschaftliche Kosten des Verkehrs – Arten, Bedeutung, Substitutionsbeziehungen, Kongruenz oder Inkongruenz zu gesellschaftlichen Nutzen; in: Zukunftsaspekte der Transportwirtschaft; Festgabe der Österreichischen Verkehrswissenschaftlichen Gesellschaft zum 60. Geburtstag von Peter Faller; Gürtlich, G., Riebesmeier, B., Baudisch, H. (Hrsg.); Österreichische Zeitschrift für Verkehrswissenschaft Nr. 38; Wien, 1992.

OETTLE, K.: Fusionen versus Entflechtungen im gegenwärtigen Eisenbahnwesen – Ein Beitrag zu den Zusammenhängen zwischen Unternehmensgröße und Nutzung von Schieneninfrastruktur; in: Verkehrsinfrastruktur – Voraussetzung für Kommunikation, Mobilität und Güteraustausch; Faller, P. und Gürtlich, G. (Hrsg.); Österreichische Verkehrswissenschaftliche Gesellschaft Spezial 40; Wien, 1997.

OETTLE, K.: Der regionale und lokale öffentliche Personennahverkehr in der forcierten Wettbewerbswirtschaft; in: Transportwirtschaft im Umbruch – Strukturwandel, Anpassungserfordernisse, Gestaltungsaufgaben; Faller, P. (Hrsg.); Wien, 1999.

PAJONK, E.: Qualitätsmanagement in der ÖPNV-Dienstleistung; in: Dokumentation der Fachveranstaltung Qualitätsmanagement in der ÖPNV-Dienstleistung vom 16.11.1995; Rhein-Main-Verkehrsverbund GmbH (Hrsg.); Hofheim am Taunus, 1996.

PEPER, H.: Betriebsvergleich durch Kennzahlen; Hamburg, 1957.

PETERS, S.: Betriebswirtschaftslehre des öffentlichen Personennahverkehrs; Verlag Duncker & Humblot; Berlin, 1985.

PETERS, S.: Die Planung des Fahrzeugeinsatzes im Öffentlichen Personennahverkehr; Göttingen, 1968.

PIESKE, R.: Benchmarking in der Praxis – Erfolgreiches Lernen von führenden Unternehmen; Verlag Moderne Industrie; Landsberg/Lech, 1995.

POMMEREHNE, W.: Der monetäre Wert einer Flug- und Straßenlärmreduktion – Eine empirische Analyse auf der Grundlage individueller Präferenzen; in: Kosten der Umweltverschmutzung, 7/86; Umweltbundesamt (Hrsg.); Berlin, 1986.

PRIEWASSER, R.: Wahl umweltverträglicher Verkehrsmittel. Eine verhaltenswissenschaftliche Analyse am Beispiel des Berufsverkehrs; in: Zeitschrift für angewandte Umweltforschung, Heft 3; 1997.

PRIEWASSER, R. / HÖFLER, L.: Mit Strategien Kunden gewinnen; in: Der Nahverkehr, Heft 3; Düsseldorf, 2000.

PROBST, G. / RICHTER, S.: Kundenbindungsmanagement im ÖPNV – Erkenntnisse für den Zeitkartenbereich; in: Internationales Verkehrswesen, Heft 4; Deutscher Verkehrs-Verlag; Hamburg, 2000.

RABE, W.: Entwicklung der Unfallhäufigkeit im öffentlichen Personennahverkehr; in: Der Nahverkehr, Heft 6; Alba Fachverlag; Düsseldorf, 1998.

RATZENBERGER, R.: Finanzleistungen für den ÖPNV im Jahr 1993; ifo – Institut für Wirtschaftsforschung (Hrsg.); München, 1996.

REINHOLD, T.: Zur Problematik der Monetarisierung externer Kosten des Verkehrslärms: in: Zeitschrift für Verkehrswissenschaft, 68. Jahrgang; 1997.

RIEBEL, P.: Rechnungswesen der Verkehrsbetriebe; in: Handwörterbuch der Betriebswirtschaft, 4. Auflage; Stuttgart, 1976.

ROTHENBURGER, W.: Das Betriebsgrößenproblem und die optimale Betriebsgröße im Gartenbau; Stuttgart, 1969.

ROTHENBURGER, W.: Betriebswirtschafts- und Organisationslehre für Landschaftsarchitektur, Landschaftsbau, Landschaftspflege und Naturschutz; Stuttgart (Hohenheim), 2001.

ROTHER, F. / VITT, J.: Benchmarking im ÖPNV – Lernen von den Besten; TCC The Consulting Company GmbH und Universität Mainz (Hrsg.); Bad Homburg, 1999.

RVV – Regensburger Verkehrsverbund GmbH (Hrsg.): Geschäftsbericht 1994; Regensburg, 1995.

SABATHIL, G. / WITT, D.: Verkehr; in: Umwelt und Energie, Handbuch für die betriebliche Praxis; Freiburg, 1980.

SCHAAFFKAMP, C. / BAYER, D.: Vergabe von Dienstleistungsaufträgen im ÖPNV nach PbefG und AEG; in: Wirtschaft und Verwaltung 2/01. Gildebuchverlag GmbH & Co KG; Alfeld, 2001.

SCHÄFER, F.: Nachfrage effizient ermitteln – Anwendungsspektrum der Standardisierten Bewertung von Investitionen in den öffentlichen Personennahverkehr erweitert; in: Der Nahverkehr, Heft 6; Alba Fachverlag; Düsseldorf, 2001.

SCHARINGER, F. X.: Zusammenhänge zwischen Energieversorgung und der individuellen Mobilität der Bevölkerung in der Bundesrepublik Deutschland (alte Länder); Studien zur Haushaltsökonomie, Band12; Peter Lang GmbH, Europäischer Verlag der Wissenschaften; Frankfurt am Main, 1997.

SCHEUING, E.: Der Betriebsvergleich als Führungsinstrument; Meisenheim am Glan; 1966.

SCHILLING, R. / KIRCHHOFF, A.: Sind Fahrpreise besser als ihr Ruf?; in: Der Nahverkehr, Heft 11; Alba Fachverlag; Düsseldorf, 1999.

SCHNABEL, A.: Eine gesamtwirtschaftliche Analyse des Stadtverkehrs – Untersuchung am Beispiel München; in: Der Nahverkehr, Heft 1-2; Alba Fachverlag; Düsseldorf, 1999.

SCHNEEWOLF, R. / STEIN, A.: Templin schafft Fahrpreise ab – Modellversuch mit Ortsbusverkehr in brandenburgischer Kleinstadt; in: Der Nahverkehr, Heft 3; Alba Fachverlag; Düsseldorf, 1998.

SCHNELL, M.: Analyse des Wettbewerbs um SPNV-Leistungen in Deutschland; in: Der Nahverkehr, Heft 9; Alba Fachverlag; Düsseldorf, 2000.

SCHNELL, M.: Entwicklung des SPNV-Marktes; in: Der Nahverkehr, Heft 4; Alba Fachverlag; Düsseldorf, 2001.

SCHNETTLER, A.: Der Betriebsvergleich; Stuttgart, 1951.

SCHNIPPE, C.: Was Fahrerinnen und Fahrer zur Dienstleistungsqualität beitragen; in: Der Nahverkehr, Heft 12; Alba Fachverlag; Düsseldorf, 1996.

SCHNIPPE, C.: Relevanz von Qualitätskriterien – Der ÖPNV im Urteil der Fahrgäste; in: Der Nahverkehr, Heft 4; Alba Fachverlag; Düsseldorf, 1999.

SCHÜTZENHÖFER, W.: Aufbau eine Qualitätsmanagement-Systems in einem privaten Unternehmen; in: Dokumentation der Fachveranstaltung Qualitätsmanagement in der ÖPNV-Dienstleistung vom 16.11.1995; Rhein-Main-Verkehrsverbund GmbH (Hrsg.); Hofheim am Taunus, 1996.

SCHULTE, R.: Marketing bei Stadtbus-Systemen; in: Der Nahverkehr, Heft 9; Alba Fachverlag; Düsseldorf, 1999.

SOCIALDATA: Benchmarking of Local Passenger Transport Systems – Praktischer Leitfaden zur Selbsteinschätzung; Europäischen Kommission, Generaldirektorat Transport – DG VII (Hrsg.); Brüssel, 1999.

SNV – Studiengesellschaft Nahverkehr mbH (Hrsg.): Durchführbarkeitsstudie H-Bahn Erlangen, Modell zur Ermittlung des sozialen Nutzens und Gewichtung der Bewertungskriterien; Hamburg, 1977.

SONNHOF, H.: Verkehrswirtschaft und Verkehrstechnik; in: Elsners Handbuch für den Öffentlichen Personennahverkehr; Gottfried Groche und Erich Thiemer (Hrsg.); Darmstadt, 1980.

STAUSS, B. / HENTSCHEL, B.: Dienstleistungsqualität; in: Wirtschaftswissenschaftliches Studium, Heft 5; 1991.

STBA – Statistisches Bundesamt: Verkehr, Fachserie 8, Reihe 2 – Eisenbahnverkehr 1999; Verlag Metzler-Poeschel; Stuttgart und Wiesbaden, 2000.

STBA – Statistisches Bundesamt: Verkehr, Fachserie 8, Reihe 3 – Straßenpersonenverkehr 1999; Verlag Metzler-Poeschel; Stuttgart und Wiesbaden, 2000.

STEINBERG, C.: Reengineering kommunaler Unternehmen; Schäffer-Poeschel-Verlag; Stuttgart, 1996.

STRIEN, H.: Der Bremsvorgang; in: Alte Sonderdruck; Verkehrswissenschaftliches Seminar e.V. (Hrsg.); Frankfurt/Main; o.J.

SUCKROW, R. / ZERANSKI, R. / ACHENBACH, H. / FUNK, E.: Monetäre Bewertung der Leistungsqualität im SPNV- Wesentlicher Bestandteil des Qualitätsmangements; in: Der Nahverkehr, Heft 9; Düsseldorf, 2000.

SZYPERSKI, N.: Handwörterbuch der Planung; C.E.Poeschel Verlag, Stuttgart, 1989.

TANZI, V. / SCHUKNECHT, L.: Reform des staatlichen Sektors in den Industrieländern; in: Finanzierung & Entwicklung; September 1996.

TEUFEL, D. et al.: Ökologische und soziale Kosten der Umweltbelastung in der Bundesrepublik Deutschland im Jahr 1989, aktualisiert auf Preisstand 1993; Umwelt- und Prognoseinstitut Heidelberg (Hrsg.), Bericht Nr. 20; Heidelberg, 1991.

TÖNSHOFF, H.: Klein-und mittelständische Unternehmen und Benchmarking; München, 2001.

TREBER, M.: Der spezifische Energieverbrauch des öffentlichen Verkehrs; in: Der Nahverkehr, Heft 12; Alba Fachverlag; Düsseldorf, 1995.

TROEGER-WEISS, G.: Das Konzept der lernenden Region; München, 2000.

ULRICH, P.: Organisationales Lernen durch Benchmarking; Wiesbaden, 1998.

UPI – Umwelt- und Prognoseinstitut Heidelberg (Hrsg.): Optimierung der Öko-Bilanz des ÖPNV der Heidelberger Straßenbahn; UPI Bericht Nummer 34; Heidelberg, 1994.

VOGEL, H.: Die Verkehrsprobleme einer großen Stadt; in: Die Öffentliche Wirtschaft Nr. 3; 1964.

VOIGT, F.: Die volkswirtschaftliche Bedeutung des Verkehrssystems; Berlin, 1960.

VON STACKELBERG, M.: Grundlagen der theoretischen Volkswirtschaftslehre; Bern/Tübingen, 1943.

VRR - Verkehrsverbund Rhein-Ruhr GmbH: PASST – PünktlichkeitAnschluß SicherheitSTandard – Grundsätze und Verfahren zur Standardfestlegung für die Pünktlichkeit (nicht veröffentlicht); Gelsenkirchen, 1996.

WACHINGER, L. / WITTEMANN, M.: Regionalisierung des ÖPNV – Der rechtliche Rahmen in Bund und Ländern nach der Bahnreform; Schriftenreihe für Verkehr und Technik, Band 82; Erich Schmidt Verlag GmbH & Co.; Bielefeld, 1996.

WALB, E.: Kameralwissenschften und vergleichende Betriebswirtschaftslehre; Köln, 1927.

WALTHER, A.: Einführung in die Wirtschaftslehre der Unternehmung, 1. Band, Der Betrieb; Zürich, 1959.

WALTHER, K.: Die Marktwirksamkeit von ÖPNV-Qualität; in: Der Nahverkehr, Heft 12; Alba Fachverlag; Düsseldorf, 1996.

WATSON, G.: Benchmarking – vom besten lernen; Verlag Moderne Industrie; Landsberg/Lech, 1993.

WEBER, W.: Die Reisezeit der Fahrgäste öffentlicher Verkehrsmittel in Abhängigkeit von Bahnart und Raumlage. Ein Beitrag aus verkehrlicher Sicht zur Frage „U-Bahn oder U-Straßenbahn"; in: Forschungsarbeiten des Verkehrswissenschaftlichen Instituts an der Technischen Hochschule Stuttgart, Bericht 3; Lambert, W. (Hrsg.); Stuttgart, 1966.

WEBSTER, F. / BLY, P.: The demand for public transport; Crowthorne, United Kingdom, 1980.

WEIMER, K.: Struktur der qualitativen Anforderungen an den öffentlichen Personennahverkehr; in: Zeitschrift für Verkehrswissenschaft 46. Jg.; Willeke, R. (Hrsg.); Verlag A. Hellendoorn; Bentheim, 1975.

WEIMER, K.: Qualitätsbezogene Betriebsvergleiche im öffentlichen Personennahverkehr Nordrhein-Westfalens; Forschungsbericht des Landes Nordrhein-Westfalens Nr. 2731; Opladen, 1978.

WEINBERGER, M.: Zur Ermittlung der Kosten des Straßenverkehrslärms mit Hilfe von Zahlungsbereitschaftsanalysen; in: Zeitschrift für Verkehrswissenschaft, 62. Jahrgang; Düsseldorf, 1991.

WEISSER, G.: Einführung in die Lehre von den gemeinwirtschaftlichen Unternehmen; Schriftenreihe Gemeinwirtschaft Nr. 23; Europäische Verlagsanstalt; Frankfurt am Main/Köln, 1976.

WELKE, R. / PULS, D.: Qualität entsteht nicht von allein – Der Entwicklungsprozeß zu einem ganzheitlichen Qualitätsmanagement bei den Berliner Verkehrsbetrieben; in: Der Nahverkehr, Heft 10; Alba Fachverlag; Düsseldorf, 1997.

WIBERA – Wirtschaftsberatung AG: Darstellung der Kosten, Erträge, Betriebsergebnisse und Leistungen des ÖPNV im Jahre 1993 und Vergleich mit vorangegangenen Zeiträumen, insbesondere 1988, getrennt nach Ballungsräumen und übriges Bundesgebiet sowie alten und neuen Bundesländern; Bundesministerium für Verkehr (Hrsg.); Düsseldorf, 1996.

WIDMER, U. / NEUMEISTER, M.: Qualitätsfaktor – Vergleich der Angebotsqualität im Regionalverkehr; Schriftenreihe des Instituts für Verkehrsplanung, Transporttechnik, Straßen- und Eisenbahnbau der Eidgenössischen Technischen Hochschule Zürich, Nr. 119; Zürich, 1998.

WIEMANN, R.: Betreibermodelle, Finanzierung und Genehmigung von Stadtbussystemen – ÖPNV in Klein- und Mittelstädten; in: Der Nahverkehr, Heft 3; Alba Fachverlag; Düsseldorf, 2000.

WIESE, H.: Zahlungsbereitschaft kontra Entschädigungsforderung – Alternative Rentenkonzepte zur Bewertung von Umweltschäden; in: Zeitschrift für Umweltrecht und -politik, 9. Jahrgang, S. 81 – 93; 1986.

WILL, W.: Neue Qualität im ÖPNV – Erfahrungen und Zielsetzungen der Kasseler Verkehrsgesellschaft AG; in: Der Nahverkehr, Heft 9; Alba Fachverlag; Düsseldorf, 2000.

WILL, W.: Neuer Ordnungsrahmen für den ÖPNV – Verkehrsunternehmen im Spannungsfeld von Politik und Wirtschaftlichkeit; in: Der Nahverkehr, Heft 1-2; Alba Fachverlag; Düsseldorf, 2001.

WILLEKE, R. / KENTNER, W.: Die Kosten der Umweltbelastung durch den Verkehrslärm in Stadtgebieten; Buchreihe des Instituts für Verkehrswissenschaft an der Universität zu Köln, Nr. 31; Verkehrs-Verlag J. Fischer; Düsseldorf, 1975.

WITT, D.: Anforderungen an die Qualität von Hotelleistungen – Grundlagen einer Hotelklassifizierung; in: Hauswirtschaft und Wissenschaft, Heft 4; 1994.

WITT, D.: Hotelqualität – es leuchten die Sterne; Bayerischer Hotel- und Gaststättenverband e.V. (Hrsg.); München, 1995.

WITT, D.: Die Deckung von Mobilitätsbedürfnissen der Bevölkerung im ländlichen Raum als Beitrag zur Standortqualität; in: Sicherung des Wirtschaftsstandortes Bayern durch Landesentwicklung, Arbeitsmaterial Nr. 237; Akademie für Raumforschung und Landesplanung (Hrsg.); Hannover, 1997.

WITT, D. / WICHER, J.: Auswirkungen von Infrastruktureinrichtungen auf das Siedlungsverhalten privater Haushalte – Allgemeine theoretische Überlegungen; ergänzt durch eine empirische Untersuchung bei Beschäftigten der Münchner Flughafengesellschaft; in: Landesentwicklungspolitik und Stadtregionen in Bayern – Entwicklungen, Strukturen, Konflikte und planerische Konzepte – Arbeitsmaterial Nr. 173; Akademie für Raumforschung und Landesplanung (Hrsg.); Hannover, 1990.

SABATHIL, G. / WITT, D.: siehe Erstautor.

DENGLER, F. / WITT, D.: siehe Erstautor.

WÖHE, G.: Einführung in die Allgemeine Betriebswirtschaftslehre, 11. Auflage; München, 1973.

WORCH, B.: Die Anwendung der Kosten-Nutzen-Analyse im Umweltbereich; Dissertations Druck Darmstadt GmbH; Darmstadt, 1996.

ZEBISCH, K.: Der soziale Nutzen des öffentlichen Personennahverkehrs als Grundlage für die Tarif- und Subventionspolitik; Buchreihe des Instituts für Verkehrswissenschaft an der Universität zu Köln, Nr. 39; Verkehrs-Verlag J. Fischer; Düsseldorf, 1979.

ZEITHAML, V. / PARASURAMAN, A. / BERRY, L.: Qualitätsservice; Frankfurt/New York, 1992.

ZEITLER, P.: Best practices und die Anwendung auf die Landesentwicklung in Bayern; München, 2000.

ZVV – Züricher Verkehrsverbund GmbH: Lösungsansatz für ein Kennzahlenset zum Vergleich der Verkehrsverbünde, Entwurf als Grundlage des Arbeitskreises „Vergleich der Verkehrsverbünde“ (nicht veröffentlicht); Zürich, 1997.

STUDIEN ZUR HAUSHALTSÖKONOMIE

Herausgegeben von Klaus Hesse, Georg Karg, Michael-Burkhard Piorkowsky, Barbara Seel, Sigrid Weggemann, Dieter Witt

Band 1 Ursula Nagel-Dolinga: Möglichkeiten und Grenzen eines Vergleichs der Lebenshaltung in beiden deutschen Staaten. 1984.

Band 2 Ursula Peters-Wellmer: Zur Vereinbarkeit von Haushaltsführung und Erwerbstätigkeit von Müttern aus haushaltsökonomischer Sicht. 1984.

Band 3 Hesse, Klaus (Hrsg.): Strukturwandel des Haushalts in Perspektiven. Mit Beiträgen von Lore Blosser-Reisen, Erika Claupein, Klaus Hesse, Georg Karg, Michael-Burkhard Piorkowsky, Heide Preuße, Barbara Seel und Sigrid Weggemann. 1989.

Band 4 Barbara Seel: Standardmodell zur Analyse und Planung ökonomischer Problemlagen privater Haushalte. Unter Mitarbeit von Elvira Hartmeier, Rainer Hufnagel, Robert Jung, Meta Bettina Schenk, Imma Strassburg, Hans-Dieter Vockel. 1991.

Band 5 Matthias Scheffter: Haushaltsgröße und Privater Verbrauch. Zum Einfluß einer steigenden Kinderzahl auf den Privaten Verbrauch. 1991.

Band 6 Jürgen Wicher: Wohnstandortdispositionen privater Haushalte unter besonderer Berücksichtigung kleinräumiger Arbeitsstättenverlegungen. 1992.

Band 7 Georg Karg (Hrsg.): Haushaltswissenschaftliche Erklärungsmodelle für die Verfügbarkeit und Verwendung von Ressourcen in Haushalten mit Kindern. 1992.

Band 8 Margot Steinel: Normativer Kosten-Nutzen-Vergleich verschiedener Ernährungsformen im privaten Haushalt. 1992.

Band 9 Tatjana Rosendorfer: Schuldensituation und Haushaltsführung überschuldeter Haushalte. Eine empirische Untersuchung ausgewählter Haushalte in München. 1993.

Band 10 Barbara Bertele: Optimale Finanzierung von selbstgenutztem Wohneigentum unter Unsicherheit. 1993.

Band 11 Klaus Hesse (Hrsg.): Strukturen privater Haushalte und Familien. Mit Beiträgen von Lore Blosser-Reisen, Jörg Bottler, Klaus Hesse, Georg Karg, Michael-Burkhard Piorkowsky, Heide Preuße, Barbara Seel und Petra Volke. 1994.

Band 12 Franz X. Scharinger: Zusammenhänge zwischen Energieversorgung und der individuellen Mobilität der Bevölkerung in der Bundesrepublik Deutschland (alte Länder). 1997.

Band 13 Kurt Gedrich: Ökonometrische Bestimmung der Lebensmittel- und Nährstoffzufuhr von Personen anhand des Lebensmittelverbrauchs von Haushalten. 1997.

Band 14 Thomas Wißmann: Erbschaftsplanung als Teil eines ganzheitlichen Finanzmanagementkonzepts privater Haushalte. 1997.

Band 15 Ingo Stryck: Kosten von Kindern. Die Ermittlung von wohlstandsäquivalenten Einkommensrelationen für Haushalte unterschiedlicher Größe und Zusammensetzung. 1997.

Band 16 Petra Warnecke: Ökonomische Rationalität und Haushaltsbuchführung. Kritik von Haushaltsbuchführungssystemen und Entwicklung eines Haushaltsführungsbuchs auf empirischer Grundlage. 1997.

Band 17 Silke Thiele: Das Vermögen privater Haushalte und dessen Einfluß auf die soziale Lage. 1998.

Band 18 Georg Karg / Günter Wolfram (Hrsg.): Ökotrophologie – Wissenschaft für die Menschen. 25 Jahre Absolventen der Ökotrophologie in Weihenstephan. 1998.

Band 19 Andrea Schulze: Vergleich der Ernährungssituation in Deutschland und Großbritannien. 1998.

Band 20 Katja Fischer: Analyse der Ernährungssituation in Bayern auf der Grundlage der Nationalen Verzehrsstudie (1985-1989) und der Bayerischen Verzehrsstudie (1995). 1999.

Band 21 Antje Judt: Haushaltsproduktion und Lebenshaltung von Familien mit Kindern. 1999.

Band 22 Claudia Busch: Die Zukunft der Informations- und Kommunikationstechnologie in privaten Haushalten. Eine Delphi-Studie. 2000.

Band 23 Iris Peil: Geld- und Arbeitswirtschaft sowie Wert hauswirtschaftlicher Leistungen privater Haushalte im Freistaat Sachsen. 2001.

Band 24 Anja Hensel: Mobilität privater Haushalte. 2002.

Band 25 Herbert Lichtmannecker: Strategisches Personalcontrolling in Verbänden. Baustein im Führungssystem von Nonprofit-Organisationen. 2002.

Band 26 Eckart Stüber: Ein Kenngrößensystem für Aufgabenträger im Öffentlichen Personennahverkehr. 2002.

Robert Schröder

Zur Akzeptanz innovativer Verkehrsinformationssysteme

Eine empirische Analyse im Rahmen des Telematik-Projekts BAYERNINFO

Frankfurt/M., Berlin, Bern, Bruxelles, New York, Oxford, Wien, 2002. XVIII, 298 S. zahlr. Abb. und Tab.
Europäische Hochschulschriften: Reihe 5, Volks- und Betriebswirtschaft. Bd. 2841
ISBN 3-631-38841-1 · br. € 45.50*

Innovative Verkehrsinformationssysteme gelten als Hoffnungsträger für eine nachhaltige Lösung derzeitiger und zukünftig zu erwartender Verkehrsprobleme. Gleichzeitig stellen sie ein erfolgversprechendes Feld unternehmerischer Betätigung dar, sofern die angebotenen Endgeräte und Dienste eine ausreichende Akzeptanz im Markt finden. Vor diesem Hintergrund ist es die Zielsetzung der Arbeit, das bislang in der betriebswirtschaftlichen Forschung wenig beachtete Thema der Akzeptanz innovativer Verkehrsinformationssysteme anhand des Fallbeispiels BAYERNINFO näher zu beleuchten. Hierfür wurden auf der Grundlage eines vom Verfasser entwickelten theoretischen Bezugsrahmens sowohl empirisch-qualitative als auch empirisch-quantitative Akzeptanzunter- suchungen durchgeführt. Die marketingorientierte Darstellung der Ergebnisse dieser Untersuchungen soll insbesondere auch dem Kreis der am Innovationsmanagement für verkehrstelematische Applikationen beteiligten Praktiker dienen.

Aus dem Inhalt: Einführung · Innovative Verkehrsinformationssysteme · Theoretischer Bezugsrahmen der BAYERNINFO-Akzeptanzuntersuchungen · Konzeption und Durchführung der BAYERNINFO-Akzeptanzuntersuchungen · Ergebnisse der BAYERNINFO-Akzeptanzuntersuchungen ·Schlussbetrachtung

Frankfurt/M · Berlin · Bern · Bruxelles · New York · Oxford · Wien
Auslieferung: Verlag Peter Lang AG
Jupiterstr. 15, CH-3000 Bern 15
Telefax (004131) 9402131

*inklusive der in Deutschland gültigen Mehrwertsteuer
Preisänderungen vorbehalten

Homepage http://www.peterlang.de

FSC
www.fsc.org
MIX
Papier | Fördert gute Waldnutzung
FSC® C083411

Kolibri 360 GmbH
Ferdinand-Jühlke-Straße 7
99095 Erfurt, Deutschland
produktsicherheit@kolibri360.de

Druck:
CPI Druckdienstleistungen GmbH
im Auftrag der
Kolibri 360 GmbH
Ferdinand-Jühlke-Str. 7
99095 Erfurt